Lehr- und Handbücher der Politikwissenschaft

Herausgegeben von
Dr. Arno Mohr

Bisher erschienene Werke:

Außenpolitik

Grundlagen, Strukturen und Prozesse

Von
Dr. Andreas Wilhelm

R. Oldenbourg Verlag München Wien

Bibliografische Information Der Deutschen Bibliothek

Die Deutsche Bibliothek verzeichnet diese Publikation in der Deutschen
Nationalbibliografie; detaillierte bibliografische Daten sind im Internet
über <http://dnb.ddb.de> abrufbar.

© 2006 Oldenbourg Wissenschaftsverlag GmbH
Rosenheimer Straße 145, D-81671 München
Telefon: (089) 45051-0
www.oldenbourg-wissenschaftsverlag.de

Gedruckt auf säure- und chlorfreiem Papier
Gesamtherstellung: Druckhaus „Thomas Müntzer" GmbH, Bad Langensalza

ISBN   3-486-58073-6
ISBN 978-3-486-58073-0

Inhaltsverzeichnis

Einleitung: die Bedeutung der Außenpolitik

Das vorliegende Buch gibt eine systematische Einführung in das Studium der Außenpolitik, ihre Grundlagen, Strukturen und Prozesse. In einem Zeitalter der Globalisierung wird internationale Politik vom außenpolitischen Verhalten der Staaten, von ihren Regierungsentscheidungen und den unterschiedlichen inneren und äußeren Bedingungen der Außenpolitik noch immer wesentlich beeinflusst. Es wäre heutzutage grundlegend falsch, Außenpolitik mit „der fatalistischen Behauptung" zu charakterisieren, sie bilde „eine geheimnisvolle Angelegenheit, dazu verurteilt, das besondere Gebiet für unaufrichtige Politiker und arrogante, unberechenbare Regierungsbeamte zu sein" (Hill 2003: 233). Außenpolitik vollzieht sich nicht außerhalb der normalen Politik. Sie stellt ein zentrales Tätigkeitsfeld im politischen System dar. Das, was internationale Politik ausmacht, ist in vielfacher Weise das Ergebnis der Außenpolitik von Staaten und, in nicht geringem Maße, von privaten Akteuren. Die Strukturen und Prozesse der internationalen Politik sind sicherlich mehr als die *Summe* der einzelstaatlichen Außenpolitiken. Grundlegende Fragen und Probleme des internationalen Systems sind mit dem Gegenstand der Außenpolitik jedoch eng verwoben, und machen deutlich, dass eine in sich pluralistisch angelegte Weltpolitik von der Außenpolitik der Staaten und Nationen entscheidend mitbestimmt wird.

Nicht nur der rapide Wandel des internationalen Systems, der zu Beginn des 21. Jahrhunderts zu einer neuen „Welt(un)ordnung" und „Weltübergangsgesellschaft" führte, wird dabei zu einem wichtigen Faktor für die Neubestimmung der nationalen Ziele. Ein Blick auf die auswärtige Politik der Staaten zeigt, dass von Regierungen wichtige außenpolitische Veränderungs- und Reflektionsprozesse ausgehen. Außenpolitik ist insofern nicht ausschließlich als Reaktion auf die veränderten Gegebenheiten zu verstehen. Außenpolitik prägt die Wirklichkeit in entscheidendem Maße.

In den unterschiedlichsten Aktions- und Problemfeldern - von der Migration zum Klimawandel, von der Abrüstungsfrage bis zum Handelsdefizit - spielt darüber hinaus das aus einer Mixtur von „high politics" und „low politics" bestehende Grundgerüst der Außenpolitik eine wichtige Rolle. Zweifellos kann dabei "(i)n einer immer dichter vernetzten, dem Globalisierungssog ausgesetzten Welt (...), von der militärischen Supermacht USA in gewisser Hinsicht abgesehen, kein Land, auch keine Großmacht im modernen Sinne, mehr autonom und souverän Außenpolitik betreiben" (Schöllgen 1998: 37). Fragen von Krieg und Frieden, von Kooperation und Konflikt, stehen noch immer wesentlich im Mittelpunkt der Regierungsentscheidungen. Mit dem nationalen Interesse an Sicherheit und relativer Macht besteht bis heute ein Grundmerkmal staatlicher Außenpolitik fort.

Unter dem Gesichtspunkt der veränderten wirtschaftlichen Weltlage, liberalisierten Märkten, grenzüberschreitenden Kapitalströmen und transnational verlaufenden Handelsbeziehungen hat jedoch die wechselseitige Abhängigkeit von politischen Konstellationen und Prozessen erheblich zugenommen. Sie zwingt nicht nur die Staaten, im Zusammenspiel mit privaten Akteuren, zu neuen Reaktionsmustern und Austauschprozessen. Die Globalisierung führt zugleich zu einem höheren Maß an außenpolitischer Empfindlichkeit und Verwundbarkeit der Staaten. Hinsichtlich ihrer unterschiedlichen Gegenstands- und Problembereiche ist Außenpolitik somit nicht nur umfangreicher geworden. Aufgrund der Vielzahl von Akteuren aus dem innerstaatlichen und internationalen Umfeld stellt Außenpolitik einen komplexen Aushandlungs-Prozess (Karl/Krause 1978: 56) dar, der verschiedenste Interessen zu berücksichtigen hat. Jenseits der Staatenwelt hat sich parallel hierzu die seit einigen Jahren verstärkte „Anerkennung der autonomen Außentätigkeit" nicht-staatlicher Akteure entwickelt (Unternehmen, Parteien, Gewerkschaften, Nichtregierungsorganisationen (NGOs), Medien, Kirchen), die den Staat in seinem traditionellen Handlungsbereich zunehmend entmachten und, so Czempiel, nicht nur das alte Vokabular der Außenpolitik auflösen, sondern „eine ganz andere ´Außenpolitik` als die alte, gewohnte" (Czempiel 1999: 101) verlangen. Die Verringerung des nationalstaatlichen Bestimmungsrahmens, die größere Akteursvielfalt und die Zunahme komplexer, miteinander verflochtener Handlungsfelder bilden wesentliche Veränderungsmerkmale für die Außenpolitik des neuen Jahrhunderts. So steht Außenpolitik auch künftig „mehr denn je im Vordergrund politischen Interesses - sei es journalistisch, wissenschaftlich oder pragmatisch".

Zum Gegenstand der Außenpolitik als einem Teilgebiet der internationalen Beziehungen gab es in den letzten Jahren zahlreiche länderspezifische, theorieorientierte Fallstudien und vergleichende Darstellungen: über Deutschlands neue Außenpolitik seit der Wiedervereinigung, herausgegeben von Karl Kaiser, Hanns W. Maull, Joachim Krause und Wolf-Dieter Eberwein in vier Bänden (Kaiser/Maull 1995, 1996, Kaiser/Krause 1996, Kaiser/Eberwein 1998), mit einem grundlegenden Blick auf die Entwicklung deutscher Außenpolitik vom Ende des Zweiten Weltkriegs bis zur Gegenwart und einer Analyse ihrer Akteure, Entscheidungen und Normen (Bierling 1999, Haftendorn 2001) bis zur neokonservativen ´foreign policy` der USA, der aktuellen Westpolitik Rußlands (Fischer 2003) und einer neuen, relevanten Studienbuch-Reihe (Hrsg. von Bredow) zur Außenpolitik verschiedenster Staaten. Die von Maull, Harnisch (Maull/Harnisch 2001, Harnisch 2002) und Rittberger (Rittberger 2001) vorgelegten Studien zur Außenpolitikforschung stellen dabei für die wissenschaftliche Literatur ebenso grundlegende Arbeiten dar wie der zum Wandel von Außenpolitik veröffentlichte, theoretisch fundierte Band von Medick-Krakau (Medick-Krakau 1999), das zentrale staatenübergreifende Handbuch der Außenpolitik von Bellers/Benner/Gerke (Bellers et al. 2001) und das neu gefasste, von Siegmar Schmidt, Gunther Hellmann und Reinhard Wolf herausgegebene Handbuch zur deutschen Außenpolitik (Schmidt/Hellmann/Wolf 2006 i.E.).

Von diesen Teilstudien und Sammelbänden abgesehen, die auf internationaler Ebene zuletzt maßgeblich von Christopher Hill (2003)und Laura Neack (2003) erweitert wurden, liegen allerdings nur wenige Bücher vor, die auf einen allgemeinen Überblick zu Fragen der auswärtigen Politik, etwa zu den wechselseitigen Einflussbeziehungen von Akteuren und Strukturen und ihren veränderten Herausforderungen, ihren alten und neuen Grundlagen, Bezug nehmen. Mit dem Begriff der „Klugen Macht" verknüpfte zuletzt Czempiel in seinem gleichnamigen Buch das Ziel, die künftige Außenpolitik in den Handlungsrahmen des 21. Jahrhunderts einzuordnen (Czempiel 1999: 11) und durch eine analytische Klärung des Machtbegriffs die Möglichkeiten und Erfordernisse für eine sich „*internationalisierende*" Außenpolitik abzuleiten. Auf der anderen Seite stellte Krippendorf die aus der Staatenwelt entwickelte und von der politischen Elite mit „hohem Ansehen" praktizierte Außenpolitik von Staaten erheblich in Frage. In seinem lesenswerten Buch zur „Kritik der Außenpolitik" stehen Bedeutung und Gewichtung von Außenpolitik, „als spezifische(m) Terrain politischen Handelns" und „Kopfgeburt" einer politischen Elite, der von ihm erhobenen Forderung gegenüber, einen neuen kritischen Meinungsdiskurs über die häufig *entmoralisierte* Außenpolitik zu führen (Krippendorff 2000: 22, 36).

Ein Übriges für die geringe Breite außenpolitikrelevanter Studien tat nicht zuletzt die weitgehende Beschäftigung mit zentralen Themen der internationalen Politik und den Veränderungsprozessen im internationalen System. Mit der Außenpolitikforschung, insbesondere der US-amerikanisch dominierten „foreign policy analysis", ist die Außenpolitik seit den achtziger Jahren jedoch zumindest aus dem traditionsgemäß stiefkindlichen Dasein in der Wissenschaft von den Internationalen Beziehungen herausgetreten.

Für das Verstehen des politischen Weltgeschehens bleibt das Wissen um die Grundelemente der Außenpolitik weiterhin von entscheidender Bedeutung. Traditionelle Grundannahmen als auch neue außenpolitische Formen und Verhaltensmodi, Kontinuitäts- und Veränderungselemente der Außenpolitik stellen einen wichtigen Gegenstand dar. Das Lehrbuch betrachtet es deshalb als wesentliche Aufgabe, in die Grundlagen der Außenpolitik, ihre zentralen Strukturen und Prozesse einzuführen und eine umfassende Orientierung bei der Beschäftigung mit Fragen der Außenpolitik, insbesondere den neuen Entwicklungstendenzen, zu geben. Damit kann nicht der Anspruch verbunden sein, die Gesamtheit der außenpolitikrelevanten Aspekte zu erfassen. Das Buch ist im Sinne Smends allerdings darum bemüht, „ein Höchstmaß von Einsicht in die Dinge und das Gesetz, das in und über den Dingen ist" (Smend 1938: 59), in diesem Fall der Außenpolitik, zu geben und vor dem Hintergrund der weltpolitischen Veränderungen der Gegenwart zu betrachten.

Ausgehend vom Begriff der Außenpolitik sollen zunächst grundlegende *Konzepte* (Kap. 1) und *Theorieansätze* (Kap. 2) von Außenpolitik im Vordergrund stehen, an die sich eine Betrachtung der *Sachbereiche* und *Analyseebenen* außenpolitischen Handelns, der *Akteure* der Außenpolitik (Kap. 3) und der beiden zentralen Begriffe der *Macht* (Kap. 4) und des *Interesses* (Kap. 5) anschließt. Damit eng verbunden sind im Weiteren die Analyse der außenpolitischen *Entscheidungsbildung* (Kap. 6) und die *Instrumente* der Außenpolitik (Kap. 7), insbesondere der *Diplomatie* als klassischem Mittel der außenpolitischen Beziehungsgestaltung (Kap. 8). Zur multiperspektivischen Betrachtung der Außenpolitik werden darüber hinaus das Verhältnis von *Wirtschaft* und Außenpolitik (Kap. 9), die *gesellschaftlichen* Faktoren (Kap. 10), die *Medien* (Kap. 11), *Ideologie*, *Religion* und *Nationalismus* (Kap. 12) und die *Kultur* (Kap. 13) in ihrer Bedeutung als Bestimmungsfaktoren der Außenpolitik ausführlicher in den Blick genommen. Fragen nach dem Einfluss des *internationalen Systems* und seiner Strukturen auf die Außenpolitik (Kap. 14), den unterschiedlichen *Ausprägungsformen* und *Strategien* außenpolitischen Verhaltens (Kap. 15), der Relevanz des *Völkerrechts* und der *Normen*bildung für die Staatenpraxis (Kap. 16) sowie der *Außenpolitik* im 21. Jahrhundert (Kap. 17) schließen das Lehrbuch ab.

Dabei sei an einen Gedanken erinnert, den Henry Kissinger, als eminenter Wissenschaftler und Praktiker der Außenpolitik, einst formulierte: „Außenpolitik wird durch die Umstände bedingt; sie ist, wie Bismarck feststellte, ´die Kunst des Möglichen`, ´die Wissenschaft des Relativen`" (Kissinger 2002: 334). Ob dies auch für die weltpolitische Gegenwart gilt, kann der Leser im Rahmen des Lehrbuches und des Studiums der Außenpolitik für sich selbst prüfen. Wichtig ist es, das Luftschiff abstrakter Ideen zu verlassen und sich auf den Boden der Tatsachen zu begeben, dorthin, wo Veränderungen und Herausforderungen innerhalb des Staates und im internationalen System dazu zwingen, das Wissen von Außenpolitik in Theorie und Praxis stets neu zu überdenken, in realistischer und pragmatischer Einschätzung des Machbaren und ohne sich dem Vorausdenken von Konzeptionen zu verschließen.

Dieses Buch ist Prof. Dr. Gottfried-Karl Kindermann und Prof. Dr. Jürgen Schwarz, meinen früheren akademischen Lehrern, zugeeignet, die stets darauf verwiesen, dass das Verstehen von Außen- und internationaler Politik aus einer Perspektive zu erfolgen habe, die der Politikwissenschaft den Charakter einer realistischen Wissenschaft verleiht und es erlaubt, auf dieser Grundlage über die künftigen Chancen des zwischenmenschlichen Zusammenlebens und der weltpolitischen Ordnungsgestaltung nachzudenken.

Literatur

Bellers, Jürgen/Benner, Thorsten/Gerke, Ines M. (Hrsg.): *Handbuch der Außenpolitik. Von Afghanistan bis Zypern*, München 2001.

Bierling, Stephan: *Die Außenpolitik der Bundesrepublik Deutschland: Normen, Akteure, Entscheidungen*, München 1999.

Czempiel, Ernst-Otto: *Kluge Macht. Außenpolitik für das 21. Jahrhundert*, München 1999.

Fischer, Sabine: *Russlands Westpolitik in der Krise 1992-2000. Eine konstruktivistische Untersuchung*, Frankfurt a.M. 2003.

Haftendorn, Helga: *Deutsche Außenpolitik zwischen Selbstbeschränkung und Selbstbehauptung: 1945-2000*, Stuttgart 2001.

Harnisch, Sebastian/Maull, Hanns W. (Hrsg.): *Germany as a Civilian Power. The Foreign Policy of the Berlin Republic*, Manchester 2001.

Harnisch, Sebastian: *Außenpolitiktheorie nach dem Ost-West-Konflikt: Stand und Perspektiven der Forschung*, Trierer Arbeitspapiere zur Internationalen Politik, Nr. 7, 2002.

Hill, Christopher: *The Changing Politics of Foreign Policy*, Basingstoke 2003.

Hill, Christopher: *What is to be done? Foreign Policy as a site for political action*, in: International Affairs 79, 2/2003, S. 233-255.

Kaiser, Karl/Maull, Hanns W. (Hrsg.): *Deutschlands neue Außenpolitik, Band 1: Grundlagen*, München 1994.

Kaiser, Karl/Maull, Hanns W. (Hrsg.): *Deutschlands neue Außenpolitik, Band 2: Herausforderungen*, München 1995.

Kaiser, Karl/Krause, Joachim (Hrsg.): *Deutschlands neue Außenpolitik, Band 3: Interessen und Strategien*, München 1996.

Kaiser, Karl/Eberwein, Wolf-Dieter (Hrsg.): *Deutschlands neue Außenpolitik, Band 4: Institutionen und Ressourcen*, München 1998.

Karl, Wolf-Dieter/Krause, Joachim: *Außenpolitischer Strukturwandel und parlamentarischer Entscheidungsprozeß*, in: Haftendorn, Helga u.a. (Hrsg.): Verwaltete Außenpolitik. Sicherheits- und Entspannungspolitische Entscheidungsprozesse in Bonn, Köln 1978.

Kissinger, Henry: *Die Herausforderung Amerikas. Weltpolitik im 21. Jahrhundert*, München 2002.

Krippendorf, Ekkehart: *Kritik der Außenpolitik*, Frankfurt a.M. 2000.

Medick-Krakau, Monika (Hrsg.): *Außenpolitischer Wandel in theoretischer und vergleichender Perspektive: Die USA und die Bundesrepublik Deutschland*, Baden-Baden 1999.

Neack, Laura: *The New Foreign Policy. U.S. and Comparative Foreign Policy in the 21st Century*, Lanham 2003.

Rittberger, Volker (Hrsg.): *German Foreign Policy Since Unification. Theories and Case Studies*, Manchester 2001.

Schmidt, Siegmar/Hellmann, Gunther/Wolf, Reinhard (Hrsg.): *Handbuch zur deutschen Außenpolitik*, Wiesbaden 2006 (i.E.)

Schöllgen, Gregor: *Die Berliner Republik als internationaler Akteur. Gibt es noch eine deutsche Interessenpolitik?*, in: Außenpolitik, 49 (1998) 4, S. 27-37.

Smend, Richard: *Forschung und Fortschritte*, Bd. 14, 1938.

1.　Außenpolitik: Begriff und Gegenstand

*Da das Ziel gegeben ist - die Choreographie der
internationalen Bühne aufzuzeichnen - sollte sich der
Theoretiker bemühen, alle Elemente festzuhalten.*
Raymond Aron

Das Verstehen von Außenpolitik erfordert zunächst eine Definition des Begriffes, ohne
den eine wissenschaftliche Beschäftigung mit Außenpolitik und die kommunikative
sowie konsistente Verwendung des Begriffes selbst nicht möglich wären. Fragt man
nach den zentralen Merkmalen auswärtiger Politik, lässt sich eine immense Zahl an
Begriffen finden, die der Außenpolitik eine ganz unterschiedliche Bedeutung verleihen.
Einer Vielzahl konzeptioneller, sprachlich oft verwendeter Schlagworte und Bausteine -
wie: Interessen, Ziele, Entscheidungen, Handlungsmaximen, Strategien, Aktionen, Verhaltensmuster, Rollen- und Selbstverständnis - liegt (wie wir noch sehen werden) ein
bestimmtes Gedankengebäude, eine spezifische Perspektive oder Vorstellung von Außenpolitik zugrunde. Hinsichtlich der verschiedenen, stark voneinander abweichenden
Konzeptualisierungen von Außenpolitik hob Charles F. Hermann daher schon in den
siebziger Jahren hervor, dass es „über die Bedeutung von Außenpolitik keine Übereinstimmung" gebe. Für den ernsthaften Betrachter werde es zur notwendigen Aufgabe,
„sich seine eigene Definition" zu formulieren, die wiederum „sein Klassifikations-
system beeinflusst" (Hermann 1972: 70, vgl. Hermann/Kegley/Rosenau 1987).

1.1　Definition von Außenpolitik

Im Alltagsverständnis wird Außenpolitik zumeist mit den Staatsbesuchen von Politikern, außenpolitischen Entscheidungen in der Regierung(shauptstadt), Gipfelkonferenzen und Festbanketten, Reden vor Nationalversammlungen und Parlamenten, Grußwor-
ten und Drohgebärden, schwierigen Verhandlungen zwischen Regierungsdelegationen
oder der Bereitschaft zu militärischer Gewaltanwendung assoziiert. Hinzu kommt, dass
sich wie viele andere politische Vorgänge „auch Außenpolitik nur schwer griffig und
bildhaft darstellen [lässt]. Dunkelblau gekleidete Gestalten auf anonymen und immer
gleichen Konferenzfluren, an sorgsam eingedeckten Konferenztischen scheinbar dahin-
dämmernde Damen und Herren, hinter Namensschildern kauernde Figuren, die oft ver-
zweifelt mit den Tücken der Dolmetschertechnik kämpfen. Die Bilder gleichen sich und
verraten in der Regel nichts über die Themen, die behandelt werden. Zwar gibt es das
historische und symbolische Bild – Bill Clinton, der in einer scheinbar privaten Aufnahme vor einem Fenster sitzend in Camp David auf Arafat einwirkt, Joschka Fischer,
der energisch gestikulierend aus der unscharfen Sicht eines Teleobjektivs in einer Ver-

handlungspause in Rambouillet auf den serbischen Vertreter Milutinovic einredet. Doch diese Bilder sind rar und transportieren nur eine symbolische oder emotionale Wahrheit, die keinen Einblick in die komplexe Sachmaterie liefert. Die tatsächlichen Zwänge, die realistischen Handlungshorizonte und die oft verwickelten Wege der Diplomatie lassen sich nur unzulänglich im Bild einfangen" (Michaelis 2002: 143). Wie lässt sich die politische Realität dann erklären? Auf welche Weise ist es möglich, Außenpolitik als eine historisch gewachsene, politische Praxis der Staaten um Krieg und Frieden (politik)wissenschaftlich zu erklären und zu verstehen?

Ausgangspunkt in der Diskussion darüber, was Außenpolitik bedeutet, war zunächst das Fehlen einer konkreten Definition (Hudson/Vore 1995). Zum Nicht-Vorhandensein eines Außenpolitikbegriffes hatte wesentlich die Tatsache beigetragen, dass Außenpolitik lange Zeit ein in der Politikwissenschaft „vernachlässigtes Konzept" war, das, ähnlich der problematischen Bestimmung des Forschungsgegenstandes der internationalen Politik, nur schwer inhaltlich gefüllt werden konnte. In der Überzeugung zu wissen, was Außenpolitik sei, hielt man das wissenschaftliche Nachdenken über Außenpolitik für wenig erforderlich. Vielmehr griff man zur Erklärung von Außenpolitik auf den Begriff der Diplomatie zurück, den man im weiteren Sinne nicht nur als Gesamtheit der internationalen Beziehungen verstand, sondern „gelegentlich mit der Außenpolitik des Staates" gleichsetzte. Dass dies auch heute zu einem wesentlichen Teil für die Außenpolitik gilt, verdeutlichen Richard Holbrooke's Konfliktvermittlung in der Krisenregion des Kosovo, multilaterale Initiativen zur atomaren Abrüstung Nordkoreas oder Nelson Mandelas diplomatischer Einsatz für Ken Saro Wiwa in Nigeria.

Der mit dem Begriff der Diplomatie bezeichnete Tatbestand kann Außenpolitik allerdings weder ausreichend noch angemessen erklären. Wer Außenpolitik nur unter dem Begriff der Diplomatie zusammenfasst, wählt eher eine verengte Perspektive, da der Begriff der Diplomatie sich in seinem kleineren Wortsinn vielmehr auf die Handhabung der internationalen Beziehungen durch Verhandlungen bezieht; wobei sich die heutige Form der Diplomatie, wie wir sehen werden, den veränderten Kommunikations- und Reisemöglichkeiten, etwa in Gestalt der Gipfel- und Reisediplomatie von Regierungsmitgliedern, stark angepasst hat. Außenpolitik ist daher mit Diplomatie, gleichsam als Residualkategorie staatlichen Handelns, oder mit einer Vielzahl diplomatischer Probleme nur unzureichend vergleichbar.

Einen geeigneteren Weg zur Begriffsabgrenzung und Definition von Außenpolitik bieten - unter Berücksichtigung des Aspekts der Zweckmäßigkeit und Wirklichkeitsnähe - drei voneinander unterschiedliche Konzepte. Ihrem Verständnis nach ist Außenpolitik

- nach außen orientiertes, zielgerichtetes und *interessen*geleitetes *Entscheidung*shandeln, mit klar erkennbaren Akteuren, insbesondere dem Staat als relativ bedeutsamsten Akteur,
- ein von inhaltlichen Dimensionen gekennzeichneter und durch das politische System geprägter, in Form von Ziel-Mittel-Kombinationen oder Rollenmustern zum Ausdruck kommender Bereich der Politikgestaltung bzw. *policy*, sowie

- eine aus kollektiven Identitäten und gesellschaftlichen Selbst- und Fremd*bildern* hervorgehende, über Handlungs*normen*, Ideen und Mittelpräferenzen wirkende Politik.

Außenpolitik unterscheidet sich damit wesentlich von der *Innen*politik, der *internationalen Politik* und *transnationalen Politik.*

Im Unterschied zur Außenpolitik bezeichnet *Innenpolitik* einen Bereich des Politischen, der zentralistisch und hierarchisch geordnet sowie durch das Gewaltmonopol einer (zumindest in den Demokratien) legitimen Regierung gekennzeichnet ist. Außenpolitik findet demgegenüber in einem dezentralen und anarchischen Umfeld statt, ohne eine übergeordnete zentrale Regelungs- und Lenkungsinstanz, die die Sicherheit der einzelnen Staaten gewährleisten kann. Innen- und Außenpolitik sind in der Gegenwart sicherlich nicht mehr voneinander trennscharf abzugrenzen. Beide Politikbereiche beeinflussen und durchdringen sich gegenseitig, lassen sich jedoch bis zu einem gewissen Grad voneinander unterscheiden.

Eine Differenzierung zur *internationalen Politik* ist demgegenüber anhand der jeweiligen Perspektive möglich: Außenpolitik ist aus dem Blickwinkel der Akteure, der einzelnen *handelnden* Staaten, zu betrachten, internationale Politik dagegen aus der Vogelperspektive, gekennzeichnet von einer Vielzahl an wechselseitigen, grenzüberschreitenden Beziehungsmustern und Interaktionsprozessen zwischen den Staaten. Dass dabei in immer stärkerem Maße auch nicht-staatliche Akteure (z.B. Unternehmen, Nichtregierungsorganisationen oder Parteien, gesellschaftliche Gruppen und Interessenverbände) grenzüberschreitend handeln und auf die Außenpolitik Einfluss nehmen, ist Merkmal einer *transnationalen* Politik. Im Gegensatz zu den staatlichen Akteuren sind sie allerdings nicht von den Mitgliedern der Gemeinschaft bzw. der Gesellschaft autorisiert und legitimiert, für sie nach außen, gegenüber „Fremden" (oder besser: anderen politischen Systemen), zu handeln bzw. Außenpolitik zu betreiben.

Was der Begriff „Außenpolitik" darüber hinaus bedeutet, lässt sich an verschiedenen Konzepten näher konkretisieren.

1.2   Konzepte der Außenpolitik

Außenpolitik und Interesse

Im klassischen Sinne, und damit in Anlehnung an ein erstes Konzept, wird Außenpolitik als die Politik eines Staates gegenüber seiner auswärtigen Umwelt verstanden. Diese nach außen gerichtete Politik des Staates, oder besser: der Regierung und seiner außenpolitischen Führungskräfte, bezieht sich auf die Sphäre, die außerhalb des - im engeren völkerrechtlichen Sinn - eigenen Souveränitätsbereiches liegt. Nicht das politische System oder die Gesellschaft des Staates, also die innere Umwelt, stellt das Handlungsfeld der Außenpolitik dar. Dem traditionellen Verständnis folgend, bezeichnet Außenpolitik die *Gesamtheit aller Entscheidungen und Handlungen eines Staates, die auf Adressaten im internationalen Umfeld, auf politische Akteure in Staaten oder internationalen Organisationen, gerichtet sind.* Im Kern geht es um Akteure wie Regierung oder Parlament, deren grenzüberschreitendes Handeln in erster Linie auf die Regierung des anderen Staates zielt. Die Wahrnehmung und Durchsetzung der eigenen Interessen gegenüber der Umwelt, d.h. „gegenüber oder in Beziehung zu anderen politischen Einheiten" (Pfetsch 1994: 34) wird so zum wesentlichen Gegenstand der Außenbeziehungen des Staates, ob in Form von Staatsbesuchen, diplomatischem Verkehr oder völkerrechtlichen Abkommen.

Staaten handeln demnach als Akteure, „die sich zweckbestimmt verhalten" (Singer, in: Haftendorn 1975: 199), deren außenpolitische Aktionen im Allgemeinen zielgerichtet ablaufen und bestimmten Absichten oder Interessen folgen. Die Gestaltung der Beziehungen zu anderen Staaten und Aktionssystemen beruht dabei in erster Linie auf unterschiedlichen außenpolitischen Interessen. In diesem Sinne bleibt nicht nur, „der Vorrang der Staatsaktionen (...) zentral" (Hacke 2003: 339). Der Schwerpunkt der Außenpolitikanalyse liegt, nach Deborah Gerner, auf den „Absichten, Stellungnahmen und Aktionen eines Akteurs – häufig, aber nicht immer eines Staates -, die auf die äußere Umwelt und die Reaktion (*response*) anderer Akteure gegenüber diesen Absichten, Stellungnahmen und Aktionen gerichtet sind" (Gerner 1995: 18).

Im Bereich der Außenpolitik haben wir es folglich mit außenpolitischen *Aktionen* und *Reaktionen* von Staaten und ihren Regierungen zu tun, die selbst wiederum auf *Entscheidungen* beruhen. Der Prozess der Entscheidungsfindung innerhalb der Staatsführung wie auch die Entscheidungsausführung und -kontrolle stellen einen weiteren wichtigen Erklärungsfaktor und Schlüssel zum Verstehen außenpolitischen Handelns dar. Die Exekutive entscheidet überwiegend durch ihre Wahl (an Handlungsmöglichkeiten), was Außenpolitik bedeutet. So bestimmen die Struktur des Entscheidungssystems wie auch die Organisation des außenpolitischen Apparates maßgeblich das „Wie", und, gleichsam indirekt, das „Was" der Politikformulierung. Wo die außenpolitischen Entscheidungsprozesse stattfinden, ob im Kabinett, im Außenministerium oder Ministerrat, ob sie zentralisiert oder dezentralisiert und offen oder geschlossen ablaufen, sind entscheidende Fragen (Bellers/Benner/Gerke 2001, Bierling 2003, East et al. 1978).

Bemüht um die Funktion eines „*gatekeepers*" in der Außenpolitik müssen sich die staatlichen Entscheidungsträger jedoch inzwischen auf eine „Parallel-Diplomatie" einstellen, die (angesichts der gewachsenen Außenbeziehungen von einzelnen Fachministerien) die übliche Unterscheidung in „*high politics*" und „*low politics*" zunehmend auflöst. Unterscheidungen zwischen „großer Politik" einerseits,

-   im Sinne ernstzunehmender, die Staatsinteressen betreffender Konflikte (z.B. Fragen der territorialen Sicherheit, der Bedrohung durch bewaffnete Angriffe oder der monetären Integration und Wohlfahrt des Landes),
    und „kleiner Politik" andererseits,
-   in Gestalt grenzüberschreitender, routinisierter und nur wenig öffentlichkeitswirksamer zwischenstaatlicher Kontakte, multilateraler Verhandlungsprozesse

innerhalb der OSZE oder der NATO, Diskussionen über Fischfangrechte, Umweltschutz und Flughafennutzung,
sind kaum mehr von ausreichender Erklärungshilfe.

Außenpolitik als policy-Begriff

In einem zweiten Konzept kann Außenpolitik als *policy* im Sinne einer inhaltlich definierten Außenpolitik verstanden werden. Als solche ist Außenpolitik nicht von einem
unabänderlich fortbestehenden, ahistorischen Nationalinteresse gekennzeichnet, sondern
(in ihrer inhaltlichen Dimension und ihren prozeduralen Mechanismen) von den Merkmalen des politischen Systems geprägt. Unterschiedliche Formen politischer Herrschaft
bestimmen danach das Außenpolitikverhalten; ein Gesichtspunkt, der im Zusammenhang mit der Außenpolitik von demokratischen Staaten und dem Muster ihrer gegenseitigen Beziehungen eingehend untersucht wurde. Der Begriff „foreign policy" illustriert
dabei den *programmatischen, intentionalen, strategisch-planenden* und *zielgerichteten*
Charakter, den das Wort „policy" der Außenpolitik verleiht. Anderen Politiken vergleichbar (der Gesundheits- oder Bildungspolitik), wird Außenpolitik hier als eine weitgehend rationale Umsetzung von Strategien verstanden, die unter den Bedingungen
vorgegebener Ziele, eines verfügbaren Zeitrahmens und der geeigneten Instrumente
erfolgt. Russet, Starr und Kinsella sehen im Konzept der foreign policy daher nicht nur
ein Programm, das als Leitfaden für das (politische) Verhalten dient, um die Ziele zu
verwirklichen, die eine Organisation sich selbst gesetzt hat. Es beinhaltet eine Summe
von Zielpräferenzen, die als Leitfaden für Aktionen außerhalb der staatlichen Grenzen
dienen, um die Ziele des Staates zu fördern und zu verwirklichen (Russet/Starr/Kinsalla
2004, vgl. Neack 2003).
    Im Mittelpunkt der Betrachtung stehen aus diesem Grund zum einen die Inhalte der
Politik und ihre politische Steuerung und Umsetzung durch die einzelnen Akteure. Zum
anderen erhalten die außenpolitischen Ergebnisse (*outputs*), gerade mit Blick auf die
vom Staat zu erbringenden Leistungen, ein entscheidendes Gewicht bei der Frage, ob
die Außenorientierung des Staates, gemessen an den formulierten Zielen, tatsächlich
erfolgreich verlief. Die außenpolitischen Programme und Ergebnisse der Politikformulierung einer Regierung liegen allerdings keineswegs immer eindeutig fest oder ausfor-
muliert vor. Ebenso können *Programme* - d.h. policies im engeren Sinne - eine Reihe
unterschiedlicher außenpolitischer Strategien, Regierungserklärungen oder Gesetze
beinhalten, wie etwa die gesetzlich geregelte Mitentscheidung des Parlaments bei Aus-
landseinsätzen der Streitkräfte (z.B. der deutschen Bundeswehr) oder die Festlegung
erforderlicher Haushaltsmittel.
    Die Beschäftigung mit der Außenpolitik als Politikfeld lenkt die Aufmerksamkeit
deshalb zunächst auf die Absichten und Ziele, die der Staat verfolgt, und auf die Ergebnisse, die er im Rahmen seiner Politik formuliert. Die Politikdurchführung („*Implementation*") bildet dann in einem weiteren Schritt den zweiten Teil des policy-making, sei
es in Form von staatlichen Interventionen, humanitärer Hilfe, zwischenstaatlichen Verträgen u.a. Diese Umsetzung der außenpolitischen Programme und Strategien eines

Staates erfolgt in Form der rationalen Mittelwahl, anhand einer genauen Abwägung und Kombination von Zielen und Mitteln. Im Begriff der *„strategischen Grundorientierung"* finden wir dazu einen bekannten Ansatz

Was in den Debatten der außenpolitischen Elite eine wichtige Rolle spielt, ist demzufolge die Frage nach dem „Einsatz von Instrumenten und Ressourcen im Hinblick auf die den (staatlichen, Anmerk. d. Verf.) Kerninteressen förderliche Gestaltung der internationalen Umwelt" (Rudolf 1999: 70). Wenn auch nur von indirektem Einfluss bei der Formulierung und Durchführung von Außenpolitik, kann diese grundlegende strategische Orientierung durchaus „in die öffentliche Meinung einfließen", die Sichtweise von Eliten verändern und damit der Außenpolitik Schranken setzen oder handlungsleitend wirken. Die Debatte um eine neue *grand strategy* war zuletzt in den Vereinigten Staaten zu einem zentralen Thema geworden, nachdem das Ende des Ost-West-Konfliktes die bisherige Strategie der Eindämmung (*containment*) beendet hatte und die Regierung vor die Aufgabe stellte, die internationale Rolle Amerikas neu zu definieren. Unter Bush und Clinton standen grundlegende Optionen und Ordnungsvorstellungen im Mittelpunkt der außenpolitischen Diskussion: neben der Frage nach dem richtigen Instrument zur Interessendurchsetzung - ob durch Hegemonie, Mächtekonzert oder Gleichgewichtspolitik -, kreiste die Debatte zur künftigen Struktur des internationalen Systems um die beiden Möglichkeiten einer (1) kooperativen oder (2) machtpolitisch abgesicherten Weltordnung.

Dabei sollte man allerdings nicht annehmen, dass die tatsächliche Außenpolitik stets dem idealtypischen Entwurf einer vollkommen rational getroffenen Entscheidung folgt. Unterschiedliche, dem *Zufälligen*, rein *Individuellen* oder *Unwiederholbaren* geschuldete Faktoren nehmen auf die Formulierung und Durchführung der Politik ebenso Einfluss wie die zuständigen Institutionen und Bürokratien des politisch-administrativen Apparates und die gesellschaftlichen Akteure. Dazu zählen nicht nur die Eigentümlichkeiten praktischer Politik. Einmalige politische Ereignisse und weit reichende Erfindungen (militärtechnologische Entwicklungen, ein geglückter oder misslungener Staatsstreich wie in Georgien unter Schewardnadse), opferreiche Attentate (z.B. der Terroranschlag auf das World Trade Center vom 11. September 2001) als auch die Struktur besonderer Persönlichkeiten (z.B. des religiösen Staatsführers Khomeini, des südafrikanischen Nationalhelden Nelson Mandela, Mao Tse-tungs oder Kemal Atatürks), gehören zu den nicht rational erfassbaren Faktoren (Kindermann 1986: 66-67). Bei der Konkretisierung des außenpolitischen Programms, der Ressourcenbereitstellung und den außenpolitischen Entscheidungen darf daher nicht übersehen werden, dass das außenpolitische Handeln stets unter einem bestimmten *Situations- und Realitätsbezug* erfolgt. Die Verabschiedung und Implementation eines außenpolitischen Programms hängt nicht nur vorrangig von relativen, stets wiederkehrenden Konstanten, sondern auch von kontingenten und wissenschaftlich nicht im voraus zu kalkulierenden Faktoren ab.

Neben den außenpolitischen Strategien und Ziel-Mittel-Kombinationen lassen sich die außenpolitische Interessenlage und die Grundorientierung eines Staates sowohl mit Hilfe eines Rollenmodells als auch über die Typologisierung von Verhaltensweisen beschreiben. Da Staaten sich in ihren Außenbeziehungen nach einem bestimmten Rollenmodell darstellen lassen, sind Rosecrance zufolge die Konzepte eines machtstaatlichen und handelsstaatlichen Rollenverhaltens (Deutschland, Japan) zwei wesentliche Modelle, die ebenso in die Kategorie eines außenpolitischen Rollenmusters fallen wie das von Maull eingeführte Konzept der *Zivilmacht* (Maull 1997). Zum anderen ist Außenpolitik anhand allgemeiner Verhaltenstypologien darstellbar. Außenpolitische Verhaltensmuster werden mittels unterschiedlicher Formen von Typologien aufgeschlüsselt und an verschiedenen Idealtypen außenpolitischen Handelns „vermessen".

Ideen, Normen und Außenpolitik

Anknüpfungspunkt für das dritte Konzept ist schließlich eine über Ideen, Normen, kollektive Identitäten und Sozialisationsprozesse formulierte und gestaltete Politik. Im Gegensatz zum Interessen-Konzept, das die Eigenschaften des Akteurs aus seiner Position im internationalen System und dem verfügbaren Machtpotenzial herleitet, geht dieses Konzept von der Wandelbarkeit der Akteurseigenschaften aus. Dass sich die Identität eines Staates als Akteur ändern kann und dies wiederum Rückwirkungen auf die Struktur des internationalen Systems ausübt, stellt eine wichtige Grundannahme dar. In der konstruktivistischen Analyse von Außenpolitik werden wir sehen, welche wechselseitigen Einflussbeziehungen es zwischen Akteuren und Strukturen nach dem Ansatz des Konstruktivismus gibt. Rationales Handeln ist damit zwar im Rahmen der vorhandenen politischen Realität nicht ausgeschlossen. Im Mittelpunkt aber stehen die sozial konstruierten Normen und Regeln, die das außenpolitische Verhalten der Akteure anleiten, und nicht materielle, objektiv vorhandene Strukturen, die ohne Zutun oder Wollen des Akteurs das Handeln beeinflussen. Das aus dem Ende des Kalten Krieges hervorgehende internationale System zwingt den Staat, sich neu zu konstituieren und damit sein außenpolitisches Verhalten, seine Präferenzen und Mittel den wahrgenommenen Veränderungen anzupassen. Ideen, Werte, Normen und Erfahrungen spielen eine handlungsanleitende Rolle. Als unabhängige Variablen bestimmen sie das Verhalten von Staaten. Das außenpolitische Handeln ist folglich nicht „als machtinduziert, sondern als normengeleitet zu verstehen" (Menzel 2001: 220). Der Staat erweist sich demnach nicht mehr als ein auf maximalen Nutzen zielender und rational handelnder *Homo oeconomicus*, sondern als ein *Homo sociologicus*, der seinem Wesen nach „eine gesellschaftliche Rolle spielt" (Menzel 2001: 220). Kultur, Identität und Ideen zählen daher zu den maßgeblichen, gesellschaftsbezogenen Erklärungsfaktoren.

Die durch Widersprüche und Unsicherheiten gekennzeichnete Außenpolitik Russlands im Verlauf der neunziger Jahre lässt sich aus Sicht der konstruktivistischen Forschung gerade aus der Konkurrenz widerstreitender Ideen innerhalb Russlands erklären. Da das Ende des Ost-West-Konfliktes, der Zusammenbruch der Sowjetunion und der Verlust der Position einer internationalen Großmacht, zugleich auch der Zerfall der russischen Gesellschaft und die Autonomiebestrebungen einzelner Regionen, vor allem in Tschetschenien, die bisherigen Konstanten im Selbstbild Russlands verändert hatten, kam es zu wesentlichen, mit einer nationalen Identitätskrise verbundenen Spannungen. Putin lag aus diesem Grund daran, die künftige Rolle Russlands als Großmacht wie auch das außenpolitische Verhalten und die nationalen Interessen neu zu interpretieren, indem er zur Problemlösung den eigenen historisch und politisch-kulturell geprägten Ideen, Weltbildern und Überzeugungen (*belief systems*) folgte. Zur Überwindung der Krise russischer Außenpolitik, vor allem gegenüber dem Westen, setzte Putin auf eine „Trias aus Patriotismus, Großmacht und starkem Staat" (Fischer 2003: 337-338), einem eher „russisch-realistischen" Weltbild, das eine größere außenpolitische Stabilität für Russland versprach.

Wenn wir also versuchen, den Begriff der Außenpolitik inhaltlich festzulegen, so kann man sich einer Klärung des Begriffes anhand der verschiedenen Konzepte nähern. Ihre zum Teil unterschiedlichen Auffassungen über Grundmuster der Außenpolitik verdeutlichen, dass sich die Analyse von Außenpolitik nicht mehr nur auf den nationalstaatlichen Charakter von Außenpolitik, gewissermaßen als „Reservat der gouvernementalen Exekutive", bezieht. Außenpolitik ist seit einem Jahrhundert längst keine Domäne der Exekutive mehr. Die Ausrichtung von Außenpolitik auf die nationalen Interessen des Staates unterstreicht jedoch noch immer die maßgebliche Bedeutung der Exekutive bei der Formulierung und Gestaltung von Außenpolitik. So stellt in den meisten europäischen Demokratien die Außenpolitik bislang überwiegend eine Sache der Regierung und kaum des Parlaments oder der Gesellschaft dar. Dies ist wesentlich auf das seit Mitte des 17. Jahrhunderts dominierende Modell der Welt als *Staatenwelt* zurückzuführen, „innerhalb dessen der Begriff der Außenpolitik geprägt und verwendet wurde". Aufgrund der zunehmenden Bedeutung gesellschaftlicher Akteure und der wachsenden Verflechtung bzw. „aufschießenden Interdependenz" (Rosenau) in der internationalen Politik hat neben dem politischen System allerdings auch das gesellschaftliche Umfeld inzwischen an Gewicht in der Außenpolitik gewonnen.

Was im Rahmen der drei genannten Erklärungskonzepte dabei letzten Endes deutlich wird, ist die Anzahl unterschiedlicher Auffassungen und Darstellungen, die sich hinter dem jeweils gemeinsam verwendeten Terminus Außenpolitik verbergen. Das bedeutet nicht, dass in den einzelnen Definitionen von Außenpolitik nicht auch relevante (handlungsorientierte sowie ziel- und zweckgerichtete) Schlüsselkomponenten enthalten sind, die eine weitere Möglichkeit zur Begriffsannäherung bieten. „Mit und in Außenpolitik" nimmt, so lässt sich zumindest allgemein nach Seidelmann sagen, „die im souveränen Nationalstaat organisierte Gesellschaft ihre (...) Interessen gegenüber ihrem internationalen Umfeld wahr" (Seidelmann 2004: 1). Diese Interessen, wie sie bekanntermaßen das erste Konzept betont, stehen im Spannungsfeld zwischen der internationalen Politik einerseits und den innerstaatlichen Einfluss- und Wirkungsfaktoren auf die Außenpolitik andererseits. Über unterschiedliche Einfluss nehmende Prozesse, Strukturen und Handlungsstränge aus dem inneren und äußeren Umfeld schafft Außenpolitik ein „Beziehungsmuster", dem eine „mehr oder weniger deutlich gemachte *Gesamtstrategie*" mit klaren, aufeinander abgestimmten Ziel- und Mittelpräferenzen zugrunde liegt. Hier wird erneut die im zweiten Konzept bereits erwähnte Kombination von Zielen und Mitteln und ihre Bezugnahme (Rückbindung) auf die innerstaatlichen Bedingungen von Außenpolitik bedeutsam.

Dabei erklärt nicht nur „die Innenpolitik (...) einen Teil der Außenbeziehungen"
(Hartmann 2001: 45) Außenpolitik erfolgt in Wechselwirkung mit verschiedenen gesellschaftlichen („subnationalen"), nationalen, regionalen und internationalen Faktoren.
So wenig Innen- und Außenpolitik in der wissenschaftlichen Analyse wie auch in der
außenpolitischen Praxis allerdings voneinander getrennt werden kann, so wenig lassen
sich die Faktoren aus dem inneren Umfeld oder aus dem internationalen System als ein-
zig relevante Bewegungsgesetze bezeichnen. Außenpolitik ist das „gemeinsame Produkt
internationaler und innerstaatlicher Faktoren" sowie des zwischen diesen Faktorengrup-
pen bestehenden Wechselwirkungsverhältnisses (*linkage*) (Kindermann 1986: 75).

Als Ergebnis so gewonnener Grundmerkmale kann Außenpolitik folgendermaßen
definiert werden: *Unter Außenpolitik ist das nach außen, auf eine bestimmte internationale Umwelt bzw. einen Adressaten, in der Regel auf einen Staat oder andere Aktionseinheiten der internationalen Politik gerichtete und in den internationalen Bereich sich
erstreckende grenzüberschreitende Entscheidungshandeln eines souveränen Akteurs
(Staates) zu verstehen. Dieses erfolgt zum einen in der Absicht der eigenen Interessenwahrung und -durchsetzung gegenüber der internationalen Umwelt, zum anderen unter
Reaktion auf von außen kommende strukturelle Einflüsse und aktuelle Handlungen wie
auch aufgrund von innerstaatlichen bzw. gesellschaftlichen Wirkungsfaktoren und Prä-
ferenzaggregationen. Zielfestlegung, Verhaltensplanung und Mitteleinsatz der von Weltbildern, Einstellungen und Ideen geprägten Führungskräfte im politischen System vollziehen sich dabei unter doppelseitiger Berücksichtigung sowohl der innerstaatlichen
(kulturell geprägten) Prozesse der politischen Willensbildung als auch der regionalen
und internationalen Umweltfaktoren.*

Greifen wir abschließend noch einmal die Bedeutungsinhalte auf, die uns im Begriff der
Außenpolitik und ihrer Wirkung im Verhältnis von Akteur und Struktur begegnen. Sie
beziehen sich

- auf die Gesamtheit der Institutionen und Verhaltensweisen, mit denen die Führungskräfte eines Staates die auswärtigen Beziehungen zu anderen Staaten und sonstigen
  Akteuren der internationalen Politik regeln,
- auf Einzelaspekte (z.B. der Außenpolitik gegenüber einem Nachbarstaat) sowie auf
  das Gesamtgefüge der Beziehungen eines Staates zur internationalen Umwelt in einem konkreten Zeitraum,
- auf die unterschiedlichen, das außenpolitische Verhalten von innen bestimmenden
  politischen, wirtschaftlichen, sozialen, militärischen, geographischen und demographischen Faktoren, d.h. auf die *außenpolitische Infrastruktur* des politischen Systems, als auch
- auf Normen, Lernerfahrungen, Ideen und Wahrnehmungsinhalte der außenpolitischen Führungskräfte und der gesamten staatlich organisierten Gesellschaft.

1.3 Die Sachbereiche der Sicherheit, Wohlfahrt und Herrschaft

Dem politischen System fallen spezifische, auf die Sachbereiche der Sicherheit, der wirtschaftlichen Wohlfahrt und Herrschaft bezogene außenpolitische Aufgaben zu. Sie können als die dem politischen System „zur Bearbeitung zugewiesenen Sachbereiche" verstanden werden, in denen jeweils bestimmte Wertverteilungen - materieller oder immaterieller Art - vorgenommen werden. Diese Verteilung (*Allokation*) von Werten durch das politische System oder durch gesellschaftliche Akteure erfolgt nicht nur innerhalb des gesellschaftlichen Umfelds, sondern auch innerhalb der internationalen Umwelt des Staates. Mit dem Monopol der Wertzuweisung gegenüber der Gesellschaft verknüpft der Staat dabei seine Souveränität nach innen mit der Fähigkeit nach außen, durch unterschiedliche Machtmittel, wie dem Einsatz militärischer Gewalt, diese Aufgaben global wahrzunehmen. Was das politische System in den einzelnen Sachbereichen an äußeren Aufgaben erfüllt, hat insofern wesentlich mit zentralen staatlichen Grundinteressen zu tun. Dass der Staat für die Gesellschaft nach außen handelt, unterstreicht nach Hill, in welchem Umfang „foreign policy has its domestic sources, and domestic policy has its foreign influences" (Hill 2003: 38-39). An der Außenpolitik lässt sich seiner Ansicht nach ermessen, wie weit die gesellschaftlichen Bedürfnisse auf dem Gebiet der Sicherheit und der Wohlfahrt geschützt oder gefördert werden.

Abb. 1: Sachbereiche der Außenpolitik

Sachbereiche	Sicherheit	Wirtschaft	Herrschaft
Erkenntnisgegenstand	Sicherheit der Gesellschaft	Maß der Verwundbarkeit und Abhängigkeit, Wohlfahrt	Teilhabe der gesellschaftlichen Akteure
Ziele/Aufgaben der Außenpolitik	Integrität Territorialität Souveränität Überlebensfähigkeit Entwicklungschancen	Daseinsvorsorge Gesellschaftlicher Zusammenhalt Wettbewerbsfähigkeit	Partizipationsgrad Verteilungsgerechtigkeit Konsens

In der Frage nach dem Verhältnis von Innen- und Außenpolitik wird darauf noch näher einzugehen sein. Festzuhalten bleibt zunächst, dass gesellschaftliche Anforderungen auf das politische System Einfluss nehmen und gesellschaftliche Akteure in Einzelfällen durchaus um das Außenpolitik-Monopol konkurrieren können. Außenpolitik folgt zwar keinen innerstaatlichen oder sozialen Eigengesetzlichkeiten. Eine klare Trennung zwischen „innen" und „außen" ist andererseits kaum mehr möglich, sieht man allein auf die Vielzahl der Nicht-Regierungsorganisationen und auf jene Grauzonen, bei denen es unklar bleibt, ob es sich um eine innenpolitische Angelegenheit oder um einen Sachverhalt der internationalen Politik handelt. Für die Gestaltung und Bearbeitung der Außenpolitik auf den verschiedenen Sachbereichen erweist sich die gesellschaftliche bzw.

innere Struktur des Staates jedenfalls als ein „wichtiges Element für die außenpolitische Staatsräson" (Hacke 2003: 340).

Im Sachbereich der *Sicherheit* zählt dazu in erster Linie die Verfügbarkeit militärischer Mittel, um die Sicherheit der Gesellschaft vor äußeren Bedrohungen zu gewährleisten. In der traditionellen Sicherheitsleistung des Staates stand dabei nach klassischem Staatsverständnis stets der Schutz der territorialen Integrität, die gesellschaftliche Eigenentwicklung und wirtschaftliche Überlebensfähigkeit des Staates im Vordergrund. Seit dem Westfälischen Frieden (1648) wurde auf der Grundlage dieses klassischen Sicherheitskonzepts die zentrale außenpolitische Aufgabe des Staates definiert. Sicherheit nach außen ist bis heute mit den Verteidigungsfähigkeiten des Staates und mit den Begriffen der Territorialität und Souveränität eng verknüpft. Nach innen gegenüber seinen Bürgern sowie nach außen gegenüber der Staatenwelt wurde der Staat zum zentral agierenden Schutzverband. Diese äußere „*harte Schale*", auf der die staatliche Schutzfunktion bis dahin beruhte, wird durch den möglichen Einsatz nuklearer Trägerwaffen, industriewirtschaftliche Modernisierungsprozesse und den Prozess der Globalisierung durchbrochen. Seit der Mitte des 20. Jahrhunderts haben sich die außenpolitischen Sicherheitsgefährdungen aufgrund der Entwicklung neuer Waffentechnologien und neuer, teilweise globaler Bedrohungsformen wie Terrorismus und Drogenhandel stark verändert. Eine negative Interdependenz von Bedrohungszusammenhängen überwölbt die Außenpolitik des Staates im Sachbereich der Sicherheit.

Das bisherige sicherheitspolitische Prinzip der gegenseitigen Abschreckung, das durch die Nuklearwaffen in den USA und der Sowjetunion den Kalten Krieg bestimmte, ist seit dem Ende des Ost-West-Konfliktes neuen außenpolitischen Herausforderungen im Bereich der Sicherheit gewichen. Das Problem der zwischenstaatlichen Konfrontation mit Atomwaffen ist zwar längst nicht beseitigt. Rüstungsprogramme in Nordkorea, Pakistan und Indien unterstreichen das bestehende Risiko nuklearer Waffen. Neue Sicherheitsrisiken sind jedoch hinzugekommen: Waffenproliferation, ethnische, religiös und kulturell bedingte Konflikte und Bürgerkriege, Destabilisierungstendenzen in unterschiedlichen weltpolitischen Regionen, Umweltkrisen, Ressourcenknappheit, Migrationsströme, globale Krankheiten wie AIDS oder SARS, Drogenhandel und transnationaler Terrorismus. Das Kriegsbild und die Strukturprobleme als auch die Rolle gesellschaftlicher Akteure im internationalen System haben sich seit dem Ende des Kalten Krieges und zuletzt seit dem 11. September 2001 deutlich verändert. Sicherheit lässt sich daher begrifflich nicht mehr allein als *Abwesenheit von Bedrohung* und *Verwundbarkeit*, sondern auch als *Abwesenheit von Risiko*, von „diffuse(n), angstbesetzte(n)", nicht messbaren und individuell wahrnehmbaren Gefährdungen (Meyers 1995: 55) verstehen.

Dabei ist *nationale Sicherheit*, verstanden als „Sicherung der Unabhängigkeit eines Staates vor Eingriffen dritter Mächte" (Meyers 1995: 46), als der Schutz eines Staates und der Lebensinteressen seiner Gesellschaft vor äußerer Gewalt, vor politischem oder militärischem Druck, Drohung oder Erpressung, eine außenpolitische Aufgabe, die heute selbst von den großen Mächten nicht mehr alleine bewältigt werden kann. Abgesehen davon, dass es aus diesem Grund unterschiedliche Dimensionen der *kooperativen, kol-*

lektiven und *internationalen Sicherheit* gibt, die eine grundlegende Bedeutung für den Staat erhalten, bleibt vor allem die nationale Sicherheit von besonderem außenpolitischem Interesse: Sicherheit als die Fähigkeit des Staates, die Selbsterhaltung des politischen Systems zu garantieren und seine Gesellschaft/Werte vor äußerer Bedrohung zu schützen.

Prozesse der Kooperations- und Integrationsbildung, ob durch Allianzen wie die NATO oder durch internationale Organisationen wie die EU, OAS oder ASEAN unterstreichen die Absicht des Staates, die an das politische System gestellten gesellschaftlichen Anforderungen im Sachbereich der Sicherheit nicht ausschließlich mit militärischen Mitteln zu bewältigen. Angesichts der Tatsache, dass gesellschaftliche Akteure verstärkt um die außenpolitische Gestaltung der Sicherheit konkurrieren, hat sich in einigen sicherheitsrelevanten Politikfeldern („Bindestrich-Sicherheiten") zudem eine Akteurspluralität entwickelt, in der, neben den außen- und sicherheitspolitischen Institutionen des Staates, auch (subnationale Akteure) Nichtregierungsorganisationen oder transnationale Unternehmen ein größeres Gewicht erhalten.

In seiner Außenpolitik trifft der Staat daher mehr denn je auf den Handlungsbereich der so genannten *Gesellschaftswelt*, wie es Ernst-Otto Czempiel formuliert. Diese Gesellschaftswelt ist zwar noch immer staatlich verfasst. Es weist uns aber zugleich darauf hin, dass der Staat auf ein immer höheres Maß an Regulierungsanforderungen trifft, die der Bürger im Bereich der Sicherheit an das politische System stellt. Was wir an anderer Stelle bereits mit dem Begriff der Verwundbarkeit angesprochen haben, soll uns hier noch einmal interessieren. Wie erwähnt nimmt die Verwundbarkeit des Staates eine wichtige Funktion ein, wenn es um die außenpolitische Handlungs- und Steuerungsfähigkeit des Staates geht. Der Begriff selbst bezieht sich dabei nicht mehr in erster Linie auf die politisch-militärische Bedrohung und die verfügbaren militärischen Machtpotentiale, die Ausdruck für die Reichweite staatlicher Außenpolitik sind. Staaten sehen sich zunehmend durch ökonomische Verwundbarkeit in ihrer Sicherheit gefährdet. Daase lenkt den Blick auf diese für die Außenpolitik der Staaten wichtige Aufgabe, „(...) Abhängigkeitsverhältnisse zu ihren Gunsten zu verändern, um für potentielle Veränderungen *Vorsorge* zu treffen. Ihre Sicherheit nimmt eben in dem Maße zu, in dem ihre Verwundbarkeit abnimmt (...)" (Daase 1992: 73).

Dieser Schutz vor Kosten erzeugenden, wirtschaftlichen Außeneinflüssen, also eine Verringerung der Verwundbarkeit, führt uns (mitten) in den Sachbereich der *wirtschaftlichen Wohlfahrt*, der in den letzten Jahren für die Außenpolitik zu einem der wichtigsten überhaupt geworden ist. Der Begriff der *Verwundbarkeit* ist in diesem Fall nach Keohane und Nye Ausdruck für die Belastung, die ein Staat im allgemeinen zu erleiden hat, „selbst wenn die Veränderungen (...) früh erkannt und entsprechende Gegenmaßnahmen getroffen worden sind" (Gu 2000: 77) Vor allem im Bereich der Wirtschaft können unerwartete und plötzliche Veränderungen auftreten, die auf die Außenpolitik des Staates belastend wirken, ohne dass die Regierung in der Lage wäre, darauf bereits im voraus angemessen zu reagieren. Keohane und Nye haben anhand des Begriffs der *Sensitivität* („sensitivity") diesen zweiten wichtigen Sachverhalt untersucht. Verwundbar ist der Staat zumindest nicht mehr nur im militärischen Sinne. Außenpolitische Vorsorge hat mehr denn je auch mit nicht-politischen Ereignissen und Entwicklungen zu tun. Schwankungen der Rohstoffpreise, unkontrollierter Ressourcenabbau, Schulden-, Versorgungs- und Handelskrisen, grenzüberschreitende Kapitalströme und Börsenspekulationen sowie umfassender Welthandel machen deutlich, dass die Reichweite der Außenpolitik und die Bewältigung entsprechender Aufgaben in der internationalen Umwelt auch von den ökonomischen, finanziellen und technologischen Fähigkeiten und Potenzialen des Staates abhängen.

Der Streit um Bodenschätze - im Südchinesischen oder Kaspischen Meer um Erdölvorkommen, um die Wasserversorgung zwischen der Türkei und Israel oder im Kongo um Diamanten -, gegenseitige Territorialansprüche, Wettbewerb um begehrte Marktpositionen oder Schutz des Wirtschaftssystems vor äußeren Störungen heben hervor, dass die Daseinsvorsorge zu einer wesentlichen Aufgabe für die politischen Systeme geworden ist. Außenpolitisch schaffen sie nicht nur die Voraussetzungen und Rahmenbedingungen dafür, dass gesellschaftliche Akteure ihre Wirtschaftsinteressen in der internationalen Umwelt verfolgen können. Über nationale Politiken, Handelsvereinbarungen, zwischenstaatliche Verträge etc. regeln sie (die politischen Systeme) die Beziehungen auf dem Sachgebiet der wirtschaftlichen Wohlfahrt. Als ein Garant der Daseinsvorsorge und als Ordnungsmacht des gesellschaftlichen Zusammenlebens sind die Nationalstaaten dabei mit einem „Globalisierungsdilemma" und doppelseitigen Ziel konfrontiert: der Sicherung und Verbesserung der internationalen Wettbewerbsfähigkeit einerseits, aber auch der Gewährleistung einer sozialen und wohlfahrtsstaatlichen Verantwortung andererseits.

Die „harte Schale" des Staates, wie John Herz die territorialstaatlichen Außengrenzen einst formulierte, wird nicht mehr nur durch neue Waffentechnologien, sondern in den letzten Jahren auch durch die moderne industriewirtschaftliche Entwicklung durchbrochen. Ob sich dadurch die außenpolitischen Steuerungsmöglichkeiten des Staates im Bereich der wirtschaftlichen Wohlfahrt verringern oder neue Gestaltungschancen ergeben, hat im Rahmen der Ökonomisierungs- und Politisierungsthese, des Bedeutungsverlustes oder der Revitalisierung des Nationalstaats im Zuge der Globalisierung, zu einer kontroversen Debatte geführt.

Das politische System weitet die gesellschaftliche Daseinsvorsorge auf diese Weise auf die Außenbeziehungen weitaus stärker aus. Den Sachbereich der wirtschaftlichen Wohlfahrt erfolgreich zu ordnen, sei es durch ein multilaterales Regelungswerk, gegenseitige Absprachen oder gemeinsame Institutionen, erhält für alle nationalen (und nichtstaatlichen) Akteure deshalb eine wachsende außenpolitische Bedeutung. Der nationale Sicherheitsstaat wird in seiner Außenpolitik zunehmend zum Handelsstaat (vgl. Rosecrance 1987). Zweifellos gilt dies nicht global für alle Länder, sondern ist weitgehend auf den Wirtschaftsraum der westeuropäischen und atlantischen OECD-Staaten begrenzt. In ihrer Außenpolitik versuchen allerdings sämtliche Staaten (Industriestaaten und Entwicklungsländer) in der Regel eine mögliche Abhängigkeit vom äußeren - wirtschaftlichen - Umfeld so gering wie möglich zu halten: *defensiv* etwa durch Importsubstitution, durch Ausbau unterschiedlicher Ressourcen-, Liefer- und Bezugsquellen oder größtmögliche Wahrung der Autarkie - bei den USA als weltwirtschaftlicher Führungsmacht, bei Nordkorea mittels einer strikten Isolationspolitik -, *offensiv* durch politische Strategien und Gegenmaßnahmen, um ein politisches Ausnutzen der eigenen Verwundbarkeit oder erhöhte Kosten aufgrund wirtschaftlicher Abhängigkeit zu reduzieren oder zu verhindern. Auf welche Art dabei wirtschaftliche Akteure, wie multinationale Unternehmen oder Interessenverbände, von innen auf die Außenpolitik eines politischen Systems Einfluss nehmen, um im innerstaatlichen wie auch im internationalen Umfeld Gewinne zu maximieren oder Nutzenvorteile zu erringen, bleibt ein wichtiger Gesichtspunkt, der an anderer Stelle ausführlicher behandelt werden soll.

Die Frage des Einflusses auf die Politikformulierung führt uns zum dritten Sachbereich, auf den sich Außenpolitik bezieht. Lange Zeit wurde der Sachbereich der *Herrschaft* nur wenig in den Analysen auswärtiger Politik beachtet (Czempiel 2004: 18). Dennoch spielte die innenpolitische Dimension der Außenbeziehungen in der Ära des Ost-West-Konfliktes bereits eine zentrale Rolle. Der gegenseitige Anspruch auf Durchsetzung und Ausbreitung des eigenen Gesellschaftsmodells spiegelte sich, wenn auch von 1917 bis 1945 zunächst weniger ausdrücklich, in der Konfrontation zwischen der Sowjetunion als einem Land mit kommunistischem Systemcharakter und den USA als Führungsmacht der westlichen Staatengemeinschaft mit liberal-demokratischem Gesellschaftssystem wider.

Für das Verhalten des Staates bildet, nach Czempiel, das jeweilige Herrschaftssytem gerade den Rahmen, innerhalb dessen sich Außenpolitik vollzieht und bestimmt wird: „Es befindet darüber, wer an diesen Entscheidungsprozessen und an welcher Stelle teilhat; es befindet auch darüber, wer in welchem Maße und auf welche Weise von den Entscheidungen betroffen wird. (...) Es stellt die wichtigste Eigenschaft dar, von der das innen- und außenpolitische Verhalten einer politischen Einheit abhängt" (Czempiel 1998: 148). Das Herrschaftssystem kann daher „als eine wichtige Bedingung für das Verhalten aller Akteure in die internationale Umwelt hinein gelten" (Czempiel 2004: 18). Es regelt die „Beteiligungschancen", das heißt die Teilhabe der gesellschaftlichen Akteure an den (herrschaftlichen) Entscheidungsprozessen. In einem offenen, demokratisch strukturierten Herrschaftssystem wird den gesellschaftlichen Akteuren ein weitaus größerer Einfluss eingeräumt als in einem autoritären System.

Im Sinne dieser *institutionellen* Argumentation verläuft die Formulierung und Ausführung von außenpolitischen Entscheidungen in den auf Kompromiss oder Konsensfindung orientierten Demokratien deshalb im allgemeinen langwieriger und komplizierter als bei Entscheidungsprozessen in einem autoritären oder totalitären System, in dem vom Regime die Entscheidungen ohne Mitwirkung anderer gesellschaftlicher Akteure vorgegeben werden. Erweitert sich die Möglichkeit politischer Partizipation und Repräsentation, bekommen also mehr Menschen die Gelegenheit, über die Aktivitäten des politischen Systems mitzubestimmen und die Folgen und Risiken des staatlichen Verhaltens mitzutragen, wird die Außenpolitik der Regierung stärker „gezügelt" (in den innerstaatlichen Entscheidungsprozeß eingebunden). In den meisten europäischen Demokratien ist Außenpolitik dennoch überwiegend Sache der Regierung. Im Gegensatz zum Kongress und zu den Interessenverbänden in den USA, den so genannten Lobbys, verfügen dort das Parlament oder gesellschaftliche Akteure kaum über besonders durchsetzungsfähige Mitsprachechancen.

An den jeweiligen Systemtyp ist allerdings nicht nur der Partizipationsgrad der Akteure eines Staatsverbandes geknüpft. Neben der wirtschaftlichen und sozialen Verteilungsgerechtigkeit und der Höhe des gesellschaftlichen Konsenses bildet sich die Art des Herrschaftssystems in seinem Außenverhalten, insbesondere seinem Konflikt- und Gewaltcharakter, ab. Innerhalb der liberalen Theorie, genauer gesagt: der Theorie vom „demokratischen Frieden", wird dieser Zusammenhang zwischen Herrschaft und Außenpolitik ausführlicher in den Blick genommen. Danach ist die Aggressionsneigung bzw. der Gewaltgrad demokratischer Systeme untereinander gleich Null. So neigt ein von Föderalismus, Gewaltenteilung und Konstitutionalismus, also der institutionellen und/oder funktionalen Aufteilung der Staatsgewalt auf Legislative, Exekutive und Judikative gekennzeichnetes demokratisches System eher zum Frieden als ein autokratisches oder zentralistisches Herrschaftssystem (vgl. Wright 1969: 163).

Nach Bruce Russett und Ernst-Otto Czempiel sind die politischen Institutionen und die politische Kultur von Demokratien wesentliche Kontextfaktoren für das außenpolitische Verhalten von Staaten. Im Sinne der *rationalistisch-utilitaristischen* Perspektive erwarten die an wirtschaftlichen Interessen und an ihrer Daseinsvorsorge orientierten Bürger eine Politik, die einen Krieg des Staates zu Lasten der persönlichen Interessen der Bevölkerung vermeidet. Inwieweit die außenpolitische Gewaltanwendung auf die innenpolitischen Interessen- und Machtkonstellationen bzw. auf das innerstaatliche Entscheidungsumfeld der Regierung zurückzuführen sind, wird im Zusammenhang mit der liberalen Theorie der Außenpolitik noch näher interessieren. So wenig ein Krieg zwischen Demokratien daher wahrscheinlich erscheint, so sehr ist dennoch nicht ausgeschlossen, dass demokratische Staaten auch militärische Mittel einsetzen, um ihre außenpolitischen Ziele gegenüber nicht-demokratischen Ländern zu erreichen. Das gilt für den Falkland-Krieg zwischen Großbritannien und Argentinien ebenso wie für den bewaffneten indisch-pakistanischen Konflikt oder die Intervention der USA im Irak in den 1990er Jahren.

Soweit dabei gerade in demokratischen Herrschaftssystemen die Gewalt als Instrument der politischen Auseinandersetzung abgelehnt wird und ein Konfliktaustrag über Interessenausgleich und Kompromiss erfolgt, spiegelt sich aus Sicht der *normativ-kulturellen* Argumentation diese politische Kultur des „Live-and-let-live" (Hasenclever 2003: 205) auch in den auswärtigen Beziehungen von demokratischen Staaten wider. „Da kulturell geprägte Verhaltensdispositionen unteilbar sind, überträgt sich interner Unfrieden auf externen Unfrieden. Autokratische Regierungen gelten als notorisch unfähig, Konflikte mit friedlichen Mitteln zu lösen" (Hasenclever 2003: 206). Das schließt allerdings nicht aus, dass Demokratien eine eminente Verteidigungsbereitschaft gegen autoritäre Diktaturen und ihre gewaltsame Expansionspolitik aufweisen können. In autokratischen Systemen herrscht demgegenüber eine weitaus größere Aggressionsneigung. Wohlfahrts- und Teilhabechancen sowie rechtsstaatlich garantierte Freiheiten der Bürger sichern in Demokratien darüber hinaus den Bedarf an Legitimität des politischen

Systems. *Herrschaftssoziologisch* betrachtet, werden äußere Bedrohungsszenarien und Feindbilder kaum zur Herrschaftssicherung oder zur innerstaatlichen Konsensbildung eingesetzt oder instrumentalisiert.

Abb.2: Herrschaftssystem und Außenpolitik

Herrschaftssystem	Autokratie/Diktatur	Demokratie
Außenpolitisches Handeln	Starke Bereitschaft zu auswärtiger Gewaltanwendung	Geringe Bereitschaft zum Konfliktaustrag
Erklärungsmuster	Institutionell Rationalistisch-utilitaristisch Normativ-kulturell Herrschaftssoziologisch	

Es wäre allerdings falsch, anzunehmen, dass sich das Außenverhalten und die Interessenverfolgung eines Staates lediglich aus den Attributen des politischen Systems erklärt. Geographische Lage, militärische und wirtschaftliche Stärke, internationale Systembedingungen, die Wahrnehmung der Außenpolitik durch die Staatsführung oder die Bereitschaft zum außenpolitischen Handeln stellen nicht weniger relevante Bestimmungsfaktoren für das außenpolitische Verhalten dar. *Außenpolitik vollzieht sich*, so können wir festhalten, *in von den Sachbereichen bestimmten Handlungszusammenhängen*.

Es lässt sich von einer *kontextualisierten* (situations- und umweltabhängigen) Außenpolitik sprechen, die in einem Netzwerk von Handlungen unterschiedlicher Akteure, staatlicher und nicht-staatlicher Art, entsteht und vom Umfeld bzw. Kontext der Innen- und der internationalen Politik beeinflusst wird. Außenpolitik fungiert auf diese Weise als Brücke zwischen Innenpolitik und internationaler Politik.

1.4 Analyseebenen der Außenpolitik

Zur Erklärung von Außenpolitik ist es nicht nur erforderlich, die einzelnen Sachbereiche und die mit dem politischen System verbundenen außenpolitischen Verhaltensmuster zu analysieren. Zum Verstehen und Erklären von Außenpolitik spielt es eine entscheidende Rolle, wer in den einzelnen Sachbereichen der Außenpolitik handelt. Erläutern wir dies beispielhaft für den Sachbereich der Sicherheit an der Intervention der USA im Irak vom April 2003.

Die Außenpolitik der USA lässt sich in diesem Fall zunächst aus der Perspektive des amerikanischen Präsidenten Bush Jr. als individuellem Entscheidungsträger beleuchten: welches Weltbild zu dieser Zeit sein Verständnis von der politischen Realität prägte; von welchen Vorstellungen gegenüber Saddam Hussein und der von der irakischen Regierung verfolgten Politik Bush in seinen Entscheidungen ausging; ob es enge Berater gab, die seine Meinungen zum Irak und der davon ausgehenden Bedrohung beeinfluss-

ten, oder ob die Auffassungen und Ziele des Präsidenten die Sichtweise seines Berater-
stabes festlegten; inwieweit eine besondere Gruppendynamik innerhalb der Regierung
den außenpolitischen Handlungsspielraum des Präsidenten verringerte etc. Der Fokus
der Darstellung liegt auf der *individuellen Ebene*, die hauptsächlich das Rollen-, Verhal-
tens- und Wahrnehmungsmuster des Einzelnen im Bereich der Außenpolitik untersucht.

Ein Blick auf die Ebene der staatlichen Akteure erlaubt es demgegenüber, den Einfluss innenpolitischer Kräfte auf die Politik des Präsidenten, etwa von Kongress oder
Interessengruppen, zu betrachten. In diesem Sinne richten sich wesentliche Fragen auf
die *innenpolitische Dimension*: ob das Pentagon gegenüber der Regierung und dem
Kongress eine Strategie der Intervention befürwortete, ob das State Department einer
frühen Interventionsabsicht widersprach oder konkrete, von Interessengruppen unterstützte Proteste und Demonstrationen innerhalb des Staates Bedeutung gewannen. Abgesehen davon, dass sich der außenpolitische Prozess in den USA offener gestaltet als
in manchen anderen Ländern, gibt es in der Regel wichtige Akteure, die die Macht des
Präsidenten bzw. der Regierung einschränken können. Exemplarisch für das außenpolitische System der USA verweist Bierling auf „die Bürokratie, die sich oft der Implementierung (..)einer Politik widersetzt; die Interessengruppen, die ihre eigene Agenda
verfolgen; die Medien, die ihn (im Allgemeinen die Exekutive) konstant beobachten
und Schwächen bloßlegen; die Gerichte, die seinen Machtbereich einschränken können;
die öffentliche Meinung, die (ihn) bisweilen dazu zwingt, seine Politik zu ändern; und
vor allem der Kongress (Parlament, Legislative), der Außenpolitik in ihrer Substanz
beeinflussen kann" (Bierling 2003: 33). Je nach politischem Systemtyp treffen wir in
allen Herrschaftsordnungen auf entsprechende Formen starker oder geringer innenpolitischer Einflussnahme, die aus den innerstaatlichen Bedingungen und dem Umfeld des
Entscheidungszentrums hervorgehen.

Über das außenpolitische System hinaus ermöglicht die *Ebene der internationalen
Politik* den Blick auf die weltpolitischen Strukturen und Prozesse, die von außen auf die
auswärtige Politik des Staates Einfluss nehmen. Hierbei stehen die Beziehungen zwischen Staaten, ihre geostrategischen Ambitionen, Interessen- und Machtkonstellationen
sowie die Strukturen des internationalen Systems im Vordergrund der Analyseebene:
inwieweit folglich die neuen Bedingungen nach dem Ende des Kalten Krieges, das Ende
der Bipolarität und die regionale Konfliktlage im Nahen Osten die Außenpolitik der
USA beeinflussten; auf welche Weise Washington die Möglichkeit nutzte, durch internationale Organisationen wie die NATO und die Vereinten Nationen seine Interessen
durchzusetzen; wie sich die wechselseitigen Beziehungen (Interaktionen) zwischen den
USA und ihren Bündnispartnern im Sinne einer Anti-Irak-Allianz und einer „Koalition
der Willigen" gestalteten; in welchem Maße die transatlantischen Beziehungen zur Europäischen Union Einfluss auf die amerikanische Außenpolitik nahmen und ob nicht-
staatliche Akteure, wie humanitäre oder pazifistische Nichtregierungsorganisationen
eine militärische Intervention ablehnten.

In jüngster Zeit hat sich mit der Veränderung des Raumes als Kategorie der Politikwissenschaft, der zunehmenden Entterritorialisierung (Behr 2004) internationaler Politik und der neuen Bedeutung von Räumlichkeit und Geopolitik unter den dynamischen

Bedingungen der Globalisierung eine weitere Ebene entwickelt, auf der *transnationale Akteure* an Gewicht gewinnen. Im Zuge der Globalisierung haben weltumspannende Kommunikations- und Transportnetze, global verflochtene Handels- und Finanzbeziehungen zwischen gesellschaftlichen Akteuren (z.B. Multinationale Konzerne) und die Aktionen transnational organisierter und handelnder Gruppen im Bereich der Organisierten Kriminalität und des Terrorismus die Vielfalt der internationalen Beziehungen erweitert. Für die Praxis der Außenpolitik wie auch die Außenpolitikwissenschaft spielt die Berücksichtigung dieser transnationalen Akteure eine wichtige Rolle. So bleibt in unserem Beispiel zu fragen, in welchem Umfang transnationale Phänomene auf das außenpolitische Verhalten und die Interessendurchsetzung des Staates Einfluss ausüben.

Der analytische Grundgedanke, der mit der Verwendung eines solchen *Mehrebenen-Modells* verbunden ist, wurde in den 1950er Jahren von James Rosenau aufgegriffen, der zunächst von fünf Ebenen bzw. Quellen der Außenpolitik-formulierung ausgegangen war: der individuellen, der rollenbedingten, gouvernementalen, gesellschaftlichen und systemischen Ebene. Während J. David Singer zwischen einer die individuellen und staatlichen Faktoren einbe-ziehenden, *subsystemischen* und *systemischen* Ebene unter-scheidet, ist nach Waltz (1959) von drei *„Images"* bzw. Analyseebenen in der Außenpolitik- und IB-Forschung auszugehen: der individuellen, staatlichen und internatio-nalen (vgl. Abb. 3). Will man allerdings diejenigen Verän-derungen berücksichtigen, die mit dem Prozess der Globalisierung und der wachsenden Verflechtung (Inter-dependenz) auf die Außen- und internationale Politik Einfluss nehmen, ist das Analyseraster um die Ebene der transnationalen Akteure zu erweitern. Gerade am Be-deutungszuwachs wirtschaftlicher Akteure (z.B. multinatio-naler Konzerne), die ihre Ziele nach profitmaximierenden

Abb. 3: Analyseebenen

„Third Image"

„Second Image"

„First Image"

Strategien der Produktion und Vermarktung orientieren und im Rahmen ihrer Handels- und Finanzbeziehungen berechnen, als auch an der Einflussnahme nicht-staatlicher Ak-teure - globaler sozialer Bewegungen („Antiglobalisierungsbewegungen", wie z.B. AT-TAC), organisierter Kriminalität und Terrororganisationen (z.B. Al-Quaida) - die grenzübergreifend, unabhängig vom territorialen Raum und damit transnational han-deln, zeigt sich, in welchem Umfang diese "neuen Akteure auf der internationalen Büh-ne" (Rittberger 2000, S. 212 ff.; Mathews, 1997, S. 50-66) das nationale und internatio-nale Regieren mitgestalten. Das als Erklärungsgrundlage dienende Modell der Analyse-ebenen beschreibt somit:

1. die *individuelle Ebene*, mit dem analytischen Schwerpunkt auf Rollenverhalten, Wahrnehmungsmustern und Weltbildern, sowie gruppeninternen Politikformulie-rungsprozessen von Entscheidungsträgern. Dazu zählen der Staats- und Regierungs-

chef, der Außen- oder Verteidigungsminister, führende Politiker in relevanten Staatsämtern (Ressortminister, Parteifunktionäre), Berater, Meinungsführer (Wirtschaft, Wissenschaft, Kultur u.a.),

2. die *staatliche Ebene*, mit Kabinett, Bürokratie (Regierungsbehörden und -ausschüssen), Parlament (z.B. US-Kongress, Bundestag, Duma der Russ. Föderation), Militär, Politischen Parteien, Interessengruppen, Medien,

3. die *internationale Ebene*, in Bezug auf Staaten als Kooperationspartner oder Verbündete, als Feind oder neutraler Akteur; Internationale Organisationen (UNO, O-AS, NATO, ASEAN u.a.) sowie Internationale Nicht-Regierungsorganisationen (Greenpeace, Amnesty International), und

4. die *transnationale Ebene*, mit multinationalen Unternehmen als *global players*, den an Funktionalität, Variabilität und Netzwerkbildung orientierten und transnational operierenden Terrororganisationen, Gruppen der Organisierten Kriminalität und globaler sozialer Bewegungen.

Die Untergliederung in verschiedene Analyseebenen erlaubt es, durch die Berücksichtigung aller Ebenen und Akteure das Außenpolitikverhalten eines Staates besser erklären und verstehen zu können. Grundlage einer sinnvollen Außenpolitikanalyse bilden daher sowohl die Akteure selbst, in erster Linie die Nationalstaaten, als auch die inneren und äußeren Bedingungen (die Umwelt) des außenpolitischen Handelns. Erst aus einer Verknüpfung der Ebenen ergibt sich dabei ein vielschichtiger Untersuchungsrahmen, der zur Erklärung von Außenpolitik beiträgt. In der Debatte um die einzelnen Analyseebenen („*levels of analysis*") hat es zahlreiche Versuche gegeben, außenpolitisches Verhalten anhand verschiedener Untersuchungsebenen zu erklären. Neben der Bedeutung der staatlichen Bürokratie und damit zusammenhängender "organisatorischer Entscheidungen" (Allison 1971, 1999, Halperin 1974) wurde das Gewicht nationaler Interessengruppen und die netzwerkanalytische Bestimmung gesellschaftlicher Interessen (Lehmbruch 1991) für die Außenpolitik ebenso untersucht wie die Rolle transnationaler Akteure (Keohane/Nye 1972, Risse-Kappen 1995). Das bedeutet allerdings nicht, alles mit allem zu erklären. Erst die jeweilige Situation legt fest, welche Akteure zum Augenblick der Betrachtung eine maßgebliche Rolle spielen und welche Faktoren für die Außenpolitikformulierung bestimmend sind.

Welche Rolle spielen die Persönlichkeitsstrukturen von Entscheidungsträgern in der spanischen Außenpolitik unter Aznar oder in der Außenpolitik Ägyptens unter Staatspräsident Mubarak? In welcher Weise wirken das Parlament und die politischen Parteien, ob in der Funktion als Regierungspartei oder als Opposition, auf die Gestaltung der Außenpolitik in Deutschland? Inwieweit führten das Ende des Ost-West-Konfliktes und die mit ihm verbundenen Stellvertreterkriege zwischen den USA und der Sowjetunion zu neuen zwischenstaatlichen Konfliktmustern im südlichen Afrika, und damit zu einer Veränderung in der Außenpolitik der Regierungen in Kongo oder Sambia?

1.5 Politikdimensionen: Außenpolitik im engeren Sinn

Gegenüber der Außenpolitik im weiteren Sinne, bezogen auf die genannten Sachbereiche und Analyseebenen, lohnt es sich, den Begriff und Gegenstand der Außenpolitik weiter auszudifferenzieren. Da Außenpolitik als Aktion letztlich immer auf einer (bestimmten) politischen Entscheidung beruht, werden die Bedingungen, Motivationen und Prozesse der außenpolitischen Entscheidungsfindung zu einem wichtigen Erklärungsinstrument. Ausgehend von der Begriffsgeschichte wurde der Begriff der Politik aus dem griechischen Wort „politeia" (Verfassung, politische Ordnung) bzw. „polis" hergeleitet. In unterschiedlichen Begriffsvarianten haben sich daraus im Englischen drei Hauptdimensionen der Politik - *„policy"*, *„politics"* und *„polity"* - entwickelt. Übertragen auf die Außenpolitik als eine spezifische und verbindliche Aufgaben- und Regelungsleistung des Staates bezieht sich der Begriff der „polity" dabei auf die *Formen*, „in denen und aus denen heraus Politik gemacht wird" (Krell 2000: 14), also auf die politischen Institutionen, die zugrundeliegende Verfassung und die bestehende Rechtsordnung des Staates.

Die *polity*-Dimension gibt den institutionellen Handlungsspielraum vor, innerhalb dessen sich die Formulierung von Außenpolitik vollzieht und das außenpolitische Akteurshandeln strukturiert wird. Gesetze schaffen den Rahmen für die Ausgestaltung der Prozesse und die Inhalte der außenpolitischen Willens- und Entscheidungsbildung. Die Ausprägung der Staats- und Herrschaftsformen, der Regimetypen und Regierungssysteme, das durch Verfassung, Gesetze und Ordnungen geregelte Zusammenspiel der Akteure im Bereich der Außenpolitikformulierung steht im Mittelpunkt. Mit „politics" ist andererseits der Charakter des politischen *Prozesses* angesprochen, über den die Gestaltung und Umsetzung der Außenpolitik erfolgt. Orientiert an der Frage nach dem Wer? und Wie? richtet sich der Blick auf die im Entscheidungsprozess um ihre Einflussmöglichkeiten und ihre Interessen ringenden Akteure. In der Auseinandersetzung um die außenpolitischen Inhalte werden Einstellungen, Konflikte, Handlungspotentiale, Kompromiss- und Konsensbereitschaft, Entscheidungsfindung und -durchsetzung zum Gegenstand der Untersuchungsperspektive.

Der Begriff der „policy" bzw. „policies" umfasst demgegenüber die *Inhalte* und konkreten Ziele, die durch die Außenpolitik verwirklicht werden sollen. Im Gegensatz zur inputorientierten „politics"-Dimension wird nach den Aufgaben, außenpolitischen Programmen, dem Tun und Lassen von Regierungen und anderen Akteuren, nach den Ergebnissen von außenpolitischen Entscheidungen und Handlungen, also outputorientiert, gefragt. Dies berührt zugleich die Einfluss- und Steuerungsfähigkeit des Staates im jeweiligen außenpolitischen Handlungsbereich.

Abb. 4: Dimensionen der Außenpolitik

Dimension	Polity	Politics	Policy
Erkenntnis-interesse	Rahmenbedingungen der Außenpolitik-formulierung	Gestaltung außenpo-litischer Prozesse	Inhalte von Außenpolitik
Ausrichtung	Institutionenorientiert	*Input*orientiert	*Output*orientiert
Erscheinungs-formen	Verfassungen, Geseze/Normen, formale und in-formelle Spielregeln, Institutionen	Einstellungen, Interessen, Handlungspotentiale Verhalten Konflikt/Konsens	Ziele, Aufgaben, Programme, Akteurshandeln, Probleme, Wirkung Ergebnis
Untersuchungs-merkmale	Staats- und Herrschafts-formen, Ordnung, Regierungssysteme Verfahrensregeln, Verfassungsrecht	Entscheidungsfin-dung und -durchsetzung, Macht, außenpolitische Entscheidungträger Austragungsmodus	Aufgabenerfüllung, Problemlösung, außenpolitische Gestaltung und Umsetzung, Wert- und Zielorien-tierung

Die unterschiedlichen Dimensionen des Begriffs der Außenpolitik, wie wir ihn hier im engeren Sinne verstehen, dienen dazu, den im alltagssprachlichen Gebrauch zu unpräzi-sen und zu allgemeinen Politikbegriff als Untersuchungsgegenstand adäquater zu erfas-sen. In Anlehnung an den Begriff der Politik erhalten wir unterschiedliche Ausprägun-gen eines Außenpolitikbegriffes, der sich im weiteren Sinne auf die einzelnen Sachbe-reiche der Außenpolitik und ihre Handlungszusammenhänge als auch auf die verschie-denen Ebenen außenpolitischer Akteure bezieht.

1.6 Außenpolitik in Politischer Theorie, Geschichte und Völkerrecht

Was die wissenschaftliche Annäherung an den Begriff und Gegenstand der Außenpoli-tik recht deutlich macht, ist die schwierige Verständigung über einen gemeinsamen Au-ßenpolitikbegriff und -gegenstand. An einer Vielzahl von Definitionen und Konzepten zur Außenpolitik ist ablesbar, dass den aktuellen wissenschaftlichen Ansätzen und Dis-kussionen philosophische Denkmodelle zugrunde liegen, die bereits früher zentrale Fra-gen an das Verhältnis der inneren und äußeren Politik eines Staates gestellt haben. Für die moderne Außenpolitik zeigt sich dabei, dass schon die außenpolitischen Aussagen der politiktheoretischen Klassiker relevante Erkenntnisse und Perspektiven zur Außen-politik der Gegenwart enthalten. Wesentliche Vertreter des politischen Staatsdenkens, von Aristoteles (384-322 v. Chr.) über Machiavelli zu Rousseau (1712-1778), Kant (1724-1804) oder Marx (1818-1873), beschäftigten sich zwar nicht ausdrücklich mit Fragen der Außenpolitik. Sofern sie es taten, wie Jeremy Bentham (1748-1832) Ende des 18. Jh., setzten sie sich vielmehr mit Fragen auseinander, die bereits seit Aristoteles in den Mittelpunkt außenpolitischen Denkens rückten: mit Fragen von Krieg und Frieden, die für Aristoteles eng mit der „Wehrhaftigkeit, der militärischen Erziehung und der Verteidigungsbereitschaft als unentbehrlicher und wesensgemäßer Aufgabe des Stadtstaates" verbunden waren und zur unverzichtbaren Grundlage der (stadt-)staatlichen Autarkie (der „polis) (Bellers 1996: 14) zählten, dem machtpolitischen Gleichgewicht der Kräfte, dem außenpolitischen Hegemonieanspruch einer polis-Gemeinschaft oder mit der Gestaltung einer internationalen Ordnung auf der Grundlage absolut oder relativ bester Verfassungen in den Gemeinschaften bzw. Kleinstaaten. Keinesfalls waren dies systematisch entwickelte Bemerkungen zur Außenpolitik und zu Fragen der zwischenstaatlichen Beziehungen. Diskussionen über den Außenbezug oder die Außenpolitik eines Stadt-Staates wurden nicht geführt.

Weitaus mehr brachte der griechische Historiker Thukydides (460-406 v. Chr.) infolge der systematischen Untersuchung des „Peloponnesischen Krieges", seiner Konfliktursachen und seines Kriegsverlaufs, die Aspekte zur Sprache, die transepochal, (also über die verschiedenen Epochen hinweg,) zu einem kontinuierlichen Bestandteil bei der Beschäftigung mit Außenpolitik werden sollten. So können wir bereits im Melier-Dialog, einem von Thukydides stilisierten Dialog zwischen Melos und Athen um die Unterwerfung der Kykladen-Insel unter die Herrschaft des griechischen Stadtstaates, eine Vielzahl an aufschlussreichen Fragen zum Verhalten von politischen und militärischen Großmächten und schwachen Akteuren studieren. Im Dialog bespricht Thukydides, modern formuliert, Fragen des Kosten-Nutzen-Kalküls, einer (un)klugen Machtpolitik, der Ordnungsgestaltung im Sinne einer kooperativen, auf gegenseitigen Regeln beruhenden Rechtsordnung oder eines Machtgleichgewichtes, als auch das stets wiederkehrende Problem des Ansehens, des Prestige.

Die klassische Theorie ab der frühen Neuzeit hatte sich dabei „vornehmlich mit der auswärtigen Bürokratie, der Diplomatie" sowie „mit den sich darin verwirklichenden Interessen der einzelnen Amtsinhaber" (Czempiel 1998: 185) aber auch mit der Entwicklung des europäischen Nationalstaates und dem Zusammenhang von Herrschaftssystem und Außenverhalten, im damaligen Sinne von Republik und Frieden, beschäftigt. Während sich Hobbes (1588-1679) und Locke (1632-1704) nur wenig mit den Außenbeziehungen und einer friedenssichernden Staatenordnung auseinandersetzten, hatten sich Machiavelli (1469-1527), Montesquieu (1689-1755) und Rousseau ausführlicher dem Zusammenwirken von republikanischer Staatsform und friedlichem Außenverhalten gewidmet und in ihren Reflexionen Ansichten vorformuliert, die in der Gegenwart u.a. vom Paradigma des Demokratischen Friedens und der Theorie des Liberalismus aufgegriffen und diskutiert worden sind. Schon aufgrund seiner diplomatischen Tätigkeiten zur Zeit der Republik von Florenz (1498) konnte Machiavelli zahlreiche Erfahrungen mit den Regenten europäischer Königreiche sammeln, um schließlich, entsprechend den Bedürfnissen und Mächtekonstellationen seiner Zeit, den Begriff der „Staatsräson" in seinem 1532 veröffentlichten und bis heute kontrovers diskutierten Buch „Il Principe" einzuführen und die Notwendigkeit machtpolitischer Herrschaftstechniken und -fähigkeiten zu erörtern. Mit ihm war es dabei Jean Bodin (1530-1596), der den Gedanken der „raison d´etat" vertiefte und hinsichtlich des modernen Staates mit dem Prinzip der Souveränität verknüpfte. Die Suche nach dem besten Interesse des Staates wurde gleichsam aus dem Begriff der Staatsräson begründet und im Sinne eines guten und aufgeklärten Selbstinteresses bereits unter Kardinal Richelieu im Sinne von Prestige, Macht und Wohlfahrt des Staates über die Wünsche des Königs gestellt.

Fragen zur Bedeutung des Staates und seiner Interessen wurden im 17. und 18. Jahrhundert vor dem Hintergrund des sich entwickelnden Staatensystems, das aus dem Westfälischen Frieden 1648 allmählich hervorgegangen war, von De Rohan, Hugo Grotius (1583-1645) und Samuel Pufendorf (1632-1694) aufgeworfen. Vor allem Grotius und Pufendorf hatten das neue Staatengewebe Europas im Blick als sie erstmals vom „Staatensystem" (Pufendorf) sprachen und darauf verwiesen, dass es nicht nur eine Staatsräson, sondern viele unterschiedliche Staatsinteressen und Souveränitätsansprüche gebe. Für Grotius war deshalb eine völkerrechtliche Regelung der zwischenstaatlichen Beziehungen eine wichtige Voraussetzung zur normativen Hegung der neuen staatlichen Souveränität: der Territorialhoheit, also der Innengewalt, und des Bündnisrechts im Sinne der Außengewalt. Mit dem Völkerrecht als „Staatenverkehrsrecht", mit der Diplomatie und der rechtlichen Pflege auswärtiger Beziehungen beschäftigte sich die Völkerrechtslehre zugleich wesentlich mit Fragen der Außenpolitik von Staaten. Ähnliches galt für die historische Betrachtung außenpolitischen Handelns, insbesondere für die Diplomatiegeschichte und die Entwicklung des modernen europäischen bzw. internationalen Staatensystems. Das zu erforschende Feld ist natürlich wesentlich größer als hier darzustellen möglich wäre, z.B. mit Blick auf Kant, Hegel oder Fichte. Wer sich mit Außenpolitik beschäftigt, sollte zumindest nicht übersehen, dass Politische Theorie, Geschichte und Völkerrecht sich bereits in früheren Jahrhunderten Fragen und Problemen zugewendet hatten, die wir heute in ihrem Kern in der Außenpolitikforschung analysieren und diskutieren.

Kontrollfragen

(1) Welche drei Konzepte von Außenpolitik lassen sich voneinander unterscheiden?
(2) Was sind zentrale Bedeutungsinhalte der Außenpolitik?
(3) Wie hat sich der Sachbereich der Sicherheit für das außenpolitische Handeln verändert?
(4) Auf welche Politikdimensionen bezieht sich Außenpolitik im engeren Sinne?
(5) Worin unterscheiden sich die verschiedenen Analyseebenen der Außenpolitik?

Literatur

Allison, Graham T./Zelikow, Philip: *Essence of Decision: Explaining the Cuban Missile Crisis*, New York 1999.

Allison, Graham T.: *Essence of Decision. Explaining the Cuban Missile Crisis*, Boston 1971.

Behr, Hartmut: *Enterritoriale Politik. Von den Internationalen Beziehungen zur Netzwerkanalyse*, Wiesbaden 2004.

Bellers, Jürgen (Hrsg.): *Klassische Staatsentwürfe. Außenpolitisches Denken von Aristoteles bis heute*, Darmstadt 1996.

Bellers, Jürgen/Benner, Thorsten/Gerke, Ines M. (Hrsg.): *Handbuch der Außenpolitik*, München 2001.

Bierling, Stephan: *Geschichte der amerikanischen Außenpolitik. Von 1917 bis zur Gegenwart*, München 2003.

Czempiel, Ernst-Otto: *Friedensstrategien. Eine systematische Darstellung außenpolitischer Theorien von Machiavelli bis Madariaga*, (2. Aufl.) Opladen 1998.

Czempiel, Ernst-Otto: *Internationale Beziehungen: Begriff, Gegenstand und Forschungsabsicht*, in: Knapp, Manfred/Krell, Gert: Einführung in die Internationale Politik, München 2004, S. 2-29.

Daase, Christopher: *Bedrohung, Verwundbarkeit und Risiko in der „Neuen Weltordnung". Zum Paradigmenwechsel in der Sicherheitspolitik*, in: Moltmann, Bernhard (Hrsg.): Sicherheitspolitik in den 90er Jahren. Politische und ethische Positionsbestimmungen für die Bundeswehr, Frankfurt a.M. 1992, S.68-83.

East, Maurice A./Salmore, Stephen A./Hermann, Charles F. (Hrsg.): *Why Nations Act*, Beverly Hills 1978.

Fischer, Sabine: *Russlands Westpolitik in der Krise, 1992-2000. Eine konstruktivistische Untersuchung*, Frankfurt a.M. 2003.

Gerner, Deborah J.: *Foreign Policy Analysis: Renaissance, Routine, or Rubbish?*, in: Croty, William: Political Science: Looking to the Future. Vol. 2, Comparative Politics, Policy, and International Relations, 1992, S. 132-186.

Gerner, Deborah J.: *The Evolution of the Study of Foreign Policy*, in: Neack, Laura/Hey, Jeanne A.K./Haney, Patrick J. (Hrsg.): Foreign Policy Analysis: Continuity and Change in Its Second Generation, Englewood Cliffs 1995, S. 17-32.

Gu, Xuewu: *Theorien der internationalen Beziehungen. Einführung*, München 2000.

Hacke, Christian: *Außen- und Sicherheitspolitik*, in: Münkler, Herfried (Hrsg.): Grundkurs Politikwissenschaft, Reinbek 2003.

Halperin, Morton H.: *Bureaucratic Politics and Foreign Policy*, Washington D.C. 1974.

Hartmann, Jürgen: *Die Außenpolitik der Weltmächte. Eine Einführung*, Frankfurt a.M. 1988.

Hartmann; Jürgen: *Internationale Beziehungen*, Opladen 2001.

Hasenclever, Andreas: *Liberale Ansätze zum „demokratischen Frieden"*, in: Schieder, Siegfried/Spindler, Manuela (Hrsg.): Theorien der Internationalen Beziehungen, Opladen 2003, S. 199-227.

Hermann, Charles F./Kegley, Charles/Rosenau, James N. (Hrsg.): *New Directions in the Study of Foreign Policy*, Winchester 1987.

Hermann, Charles F.: *International Crisis: Insights from Behavioral Research*, New York 1972

Hill, Christopher: *The Changing Politics of Foreign Policy*, Basingstoke 2003.

Hudson, Valerie M./Vore, Christopher S.: *Foreign Policy Analysis Yesterday, Today, and Tomorrow*, in: Mershon International Studies Review 30/1995, 2, S. 209-238.

Keohane, Robert O./Nye, Joseph S. (Hrsg.): *Transnational Relations and World Politics*, Cambridge 1972.

Kindermann, Gottfried-Karl (Hrsg.): *Grundelemente der Weltpolitik. Eine Einführung*, München 1986.

Krell, Gert: *Weltbilder und Weltordnung. Einführung in die Theorien der Internationalen Beziehungen*, Baden-Baden 2003 [2000].

Lehmbruch, Gerhard: *The Organization of Society, Administrative Strategies, and Policy Networks. Elements of a Developmental Theory of Interest Systems*, in: Czada, Roland M./Windhoff-Héritier, Adrienne (Hrsg.): Political Choice. Institutions, Rules, and the Limits of Rationality, Frankfurt a.M./Boulder, 1991, S. 121-158.

Mathews, Jessica: *Power Shift*, in: Foreign Affairs, 76, 1/1997, S. 50-66.

Maull, Hanns W.: *Zivilmacht Deutschland. Vierzehn Thesen für eine neue deutsche Außenpolitik*, in: Dieter Senghaas (ed.), Frieden machen, Edition Suhrkamp 2000, Frankfurt/Main: Suhrkamp 1997, S. 63-76.

Menzel, Ulrich: *Zwischen Idealismus und Realismus. Die Lehre von den Internationalen Beziehungen*, Frankfurt a.M. 2001.

Meyers, Reinhard: *Von der Globalisierung zur Fragmentierung? Skizzen zum Wandel des Sicherheitsbegriffs und des Kriegsbildes in der Weltübergangsgesellschaft*, in: Kevenhörster, Paul/Woyke, Wichard (Hrsg.): Internationale Politik nach dem Ost-West-Konflikt. Globale und regionale Herausforderungen, Münster 1995.

Michaelis, Andreas: *Kein Raum für Geheimdiplomatie: Medien und Außenpolitik*, in: Brandt, Enrico/Buck, Christian (Hrsg.): Auswärtiges Amt. Diplomatie als Beruf, Opladen 2002, S. 138-148.

Neack, Laura: *Introduction: A New Approach to Foreign Policy*, in: Dies.: The New Foreign Policy. U.S. and Comparative Foreign Policy in the 21st Century, Lanham 2003, S. 1-35.

Pfetsch, Frank R.: *Internationale Politik*, Stuttgart 1994.

Risse-Kappen Thomas (Hrsg.): *Bringing Transnational Relations Back In: Non-State Actors, Domestic Structures, and International Institutions*, Cambridge 1995.

Rittberger, Volker: *Globalisierung und der Wandel der Staatenwelt. Die Welt regieren ohne Weltstaat*, in: Ulrich Menzel (Hrsg.), Vom Ewigen Frieden und vom Wohlstand der Nationen. Dieter Senghaas zum 60. Geburtstag, Frankfurt a.M. 2000, S. 188 - 218.

Rosecrance, Richard: *Der neue Handelsstaat. Herausforderungen für Politik und Wirtschaft*, Frankfurt a.M. 1987.

Rudolf, Peter: *New Grand Strategy? Zur Entwicklung des außenpolitischen Diskurses in den USA*, in: Medick-Krakau, Monika (Hrsg.): Außenpolitischer Wandel in theoretischer und vergleichender Perspektive: Die USA und die Bundesrepublik Deutschland, Baden-Baden 1999.

Russett, Bruce/Starr, Harvey/Kinsalla, David: *World Politics. The Menu for Choice*, Boston 2004.

Seidelmann, Reimund: *Außenpolitik*, in: Woyke, Wichard (Hrsg.): Handwörterbuch Internationale Politik, Münster 2004, S. 1-7.

Singer, David: *Das Problem der Analyseebenen in den internationalen Beziehungen*, in: Haftendorn, Helga (Hrsg.): Theorie der Internationalen Politik. Gegenstand und Methode der Internationalen Beziehungen, Hamburg 1975, S. 193-207.

Waltz, Kenneth N.: *Man, the State and War*, New York, New York 1959.

Wright, Quincy: *A Study of War*, Chicago 1969.

Auswahlbibliographie

Die vorliegenden Literaturhinweise stellen nur eine Auswahl an Fachliteratur zur Außenpolitik von Staaten dar. Weiterführende Hinweise siehe das Literaturverzeichnis der einzelnen Kapitel.

USA

Dittgen, Herbert: *Amerikanische Demokratie und Weltpolitik. Außenpolitik in den Vereinigten Staaten*, Paderborn 1998.

Hacke, Christian: *Zur Weltmacht verdammt – Die amerikanische Außenpolitik von J.F. Kennedy bis G.W. Bush*, Bonn 2003.

Medick-Krakau, Monika/Robel, Stefan/Brand, Alexander: *Die Außen- und Weltpolitik der USA*, in: Knapp, Manfred/Krell, Gert (Hrsg.): Einführung in die Internationale Politik, München 2004, S. 92-135.

Puhle, Hans-Jürgen/Schreyer, Söhnke/Wilzewski, Jürgen (Hrsg.): *Supermacht im Wandel – Die USA von Clinton bis Bush*, Frankfurt 2004.

Schwabe, Klaus: *Weltmacht und Weltordnung: Amerikanische Außenpolitik 1898-2000. Eine Jahrhundertgeschichte*, Paderborn 2005.

Deutschland

Bierling, Stefan: *Die Außenpolitik der Bundesrepublik Deutschland. Normen, Akteure, Entscheidungen*, München 1999.

Haftendorn, Helga: *Deutsche Außenpolitik zwischen Selbstbeschränkung und Selbstbehauptung 1945-2000*, Stuttgart 2001.

Hellmann, Gunther/unter Mitarbeit von Baumann, Rainer/Wagner, Wolfgang: Deutsche Außenpolitik. Eine Einführung, Wiesbaden 2006.

Knapp, Manfred: *Die Außenpolitik der Bundesrepublik Deutschland*, in: Ders./Krell, Gert (Hrsg.): Einführung in die Internationale Politik, München 2004, S. 135-201.

Schöllgen, Gregor: *Die Außenpolitik der Bundesrepublik Deutschland. Von den Anfängen bis zur Gegenwart*, München 2001.

Russland

Donaldson, Robert H./Nogee, Jospeh L.: *The Foreign Policy of Russia. Changing Systems, Enduring Interests*, Armonk 1998.

Jahn, Egbert: *Die Außenpolitik Russlands*, in: Knapp, Manfred/Krell, Gert (Hrsg.): Einführung in die Internationale Politik, München 2004, S. 250-285.

Mandelbaum, M. (Hrsg.): *The New Russian Foreign Policy*, New York 1998.

Mommsen, Margarta: *Wer herrscht in Russland? Der Kreml und die Schatten der Macht*, München 2003.

Japan

Drifte, Reinhard: *Japan's Foreign Policy fort he 21st Century. From Economic Power to What Power?*, Houndmills 1998.

Kevenhörster, Paul: *Japan: Außenpolitik im Umbruch*, Opladen 1993.

Maull, Hanns W.: *Die Außenpolitik Japans*, in: Knapp, Manfred/Krell, Gert (Hrsg.): Einführung in die Internationale Politik, München 2004, 285-334.

China

Kempf, Gustav: *Chinas Außenpolitik. Wege einer widerwilligen Weltmacht*, München 2002.

Möller, Kay: *Die Außenpolitik der Volksrepublik China 1949-2004. Eine Einführung*, Wiesbaden 2005.

Roy, Denny: *China's Foreign Relations*, Basingstoke, London 1998.

Umbach, Frank: *Die Volksrepublik China: Entwicklungsprozess und Außenpolitik*, in: Knapp, Manfred/Krell, Gert (Hrsg.): Einführung in die Internationale Politik, München 2004, S. 334-367.

Afrika, Naher- und Mittlerer Osten

Clapham, C.: *Africa and the International System. The Politics of State Survival*, Cambridge 1996.

Hinnebusch, Raymond A./Ehteshami, Anoushiravan (Hrsg.): *Foreign Policies of Middle Eastern States*, Boulder 2001.

Tetzlaff, Rainer/Jacobeit, Cord: *Außenpolitik Afrikas und außenpolitische Beziehungen der großen Mächte zu Afrika*, in: Dies.: Das nachkoloniale Afrika. Politik-Wirtschaft-Gesellschaft, Wiesbaden 2005, S. 197-245.

Wright, Stephen (Hrsg.): *African Foreign Policies*, Boulder 1999.

Kanada, Indien, Europäische Staaten

Barrios, Harald: *Die Außenpolitik junger Demokratien in Südamerika. Argentinien, Brasilien, Chile und Uruguay*, Opladen 1999.

Bredow, Wifried von (Hrsg.): *Die Außenpolitik Kanadas*, Wiesbaden 2003.

Kramer, Helmut: *Die Außenpolitik Österreichs*, Wiesbaden 2006.

Mace, Gordon/Thérien, Jean-Philippe (Hrsg.): *Foreign Policy and Regionalism in The Americas*, Boulder 1996.

Putensen, Gregor: *Außen- und Sicherheitspolitik der Staaten Nordeuropas von 1945-1990: ein Überblick*, Hamburg 1994.

Schmidt, Thomas: *Die Außenpolitik der baltischen Staaten. Im Spannungsfeld zwischen Ost und West*, Wiesbaden 2003.

Wagner, Christian: *Die "verhinderte" Großmacht?. Die Außenpolitik der Indischen Union 1947-1998*, Baden- Baden 2005.

Woyke, Wichard: *Die Außenpolitik Frankreichs*, Wiesbaden 2006.

2.   Theorien der Außenpolitik

> *The most fundamental question is: why do*
> *we not have any theories of foreign policy?*
> *Without theory we cannot explain the rela-*
> *tionships we 'discover' and we can only*
> *make predictions from empirical trends,*
> *not upon a profound understanding of for-*
> *eign policy behaviour.*
>
> McGowan/Shapiro

2.1   Zur Vorgeschichte der Bildung von Außenpolitiktheorien

Ein erstes und grundlegendes Verständnis von Außenpolitik, seinem Inhalt und Gegenstand als Politikfeld, erhalten wir durch Theorien und ihre wissenschaftlichen Grundannahmen, ihre Aussagen über Gesetzmäßigkeiten, Verhaltenmuster, Strukturen und Prozesse der politischen Realität. In dieser Form ermöglichen Theorien nicht nur die Re-
duktion der komplexen Realität und die systematische Ordnung und Darstellung der
beobachtbaren Phänomene. Theorien dienen darüber hinaus als Erklärungs- und Inter-
pretationsmittel, als Orientierungshilfe für „praktisches Handeln" sowie gegebenenfalls
als ein Mittel der Prognose und der Rechtfertigung bzw. Kritik politischen Handelns.
Wirft man einen Blick auf die Theorien der Außenpolitik, dann zeigt sich an den unterschiedlichen Erklärungsmodellen nicht nur ein hohes Maß an Heterogenität und Plurali-
tät, sondern eine wesentliche, die theoretischen Debatten zur Außenpolitik stets beglei-
tende Kontroverse. Was als Gegensatz zwischen Neorealismus und (Neo)Liberalismus
die wissenschaftliche Auseinandersetzung über die Außenpolitik der Gegenwart bestimmt, war in den Debatten des 19. Jahrhunderts der Streit um die Frage der "Innen-"
oder "Außenleitung" von Politik als Grundlage für das außenpolitische Handeln von
Staaten. Unterschiedliche Thesen nahmen für sich in Anspruch, zu erklären, wodurch
die auf die internationale Umwelt gerichteten Handlungen des Staates bzw. des politischen Systems beeinflusst seien: durch die Stellung des Staates im internationalen System, wie Leopold von Ranke und, in analytischerer Form, Otto Hintze in der Lehre vom
"Primat der Außenpolitik" betonten (Ranke 1836: 60) oder durch die innenpolitischen
Kräfte, die interne Organisation und das Herrschaftssystem des Staates, wie es Eckhart
Kehr in der These vom *"Primat der Innenpolitik"* vertrat (vgl. Kehr 1970).
     Abgesehen von dieser kontroversen und holzschnittartig vereinfachten Diskussion
um den Vorrang von Innen- oder Außenpolitik (Müller/Risse-Kappen 1990: 378) blieb
bis weit in das zwanzigste Jahrhundert die Außenpolitik ein kaum beachtetes und wenig
entwickeltes Forschungsfeld, in dem eine systematische, methodisch differenzierte und

erkenntnistheoretisch geleitete Außenpolitikforschung nur ansatzweise oder gar nicht vorhanden war. Streng genommen war Außenpolitikforschung zunächst nicht im Kanon der Theorien und Methoden bzw. im Forschungsfeld der Internationalen Beziehungen enthalten (Smith 1986, Dougherty/Pfaltzgraff 2001), sondern dem Gebiet der Public Policy zugeordnet. Erst mit der Theorieentwicklung der Internationalen Beziehungen in den 50er Jahren trat auch die Außenpolitikforschung stärker in den Vordergrund.

Fragen, die sich auf den Gegenstand der Außenpolitik bezogen und die auswärtigen Beziehungen eines Staates beleuchteten, wurden zunächst im Rahmen der Diplomatiegeschichte, des Völkerrechts, der Politischen Philosophie und der Staatslehre behandelt und diskutiert (Menzel 2001: 28). Eine theoretische Fundierung der täglich sichtbaren außenpolitischen Realität war daher lange Zeit von wenig nennenswerter Bedeutung. Die Entwicklung einer präziseren Erfassung dessen, was Außenpolitik bedeutet, welche Akteure außenpolitisch handeln und dabei von welchen Faktoren beeinflusst werden, ergab sich in ersten Grundzügen erst nach dem Ende des Zweiten Weltkrieges. Das Ergebnis dieser *Konzeptualisierung* von Außenpolitik lässt sich allerdings nicht so sehr an einer über Zeit erfolgenden Ablösung einzelner Erklärungsansätze festmachen, als vielmehr an sich ergänzenden und teilweise überschneidenden zentralen *Paradigmen*, die auch nach dem Ende des Kalten Krieges zentrale Erklärungsmuster bilden und in ihrer neueren Sichtweise als Fortsetzung der älteren Theorien zu gelten haben: der Realismus bzw. Neorealismus, der Institutionalismus, Liberalismus und Konstruktivismus (vgl. dazu grundlegend für den neueren Forschungsstand in der Internationalen Politik Hellmann/Wolf/Zürn 2003).

Von den fünfziger Jahren bis in die Gegenwart der Zeit nach dem Ost-West-Konflikt sind die theoretischen Perspektiven und Ansätze in erkenntnistheoretischer Sicht mit dem Bild einer "*ersten*" und "*zweiten Generation*" von Wissenschaftlern vergleichbar, die sich dem Studium und der Analyse von Außenpolitik weit umfassender gewidmet hatten als noch in der idealistisch geprägten Epoche des 19. Jahrhunderts (Neak 1995; Harnisch 2002). Die unterschiedlichen "Generationen" der Außenpolitikforschung bemühten sich zwar um das gemeinsame Ziel des Verstehens von Außenpolitik. Hinsichtlich ihrer Methodik, ihrer erkenntnistheoretischen Absichten und der sich verändernden, realen Bedingungen der internationalen Politik sind sie aber voneinander zu unterscheiden.[1] Aufgrund neuerer politikwissenschaftlicher Forschungen und Debatten stellt sich die Frage, ob bereits von einer "*dritten Generation*" der Außenpolitikanalyse gesprochen werden kann, in der (1) *äußere und innere Souveränitätsverluste* des Staates aufgrund transnationaler und innergesellschaftlicher Vernetzung, (2) die innenpolitischen Beziehungsmuster von Staat und Gesellschaft (die *Vergesellschaftung* der Außenpolitik), (3) die Außenpolitik privater Akteure sowie (4) die Aspekte des Wandels von Außenpolitik, unter den Bedingungen eines globalen Systems der internationalen Beziehungen, den Forschungsgegenstand vertiefen.

---

[1] Vgl. hierzu die von Harnisch gewählte Querschnittsperspektive der Generationenannahme, die sich in der Theorieentwicklung auf den prägenden Einfluss großer politischer bzw. gesellschaftlicher Ereignisse bezieht: Harnisch 2002: 4. Ebenso als politikwissenschaftlich am Friedensbegriff orientierte Programmgeschichte der Außenpolitik: Czempiel 1998.

Unter dem Aspekt der transnationalen Beziehungen und der zunehmenden Verflechtung von Innen- und Außenpolitik wird dabei die Außenpolitikforschung sowohl methodisch wie auch theoretisch nicht mehr nur als ein zur Disziplin der Internationalen Beziehungen abgegrenzter Forschungszweig verstanden, sondern mit der "*Entgrenzung der Sphäre des Außenpolitischen*" (Harnisch 2002: 5) auch eine engere Verknüpfung mit anderen politikwissenschaftlichen Disziplinen, den Internationalen Beziehungen, der Politischen Theorie und der Vergleichenden Regierungslehre, hergestellt. Mit der Rationalismus-Konstruktivismus Debatte hat sich gegenwärtig ein zentraler Paradigmenkonflikt der IB-Forschung auch in der theoriegeleiteten Außenpolitikforschung aufgetan.

2.2   Grundannahmen

Um sich in einem ersten Schritt den unterschiedlichen Erklärungsansätzen zu nähern, können die verschiedenen Ansätze zur Erklärung und Beschreibung von Außenpolitik anhand ihrer Grundannahmen und den damit verbundenen Methoden und Theorien (überblicksartig) zusammengefasst werden. In den beiden wesentlichen Darstellungen zur Aufgliederung außenpolitischer Erklärungsansätze formulieren Haftendorn (1990) und Seidelmann (2005) wichtige Eckpunkte für eine theoretische Differenzierung. Die von Haftendorn gewählte Unterteilung der Ansätze erfolgt nach den drei Kategorien des *rationalen, ziel- und zweckgerichteten Handelns*, des *operativen* Umfelds - das sich im Schwerpunkt auf soziale und organisatorische Strukturen sowie auf das internationale System bezieht - , und des *psychologischen* Umfelds im Sinne der individuellen oder kollektiven Einstellungs- und Wahrnehmungsmuster sowie eines spezifischen Rollenverhaltens (vgl. Haftendorn 1990: 402).

In ähnlicher Form unterscheidet Seidelmann vier Erklärungsansätze, die im Rahmen der erkenntnistheoretischen und methodologischen Betrachtung von Außenpolitik von Bedeutung sind: 1. den *macht- oder realpolitischen* Ansatz (Morgenthau), mit der Betonung der Macht als Grundkategorie außenpolitischer Analyse, 2. den *Aktions-Reaktions-* bzw. *Interaktionsansatz* (von Karl Deutsch), der innerhalb der behavioristischen Denkschule u.a. die Reaktionen der Außenpolitik auf Impulse des internationalen Umfelds hin überprüft, 3. den *Ziel-Mittel-Ansatz*, der sich insbesondere dem Zusammenhang von hierarchischen, kongruenten oder konkurrierenden Zielen und den entsprechenden Mitteln bzw. Instrumenten der Außenpolitik widmet, sowie 4. den *Bedingungsstrukturansatz*, der aus der Analyse der vorhandenen Grundgegebenheiten bzw. Bedingungsstrukturen - ob Wirtschaftssystem, territoriale Größe, Leistungsfähigkeit etc. - die längerfristige Richtung, den Inhalt und Handlungsspielraum der Außenpolitik ableitet. Da die konkurrierenden Erklärungsansätze zur Außenpolitik für Seidelmann unverbunden nebeneinander stehen und nicht allein für eine systematische Analyse ausreichen, bedürfen sie seiner Ansicht nach zusätzlich der gegenseitigen Verknüpfung, um umfassend aussagekräftig zu sein.

Berücksichtigt man vor diesem Hintergrund die neueren, sich im Kontext der IB-Theorien entwickelnden Ansätze zur Außenpolitik, so lassen sich mit dem *Rational Choice-Ansatz* sowie dem *kognitiven* und (rollenorientierten) *konstruktivistischen* Ansatz zwei Erklärungsansätze hinzufügen (Lemke 2000), die wesentlich auf aktuelle Theoriedebatten in der Außenpolitikforschung eingehen. Soweit dabei *liberale* bzw. gesellschafts- und marktbezogene Ansätze - zum einen hinsichtlich Einfluss nehmender gesellschaftlicher Interessen und Akteure auf die außenpolitische Präferenzbildung, zum anderen mit Blick auf (welt)marktbedingte Faktoren des außenpolitischen Handelns -, zum Tragen kommen und sich institutionalistische Positionen zur Beschreibung einer *kooperativen* oder *verhandlungsorientierten* Außenpolitik mit einbeziehen lassen, ist das theoretische Gebäude an Erklärungsansätzen wesentlich erweiterbar.

Unterscheidungskriterien, die es erlauben, die einzelnen Ansätze in der Außenpolitikforschung voneinander abzugrenzen, sind dabei neben den hier im Vordergrund stehenden (1) *erkenntnistheoretischen* Grundannahmen, (2) die *Methodik*, die im Individualismus der rationalistischen Ansätze und in der vorwiegend holistischen Methode der konstruktivistischen bzw. post-rationalistischen Ansätze Verwendung findet, sowie (3) die *struktur-* und *akteurszentrierte* Perspektive, zwischen denen die jeweilige Außenpolitiktheorie eingeordnet werden kann (Carlsnaes 2002: 336). Demnach können wir von vier zentralen *Theorien der Außenpolitik* ausgehen, die hier näher erläutert werden sollen; auch wenn überwiegend die (neo)realistische, liberale und konstruktivistische Außenpolitiktheorie untersucht worden sind. Unterschiedliche Perspektiven und Erklärungen von Außenpolitik lassen sich, in Anlehnung an Reimund Seidelmann, allerdings auch anhand von Erklärungsansätzen systematisieren, die, bis auf den behavioristischen und entscheidungs- und strukturorientierten Ansatz als *Theorien mittlerer Reichweite*, den größeren Außenpolitiktheorien zugeordnet werden können. Jeweils subsumiert sind einzelne Forschungsrichtungen und der zentrale Erkenntnisgegenstand der Theorie bzw. des Ansatzes.

Die Mehrzahl der traditionellen Ansätze folgt in der Außenpolitikforschung einer rationalistischen Wissenschaftstradition. Realistische Schule, Liberalismus und Institutionalismus gehen in der Regel von einem rationalen Verhalten der handelnden Akteure (Staaten, Gesellschaften etc.) aus, wonach die Akteure diejenigen Strategien wählen, mit denen sie ihren "eigenen Vorteil maximieren", ihren Nutzen bestmöglich vergrößern können (Haftendorn 1990: 406). Rationale Verhaltensmodelle, wie in den sechziger Jahren die Strategie der Gewinnmaximierung oder Kostenminimierung in der Spieltheorie, sind die ersten Ansätze, die am Beginn einer eigenständigen Außenpolitikforschung stehen und außenpolitisches Entscheidungsverhalten zu erklären versuchen. Die Analyse der Außenpolitik und die Entstehung einer entsprechenden Teildisziplin waren darüber hinaus wesentlich von der Entwicklung des Faches Internationale Beziehungen abhängig. Zentrale Begriffe und Grundelemente der Disziplin der Internationalen Beziehungen - anarchisches Selbsthilfesystem, Souveränität, Macht - ermöglichten jedenfalls erst die nähere Beschäftigung mit den Fragen der Außenpolitik.

Außenpolitiktheorien

Theorien	Realismus/Neorealismus	Theorien mittlerer Reichweite	Institutionalismus	Liberalismus	Konstruktivismus
Erklärungs-ansätze	Traditionalistisch Sicherheits- und Machtorientiert	Behavioristisch (Positivistisch) Entscheidungs- und strukturorientiert	Kooperativ	Gesellschafts- und Marktbezogen	(Sozial)Konstruktivistisch
Forschungs-richtungen	Realismus / Neorealismus Englische Schule Neoklassischer Realismus	Spieltheorie / Entscheidungstheorie Systemtheorie / Strukturanalyse Politische Kybernetik / Entscheidungsanalyse	Rationalistischer Institutionalismus Reflexiver Institutionalismus	Ideeller Liberalismus Ökonomischer Liberalismus Republikanischer Liberalismus	Rollentheorie Diskursanalyse Denkbilder und Außenpolitisches Lernen „Normwirkungstheorie"
Zentrale Untersuchungs-gegenstände	*Capabilities*, Polarität des intern. Systems Macht(politik) und Interesse Sicherheit Autonomie- und Einflussmaximierung Diplomatie *Statecraft*	Input-Output / Prozess der Entscheidungsfindung Rational Choice / Ziel-Mittel-Ansatz Aktion-Reaktion / Innere/Äußere Bedingungen Determinanten Groupthink	Int. Organisationen Regime u. Netzwerke Multilaterale Politik Mehrebenenverhandeln *pooling/delegation* Spieltheoretische Kooperationsmodelle	Innerstaatliche Interessen, Präferenzbildung Gewinnorientierte Politik Gesellschaftliche Akteure *Two-level bargaining* *Domestic Politics*	Internationale und sozietale Normen Normkonsistente Politik Werte, Ideen, Welt- und Gesellschaftsbilder Identität (Tradition, Religion, Kultur)

Abb. 5: Außenpolitiktheorien

Drei zentrale Forschungsansätze stehen so am Anfang einer eigenständigen Disziplin der Außenpolitikforschung. Schon sehr früh waren die Vertreter der Realistischen Schule bemüht, politisches Handeln zu beschreiben, den Gegenstand der Außenpolitik im historischen Vergleich systematisch zu untersuchen und staatliche Motivationen und Triebkräfte der Außenpolitik nach den klassischen Kriterien von Diplomatie, Macht, Interesse, Gleichgewicht und der Idee der Staatsräson (statecraft) zu beurteilen (Rynning/Guzzini 2002: 2). Der sich vor allem mit den Werken von Hans J. Morgenthau verbindende Ansatz des außenpolitischen Realismus stellte in dieser klassischen Form die Auffassung in den Mittelpunkt, dass objektive Gesetze, die sich aus der menschlichen Natur ergeben, auch die Politik beherrschen. *Macht* und *Interesse* bestimmen das außenpolitische Verhalten von Staaten und werden zu Schlüsselbegriffen des Morgenthauschen Ansatzes. Machtpolitik wird, nach Auffassung der Realisten, von allen betrieben, sei es aufgrund der menschlichen Natur und/oder der Anarchie im internationalen Staatensystem. "Power politics, realists agree, is played by all, be it for reasons of human nature and/or international anarchy" (Rynning/Guzzini 2002: 1). Im realistischen Verständnis von Außenpolitik lässt sich dabei ein Entwicklungs- und Erklärungsstrang finden, der auf Realisten wie Thukydides und Polybios in der griechischen Antike sowie auf Machiavelli, Hobbes oder Vico zurückreicht.

Die dem *Rationalen Akteursmodell* zugewandte Realistische Schule der Außenpolitikforschung wurde in einem zweiten Ansatz durch die *behavioristischen* Studien von Snyder/Bruck/Sapin (1954/1963) ergänzt und in Richtung *prozessorientierter Entscheidungsmodelle* vertieft. Das außenpolitische Handeln der Entscheidungsträger erfolgt demnach nicht nach objektiven Gesetzen im Sinne einer "klugen" Staatsräson. Staatliches Handeln geht aus unterschiedlichen innen-, außen- und organisationspolitischen bzw. bürokratischen Einflüssen hervor, aus einem inneren und äußeren *Bezugsrahmen* (*internal/external setting*), der das Handeln beeinflusst. Die Akteure legen im Entscheidungsprozeß Ziele und Strategien ihres Handelns fest, wählen die nach Akzeptanz und Erfolgschancen beste Handlungsmöglichkeit (*Option*) und beurteilen das Ergebnis ihrer Politik unter dem Blickwinkel der beabsichtigten außenpolitischen Ziele.

Unter Berücksichtigung psychologischer und soziologischer Fragestellungen war der Ansatz damit eine klare Abkehr von der Vorstellung des Staates als einem monolithischen Akteur, der als *black box* ausschließlich ein einheitliches nationales Interesse verfolgt. Mit den Studien von Snyder/Paige (1958) und Paige (1968) zur Entscheidung der USA, in den Koreakrieg von 1950 zu intervenieren, entwickelte sich eine entscheidungsorientierte Außenpolitikanalyse, die aufgrund der formulierten Variablen auch auf Prozesse der außenpolitischen Entscheidungsfindung in anderen Staaten übertragbar war. Auf diese Weise entwickelte sich eine Reihe weiterer organisatorischer Umfeldansätze, die in der Systemtheorie (Easton) und der politischen Kybernetik (Deutsch) als auch in der Organisationstheorie und den Modellen der bürokratischen Politik (Allison) zur Anwendung kamen und die Realität der Außenpolitik mit ihrem politischen und organisatorischen Umfeld zu erklären versuchten.

Allisons Standardwerk zur Untersuchung von Organisations- und Bürokratieprozessen („Essence of Decision", 1971/2002) wurde durch Analysen zum Entscheidungsmi-

lieu, d.h. zu den Perzeptionen, Motivationen und Vorstellungsbildern der Entscheidungsträger (Sprout/Sprout 1956, 1957; Brecher 1972, 1975 mit einer Fallstudie über
Israel), durch Betrachtung der Entscheidungsprozesse in Kleingruppen (Janis 1972) und
der Auswirkungen unterschiedlicher Entscheidungsstrukturen (Hermann/Hagan 1998)
wesentlich weiterentwickelt und in Fallstudien (der theoriegeleiteten Außenpolitikforschung) überprüft (verifiziert). Persönliche Grundüberzeugungen und Weltbilder, Füh-
rungsstil, politische Sozialisation und eigene Interessenlage stellen demnach wichtige
Faktoren dar, um das Entscheidungsverhalten von außenpolitischen Führungsträgern
besser verstehen und beispielsweise auf spezifische Außenpolitikmuster von Eliten in
den USA - Hardlinern, Internationalisten, Isolationisten, „Anpassungspragmatikern"
etc. – anwenden zu können.

Im gleichen Rahmen führte Rosenau im Laufe der sechziger Jahre die Analysen von
Snyder et al. fort, indem er die Möglichkeit von allgemeinen Aussagen über die im Entscheidungsprozeß immer wiederkehrenden, relevanten Faktoren überprüfte und daraus
Rückschlüsse auf Gemeinsamkeiten und Unterschiede im außenpolitischen Verhalten
von Staaten zu ziehen hoffte. Durch den *Vergleich* von Einflussfaktoren, wie Politikfeldern (Rosenau 1966: 73, 82-86) oder Staatstypen (ibid.: 43, 47-48), sollte das jeweilige
außenpolitische Entscheidungsverhalten der Staaten analysiert und zu einem Grundras-
ter generalisierender Annahmen entwickelt werden, um die Außenpolitik der Staaten
vergleichend nachvollziehen zu können.

Einen wichtigen politikwissenschaftlichen Grundstein für die Außenpolitikforschung
legte Rosenau dabei mit seiner Arbeit über „*Pre-Theories and Theories of Foreign Policy*" (1966). Da eine theoretische Beschäftigung mit Fragen der Außenpolitik kaum entwickelt war, sollte die vorhandene Theorielosigkeit durch eine vergleichende Beobachtung der unterschiedlichen Formen von Außenpolitik überwunden werden. Mit Hilfe
des "event"-Begriffes formulierte Rosenau ein theoretisches Konzept, das alle erkennbaren und somit nachvollziehbaren Versuche der (außen)politischen Einflussnahme erfassen sollte. Internationale Verträge, Staatsbesuche, Regierungserklärungen etc. wurden
als events untersucht und danach klassifiziert, ob sie hinsichtlich des Adressaten freund-
schaftlich oder feindselig waren und diplomatische, wirtschaftliche und militärische
Mittel von den Staaten eingesetzt wurden. Durch verallgemeinernde Aussagen und mit
Hilfe statistischer Auswertungen sollte letztlich eine Theorie mittlerer Reichweite entstehen, um Außenpolitik wissenschaftlich erklärbar zu machen. Rosenau ging insofern
nicht unberechtigt von der Überzeugung aus, dass es der außenpolitischen Analyse an
einem umfassenden System überprüfbarer Generalisierung mangelt und der Außenpolitik eine allgemeine Theorie fehlen würde.

Das damit eingeleitete Bemühen um eine *vergleichende Außenpolitikforschung*
(Comparative Foreign Policy, Rosenau 1974) führte letztlich zur Entwicklung unterschiedlicher Forschungslinien, die sich nicht nur mit dem Verhältnis oder der Bündelung von Faktoren und ihrem Auftreten in bestimmten Ereignissen der Außen- und internationalen Politik beschäftigten (McGowan/Shapiro 1973; East/Salmore/Hermann
1978), sondern auf *individueller Ebene* nach psychologischen Einflussfaktoren, der Be-

deutung von Denk- und Vorstellungsbildern sowie der Rolle von Perzeptionen in der Außenpolitik fragten (de Rivera 1968, George 1969, Jervis 1976 u.a.), auf *gesellschaftlicher* sowie *nationalstaatlicher Ebene* hingegen das Gewicht der öffentlichen Meinung, der Wirkung innenpolitischer Opposition und nationaler Rollenkonzepte für das außenpolitische Handeln untersuchten (Holsti 1970, 1991; Czempiel 1979 u.a.). An der methodischen Relevanz und dem politischen Wert der dadurch gewonnenen Kausalitätsaussagen wurde allerdings aufgrund des Erklärungswertes und der Prognose- bzw. Aussagefähigkeit von statisch bestimmten Ereignisanalysen als auch aufgrund der Frage der Quantifizierbarkeit und datenmäßigen Verfügbarkeit von Variablen wie Perzeptionen oder Weltbildern - etwa in der Außenpolitik von Entwicklungsländern - deutlich Kritik geübt (vgl. Caporaso u.a. 1987: 37).

In der ersten Phase der Theorieentwicklung von den 50er Jahren bis in die 80er Jahre war Außenpolitikforschung insofern weniger um eine umfassende, alles erklärende Makrotheorie als um eine Theorie mittlerer Reichweite bemüht, die sich auf der Basis empirischer Quellen an problem- und bereichsspezifischen Fragen orientierte. Die Untersuchung der Außenpolitik von Staaten als output erfolgte durch eine Input-Analyse, die im wesentlichen innerstaatliche, gesellschaftliche, gouvernemental-bürokratische, kognitive, psychologische und entscheidungsbedingte Faktoren und Aspekte zur Erklärung von Außenpolitik heranzuziehen und wissenschaftlich zu erklären versuchte.

Da der Ansatz des Realismus sich dabei im Sinne einer Großtheorie als besonders grundlegend erweist, soll zunächst die realistische Außenpolitiktheorie im Vordergrund stehen. Dabei interessieren uns allgemeine Grundannahmen des Realismus, unter besonderer Berücksichtigung der Grundüberlegungen Morgenthaus als auch der weiterentwickelten neorealistischen Perspektiven zum Begriff und Gegenstand der Außenpolitik.

2.3   (Neo)Realistische Außenpolitiktheorie

Realismus und Außenpolitik

> Außenpolitik ist als solche *power politics*, Machtpolitik.
> Raymond Aaron

Die realistische Außenpolitiktheorie unterscheidet sich in Zielsetzung und Gegenstand von anderen Theorien und Ansätzen der Außenpolitikforschung. Als Erkenntnisinteresse stehen für den Realismus die Betrachtung des außenpolitischen Verhaltens der Staatsspitze sowie die Veränderungsprozesse im internationalen Geschehen und die damit verbundenen Handlungsempfehlungen für eine erfolgreiche Außenpolitik im Vordergrund. Außenpolitik und theoretischer Umgang mit ihren Fragen beruhen auf einem realistischen Außenpolitikverständnis, das in seinen Wurzeln bis auf das frühe Prinzip des *Primats der Außenpolitik* zurückreicht. In der internationalen Umwelt des

19. Jahrhunderts war der Primat der Außenpolitik nicht nur zur Handlungsmaxime der Diplomatie erhoben und mit dem neuen Großmachtbegriff eines Gleichgewichts der Mächte verbunden worden. Im Staatengeflecht der damaligen Jahrzehnte wurde der Vorrang der Außenpolitik, vor allem unter Leopold von Ranke, zum Credo einer nationalstaatlichen Politik umformuliert und von einer ursprünglich wissenschaftlichen Theorie zu einer politischen Kampfparole umgewandelt (vgl. Martin 1989: 7). Das Gewicht, das man der Außenpolitik verlieh, führte zu der allgemeinen Schlussfolgerung, dass die politische Praxis in den internationalen Beziehungen völlig anderen Regeln als in der Innenpolitik folgt und die Belange der Außenpolitik gegenüber innerstaatlichen Fragen deutliche Priorität erhalten (Carlsnaes 2002).

Neben dem außenpolitischen Handeln der Entscheidungsakteure richtete sich das wissenschaftliche Nachdenken über Außenpolitik nach dem Zweiten Weltkrieg vor allem auf die Funktionsbedingungen, innerhalb derer sich die internationale Staatengesellschaft entwickelt und Außenpolitik sich vollzieht. Der Realismus als Theorie verstand sich dabei von Beginn an als Versuch der Beschreibung von Außen- und Internationaler Politik "*so wie sie ist*" (Morgenthau 1948, 1951). Schon aufgrund des Bemühens um Emanzipierung von den "älteren" Disziplinen, die sich u.a. vorwiegend den geschichtlichen, rechtlichen oder idealistischen Vorstellungen von Außenpolitik zugewandt hatten, war es das Ziel, einer Verwissenschaftlichung der noch jungen Disziplin der Internationalen Beziehungen den Weg zu ebnen und grundlegende Aussagen auch zur Außenpolitik von Staaten zu formulieren. Die wissenschaftliche Beschäftigung mit dem Bereich der Außenpolitik erfolgte zwar nicht in systematischer Weise. Sie enthielt jedoch erste Anknüpfungspunkte für die politikwissenschaftliche Konkretisierung der Frage, was unter den grenzüberschreitenden, internationalen Aktivitäten eines Staates zu verstehen sei und worin sich die internationale Politik als "eine der zahlreichen Formen" auszeichnet, "in der die Beteiligung einer Nation am internationalen Geschehen zum Ausdruck kommen kann" (Morgenthau, zit. nach Behrens/Noack 1984: 78-79). An der Entwicklung des Ost-West-Konfliktes ließen sich dabei die Aussagen des klassischen Realismus bestens überprüfen.

Hinsichtlich der gemeinsamen Grundannahmen, Ausgangsbedingungen und Vorgehensweisen sehen die Vertreter des Realismus (Morgenthau, Schwarzenberger, Niebuhr, Kissinger, Kennan u.a.) dabei in den Staaten *rationale* und *unitarische* Akteure, die ihre außenpolitischen Ziele zweckorientiert und kostenbewusst verfolgen und darum bemüht sind, ihre Ressourcen möglichst optimal zu nutzen (Schwarzenberger 1955). Die Festlegung der außenpolitischen Interessen erfolgt deshalb gemäß einer bestmöglichen "Reihenfolge der Wünschbarkeit", in der die wichtigen *primären Interessen*, wie die Erhaltung der nationalen Sicherheit, die Gewährleistung der wirtschaftlichen Wohlfahrt und der Schutz der territorialen Grenzen, im Vordergrund der selbstgesteckten außenpolitischen Ziele stehen. Ihrer Bedeutung entsprechend werden sie als Interessen des Staates in eine stabile "transitive Präferenzordnung" (Hasenclever 2000: 48) gebracht und entsprechend der *Entscheidungssituation*, der *Rahmenbedingungen* und der verfügbaren *Ressourcen* und *Mittel* (Streitkräftepotenzial, Wirtschaftssystem, technologische Entwicklung u.a.) vom Staat als Handlungsoptionen ausgewählt.

Das außenpolitische Handlungsziel und die Strategiewahl der Staaten sind demzufolge stets auf die Wahrung der nationalen Interessen gerichtet. Das heißt, Staaten verhalten sich im internationalen Handlungsumfeld strategisch und nicht moralisch, eigeninteressiert und an den Erfolgschancen ihrer Außenpolitik orientiert. Was allerdings den Staaten eine solche Außenpolitik aufzwingt, ist aus Sicht der Realisten nicht ausschließlich das rationale, nach einem Kosten-Nutzen-Kalkül erfolgende Abwägen der außenpolitischen Handlungsmöglichkeiten.

Die *anarchische Struktur* des internationalen Systems gilt infolge der Abwesenheit einer Weltregierung oder eines Weltstaates ebenso als entscheidende Bedingung für das außenpolitische Handeln von Staaten. Erst das Fehlen einer zentralen übergeordneten Herrschaftsinstanz mit Entscheidungs- und Normierungsgewalt bewirkt das staatliche Streben nach Macht und nach der günstigen Verteilung der Machtressourcen, um der Außenpolitik feindseliger Staaten, externen Bedrohungen und Konflikten vorzubeugen und die eigenen außenpolitischen Handlungsspielräume unter größtmöglichem Gewinn und geringstmöglichem Verlust aufrechtzuerhalten oder zu erweitern. Andernfalls würden bei Nichtbeachtung der Bedingungen des internationalen Systems der eigene Machtverlust und die Gefährdung des Staates drohen. Macht wird für Realisten daher zu einem entscheidenden Faktor bei außenpolitischen Entscheidungen und zur Voraussetzung dafür, die eigenen Interessen bei Feindseligkeiten oder Konflikten zwischen Staaten durchsetzen oder bewahren zu können. (Grieco 1997: 167; Krasner 1985: 12).

Die Verteidigung der *territorialen Integrität* und *systemischen Selbsterhaltung* stehen als oberstes Ziel im Vordergrund und werden, wie die *Unabhängigkeit* und *Autonomie* des Staates als auch die *wirtschaftliche Wohlfahrt* und *Sicherheit* zu grundlegenden Interessen der Außenpolitik. Als zentrales Mittel zur Wahrung der eigenen Sicherheit und als Bedingung zum staatlichen Überleben in der internationalen Politik versuchen die Regierungen Einfluss aufeinander zu nehmen und, vor allem durch die Androhung und gegebenenfalls Anwendung von (Waffen)Gewalt, Macht zu gewinnen. Die verfügbaren *wirtschaftlichen Ressourcen*, die *militärische Rüstung*, die Größe des *Staatsgebietes* oder die *geostrategische Lage* werden so zu entscheidenden Kriterien bei der Frage nach der außenpolitischen Handlungs- und Durchsetzungsfähigkeit eines Staates. In diesem Sinne führt allein "die Fixierung auf Grenzen, Bevölkerungszahlen und Wirtschaftskraft (...) ganz von selbst zu einer Hierarchisierung in große und kleine Staaten" (Hartmann 2001: 25)

Bei allem politischen Handeln, das dem nationalen Interesse folgt und die jeweiligen politischen, wirtschaftlichen und militärischen Bedingungen eines Staates zu berücksichtigen hat, bleibt die *Macht* das Grundelement der Politik. Ausgehend von Morgenthaus Überlegung, dass in der menschlichen Natur ein triebhaft angelegtes, expansives Streben nach Herrschaft liegt und Macht damit zum eigentlichen Zweck politischen Verhaltens wird, ist Macht im Bereich der Außenpolitik zugleich das Mittel, mit dem die Staaten ihren Interessen Nachdruck verleihen und ihren Status in der Staatenwelt zum Ausdruck bringen. Zur Außen- und internationalen Politik gehört für Realisten "ein nicht reduzierbares Element der Macht" (Kissinger 2002: 41), das an der Fähigkeit gemessen wird, die Sicherheit und das politische Überleben des Staates aufrechtzuerhalten.

Das Streben nach *Erhalt, Gewinn* oder *Ausgleich* von Macht wird in der Errichtung von Bündnissen und Allianzen zum Kern der Außenpolitik von Staaten (Walt 1985,1987). Auf militärstrategischer Ebene führte der bipolare Ost-West-Konflikt zur Konfrontation der ideologisch, ökonomisch und gesellschaftlich konkurrierenden Führungsmächte USA und Sowjetunion, die die jeweiligen Stärken und Schwächen der Gegenseite anhand der bestehenden Machtpotentiale, insbesondere der verfügbaren atomaren Waffensysteme, beurteilten. Im Sinne eines Nullsummen-Spiels waren sie dabei bemüht, den Machtzugewinn der anderen Seite über die Gründung der Nordatlantischen Allianz (1949) und des Warschauer Paktes (1955) auszugleichen oder zu verhindern. Das Kriterium der Machtbalance („*balance of power*"), ob intakt oder im Ungleichgewicht, wird für die Analyse der Wissenschaftler, die in der Tradition des Realismus stehen, daher zu einem zentralen Faktor bei der Beurteilung und Gestaltung von Außenpolitik (Polaritätskonstellation).

Überwiegend orientiert an den großen Mächten und ihrer politischen Führung, dem Regierungschef, Außenminister, Sicherheitsberater oder führenden diplomatischen und militärischen Entscheidungsträgern dienen Geographie, Wirtschaftskraft und militärische Stärke als Bewertungsmaßstab und Grundlage für die *Chancen, die eigenen Interessen gegen den Willen anderer Staaten durchzusetzen*. Mit anderen Worten: in der Auffassung des Realismus steht die Machtgesetzlichkeit von Politik im Vordergrund. Eine "vernünftige Außenpolitik" von Staaten berücksichtigt diesen Machtcharakter und handhabt die Instrumente der Außenpolitik, die Diplomatie und die Strategie des Machtgleichgewichtes nach dem Kalkül nationaler Interessen. Morgenthau, so sei nebenbei bemerkt, hat allerdings am Prinzip des Machtgleichgewichts als einem friedensschaffenden, selbst-regulativen Mechanismus im internationalen System gezweifelt. Da Macht, wir könnten auch sagen, Machtpotentiale der Staaten nur schwer zu vergleichen und gegeneinander exakt aufzumessen seien, sieht Morgenthau eine sinnvolle Hemmungs- und Stabilitätsfunktion nur in einem verantwortungsbewussten Umgang der Außenpolitik mit Macht, im Konzept von „statesmanship", als eine auf Klugheit und Ausgleich bedachte Diplomatie.

Aufgrund der häufig konkurrierenden Interessenlagen in einer Staatenwelt ohne global handelnde, übergeordnete und zentral regierende Lenkungsinstanz lassen darüber hinaus Interessenkonflikte - im äußersten Fall in der Form des Krieges - nur die Bildung von Macht und Gegenmacht zu. Vor allem der Bestand nationaler Sicherheit wird deshalb zum Prüfkriterium erfolgreicher Außenpolitik. Erst an der Umsetzung und Verwirklichung der *nationalen Interessen* zeigt sich das strategische Geschick, die Verhandlungskunst oder das virtuose Abwägen der Vor- und Nachteile für das außenpolitische Handeln und die eigene Machtposition. In der zeitnahen, historisch-politischen Betrachtung internationaler Ereignisse, des außenpolitischen Handelns von Staaten und der Motivationen, Absichten und Interessen von Staats- und Regierungschefs wird daher ebenso die analytische Schärfe und Wirkungskraft des realistischen Ansatzes gesehen.

Außenpolitisches Handeln im Sinne der vorgegebenen nationalen Interessen soll dabei nicht *gesinnungsethisch*, ohne Bedacht der daraus sich ergebenden politischen Konsequenzen erfolgen. Morgenthaus Grundgedanken über die Politik als Kampf um Macht, der für ihn aus dem natürlichen Machttrieb des Menschen hervorgeht und u.a. in den *"objektiven Gesetzen"* über die Politik und das politische Handeln zum Ausdruck kommt, liegt vielmehr eine *verantwortungsethische* Sicht von Außenpolitik zugrunde, die zwischen schrankenloser und sittlich gebundener Machtpolitik unterscheidet. Dem *im Sinne von Macht verstandenen Begriff des Interesses* folgend, wird es zur tugendhaften Aufgabe des Politikers und Staatsmannes, die verschiedenen Optionen seiner Außenpolitik vernünftig abzuwägen und sorgfältig zu überprüfen, um unter Zulassen geringstmöglicher Übel außenpolitisch erfolgreich zu handeln.

Das Nationalinteresse als feststehende Größe der Außenpolitik und der Begriff der Macht - als einer, nach Max Webers Verständnis, sozialen Beziehung, in der X die Person Y zu einem bestimmten Tun oder Unterlassen zwingen kann -, fungieren also als *zentrale Erklärungsfaktoren.* Nehmen wir ein Beispiel: In der Außenpolitik Großbritanniens galt bis zum Ende des Empires die Freiheit der Meere als ein sakrosanktes Interesse, das die Wahl der weiteren Ziele und Mittel wesentlich vorgab und beeinflusste. Im Laufe sich ausdehnender Aktivitäten in Übersee im 18. und 19. Jahrhundert war Großbritannien in den Rang einer kolonialen Weltmacht aufgestiegen, deren wirtschaftliche und machtpolitische, insbesondere maritime Stärke, zur Errichtung eines weltumspannenden Kolonialreiches führen sollte, in dem die Wahrung und Durchsetzung der nationalen Interessen - damals wie heute - zur Leitmaxime britischer Politik erhoben wurde (Lehmkuhl/Jansen 1995, Mangold 2001). Hatte Außenminister Palmerston im 19. Jahrhundert zur auswärtigen Politik der britischen Großmacht resümiert, dass England zwar "keine ewigen Verbündeten und keine dauernden Feinde, aber ewige Interessen" besitze, denen zu folgen die "Pflicht" britischer Politiker sei, so betonte Premierminister Blair 1997 in ähnlicher Akzentuierung, dass Großbritanniens Interessen als "first, second and last" (Volle 1997: 459) im Vordergrund außenpolitischer Überlegungen stehen müssten.

Wenn es daher um die "realistische" Einsicht in die Außenpolitik von Staaten geht, werden die eigene Interessenlage sowie das Verfolgen nationaler Ziele und Präferenzen stets wichtigster Anhaltspunkt im Kräftespiel der Staaten zwischen Machtbalance und Hegemonie. Auf dem "großen Schachbrett" der internationalen Politik in Zentralasien und der transkaukasischen Region sieht, wenn wir ein zweites Beispiel wählen, der frühere nationale Sicherheitsberater der USA, Zbigniev Brzesinski, im Kräftespiel um Machtpositionen und regionale Einflusssphären ein wesentliches Charakteristikum der Außenpolitik der großen Mächte USA, Rußland und China im post-bipolaren Zeitalter. Gegenüber den USA und ihrer regionalen Präsenz in Afghanistan würden die aufstrebende Großmacht China und das aus der Weltmachtposition abgestiegene Rußland eine kooperative Balancepolitik entwickeln, die letztlich zur Wiederherstellung eines Machtgleichgewichtes und zu einem regional homogenen Staatengefüge von der Ukraine bis nach Fernostsibirien und China führen soll (Brzesinski 1999, vgl. Link 1998: 136).

Sämtliche außenpolitische Ziele von Staaten lassen sich dabei aus Sicht des klassischen Realismus in drei Gruppen zusammenfassen, die jeweils einem bestimmten Handlungstypus von Außenpolitik entsprechen (Morgenthau 1963: 69,81):

1. dem *Machterhalt*, durch eine die Machtverteilung bewahrende und die Einflusschancen sichernde Status-quo Politik,

2. der *Machtausdehnung*, in Form einer "imperialen" Politik, die auf die Veränderung der Machtverhältnisse zielt und in der regionalen oder globalen Hegemonie eines Staates bzw. in der Rolle einer vorherrschenden Ordnungsmacht zum Ausdruck kommt, sowie

3. der *Machtdemonstration*, dem die Diplomatie oder die Präsentation militärischer Stärke dazu dient, die Außenpolitik eines Staates (Status-quo-, Imperialismuspolitik) erfolgreich durchzusetzen oder das nationale Ansehen zu steigern.

Morgenthau will der Macht, und damit auch dem Kampf um Macht, nicht nur einen über Raum und Zeit universellen Charakter zuschreiben. Als unbezweifelbare, von den Wahrnehmungen der Staatsmänner abhängige Erfahrungstatsache dient der Machtbegriff als eine die Außenpolitik (und natürlich auch internationale Politik) verstehende Orientierungshilfe. Macht ist insofern sowohl Gegenstand und Mittel, im äußersten Fall Selbstzweck des außenpolitischen Interesses als auch Ausdruck der „Herrschaft von Menschen über Menschen (...)" (Morgenthau 1963: 54). Das außenpolitische Streben der Staaten richtet sich nach *Autonomie- oder Einflussmaximierung*.

Erwähnung verdient in diesem Zusammenhang auch ein zweiter realistischer Erklärungsansatz, der nicht nur vorrangig die Bewegungsgesetze, Triebkräfte und Bedingungen von Außenpolitik objektiv zu erfassen versucht, sondern sich mit Studien der Außenpolitik einzelner Staaten und ihren Beziehungskonstellationen auseinandersetzt.

Exkurs: Historisch-Philosophischer Erklärungsansatz

Angesichts der niemals zwingenden Eindeutigkeit und Allgemeingültigkeit einer realistischen Denkschule oder eines umfassenden Forschungsprogramms, sind vor allem zwei verschiedene Untersuchungspfade zu berücksichtigen: 1. der erwähnte *analytische Erklärungsansatz*, der zum einen die anarchischen Strukturen des internationalen Systems (vor allem im noch zu erklärenden Neorealismus), zum anderen die verschiedenen auf Selbsterhaltung und Machtstreben gerichteten Motivationen und Triebkräfte von Staaten als hauptsächliche Bestimmungsfaktoren der Außenpolitik erfasst und beleuchtet, sowie 2. der *historisch-philosophische Erklärungsansatz*, der die internationale Umwelt und die unterschiedlichen Formen internationaler Ordnung anhand der Staatenbeziehungen in verschiedenen Epochen und vor dem Hintergrund ihrer *Homogenität* oder *Heterogenität*, ihrer *Legitimität* und *Krisenhaftigkeit* untersucht.

Aufstieg und Niedergang der früheren, auf einem Mehrstaatenmodell beruhenden Weltordnungen - vom Westfälischen Frieden bis ins post-bipolare Zeitalter - sind für

Kissinger die "einzige Erfahrung, auf die man zurückgreifen kann, wenn man nachvollziehen will, mit welchen Schwierigkeiten Staatsmänner heute konfrontiert sind. Die Geschichtswissenschaft verfügt über kein Handbuch, das gleichsam automatisch für jeden Fall zu Rate gezogen werden kann; aus der Geschichte lernt man durch Analogien, die Schlüsse auf die möglichen Konsequenzen in vergleichbaren Situationen zulassen (...) Intellektuelle analysieren die Wirkungsweisen internationaler Systeme; Staatsmänner schaffen sie" (Kissinger 1994: 23). In der Wiener Kongressdiplomatie von 1815 und einer von den USA bestimmten Zwischenkriegszeit bis 1939 sehen Realisten wie Kissinger die beiden stabilsten internationalen Systeme, in denen die Eigenschaften eines Gleichgewichts der Kräfte dominierten und das außenpolitische Verhalten der Staaten beeinflussten. Eine klare Vorstellung von der nach dem Zusammenbruch der Sowjetunion sich entwickelnden Weltordnung bleibt allerdings nach Kissingers Meinung weitaus schwieriger: zum einen aufgrund der globalen Dimension der internationalen Beziehungen, mit einer weltweiten demokratischen Öffentlichkeit und einem schnelleren technologischen Entwicklungsschub, zum anderen aufgrund einer extrem unterschiedlichen kulturellen Herkunft der einzelnen Staatslenker (Kissinger 1994: 22). Konstitutiv für diese internationale Ordnung sei zwar der Anspruch ihrer *Legitimität*. Diese muss jedoch nicht notwendigerweise gerecht sein, sondern hinsichtlich der Regeln ihres Kräftespiels von den Hauptakteuren lediglich anerkannt werden, um ein "homogenes internationales System" zu schaffen (vgl auch Kissinger 1962, 2002)..

Erst durch eine "revolutionäre", den Frieden und die Ordnung gefährdende Großmacht, die in ihrer Außenpolitik auf eine Veränderung der außenpolitischen Umwelt zielt und das Mittel der Diplomatie durch militärische Aufrüstung ersetzt, werden homogene Staatensysteme in "heterogene Systeme" verwandelt. Hinsichtlich der außenpolitischen Umwelt eines Staates - sei sie homogen oder heterogen - stellte es für Realisten daher bis zum Ende des 20. Jahrhunderts eine zentrale Aufgabe dar, diejenigen Mittel und Handlungsmöglichkeiten zu erforschen, die in heterogenen Staatensystemen auf die *Konfliktanfälligkeit* und *Gewaltbereitschaft* von Staaten hemmend wirken können und die die Diplomatie in Richtung eines kultur-, ideologie- und staatenübergreifenden Verständnisses vom richtigen (außen)politischen Handeln entwickeln (Rynning/Guzzini 2002: 5).

Edward Halett Carr sah in den Defiziten und Strukturfehlern der internationalen Ordnung denn auch den entscheidenden Grund dafür, dass Staaten in ihrer Außenpolitik nach Machtausdehnung oder Machterhalt drängen. Die Ursache von Kriegen und Konflikten lag für ihn im internationalen System, und nicht, wie von anderen Realisten behauptet, in der Außenpolitik und revolutionären Ideologie eines Staates, der nicht mehr gewillt war, die Regeln des internationalen Kräftespiels einzuhalten. Es wurde in diesem Zusammenhang allerdings schon in den 1960er Jahren beklagt, dass die Differenzierung des internationalen Systems in homogen/heterogen (Aron 1962: 108-13) oder revolutionär/legitim (Kissinger 1975: 1-3) zu keinen eindeutigen wissenschaftlichen Aussagen oder Hypothesen in der realistischen Analyse geführt hätten (Wolfers 1962: 86).

Der Zugang zur Außenpolitik im klassischen Realismus erfolgt somit auch über den historisch-philosophischen Erklärungsansatz, der aus der Staaten- und Diplomatiegeschichte, der Durchsicht weltpolitischer Vorgänge und dem empirisch überprüfbaren Verhalten von Staaten relevante Schlussfolgerungen zieht, die historischen Grundlagen für eine erfolgreiche Außenpolitik herausarbeitet und in entsprechenden Analogien auf die aktuelle Außenpolitik von Staaten überträgt. Nicht nur eine "ideale Linie des Handelns, eine ideale Staatsräson" liege im Bemühen "des (...) Staatsmannes wie des zurückschauenden Historikers". In zahlreichen Büchern zu historischen Ereignissen der Weltpolitik („Das Gleichgewicht der Großmächte", „Die Vernunft der Nationen") zeichnete Kissinger als Theoretiker und, durch seine Eigenschaft als damaliger US-Außenminister und Sicherheitsberater, auch Praktiker der Außenpolitik, zentrale Entwicklungslinien anhand der Kategorien Macht, Interesse und Gleichgewicht der Kräfte nach. Das Typische, stets Wiederkehrende im Verhalten der Menschen, und damit des Staates, steht im Vordergrund der an der Macht orientierten Analyse. Zum Maßstab sinnvoller Außenpolitik und einer klug handelnden Staatsführung werden dabei Sicherheit, Macht und Wohlfahrt als existenzielle Ziele eines Staates. Der klassische Realismus, der die vorfindbare Realität außenpolitischer Praxis untersucht, erscheint aus diesem Grund insoweit als *normativ*, als er gegenüber dem szientistisch-behavioralistischen Ansatz der 1960er Jahre in der Außenpolitikforschung einem präskriptiven Modell folgt: der Erfolg des politischen Handelns beruht auf einer wünschbaren rationalen Außenpolitik der Staatsführung.

Der Ansatz des Neorealismus

Für den Neorealismus, wie auch für den Realismus, stellen die Staaten (als noch immer wichtigste Akteure) eine geschlossene Einheit („*units*") dar, deren Außenpolitik auf einem eindeutig festgelegten Grundinteresse der Sicherheit und Wohlfahrt beruht. Im Vordergrund steht nicht die Frage nach den Merkmalen oder Präferenzen und Interessengewichtungen der einzelnen Akteure, sondern das an den Kriterien der Ziel- und Zweckrationalität und dem Eigeninteresse orientierte außenpolitische Handeln. Für Neorealisten, und hier speziell für *Kenneth Waltz* („Theory of International Politics", 1979), lässt sich das Verhalten der Staaten nur aus der Struktur des internationalen Systems herleiten. Der aus diesem Grund auch als *struktureller Realismus* bezeichnete Ansatz geht wesentlich auf Waltz zurück ((Masala/Roloff 1998, Masala 2005). Diese *Struktur*, die von Waltz im Gegensatz zur Macht und zum Machtstreben bei den Realisten, als zentrale Analysekategorie eingeführt wird, definiert sich zum einen durch das "*Ordnungsprinzip*" der Anarchie - dem Fehlen einer übergeordneten, Norm und Recht setzenden sowie sanktionsimplementierenden Lenkungsinstanz - zum anderen durch die *Verteilung der Machtressourcen* auf die Staaten (vgl. Kap. 14).

Alle Staaten handeln unter den Bedingungen der Anarchie und verfolgen das Hauptziel der *Sicherheit*. Allianzen, Gleichgewichtsstrategien und militärische Stärke werden zum Instrument nationaler Außenpolitik und Sicherheitsvorsorge; nicht zum Zweck irgendeines Machtgewinns, sondern zur Wahrung der eigenen Position, die das staatliche Überleben sichert: „Das vorderste Anliegen von Staaten ist nicht, Macht zu maximieren, sondern ihre Position im System aufrechtzuerhalten (...). Das Ziel, welches das System sie zu verfolgen antreibt, ist Sicherheit" (Waltz 1979: 126). Sicherheit bedeutet dabei aus Sicht des Neorealismus die Fähigkeit der Staaten zur Aufrechterhaltung ihrer Unabhängigkeit und territorialen Integrität, zum einen durch eine umfassende Autonomie, zum anderen durch größtmöglichen Einfluss bzw. Kontrolle über die internationale Umwelt. Die nach Macht, und damit vor allem nach wirtschaftlichen und militärischen Machtressourcen strebenden Staaten, versuchen ihren Einfluss und ihre Autonomie gegenüber anderen Staaten zu wahren und zu maximieren. Staatliche Machtpolitik ist daher in erster Linie Einfluss und Autonomie maximierende Politik innerhalb des internationalen Systems. Die Außenpolitik von Staaten ergibt sich für den (strukturellen) Neorealismus folglich nicht als Ergebnis innerstaatlicher Kräftekonstellationen oder Konflikte, sondern allein aus der Verteilung der Machtressourcen (*„capabilities"*) und der daraus hervorgehenden relativen Machtpositionen zwischen den Akteuren. Wandelt sich das Verhältnis der Staaten zu neuen Machtfiguren, kann es zu veränderten außenpolitischen Strategien kommen.

Staaten werden somit nicht nach ihrer internen Ordnung, den gesellschaftlichen, politischen oder wirtschaftlichen Akteuren im politischen System befragt. Innerstaatliche Faktoren haben für den Neorealismus Waltz'scher Prägung nur eine untergeordnete Erklärungskraft, wenn es um die Analyse außenpolitischer Entscheidungen und daraus sich ergebender Handlungszusammenhänge geht. Allein die Struktur des internationalen Systems und seine Polaritätskonstellationen (Uni-, Bi- oder Multipolarität) erklären unmittelbar die immer wiederkehrenden Grundmuster und Folgen des Verhaltens der Staaten untereinander. Da sich für Waltz keine Theorie der internationalen Politik auf anthropologische Prämissen gründen lässt (Waltz 1979: 29f.), werden ausschließlich systemische Effekte als Erklärungsgrundlage herangezogen. Diese aus der Struktur des internationalen Systems sich ergebenden Effekte setzen die Staaten in bestimmte Beziehungen zueinander und drängen sie in entsprechende außenpolitische Verhaltensrichtungen (Waltz 1979: 73-78). Während der klassische Realismus (Morgenthau) davon ausgeht, dass jede vernünftige (rationale) Außenpolitik stets zu einem Gleichgewicht der Mächte und zu Instrumenten der Macht-Balancierung in Form von Macht- und Gegenmachtbildung beitragen muss, hängt für Neorealisten das gegenseitige Austarieren der einzelnen staatlichen Machtpositionen und Gewichte (*„balancing"*) oder das Anschließen an einen Stärkeren (*„bandwagoning"*) von der Struktur des internationalen Systems ab (vgl. Schweller 1994).

Verschiebt sich die Macht zugunsten eines anderen Staates wird dies durch eigene Aufrüstung oder durch Allianzbildung (Walt 1985, 1987) ausgeglichen. Hat kein Staat die Möglichkeit, seinen Anspruch auf Führung gegen den Widerstand anderer durchzusetzen, herrscht ein wechselseitiges Ausbalancieren vor. Findet sich aber anstelle eines „Möchtegern-Führers" ein „Gewinner", so vollzieht sich der Wandel zum „bandwagoning" als ein dafür charakteristisches Verhalten (Waltz 1979: 126). Vor allem schwächere Staaten verzichten demnach häufig auf ein ausgleichendes Bündnis und schließen

sich dem Stärkeren an, wenn sich durch dieses außenpolitische Verhalten (bandwagoning) Gewinne erzielen lassen („theory of balance-of-interest"). Ein bestimmtes Außenverhalten kann durch die Strukturen des internationalen Systems also durchaus belohnt
(Gegenmachtbildung) oder bestraft werden. Die Schlankheit bzw. Parsimonie des von
Waltz begründeten Ansatzes führt allerdings auch zu einer wichtigen Einschränkung.
Aufgrund der Rigidität der behaupteten System- und Verhaltenszwänge klammert Waltz
die theoretische Betrachtung von Außenpolitik, einschließlich der Außenpolitikanalyse,
gänzlich aus.

Innerhalb des Neorealismus folgte man in den letzten Jahren dennoch nicht ausschließlich der Waltz'schen Betrachtung *rudimentärer* Strukturprinzipien (Waltz 1990,
1996, 2002), einer „systemic theory", die allen reduktionistischen Ansätzen, also Ansätzen, die die Gesamtheit der internationalen Politik durch das Studium seiner Teile erklärt, *eine Absage erteilte*. Der Neorealismus hat trotz seines momentan unterschiedlich
wirkenden, politikwissenschaftlichen Daseins eine Vielzahl wirkungsmächtiger Varianten und Theoriestränge entwickelt, die in Fortführung des traditionellen Realismus sich
näher oder weiter entfernt vom Waltz'schen Ansatz befinden. Neben Robert Gilpin,
Stephen Walt, Joseph Grieco und John Mearsheimer in den USA lassen sich in
Deutschland Gottfried-Karl Kindermann, als Begründer der Münchner Schule des Sy-
noptischen Realismus, sowie Reinhard Meier-Walser (2004), Werner Link, der hinsichtlich seiner strukturellen Konfigurationstheorie Bezugspunkte zu Waltz aufweist, Christian Hacke, Carlo Masala oder Alexander Siedschlag (1997) u.a. zu Vertretern eines
jeweils unterschiedlich erweiterten und angewendeten neorealistischen Ansatzes zählen.

In weiterführenden neorealistischen Theorien hat Außenpolitik dabei in den letzten
Jahren eine stärkere Bedeutung erfahren. So wurden dynamische Analysekonzepte vorgelegt, die nach internen Grundlagen der außenpolitischen Orientierung von Staaten und
subsystemischen Erklärungsfaktoren fragen (vgl. Elman 1996, Rose 1998, Rynning/
Guzzini 2001, Guzzini 2001). In Bezug auf Außenpolitik wurde vor allem die Überlegung angestellt, ob Staaten grundsätzlich offensiv und kooperationsfeindlich oder bei
entsprechender Verteilung der Machtpositionen defensiv handeln würden. Die „Öffnung" des Staates als „black box" und rational handelndem Akteur verknüpfte sich zudem mit der Frage, wie das Ende des Ost-West-Konfliktes und die internationalen Um-
verteilungs- und Neuordnungsprozesse zu erklären seien, zumal der strukturelle Realismus keine ausreichende Begründung für den plötzlichen Zusammenbruch des System-
gegensatzes seit 1989 geben konnte.

Gerade in den Jahren einer verschärften Ost-West-Konfrontation seit 1979, mit dem
Einmarsch der Sowjetunion in Afghanistan, der islamischen Revolution in Iran und einer erneuten, weltwirtschaftlich belastenden Erdölkrise, bildete der Neorealismus einen
geeigneten theoretischen Anknüpfungspunkt. Für die neue Generation (der neoklassischen Realisten), und angesichts eines veränderten realhistorischen Kontextes, spielen
Faktoren auf Akteursebene eine wesentliche Rolle, um außenpolitisches Handeln erklären zu können. Ursachen und Folgen für eine veränderte Außenpolitik, wie in der Regierungsära Gorbatschows, werden in der Verbindung von internen und externen Faktoren gesehen: unter welchen systemischen Bedingungen ein expansives, nach hegemoni-

aler Vormacht strebendes Staatsverhalten zu erwarten ist, inwieweit Elitenpräferenzen, Perzeptionen von Macht und Bedrohungswahrnehmungen, Risikoabwägungen, eine schwache Zentralregierung, Leitbilder, Ideen und politische Identitäten sowie historische Lernerfahrungen das außenpolitische Bemühen der Staaten um die eigene Machtposition im internationalen Staatensystem bestimmen.

Mit Blick auf das politische System und seine inneren Bedingungen ging Jack Snyder (1991) der Frage nach, wann Staaten aufgrund ihrer Außenpolitik zu hegemonialer Machtausdehnung neigen und damit zu einer feindlichen Koalition und Gegenmachtbildung beitragen. Da in demokratischen Herrschaftssystemen wie den USA, Japan oder Großbritannien einzelne Interessengruppen nur wenig Einfluss auf das außenpolitische System ausüben und innerstaatliche Konfliktmechanismen eine Manipulation der gesellschaftlichen Interessen verhindern würden, sei bei demokratisch verfassten Staaten eine hegemoniale Überexpansion vermeidbar. In ähnlicher Weise formulierte William Wohlforth (1993, 1994) einen individuell-perzeptiven Ansatz, der nicht die tatsächliche Verteilung von Machtressourcen als Erklärung für den Wandel von Außenpolitik heranzieht, sondern in der Wahrnehmung von Macht die Ursache für außenpolitische Veränderungen sieht.

Durch die Analyse der sowjetischen Außenpolitik der 80er Jahre kam Wohlforth zu dem Ergebnis, dass die veränderten Perzeptionen, Ideen und Weltbilder der sowjetischen Führung einen wesentlichen Anteil am Wandel der Außenpolitik unter Gorbatschow und damit am Niedergang und Zusammenbruch der Sowjetunion sowie an der Systemtransformation in Osteuropa hatten. Fremdeinschätzungen der amerikanischen und osteuropäischen Regierungen als auch die Selbsteinschätzung der sowjetischen Machthaber schwächten das eigene Wahrnehmungsbild des sowjetischen Regimes und seine Machtbalancepolitik nachhaltig. Die Schlussfolgerung, dass Bedrohungswahrnehmungen, politische Identitäten, Kulturen oder Ideen das außenpolitische Verhalten beeinflussen können, führte damit zu einer Verknüpfung von realistischer Außenpolitikanalyse mit Aspekten des Konstruktivismus. Faktoren wie historische Lernerfahrungen oder Leitbilder sind demnach für das Autonomiestreben (Sauder 1995) oder die Einflussmaximierung (Pedersen 1998) von Staaten mit verantwortlich zu machen. In diesem Sinne ergänzen die neoklassischen Realisten letztlich die systemische Theorie von Waltz durch eine dazu komplementäre Außenpolitiktheorie (vgl. auch Baumann/ Rittberger/Wagner 1999, 2001).

Strittig bleibt dabei unter den Vertretern des Realismus allerdings, wie viel Macht den Staaten zur Aufrechterhaltung von Sicherheit genügt. Während die defensiven Realisten („defensive positionalists", wie z.B. Waltz und van Evera) davon ausgehen, dass Staaten bestrebt sind, ihre Machtposition lediglich aufrecht zu erhalten, vertreten offensive Realisten (z.B. Mearsheimer 1995, 2002) die Ansicht, dass Staaten aufgrund der anarchischen Struktur des internationalen Systems immer nach mehr Macht streben und die Position einer Status-quo Macht nur vorübergehend in Kauf nehmen.

2.4   Kooperative Ansätze: Institutionalismus und Außenpolitik

Im Gegensatz zur realistischen Außenpolitiktheorie kritisieren die Ansätze des Institutionalismus und Liberalismus die Überbetonung bzw. Überschätzung der Macht und der internationalen Machtverteilung. Außenpolitisches Verhalten ist demnach nicht vorrangig gekennzeichnet durch einen Autonomie oder Einfluss maximierenden Zugewinn von Macht. Ihrer Auffassung nach spielen internationale Institutionen für das Außenverhalten eines Staates eine entscheidende Rolle, wenn es um eine stärkere Einflussmöglichkeit geht. Neorealisten erkennen inzwischen durchaus an, dass internationale Institutionen als ein Instrument staatlicher Außenpolitik berücksichtigt werden müssen und einen begrenzten Einfluss auf das außenpolitische Verhalten anderer Staaten ausüben können (vgl. Baldwin 1993, Grieco 1996; Schweller/Pries 1997). Inhalt eines an Kooperation orientierten Erklärungsansatzes zur Außenpolitik ist allerdings vielmehr die Frage, unter welchen Bedingungen, mit welchen Zielen und auf welche Weise Staaten eine kooperative Außenpolitik verfolgen. Was sind Anreize für außenpolitische Kooperation? Welche Ziele sind mit dem kooperativen Außenverhalten von Staaten verbunden?

Dass Staaten außenpolitisch zusammenarbeiten und sich für ein kooperationskonformes Verhalten entscheiden, ist aus Sicht des Institutionalismus auf die wachsende Handlungsinterdependenz der Gegenwart, auf die Intensität und das Ausmaß internationaler *Verflechtung* zurückzuführen. So treten Staaten zwar weiterhin als zentrale Akteure in den internationalen Beziehungen auf. Die zunehmende Verflechtungsdichte macht es jedoch für den einzelnen Staat schwieriger, die neuen globalen Handlungszusammenhänge und Erfordernisse politisch zu steuern und zu bearbeiten. Nach Keohane, der sich mit Fragen komplexer Interdependenzbeziehungen ausführlicher beschäftigte, kann deshalb eine dauerhafte internationale Kooperation im gemeinsamen Interesse von Staaten liegen (Keohane 1984: 4). Worin die Gründe für eine kooperative Außenpolitik bestehen (Kooperations- und Integrationsbereitschaft) und warum und in welcher Form und Intensität sich Staaten darauf einlassen, im Rahmen von internationalen Institutionen zu kooperieren (institutionalisierte Kooperationszusammenhänge einzugehen), ist hier von besonderem Interesse.

In Anlehnung an die Theorien der internationalen Beziehungen, vor allem des Neoinstitutionalismus, können wir von einem *kooperativen*, jedoch nicht-homogenen Erklärungsansatz ausgehen, mit dessen Hilfe sowohl die Bedingungen als auch die Ziele und der Stil kooperativer Außenpolitik von Staaten zu beschreiben und zu erklären sind.

Vor allem im Bereich der Regimeforschung, die sich mit der Bildung und Wirkung von internationalen *Regimen* (als kooperativen internationalen Institutionen) schon in den frühen 1980er Jahren zu beschäftigen begann, können wir die Untersuchungspfade außenpolitischer Kooperation näher beleuchten. Als Gegenargument zum Neorealismus wird von der Regimetheorie betont, dass die Verflechtung (*Interdependenz*) zwischen den Staaten nicht nur zu gemeinsamen Interessen, sondern auch zu einer Einschränkung, einer „Relativierung der Handlungsautonomie" von Staaten führt, und diese dazu zwingt, sich um Kooperation mit anderen Staaten zu bemühen. Aus der Tatsache, dass Interdependenz das Außenverhalten der Staaten beeinflusst (Menzel 2001: 168-169), folgt dabei nicht nur, dass neben der militärischen Macht auch internationale Institutionen zu einem wichtigen Instrument staatlicher Außenpolitik werden können. Status und Sicherheit haben als außenpolitische Ziele ihren Vorrang vor staatlichen Wohlfahrtsinteressen verloren. „Neben dem Politikziel Sicherheit", so betont Menzel, wird „das Politikziel Wohlfahrt als gleichberechtigt akzeptiert."

Entsprechend „tritt neben das realistische Nullsummenspiel (Macht als relatives Gut) das idealistische Nichtnullsummenspiel (Wohlstand als absolutes Gut). Alle können gewinnen durch Kooperation." Die Begriffe des *Nullsummen-* und *Nichtnullsummenspiels* sind jeweils kennzeichnend für das realistische und institutionalistisch-kooperative Verständnis von Außenpolitik. Während im Nullsummenspiel der außenpolitische Machtgewinn des einen Staates zugleich den Machtverlust des anderen bedeutet, die anarchische Struktur des internationalen Systems die Staaten dazu zwingt, sich um ihre eigene Sicherheit zu sorgen und relative Kooperationsgewinne des anderen zu verhindern, geht es den Neoliberalen vor allem um Sicherheit durch Wohlfahrt oder durch soziale Problemlösung. Beim Nichtnullsummenspiel steht folglich nicht die Frage im Vordergrund, „who will gain more?", sondern „will both of us gain?". Kooperatives Außenverhalten, und damit die Orientierung an *absoluten Kooperationsgewinnen*, wirkt für alle wohlfahrtssteigernd.

Auf die Frage, unter welchen Bedingungen „Kooperation zur Optimierung gleichgerichteter Interessen möglich" ist, lautet die Antwort jedoch: „wenn auf dem Wege der Kooperation ein Eigeninteresse verfolgt werden kann" (Menzel 2001: 170). Axelrod und Keohane hatten aus spieltheoretischer Perspektive gezeigt, dass mögliche gegenseitige Gewinne, so genannte „potential mutual gains", das Zustandekommen einer zwischenstaatlichen Kooperation beeinflussen: zum einen im Sinne von „payoff"-Strukturen, bei denen sich kooperatives Verhalten auch für die Zukunft bezahlt macht, zum anderen in Form einer effektiven Reziprozität, wonach der Erfolg der Kooperation von der Anzahl der beteiligten Spieler (je weniger Spieler, desto erfolgreicher die Kooperation) und ihren gegenseitigen Beziehungen („reciprocity") abhängt (Axelrod/Keohane 1993: 91, 94). Keohane räumte dabei zwar unter Berücksichtigung der Untersuchungen von Robert Powell ein, dass die Zusammenarbeit zwischen Staaten erschwert würde, wenn ein Staat die durch Kooperation erzielten Gewinne gegen einen potentiellen Partner verwendet. In Anlehnung an Duncan Snidal geht Keohane jedoch davon aus, dass die Orientierung an relativen Gewinnen nicht von vornherein oder automatisch zu einer negativen Beurteilung von Kooperation führen müsse. Eine erfolgreiche Zusammenarbeit sei vielmehr von der Höhe der absoluten Gewinne und der Anzahl der Kooperationspartner abhängig: „relativ gains are unlikely to have much impact on cooperation if the potential absolute gains from cooperation are substantial, or in any context involving more than two states" (Keohane/Martin 1995: 44).

Die Bereitschaft zur außenpolitischen Kooperation ist insofern zwar eher eine *freiwillige Entscheidung*, die aufgrund eines spezifischen *Eigeninteresses* getroffen wird. Dass Staaten sich in ihrer Außenpolitik kooperativ verhalten, hat jedoch wesentlich mit der Erkenntnis zu tun, dass Zusammenarbeit nicht ausschließlich für den einzelnen, sondern für alle von Vorteil sein kann. Darüber hinaus kann jedoch auch ein Hegemon - ein Staat, der aufgrund seiner Machtposition über eine besondere Machtfülle verfügt -, zur Schaffung eines institutionellen Kooperationsrahmens beitragen (Mastanduno 2002, Link 2004). Nach der so genannten *Theorie der hegemonialen Stabilität*, die wesentlich vom Neorealismus geprägt wurde, kann eine hegemoniale Macht, wenn sie den politischen Willen und die Macht dazu besitzt, ein internationales Regime begründen. Über politischen Druck, militärischen Zwang oder die Gewährleistung von Anreizen und Vorteilen ist ein Hegemon in der Lage, die Kosten der Kooperation zu übernehmen, die anderen Akteure zur Mitarbeit zu überreden und damit zugleich seine eigenen Ordnungsvorstellungen umzusetzen. Realisten gehen daher vorrangig davon aus, dass Staaten Institutionen nur dann errichten, wenn sie dadurch ihre Ziele besser verwirklichen können. Verliert die Hegemonialmacht allerdings ihre außenpolitische Überlegenheit und gewinnen aufgrund einer Machtverschiebung andere Teilnehmer der Kooperation, können für den Hegemon nicht nur die Kosten überdurchschnittlich steigen, sondern auch die anderen Kooperationspartner ihren Einfluss vergrößern: mit der Folge, dass eine Neugestaltung des vereinbarten Kooperationsrahmens von anderen Konkurrenten gefordert wird.

Nicht nur die Ressourcenüberlegenheit und das Interesse des Hegemons an der Aufrechterhaltung einer bestimmten Ordnung sind deshalb für die Kooperation unerlässlich. Ein Grundkonsens an Überzeugungen und Interessen der beteiligten Akteure erhält ebenso Gewicht wie die Frage nach den ideologisch-politischen Präferenzen, die ein Staat, insbesondere eine Hegemonialmacht, mittels kooperativer Außenpolitik verfolgt (vgl. Müller 1993: 15-17).

Ziele und Motivationen außenpolitischen Kooperationsverhaltens

Die grundlegende Motivation des Staates für kooperatives Verhalten ist also einerseits aufgrund von Wohlfahrtsinteressen (man spricht hier auch von „ökonomischen Externalitäten) als auch aufgrund sicherheitspolitischer Ziele, etwa aufgrund wahrgenommener Sicherheitsbedrohungen („sicherheitspolitische Externalitäten") vorstellbar. Die Voraussetzung für eine Zusammenarbeit liegt in der Bereitschaft der Staaten, ihre außenpolitischen Kompetenzen zusammenzulegen (*pooling*) bzw. die Souveränitätsrechte an eine Institution zu übertragen oder zu delegieren (*delegation*). Im Vordergrund steht dabei der erwartbare Nutzen kooperativen Verhaltens: der Kooperationsgewinn. Kooperationsabsicht und außenpolitischer Kooperationsgewinn (aus diesem „institutional bargain") spielen eine entscheidende Rolle, wenn es um die Gestaltung stabiler Kooperationsbeziehungen geht.

Halten wir nochmals fest: Staaten verfolgen eine kooperative Außenpolitik in der Regel zweckrational, aufgrund erwarteter oder bestätigter Vorteile für sich selbst und die Kooperationspartner. Gemeinsames Gewinnstreben, Problemlösung und Nachteilsverhütung können außenpolitische Motivation für eine Kooperation sein. In diesem Zusammenhang ist von der rationalistischen Grundannahme auszugehen, dass Staaten außenpolitische Kooperation umso stärker nachfragen, je geringer ihre unilateralen außenpolitischen Handlungsmöglichkeiten sind. Für den Bereich der Sicherheit weist John Ikenberry (1998, 2001) darauf hin, dass vor allem nach Krisen- oder Kriegssituationen

Staaten, die ihre sicherheits- oder wirtschaftspolitische Machtposition mittel- oder langfristig gefährdet sehen, zu einer strategisch bedingten „Selbstkontrolle" (*strategic restraint*) neigen, ihre Außenpolitik daher multilateral ausrichten und einer institutionellen Einbindung den Vorzug vor unilateralem Verhalten geben. Bei der grundlegenden Frage *wer mit wem, wie und warum außenpolitisch kooperiert*, erscheint es dominanten Akteuren vor allem dann nützlich, mit anderen Staaten im sicherheitspolitischen Bereich zusammenzuarbeiten, wenn andere Handlungsmöglichkeiten - beispielsweise Allianzen oder unilaterale Strategien - nicht den gewünschten Erfolg erzielen.

Je geringer diese *outside options*, d.h. die Chancen und die Attraktivität für eine alternative Politik, desto höher die Bereitschaft zu einer kooperativen (institutionellen) Einbindung, um die eigenen Sicherheitsinteressen zu gewährleisten. Gehen Staaten in ihrer Außenpolitik ein solches kooperatives Arrangement ein, folgen sie aus Sicht James Buchanans zwangsläufig der Notwendigkeit eines „*Sprungs aus dem Dschungel der Anarchie*". Wie bereits sichtbar geworden sein sollte, sind derlei Kooperationsbeziehungen jedoch stets mit einem zweifachen Problem konfrontiert: dem Versprechen bzw. Vertrauen auf Einhaltung der Kooperationsvereinbarungen (*compliance-Problem*) und der gleichmäßigen Verteilung der Kooperationsgewinne auf die beteiligten Akteure.

Aus Sicht des rationalistischen Institutionalismus, den wir bisher betrachtet haben, sind Institutionen folglich primär als Vereinbarungen von Akteuren anzusehen, in denen diese feste außenpolitische Ziele verfolgen und durch Institutionen versuchen, kollektive Handlungsprobleme (Trittbrettfahren u.a.) zu lösen oder zu verringern. Die Akteurspräferenzen für eine Kooperation orientieren sich dabei in erster Linie an

(1) einer *Senkung der Transaktionskosten*, die vor allem durch einen gesicherten Verhandlungsrahmen ermöglicht werden (Rittberger/Zangl 2003: 42),

(2) *Erwartungsstabilität*, aufgrund entsprechender Verpflichtungskonsequenzen der anderen Akteure und durch die Verringerung der Unsicherheit, dass andere Teilnehmer die Kooperation nicht verlässlich einhalten,

(3) der *Bereitstellung von Informationen* (Keohane/Martin 1995: 46; Keohane/Martin 2003: 80) und

(4) der *Sanktionsverhängung bei möglichen Kooperationsverstößen*, die ein Ausscheren aus den Kooperationsvereinbarungen bzw. eine nicht-kooperative Außenpolitik kostspieliger machen.

Inwieweit Institutionen (Regime, IOs) dabei letztlich als Kooperationskatalysatoren oder -stabilisatoren (Simmons/Martin 2002: 193) wirken, ist von einem weiteren entscheidenden Faktor abhängig, der bei außenpolitischen Entscheidungen eine gravierende Rolle spielt: dem *Nutzenkalkül*. Keohane macht in diesem Zusammenhang deutlich, dass das Abwägen von Kosten und Nutzen für den einzelnen Staat recht unterschiedlich ausfallen kann: je nach Interdependenzdichte, Anzahl der beteiligten Staaten und Machtverteilung in dem Politikfeld, in dem eine außenpolitische Zusammenarbeit erwünscht oder beabsichtigt ist. So kann es dazu kommen, dass Staaten im Falle einer Kooperation auf kurzfristige Nutzenmaximierung verzichten, um sich stattdessen - im Sinne einer außenpolitischen Nutzenoptimierung - die Kooperationsgewinne über einen längeren Zeitraum zu garantieren: „Durch freiwilliges 'Sich-an-den-Mast-binden` versuchen Regierungen in bester Odysseus-Manier Kooperationsgewinne langfristig zu sichern und sich somit selbst vor der Versuchung zu schützen, gegen die gemeinschaftlichen Regelungen zu verstoßen oder sie zu blockieren, um kurzfristige Gewinne verbuchen zu können (...)" (Rittberger 2001: 8). „Zeitkonsistente" unveränderliche Präferenzen und Ziele spielen insofern eine wichtige Rolle für das Zustandekommen zwischenstaatlicher Kooperationsbeziehungen und für ein hohes Maß an außenpolitischer Erwartungsverlässlichkeit.

Sowohl durch die Kooperations(vor)leistungen eines Staates als auch durch die pessimistisch beschwörten Kooperationseinbußen bei Nichteinhalten der Vereinbarungen wird die bestehende außenpolitische Unsicherheit hinsichtlich der Kooperationstreue der anderen Staaten verringert bzw. die Chance auf eine starke Erwartungsstabilität erhöht. Gerade im Fall sich wiederholender Interessenkonstellationen, wie etwa bei den permanenten Bemühungen der Staaten um eine verlässliche Rüstungskontrolle, kann die Sorge vor einem künftigen Nichteinhalten der Kooperationsvereinbarungen dabei wie ein drohender *Schatten der Zukunft* (Axelrod 1987) auf die Außenpolitik der Akteure und ihre Kooperationsbereitschaft Einfluss nehmen. Außenpolitische Sicherheitsvorsorge durch Kooperation, um etwa einer Verletzung von Abrüstungsregelungen vorzubeugen, erfolgt daher stets auf Kosten von Souveränität bzw. eines größeren außenpolitischen Handlungsspielraumes.

Bescheinigt man internationalen Institutionen, eine sehr viel weiter gehende Beharrungs- und Prägekraft innezuhaben und nicht lediglich Instrument außenpolitischer Praxis zu sein, werden Institutionen selbst zu einem maßgeblichen, die außenpolitischen Interessen und Identitäten der Staaten verändernden Einflussfaktor. Im Sinne des *reflexiven Institutionalismus* können Institutionen - seien es internationale Regime oder Organisationen - aufgrund der in ihnen wirksamen Lern- und Interaktionsprozesse zwischen Staaten als auch aufgrund der Festlegung vereinbarter Normen (*Verregelung*) das außenpolitische Handeln beeinflussen und verändern („Feedback-Funktion") (Krasner 1983: 361 f.).

Dass es den Mitgliedstaaten einer Institution, etwa innerhalb eines Regimes wie der europäischen GASP (Gemeinsamen Außen- und Sicherheitspolitik), dabei gegebenenfalls nicht gelingt, außenpolitisch zusammenzuarbeiten, obwohl jeder Mitgliedstaat für sich ein Interesse an außenpolitischer Kooperation besitzt, wird als „Problem kollektiven Handelns" oder als sog. *soziale Falle* bezeichnet. Der Begriff der sozialen Falle verweist auf die Tatsache, dass Staaten nicht immer ein Interesse daran haben, außenpolitisch zu kooperieren.

In einer „problematischen sozialen Situation" können individuelle und kollektive Rationalität auch auseinanderklaffen: „Was aus der Perspektive eines einzelnen Staates rational erscheint" - beispielsweise Rüstungsanstrengungen aus Gründen der eigenen Sicherheitsgewährleistung -, „unterscheidet sich (...) davon, was aus der Gesamtperspektive aller Staaten rational ist" - etwa die Verhinderung kostspieliger Rüstungswettläufe durch gegenseitige Rüstungskontrollmaßnahmen. „Das jeweils individuell rationale Verhalten kann dann zu Ergebnissen führen, die nicht nur aus der kollektiven Perspektive widersinnig, sondern auch aus der jeweils individuellen Perspektive unerwünscht sind" (Wagner 2002: 114). Fehlt zudem der Anreiz, sich an einer außenpolitischen Kooperation zu beteiligen (*defection-problem*), kann der Staat dazu neigen, die Kooperationsvereinbarungen nicht nur nicht einzuhalten, sondern durch *Trittbrettfahren* gleichsam Nutznießer zu sein, das heißt von den Ergebnissen, die durch die Kosten anderer Kooperationspartner erbracht wurden, zu profitieren.

In Anlehnung an die verschiedenen spieltheoretischen Modelle des „Gefangenendilemmas" und „Chicken Game" zeichnen sich die erwähnten sozialen Fallen bzw. Kooperationsprobleme durch eine spezifische Situationsstruktur aus. Kurz erwähnt sei dabei, dass spieltheoretische Analysen seit dem Beginn des 20. Jahrhunderts eine für die Politikwissenschaft wichtige Rolle spielen (Zürn 1992). Vor allem der so genannte „Bahvioralismus" griff auf die von John von Neumann 1928 begründete und später u.a. von Rapoport (1966, 1977) und Schelling (1960) weiter entwickelte Spieltheorie zurück, um bestimmte Eigenschaften menschlichen Verhaltens auf das Verhalten von politischen Entscheidungsträgern, Regierungsmitgliedern, Diplomaten, Militärs und führenden Beamten der Staatsbürokratie zu übertragen. Die Spieltheorie beruht als eine mathematische Theorie auf der „formalisierten Darstellung von interdependenten Entscheidungsstrukturen, die im Sinne mathematischer Lösungen rational bewältigt werden sollen" (Menzel 2001: 110). Jeder Interessenkonflikt zwischen Menschen oder Menschengruppen kann demnach als ein Spiel betrachtet werden, bei dem die beteiligten Akteure oder Spieler versuchen, dieses Spiel zu gewinnen oder aber den Gegenspieler am Gewinn zu hindern.

Im Sinne einer „besten Strategie" geht es darum, entweder den „höchstmöglichen Gewinn oder den geringstmöglichen Verlust" zu erzielen, „unabhängig davon, was der Gegenspieler tut. Unter einer klugen Strategie versteht man die Strategie, mit der ein Spieler den höchstmöglichen Verlust vermeidet" (Gu 2000: 123). Soziale Situationen und Konzepte wie Kooperation, Koordination, Abschreckung, Drohung, Vergeltung, (Verhandlungs-)Macht werden anhand eines konkreten Modells abgebildet und hinsichtlich des Entscheidungsverhaltens der Spieler analysiert. Je nach dem Grad der für die Spieler verfügbaren Informationen, ihrer Entscheidung unter Gewissheit, Risiko oder Unsicherheit sowie je nach dem Grad der Strategie- und Zufallselemente bei der Entscheidung lassen sich verschiedene Verhaltensmuster und Strategien der Austragung von Konflikten aufzeigen. Dazu zählen das bereits erwähnte Gefangenendilemma (Prisoner's Dilemma), das Feigling-Spiel (Chicken Game) und die Hirschjagd (Stake Hunt).

Übertragen auf die unterschiedlichen Formen der Kooperation bedeutet dies: profitieren die Mitgliedstaaten einer Kooperation von einem gemeinsamen außenpolitischen Vorgehen oder von einem gemeinsam vertretenen Standpunkt, handelt es sich um die Situation eines *Koordinationsspiels mit Verteilungskonflikt*. Gegenüber den Konflikten im ehemaligen Jugoslawien sahen alle EU-Staaten Vorteile in einem koordinierten Vorgehen, da es einen stärkeren Einfluss auf den Konfliktverlauf versprach und der Gefahr einer Konflikteskalation und Destabilisierung der Region im Westbalkan vorbeugte. Das änderte allerdings nichts daran, dass die EU-Staaten recht unterschiedliche Vorstellungen hinsichtlich der *Substanz* und Umsetzung einer gemeinsamen europäischen Haltung vertraten, und sich Frankreich und Spanien eher für eine Aufrechterhaltung des jugoslawischen Staatsverbandes aussprachen, während Deutschland für eine Anerkennung und Unterstützung Kroatiens und Sloweniens votierte. Durch eine ungenügende Koordination der verschiedenen Außenpolitiken verringern sich dadurch schließlich die Einflusschancen auf die Konfliktentwicklung.

Noch weniger Anreize, aus der Kooperation auszuscheren, finden sich bei einem *Koordinationsspiel ohne Verteilungskonflikt*, wie es in der gemeinsamen Haltung der EU-Staaten gegenüber dem Bürgerkrieg in Tschetschenien und der Bündelung der mitgliedstaatlichen Interessen durch eine gemeinsame EU-Außenvertretung sichtbar wird.

Besteht allerdings einerseits ein Anreiz für die beteiligten Staaten, sich aus der bestehenden Kooperation zu lösen, und andererseits die Angst, von anderen Kooperationspartnern „hintergangen" zu werden, kann die Situationsstruktur von einem *Dilemmaspiel* dominiert sein. In einer Situation, in der ein Ausscheren aus der Kooperation durch ein attraktiveres Angebot erleichtert wird, können derartige außenpolitische Alleingänge die Wirksamkeit gemeinsamer Maßnahmen oder Positionen entscheidend verringern. Wird beispielsweise einem Staat aufgrund seiner Menschenrechtsverletzungen mit Sanktionen gedroht, kann es nicht nur passieren, dass einzelne Mitgliedstaaten die entstehenden Sanktionskosten auf andere Staaten abwälzen, sondern durch Gegendrohungen oder durch Belohnungen des zu sanktionierenden Staates die Gruppe der Kooperationspartner unter Umständen auseinander fällt (z.B. das zwischen den USA und Europa strittige Waffenembargo gegen China)

Versucht darüber hinaus ein Mitgliedstaat aufgrund seiner außenpolitischen Ziele eine dominante Strategie zu verfolgen, und damit das eigenständige Interesse seiner Außenpolitik gegenüber den anderen beteiligten Staaten zu betonen, führt dies zu einem *Überzeugungs- bzw. Rambospiel*. Ähnlich der Absicht Großbritanniens, die anderen EG-Staaten während der Falkland-Krise von der Notwendigkeit umfassender Sanktionen gegen Argentinien zu überzeugen, folgte auch Washington der Strategie eines Überzeugungsspiels, als es die Bündnispartner der NATO davon zu überzeugen versuchte, sich an der Militärintervention im Irak (2003) zu beteiligen.

Abb. 6: Spieltheoretische Kooperationsmodelle

Koordinationsspiel mit Verteilungskonflikt	Koordinationsspiel ohne Verteilungskonflikt	Dilemmaspiel	Rambo- oder Überzeugungsspiel

Kommen wir abschließend noch einmal auf die Beiträge und Chancen zurück, die außenpolitische Kooperationsbeziehungen, insbesondere internationale Institutionen, zur Verfolgung und Durchsetzung staatlicher Ziele leisten können. Wie bereits erwähnt und ausgeführt, kann die Bereitschaft zur Kooperation (1) im wechselseitigen Nutzen einer zwischenstaatlichen Zusammenarbeit liegen. Zum anderen können Institutionen (2) als ein Instrument der außenpolitischen Einflussausübung dienen. Vor allem aus neorealistischer Perspektive wird argumentiert, dass Institutionen den jeweiligen Mitgliedstaaten größere Mitsprachemöglichkeiten („voice-opportunities") einräumen, indem sie die Chance erhöhen, den eigenen Zielen mehr Gehör und damit mehr Gewicht und Einfluss zu verleihen (Einfluss auf die Geldpolitik, EWU) (Grieco 1996: 288).

Angesichts der Annahme, dass Kooperation gerade aus dem Zusammenspiel der Interessen zwischen und innerhalb von Staaten hervorgehen kann, wurde die Bedeutung kooperativer Außenpolitik im Rahmen von Institutionen allerdings auch (3) um eine innerstaatliche Dimension erweitert (Wagner 2002: 118 f.). In der Frage der Machtverteilung zwischen Staat und Gesellschaft sowie zwischen Exekutive und Legislative, vor allem in der Rolle der Regierung als eigenständigem Akteur gegenüber der Gesellschaft und ihren Partizipationsanforderungen, sehen Andrew Moravcsik und Klaus Dieter Wolf einen entscheidenden Grund für den außenpolitischen Nutzen internationaler Institutionen. Kooperative Außenpolitik, insbesondere durch Einbindung in internationale Institutionen, dient der Regierung als ein Instrument zur Erhöhung der eigenen außenpolitischen Handlungsspielräume und wird so zu einer „gezielten Politik der Neuen Staatsräson" (Wolf 2000: 61).

Abb. 7: Kooperationsorientierte Außenpolitik

Bedingungen	*pooling/delegation*		
Interessen kooperativer Außenpolitik	wechselseitiger Nutzen	Einflussausübung	Innerstaatliche Autonomie
Spezifische Akteurs-präferenzen	1) Erwartungsstabilität 2) Geringe Transaktionskosten 3) Informationen 4) Sanktionsverhängung	„voice-opportunities"	Erweiterung des außenpolitischen Handlungs-spielraums Politik der „*Neuen Staats-räson*"
Kooperations-probleme	*Soziale Fallen* „defection-problem"	Vertrauen, Verteilung der Kooperationsgewinne	Legitimation

Zwischenstaatliche Kooperation ermöglicht es Regierungen, traditionell innenpolitische Themen zu Themen der Außenpolitik umzuwandeln und dadurch ihre Handlungsspielräume und ihre Autonomie gegenüber innerstaatlichen Akteuren, wie Parlament, Opposition, Interessenverbänden und Öffentlichkeit, zu vergrößern. Im Einzelnen zählen dazu

(1) die verbesserte Kontrolle über das innerstaatliche *Agendasetting*, da im außenpolitischen Handlungsfeld die Initiierung von Politik stärker überwacht, ja sogar „kartel-
lisiert" werden kann,

(2) die erschwerte Möglichkeit *innerstaatlicher Opposition*, die bei internationalen Kooperationsvereinbarungen durch fehlende Ratifizierungserfordernisse oder durch
einfache „Ja- Nein"-Abstimmung entsteht,

(3) ein kostengünstigerer *Informationsvorsprung* der Regierung, der ihr die Möglichkeit
einräumt, die gesellschaftliche Wahrnehmung über Bedeutung, Inhalt und Folgen
außenpolitischer Kooperationsvereinbarungen zu beeinflussen, sowie

(4) die Strategie der Festlegung eines innerstaatlichen *Perzeptions- und Diskussions-
rahmens*.

Bei der Betrachtung der liberalen Außenpolitiktheorie werden wir einen wesentlichen
Teil dieser Erkenntnisse wieder finden. Zu berücksichtigen bleibt, dass im bisher erläu-
terten Sinne kooperatives Handeln als *strategisches Handeln* betrachtet wurde. Am
Konstruktivismus orientierte Autoren gehen demgegenüber bei kooperativem Handeln
primär von einem *Verständigungshandeln* aus, das für eine Kooperation gerade die Verständigung von Staaten auf gemeinsame Normen und Prinzipien voraussetzt.

2.5   Liberale Theorien der Außenpolitik

Außenpolitiker sehen sich bei ihren Entscheidungen zahlreichen Einflussfaktoren gegenüber, die das Regierungshandeln von einer internationalen (*externen*) Umwelt und
einem gesellschaftlichen (*internen*) Umfeld her bestimmen. Bei der Frage, ob und wie
innerstaatliche Bedingungen das außenpolitische Verhalten eines Staates erklären können, geht der Liberalismus davon aus, dass die politische Führung von innerstaatlicher
bzw. gesellschaftlicher Seite aus in ihrem Handeln beeinflusst wird. Die Auffassung,
dass Außenpolitik im wesentlichen ein - dem Schachspiel vergleichbares - Problem der
richtigen Strategiewahl sei, hat sich in den letzten Jahren kaum als realitätsgerecht erwiesen. War Außenpolitik nach traditionellem Politik- und Staatsverständnis ein Sachbereich, der „einem bestimmten Staatsorgan zugeschrieben werden kann" (Knodt 1998:
155), bei dem allein Staaten als gleichartige und unter ähnlichen Bedingungen handelnde geschlossene Einheiten auftreten und sich im Sinne eines Modells von Billiardkugeln einander gegenseitig anstoßen (Wolfers 1962: 19; Behrens/Noack 1984: 45), so
wurde im Laufe der Zeit einer von innen erfolgenden außenpolitischen Dynamik ebenso Rechnung getragen wie einer sich schrittweise verändernden Staatlichkeit: mit einer
die Außenpolitik gesellschaftlich unterlaufenden und umgehenden, transnationalen sowie institutionell überwölbenden supranationalen Regulierung (Zürn 1992: 507; 1998).
   In dieser Auffassung spiegelt sich eine Grundannahme wider, die wesentlich zur liberalen Außenpolitiktheorie zählt. Danach lässt sich das außenpolitische Handeln eines
Staates vor allem anhand seiner gesellschaftlichen Strukturen und Interessen erklären.
Nicht die Machtverteilung und die Bedingungen des internationalen Systems oder die

kooperative Außenpolitik innerhalb internationaler Institutionen formen die außenpolitischen Interessen, sondern der Grad der Einflussmöglichkeiten gesellschaftlicher Akteure und innenpolitischer Eliten auf die Außenpolitik des eigenen Landes. Außenpolitik
ist demnach überwiegend das Ergebnis eines konkurrierenden Wettbewerbs der gesellschaftlich einflussreichsten Kräfte um die Durchsetzung ihrer Vorstellungen und Interessen und deren Formulierung als verbindliche außenpolitische Staatsziele (Hagan
1995).

Im Sinne einer *bottom-up*–Perspektive (im Unterschied zum top-down-Ansatz des
Realismus) stehen nach Andrew Moravcsik die staatlich verfassten Gesellschaften mit
ihren Präferenzbildungsprozessen im Vordergrund der Betrachtung (Moravcsik 1997:
517): „ *For liberals, the configuration of state preferences matters most in world politics - not, as realists argue, the configuration of capabilities and not, as institutionalists
(...) maintain, the configuration of information and institutions.*" (Moravcsik 1997: 513)
Verantwortlich für die Präferenzen bzw. Ziele, Interessen und Mittel der Außenpolitik
eines Staates sind daher nicht die äußeren Umwelteinflüsse. Soziale Akteure und Gruppen stellen Anforderungen an den Staat, die von ihm über entsprechende Interessen-
vermittlungsstrukturen aufgenommen und in konkrete Zwecke und Ziele umgewandelt
werden. Dabei hängt es nicht zuletzt von den herrschaftspolitischen Strukturen eines
Landes ab, welches außenpolitische Handeln die Regierung verfolgt und inwieweit die
Interessen gesellschaftlicher Akteure das außenpolitische Verhalten eines Landes
bestimmen können. Die innerstaatliche Verfasstheit spielt eine entscheidende Rolle für
die Ausprägung des außenpolitischen Verhaltens, je nachdem ob es sich um eine liberale Demokratie oder ein diktatorisches Regime handelt. Regierungen handeln daher „in
gesellschaftlichen Kontexten und reagieren auf die Anforderungen organisierter Gruppen in ihrem Entscheidungsumfeld. Welche dieser Anforderungen sich wie in außenpolitischen Aktionen niederschlagen, hängt wesentlich vom politischen System und der
politischen Kultur ab" (Hasenclever 2003: 202, vgl. Czempiel 1996, Russett/Oneal
2001).

Kern liberaler Grundhaltung ist also der Blick auf die *Innenseite* außenpolitischen
Handelns (Krell 2003: 202-203, vgl. Bienen et al. 1999, Schieder 2003). Die liberale
Außenpolitiktheorie stellt dabei allerdings kein kohärentes Erklärungskonzept dar. Anstelle eines geschlossenen Forschungsdesigns finden wir unterschiedliche Varianten
liberaler Außenpolitikerklärung. Soweit ein gemeinsamer Rahmen an Aussagen besteht,
beruhen diese auf der Überlegung, dass sich

    (1) gesellschaftliche Gruppen und autonome Individuen - im Sinne eines *homo oe-
        conomicus -*

    (2) rational verhalten und die

    (3) von ihren konstanten Grundinteressen abgeleiteten *ideellen* (Kompetenzzu-
        wachs) und *materiellen* Präferenzen (Einkommenserhöhung) („power" und
        „plenty") innerhalb des politischen Systems, vor allem bei Regierungsentschei-
        dungen, durchzusetzen versuchen,

(4) um den eigenen Nutzen als *power* und *plenty* zu maximieren. Wie zu sehen ist, spielen Rationalität und Nutzen auch in der (utilitaristisch-)liberalen Außenpolitiktheorie eine entscheidende Rolle.

Im Unterschied zum Realismus und Institutionalismus geht die liberale Theorie jedoch nicht von zeitlos feststehenden, transepochal und interkulturell gültigen Zielen eines Staates aus. Diese sind vielmehr Ergebnis der bereits genannten Präferenzbildungsprozesse zwischen Staat und Gesellschaft, den konkurrierenden Prozessen der gesellschaftlichen Mitglieder um Interessendurchsetzung und Entscheidungsbeeinflussung.

Wie sehr dies gelingt, ist abhängig von den jeweiligen *Herrschaftsstrukturen* des politischen Systems, etwa von der Möglichkeit zu innergesellschaftlichen Kompromissen und Koalitionsbildungen oder von der Chance einzelner Gruppen, ihre partikularen Interessen in die Entscheidungen der Regierung einzubringen. Insofern spielt der *Handlungskontext* eine entscheidende Rolle bei der Frage, welche Ziele im Rahmen bestehender Grundinteressen tatsächlich verfolgt und umgesetzt werden können. Das bedeutet nicht, dass Außenpolitik letztlich das Resultat einflussreicher Verbände- oder Lobbypolitik wäre. Die Durchsetzungsfähigkeit der privaten (Unternehmen, sozialen, politischen und wirtschaftlichen Interessengruppen) und politisch-administrativen Akteure (Regierung, Parlament, staatliche Exekutivorgane, halbstaatliche Organisationen u.a.) hängt wesentlich von ihrem innerstaatlichen *Mobilisierungsgrad*, bei politischen Akteuren zusätzlich von ihrem *Konzentrationsgrad* bzw. ihrer *Entscheidungskompetenz* ab. In allen Fällen haben wir es jedoch mit gesellschaftlichen Akteuren zu tun, die sich in ihrem Grundinteresse um *Überlebenssicherung*, im Bereich der Politik (des politischen Systems) zugleich um ein höheres Maß an *Autonomie*, bemühen.

Wie bereits erwähnt, kann dabei innerhalb der liberalen Außenpolitiktheorie zwischen einer Vielzahl von Theorien und Analyseansätzen unterschieden werden, die versuchen, die Außenpolitik eines Landes durch subsystemische Faktoren zu erklären. Abhängig davon, welche Faktoren auf die Außenpolitik Einfluss nehmen, folgen Ansätze des Liberalismus einem *strukturellen* oder *akteursorientierten* Erklärungsansatz, der das außenpolitische Verhalten eines Staates mittels der Strukturen einer Gesellschaft oder der Interessen gesellschaftlicher Akteure zu erklären versucht. In Orientierung an Moravcsik und seiner Unterscheidung von Einflussfaktoren und Formen außenpolitischer Präferenzbildung wollen wir hier insbesondere die drei Theorievarianten des *ideational*, *commercial* und *republican liberalism* kurz näher betrachten.

Die außenpolitischen Ziele oder Präferenzen eines Staates beruhen für den *ideellen Liberalismus* vorrangig auf der sozialen Identität und der Werteordnung einer Gesellschaft. Die Zustimmung zu dieser Werteordnung wie auch das gesellschaftliche Selbstverständnis werden gefördert durch die Bereitstellung oder Verteilung der relevanten öffentlichen Güter: in den Sachbereichen der Sicherheit (territoriale Grenzsicherung), wirtschaftlichen Wohlfahrt und Herrschaft (politische Institutionen) stellen sie die „bestimmenden Legitimationsquellen" dar. Stimmt die Mehrzahl der innerstaatlichen Präferenzen und Ziele in diesen ideellen Interessen überein, besteht also eine Interessenkonvergenz, orientiert sich der Staat in seinem Verhalten eher an einer kooperativen Außenpolitik. Interessendivergenz droht hingegen zu außenpolitischem Konfliktverhalten und dadurch zu internationalen Spannungen zu führen.

Zu einem ebenso relevanten politikwirksamen Tatbestand zählen aus Sicht des *kommerziellen Liberalismus* die ökonomischen Interessen der gesellschaftlichen Akteure. Danach ist das Außenverhalten der Staaten von den Gewinnen und Verlusten sowie den wirtschaftlichen Präferenzen der innenpolitischen und der transnationalen ökonomischen Akteure, insbesondere den Unternehmen und Konzernen, abhängig. Interessiert am grenzüberschreitenden Austausch von Waren und Dienstleistungen, sind gesellschaftliche Akteure um so stärker um offene Märkte, verbesserte Marktchancen und stabile Wirtschafts- und Außenhandelsbeziehungen bemüht, je mehr sie wirtschaftliche Gewinne erzielen können. Aufgrund ökonomischer Interessen und Anreize erwarten die gesellschaftlichen Akteure vom Staat ein kooperatives, nicht-aggressives Verhalten, das lediglich bei unvorteilhaften oder das System schädigenden Marktstrukturen zu protektionistischen Maßnahmen des Staates führt.

Harald Müller und Thomas Risse verweisen auf die paradoxe Tatsache, dass sich aufgrund des innenpolitischen Drucks und der Wohlfahrtsinteressen der Bürger Regierungen in demokratischen Systemen zwar eher zu einer friedlichen Außenpolitik verpflichtet sehen, diese wirtschaftlichen Interessen aber oft auch „in ein konfliktträchtiges außenwirtschaftliches Verhalten" umsetzen, „das (...) direkte Gewaltanwendung selbst nicht notwendigerweise einschließt, jedoch internationale Rahmenbedingungen schaffen kann, die gewalthaltig sind und unter Umständen auch die Anwendung direkter Gewalt begünstigen" (Müller/Risse 1990: 392). Dass pluralistisch-liberale Systeme (USA) punktuell zu einem defensiven oder sektoralen Protektionismus neigen und etatistische Systeme (Frankreich, Japan) häufiger merkantilistische Strategien verfolgen als korporative Herrschaftsordnungen (Deutschland, Italien) wird bei den wirtschaftlichen Dimensionen von Außenpolitik noch einmal ausführlicher behandelt werden. Gleiches gilt für die außenpolitische Strategie (1) der Anpassungsverweigerung an neue Marktsituationen durch das Ausspielen eigener wirtschaftlicher und/oder politischer Stärke sowie (2) einer scheinbaren Kooperationsbereitschaft, der letztlich nur eine geringe Kompromissabsicht zugrunde liegt.

Besonderen Einfluss auf die Frage der Gewaltbereitschaft von Regierungen nahm der Ansatz des *republikanischen Liberalismus*. Ausgehend von der Beobachtung, dass Demokratien nur in wenigen Fällen - wenn überhaupt - Kriege gegeneinander führen, wurde für die liberale Theoriebildung der Zusammenhang von innenpolitischer Verfassung und außenpolitischem Verhalten von Demokratien zu einem zentralen Untersuchungsgegenstand (vgl. Russett 1993, Hasenclever 2002, Müller 2004). Bereits die klassische liberale Außenpolitiktheorie, wegweisend mit Immanuel Kant und seinem Traktat „Zum ewigen Frieden", hatte die geringe Gewaltanfälligkeit zwischendemokratischer Beziehungen betont und eine geringe Gewaltneigung der Demokratien mit deren innerstaatlichen Pluralismus und liberalen Wirtschaftsordnung erklärt. Neben Michael Doyle's essentiellem Beitrag zur liberalen Debatte um den „demokratischen Frieden" (1983) legten dabei Ernst-Otto Czempiel und Bruce Russett als „moderne Klassiker der liberalen Forschung" (Hasenclever 2003: 202) wesentliche Interpretationen vor.

Folgt man ihrer Darstellung eines gewaltfreien Außenverhaltens von Staaten, lassen sich zwei Grundaussagen zusammenfassen. Innenpolitische Mitbestimmung wie auch die Berücksichtigung der Interessen der Bevölkerung sind (1) vom Systemcharakter und den internen Machtverhältnissen zwischen den Staatsorganen abhängig. Blockaden und Implementierungshindernisse zwischen den politischen Institutionen als auch die Zustimmungsbereitschaft der Bürger stellen Anforderungen dar, an die sich demokratische Regierungen im Unterschied zu autokratischen Regimen weitaus stärker anpassen müssen und an denen sie sich in ihrem Außenverhalten orientieren. So stehen gewählte Regierungen „unter dem Imperativ der doppelten Konsonanz: Nicht nur sollen ihr weite Teile der politischen Eliten freiwillig folgen, sondern auch die Mehrheit der Bürgerinnen und Bürger" (Hasenclever 2003: 204, Risse-Kappen 1991).

Da diese als Steuerzahler eher auf die Sicherung ihrer wirtschaftlichen Interessen bedacht sind, wird eine aggressive und Kosten verursachende Außenpolitik als besonders schädigend empfunden, ein Krieg daher weitgehend für „unpopulär" gehalten. Die Rechtfertigung für Kampfeinsätze nationaler Truppen in internationalen Krisen und Konflikten wird aus diesem Grund für demokratisch gewählte Regierungen zu einem wichtigen Erfordernis. Während in autokratischen Systemen gesellschaftliche Gruppen - Militärs, Staatsbürokraten, Wirtschaftsoligarchen, Funktionäre etc. - eher in der Lage sind, ihre Partikularinteressen durchzusetzen und militärische Aktionen zu beschließen, können gewählte Regierungen in dieser Frage nur zurückhaltend agieren. Wie bereits erwähnt, erhalten dabei die innerstaatlichen Systemausprägungen - vor allem zwischen einem pluralistisch-offenen (Demokratie) und monistisch-geschlossenen System (autoritäre und totalitäre Diktaturen/Militärdiktatur) - eine wichtige Bedeutung für die außenpolitische Willensbildung, das Steuerungsvermögen und die politische Macht der Regierung nach innen und ihrem Verhalten nach außen.

Ein zweiter Erklärungsgrund für die friedliche Außenpolitik von Demokratien liegt (2) in der Ablehnung gewaltsamer Konfliktlösungsmuster, die in demokratischen Systemen weitaus weniger eingeübt werden als in autokratischen Herrschaftssystemen. In dem Maße, in dem sich die innenpolitische Auseinandersetzung an kulturell geprägten und moralisch anerkannten Normen und Prinzipien orientiert, also nicht auf Gewalt als Instrument bei Streitigkeiten zurückgreift, in dem Maße wird sich der Staat auch in seiner Außenpolitik nur wenig oder gar nicht aggressiv verhalten. Dass Demokratien in ihren auswärtigen Beziehungen eine eher gewaltfreie Politik nationaler Interessen verfolgen, bedeutet daher nicht nur, dass demokratische Staaten kaum gewaltsame Konflikte gegeneinander führen.

Das geringe Gewaltverhalten von Demokratien ist auch auf das Bemühen der Regierungen zurückzuführen, nur solche Kriege und Konflikte auszutragen, bei denen hohe Erfolgsaussichten und eine kurze Konfliktdauer zu erwarten sind. Gegenüber autokratischen Staaten mit hoher Gewaltbereitschaft zielen Demokratien bei Bedrohungen allerdings auf eine Schutz sichernde und gegebenenfalls präemptiv wirkende Außen- und Verteidigungspolitik (vgl. aber auch Daase 2004, Aust et al. 2004). Abgesehen vom niedrigen Verwicklungsgrad in militärische Auseinandersetzungen und einer bisweilen nur symbolischen Kriegsbeteiligung an demokratischen Allianzen und Staatengruppen, handeln Demokratien in ihren Beziehungen zu Staaten mit nicht-demokratischen Herrschaftssystemen dabei militärisch zurückhaltender als in früheren Studien angenommen (Russett 1993, Chojnacki 2004).

Für Reinhard Wolf haben deshalb nicht die vom Realismus in den Mittelpunkt gerückte zwischenstaatliche Machtverteilung und die aus ihr folgenden Gleich- und Gegengewichtspostulate die größte Erklärungskraft, auch nicht der Grad der Absicherung der Zusammenarbeit in internationalen Institutionen, sondern das Ausmaß der Vereinbarkeit der Interessen der politikbestimmenden innenpolitischen Eliten und gesellschaftlichen Akteure in den einzelnen Staaten. Da staatliche Außenpolitik vor allem die Präferenzen der gesellschaftlich einflussreichsten Gruppen zum Ausdruck bringt, gelingt es diesen recht gut, im innenpolitischen Wettbewerb ihre Vorstellungen und Ziele als verbindliche Staatsziele durchzusetzen. So kann es im Falle sicherheitspolitischer Kooperationen zweifellos von Bedeutung sein, ob der Einfluss jener Gruppen maßgebend ist, die von kooperativen Beziehungen profitieren, oder Gruppen bzw. gesellschaftliche Akteure an Gewicht gewinnen, die eher expansive oder militaristische Präferenzen haben (vgl. Wolf 2000).

2.6 Konstruktivismus und Außenpolitik

Der Konstruktivismus hat als Denkschule erst seit den neunziger Jahren das „Menü" der Außenpolitiktheorien bereichert. Anknüpfungspunkte an theoretische, den Konstruktivismus gleichsam vorwegnehmende Vorläufer finden wir durchaus schon in der „Englischen Schule" mit Hedley Bull (1977) und Martin Wight. Timothy Dunne, Richard Little (2000), Barry Buzan (2001) u.a. verbinden in jüngerer Zeit die „Englische Schule" mit konstruktivistischen Überlegungen. Eine „konstruktivistische Wende", die uns heute vom Konstruktivismus als einer theoretisch angeleiteten Forschungsperspektive, mit zahlreichen Bausteinen, Forschungsfragen und Theorieversatzstücken sprechen lässt, setzte erst gegen Ende der achtziger Jahre ein. Ausgehend von der in der Kooperationsforschung kontroversen Frage, warum Staaten unter den Bedingungen der Anarchie kooperieren, widersprachen die konstruktivistischen Vertreter den Rationalisten (z.B. im Neorealismus oder rationalistischen Institutionalismus), dass Staatsinteressen lediglich rationalistisch verfolgt würden oder „objektive" Veränderungen in den materiellen Fähigkeiten (z.B. dem militärischen Potential) für die zwischenstaatlichen Beziehungen bestimmend wären. Einen größeren Erklärungsgewinn bot ihrer Auffassung nach das Soziale, die Art und Weise, wie die Menschen die „soziale Welt" konstruieren, wie sie mit anderen Akteuren handeln, ihre eigene Umwelt wahrnehmen und gemeinsame Vorstellungen von der „Welt" teilen (vgl. Adler 1997, Onuf 2001). Die Ereignisse und Phänomene, die als natürliche oder selbstverständliche Tatsachen der internationalen Politik erscheinen, sind vielmehr von Menschen gemachte Tatsachen bzw. „soziale Fakten". Hinzu kam, dass die Theorien des Realismus und Liberalismus mit dem Zusammenbruch des Ostblocks und der Sowjetunion vor unvorhergesehenen und schwer erklärbaren Herausforderungen standen. Der Konstruktivismus bot die Möglichkeit, diesen

Wandel in der internationalen Politik zu erklären. Vor allem galt dies für den Wandel der sowjetischen Außenpolitik unter Gorbatschow in den 1980er Jahren, der aus der neorealistischen Perspektive eines permanenten Strebens nach Machtgleichgewicht nicht erklärbar schien.

Alexander Wendt zählt dabei mit seinem 1992 erschienen Aufsatz „Anarchy is what states make of it" sicherlich zu einem der prominentesten Vertreter des Konstruktivismus, der sich heute in viele verschiedene Strömungen untergliedert. In Deutschland haben Hanns W. Maull, Thomas Risse, Sebastian Harnisch, Cornelia Ulbert, Christoph Weller, Volker Rittberger oder Wolfgang Wagner und Sabine Fischer etc. eminente Beiträge zum Konstruktivismus geleistet. Zu den sozialkonstruktivistischen Konzepten der Außenpolitikforschung lassen sich dabei eine Reihe relevanter Ansätze zählen, denen sich in den 1990er Jahren oft eine neue Forschergeneration widmete. Dazu gehören (1) die Weltbildanalyse und die lerntheoretische Denkbilderforschung, in der u.a. Fragen nach den spezifischen Bedingungen gestellt werden, unter denen sich individuelle oder kollektive Einstellungsmuster bzw. Denkbilder verändern, als auch danach, welche Akteure in einem Zusammenspiel von Ideen und institutionellen Strukturen in der Lage sind, ihre Weltbilder und Ideen im außenpolitischen Entscheidungsprozess durchzusetzen (vgl. Jachtenfuchs 1995), (2) rollentheoretische Ansätze, die das Verhalten von Staaten als „geplante – d.h. kollektiv normierte und individuell konzipierte – und von Repräsentanten realisierte Einstellungs- und Verhaltensmuster" (Gaupp 1983: 109) untersuchen, und dazu entweder die Eigenerwartungen von Staaten auf das außenpolitische Verhalten, die Bedeutung unterschiedlicher „Rollensegmente (Mediator, Initiator, Führer etc.)" oder das Verhalten und die außenpolitische Rhetorik von Staaten an Idealtypen, wie dem Rollenkonzept der Zivilmacht, analysieren, um Antworten über den Wandel und die Stabilität außenpolitischer Rollen zu erhalten, (3) Identitätsansätze, die sich akteurs- und strukturzentriert u.a. mit dem wechselseitigen Verhältnis von nationalen Identitäten der Mitgliedstaaten und der Entwicklung einer gemeinsamen europäischen Identität (Lapid/Kratochwil 1996) sowie mit der Bedeutung von Sprache in diskurstheoretischen Konzepten der Außenpolitikforschung beschäftigen (vor allem in der Kopenhagener Schule um Ole Weaver und in größeren Forschungsprojekten in Trier, Mannheim oder Konstanz/Florenz), schließlich (4) der sozialkonstruktivistische Institutionalismus (im Sinne einer „Normwirkungstheorie"), der den „(welt)gesellschaftlichen Aspekt außenpolitischen Handelns", vor allem die konstitutive Wirkung von sozialen Normen auf das außenpolitische Verhalten untersucht.

Der Konstruktivismus orientiert sich damit an einem Akteursmodell, das sich von dem der bisher angesprochenen rationalistischen Theorien wesentlich unterscheidet. Im Gegensatz zum eigeninteressierten und Nutzen maximierenden Staat als einem *Homo oeconomicus*, ist das Handeln der Akteure nach Auffassung der Konstruktivisten nicht nur an ihren Interessen, sondern wesentlich an den bestehenden, intersubjektiv geteilten Normen, Werten und Ideen ausgerichtet. Die materielle Realität, das heißt die Strukturen des internationalen Systems bzw. die internationalen Beziehungen, spielen bei der Formulierung individueller und kollektiver außenpolitischer Ziele von Staaten durchaus eine Rolle. Diese aber verkörpern letztlich nichts anderes als konkrete Normen und

Ideen, die im Besonderen in internationalen Institutionen verankert sind und in diesem Sinne *soziale* Tatsachen darstellen, die erst durch Verständigung bzw. Übereinkunft, Diskurse oder Debatten zwischen Menschen zu Tatsachen werden.

Wie die Betonung der sozialen Dimension zwischenstaatlicher Beziehungen zeigt, ist der Konstruktivismus folglich in starkem Maße der Soziologie entlehnt. Ausgangspunkt konstruktivistischer Ansätze ist daher die Grundannahme, dass der Mensch nicht nur in einer Welt materieller Tatsachen, sondern in einer sozialen Welt lebt. Die den Menschen umgebende Welt ist nur deshalb für ihn real, weil er dieser Realität bestimmte Bedeutungen und soziale Funktionen zuschreibt. Die Souveränität der Staaten etwa ist nicht nur einfach vorgegeben; sie wird erst dadurch zur Wirklichkeit, dass die Staaten die damit verbundenen Normen und Verhaltensregeln anerkennen und respektieren. Allein durch das Handeln der Staaten und ihre Sinninterpretationen wird soziale Realität hergestellt, reproduziert und aufrechterhalten.

Die dadurch entstehenden sozialen Strukturen beeinflussen ihrerseits die Akteure, wirken auf sie ein und verschaffen ihnen Handlungsmöglichkeiten. Im Fall der bereits angesprochenen Souveränität konstituiert diese zu einem wesentlichen Teil den Staat erst als Akteur. Zugleich nehmen die sozialen Beziehungen Einfluss auf das Denken der Akteure (Staaten), und damit wesentlich auf die für ihr Handeln wichtigen Interessen, Ideen und Identitäten. Die Staaten handeln zwar durchaus auch instrumentell-strategisch. Nach konstruktivistischer Lesart haben jedoch vor allem Normen und Regeln eine zentrale Bedeutung.

Der Staat ist daher vielmehr ein *Homo sociologicus* oder *role player*, dessen Verhaltensmuster durch die von den Akteuren (Staaten, Gruppen oder Individuen) „sozial konstruierte" Realität der internationalen Politik beeinflusst und geprägt werden. Die anarchischen Strukturen im internationalen System sind nicht einfach objektiv vorgegeben. Wichtiger als die kausale Wirkung der - aus Sicht des Realismus zu Selbsthilfe zwingenden - Anarchie auf das außenpolitische Verhalten der Staaten ist deren Wahrnehmung und soziale Interpretation durch die Akteure selbst, die je nach dem vorherrschenden Selbstverständnis und der bestehenden Weltsicht, den jeweiligen individuellen und kollektiven Identitäten, Normen und Ideen variieren kann. Mit anderen Worten: die Strukturen des internationalen Systems sind durch die Akteure sozial konstruiert: „Anarchy is what states make of it" (Wendt 1992, 1999).

Der Bereich idealtypischer Vorstellungen des zwischenstaatlichen Zusammenlebens bzw. der „cultures of anarchy" erstreckt sich nach Wendt vom Modell „Hobbes'scher" Kultur, in der die Staaten sich gegenseitig als Feinde betrachten, über die „Locke'sche" Kultur eines gewaltbeschränkten „live and let live" bis zum Modell einer „Kantianischen" Kultur, in der die Staaten ihre Sicherheit nicht primär unter egoistisch-eigennütziger, sondern gemeinschaftlich-kollektiver Perspektive definieren und damit ein Mehr an Sicherheit nicht auf Kosten der anderen zu gewinnen versuchen, sondern als eine gemeinsame Aufgabe verstehen. So sind „die äußeren Zwänge der Welt, also z.B. die Logik der Anarchie, meistens nicht materielle, sondern soziale, also von Menschen gemachte Zwänge, sie sind sozial 'konstruiert' im Sinne von 'gemacht' und damit grundsätzlich auch veränderbar" (Krell 2003: 325) Die Interessen, die das außenpolitische Handeln der Akteure anleiten, stellen hauptsächlich das konstitutive Ergebnis von (kognitiven oder normativen) Ideen dar. Soziale Strukturen fallen dabei jedoch „nicht 'vom Himmel', sondern sind", wie Thomas Risse formuliert, „(…) historisch kontingent und veränderbar. Insofern es bei sozialen Interpretationen immer um Sinninterpretationen geht, privilegieren Konstruktivisten zumeist 'Ideen' über materielle Phänomene in der Welt" (Risse 2003: 105).

Soziale Normen, Ideen, Identitäten und Rollenkonzepte haben daher nach konstruktivistischer Lesart eine zentrale Bedeutung, wenn es um das Erklären von Außenpolitik geht. Nach Alexander Wendt, auf den, wie erwähnt, wesentliche Impulse bei der Begründung des Konstruktivismus zurückgehen, sind diese Ideen, Interessen und Identitäten nicht einfach nur gegeben. Erst durch die Beziehungen zu anderen Akteuren werden sie *konstruiert*. Ausschlaggebend für das Verhalten der Staaten im internationalen System sind demnach die Art und Weise der gegenseitigen Identifikation, die gegenseitigen Erfahrungen und Erwartungen. Die Machtpolitik der Staaten ist nicht einfach eine vorfindbare und auf der Logik der Anarchie begründete Realität. Wir hatten dies gerade kurz erläutert. Gegenseitiges Misstrauen und die Interpretation des anderen Staates als Feind konstruieren vielmehr ein von Machtstreben gekennzeichnetes zwischenstaatliches Beziehungsgefüge.

Die Staaten, denen Wendt persönliche Qualitäten zuschreibt, sind also gleichsam die „Konstrukteure" der internationalen Ordnung: „States are people too" (Wendt 1999: 215, vgl. Smith 2000). Risse spricht daher nicht zu Unrecht von einem „staatszentrierten Sozialkonstruktivismus", Weller schlicht von Staatskonstruktivismus, wenn sie Wendts Auffassung von Staaten als Rolleninhabern charakterisieren. Welche (außenpolitische) Rolle sich die Staaten dabei selbst zuschreiben, hängt allerdings wesentlich von dem sozialen (hier nicht „gesellschaftlich", sondern zwischenstaatlich verstandenen) Umfeld bzw. von den sozialen Konstellationen ab, in die sie eingebunden sind. Da diese sozialen Strukturen wiederum konkrete Verhaltenserwartungen, Normen und Werteorientierungen unter den Staaten erzeugen bzw. konstituieren und schließlich in den gegenseitigen Beziehungen fest verankert und institutionalisiert werden, entwickeln sich die auf diese Weise von den Akteuren übernommenen (in einem Sozialisationsprozess verinnerlichten) und internalisierten Normen- und Wertvorstellungen zu eigenen, das außenpolitische Handeln anleitenden Grundüberzeugungen (*belief systems*). Die Staaten verhalten sich schließlich entsprechend dieser sozialen Normen, die ihr Handeln legitimieren und unter den Staaten zu gemeinsamen, „intersubjektiv geteilte[n], wertegestützte[n] Erwartungen angemessenen Verhaltens" (Boekle et al. 2001: 71) führen.

Orientiert an sozialen Normen, richten die Staaten ihr außenpolitisches Handeln nach Auffassung von March und Olsen nicht nur an spezifischen Eigeninteressen und den dabei erwarteten Ergebnissen, das heißt an der rationalistischen „Logik des erwarteten Nutzens" („logic of expected consequences") aus. Vielmehr folgen die Staaten, die ein vereinbartes Normen- und Wertesystem adaptiert und zur Grundlage ihres außenpolitischen Selbst- und Rollenverständnisses, ihrer Identität, gemacht haben, einer „Logik der Angemessenheit" („logic of appropriateness), „maintaining consistency between behavior and a conception of self in a societal role" (March/Olsen 1989: 160f.). Erwartungen angemessenen Verhaltens, die von anderen Staaten bzw. internationalen Akteuren („O-thers") und von der nationalen Gesellschaft an die Entscheidungsträger herangetragen werden, sind dabei ebenso ausschlaggebend für das Selbstverständnis („sense of Self") und das außenpolitische Handeln der Staaten wie historisch-kulturelle Erfahrungen, Lernprozesse, Traditionen und institutionelle Einbindungen.

Die Forschung zur Rollentheorie in der Außenpolitik hat hierbei eine Reihe wichtiger Ergebnisse zu tradierten Wertvorstellungen, staatlichen Rollenkonzepten und dem Wandel des kollektiven Gedächtnisses einer Gesellschaft erbracht. Die Rollenkonzepte von Staaten, wie etwa das der „Zivilmacht" Deutschlands, sind danach wesentlich das Ergebnis von kognitiven, auf „historischen Erfahrungen" und auf dem „Phänomen gesellschaftlicher Lernfähigkeit, Vernunft und Einsicht" beruhenden Prozessen. Da sich die überlieferten Wertvorstellungen und Denktraditionen in der Regel nur sehr langsam verändern, wird auch für den außenpolitischen Kurs eines Staates eher ein hohes Maß an Kontinuität und Kalkulierbarkeit erwartet. Dennoch sollte man nicht dem Trugschluss unterliegen, dass das Rollenkonzept eines Staates und sein tatsächliches Rollenverhalten stets identisch sind. Gravierende Umbrüche der internationalen Politik wie auch interne Lernprozesse können das außenpolitische Selbstbild und Rollenverständnis eines Staates wesentlich beeinflussen (Kirste/Maull 1996, Kirste 1998).

Boekle, Rittberger und Wagner (2001a, 2001b) haben den Versuch gemacht, mit der Entwicklung einer konstruktivistischen Außenpolitiktheorie, die Bedeutung von sozialen Normen für das außenpolitische Handeln zu erklären. Da es nicht exogen gegebene Interessen, sondern soziale Normen sind, die als „unabhängige Variable" auf das außenpolitische Verhalten eines Staates Einfluss ausüben, untersuchen sie die Frage nach der konstitutiven Wirkung der Normen auf das Staatshandeln aus zwei Perspektiven: zum einen aus dem Blickwinkel des transnationalen Konstruktivismus, der die Wirkung *internationaler Normen* auf Staaten analysiert, zum anderen aus der *sozietal-konstruktivistischen* Perspektive, die den Einfluss *innergesellschaftlicher Normen* auf das außenpolitische Verhalten untersucht. Gegenüber ideellen Faktoren (z.B. Weltbildern, Werten, Prinzipien oder der Kultur eines Landes) sind die Normen ihrer Ansicht nach weitaus besser fassbar und analysierbar, da sie aufgrund ihrer *Intersubjektivität* eine sehr viel größere Akzeptanz innerhalb einer Gemeinschaft beanspruchen, Anleitungen zu einer *unmittelbaren Verhaltensorientierung* geben und *kontrafaktische Gültigkeit* besitzen, sich also nicht nur auf Folgenabschätzung und Klugheit, sondern auf Werte und von anderen geteilte Ideen beziehen.

Um allerdings Aussagen über die Außenpolitik eines Staates treffen zu können, gilt es festzustellen, ob Normen vorhanden sind, die das außenpolitische Handeln als angemessenes Verhalten identifizieren. Zwar ist es teilweise schwierig zu erkennen, ob eine soziale Norm vorliegt. Dennoch lässt sich deren Stärke bzw. Wirkung am Grad ihrer *Kommunalität* und *Spezifizität* überprüfen. Während die Kommunalität angibt, ob die Mehrheit der Akteure innerhalb eines sozialen Systems die jeweilige Norm oder eine entsprechende Verhaltenserwartung in dem Maße teilt, dass diese eine Wirkung auf die Außenpolitik eines Staates ausübt, bedeutet Spezifizität, dass eine hinreichend genaue Unterscheidung zwischen angemessenem und unangemessenem Verhalten gegeben sein muss, die Normen also ausreichend konkret bestimmt sind, um auf das außenpolitische Handeln Einfluss zu nehmen. Zur genaueren Analyse des außenpolitischen Verhaltens von Staaten kommt es darauf an, dass die Normen auf der internationalen und gesellschaftlichen Ebene, z.B. völkerrechtliche Verträge, Gesetze, Verordnungen etc., nicht gegeneinander gerichtet sind, sondern auf beiden Ebenen, der internationalen Umwelt und der nationalen Gesellschaft, vorliegen. Ist dies der Fall, verstärken sich die Verhaltenserwartungen gegenseitig und es kommt zu einem normgerechten Verhalten. Die Aussage- bzw. Prognosefähigkeit sinkt allerdings, wenn sich nur auf einer Ebene eine Erwartung angemessenen Verhaltens feststellen lässt.

Dem zeckrationalen Akteursverständnis der rationalistischen Außenpolitiktheorien steht insofern die Logik des normgeleiteten Handelns oder des verständigungs- bzw. kommunikativen Handelns gegenüber (vgl. Risse 2003).

Kontrollfragen

(1) Was sind Gründe dafür, dass es nur langsam zur Entwicklung einer theoretisch fundierten Außenpolitikforschung kam?

(2) Welche Erklärungsansätze zur Außenpolitik lassen sich unterscheiden?

(3) Was sind aus Sicht der realistischen und neorealistischen Außenpolitiktheorie grundlegende Erklärungsfaktoren für das außenpolitische Verhalten von Staaten?

(4) Worin unterscheiden sich der klassische Realismus und der Neorealismus bei der Analyse von Außenpolitik?

(5) Warum erklären sich Staaten dazu bereit, außenpolitisch zu kooperieren?

(6) Was ist unter einem „Kooperationsdilemma ohne Verteilungskonflikt" und einem „Rambospiel" zu verstehen?

(7) Welche Rolle spielen die innergesellschaftlichen Akteure bei der Formulierung der außenpolitischen Staatsziele?

(8) Was ist die Grundannahme des *republikanischen* Liberalismus?

(9) „Anarchy is what states make of it". Von wem stammt diese Aussage, und mit welchem Grundgedanken ist sie verbunden?

(10) Welche sozialkonstruktivistischen Konzepte der Außenpolitik sind ihnen bekannt?

Literatur

Adler, Emanuel: *Seizing the Middle Ground: Constructivism in World Politics*, in: European Journal of International Relations 3, 3/1997, S. 319-363.

Aron, Raymond: *Frieden und Krieg. Eine Theorie der Staatenwelt*, Frankfurt a.M. 1962.

Aust, Björn/Schlotter, Peter/Schweitzer, Christine: *Demokratien im Krieg – Kriegerische Demokratien: Zur Einführung*, in: Schweitzer, Christine/Aust, Björn/Schlotter, Peter (Hrsg.): Demokratien im Krieg, Baden-Baden 2004, S. 9-33.

Axelrod, Robert/Keohane, Robert O.: *Achieving Cooperation under Anarchy. Strategies and Institutions*, in: Baldwin, David A. (Hrsg.): Neorealism and Neoliberalism. The Contemporary Debate, New York 1993, S. 85-115.

Axelrod, Robert: *Die Evolution der Kooperation*, München 1987.

Baldwin, David A.: *Neoliberalism, Neorealism, and World Politics*, in: Baldwin, David (Hrsg.): Neorealism and Neoliberalism: The Contemporary Debate, New York 1993, S. 3-25.

Baumann, Rainer/Volker Rittberger/Wolfgang Wagner 1999: *Macht und Machtpolitik. Neorealistische Außenpolitiktheorie und Prognosen über die deutsche Außenpolitik nach der Vereinigung*, in: Zeitschrift für Internationale Beziehungen 6, 2/1999, S. 245-286.

Baumann, Rainer/Volker Rittberger/Wolfgang Wagner 2001: *Neorealist foreign policy theory*, in: Rittberger, Volker: German foreign policy since unification. Theories and case studies, Manchester 2001, S. 37-68.

Behrens, Henning/Noack, Paul: *Theorien der Internationalen Politik*, München 1984. Beziehungen 3, 2/1996, S. 283-312.

Bienen, Derk/Freund, Corinna/Rittberger, Volker: *Gesellschaftliche Interessen und Außenpolitik: Die Außenpolitiktheorie des utilitaristischen Liberalismus* (Tübinger Arbeitspapiere zur Internationalen Politik und Friedensforschung 33), Tübingen 1999, in: http://www.uni-tuebingen.de/uni/spi/taps/tap33.htm

Boekle, Henning/Nadoll, Jörg/Stahl, Bernhard: *Identität, Diskurs und vergleichende Analyse europäischer Außenpolitiken. Theoretische Grundlegung und methodische Vorgehensweise*, (PAFE-Arbeitspapier Nr. 1), Universität Trier 2000, in: http://www.unitrier.de/uni/fb3/politik/liba/pafe/docs/arbeitspapier1.pdf

Boekle, Henning/Rittberger, Volker/Wagner, Wolfgang: *Soziale Normen und normgerechte Außenpolitik. Konstruktivistische Außenpolitiktheorie und deutsche Außenpolitik nach der Vereinigung*, in: Zeitschrift für Politikwissenschaft 11, 1/2001a, S. 71-103.

Boekle, Henning/Volker Rittberger/Wolfgang Wagner 2001: *Constructivist foreign policy theory*, in: Rittberger, Volker (Hrsg.): German Foreign Policy Since Unification. Theories and Case Studies, Manchester 2001b, S. 105-139.

Brecher, Michael: *The Foreign Policy System of Israel: Setting, Images, Process*, London 1972.

Brzezinski, Zbigniew: *Die einzige Weltmacht. Amerikas Strategie der Vorherrschaft*, Frankfurt a.M. 1999.

Bull, Hedley: *The Anarchical Society. A Study of Order in World Politics*, (2. Aufl.) London/New York, 1995 [1977].

Buzan, Barry: *The English School: An Underexploited Ressource in IR*, in: Review of International Studies 27, 3/2001, S. 471-488.

Caporaso, James A./Charles F. Hermann/Charles W. Kegley: *The Comparative Study of Foreign Policy: Perspectives for the Future*, in: International Studies Notes 13, 2/1987, S. 32-46

Carlsnaes, Walter: *Foreign Policy*, in: Carlsnaes, Walter/Beth Simmons/Thomas Risse (Hrsg): Handbook of International Relations, London 2002, S. 331-349.

Chojnacki, Sven: *Demokratien und Krieg: Das Konfliktverhalten demokratischer Staaten im internationalen System, 1946-2001*, in: Schweitzer, Christine/Aust, Björn/ Schlotter, Peter (Hrsg.): Demokratien im Krieg, Baden-Baden 2004, S. 72-107.

Czempiel, Ernst-Otto: *Amerikanische Außenpolitik. Gesellschaftliche Anforderungen und politische Entscheidungen*, Stuttgart 1979.

Czempiel, Ernst-Otto: *Kants Theorem. Oder: Warum sind die Demokratien (noch immer) nicht friedlich?*, in: Zeitschrift für Internationale Beziehungen, 3, 1/1996, S. 79-101.

Czempiel, Ernst-Otto: *Friedensstrategien. Eine systematische Darstellung außenpolitischer Theorien von Machiavelli bis Madariaga*, (2. Aufl.) Opladen 1998.

Daase, Christopher: *Demokratischer Frieden – Demokratischer Krieg: Drei Gründe für die Unfriedlichkeit von Demokratien*, in: Schweitzer, Christine/Aust, Björn/Schlotter, Peter (Hrsg.): Demokratien im Krieg, Baden-Baden 2004, S. 53-72.

De Rivera, Joseph 1968: *The Psychological Dimension of Foreign Policy*, Columbus 1968.

Dougherty, James E./Pfaltzgraff, Rober L. Jr.: *Contending Theories of International Relations. A comprehensive survey*, New York 2001 (5. Aufl.).

Doyle, Michael: Liberalism and World Politics, in: American Political Science Review 80, 4/1986, S. 1151-1169.

East, Maurice A./Salmore, Stephen A./Hermann, Charles F. (Hrsg.): *Why Nations Act*, Beverly Hills 1978.

Elman, Colin: *Hourses for Courses. Why Not Neorealist Theory of Foreign Policy?*, in: Security Studies 6, 1/1996, S. 7-53.

Fischer, Sabine: *Russlands Westpolitik in der Krise, 1992-2000. Eine konstruktivistische Untersuchung*, Frankfurt a.M. 2003.

Gaupp, Peter: *Staaten als Rollenträger. Die Rollentheorie als Analyse-Instrument von Außenpolitik und internationalen Beziehungen*, Liebefeld/Bern 1983.

George, Alexander L.: *The 'operational code': a neglected approach to the study of political-leaders and decision-making*, in: International Studies Quarterly 23/1969, S. 190-222.

George, Alexander L.: *Bridging the Gap. Theory and Practice in Foreign Policy*, Washington 1993.

Grieco, Jospeh M.: *Realist International Theory and the Study of World Politics*, in: Doyle, Michael/Ikenberry, John G. (Hrsg.): New Thinking in International Relations Theory, Boulder 1997, S. 163-201.

Grieco, Jospeh M.: *State Interests and Institutional Rule Trajectories: a Neorealist Interpretation of the Maastricht Treaty and European Economic and Monetary Union*, in: Benjamin Frankel (Hrsg.): Realism. Restatements and Renewal, London 1996, S. 261-306.

Gu, Xuewu: *Theorien der Internationalen Beziehungen. Einführung*, München 2000.

Guzzini, Stefano: *The enduring dilemmas of realism in International Relations* (COPRI Working Paper No. 43/2001, Kopenhagen.

Haftendorn, Helga: *Zur Theorie außenpolitischer Entscheidungsprozesse*, in: Rittberger, Volker (Hrsg.): Theorien der Internationalen Beziehungen. Bestandsaufnahme und Forschungsperspektiven, PVS-Sonderheft 21, Opladen 1990, S. 401-423.

Hagan, Joe D.: *Domestic Political Explanations in the Analysis of Foreign Policy*, in: Neack, Laura/Hey, Jeanne A.K./Haney, Patrick J. (Hrsg.): Foreign Policy Analysis: Continuity and Change in Its Second Generation, Englewood Cliffs 1995, S. 117-144

Harnisch, Sebastian: *Außenpolitiktheorie nach dem Ost-West-Konflikt: Stand und Perspektiven der Forschung*, Trierer Arbeitspapiere zur Internationalen Politik, Nr. 7, 2002.

Hartmann; Jürgen: *Internationale Beziehungen*, Opladen 2001.

Hasenclever, Andreas: *Die Macht der Moral in der internationalen Politik. Militärische Interventionen westlicher Staaten in Somalia, Ruanda und Bosnien-Herzegowina*, Frankfurt 2000.

Hasenclever, Andreas: *Liberale Ansätze zum „demokratischen Frieden"*, in: Schieder, Siegfried/Spindler, Manuela (Hrsg.): Theorien der Internationalen Beziehungen, Opladen 2003, S. 199-227.

Hasenclever, Andreas: *The Democratic Peace Meets International Institutions. Überlegungen zur internationalen Organisation des demokratischen Friedens*, in: Zeitschrift für Internationale Beziehungen 9, 1/2002, S. 75-111.

Hellmann, Gunther/Wolf, Klaus Dieter/Zürn, Michael (Hrsg.): *Die neuen internationalen Beziehungen. Forschungsstand und Perspektiven in Deutschland*, Baden-Baden 2003.

Hermann, Margaret G./Hagan, Joe D.: *International Decision Making: Leadership Matters*, in: Foreign Policy 110/1998, S. 124-137.

Holsti, Kalevi J.: *National Role Conceptions in the Study of Foreign Policy*, in: International Studies Quarterly 14/1970, S. 233-309.

Holsti, Kalevi J.: *The Comparative Analysis of Foreign Policy: Some Notes on the Pitfalls and Paths to Theory*, in: Holsti, Kalevi J. (Hrsg.): Change in the International System: Essays on the Theory and Practice of International Relations, Aldershot 1991, S. 191-202.

Jachtenfuchs, Markus: *Ideen und Internationale Beziehungen*, in: Zeitschrift für Internationale Beziehungen 2/1995, S. 417-442.

Janis, Irving L.: *Victims of Groupthink*, Boston 1972.

Jervis, Robert: *Perception and Misperception in International Politics*, Princeton 1976.

Kehr, Eckart: *Der Primat der Innenpolitik. Gesammelte Aufsätze zur preußisch-deutschen Socialgeschichte im 19. und 20. Jahrhundert*, hrsg. und eingeleitet von Hans-Ulrich Wehler, 2. Aufl., Berlin 1970.

Keohane, Robert O./Martin, Lisa: *The Promise of Institutionalist Theory*, in: International Security 20, 1/1995, S. 39-51.

Keohane, Robert O.: *After Hegemony. Cooperation and Discord in the World Political Economy*, Princeton 1984.

Kirste, Knut/Maull, Hanns W.: *Zivilmacht und Rollentheorie*, in: Zeitschrift für Internationale Beziehungen 3, 2/1996, S. 283-312.

Kirste, Knut: *Rollentheorie und Außenpolitikanalyse. Die USA und Deutschland als Zivilmächte*, Frankfurt a.M. 1998.

Kissinger, Henry A.: *Das Gleichgewicht der Großmächte. Metternich, Castlereagh und die Neuordnung Europas 1812-1822*, Düsseldorf, Wien 1962.

Kissinger, Henry A.: *Diplomacy*, New York 1994.

Kissinger, Henry A.: *Die Herausforderung Amerikas. Weltpolitik im 21. Jahrhundert*, München 2002.

Knodt, Michèle: *Auswärtiges Handeln der Deutschen Länder*, in: Eberwein, Wolf-Dieter/Kaiser, Karl (Hrsg.): Deutschlands neue Außenpolitik, Bd. 4: Institutionen und Ressourcen München 1998, S. 153-166.

Krasner, Stephen D.: *Regimes and the Limits of Realism. Regimes as Autonomous Variables*, in: Ders. (Hrsg.): International Regimes, Ithaca 1983, S. 355-368.

Krell, Gert: *Weltbilder und Weltordnung. Einführung in die Theorien der Internationalen Beziehungen*, Baden-Baden 2003.

Lapid, Yosef/Kratochwil, Friedrich (Hrsg.): *The Return of Culture and Identity in IR Theory*, Boulder 1996.

Lehmkuhl, Ursula/Jansen, Hans-Heinrich: *Großbritannien, das Empire und die Welt. Britische Außenpolitik zwischen "Größe" und "Selbstbehauptung", 1850-1990*, Bochum 1995.

Lemke, Christiane: *Internationale Beziehungen. Grundkonzepte, Theorien und Problemfelder*, München 2000.

Link, Werner: *Die Neuordnung der Weltpolitik. Grundprobleme globaler Politik an der Schwelle zum 21. Jahrhundert*, München 1998.

Link, Werner: *Hegemonie und Gleichgewicht der Macht*, in: Ferdowsi, Mir (Hrsg.): Sicherheit und Frieden zu Beginn des 21. Jahrhunderts. Konzeptionen-Akteure-Regionen, München 2004, S. 43-61.

Little, Richard: *The English School's Contribution to the Study of International Relations*, in: European Journal of International Relations, 6, 3/2000, S. 395-422.

Mangold, Peter: *Success and failure in British foreign policy: evaluating the record, 1900 - 2000*, Basingstoke, Hampshire 2001.

March, James/Olsen, Johan: *The Institutional Dynamics of International Political Orders*, in: International Organization 52, 4/1998, S. 943-969.

Martin, Bernd: *Weltmacht oder Niedergang? Deutsche Großmachtpolitik im 20. Jahrhundert*, Darmstadt 1989.

Masala, Carlo/Roloff, Ralf (Hrsg.): *Herausforderungen der Realpolitik. Beiträge zur Theoriedebatte in der Internationalen Politik* (Kölner Arbeiten zur Internationalen Politik, Bd. 8), Köln 1998.

Masala, Carlo: *Kenneth N. Waltz. Einführung in seine Theorie und Auseinandersetzung mit seinen Kritikern*, Baden-Baden 2005.

Mastanduno, Michael: *Incomplete Hegemony and Security Order in the Asia-Pacific*, in: Ikenberry, John: America Unrivaled – The Future of the Balance of Power, New York 2002, S. 181-210.

McGowan, Patrick J./Howard B. Shapiro: *The comparative study of foreign policy: a survey of scientific findings*, Beverly Hills 1973.

Mearsheimer, John J.: *The False Promise of International Institutions*, in: International Security 19, 3/1995, S. 5-49.

Mearsheimer, John J.: *The Tragedy of Great Power Politics*, New York 2002.

Meier-Walser, Reinhard: *Die wissenschaftliche Untersuchung Internationaler Politik – Struktureller Neorealismus, die "Münchner Schule" und das Verfahren der „Internationalen Konstellationsanalyse"*, München 2004.

Menzel, Ulrich: *Zwischen Idealismus und Realismus. Die Lehre von den Internationalen Beziehungen*, Frankfurt a.M. 2001.

Moravcsik, Andrew: *Taking Preferences Seriously. A Liberal Theory of International Politics*, in: International Organization, 51, 4/1997, S. 513-553.

Morgenthau, Hans J.: *Politics among Nations*, Chicago 1948.

Morgenthau, Hans J.: *In Defense of National Interest – A Critical Examination of American Foreign Policy*, New York 1951.

Morgenthau, Hans J.: *Macht und Frieden. Grundlegung einer Theorie der internationalen Politik*, Gütersloh 1963.

Müller, Harald/Risse-Kappen, Thomas: *Internationale Umwelt, gesellschaftliches Umfeld und außenpolitischer Prozeß*, in: Rittberger, Volker (Hrsg.): Theorien der Internationalen Beziehungen. Bestandsaufnahme und Forschungsperspektiven , PVS-Sonderheft 21, Opladen 1990, S. 375-401.

Müller, Harald: *Demokratien im Krieg – Antinomien des demokratischen Friedens*, in: Schweitzer, Christine/Aust, Björn/Schlotter, Peter (Hrsg.): Demokratien im Krieg, Baden-Baden 2004, S. 35-53.

Müller, Harald: *Die Chance der Kooperation. Regime in den internationalen Beziehungen*, Darmstadt 1993.

Neack, Laura/Key, Jeanne A.K./Haney, Patrick J.: *Generational Change in Foreign Policy Analysis*, in: Dies./ Hey, Jeanne A.K./Haney, Patrick J. (Hrsg.): Foreign Policy Analysis: Continuity and Change in Its Second Generation, Englewood Cliffs 1995, S. 1-16.

Neack, Laura/Hey, Jeanne A.K./Haney, Patrick J. (Hrsg.): *Foreign Policy Analysis: Continuity and Change in Its Second Generation*, Englewood Cliffs 1995.

Onuf, Nicholas G.: *The Politics of Constructivism*, in: Fierke, Karin M./Joergensen, Knud Erik (Hrsg.): Constructing International Relations. The Next Generation, Armonk 2001, S. 236-254.

Paige, Glenn D.: *The Korean Decision: June 24-30, 1950*, New York 1968.

Pedersen, Thomas: *Germany, France and the Integration of Europe*, London 1998.

Ranke, Leopold von: *Die großen Mächte. Politisches Gespräch*, 1836 (Ausgabe Göttingen, 1958).

Rapoport, Anatol: *Two-Person Game Theory - The Essential Ideas*, Chicago 1966.

Rapoport, Anatol: *Nullsummen-Konflikte und Nichtnullsummen-Konflikte*, in: Frei, Daniel (Hrsg.): Theorien der Internationalen Beziehungen, München 1977 (2. Aufl.), S. 190-194.

Risse, Thomas: *Identitäten und Kommunikationsprozesse in der internationalen Politik – Sozialkonstruktivistische Perspektiven zum Wandel in der Außenpolitik*, in: Medick-Krakau, Monika (Hrsg.): Außenpolitischer Wandel in theoretischer und vergleichender Perspektive: Die USA und die Bundesrepublik Deutschland, Baden-Baden 1999, S. 33-57.

Risse, Thomas: *Konstruktivismus, Rationalismus und die Theorie Internationaler Beziehungen – Warum empirisch nichts so heiß gegessen wird, wie es theoretisch gekocht wurde*, in: Hellmann, Gunther/Wolf, Klaus Dieter/Zürn, Michael (Hrsg.): Die neuen internationalen Beziehungen. Forschungsstand und Perspektiven in Deutschland, Baden-Baden 2003, S. 99-132.

Risse-Kappen, Thomas: *Public Opinion, Domestic Structure and Foreign Policy in Liberal Democracies*, in: World Politics 43, 4/1991, S. 479-512.

Rittberger, Berthold 2001: *Welche Verfassungsordnung für Europas "erste Gemeinschaft"?* (Tübinger Arbeitspapiere zur Internationalen Politik und Friedensforschung, 37), Tübingen 2001.

Rittberger, Volker/Zangl, Bernhard: *Internationale Organisationen. Politik und Geschichte. Europäische und weltweite Zusammenschlüsse*, Opladen 2003.

Rose, Gideon 1998: *Neoclassical Realism and Theories of Foreign Policy*, in: World Politics 51, 1/1998, S. 144-172.

Rosenau, James N.: *Comparing Foreign Policies: Theories, Findings, and Methods*, New York 1974.

Rosenau, James N.: *Pre-theories and Theories of Foreign Policy*, in: Farrell, R. Barry (Hrsg.): Approaches in Comparative and International Politics, Evanston 1966, S. 27-91.

Russett, Bruce: *Grasping the Democratic Peace. Principles for a Post-Cold War World*, Princeton 1993.

Russett, Bruce M./Oneal, John R.: *Triangulating Peace: Democracy, Interdependence, and International Organizations*, New York 2001.

Rynning, Sten/Guzzini, Stefano: *Realism and Foreign Policy Analysis* (COPRI Working Paper 42/2001), Kopenhagen, in: http://www.copri.dk/publications/WP/WP%202 001/42-2001.pdf

Sauder, Axel: *Souveränität und Integration: französische und deutsche Konzeptionen europäischer Sicherheit nach dem Ende des Kalten Krieges*, Baden-Baden 1995.

Schieder, Siegrfried: *Neuer Liberalismus*, in: Schieder, Siegfried/Spindler, Manuela (Hrsg.): Theorien der Internationalen Beziehungen, Opladen 2003, S. 167-198.

Schelling, Thomas C.: *The Strategy of Conflict*, Cambridge 1960.

Schwarzenberger, Georg: *Machtpolitik – Eine Studie über die internationale Gesellschaft*, Tübingen 1955.

Schweller, Randall L./Priess, David: *A Tale of Two Realisms: Expanding the Institutions Debate*, in: Mershon International Studies Review 41/1997, S. 1-32.

Schweller, Randall L.: *Bandwagoning for Profit: Bringing the Revisionist State Back In*, in: International Security 19, 1/1994, S. 72-107.

Seidelmann, Reimund: *Außenpolitik*, in: Woyke, Wichard (Hrsg.): Handwörterbuch Internationale Politik, Wiesbaden 2005, S. 1-7.

Siedschlag, Alexander: *Neorealismus, Neoliberalismus und Postinternationale Politik. Beispiel Internationale Sicherheit – Theoretische Bestandsaufnahme und Evaluation*, Opladen 1997.

Simmons, Beth A./Lisa L. Martin 2002: *International Organizations and Institutions*, in: Carlsnaes, Walter/Beth Simmons/Thomas Risse (Hrsg): Handbook of International Relations, London 2002, S. 192-211.

Smith, Steve 2000: *Wendt's World*, in: Review of International Studies 26 (1), S. 151-163..

Smith, Steve: *Theories of Foreign Policy: an historical overview*, in: Review of International Studies 1986, S. 13-29.

Snyder, Richard C./Bruck, H.W./Sapin, Burton: *Decision-Making as an Approach to the Study of International Politics* (Foreign Policy Analysis Project No. 3), Princeton 1954.

Snyder, Jack: *Myths of Empire: Domestic Politics and International Ambition*, Ithaca 1991.

Sprout, Harold/Sprout, Margaret: *Man-Milieu Relationship Hypothesis in the Context of International Politics*, Princeton 1956.

Sprout, Harold/Sprout, Margaret: *Environment Factors in the Study of International Politics*, in: Journal of Conflict Resolution 1/1957, S. 309-328.

Ulbert, Cornelia/Weller, Christop (Hrsg.): *Konstruktivistische Analysen der internationalen Politik*, Wiesbaden 2005.

Ulbert, Cornelia: *Konstruktivistische Analysen der internationalen Politik. Theoretische Ansätze und methodische Herangehensweisen*, in: Ulbert, Cornelia/Weller, Christop (Hrsg.): Konstruktivistische Analysen der internationalen Politik, Baden-Baden 2005, S. 9-35.

Van Evera, Stephen: *Causes of War: Power and the Roots of Conflict*, Ithaca 1999.

Volle, Angelika: *Der mühsame Weg Großbritanniens nach Europa*, in: Kastendiek, Hans/Rohe, Karl/Volle, Angelika (Hrsg.): Länderbericht Großbritannien, Bonn 1997.

Wagner, Wolfgang: *Die Konstruktion einer europäischen Außenpolitik. Deutsche, französische und britische Ansätze im Vergleich*, Studien der Hessischen Stiftung Friedens- und Konfliktforschung, Bd. 41, Frankfurt a.M. 2002.

Walt, Stephen: *Alliance Formation and the Balance of World Power*, in: International Security 9, 4/1985, S. 3-43.

Walt, Stephen M.: *The Origins of Alliances*, Ithaca 1987.

Waltz, Kenneth N.: *Theory of International Politics*, Reading, Mass. 1979.

Waltz, Kenneth N.: *Realist Thought and Neorealist Theory*, in: Journal of International Affairs 44, 1/1990, S. 21-38.

Waltz, Kenneth N.: *International Politics Is Not Foreign Policy*, in: Security Studies 6, 1/1996, S. 54-57.

Waltz, Kenneth: *Structural Realism after the Cold War*, in: Ikenberry, John (Hrsg.): America Unrivaled. The Future of the Balance of Power, Ithaca, New York 2002, S. 29-68.

Weller, Christoph: *Perspektiven eines reflexiven Konstruktivismus für die Internationalen Beziehungen*, in: Ulbert, Cornelia/Weller, Christop (Hrsg.): Konstruktivistische Analysen der internationalen Politik, Baden-Baden 2005, S. 35-65.

Wendt, Alexander 1995: *Constructing International Politics*, in: International Security 20 (1), S. 71-81.

Wendt, Alexander: *Anarchy is What States Make of It: The Social Construction of Power Politics*, in: International Organization 46, 2/1992, S. 391-425.

Wendt, Alexander: *Social Theory of International Politics*, Cambridge 1999.

Wohlforth, William C.: *The Elusive Balance: Power and Perceptions during the Cold War*, Ithaca 1993.

Wohlforth, William C.: *Realism and the End of the Cold War*, in: International Security 19, 3/1994/95, S. 91-129.

Wolf, Klaus Dieter: *Die Neue Staatsräson – Zwischenstaatliche Kooperation als Demokratieproblem in der Weltgesellschaft*, Baden-Baden 2000.

Wolf, Reinhard: *Was hält siegreiche Verbündete zusammen? Machtpolitische, institutionelle und innenpolitische Faktoren im Vergleich*, in: Zeitschrift für Internationale Beziehungen 7, 1/2000, S. 33-78.

Wolfers, Arnold: *Discord and Colaboration: Essay on International Politics*, Baltimore 1962

Zürn, Michael: *Interessen und Institutionen in der internationalen Politik. Grundlegung und Anwendung des situationsstrukturellen Ansatzes*, Opladen 1992.

Zürn, Michael: *Regieren jenseits des Nationalstaats. Globalisierung und Denationalisierung als Chance*, Frankfurt a.M. 1998.

3. Akteure der Außenpolitik

Der Nationalstaat ist „für die kleinen Probleme zu groß
und für die großen Probleme zu klein geworden ".
Daniel Bell

3.1 Nationalstaat und Außenpolitik

Auf dem Gebiet der Außenpolitik und in den internationalen Beziehungen stellt der
Staat die noch immer vorherrschende Organisationsform gesellschaftlicher Gemeinschaften dar. Über viele Jahrhunderte wurde der Staat zum transepochal und interkulturell wichtigen Rahmen eines geordneten und über Normen geregelten Zusammenlebens
von Menschen. Was wir heute an innerer und äußerer Struktur von Staaten vorfinden,
hat dabei sowohl historische als auch funktionale Bestimmungsgründe. Insbesondere
das Prinzip des westfälischen Staates entwickelte sich zu einer seit der Mitte des 17.
Jahrhunderts dominierenden Erscheinungsform, die nicht nur für das Entstehen des
frühneuzeitlichen Staatensystems in Europa entscheidend sein sollte. Mit dem Konzept
des europäischen, rational-bürokratischen Staates, das dem Westfälischen Frieden von
1648 entsprang, wurde der territorial verfasste, moderne Nationalstaat zum dominanten
Akteur der internationalen Beziehungen. Die Gestaltung auswärtiger Beziehungen wurde seitdem als „Staatskunst" verstanden, um die Macht und territoriale Integrität eines
Staates über diplomatische Beziehungen, Allianzen oder Militäraktionen zu sichern. In
den Regionen der außereuropäischen Welt stellte der Staat sehr bald im Verlauf der
europäischen Expansionspolitik und der späteren Nationalstaatswerdung die zentrale
politische Organisationsform dar. Mit anderen Worten: die Existenz der Staatlichkeit
wurde neben der Fähigkeit und dem Willen, die Interessen nach außen zu vertreten und
durchzusetzen, zur Voraussetzung von Außenpolitik.

Erste Frühformen von staatlichen Gemeinschaften entstanden schon um 7000 v. Chr.,
die im weiteren Verlauf durch den feudalen Personenverbandsstaat, den absolutistischen
Fürstenstaat und die Entstehung des Territorialstaates im Rahmen des europäischen
Staatensystems ("*Westfälischer Staat*", 1648) sowie der Nationalstaatsbildung „*verspä-
teter*" Nationen Gewicht erhielten. Der Prozess der Entkolonialisierung und Staatsgrün-
dung in den weltpolitischen Regionen Afrikas und Asiens (der *Dritten Generation* von
Staaten) wie auch die Bildung oder Rekonstituierung unabhängiger, ethnisch motivierter bzw. orientierter (National-)Staaten in der Ära nach dem Kalten Krieg (als *Vierter
Generation*) bildeten hierbei Stufen einer neuen Staatsbildung in der zweiten Hälfte des
zwanzigsten Jahrhunderts (vgl. Tomuschat 1994).

Das bereits im Verlauf des sechzehnten Jahrhunderts heranreifende und schließlich
aus einem dreißigjährigen Religionskrieg hervorgehende westfälische Staatenmodell

war dabei Ausdruck der gegenseitigen Anerkennung der rivalisierenden europäischen Großmächte als (1) territoriale Flächenstaaten, mit festen Außengrenzen, (2) einer anerkannten Regierung und (3) einer innerhalb des Staatsgebietes lebenden Bevölkerung (Staatsvolk). Unter der Voraussetzung einer nach innen wie nach außen uneingeschränkten Souveränität der Staaten sollten die auswärtigen Beziehungen durch das Instrument der Diplomatie gepflegt und in Form von Verträgen und Abkommen geregelt werden. Unzweifelhaft ist zu erkennen, dass die moderne Definition des Staates wesentlich auf diesen im Verlauf der europäischen Geschichte sich herausbildenden Prinzipien beruht.

Der Begriff des Staates bezog sich seither auf die Regierung und staatliche Verwaltung bzw. Regierungsbürokratie (*organisatorisch*), auf die politisch verfassten, mit unterschiedlichen Herrschaftssystemen ausgestatteten Gesellschaften (*soziologisch*) und auf ein geschlossenes Territorium mit ausschließlicher Verfügungsgewalt und festen Grenzen sowie der rechtlich als zu diesem Staat zugehörigen Bevölkerung (*völkerrechtlich*). Grundsätzlich hängt die Existenz des Staates daher mit den Vorstellungen von Souveränität, Legitimität und einer an spezifische Regeln bzw. Verpflichtungen gebundenen Staatenpraxis eng zusammen. Andererseits übernahm der Staat bis heute spezifische Ordnungs- und Schutzfunktionen: Sicherheit nach innen in Gestalt einer durch das Monopol der Gewaltanwendung garantierten, (gerechten) innerstaatlichen Ordnung, Schutz nach außen gegen Bedrohungen oder Angriffe durch andere Staaten und die Gewährleistung autonomer Freiheits- und Entfaltungsspielräume der Gesellschaft, „ihrer spezifischen sozialen Identität und bevorzugten Lebensweise" (Maull 2000: 371).

Für die Analyse der Außenpolitik von Staaten, ihrer Reichweite und Effizienz erhalten die zentralen Kriterien der *Souveränität*, *Legitimität* und *internationalen Regeleinhaltung* von Staaten sowie die Erfüllung der staatlichen *Primärfunktionen* eine wesentliche Bedeutung. Der Begriff der Legitimität verweist auf die für den Staat notwendige Voraussetzung, über das Monopol legitimer physischer Gewaltsamkeit, das Gewaltmonopol, als einzige Zentralinstanz zu verfügen. Diese Monopolinstitution wird durch die Regierung verkörpert, die (mit einer an sie gebundenen oder ihr unterstellten Ministerialbürokratie bzw. Verwaltung) zur Ausübung der Staatsgewalt und zur Wahrnehmung von Aufgaben der Sicherheitsvorsorge und Ordnungserhaltung einen Anspruch auf das Monopol an physischen, mit dem eigenen Machthandeln verbundenen Zwangsmitteln (Max Weber) erhebt. Da durch die jeweils „staatlich verordnete (Zwangs-)ordnung" bzw. die politische Macht der Regierung auch der politische Handlungsspielraum der Gesellschaft mitbestimmt wird, spielen das Staatssystem und das Steuerungsvermögen der staatlichen Machtinstanzen eine entscheidende Rolle. Für den Einfluss der außenpolitisch relevanten Institutionen ist es daher von Bedeutung, ob es sich um ein *pluralistisch-offenes* oder *monistisch-geschlossenes* Staatssystem, eine Demokratie, Monarchie oder Diktatur, handelt und inwieweit, nach der liberalen Außenpolitiktheorie, die innerstaatliche Systemausprägung für den außenpolitischen Willensbildungsprozess und den Einfluss der innenpolitischen Akteure auf die Außenpolitik verantwortlich ist.

Jeder Staat handelt dabei im Regelfall durch eine, wie auch immer legitimierte, Regierung oder außenpolitische Exekutive, die durch Berufung auf die Prinzipien ihrer

Legitimation sowohl die Selbstrechtfertigung der eigenen Herrschaft und des eigenen (außen)politischen Handelns als auch „die Abstützung und Stabilisierung der Herrschaftsordnung" anstrebt (Breuer 1998: 19ff.) Insbesondere richten sich ihre *primären außenpolitischen Aufgaben* auf die Gewährleistung oder Herstellung innerstaatlicher Ordnung, die Sicherung des Staates und seiner Bürger sowie auf die Vertretung der einzelstaatlichen Interessen gegenüber anderen Akteuren.

Einer Regierung, die von anderen Staaten als legitim anerkannt wird (*äußere Legitimität*), räumt man daher nicht nur das Recht ein, den Staat und seine Bürger nach außen zu vertreten, sondern die für die Staatsführung notwendige politische Macht in Händen zu halten, das heißt, durch den Verwaltungsapparat und die zentralen Kontroll- und Informationsbehörden, wie Diplomatie, Ministerien, Geheimdienste und Polizeikräfte, seine Interessen auch innenpolitisch wahrzunehmen und durchzusetzen. Das Legitimationsproblem außenpolitischen Handelns bleibt allerdings häufig unbeachtet. Durch das Fehlen einer konkreten Legitimation für „bestimmte außenpolitische Handlungen", bezieht sich die demokratische Legitimation von Außenpolitik nur auf den als Handlungseinheit auftretenden Staat. Ob sein Handeln als legitim betrachtet wird, „hängt davon ab, in welchem Umfang die Bevölkerung ihm zutraut, ihre ethnische und kulturelle Identität widerzuspiegeln und ihre Bedürfnisse und Interessen zu befriedigen" (Naßmacher 1998: 366f.). Legitimitäts- und Leistungsschwäche der Regierung, aufgrund von gesellschaftlichen Spannungen, Identitäts- und Wertkonflikten oder hohen wirtschaftlichen und politischen Kosten, können die außenpolitische Handlungsfähigkeit eines Staates wesentlich in Frage stellen (Hill 2003: 34f.).

Für den Staat als völkerrechtlich legitimierten Akteur wird darüber hinaus seine *Anerkennung* durch das internationale System zu einem wichtigen Attribut der außenpolitischen Unabhängigkeit. Grundlage dieser Anerkennung ist die Souveränität des Staates. Selbst bei Staaten unter langjähriger Fremdherrschaft kann die Anerkennung des Staates fortbestehen. Trotz der Annexion der baltischen Länder (Litauen, Estland, Lettland) durch die Sowjetunion (1940-1941) wurden deren Territorien als souveräne Staaten von vielen Regierungen weiterhin anerkannt. Ihre Souveränität wurde 1991 lediglich wiederhergestellt, da die meisten Großmächte niemals eingeräumt hatten, dass diese vor über sechzig Jahren verloren gegangen sei. Der rechtliche Status der Souveränität und dessen Anerkennung ist insofern häufig eine Frage der Politik. Etliche Akteure, die heute über die meisten der traditionellen Voraussetzungen für eine Mitgliedschaft im „Club" der Staaten verfügen - ein klar definiertes Territorium, die Fähigkeit der Kontrolle über das Staatsgebiet, eine effektive Verwaltung und die Bereitschaft zur Einhaltung von internationalen Verträgen - werden bislang nicht als souveräne Staaten anerkannt: Somaliland, Taiwan oder die Türkische Republik auf Nordzypern. Andererseits bleiben Länder, die lediglich Minimalkriterien erfüllen und keine zentrale, steuerungsfähige Regierung mehr besitzen, weiterhin souveräne Staaten (z.B. Somalia ab den 1990er Jahren).

Ergänzend zur Frage nach der jeweils zentralen politischen Herrschaftsinstitution (Regierung) und dem innerstaatlichen Systemcharakter stellt das Konzept der Souveränität ein für die Außenpolitik konstitutives Merkmal des modernen Staates dar. Was der

Philosoph Jean Bodin erstmals mit dem Begriff der *puissance souveraine* umschrieb, ist für den Staat zum wichtigsten Anspruch auf alleinige Entscheidungsgewalt nach innen und nach außen geworden. Diese Exklusivität der eigenen Kompetenzen, die von der Staatsregierung vertreten und beansprucht wird, kennzeichnet nach innen den Anspruch des Staates, Träger einer wie auch immer legitimierten, obersten politischen Autorität zu sein. Nach außen fordert Souveränität das von den Staaten erhobene Recht und den Anspruch darauf, ihr innerstaatliches und außenpolitisches Verhalten autonom zu regeln, ohne Fremdeinmischung in die inneren Angelegenheiten bzw. ohne aufgezwungene Intervention durch andere Staaten. Eine internationale Reaktion auf die Besetzung Kuwaits durch den Irak (1990) wäre möglicherweise ausgeblieben, hätte nicht die irakische Regierung die Souveränität als eine Grundnorm des Staatensystems verletzt.

Die de facto in Anspruch genommene und de jure erhaltene bzw. zugesprochene Souveränität der Staaten schließt allerdings nicht aus, dass

1. das Konzept der Souveränität auch „freiwillige partielle Selbstverbindungen von Staaten", etwa im Rahmen von internationalen Organisationen, vertraglichen Vereinbarungen oder Bündnissen, mit umfasst; diese sind vielmehr zur Regel für eine von den Prozessen der Globalisierung geprägten Außenpolitik geworden, und dass

2. sowohl die absolute Souveränität der Staaten nach außen als auch die Befehlsunabhängigkeit nach innen oftmals als fiktiv zu gelten haben.

Staaten als politische verfasste Gesellschaften werden hierbei, wie erwähnt, durch (a) die klassischen Kriterien des Staatsvolkes, des (b) durch Staatsgrenzen festgelegten Hoheitsgebietes, das sich auf den Luftraum und/oder auf Küstengewässer sowie auf andere Annexionsgebiete wie bspw. die umkämpften Spratley-Inseln im südchinesischen Meer, erstrecken kann, als auch (c) durch die Herrschaftsgewalt der Regierung bestimmt; sie sind in diesem Sinne völkerrechtlich gleichgestellt (Art.2 (1) UN-Charta), ohne Sanktions- oder Verfügungsgewalt eines internationalen Gesetzgebers. Die Realität der Staatenwelt legt es jedoch nahe, die Gleichheit wie auch die Souveränität einzelner Staaten im Bereich der Außenpolitik kritisch zu befragen. In beiden Fällen handelt es sich eher um eine völkerrechtliche Fiktion. De facto sind viele - meistens kleine, schwache oder arme - Staaten nicht wirklich souverän, wenn man ihre Souveränität unter dem Gesichtspunkt der effektiven Staatsgewalt betrachtet.

In ihrer Souveränität von anderen Staaten anerkannt, fungieren diese vielmehr als *Quasi-Staaten* (Jackson 1990), die ihre Existenz der Zustimmung und Unterstützung durch die Staatengesellschaft verdanken. Mit Blick auf dieses Souveränitätsphänomen, das wir in Afrika, Asien oder auch auf dem lateinamerikanischen und indischen Subkontinent verstärkt vorfinden, stellt sich vielmehr die Frage: Sollen andere Regierungen eine Provinz oder einen regionalen Teil eines Landes, der sich vom bisherigen Gesamtstaat getrennt hat, anerkennen, insbesondere wenn er die Bedingungen der Staatlichkeit erfüllt? Problembezüge ergeben sich hier nicht selten durch Zufallsgrenzen aus der Zeit der kolonialen Ära, durch ethnische oder tribale Spannungen und Konflikte zwischen Bürgerkriegsparteien, durch die Frage nach der tatsächlichen Kontrolle des Staatsgebietes und die Herrschaftsinteressen der politischen Führung. Nicht zuletzt gilt es in Rechnung zu stellen, dass sich manche Regionen mit einer historisch gewachsenen Multinationalität nicht territorial auflösen lassen.

Bei einer im Bürgerkrieg befindlichen Regierung wie Sierra Leone reicht deshalb der Einfluss der Exekutive zwar kaum über „die Stadtgrenzen von Freetown" hinaus, für die Vereinten Nationen und die diplomatischen Vertretungen jedoch spielt die Tatsache eine Rolle, „dass diese Regierung noch die Wachmannschaft um den Präsidentenpalast kontrolliert und wirksam die Ausländerkolonien zu schützen vermag. Die internationale Verfassung (gemeint ist hier die Souveränität, Anmerk. d. Verf.) zwingt Oppositionelle und Aufständische, die Trophäe der Hauptstadt zu erobern, um in den Genuss sämtlicher internationaler Anerkennung zu gelangen" (Hartmann 2001: 75). Der Besitz und die Kontrolle des Gewaltmonopols nach innen sind insofern wichtige Kriterien zur Überprüfung der realen außenpolitischen Handlungsfähigkeit eines Staates und seiner Führungsträger, ob einer politischen Elite, eines Clans, einer Herrschaftsclique, einer Familie oder eines Offizierskorps etc. Dass der Souveränitätsbegriff dabei heute mehr „durch ein in sich differenziertes und gradualistisches Konzept von Einflussmöglichkeiten im und auf das internationale System" ergänzt oder gar abgelöst wird (Seidelmann 2005: 445f.), verweist auf neue Entwicklungsmuster, Handlungsspielräume und Verflechtungshierarchien, auf die sich die außenpolitisch handelnde Staatengesellschaft einstellen muss.

Unabhängig davon wie das Staatsvolk definiert oder charakterisiert wird (nationalistisch, ethnisch o.a.), wie das Staatsterritorium gebildet wurde oder zustande kam und welche Art von Staatsgewalt ausgeübt wird (z. B. autoritäres Präsidialsystem), die Souveränität des Staates bildete (mit dem *Prinzip der Nicht-Eimischung* in die inneren Angelegenheiten, Integrität) zunächst eine „*harte Schale*" des Staates (John Herz) gegenüber der Außenwelt. Erst die moderne Waffentechnik führte gleichsam zu einem "Ende der Grenzen" und mit der ökonomischen Verflechtung zu einer "Alldurchlässigkeit" der Staaten, die die klassische Unterscheidung von innen und außen obsolet werden ließ. *Internationale Interdependenz*, insbesondere seit dem Ersten Weltkrieg, ließ die harte Schale der Staaten durchlässig (permeabel) werden (bspw. wirtschaftl. Verflechtungen, soziale Mobilität, regionale Integrationsbildungen, globale Problemfelder).

Heute ist der Staat nicht nur transparent geworden, auch Kritik von der internationalen Staatengemeinschaft kann mit der Möglichkeit von Sanktionen bis hin zur Form humanitärer Intervention verbunden sein. Die Souveränität des Staates stellt insofern ein Grundelement auswärtiger Politik dar: „As a foundational institution of international relations, sovereignty remains at the core of all relations between states. Its main functions - protection, identification of the legal actors, recognition, state continuity, and equalizing the legal relations between strong and weak - have not fundamentally challenged. They have been made more complex perhaps and occasionally reinterpreted - as in the case of recognition practices - but they continue to stand as the ideational and legal foundation of a society of states. [...] Without sovereignty we would not have international law; without international law we would not have a society of states, and without a society of states we would have little order, stability, and predictability" (Holsti 2004: 141-142).

Allein die formellen Staatenbeziehungen zu betrachten reicht hingegen nicht, um die Realität der Außen- und der internationalen Politik zu erfassen. Das gilt auch für den Grundsatz der Gleichheit der Staaten. Auch hier sind Unterschiede im Außenverhalten eines Staates mehr auf seine (a) tatsächliche Machtfülle zurückzuführen als auf den Gleichheitsgrundsatz. Zur Bestimmung der außenpolitischen Reichweite und Effizienz eines Staates empfiehlt es sich vor allem die (b) Leistungsfähigkeit, (c) Stabilität und (d) Effektivität der Staatsgewalt zu untersuchen, um daraus das jeweilige außenpolitische Rollenverhalten eines Staates abzuleiten und zu prüfen, ob der Staat seine Rolle als Weltmacht, regionale Großmacht, Mittelmacht, Kleinstaat oder als Staat mit fragiler Herrschaftsordnung („failing state") sowie im besonderen in neuerer Zeit als „Handelsstaat" (Rosecrance), „Zivilmacht" (Maull) oder Machtstaat wahrnimmt.

Souveränität und Territorialität eines Staates sind eng mit der Machtfähigkeit und den Handlungsmöglichkeiten seiner Regierung verbunden. Ein Blick auf die Machtpotentiale der Staaten verdeutlicht, dass militärische und wirtschaftliche Stärke, technologische Entwicklung im Rüstungsbereich, Bevölkerungszahl, geographische Lage, Bildungs- und Wissensstand u.a. dafür entscheidend sind, dass wir es in Fragen der Außenpolitik mit einer *hierarchisch aufgebauten* und *geschichteten, machtabhängigen Staatengesellschaft* zu tun haben. Eine außenpolitische Analyse kann zeigen, ob es sich jeweils um starke oder schwache Staaten hinsichtlich

- der Machtressourcen und der Reichweite nationalstaatlicher Außenpolitik,
- des Gewaltmonopols und der Kontrolle der Regierung,
- der Interessenrivalität zwischen den um politische Macht konkurrierenden Eliten,
- der nationalstaatlichen Identitätsbildung,
- der Stabilität und des Zerfalls (Bürgerkrieg, Sezession etc.) der staatlichen Herrschaftsordnung und
- der Verwundbarkeit des gesamtstaatlichen Systems

handelt.

Im Verhältnis von Staat und Gesellschaft spielt, gerade in demokratischen Staatssystemen, der Einfluss der innerstaatlichen Kräfte auf den außenpolitischen Entscheidungsprozess, die Art der Kommunikation zwischen gesellschaftlichen Akteuren und staatlichen Führungsträgern sowie die Durchsetzungsfähigkeit der Regierung eine wichtige Rolle. Die Umsetzung der Regierungsentscheidung gegen den Willen der Gesellschaft oder in Form von Austauschprozessen - einem wechselseitigen Prozess des Gebens und Nehmens (Nordlinger 1981; Putnam 1988) - kennzeichnet die Eigenschaften eines „*autonomen*" oder „*responsiven*" Staates. Wo diese Gestaltungschancen für den Staat verloren gehen, aufgrund fehlender politischer Legitimität, ungenügender Machtabsicherung, innerstaatlicher Herrschaftskonkurrenz, ethno-nationalistischer Autonomie- und Sezessionsbestrebungen oder fremdstaatlicher Außeneinflüsse kommt es zu Zerfallsprozessen mit äußerst fragiler Staatlichkeit und eingeschränkter Außenpolitikgestaltung. In Form von Quasi-Staaten oder *„Schattenstaaten"* treffen wir dabei auf Systeme, deren innenpolitische Verhältnisse von marodierenden Banden und paramilitärischen Einheiten, lokalen Guerillas, Bürgerkriegsparteien oder Befreiungsbewegungen bestimmt werden. Während in Afrika einzelne Teile des Staatsgebietes oftmals unter der Kontrolle von Bürgerkriegsparteien und oppositionellen Unabhängigkeitsbewegungen stehen oder von paramilitärischen Verbänden zum Zweck der privaten Bereicherung („Blutdiamanten", Kongo) ausgebeutet werden, haben sich in Lateinamerika unter dem Einfluss der Drogenmafia und lokaler Guerillagruppen eigene quasi-staatliche Strukturen innerhalb des Staates herausgebildet (vgl. Kolumbien, Bolivien).

Neben der - eingeschränkten oder umfassenden - Ausübung des Gewaltmonopols durch die jeweilige Regierung erhält die Frage der Anerkennung dieser politischen Gebilde durch die internationale Staatengesellschaft eine weitere zentrale Bedeutung. Im Sinne einer *äußeren Legitimitätskontrolle* erfolgt die Anerkennung der faktischen Staatlichkeit außer durch Staaten vermehrt durch die nichtstaatlichen transnationalen Akteure und internationalen Organisationen (INGOs, privatwirtschaftliche Unternehmen, IWF, UNO u.a.). Im Falle des modernen, rational organisierten Staates stellt die Einhaltung der sachlich-unpersönlichen, prinzipiell veränderbaren politischen Ordnung eine notwendige Ergänzung der *inneren Legitimitätskontrolle* dar. Ist bei „Schattenstaaten", wie dem damaligen Vietnam, sowie bei der Entwicklung zu einer solchen Quasi-Staatlichkeit aufgrund der Initiativen der palästinensischen Befreiungsbewegung PLO zumindest ein Adressat klassischer Außenpolitik auszumachen, so ist dieser bei so genannten „failed states", angesichts der vollständigen Erosion staatlicher Regulierungs- und Steuerungsfähigkeit, gänzlich verloren gegangen (vgl. Krasner 2005, Zürcher 2005).

Globalisierung, Denationalisierung (Zürn 1998) und Entgrenzung der Staatenwelt (Behr 2004, Risse 2005), Markteinflüsse auf staatliches Außenverhalten sowie die Verlagerung der Staatlichkeit auf Institutionen der internationalen Ebene, Regieren durch das Zusammenspiel verschiedener Entscheidungsebenen, nicht zuletzt im Sinne einer *"global governance"*, als auch Regionalisierung als staatliche Antwort auf das Risiko der Entgrenzung durch den Globalisierungsprozess charakterisieren dabei Prozessabläufe und Strukturmuster, die zu einer Verringerung der außenpolitischen Handlungsfähigkeit und Wirkungsmacht nationalstaatlicher Akteure beitragen. Nichtsdestoweniger bleibt der Staat die „wichtigste Bezugsgröße sozialer Autorität und Identifikation". Der Staat ist weiterhin „Vermittlungsinstanz zwischen subnationalen und supranationalen Politik-Anforderungen" (Maull 2000: 380) als auch „Entscheidungsinstanz", die festlegt, „mit welchen Staaten und Organisationen er zusammenarbeitet und was verbindlich vereinbart wird, wobei diese internationalen Vereinbarungen selbstverständlich (...) nur durch die Koordination der Interessen aller beteiligten Staaten zustande kommen. Ihre Umsetzung hängt dann von den jeweiligen Staaten, ihren Regierungen und Parlamenten, ab" (Link 1998: 68). Insofern gibt es zum Staat als Hauptakteur der Außen- und internationalen Politik bislang *keine alternative Ordnungsform*. Funktionale und rollenspezifische Veränderungsprozesse des Staates sind allerdings auch im Bereich der Außenpolitik künftig verstärkt zu erwarten.

3.2 Die außenpolitische Exekutive

Die Grundmerkmale eines Staates liegen in seiner - nach innen pyramidal strukturierten - Regierung und Verwaltung (Administration), seinem Staatsgebiet, das im Regelfall über feststellbare und völkerrechtlich anerkannte Grenzen verfügt, einem zum staatlichen Bezugssystem zählenden Staatsvolk sowie in dem mittlerweile durchbrochenen Souveränitätsanspruch des Staates nach innen und nach außen. Dass sich dabei der gestalterische Spielraum nationaler Außenpolitik durch neue Rahmenbedingungen verändert hat, soll uns an anderer Stelle interessieren. Von Relevanz sind hier vielmehr alle Institutionen, Verwaltungsorganisationen und personalen Träger von Außenpolitik, insbesondere die klassischen Akteure der Exekutive eines Staates. Aufgrund der relativ starken Machtposition der Exekutive im außenpolitischen Handlungsfeld stehen nur wenige Personen im Zentrum der auswärtigen Gewalt. Der Regierungschef (je nach Staatssystem Präsident, Kanzler oder Parteichef) sowie der Außenminister und Verteidigungsminister zählen in der Regel zum klassischen Teil der Exekutive einer Regierung, ergänzt um die Gruppe weiterer Ressortminister (u.a. Wirtschafts- oder Entwicklungsminister) und Entscheidungsberater, die je nach Situation zur Entscheidungsvorbereitung hinzugezogen werden (Schellhorn 1986: 176f., Siwert-Probst 1998: 13-29). Als Führungspersönlichkeiten handeln sie im Namen des Staates nach außen und vertreten den Staat als Akteur auf der Bühne der internationalen Politik.

Die jeweilige Struktur der Entscheidungsspitze ist dabei sowohl von der außenpolitischen Entscheidungspartizipation abhängig, wie sie im Allgemeinen von der Verfassung des Staates vorgeschrieben wird, als auch von den Persönlichkeitsfaktoren der Entscheidungsträger. Mao Tsetung, Boris Jelzin, Margaret Thatcher, Menachem Begin, Ronald Reagan oder Lee Kuan Yew waren zentrale, auf die Außenpolitik Einfluss nehmende Führungsträger innerhalb ihrer Regierung. Ihre Personifizierung als Repräsentanten des Staates hat sich häufig soweit in das öffentliche Bewusstsein eingeprägt, dass „im täglichen Sprachgebrauch die Nennung der Namen von Staatsrepräsentanten und Regierungschefs genügt, um die Identifikation zwischen Namen und Staat perfekt zu machen" (Schellhorn 1986: 176). Die übliche Ranghierarchie im außenpolitischen System der Exekutive kann allerdings je nach personaler Stärke und Schwäche von Regierungschef und Außenminister auch durchbrochen bzw. verändert sein und sich im politischen Handeln des jeweiligen Staates niederschlagen (Hill 2003: 61). Der Regierungsstil des russischen Präsidenten Putin und der deutschen Kanzler Adenauer und Kohl war bzw. ist in diesem Zusammenhang Ausdruck einer dominierenden Rolle im konkreten Führungs- und Entscheidungssystem des Staates. Dieser Wirkungsgrad persönlicher Faktoren ist zusätzlich durch die Dauer der Amtszeit (fast zwei Jahrzehnte bei Sheikh Yamani, Genscher (17) und Gromyko (28)) und die politisch-kulturelle Tradition des

Staates, durch die Bedeutung charismatischer Führungspersonen oder dramatischer Zäsuren in der Außenpolitik des jeweiligen Landes gekennzeichnet.

Eine Ausschöpfung außenpolitischer Macht durch die politischen und militärischen Führungsträger sowie die Festlegung der übergeordneten außenpolitischen Leitlinien wird allerdings durch die Struktur des Staatssystems erheblich mit beeinflusst. Notwendigkeiten und Zwänge einer koalitions- oder parteipolitischen Absprache führen in parlamentarischen Demokratien zu anderen Formen und Erfordernissen außenpolitischer Regierungszusammenarbeit als in einem präsidentiellen System, das dem Präsidenten eine starke Exekutivgewalt und zentrale Funktionen in der Außenpolitik verleiht (vgl. USA, Frankreich). In diktatorisch strukturierten Staatssystemen bleiben Formulierung und Entscheidungsfindung hingegen auf einen nur kleinen Personenkreis, mit teilweise unkontrollierter und unumschränkter außenpolitischer Herrschaftsgewalt begrenzt.

Abgesehen von einer Reihe weiterer situations- und entscheidungsspezifischer Einflussfaktoren, wie dem historischen Umfeld, der Wahl der Minister, den Kompetenz- oder Gewaltverschränkungen innerhalb der außenpolitischen Institutionen, den Weltanschauungen und Perzeptionsmustern der Entscheidungsträger sowie den materiellen Rahmenbedingungen, erhält die Verwaltung und Ausführung von Außenpolitik ein zentrales Gewicht. Sowohl auf der Ebene der politischen Leitung als auch im Verwaltungsapparat sind das Außen- und das Verteidigungsministerium, mithin die Außenaktivitäten der Fachministerien, die Diplomatie und ihre Vertreter sowie die Geheimdienste und Behörden wesentliche Schalt- und Ausführungsstellen staatlicher Außenpolitik.

3.3 Föderalismus als außenpolitischer Bezugsrahmen

In den bundesstaatlichen Ordnungen der Schweiz, der USA, Kanadas und Deutschlands liegt die außenpolitische Aufgabenzuständigkeit wesentlich in den Händen der Exekutive. Entsprechend der föderativen Verfassungspraxis ist die Pflege der auswärtigen Beziehungen in erster Linie Sache des Bundes, der das politisch einheitliche Auftreten des Staates nach außen garantiert und im Bereich der Außenpolitik die Herrschaftsbefugnisse der Länder oder Gliedstaaten beschränkt. Da in Deutschland nach Art. 32 GG die „Pflege der Beziehungen zu auswärtigen Staaten (...) Sache des Bundes" ist, verfügen die deutschen Bundesländer weder über einen Außen- oder Verteidigungsminister noch können die einzelnen Landesparlamente über außen- und verteidigungspolitische Themen beraten bzw. Erklärungen dazu formulieren (Laufer/Münch 1997: 90 f.). Auf zentralstaatlicher Ebene tritt die Regierung daher mit dem Anspruch der außenpolitischen Alleinvertretung auf.

In der politischen Praxis wird das Monopol der Außenvertretung allerdings von den Gliedstaaten, den Regionen, Ländern oder Kantonen zunehmend durch eigene internationale Aktivitäten und Interessenrepräsentationen unterlaufen und in Form einer „Nebenaußenpolitik" (Nass 1986) ausgehöhlt. Sie handeln damit nicht als neue Akteure auf der außenpolitischen Bühne. Als subnationale Einheiten machen sie die nach klassischem Staatsverständnis umfassende Außenkompetenz der Regierung jedoch „durchlässig für gesellschaftliche Akteure" (Knodt 1998: 154-156; Krippendorf 1963; Czempiel 2004). Über die Möglichkeit von Staatsverträgen (Konkordate mit dem „Heiligen Stuhl") oder Verwaltungsabkommen mit auswärtigen Staaten sowie die Mitwirkung an der Außenpolitik des Bundes hinaus, pflegen die Länder im Rahmen des kooperativen Föderalismus eigene Kontakte und Repräsentationen mit dem Ausland: durch Übereinkommen mit grenznahen Regionen und benachbarten Staaten, durch wirtschaftliche Außenvertretungen oder Staatsbesuche führender Landespolitiker.

Die Beteiligungsmöglichkeit föderaler Einheiten an der Außenpolitik spiegelt sich in der sog. „Paradiplomatie" oder „transföderalen Außenpolitik", besser: *subnationalen Außenpolitik* wider. Im Gegensatz zu einer strikten Grenzziehung nehmen subnationale Akteure wie die Länder oder Gliedstaaten am auswärtigen Handeln teil: sowohl in Form der Zusammenarbeit als auch durch parallel verlaufende, ergänzende oder im Konflikt zur Regierung stehende Strategien. So kann das Verhältnis zwischen Zentralstaat und Gliedstaaten durch (1) kooperatives Handeln, von der Regierung koordiniert oder über gemeinsame, arbeitsteilige Entscheidungsprozesse ausgehandelt, sowie durch (2) paralleles Handeln, in gegenseitiger Kenntnisnahme, Information und Ergänzung oder (3) im Gegensatz zur nationalstaatlichen Außenpolitik, bestimmt sein. Vor allem im europäischen Integrationsprozess treffen politische Gestaltungschancen, Zuständigkeitsforderungen und der gegenseitige Wettbewerb um Außenvertretung zwischen Zentralstaat und den Ländern, Gliedstaaten oder Regionen aufeinander, in Gestalt einer erfolgreichen oder defizitären äußeren Handlungsfähigkeit.

3.4   Internationale Organisationen und Außenpolitik

Nationalstaaten und ihre Regierungen, einschließlich Staatengruppierungen, sind nach wie vor Hauptträger dominierender und umfassender, wechselseitig verflochtener politischer Beziehungen im internationalen System. Die Vorrangstellung staatlicher Außenpolitik, begründet in der Souveränität des Staates und seinem eigenverantwortlichen Handlungsermessen auf eigenem Staatsgebiet, hat in der weltpolitischen Gegenwart jedoch eine veränderte Bedeutung erhalten. Nicht allein aufgrund der rechtlichen Begrenztheit souveräner Staatsmacht durch völkerrechtliche Verhaltensregeln, von der Satzung der Vereinten Nationen bis zum Statut des Internationalen Strafgerichtshofs, werden dem außenpolitischen Handeln der Staaten allgemeine Schranken gesetzt. Auch die politische Begrenztheit staatlicher Handlungsmacht wurde unter den Bedingungen neuer Technologien und vernetzter Industriegesellschaften zu einem, in Fragen der humanitären Intervention sichtbaren Merkmal eines (in Einzelfällen) relativierten Souveränitätsprinzips. Wird in dieser Form nationalstaatliche Außenpolitik und die Realisierung nationaler Interessen von *außen* (exogen) eingeschränkt, so kann von *innen* her (endogen), durch freiwillige Entscheidung der Regierungen, staatliche Autorität abgegeben bzw. Souveränitätsrechte übertragen werden.

Die alleinige Verantwortung für die Außenpolitik trägt zwar weiterhin der Staat und seine Regierung. Staatliche Außenpolitik erfolgt im Sinne eigener, interessengeleiteter

und politisch unabhängiger Nutzenerwägungen und „Zweckmäßigkeitsurteile". Zur außenpolitischen Steuerung und Regulierung von grenzüberschreitenden Verflechtungen
(internationaler Interdependenz) zwischen Staaten und Gesellschaften wurden durch
mehrseitige völkerrechtliche Verträge allerdings zwischenstaatliche Institutionen errichtet, die verstärkt zentrale Regierungsfunktionen übernehmen (Tomuschat 1994: 18).
Außenpolitische Exekutivfunktionen der Staatsführung werden dadurch nicht ersetzt.
Internationale Organisationen nehmen über ihre eigenständige Akteursqualität jedoch
auf das Außenverhalten von Staaten wesentlichen Einfluss. Sie tragen durch die Übernahme öffentlicher Aufgaben mit zur Wahrung nationaler Sicherheit und Herstellung
internationaler Ordnung, zur Wohlfahrtssteigerung und interkulturellen Kommunikation
bei.

In diesem Sinne verfolgen internationale Organisationen keine originäre Außenpolitik. Vielmehr wirken sie in dreifacher Weise als *Instrument, Arena* und *Akteur* (Rittberger 2003: 23; vgl. Archer 2001; Rittberger/Mogler/Zangl 1997). So dienen internationale Organisationen im Regelfall als ein Instrument staatlicher Diplomatie, das es vor allem den mächtigen Staaten erlaubt, ihre eigennützigen Interessen durchzusetzen oder -
wie im Rahmen der NATO und des vormaligen Warschauer Paktes - die Machtressourcen der Nationalstaaten institutionell zu bündeln. Von der Machtposition der Staaten,
ihrem Rollenbild als Großmacht oder Kleinstaat, hängt es dabei ab, in welchem Maße
sie die internationale Organisation für eigene außenpolitische Zwecke instrumentalisieren oder von ihren Kompetenzen und Ressourcen profitieren können. In der Perspektive
der Arena erscheinen die internationalen Organisationen darüber hinaus als außenpolitisches Handlungsfeld oder „Schaubühne" denn als Mittel nationalstaatlicher Politik. Sie
übernehmen als Ort multilateraler Diplomatie die Funktion von zwischenstaatlichen
(intergouvernementalen) Verhandlungssystemen (vgl. Rittberger/Mogler/Zangl 1997)
und wirken so als Forum unmittelbarer Kommunikation auf hoher und höchster Ebene.

Konferenzdiplomatisch kann sich dabei der Handlungsspielraum vom reinen Informationsaustausch und der allgemeinen Erörterung der gegenwärtigen politischen Lage
bis zur Abstimmung und Koordination außenpolitischer Verhaltensweisen (etwa hinsichtlich nationaler Politikstrategien im Umweltschutz- oder Entwicklungshilfebereich)
sowie zur Erreichung konkreter außenpolitischer Ziele, durch Thematisierung und Verhandlung unterschiedlicher Forderungen von Staaten oder Staatengruppierungen als
auch durch Zustimmung oder Ablehnung bzw. Verurteilung politischer Entwicklungen
oder Zustände (z.B. des Apartheidregimes in Südafrika, der Menschenrechtsverletzungen und Hungersnot im Sudan) erstrecken. Vor diesem Hintergrund erscheinen die Mitgliedstaaten als die allein nach ihrem Willen und ihrer Entscheidung handelnden, nach
dem Einstimmigkeits- oder Mehrheitsprinzip abstimmenden Akteure, die den Rahmen
zur Festsetzung der Ziele und zur Wahl der Methoden und Mittel von internationalen
Organisationen formulieren.

Gleichwohl erhalten internationale Organisationen eine akteursähnliche Qualität, indem sie über eigene gemeinschaftliche Organe verfügen und kraft zusammengelegter
oder delegierter Souveränität als Dritte gegenüber Staaten auftreten und diese in ihrem
Außenverhalten beeinflussen (vgl. Sicherheitsrat der Vereinten Nationen, Europäische

Kommission, Streitschlichtungsinstanz der WTO). Das spezifische Außenhandeln der EU als supranationale Organisation illustriert dies seit geraumer Zeit.

Mit der Erscheinungsform als korporativem Akteur ist ein besonderes Aktionsfeld internationaler Organisationen verbunden, das sich im Verhältnis zur staatlichen Außenpolitik in Form von *Programmentscheidungen, operativen* und *informationellen Tätigkeiten* niederschlägt. So haben internationale Organisationen nicht nur relevanten Einfluss auf die informationellen Grundlagen, auf der Staaten ihre außenpolitischen Interessen festlegen. Sie wirken für Staaten und nicht-staatliche Akteure als Informationsmarkt und Austauschbörse, um unterschiedliche Interessen und Positionen der Mitgliedstaaten zu präsentieren und gegenseitige Verständigungs- und Entscheidungsprozesse zu erleichtern. Insofern tragen internationale Organisationen nicht unerheblich zur Funktionsveränderung des Instrumentariums staatlicher Diplomatie bei (Rittberger 2003: 178-179). Mit der Planung und Durchführung von Staatenkonferenzen wirken sie mittelbar an der Fortgestaltung des Völkerrechts bzw. an der Schaffung von allgemeinen, international anerkannten Verhaltensnormen und -regeln mit (Konventionen zum Klimaschutz und zur Erhaltung der Artenvielfalt; Weltkonferenzen). Indem sie zur Vorbereitung und zum Abschluss völkerrechtlich bindender Verträge oder von Verhaltensempfehlungen beitragen, grenzen sie die daran beteiligten Staaten in ihrer außenpolitischen Handlungsfreiheit ein.

Einschränkungen der staatlichen Herrschaftspraxis durch Kontrolle des Atomwaffensperrvertrages oder durch internationale Regelung der Nichtweiterverbreitung von Atomtechnologien (Kernwaffen), durch das Gewalt- und Interventionsverbot sowie durch die Wahrung internationaler Menschenrechtsstandards sind mögliche Formen einer regulativen Programmentscheidung. In den meisten Fällen bleiben letztere unverbindlich, stellen jedoch außenpolitische Verhaltenserwartungen her, die von den Staaten in der Regel eingehalten und anerkannt werden. Demgegenüber ist die Verteilung von Gütern und Dienstleistungen, etwa durch Hilfslieferungen oder Ressourcentransfers an Entwicklungsländer, nur gering ausgestaltet. Formen einer redistributiven Programmentscheidung sind in Gestalt der europäischen Struktur- und Kohäsionsfonds, der Umverteilung materieller Ressourcen zwischen den EU-Mitgliedstaaten, allerdings deutlicher entwickelt.

Ein wesentliches, von Staaten außenpolitisch genutztes Schwergewicht internationaler Organisationen liegt in ihren operativen Leistungen und Tätigkeiten. Diese können sich von der Normen- oder Regelkonkretisierung und -verwirklichung bis zur internationalen Aufsicht und den Inspektionen vor Ort sowie zur Überwachung von Norm- und Regelbrüchen und der Verurteilung oder Sanktionierung von Regelverstößen erstrecken. Maßnahmen im Bereich der Abrüstung und Rüstungskontrolle, etwa durch ein differenziertes Kontrollsystem und die Überprüfung staatlicher Vertragstreue, die Festlegung von Sicherheitsaufgaben der NATO im Kosovo als auch die vieldimensionalen „peacekeeping"-Einsätze der Weltorganisation der Vereinten Nationen (Erste bis Vierte Generation) illustrieren u.a. den breiten sicherheitspolitischen Handlungsrahmen internationaler Organisationen. Mit Blick auf Wirksamkeit, verfügbare Handlungsspielräume und Akteursqualität bleibt in der Gesamtheit jedoch die Rolle des Nationalstaates und seiner

Außenpolitik, nicht zuletzt im Bereich der Entscheidungsfindung und Entscheidungsumsetzung bei internationalen Organisationen, wesensbestimmend (vgl. Maull 2000: 376). Die besonderen Ausprägungsformen einer Europäischen Außenpolitik werden dazu an anderer Stelle ausführlicher behandelt werden.

Kooperative Formen zur Austragung von außenpolitischen Konflikten oder Interessenkonkurrenzen haben Staaten dabei auch in internationalen Regimen gefunden. Als kooperative Institutionen werden sie von Staaten errichtet, um in verschiedenen Politikfeldern durch spezifische Prinzipien, Normen, Regeln und Prozeduren außenpolitische Erwartungsverlässlichkeit herzustellen und vorhandene Probleme oder Konflikte abzubauen oder zu lösen; teilweise unter Einbezug anderer Akteure, wie internationale Organisationen oder nicht-staatliche Regierungsorganisationen.

3.5 Nicht-staatliche Akteure: „Private" Außenpolitik

Ein Indiz für die veränderte Bedeutung von Außenpolitik ist die wachsende Rolle gesellschaftlicher Akteure im außenpolitischen Handlungsfeld. Zurückführen lässt sich dies vor allem auf die „Internationalisierung vormals vorrangig innenpolitischer Sachbereiche" (Bartsch 1998: 168). Drogenhandel, organisierte Kriminalität, Rohstoffabhängigkeit, internationale Migration, Umweltschutz, schwer kontrollierbare Finanzströme etc. verändern nicht nur den gestalterischen Handlungsspielraum und den Mitteleinsatz nationalstaatlicher Außenpolitik. Sie heben die traditionellen Grenzen zwischen Innen- und Außenpolitik auf und verleihen innenpolitischen Themen und Fragestellungen eine außenpolitische Dimension und Tragweite. Gesellschaftliche Interessen und Erwartungen werden damit „wichtiger Bestandteil einer längst nicht mehr nur einseitig national bestimmten Außenpolitik, deren relativ unkompliziertes Anliegen Machtsicherung oder -erweiterung, Gleichgewichts- oder Neutralitätswahrung war." Dieser Wirkungszusammenhang von Innen- und Außenpolitik, den Curt Gasteyger als „innengesteuerte Außenpolitik" (Gasteyger 1999: 4) kennzeichnet, führt zum „Eindringen von nicht-staatlichen Akteuren unterschiedlichster Couleur, Honorigkeit und Zielsetzung in die staatliche Tätigkeit. Unabhängig davon, ob sie dies als Opponenten oder Beihelfer tun, sind sie einmal Spiegelbild eines stets komplexer werdenden Umfelds. Zugleich komplizieren sie den außenpolitischen Entscheidungsprozeß gerade da, wo klare Vorgaben und Prioritäten zur Durchsetzung staatlicher Interessen angezeigt wären."

Bei der Untersuchung von Außenpolitik sind neben den *einzelnen Staaten* als außenpolitischen Hauptakteuren daher auch die *innerhalb* der Staaten wichtigen staatlichen oder nicht-staatlichen (gesellschaftlichen) Organisationen und Institutionen als außenpolitisch relevante Aktionssysteme zu berücksichtigen. Je nach Aktionsebene nehmen insbesondere

a) politische Parteien und parteinahe Stiftungen, Massenmedien, außenpolitisch engagierte wirtschaftliche, religiöse oder ethnisch-nationale Interessenverbände sowie multinationale Unternehmen (Konzerne) direkten oder indirekten Einfluss auf die außenpolitische Willensbildung und Entscheidungsdurchführung.

b) Ebenso können *einzelne Personen* in ihrer Funktion als politische Führer oder staatliche und nicht-staatliche Amts- und Funktionsträger (z.B. Minister, Abgeordnete, Beamten), Wirtschafts- und Meinungsführer (opinion leaders) oder aber als Wähler die Prozesse auswärtiger (und internationaler) Politik beeinflussen. Der Minister oder Regierungschef einer Landesregierung bzw. eines Bundesstaates (z.B. Gouverneur) kann so in einer Doppelrolle fungieren. In Presseverlautbarungen ist „nachzulesen, X. habe 'als Privatmann` oder 'im Urlaub` oder 'bei einem privaten Besuch unter Freunden` mit ausländischen Größen über Fragen der Weltpolitik konferiert; 'private Außenpolitik` verwandelt sich (auf den ersten Eindruck, Anmerk.d.Verf.) in eine 'rein touristische Angelegenheit`." Häufig aber sträuben sich das „parlamentarische Mandat" wie auch in der Regel das übertragene politische Amt „gegen das strikte Entweder/Oder der Alternative von 'Staat` und 'privat`." (Heintzen 1989: 20f.)

c) Zu Bestimmungsfaktoren des außenpolitischen Verhaltens oder der Meinungsbildung im Bereich der auswärtigen Beziehungen zählen ebenso internationale nicht-gouvernementale Organisationen, wie sie in Gestalt internationaler Zusammenschlüsse von politischen Parteien oder nicht-profitorientierten humanitären, sozialen, ökologischen und kirchlichen Organisationen mit transnationalen Organisations- und Kommunikationsstrukturen (etwa das Rote Kreuz, amnesty international oder Greenpeace) zum Ausdruck kommen.

d) Eine Sonderform außenpolitisch tätiger Akteure bilden Einzelpersonen oder Organisationen, die im Auftrag und auf Rechnung des eigenen oder eines fremden Staates (z.B. Mittlerorganisationen auswärtiger Kulturpolitik) sowie für transnationale Akteure offen oder geheim, legal oder illegal Tätigkeiten ausführen (wie etwa Widerstands- und Exilantengruppen, Verbindungsbüros von Befreiungsbewegungen, terroristische Vereinigungen etc.).

Ein Blick auf die Gesamtheit staatlicher und nicht-staatlicher Akteure sowie der von ihnen ausgehenden direkten oder indirekten Einwirkungs- und Handlungsmöglichkeiten im Bereich der Außenpolitik hat in diesem Zusammenhang von der Grundüberlegung auszugehen: 1. ob es sich um Aktionen handelt, die auf Prozesse staatlicher bzw. außenpolitischer Willensbildung oder auf die Wahrnehmung öffentlicher Angelegenheiten gerichtet sind, 2. inwieweit die Aktionen, als Formen gesellschaftlicher bzw. „privater" Außenpolitik, auf die außenpolitischen und internationalen Entscheidungsabläufe Einfluss nehmen und 3. ob wir es dabei mit Außenpolitik oder „Außenbeziehungen" zu tun haben. Wolf-Dieter Eberwein und Karl Kaiser verweisen auf den unterschiedlichen Bedeutungsgehalt: „Während 'Außenpolitik` der Wahrnehmung der von den zuständigen Institutionen (...) offiziell definierten gesamtstaatlichen Interessen dient, umfassen 'Außenbeziehungen` die Gesamtheit der Auslandsbeziehungen aller anderen politischen und gesellschaftlichen Akteure, also etwa der Fachministerien, Parteien und Verbände. Die Außenbeziehungen können, müssen aber nicht Teil der Außenpolitik sein. Idealerweise sind sie es dann, wenn sie sich einbetten in die Interessen, die (von den politischen Institutionen, Anmerk.d.Verf.) vorgegeben werden." (Eberwein/Kaiser 1998: 2).

Kontrollfragen

(1) Was sind die primären außenpolitischen Aufgaben des Staates?
(2) Worauf beziehen sich die Begriffe der Souveränität und Legitimität?
(3) Woran lassen sich die Unterschiede im Außenverhalten von Staaten beurteilen?
(4) Gewinnt „private" Außenpolitik nicht-staatlicher Akteure an Bedeutung?
(5) Wie beurteilen Sie die künftige Rolle des Nationalstaates vor dem Hintergrund der Globalisierung und Transnationalisierung?

Literatur

Archer, Clive: *International Organizations* , London 2001 (3. Aufl.).

Bartsch, Sebastian: *Aussenpolitischer Einfluss und Aussenbeziehungen der Parteien*, in: Eberwein, Wolf-Dieter/Kaiser, Karl (Hrsg.): Deutschlands neue Außenpolitik. Band 4: Institutionen und Ressourcen, München 1998, S. 167-184.

Behr, Hartmut: *Enterritoriale Politik. Von den Internationalen Beziehungen zur Netzwerkanalyse*, Wiesbaden 2004.

Breuer, Stefan: *Der Staat. Entstehung, Typen, Organisationsstadien*, Reinbek 1998.

Czempiel, Ernst-Otto: *Internationale Beziehungen: Begriff, Gegenstand und Forschungsabsicht*, in: Knapp, Manfred/Krell, Gert: Einführung in die Internationale Politik, München 2004, S. 2-29.

Eberwein, Wolf-Dieter/Kaiser, Karl (Hrsg.): *Deutschlands neue Außenpolitik*. Band 4: Institutionen und Ressourcen, München 1998.

Gasteyger, Curt: *Grundzüge künftiger Weltpolitik,*in:Internationale Politik8/1999, S.1-8.

Hartmann; Jürgen: *Internationale Beziehungen*, Opladen 2001.

Heintzen, Markus: *Private Außenpolitik: eine Typologie der grenzüberschreitenden Aktivitäten gesellschaftlicher Kräfte und ihres Verhältnisses zur staatlichen Außenpolitik*, Baden-Baden 1989.

Hill, Christopher: *The Changing Politics of Foreign Policy*, Basingstoke 2003.

Holsti, Kalevi J.: *Taming the Sovereigns. Institutional Change in International Politics*, Cambridge 2004.

Jackson, Robert: *Quasi-States. Sovereignty, International Relations and the Third World*, Cambridge 1990.

Kalevi, Holsti J.: *Taming the Sovereigns. Institutional Change in International Politics*, Cambridge 2004.

Knodt, Michèle: *Auswärtiges Handeln der Deutschen Länder*, in: Eberwein, Wolf-Dieter/Kaiser, Karl (Hrsg.): Deutschlands neue Außenpolitik, Bd. 4: Institutionen und Ressourcen München 1998, S. 153-166.

Krasner, Stephen D.: *Alternativen zur Souveränität. Neue Institutionen für kollabierte und scheiternde Staaten*, in: Internationale Politik 9/2005, S. 44-54.

Krippendorf, Ekkerhard: *Ist Außenpolitik Außenpolitik?*, in: Politische Vierteljahresschrift 4, 3/963, S. 243-266.

Laufer, Heinz und Münch, Ursula: *Das föderative System der Bundesrepublik Deutschland*, München 1997.

Link, Werner: *Die Neuordnung der Weltpolitik. Grundprobleme globaler Politik an der Schwelle zum 21. Jahrhundert*, München 1998.

Maull, Hanns W.: *Welche Akteure beeinflussen die Weltpolitik*, in: Kaiser, Karl/ Schwarz, Hans-Peter/unter Mitarbeit von Berggötz, Sven Olaf/Holtrup, Petra (Hrsg.): Weltpolitik im neuen Jahrhundert, Bonn 2000, S. 369-383.

Nass, Klaus Otto: *Nebenaußenpolitik der Bundesländer*, in: Europa-Archiv 41, 21/1986, S. 619-629.

Naßmacher, Hiltrud: *Politikwissenschaft*, München 1998.

Nordlinger, Erica A.: *On the Autonomy of the Democratic State*, Cambridge 1981.

Putnam, Robert D.: *Diplomacy and Domestic Politics: The Logic of Two-Level Games*, in: International Organization 42/1988, S. 427-460.

Risse, Thomas: *Governance in Räumen begrenzter Staatlichkeit*, in: Internationale Politik 9/2005, S. 6-13.

Rittberger, Volker/ Zangl, Bernhard: *Internationale Organisationen. Politik und Geschichte. Europäische und weltweite Zusammenschlüsse*, Opladen 2003.

Rittberger, Volker/Mogler, Martin/Zangl, Bernhard: *Vereinte Nationen und Weltordnung. Zivilisierung der internationalen Politik?*, Opladen 1997.

Seidelmann, Reimund: *Souveränität*, in: Woyke, Wichard (Hrsg.): Handwörterbuch Internationale Politik, Wiesbaden 2005, S. 445-450.

Shellhorn, Kai M.: *Der Staat: Die wichtigste Aktionseinheit in der internationalen Politik*, in: Kindermann, Gottfried-Karl (Hrsg.), München 1986..

Siwert-Probst, Judith: *Die klassischen außenpolitischen Institutionen*, in: Wolf- Dieter Eberwein/ Karl Kaiser (Hg.): Deutschlands neue Außenpolitik, Band 4: Institutionen und Ressourcen, München 1998, S. 13-28.

Tomuschat, Christian: *Die internationale Staatenwelt an der Schwelle des dritten Jahrtausends*, in: Kaiser, Karl/Maull, Hanns W. (Hrsg.): Deutschlands neue Außenpolitik, Bd. 1: Grundlagen, München 1994, S. 15-37.

Zürcher, Christoph: *Gewollte Schwäche. Vom schwierigen analytischen Umgang mit prekärer Staatlichkeit*, in: Internationale Politik 9/2005, S. 13-24.

Zürn, Michael: *Regieren jenseits des Nationalstaates. Globalisierung und Denationalisierung als Chance*, Frankfurt a.M. 1998.

4.   Außenpolitik und Macht

> *Was der Mensch will, was jeder kleinste Theil eines*
> *lebenden Organismus will, das ist ein Plus von Macht.*
>   Friedrich Nietzsche

Keiner der Begriffe für die Außenpolitik erscheint so schillernd und vielgestaltig wie derjenige der Macht. Als ein Grundbegriff der Politikwissenschaft ist er für die auswärtige und internationale Politik von elementarer, das politische Handeln mitbestimmender Bedeutung. Zur beispielhaften Charakterisierung dieser Tatsache ist der Begriff der Macht mit den Kernbegriffen anderer Wissenschaftszweige, mit der Norm in der Rechtswissenschaft, mit der Rolle des Geldes in der Wirtschaft (Karl W. Deutsch) oder der Bedeutung der Energie für die Physik (Bertrand Russell) verglichen worden (Kindermann 1991: 119). Das Wesentliche der Macht liegt für Modelski in ihrer Eigenschaft als zentraler Währung der außenpolitischen Führungsträger, als ein Grundphänomen im Staatensystem der neuzeitlichen Weltpolitik (Hans-Peter Schwarz). In der außenpolitischen Praxis stellt Macht ein vielgestaltiges Mittel dar, um den eigenen Willen gegenüber konkurrierenden oder widersprüchlichen Interessen durchzusetzen und damit die Chancen auf eine Verbesserung der eigenen Daseinsbedingungen zu erhöhen. Mit anderen Worten, der Begriff der Macht ist ein Schlüssel zum Verständnis außenpolitischen Handelns.

4.1   Der Begriff der Macht

Der Bedeutung der Macht als ein Schlüsselbegriff bei der konkreten Analyse von Außenpolitik entspricht eine Reihe unterschiedlicher Machtverständnisse. So kann Macht als „ein Zustand relativen Mächtigseins im Rahmen einer sozialen Beziehung (…) vom Machtstreben als Verhaltensweise" (Kindermann 1991: 111) unterschieden werden. Das Streben nach Macht, das in biopsychologischer Perspektive als ein Grundmerkmal zwischenmenschlicher, vor allem politischer Beziehungssysteme angesehen wird, verweist auf ein Grundmotiv menschlichen Handelns. Als eine durch den Selbsterhaltungstrieb im Menschen angelegte Primärursache des politischen Handelns wird Macht für Morgenthau und den Klassischen Realismus zum eigentlichen Zweck in einer vom Kampf um Macht gekennzeichneten politischen Weltwirklichkeit. Der „im Sinne von Macht verstandene Begriff des Interesses" gilt für Morgenthau daher als das „hervorstechendste Wegzeichen" auswärtiger und internationaler Politik. Neben der relevanten Betonung der Machthaftigkeit und der Machtgesetzlichkeit als ein konstitutives Element der (Außen-)Politik wird für Morgenthau jedoch ausschließlich die Macht, nicht zuletzt verstanden als Androhung oder Anwendung militärischer Gewalt, zum Fundamentalbegriff der Wissenschaft von der Politik. Über diese monokausale, das Politische auf den primären Faktor der Macht reduzierende Erklärung hinaus, ist im Allgemeinen davon auszugehen, dass es außer der Gewalt eine Vielzahl unterschiedlicher Ursachen der Machtbildung und Formen der Machtausübung gibt (vgl. Baldwin 2000, Schimmelfennig 1998, Stoll/Ward 1989).

Den Beziehungscharakter der Machtausübung betonend, definiert Max Weber in seiner bekannten Schrift „Wirtschaft und Gesellschaft" Macht als „jede Chance, innerhalb einer sozialen Beziehung den eigenen Willen auch gegen Widerstreben durchzusetzen, gleichviel, worauf diese Chance beruht" (Weber 1960). Politische Macht kann demnach nur im Rahmen von Beziehungen zwischen Akteuren hergestellt und bewirkt werden. Sie ist eine relative, auf konkrete Beziehungskonstellationen wirkende Größe. Zu verstehen ist Macht in dieser Weise jedoch nicht nur als die relativ größere Machtfülle des Staates A gegenüber den Staaten B und C oder D. Ähnlich Robert Dahls Machtdefinition in „The Concept of Power" (Dahl 1957) heben Keohane/Nye hervor, dass man sich Macht vorzustellen hat „als Fähigkeit eines Akteurs, andere dazu zu bewegen, etwas zu tun, was sie ansonsten nicht tun würden (zu hinnehmbaren Kosten für den Akteur)".

So verkörpern Russland und China zweifellos mächtige Einzelakteure in der neuzeitlichen Weltpolitik. Chinas beträchtlich gewachsene Wirtschaftskraft ist im Verhältnis zu Vietnam und Taiwan wesentlich größer als zur technologisch führenden Industriemacht Japan oder zu Südkorea, das im Zeichen des wirtschaftlichen Aufschwungs der 80er Jahre eine aktivere Außenpolitik gegenüber Nordkorea und seinen vormaligen Bündnispartnern Russland und China verfolgen konnte. Einer durch die postmaoistische Führungselite geförderten Militärmacht China steht dabei das transpazifische Bündnisverhältnis Japans und Südkoreas mit den USA gegenüber. Auf die Ukraine und die zentralasiatischen Nachbarstaaten der früheren Sowjetunion wird Russland im Regelfall stärkeren Einfluss ausüben können als gegenüber den von ökonomischer Vergesellschaftung und unterschiedlicher Größenordnung gekennzeichneten Mitgliedstaaten der Europäischen Union. Das Bild vom gegenseitigen Macht- und Kräftespiel der Staaten verdeutlicht insofern die Veränderung schaffende Dynamik, die der Macht als unerlässlichem Faktor der Außenpolitik zugrunde liegt. In der unvollkommen geregelten Sphäre der Außenpolitik wird das als Macht definierte Durchsetzungsvermögen des Staates dazu verwendet, die eigenen Ziele und Daseinsvorstellungen gegen konkurrierende Interessen durchzusetzen und zu verwirklichen.

Im außenpolitischen Gebrauch von Macht, ob zu positiven oder negativen Zwecken (z.B. zur Selbstverteidigung oder zur machtpolitischen Expansion), sind dabei drei Dimensionen von Macht zu unterscheiden: Macht als *Ziel* des politischen Verhaltens, als *Mittel* der Zweckverwirklichung und als *strukturelle* Bedingung (außenpolitischen Handelns). Neben dem zielorientierten, instrumentellen und strukturellen Charakter von Macht stehen Fragen der Machtverteilung, der Mächtekonstellation der Akteure und des Machtcharakters als „Zustand relativen Mächtigseins", sei es als Weltmacht, Großmacht oder Mittelmacht, im Mittelpunkt außenpolitischer Analyse.

Da Außenpolitik in der Regel nicht blind, sondern zielgerichtet und in der Absicht der Verwirklichung der eigenen, mit anderen Akteuren konkurrierenden Willensrichtungen erfolgt, spielen die auf unterschiedlichen, miteinander verwobenen Kriterien und Bestimmungsfaktoren beruhenden *Machtlagen* der Staaten, also ihre Machtressourcen, eine wichtige Rolle: dies allerdings nicht nur im Hinblick auf die tatsächliche gewaltsame Durchsetzung nationaler Entscheidungen, sondern auch hinsichtlich der Schaffung potentieller *Handlungsoptionen* für die Zukunft und damit der Fähigkeit zur Selbstbehauptung und zur Gewinnung vorteilhafter Verhandlungspositionen gegenüber anderen Staaten. In welcher Form Macht ausgeübt wird, vom propagandistisch inszenierten Überzeugungsvermögen bis zur Androhung oder extremen Anwendung von Gewalt, erhält ein für die Außenpolitik der jeweiligen Staaten, Gruppen oder Individuen entscheidendes Gewicht. In der Aussicht auf Machterhalt und Machtgewinn, übersteigert in der Form expansiver Machterweiterung und Herrschaftssicherung, ist ein zentrales Grundmotiv außenpolitischen Handelns zu sehen. Ein freiwilliger und unkompensierter Machtverzicht, selbst im Falle der zwischenstaatlichen Kooperation, bleibt im Allgemeinen untypisch. Mögliche Gewinn- oder Machtverluste werden eher nach den zu erwartenden Kosten und dem sich ergebenden Nutzen überprüft bzw. nach dem Verhältnis von Zielen und Mitteln beurteilt. Das für einen Staat verfügbare Machtpotential muss jedoch nicht zwangsläufig in den auswärtigen Beziehungen zum Einsatz kommen. Bereits die machtpolitische Überlegenheit eines Staates vermag auf die Wahrnehmungsprozesse der Führungskräfte anderer Länder Einfluss zu nehmen, die unter Abwägung der Folgen einer möglichen Konfrontation entscheiden und aufgrund etwa der militärischen Stärke des Gegners von einem Einsatz militärischer Mittel absehen.

Außenpolitische Macht darf darüber hinaus nicht nur mit militärischer Stärke in Verbindung gebracht oder mit ihr gleichgesetzt werden. Auch wenn die alltägliche Staatenpraxis zeigt, dass der Einsatz militärischer Mittel noch immer ein besonderes Gewicht besitzt, wie in den innerchinesischen Spannungen zwischen Taipeh und Peking um Chinas maritimes Rüstungsprogramm, in Nordkoreas diplomatisch geschicktem Einsatz potentieller atomarer Waffentechnologie, im Angriff der NATO-Staaten (1999) auf Jugoslawien zur Änderung der Außenpolitik der Regierung Slobodan Milosevic, oder in den Grenzstreitigkeiten zwischen Äthiopien und Eritrea am Horn von Afrika. *Politik ist nicht von der Macht zu trennen*, wenn sie darauf abzielt, menschliches Handeln zu beeinflussen.

Die Anwendung von Macht bedeutet daher nicht nur die gewaltsame Durchsetzung von Zielen. Wie Hans Morgenthau in *Politics Among Nations* (dt. *Macht und Frieden*, 1963) unterstreicht, sprechen wir von Macht gerade auch dann, wenn es sich „um die Kontrolle eines Menschen über die Meinungen und Aktionen anderer Menschen handelt (...). Politische Macht ist eine psychologische Beziehung zwischen denjenigen, die sie (die Macht, Anmerk. des Verf.) ausüben und denjenigen, über die sie ausgeübt wird." Macht als Durchsetzung des eigenen Willens bezieht sich daher nicht nur auf die

- Grundlagen der Macht, die *Machtressourcen*, sondern auch auf die
- *Fähigkeit*, Ereignisabläufe im eigenen Sinne zu *beeinflussen*.

Keohane/Nye sprechen in diesem Zusammenhang von einem doppelpoligen Machtbegriff: der „*power as control over resources*" und der „*power as control over outcomes*". Demnach können wir „auf die Machtressourcen zu Beginn schauen, die einem Akteur eine potentielle Fähigkeit verleihen; oder wir können auf den tatsächlichen Einfluss dieses Akteurs auf die Muster von Ergebnissen (outcomes) schauen".

Wie sich an der Realität auswärtiger Politik zeigt, bedeutet Macht in erster Linie *Einfluss(nahme)*, sei es militärischer, politischer, wirtschaftlicher, kultureller oder sonstiger Art. Auf einer Skala unterschiedlicher Einflussarten bzw. Erscheinungsformen von Macht sind das bereits erwähnte Überzeugungsvermögen und die finanzielle oder politische Belohnung eines Staates ebenso zu nennen wie die Gewaltandrohung, die Ausübung von Zwang oder die Bestrafung eines Landes, wie sie die Volksrepublik China in Gestalt eines so genannten Straffeldzuges im Februar 1979 gegen Vietnam initiierte, das zwei Monate zuvor im Rahmen einer Weihnachtsoffensive das immer wieder in die Spannungsfelder der internationalen Politik geratene Kambodscha besetzt hatte (Kindermann 2001: 565). Bemühungen der USA und europäischer Staaten, Israel und die palästinensische Führung von einem Abkommen zur Lösung territorialer Streitigkeiten (*Roadmap*) zu überzeugen, Vermittlungsaktionen Washingtons in der Nordirland-Frage und im Konflikt um Bosnien (Friedensabkommen von Dayton 1995), der von Europa und Amerika auf Kuba ausgeübte Öffnungs- und Reformdruck als auch die Macht- und Einflussbemühungen Chinas gegenüber den USA in der Frage einer WTO-Mitgliedschaft (Welthandelsorganisation) illustrieren die unterschiedlichen Formen und Strategien außenpolitischer Durchsetzungskraft bzw. Einflussstärke.

Ein Blick auf das Wesen der Macht bzw. die Reichweite von Außenpolitik führt uns in diesem Zusammenhang zu sechs relevanten *Bedingungskomplexen*:

(1) Wo gegenseitige außenpolitische Interessen, Ansprüche oder Vorstellungen aufeinander prallen, ist die Zahl möglicher Verhaltensalternativen von der jeweiligen Machtlage des Staates bzw. von seiner Fähigkeit zur „*Orchestrierung*" unterschiedlicher Machtelemente abhängig. In der Konstellation des Ost-West-Konfliktes setzte die Sowjetunion primär auf die Verfügbarkeit komplexer Waffensysteme als einzigen Teilaspekt staatlicher Macht.

(2) Die *Vielgestaltigkeit* der Macht spiegelt sich in unterschiedlichen Formen und Strategien des außenpolitischen Durchsetzungsvermögens oder der Einflusschancen gegenüber anderen Akteuren wider.

(3) Veränderungen einzelner Machtfaktoren können zu einem die Kräfteverhältnisse und die Machtkapazitäten der Staaten beeinflussenden *Machtwandel* führen. Aufgrund innerer und äußerer Entwicklungen sind die Machtbedingungen eines Landes stets veränderbar (z.B. die Übernahme der Regierung durch eine außenpolitisch expansiv orientierte Staatsführung, die durch informationstechnologische Entwicklung verbesserten Kommunikationsprozesse, die in Folge der Globalisierung zunehmenden, geographische Sicherheitsfaktoren beeinflussenden militärtechnologischen Innovationen und Interdependenzprozesse sowie die von

ethnisch-nationalen Konflikten mit verursachten Regierungswechsel oder Staatszerfallsprozesse).

(4) Außenpolitische Reichweite und Macht eines Staates stellen primär das Ergebnis eines Wirkungszusammenhanges von unterschiedlichen Faktoren, materieller oder immaterieller, sozio-politischer und psychologischer Art dar. Wie bereits erwähnt, ist *Macht als relative* und nicht als absolute *Größe* zu verstehen. Für ein nach dem Ende des Kalten Krieges von wirtschaftlichen Krisen bedrohtes Russland blieb zumindest die Einsatzmöglichkeit militärischer Machtmittel in der geographisch angrenzenden Region des Transkaukasus und Zentralasiens ein wichtiges Instrument außenpolitischer Interessenverwirklichung.

(5) Die für die Außenpolitik relevante Machtlage eines Staates wird von der jeweiligen internationalen *Kräftekonstellation* bestimmt. Die Ausübung von Macht ist dabei sowohl von der konkreten Situation bzw. Beziehungskonstellation der Akteure als auch von der entsprechenden Machtposition des Landes innerhalb des internationalen Systems bestimmt. Das jeweilige regionale oder globale Strukturmuster der internationalen Politik, sei es unipolar, bipolar oder multipolar, übt in diesem Fall eine wesentliche Wirkung auf die Machtverteilung zwischen den Staaten aus.

(6) Das Maß des Einflusses, den ein Staat auf andere Staaten und Akteure der internationalen Politik auszuüben vermag, hängt nicht nur vom Einsatz militärischer oder ökonomischer Druckmittel, der so genannten *hard power*, sondern auch von „weicher Macht", der so genannten *soft power* ab. Der von Nye geprägte Begriff der „weichen Macht" beruht auf den Quellen der Sprache und Religion, der Technik und Wissenschaft, einer wirtschaftlich und kulturell attraktiven Lebensweise, den nach außen hin ausstrahlenden Werten der Gesellschaft eines Landes und damit auf der kulturellen Definitions- und Konstruktionsmacht eines Staates in Fragen der künftigen Daseins- und Ordnungsgestaltung.

Nach Joseph Nye beruht „weiche Macht" weitgehend „auf dem Vermögen, die politische Tagesordnung auf eine Weise zu bestimmen, welche die Präferenzen anderer formt". Diese Form der *soft power* unterscheidet sich von der militärischen und wirtschaftlichen Macht als harten Machtformen, den „Formen einer Befehlsmacht, die man verwenden kann, um andere zu veranlassen, ihren Standpunkt zu ändern. Harte Macht kann auf Lockungen (Zuckerbrot) oder Drohungen (Peitsche) beruhen. Aber es gibt auch eine indirekte Art und Weise, Macht auszuüben. Ein Land kann weltpolitisch seine Ziele erreichen, weil andere Länder ihm folgen möchten, weil sie seine Werte bewundern, seinem Beispiel nacheifern, sein Niveau von Wohlstand und Offenheit anstreben. In diesem Sinne ist es ebenso wichtig, dass man die weltpolitischen Vorhaben zu definieren versucht, und zwar so, dass es auf andere anziehend wirkt - ebenso wichtig wie der Zwang zur Veränderung, indem man mit militärischen oder wirtschaftlichen Waffen droht. Diesen Aspekt der Macht - andere dazu zu bringen, dass sie das wollen, was man selbst will, nenne ich *soft power*. Sie kooptiert die Menschen, anstatt sie zu zwingen" (Nye 2002, 2003: 29 f.).

Obwohl *soft power* in diesem Sinne als eine Quelle des Einflusses bezeichnet werden kann, ist sie für Nye nicht dasselbe wie Einfluss. Im Gegensatz zur reinen Überzeugungskunst oder schlichten Argumentationslogik beruht „weiche Macht" auf der *Anziehungskraft* und *Universalität der Kultur* eines Landes, verbunden mit der Fähigkeit, für die internationale Politik und das Akteursverhalten wichtige *Regelwerke* und *Institutionen* durchzusetzen. Zentrale gesellschaftliche Werte eines Landes finden demnach im Begriff der „weichen Macht" ihren außenpolitischen Ausdruck. Nach Großbritannien im 19. Jahrhundert verfügt Amerika seit der zweiten Hälfte des 20. Jahrhunderts über die bis in die Gegenwart umfassendste *soft power*. Staaten oder Staatengruppen, individuelle und gemeinschaftliche Machtträger beziehen sich in ihren außenpolitischen Verhaltensweisen auf das gesamte, vom Zwang bis zur Attraktivität reichende Spektrum der *hard* und *soft power*, der harten und weichen Formen außenpolitischer Einflussnahme.

Diese Einflussnahme bezieht sich auf (1) die weiche Macht im Sinne der Beeinflussung der politischen Tagesagenda und des internationalen Entscheidungsmilieus, der Einflussnahme durch Anziehungskraft und Attraktivität sowie in Gestalt einer werteorientierten, als Macht des „guten Beispiels" verstandenen *Definitionsmacht*, (2) den Einfluss potentieller Machtressourcen, deren Wirkungskraft von der Geschicklichkeit der Staatsführungen bei der Umwandlung der Machtquellen in reale Macht und von ihrer Wahrnehmung durch andere Entscheidungsträger bestimmt wird, (3) die auf der richtigen Beurteilung der Motivationen und Zielsetzungen fremdstaatlicher und anderer Akteure beruhende Kunst der Überredung oder Überzeugung, nicht zuletzt in Verhandlungsprozessen, (4) den auf Androhung von Gewalt fußenden Einfluss durch Abschreckung, nicht nur im Sinne einer rational kalkulierten Drohpolitik bei einem Angriff, sondern auch kraft der verfügbaren Machtkapazitäten, des tatsächlichen Machtbesitzes und der symbolisch bedeutungsvollen Demonstration von Macht bzw. Stärke, sowie (5) die außenpolitische Einflussnahme eines Staates durch verhaltenserzwingende Drohungen und Zwangsmittel (*Compellence, Coercion*).

4.2 Machtquellen der Außenpolitik

Für die Machtposition eines Staates im internationalen System ist dessen außenpolitische Machtlage von wesentlicher Bedeutung. Militärische Stärke und wirtschaftliche Macht, Subversion, Propaganda oder Diplomatie zählen im Allgemeinen zu Machtinstrumenten der Außenpolitik. Da es in der weltpolitischen Gegenwart allerdings bei den Grundlagen der Macht nicht mehr so sehr um militärische Stärke und Eroberungen geht, gewinnen informelle und immaterielle Machtelemente, wie Glaubwürdigkeit und Entschlossenheit der Staatsführung, wirtschaftlicher Wohlstand oder ein hohes Bildungsniveau zunehmend an Gewicht. War für die europäischen Großmächte des 17. und 18. Jahrhunderts die Zahl der Bevölkerung (das demographische Potential) ein entscheidender Machtfaktor, um die Heeres- und Finanzstärke des Landes (z.B. Frankreichs) zu sichern, so erlaubte es im 19. Jahrhundert die industrielle Macht, dass Großbritannien eine See beherrschende Machtstellung und ein weit reichendes koloniales Empire bis nach Indien und China aufbauen konnte. Mit dem Beginn des nuklearen Zeitalters ab der zweiten Hälfte des 20. Jahrhunderts wurden der Besitz atomarer Waffen und interkontinentaler Raketensysteme zu einem Wesensmerkmal umfassender Macht; wenngleich angesichts der potentiell zerstörerischen Kraft der nuklearen Waffenarsenale ein Einsatz nur unter extremsten Umständen vorstellbar blieb. Dass militärische Macht zur Beendigung ethnischer Säuberungen im Kosovo verhalf und zum Sturz des irakischen Präsidenten Saddam Hussein beitrug, unterstreicht auch in einer Welt ökonomischer Globalisierung, dass harte Macht noch immer eine wichtige Quelle außenpolitischer Handlungsmacht darstellt.

Die Aktionsfähigkeit eines Staates wird in aller Regel mit diesen quantitativen Ressourcen in Verbindung gebracht. Machtelemente wie Territorium, Bodenschätze, wirtschaftliche Stärke, Bevölkerung, militärisches Potenzial, politische Stabilität zählen zu den *objektiven*, messbaren *Machtfähigkeiten* (*objective power capabilities*) eines Landes. *Subjektive Formen der Macht* wie die nationale Kultur, die Regierungsfähigkeit und das diplomatische Geschick der Exekutivorgane sind demgegenüber nur schwer messbare, jedoch kritische Faktoren der Macht. Diese häufig in einem engen Wirkungszusammenhang stehenden Teilelemente staatlicher Macht bestimmen - je nach Akteur in unterschiedlicher Weise - die außenpolitische Machtlage eines Staates:

a) die *geographische Lage* wie auch die damit verbundene, jedoch nur schwerlich umrechenbare Größe eines Landes (Albrecht 1999), bisweilen verknüpft mit geopolitisch inspirierten Militärstrategien oder geostrategischen Überlegungen zu wichtigen Rohstoff- und Energievorkommen, Wirtschafts- oder Siedlungsräumen innerhalb eines Staates. Beispielsweise beruht für Saudi-Arabien oder Südafrika die Fähigkeit, die erwünschten außenpolitischen Ergebnisse zu erzielen, teilweise auf dem Besitz an reichen Öl- und Diamantenvorkommen. Länder wie Haiti und Bangladesch sind demgegenüber von einer nur halb- bzw. präindustriellen Agrargesellschaft mit gering verfügbaren Bodenschätzen gekennzeichnet, die außenpolitische Handlungschancen drastisch reduzieren. Kontrolle und Beherrschung natürlicher Machtfaktoren wie Territorien, Flussläufe, Inseln, Landengen oder Höhenzüge bildeten bis heute (Kaschmir) das Motiv für den Wettlauf um territoriale Herrschaft, neue Ressourcen (zur Nahrungsmittelproduktion) oder zur Errichtung von Stützpunkten (Golan-Höhen) und strategisch relevanten Transportwegen (Panamakanal, Suezkanal, Transsibirische Eisenbahn, Bagdadbahn etc.) Der potentielle Ölreichtum im Kaspischen Meer scheint dabei zu einem neuen Wettlauf um Bodenschätze als lebensnotwendige Machtressource zu werden. Das territoriale Verständnis des Westfälischen Staatenmodells, das Macht als die Kontrolle von politisch definierten Räumen versteht, ist durch neue Transport- und Kommunikationssysteme dennoch in großem Maße verändert worden (Menzel 2001: 60). Mit interkontinentalen Raketen, Satelliten, Flugzeugträgern und raumfahrtgestützten Technologieprogrammen (NMD) hat sich die Bedeutung des Geofaktors schrittweise verringert. Eine Relativierung geografischer Sicherheitsfaktoren ist seit den 1950er Jahren feststellbar.

b) die *militärische Macht*, bezogen auf Quantität, Qualität, Reichweite und Verwundbarkeit der militärischen Gewaltmittel. Militärische Machtressourcen sind
dabei in hohem Maße auf die technologische und ökonomische Fähigkeit zur
souveränen und unabhängigen Herstellung moderner, zeitgemäßer Waffensysteme zurückzuführen. Mit der Entwicklung der Atomwaffen und dem davon begleiteten abschreckungsgestützten Blockantagonismus zwischen Ost und West
erhielt der für eine Großmacht traditionelle Prüfstein der „Stärke zum Krieg" eine neue zerstörungsfähige Dimension. Was bisher in früheren Jahrhunderten im
Krieg als größtem Kräftespiel an militärischer Macht eingesetzt worden war, erlaubte es, die vorausgegangenen, einem internationalen Pokerspiel vergleichbaren Beurteilungen und Einschätzungen der jeweiligen Macht in der Situation des
Krieges zu beweisen oder zu widerlegen. Angesichts der Folgekosten und des
Zerstörungspotentials stellte sich mit den atomaren Waffen die Frage nach der
außenpolitischen Instrumentalität des Krieges neu.
Der politisch-militärische Stellenwert der nuklearen Massenvernichtungswaffen
hat sich mit dem Ende des Kalten Krieges und der stärkeren Verlagerung von
Kriegen aus dem Bereich zwischenstaatlicher in den Bereich innerstaatlicher
und innergesellschaftlicher Beziehungen (Neue Kriege) zwar verringert. Im
zweiten nuklearen Zeitalter mit alten und neuen atomaren Mächten wie Indien,
Pakistan, Israel oder potentiell Nordkorea und Iran bleibt die nukleare Bedrohung, in ihrer Kombination aus tatsächlichen Fähigkeiten und unterstellten Absichten, jedoch ein ernstzunehmender Machtfaktor. Die Fähigkeit und Bereitschaft industriell starker Staaten zu hohen Militärausgaben sowie zur Militärhilfe für schwächere Staaten, die ihre Waffensysteme und ihre Rüstung von außen
beziehen, spielt daneben eine wichtige Rolle. Die künftige Entwicklung des internationalen Systems, vor allem die jeweilige weltpolitische Sicherheitsarchitektur, wird zusätzlich auf weitere Prozesse der Machtakkumulation, des Machtgleichgewichtes, der Machtkontrolle und des Machtabbaus Einfluss nehmend
wirken.

c) *die wirtschaftliche und technologische Stärke*, die sich im Zugang zu entscheidenden Rohstoffen (Öl, Gas, Wasser u.a.) und Bodenschätzen, in der ökono-
misch-technischen Produktivkraft, der Verwundbarkeit bzw. Abhängigkeit, der
Reichweite und dem Einfluss eines staatlichen Wirtschaftssystems widerspiegelt. Hier haben sich Inhalte und Dimensionen von Macht im internationalen
System am nachhaltigsten verändert. Die wirtschaftliche Macht ist, vor allem in
den westlichen postindustriellen Gesellschaften sehr viel wichtiger geworden,
als sie es früher war. Eher an Wohlfahrt als an Prestige und Ruhm orientiert,
stehen Fragen nach den Kosten eines Einsatzes militärischer Gewalt und nach
der Sicherung des wirtschaftlichen Wohlstands, im Sinne einer existenzgesicher-
ten Daseinsführung, ausreichender Arbeitsmöglichkeiten, gerechter Einkom-
mensverteilung u.a. mehr denn je im Vordergrund. Das Maß der Abhängigkeit
von Marktkräften, die außerhalb der staatlichen Kontrolle liegen, spielt im Zeitalter der ökonomischen Globalisierung eine zunehmend wichtige Rolle. Ähnli-

ches gilt für die Einflussnahme einzelner Staaten auf die Handels- und Finanzmärkte und die Fähigkeit der Durchsetzung eigener Bedingungen. Produktivität
und hohes Wirtschaftswachstum bilden daher essentielle, für außenpolitische
Zwecke einsetzbare Kraftreserven und Quellen der harten Macht.

Isolation und Rückzug vom Markt ermöglichen es kleineren Ländern, wie Nordkorea oder Myanmar, sich der Ausübung wirtschaftlicher Macht durch andere
Staaten in stärkerem Maße zu entziehen. In den modernen, postindustriellen Gesellschaften in Nordamerika, Europa und Japan hat sich in diesem Zusammenhang die Bereitschaft zum Einsatz von Gewalt stärker verringert als in den von
Modernisierungsprozessen geprägten Industriestaaten und Schwellenländern wie
Indien, Argentinien und China oder in den eher agrarisch geprägten, präindustriellen, verarmten und nicht selten von Staatszerfallsprozessen gekennzeichneten Ländern. Zur wirtschaftlichen Macht eines Staates zählen dabei u.a. die
nationale Infrastruktur, das im Zuge der Informationsrevolution entwickelte
technologische Kapital, ein umfassendes *Transport- und Wegenetz* (z.B. Nigeria
mit einem etwa 350 km umfassenden Straßen- und 9 km langen Schienennetz
pro 1000 qkm im Vergleich zu den USA mit einem circa 1500 km langen Stra-
ßen- und 70 km umfassenden Schiennetz je 1000 qkm), ein weit reichendes und
effektives *Medien- und Kommunikationssystem* sowie ein hoher *sozioökonomi-
scher Entwicklungsstand*. Macht im Informationszeitalter bedeutet zunehmend
die Nutzung der Technologie, die in Gestalt der Weltraumtechnik, moderner Mi-
litärtechnik, der Robotik und biotechnologischer Entwicklungen „die Bausteine
der Weltpolitik" (Nye 2003: 78) umformt. Zum Zweck terroristischer Aktionen
und asymmetrischer Kriegsführung greifen auch Terrorgruppen und kriminelle
Vereinigungen auf neue Technologien zurück. Hieran tragen das Ausmaß und
die Komplexität der militärischen Globalisierung einen wesentlichen Anteil.
Gegenläufige Tendenzen in Form zunehmender Aufrüstung von Entwicklungsländern und damit verbundener neuer regionaler Konfliktlinien werden zu einer
neuen Herausforderung staatlicher Außenpolitik (z.B. so genannte „Schurkenstaaten").

d) das „Maß der praktischen Einsatzmöglichkeit potentiell vorhandener Machtmittel" (Kindermann 1991: 122), die Umwandlung von Machtressourcen in konkreten Einfluss und die damit verbundene *Chance zur außenpolitischen Interessendurchsetzung*. Handlungsbereitschaft und Abwägen von Kosten und Nutzen eines Machtmitteleinsatzes hängen eng mit dem außenpolitischen Willensbil-
dungs- und Entscheidungsprozess innerhalb eines Staates zusammen.

e) *das Rechts- und Gesellschaftssystem*, insbesondere hinsichtlich der Rolle der politischen Führung, der Verfassung und Struktur des politischen Systems, der inneren Stabilität und Geschlossenheit des Landes. Die innere Systemkohärenz
und Stabilität eines Landes ist eng mit der jeweiligen Regierungsform verwoben.
Fragen der Herrschaftsnachfolge, die, wie die Übernahme der Staatsmacht von
Lenin zu Stalin und später zu Chrustchow zeigt, in autoritären Systemen und
Präsidialdiktaturen äußerst gewaltsam ausgetragen werden kann, haben auf das

innerstaatliche Machtgefüge und damit auf die Außenpolitik eines Landes erheblichen Einfluss. Für die Außenpolitik kleiner und schwacher Staaten, wie Afghanistan oder Somalia, wird darüber hinaus das mögliche Fehlen einer staatlichen Zentralgewalt zur eminenten innen- und außenpolitischen Belastungsprobe. Innerstaatliche, durch religiöse oder ethnische Spannungen, durch Drogenhandel, Guerillabewegungen oder separatistische Gruppierungen geförderte Konflikte erschweren dabei, wie im Falle der letztlich erfolgreichen Unabhängigkeitsbemühungen Ost-Timors gegenüber Indonesien, die Steuerungs- und Handlungsfähigkeit der Regierung. Prozesse der außenpolitischen Entscheidungsfindung in liberalen Demokratien sind demgegenüber zwar weniger vorherzusagen und schwieriger durchsetzbar als in autoritär geführten Ländern oder populistischen Demokratien wie Ecuador, Venezuela, Chile oder Peru. Das innerstaatliche Politik- und Machtgefüge erweist sich jedoch in liberal-demokratischen Systemen weitgehend als stabil, der außenpolitische Einsatz von Gewalt hingegen, vor allem gegenüber anderen demokratischen Ländern, von einer für die außenpolitische Verhaltensstrategie eher untergeordneten Bedeutung.

f) das *Maß der Zustimmung oder der Opposition*, sei es durch innenpolitische Kräfte (Interessenverbände, politische Parteien etc.) oder durch die Regierungen anderer Staaten,

g) die *Fähigkeit zur Beeinflussung* und *Überzeugung* durch die Attraktivität einer Kultur und ihrer Institutionen, einer Ideologie oder spezifischer Werte der Daseinsführung (z.B. Konfuzianismus, Protestantische Ethik, „American Way of Life" etc.),

h) das *Maß an Image* oder *Prestige*, etwa aufgrund einer Gastgeber- oder Vermittlerrolle für Konferenzen, insbesondere für Friedensverhandlungen, von eminenter weltpolitischer Bedeutung. Zusammen mit der Funktion als Schlichtungsmacht oder neutraler Partei geben diese einen Hinweis auf den Rang, die jeweilige Machtwirkung und die außenpolitische Einflussnahme eines Staates. Deutlich illustrieren die durch die USA vermittelte arabisch-israelische Konferenz von Camp David (1979), die Verhandlungen zum Kambodscha-Konflikt in Paris Anfang der 1990er Jahre, die dreiseitigen Friedensgespräche in Dayton zwischen Milosevic (Serbien), Tudjman (Kroatien) und Izetbegovic (Bosnien-Herzegowina) (1995), die Petersberg-Konferenz zur Lösung des Afghanistan-Konfliktes (2001) oder die Wahl eines Staates zum Veranstaltungsort weltpolitisch relevanter Konferenzen (UN-Weltkonferenzen) den Stellenwert, den die Möglichkeit der Außendarstellung, der Vermittlungsfunktion oder der Problemlösung und Konfliktbewältigung in internationalen Aktionsfeldern bietet.

i) das *Maß an Glaubwürdigkeit* und *diplomatischer Geschicklichkeit* der außenpolitischen Staatsführung. Die unter Einsatz militärischer oder nichtmilitärischer Machtmittel verfolgten diplomatischen Verhaltensstrategien (with or without teeth) verwandeln nationale Macht in politisches Handeln. Eine Reihe innerkoreanischer, durch amerikanische Vermittlung unterstützter hochrangiger Konferenzen und Gipfelbegegnungen auf diplomatischer Ebene führte zu beiderseitigen Annäherungsschritten, die ab Mitte 2000 in einen teilweisen Abbau der Spannungen auf der Korea-Halbinsel mündeten. Südkoreas Präsident Kim Dae-jung erhielt für seine im Rahmen der so genannten „Sonnenscheinpolitik" angestrengten Normalisierungsbemühungen zwischen Seoul und Pjöngjang schließlich den Friedensnobelpreis (vgl. Mercer 1996).

Außenpolitische Transaktionen zwischen Staaten werden eher durch das jeweilige Macht- und Interessenkalkül der beteiligten Regierungen, das Abwägen von Vor- und Nachteilen als durch die direkte Androhung oder den Einsatz von Gewalt bewirkt. Die Außenpolitik eines Staates hängt deshalb nicht nur von seiner Fähigkeit und Bereitschaft ab, das Mittel der Macht verhaltenssteuernd einzusetzen oder sich machtmäßig zurückzuhalten. Machtgewinne und Machtverluste spielen aufgrund sich ändernder Strukturen im internationalen System eine ebenso wichtige Rolle.

4.3 Machtdistribution im anarchischen Weltsystem

Im unabdingbaren Zusammenhang mit der außenpolitischen Reichweite eines Landes steht die Frage der staatlichen Machtposition und Machtverteilung im weltpolitischen System. Der Grad der Stabilität der internationalen Ordnung und der zwischenstaatlichen Machtverteilung wird von der unipolaren, bipolaren oder multipolaren Struktur des Staatensystems bestimmt (Krauthammer 1990/91; 2002/03). Der Begriff des Machtgleichgewichtes (*balance of power*) meint dabei ein in der Geschichte der Weltpolitik in unterschiedlichen Formen immer wiederkehrendes Beziehungsmuster von Staaten oder Staatengruppen. Als ein strukturelles Modell globaler Machtverteilung geht es wesentlich auf die Grundlagen des westfälischen Staatensystems seit 1648 zurück, in dem ein Übergewicht an Macht durch einen dominierenden Staat oder eine Gruppe von Staaten über den Prozess der Gegenmachtbildung ausgeglichen wird. Das „europäische Mächtekonzert" des 19. Jahrhunderts war in diesem Sinne ein friedensförderndes, kooperativ-kompetitives System des Gleichgewichts zwischen den Großmächten (Link 1998: 17), das mit Ausnahme des Krim-Krieges (1853-1856) eine ernsthafte Konfrontation der Großmächte von 1815 bis zum Ausbruch des Ersten Weltkrieges verhinderte.

Zunächst überlagert und verdrängt vom nationalstaatlich-expansionistischen Hegemonie- und Weltherrschaftsstreben des Dritten Reiches und der Sowjetunion seit Ende der dreißiger Jahre wurde in der internationalen Kräftekonstellation des Kalten Krieges nach 1945 das bipolare Grundmuster der weltpolitischen Machtstruktur zwischen den USA und der NATO auf der einen, der Sowjetunion und dem Warschauer Pakt auf der anderen Seite wesensbestimmend.

Erst nach dem Zusammenbruch des kommunistischen Herrschaftssystems in Ost- und Mitteleuropa sowie in der Sowjetunion keimte erneut die Erwartung auf eine Neuordnung des internationalen Gesamtsystems. Ob dies in Form einer globalen Führungsmacht, einem der Logik der „balance of power" entsprechenden multipolaren Machtgleichgewicht oder einer teilweise kollektiven, institutionalisierten Führung durch die

Großmächte (etwa im Rahmen der Vereinten Nationen) erfolgt, ist eine für die Zukunft strittige Frage. Bereits mit dem Ende der lang anhaltenden Ära des Ost-West-Konflikts hatten sich im Rahmen der internationalen Kooperation neue Pole einer wirtschaftlichen Macht gebildet, die durch eine ökonomische „Regionalisierung" (einer Verdichtung der wirtschaftlichen Beziehungen zwischen den Staaten einer Region aufgrund „natürlicher" Marktkräfte) und die Entwicklung regionaler Mega-Handelsblöcke, wie der Europäischen Union, der NAFTA oder dem Mercosur entstanden sind.

Das Machtverhältnis der Staaten untereinander wird dabei von den politischen, ökonomischen und technologischen Entwicklungen der jeweiligen Epoche mitbestimmt. Mit der Schaffung *moderner Kommunikationsformen* und den weltweiten *Verflechtungen* und Netzwerken wirtschaftlicher und gesellschaftlicher Art müssen sich auch die Staaten mit harter Macht bei der Gestaltung ihrer Außenpolitik an das Auftreten neuer, transnationaler Akteure gewöhnen. Private Organisationen und Einzelpersonen erlangen zunehmend die Möglichkeit, direkt in die Entwicklungen der internationalen Beziehungen einzugreifen. So wird zwar auch in der neuzeitlichen Weltpolitik der Status harter Macht noch immer eine grundlegende Rolle spielen. Das Bild vom außenpolitischen Handeln souveräner und mit unterschiedlichen Machtressourcen ausgestatteter Staaten, die wie Billiardkugeln gegeneinander stoßen und voneinander abprallen und ihre diplomatischen Beziehungen allein unter Anwendung harter Macht gestalten, muss stets um neue zeitspezifische Strukturen und Interdependenzen im internationalen System ergänzt und verändert werden.

Eine wesentliche Bedeutung für die Praxis auswärtiger und zwischenstaatlicher Politik erhalten darüber hinaus *innerstaatliche Bedingungen* und Veränderungsprozesse, die auf die Quantität, Qualität und Durchsetzungskraft der Militärmacht oder Wirtschaftsmacht eines Landes Einfluss nehmen. Zu hohe Militärausgaben, die Ineffektivität des ökonomischen und politischen Systems, ethnisch-national oder religiös bedingte Autonomie- und Sezessionsbestrebungen u.a. können zu einem innenpolitisch verursachten Machtwandel beitragen. In seinem Buch „Aufstieg und Niedergang der großen Mächte" (1987) zeichnet Paul Kennedy in einem zyklentheoretischen Argumentationsmodell die Gefahren einer machtpolitischen (militärischen) Überdehnung früherer Großmächte seit dem 16. Jahrhundert von Spanien über Großbritannien bis zu den Vereinigten Staaten von Amerika nach.

Ein Blick auf die Bühne der Weltpolitik am Beginn des 21. Jahrhunderts zeigt, dass nicht alle Staaten über das gleiche Maß an Machtquellen verfügen. Neben den USA als einziger Weltmacht im weltpolitischen Interaktionssystem, erlangen andere Staaten die Bedeutung einer Großmacht oder Mittelmacht, die im Bereich einzelner Machtkategorien die Vereinigten Staaten durchaus übertreffen können. Eine Beantwortung der Frage, wer zu einem künftigen Schrittmacher der internationalen Beziehungen wird, ergibt sich in hohem Maße aus den Machtattributen und Machtrelationen zwischen den Hauptmächten nach dem Ende des Ost-West-Konfliktes. Abgesehen von den erwähnten Machtfaktoren stellt sich hierbei die Frage nach zusätzlichen Kriterien für den gegenwärtigen Status einer Großmacht: so etwa die Zugehörigkeit zu einer weltpolitischen Führungsgruppe von Staaten, wie sie in der Mitgliedschaft im Sicherheitsrat der Vereinten Nationen zum Tragen kommt. Die ständigen Mitglieder des Sicherheitsrates waren als Siegermächte des Zweiten Weltkrieges zugleich die entscheidenden Gründungsstaaten der UNO und schufen sich eine privilegierte Position durch das Prinzip der negativen Stimmenabgabe, das in der Zeit des Kalten Krieges zu einer strikten Blockadepolitik führte und bis heute als Vetorecht zugunsten der so genannten „P 5" (der fünf „permanent members") fortwirkt . Entsprechende Modifikationen wurden mit der Übernahme des Sitzes durch die VR China 1971 und Russland 1991 im Konzert der "Großen Fünf" des UN-Sicherheitsrates vorgenommen.

Im Zuge umfassender Reformdebatten wird jedoch in den letzten Jahren verstärkt eine Umgestaltung und Erweiterung des Sicherheitsrates um neue (ständige) Mitglieder gefordert. Das Bemühen Japans, Indiens, Deutschlands oder Brasiliens sind dabei Ausdruck eines sowohl von den eigenen Regierungen als auch von anderen Staaten wahrgenommenen außenpolitischen Einflusses, der sich zukünftig durch eine längere oder immerwährende Präsenz im Sicherheitsrat der Vereinten Nationen widerspiegelt. Rechnet man nicht nur die wirtschaftlichen Potentiale von Staaten hoch, die zeigen, dass neben den USA auch die Europäische Union und (Südost-)Asien, mit den Kernmächten Deutschland, Japan und einem ökonomisch aufstrebenden China, zu handlungsrelevanten Akteuren zählen, so wird mit Blick auf die Entwicklung und den Besitz moderner Waffensysteme zwar eine eminente Vorrangstellung der USA erkennbar. Der Besitz von Nuklearwaffen als Kriterium für den Großmachtstatus eines Landes wird allerdings durch die Herstellung atomarer Waffen auch in Staaten, die, wie Indien und Pakistan bislang nicht darüber verfügen konnten, deutlich relativiert. Dass die Frage der ökonomischen und ökologischen Verwundbarkeit von Staaten durch den Prozess der Globalisierung zugenommen hat, wird in diesem Fall auch für die weitere *machtpolitische Ordnungskonfiguration* im internationalen System eine wichtige Rolle spielen.

Letztlich bleibt damit zwar eine gewisse Ungenauigkeit, wenn man Machtindikatoren zur Erklärung außenpolitischen Verhaltens heranzieht. Nach Edward Luttwak lässt sich eine Großmacht jedoch zumindest anhand vorhandener militärischer und wirtschaftlicher Stärke, eines globalen politischen Interesses und an dem Willen definieren, diese Interessen zu schützen und zu verfolgen: "Great powers are in the business of threatening, rather than being threatened". Die Außenpolitik von Großmächten zu verstehen, erfordert es hierbei, die ihnen zugrunde liegenden langfristigen außenpolitischen Ziele und Strategien zu entschlüsseln und zu analysieren. Mastanduno u.a. gehen davon aus, dass die neue außenpolitische Herausforderung für die großen Mächte in der Aufgabe besteht, ihre Strategien einer unipolaren Machtverteilung anzupassen. Strategien werden dabei, in Anlehnung an Christopher Layne, hinsichtlich des zu erzielenden Sicherheitszugewinns, der Aufrechterhaltung gegen äußere Systemzwänge, der Kosten und Risiken sowie der innerstaatlichen Auswirkungen beurteilt (Layne 1993, Mastanduno 1997).

„*State capability*" im Sinne außenpolitischen Durchsetzungsvermögens bedeutet allerdings, wie erwähnt, nicht immer weit reichende Einflussnahme auf das politische Verhalten eines anderen Staates. Entscheidend für die außenpolitische Handlungsmächtigkeit ist das Umsetzen von „*capability*" in „*ability*", verstanden als Fähigkeit, andere

Staaten in ihrem Verhalten zu beeinflussen. Sowohl für die USA im Fall des Vietnam-
kriegs (1964 bis 1973) als auch für die Sowjetunion in Afghanistan seit der militärischen Intervention im Dezember 1979, blieben massive Bombenoffensiven und der Einsatz von Bodentruppen wenig kriegsentscheidend. Hatte die Niederlage der USA in
Vietnam zu neuen außenpolitischen Denkprozessen und Verhaltensstrategien unter der
Regierung Nixon-Kissinger, bis hin zur so genannten Guam-Doktrin und der Kehrtwen-
de in den sino-amerikanischen Beziehungen geführt, so sah sich Moskau aufgrund der
hohen militärischen und finanziellen Kosten gezwungen, die sowjetischen Truppen bis
Februar 1989 aus Afghanistan abzuziehen. Die Schwierigkeiten erfolgreicher Kriegführung für eine militärische Weltmacht in einem Guerillakrieg oder einem innerstaatlichen, ethnisch-national motivierten und von paramilitärischen Banden, Milizionären
oder terroristischen Verbänden zu eigenen Zwecken genutzten Konflikt, wie in Somalia
1993 bis 1995 oder dem dritten Irak-Krieg (2003), verdeutlichen, dass (1) die machtpolitische Durchsetzungsfähigkeit *konstellations- und situationsabhängig* bleibt und (2)
die Verfolgung begrenzter Interessen von der *sichtbaren und unsichtbaren Macht*
(„*tangible*" und „*intangible po*wer") des Staates, im Sinne konkreter Machtressourcen
sowie der Überzeugungskraft und Attraktivität („*soft power*") eines Staates, bestimmt
werden.

4.4. Weltmacht, Mittelmacht und Kleinstaat

Die USA als einzige Weltmacht am Beginn des 21. Jahrhunderts unterscheiden sich von
anderen Staaten vor allem aufgrund (1) ihrer Fähigkeit zur autarken Produktion von
qualitativ hochrangigen, modernen Waffensystemen, (2) der zu einem bestimmten Maß
glaubhaften Abschreckungskapazität oder militärischen Einsatzfähigkeit vor allem gegenüber einer nächst größeren Militärmacht, (3) der multiregionalen Reichweite des
Staates auf politischer, ökonomischer, militärischer und kultureller Ebene sowie (4) der
Rolle einer aufgezwungenen oder akzeptierten Führungsmacht im Rahmen von Bündnissystemen. Allerdings liegt ein „Paradox der amerikanischen Macht (...) darin, dass
sie zu groß ist, um von einem anderen Staat in Frage gestellt zu werden, aber nicht groß
genug, um Probleme wie den weltweiten Terrorismus und die Verbreitung von Atomwaffen zu lösen" (Nye 2003: 73, vgl. Kagan 2003).
    Mittlere Mächte sind demgegenüber Staaten, deren Außenpolitik in erster Linie auf
die Aufrechterhaltung der internationalen Ordnung zielt. Ihr Selbstverständnis beruht im
Allgemeinen auf zwei Aspekten: da mittlere Mächte nicht wie die großen Staaten in der
Lage sind, das internationale System in eine bestimmte Richtung zu lenken oder besonders wirkungsmächtig zu gestalten, aber auch nicht die schwächsten Mitglieder der
Staatengesellschaft darstellen, befürworten sie eine system- und friedenssichernde außenpolitische Rolle. Die daraus folgende Strategie ist ein von der eigenen Kultur geprägter moralischer Imperativ, gleichsam in kollektiver außenpolitischer Verantwortung
die internationale Ordnung aufrechtzuerhalten, vor allem wenn kleine Staaten nicht dazu in der Lage sind und größere Mächte nicht dazu in der Lage sein wollen. Das bedeu-

tet nicht, dass mittlere Mächte nicht eine interessengestützte und Status sichernde Politik verfolgen. Durch die Gewährleistung internationaler Handlungsnormen und Prinzipien soll allerdings ein verregeltes, routinisiertes und friedenssicherndes internationales System geschaffen werden, das ein höchstmögliches Maß an Stabilität garantiert.

Auf der anderen Seite übernehmen mittlere Mächte diese außenpolitische Rolle aufgrund ihrer Position im internationalen Machtgefüge. In der außenpolitischen Strategie und Diplomatie sind Staaten wie Kanada, Australien, die Niederlande oder Südkorea daher häufig um Konfliktverringerung, internationale Vermittlung, Friedenssicherung, Vertrauensbildung im Rahmen von internationalen Organisationen oder vergleichbare kooperative Verhaltensstrategien bemüht. Inwieweit es sich bei einem als mittlerer Macht bezeichneten Staat um eine tatsächlich erkennbare oder nur angestrebte und als solche demonstrierte Machtposition handelt, muss allerdings stets die Wirklichkeit der außenpolitischen Praxis zeigen (vgl. Schoeman 2000).

Die in der Regel machtmäßige Zurückhaltung charakterisiert nach Richard Cooper und Higgott (1993) das außenpolitische Verhalten dieser Staaten eher als „*followership*" denn als „*leadership*". Außenpolitik von „starken" Staaten erfolgt in der Regel im Sinne eines über die Staatsgrenzen nach außen und nach innen wirkenden, Einfluss nehmenden „Zwei-Ebenen-Spiels" ("*nested game*"), das kleine Staaten kaum in dieser Weise spielen können. Ihr politisches System wird vom äußeren Umfeld wesentlich mehr beeinflusst und durchdrungen ("*penetrated political system*") Für diese mittleren bis kleinen Staaten, die schwer unter einer Kategorie und der entsprechenden Außenpolitik einzuordnen sind, wird die Gelegenheit (*opportunity*) und die Bereitschaft (*willingness*) zum außenpolitischen Handeln im internationalen System daher besonders relevant. Eine Anlehnung an die stärkste Macht, in der Politikwissenschaft als *bandwagoning* bezeichnet, ist in diesem Fall oft im Sinne eines strategischen Verhältnisses (*Patron-Klient*) denkbar.

Die Bedeutung von Kleinstaaten, wie etwa der Schweiz, Island, Honduras oder Luxemburg, darf vor diesem Hintergrund jedoch keinesfalls gering geschätzt werden. Auch wenn sie aufgrund der Größe ihres Territoriums, der Bevölkerungszahl und der staatlichen Ressourcen (z.B. der militärischen oder wirtschaftlichen Stärke) als „small states" bezeichnet werden, verfügen sie häufig über ein hohes Maß an außenpolitischer Kreativität und Problemlösungsfähigkeit (vgl. grundlegend zur Kleinstaatenforschung zunächst Anette Baker Fox, „The Power of Small States", 1959). Bis heute ist es dabei in der Kleinstaatenforschung zwar schwierig geblieben, zu einer allgemeingültigen Definition zu gelangen. Ob man einen Staat bereits als Kleinstaat charakterisiert, hängt allerdings wesentlich davon ab, wie die Regierung und die Bevölkerung des eigenen Landes oder anderer Staaten diesen Staat in ihrer Selbst- und Fremdeinschätzung wahrnehmen: „(...) we define small states as they themselves and others define them, and in so doing make our research efforts parallel to the world in which small states and others interact" (Hey 2003, Larsen 2005, Katzenstein 1985).

Im Besonderen lassen sich drei verschiedene Gruppen von Kleinstaaten unterscheiden: a) Mikrostaaten mit weniger als einer Million Einwohner (z.B. in der Karibik und im Indischen Ozean), b) industrialisierte europäische Kleinstaaten (z.B. Belgien, Nie-

derlande, Schweiz oder Österreich), die für manche Wissenschaftler den Idealtyp eines
Kleinstaates verkörpern, sowie c) unterentwickelte Kleinstaaten der Dritten Welt (z.B.
in Afrika, Asien und Lateinamerika) (Hey 2003: 2-3). Welches außenpolitische Verhalten ist in diesem Zusammenhang für Kleinstaaten typisch? Zu den außenpolitischen
Handlungstypen eines Kleinstaates zählen in erster Linie der geringe Grad an Mitwirkung in der Weltpolitik, die enge Bandbreite an außen- und sicherheitspolitischen Themen, die stärkere Orientierung am unmittelbaren geographischen Umfeld, eine äußerst
hohe Aufwendung an Ressourcen für die nationale Sicherheit und politische Systemer-
haltung, die Betonung völkerrechtlicher und internationaler Prinzipien, Normen und
Verhaltensstandards, das vorrangige Bemühen um multilaterale Abkommen und Partizipation in internationalen Institutionen, die besondere Berücksichtigung diplomatischer
und wirtschaftlicher Instrumente sowie schließlich ein eher reaktives und flexibles,
kleinstaatenspezifisches Verhaltensmuster (Dilp/Siedschlag 2005). Nicht zuletzt gegenüber größeren Mächten wird die Aufrechterhaltung der Souveränität und Unabhängigkeit für Kleinstaaten dabei zu einer besonderen Aufgabe. In Fragen der Ressourcen, des
Schutzes und der Partnerschaft sind sie von diesen Staaten nicht selten abhängig. Außenpolitische Neutralität kann hier zur Alternative werden, bisweilen auch in der Funktion einer Pufferzone. Angesichts zunehmender Vernetzungen und globaler Governan-
ce-Strukturen ergeben sich für die Kleinstaaten neue Chancen auf eine außenpolitische
Einflussnahme vor allem im Bereich der „low politics". Zumindest geht es nicht mehr
nur um die Frage der eigenen Überlebensfähigkeit im internationalen System.

Kontrollfragen

(1) Inwiefern ist Macht ein vielgestaltiger Begriff?
(2) Was kennzeichnet die außenpolitische Reichweite eines Staates? Welche Macht-
    fähigkeiten sind dabei Ihrer Meinung nach für das post-bipolare Zeitalter von
    besonderer Relevanz?
(3) Worin unterscheiden sich „hard power" und „soft power" in der Außenpolitik?
(4) Wie könnte man die aktuelle weltpolitische Lage hinsichtlich ihrer globalen
    Machtverteilung charakterisieren?
(5) Was kennzeichnet eine Weltmacht? Gibt es ein für Kleinstaaten spezifisches
    Verhaltensmuster?

Literatur

Albrecht, Ulrich: *Internationale Politik. Einführung in das System internationaler Herr-
    schaft*, München 1999 (5. Aufl.).
Baldwin, David A.: *Power and International Relations*, in: Carlsnaes, Walter/Risse,
    Thomas/Simmons, Beth A. (Hrsg.): Handbook of International Relations, London
    2000.

Boulding, Kenneth E.: *Three Faces of Power*, Newbury Park 1989.

Cooper, Andrew F./Higgott Richard A./Nossal, Kim R.: *Relocating Middle Powers: Australia and Canada in A Changing World Order*, Vancouver 1993.

Dahl, Robert A.: *The Concept of Power*, in: Behavioural Science 2/1957, S. 201-15.

Dilp, Susanne/Siedschlag, Alexander: *Kleinstaaten und die ESVP*, in: Beiträge zur Internationalen Politik und Sicherheit, 2/2005, S. 1-8.

Fox, Anette Baker: *The Power of Small States*, Chicago 1959.

Harbeson, John W./Rothchild, Donald (Hrsg.): *Africa in World Politics. The African State System in Flux*, Boulder 2000.

Harnisch, Sebastian/Maull, Hanns W. (Hrsg.): *Germany as a Civilian Power? The Foreign Policy of the Berlin Republic,* Manchester 2001.

Hey, Jeanne A.K.: *Refining Our Understanding of Small State Foreign Policy*, in: dies. (Hrsg.): Small States in World Politics. Explaining Foreign Policy Behavior, Boulder 2003, S. 185-195.

Kagan, Robert: *Macht und Ohnmacht. Amerika und Europa in der neuen Weltordnung*, Berlin 2003.

Katzenstein , Peter: *Small States in World Market*, Ithaka 1985.

Kennedy, Paul: *Aufstieg und Fall der großen Mächte. Ökonomischer Wandel und militärischer Konflikt von 1500 bis 2000*, Frankfurt a.M. 1989.

Kindermann, Gottfried-Karl (Hrsg.): *Grundelemente der Weltpolitik. Eine Einführung*, München 1991.

Kindermann, Gottfried-Karl: *Der Aufstieg Ostasiens in der Weltpolitik 1840-2000. Vom Opium-Krieg bis heute*, Stuttgart 2001.

Knudsen, Olav F.: *Multinational Corporations and the Small Industrialized State*, in: Sjöstdet, Gunnar (Hrsg.): Power, Capabilities, Interdependence, London 1997.

Krauthammer, Charles: *The Unipolar Moment Revisited*, in: The National Interest, 70, 2002/03, S. 5-17.

Krauthammer, Charles: *The Unipolar Moment,* in: Foreign Affairs 70,1990/91, S. 23-33.

Larsen, Henrik, *Analysing the Foreign Policy of Small States in the EU: The Case of Denmark*, Basingstoke 2005.

Layne, Christopher: *The Unipolar Illusion. Why New Great Powers Will Rise*, in: International Security, 1993, S. 5-51

Link, Werner: *Die Neuordnung der Weltpolitik. Grundprobleme globaler Politik an der Schwelle zum 21. Jahrhundert*, München 1998.

Luttwak, Edward: *Strategie. Die Logik von Krieg und Frieden*, Lüneburg 2003.

Mastanduno, Michael: *Preserving the Unipolar Moment. Realist Theories and U.S. Grand Strategy after the Cold War*, in: International Security 21 (4) 1997, S. 49-88

Menzel, Ulrich: *Zwischen Idealismus und Realismus. Die Lehre von den Internationalen Beziehungen*, Frankfurt a.M. 2001.

Mercer, Jonathan C.: *Reputation and International Politics*, Ithaca 1996.

Morgenthau, Hans J.: *Macht und Frieden – Grundlegung einer Theorie der internationalen Politik*, Gütersloh 1963.

Nye, Joseph S. Jr.: *Das Paradox der amerikanischen Macht. Warum die einzige Super-macht der Welt Verbündete braucht*, Hamburg 2003.

Nye, Joseph S. Jr.: *Limits of American Power*, in: Political Science Quarterly 117/2002, S. 545-559.

Schimmelfennig, Frank: *Macht und Herrschaft in Theorien der Internationalen Bezie-hungen*, in: Imbusch, Peter (Hrsg.): Macht und Herrschaft, Opladen 1998, S. 317-331.

Schoeman, Maxi: *South Africa as an emerging middle power*, in: African Security Re-view 9, 3/2000.

Stoll, Richard J./Ward, Michael D.: *Power in World Politics*, Boulder 1989.

Weber, Max: *Soziologische Grundbegriffe*, Tübingen 1960.

5.   Außenpolitik und Interesse

> *Der Begriff des Interesses, verstanden im Sinne von Macht,*
> *verlangt von Beobachtern gedankliche Disziplin, führt*
> *eine vernunftgemäße Ordnung in den Bereich der Politik ein*
> *und ermöglicht damit theoretische Einsicht in die Politik.*
> Hans J. Morgenthau

Zur analytischen Verdeutlichung von Außenpolitik bildet die Frage nach den Zielen und Mitteln außenpolitischen Handelns einen wichtigen Anknüpfungspunkt. Ziele bzw. Interessen stellen eine unverzichtbare Grundkategorie der Analyse von Außenpolitik dar. So stehen Interessen, sei es historisch rückblickend, auf die Gegenwart bezogen oder zukunftsorientiert, im Mittelpunkt der außenpolitischen Willensbildung und Entscheidungsdurchführung. Um vollständig handlungsfähig zu sein, bedarf es nicht nur einer Staatsführung mit einem kompetenten, zur Umsetzung von Entscheidungen befugten Verwaltungsapparat. Erst durch die von der Regierungsspitze formulierten Interessen definiert der Staat seine außenpolitischen Ziele, kommt es zum auswärtigen Handeln. Ohne Berücksichtigung des Interesses erhalten wir daher keinen Einblick in die verschiedenen Absichten und Ziele, denen der Staat aus innen- oder außenpolitischen Gründen folgt.

5.1   Inhalte und Träger außenpolitischer Interessen

Interessen sind zielbezogene Willensgerichtetheiten des Handelns. In dieser Form sind sie als äußere Interessen nicht „objektivistisch", auf der Grundlage transepochaler Gesetze ein für allemal festgelegt und vorgegeben. Sie stellen keine Grundkoordinaten eines Staates dar, die zu jeder Zeit als objektive und unbestreitbare Voraussetzungen erhoben werden können. Ebenso wenig ist das Konzept des Interesses an eine bestimmte soziale Organisationsform gebunden. Außer dem Nationalstaat können Individuen oder Institutionen als Willensträger mit konkret verfolgten Zielen handeln. Das außenpolitische Interesse eines Staates ist aus diesem Grund vor allem das, was seine Politiker bzw. Entscheidungsträger daraus machen bzw. dazu erklären und bestimmen. Es gibt keine ehernen, von ewiger Konstanz gekennzeichneten Grundbedürfnisse eines Staates. Die Regierung definiert und überprüft den Inhalt nationaler Interessen stets neu, auf der Grundlage der eigenen Wahrnehmung und Beurteilung der außenpolitischen Lage. Nach Northedge (1978) ist es „die Hauptaufgabe der *zuständigen Politiker* (...), die auswärtigen Interessen des Landes zu formulieren und nach ihrer relativen Wichtigkeit in eine Rangfolge zu bringen".

Diese politisch-administrative Gestaltungs- und Definitionsmacht wird von den Einfluss- und Partizipationsansprüchen gesellschaftlicher Akteure und Koalitionen ergänzt, die je nach Umfeld und Durchsetzungsvermögen das nationale, staatlich nach außen vermittelte Interesse mit festlegen. „Mit seiner *Pluralisierung*", so Klaus Dieter Wolf, „muss das Konzept des nationalen Interesses die mögliche Uneinheitlichkeit und Widersprüchlichkeit von außenpolitischen Programmen und das Fehlen *einer* außenpolitischen Tendenz aushalten" (Wolf 2000: 51). Die Festlegung außenpolitischer Präferenzen oder Ziele erfolgt primär vom Inneren des Staates nach außen, insbesondere durch die in ihrer *doppelseitigen Lenkungsrolle* nach innen und außen handelnde Staatsspitze. Gleichwohl spielt die strukturelle Determinante, das heißt die anarchische Struktur des internationalen Systems, eine wichtige Rolle für die Bestimmung von Außenpolitik und ihre Interessen. Vor allem aus Sicht des Neorealismus lässt sich ein für alle Staaten zentraler Handlungsleitfaden ableiten: *die Wahrung der Autonomie als grundlegende Verhaltens- und Überlebensmaxime.*

In der einflussreichen theoretischen Schrift „Defending the National Interest" (1978) hat Stephen D. Krasner die Frage nach der Rolle des Staates bei der Formulierung außenpolitischer Interessen näher analysiert und im Zusammenhang mit der US-Rohstoffaußenpolitik zur Förderung und zum Schutz von Auslandsinvestitionen von amerikanischen Unternehmen zu beantworten versucht. In dem Bemühen, die „Ziele der zentralen Entscheidungsträger und die Analyse der Fähigkeiten zur Erreichung dieser Ziele" zu identifizieren, geht Krasner von einer Definition des Nationalinteresses aus, das diejenigen *Ziele* eines Staates bezeichnet, welche über einen langen Zeitrahmen in einer *stabilen* und *transitiven Präferenzordnung* festgelegt sind. Vor diesem Hintergrund kommt Krasner zu dem Ergebnis einer *Rangfolge* konkreter außenpolitischer Ziele, die im Rahmen des nationalen Interesses, und hier im Fall der Rohstoffaußenpolitik, angestrebt werden: (1) Förderung umfassender Ziele (bzw. vitaler Interessen) amerikanischer Außenpolitik, (2) Rohstoffsicherung nach amerikanischen Bedürfnissen und (3) Förderung des Wettbewerbs auf den internationalen Rohstoffmärkten zur Verringerung der Rohstoffpreise für den Konsumenten. Die Formulierung der Außenpolitik erfolgt demnach im Rahmen einer spezifischen Rangordnung und Wichtigkeit der Interessen und auf der Grundlage der von Entscheidungsträgern festgegten außenpolitischen Ziele (Krasner 1978: 13 f., 230; Wallace 1971: 31).

Das nationale Interesse des Staates richtet sich dabei, wie wir noch sehen werden, primär auf den Zweck von Außenpolitik, und wird so zur Grundlage der außenpolitischen Aktionen eines Staates. In seiner analytischen und praktischen Bedeutung sah Joseph Frankel das Konzept des Nationalinteresses daher besonders dazu geeignet, „sowohl die Ursprünge und die Adäquanz der Außenpolitik eines Staates zu beschreiben, zu erklären und zu bewerten" als auch „politische Verhaltensweisen zu rechtfertigen, zu verurteilen oder anzubieten" (Frankel 1971: 12, vgl. dazu grundlegend Burchill 2005).

Der Begriff des (nationalen) Interesses stellt für die Außenpolitik also eine wichtige, die eigenen Verhaltensstrategien bestimmende Orientierungsgröße dar, die es erlaubt die eigenen Zielsetzungen mit fremdstaatlichen Interessenlagen zu vergleichen und die

Folgen des eigenstaatlichen Handelns zu beurteilen. Ein Vergleich der Interessenperspektiven gestattet es, die *Realisierungschancen und -grenzen* sowie die *praktische Durchführbarkeit* einer spezifischen Außenpolitik zu erkennen und zu überprüfen. Je nach außenpolitischer Konstellation und der Zahl an konkurrierenden Willensrichtungen der beteiligten Staaten wirken außenpolitische Interessen dabei in doppelseitiger Weise *strukturbildend*: indem sie zu lockeren oder engen zwischenstaatlichen Interessengemeinschaften (*Politiknetzwerken*) wie Kooperation, Bündnis oder Integration, oder zu Interessengegensätzen in Form von zwischenstaatlichem Konflikt, Krise oder Krieg beitragen.

Andererseits können Staaten das nationale Interesse gerade auch (1) als „reine Legitimationsformel" nutzen, um so „ein bestimmtes politisches Programm der öffentlichen Auseinandersetzung darüber zu entziehen" (Wolf 2000: 42), oder (2) eine spezifische Idee oder Gesinnung mit dem ideologischen Schleier des Nationalinteresses verkleiden und als absoluten Maßstab des richtigen Handelns in ihrem außenpolitischen Programm festschreiben; insbesondere, wenn die Gesinnungen dabei mit dem Anspruch auf scheinbar universelle Gültigkeit und von allen Staaten als richtig anzuerkennende Moralnormen versehen werden. Im Gegensatz zu einem von der Gesinnungsethik bestimmten nationalen Interesse hält daher Morgenthau, in Anlehnung an Max Weber, eine realitätsbezogene, problem- und folgenorientierte Außenpolitik im Sinne der Verantwortungsethik für praktikabler und glaubhafter als eine mit der Absicht auf Weltverbesserung idealistisch und gesinnungsnah verbrämte Politik (vgl. Kindermann 1997).

Zusammenfassend kommentiert daher Christian Hacke zum Begriff des nationalen Interesses:

„Zur Klärung der Außenpolitik eines Landes ist der Begriff nützlich, weil er auf umfassende Weise eine Wunschperspektive umschreibt und gleichzeitig eine Vergleichsmöglichkeit für diese Wünsche mit der tatsächlichen Politik ermöglicht. So wird der Begriff zu einem allgemein gebräuchlichen Kriterium für die Bewertung der Außenpolitik eines Landes, weil er vor allem langfristig die Interessen eines Landes darlegt und damit den Vergleich zu anderen Staaten oder die Analyse zwischenstaatlicher Beziehungen Punkt für Punkt ermöglicht, gleichgültig, ob diese Beziehungen neutraler, freundschaftlicher oder feindlicher Natur sind. Die Analyse der Interessen anderer Staaten ergibt im Vergleich zur eigenen Interessenlage den Umriss einer spezifischen Interessenkonstellation. [...]
Der Begriff ergibt ferner Sinn, weil die internationale Welt - bestehend aus knapp 200 Nationalstaaten - ohne diesen Begriff nur unzureichend analysiert werden kann. Allerdings zeigt die Entwicklung der vergangenen Jahrzehnte, dass das nationale Interesse durch neue transnationale Entwicklungen verdünnt wird. Der Nationalstaat wird durch zunehmende Interdependenz zu stärkerer Kooperation verpflichtet. Damit wird das nationale Interesse von der alten Verbindung mit Souveränität gelockert, gleichzeitig aber mit der Interdependenz stärker verknüpft" (Hacke 2004: 177f.)

Hinsichtlich der Leitlinien amerikanischer Außenpolitik an der Jahrhundertwende betonte in diesem Zusammenhang zuletzt die nationale Sicherheitsberaterin und spätere Außenministerin der USA, Condoleezza Rice, dass „die USA (...) ihre Weltpolitik vom sicheren Grund des nationalen Interesses heraus formulieren (werden), nicht aus den Interessen einer illusorischen Weltgemeinschaft heraus" (Rice 2000: 62). Im Zusammenhang mit den normativen Dimensionen von Außenpolitik wird später noch einmal darauf Bezug genommen.

Ausgehend von einer stets unvollkommenen, situationsabhängigen Wirklichkeit konkreter Außenpolitik hat das außenpolitische Interesse folglich nichts damit zu tun, dass es bestmögliche Ziele in jeder Phase auswärtiger Politik, also eine „ideale Linie des Handelns" gibt. Friedrich Meinecke verknüpfte damit zwar jene „Idee der Staatsräson", die seiner Ansicht nach aus der außenpolitischen Vernunft des Staates bzw. des Staatsmannes sowie aus „staatliche(m) Egoismus, Macht- und Selbsterhaltungstrieb" hervorgeht und zur Grundlage für die Wahl des bestmöglichen Verhaltens in einer konkreten historischen oder aktuellen Situation wird. Auf dem Schachbrett der Diplomatie und Außenpolitik ist allerdings in keinem Fall und nicht für jeden Spieler zu jeder Zeit der bestmögliche Zug unmittelbar erkennbar oder durchführbar. Autoren wie James Rosenau oder Raymond Aron lehnten das Konzept des nationalen Interesses aufgrund seiner Unbestimmtheit, Wandelbarkeit und fehlenden Rationalität letztlich ab oder kritisierten, wie Michael Zürn, den Reduktionismus, der einer rein rationalistischen Erklärung des nationalen Interesses zugrunde liegt (Pfetsch 1994: 110; Zürn 1992: 106 ff.).

Außenpolitische Interessen sind vielmehr *verhaltenssteuernde, situationsspezifische, wahrnehmungs- und wertbedingte* Zielsetzungen bzw. latente oder erkennbare Willensorientierungen der außenpolitischen Führungsträger. Die Formulierung der Interessen zur Regelung der auswärtigen Beziehungen zu anderen Akteuren im internationalen Umfeld erfolgt dabei im Falle einer konkreten Entscheidungsplanung und Zielfestlegung unter Berücksichtigung der innersystemischen und internationalen Faktoren, einschließlich der Einschätzung erwartbarer Folgen und der für notwendig erachteten Mittel zur Umsetzung der Interessen in praktisches Handeln (vgl. Kindermann 1986, 2002). Das durch konkrete Ziele und kontinuierliche Bestimmungsfaktoren (wie z.B. geografische Lage, physische Bedingungen, historische Entwicklungslinien, Traditionen) gekennzeichnete Nationalinteresse wird über eine bestimmte Zeit und auf der Grundlage des Konsenses wichtiger gesellschaftlicher Akteure konstant gehalten. Dies schließt allerdings nicht aus, dass sich mit Ablauf der Zeit die Ziele ändern können (vgl. Pfetsch 1994: 110-111).

Eine nähere Beschäftigung mit den Interessen von Außenpolitik zeigt zudem, dass nicht alle Regierungen zu jeder Zeit konkrete Ziele und Ideen haben. So können Staaten auf von außen kommende Probleme und Herausforderungenr lediglich reagieren, etwa im Sinne einer passiven isolationistischen Politik, oder die Durchsetzung ihrer Interessen allein unter dem Gesichtspunkt der innenpolitischen Herrschaftssicherung verfolgen.

5.2 Außenpolitische Grundinteressen

Soweit es um die „Lebensinteressen" von Staaten geht, wird erkennbar, dass es über die verschiedenen Kulturen und Epochen hinweg typische außenpolitische Grundinteressen gibt, denen die Regierungen innerhalb der Weltpolitik mehr oder weniger folgen. Die

Ziele zur Verwirklichung dieser langfristigen bzw. grundlegenden Interessen haben sich im Laufe der Zeit stets verändert. Im Europa des 18. Jahrhunderts zählten die machtpolitische Erweiterung der königlichen Besitztümer, die Eroberung kolonialer Territorien und die Absicherung der Herrschaftsnachfolge zu wichtigen kurz- und mittelfristigen Zielen auswärtiger Politik.

Zu langfristigen, die Regierungen und Systeme überdauernden Interessen größerer Mächte gehören in der weltpolitischen Gegenwart des 20. bzw. 21. Jahrhunderts dagegen etwa

- die drei außenpolitischen Interessenkreise der USA, mit Blick auf die Verhinderung hegemonialer Ordnungsmächte in Europa und im asiatisch-pazifischen Raum sowie die Abwehr fremdstaatlicher Interventionen in Amerika,
- das Streben Chinas nach einer seiner historischen und kulturellen Geltung entsprechenden (sich an einem traditionell sinozentrischen Weltbild orientierenden, eine Einkreisung von außen vermeidenden und um Wiedervereinigung mit Taiwan bemühten) regionalen Führungsrolle, die China seit dem Opium-Krieg (1839-42) verwehrt geblieben war,
- Großbritanniens Politik des Machtgleichgewichtes und einer seit dem Kalten Krieg verstärkten Sonderrolle als „welthegemonialer Juniorpartner" der USA,
- Russlands innerasiatische und europäische Machtausdehnung bis zu den Weltmeeren und Absicherung des territorialen Status quo, verbunden mit dem Bemühen um nationale Identität und weltpolitischen Großmachtstatus, sowie,
- aufgrund der besonderen geopolitischen Lage, Deutschlands als auch Polens Sorge vor einer Umklammerung zwischen Ost und West mit der Bildung antideutscher oder anti-polnischer Koalitionen (Frankreich-Russland, Deutschland-Sowjetunion, vgl. Kindermann 2002: 127-129).

Im heutigen Weltgeschehen richtet sich das langfristige Interesse der Nationalstaaten dabei allgemein (1) auf die zur *Selbsterhaltung* oder Stärkung des politischen Systems erforderliche *Sicherheit*, (2) auf die gegenüber fremdstaatlichen Einflüssen und Souveränitätsbeschränkungen gewährleistete *nationale Integrität* und *Autonomie*, (3) auf den durch wirtschaftspolitische Vorteile errungenen nationalen *Wohlstand* sowie (4) auf das *Prestige* und die politische Glaubwürdigkeit, und damit auf den internationalen *Status* eines Landes.

Nicht alle Staaten richten dabei ihr Augenmerk in gleichem Maße auf die genannten Ziele. Die konkreten Inhalte der Grundinteressen können sehr verschieden sein. Eine Regierung, die sich außenpolitisch um eine wirksame Verteidigungsfähigkeit und dafür notwendige militärische Stärke bemüht, wird größere Einschränkungen oder zusätzliche Belastungen im wirtschaftlichen Bereich, etwa durch spezifische Steuererhöhungen, in Kauf nehmen müssen. Wirtschaftspolitische Vorteile durch die Förderung einer engeren regionalen Zusammenarbeit, z.B. durch ein regionales Freihandelsabkommen oder durch den Abschluss eines Sicherheitsbündnisses, das wichtige sicherheitspolitische Aufgaben an einen Bündnispartner überträgt, können demgegenüber zu einer Verringerung der politischen Autonomie oder Unabhängigkeit führen.

Für Japan standen wirtschaftspolitische Grundlagen der Außenpolitik nach dem Zweiten Weltkrieg im Vordergrund des Handelns. Historisch geprägt durch die Lehren des asiatisch-pazifischen Krieges zwischen 1937 und 1945 sowie durch die weltpolitischen Auswirkungen des Ost-West-Konfliktes stand für Tokio das Primat der wirtschaftlichen Faktoren im Vordergrund der auswärtigen Beziehungen (Mendl 1993: 188-213). Bis zur Mitte der siebziger Jahre folgte Japan der „Trennung von Politik und Wirtschaft", ehe es sich in der darauf folgenden Dekade stärker in nichtkontroversen Fragen der internationalen Politik engagierte (z.B. durch den Einsatz japanischer Soldaten im Rahmen humanitärer Missionen der VN) und sich mit dem Ausbruch des Golf-Krieges (1991), dem Terroranschlag vom 11. September sowie dem dritten Irak-Krieg schrittweise an einer Veränderung der außenpolitischen Ziele und Verhaltensstrategien, zuletzt unter der Regierung Koizumi, orientierte. Entscheidend blieb dabei bis heute die besondere Sicherheitspartnerschaft in den Beziehungen zwischen Japan und den USA (vgl. Kevenhörster 1993: 171; Kerde/Pauer 1994: 211-212).

Ob Interessen und Ideen bzw. Wirklichkeitskonstruktionen dabei voneinander getrennt zu betrachten sind oder eine gemeinsame Grundlage von außenpolitischen Handlungsmotiven bilden (vgl. Keohane 2000; Hasenclever 2002: 24 ff.), ist bislang zwischen rationalistischen und konstruktivistischen Ansätzen kontrovers diskutiert worden. Im Sinne Hasenclevers kann zumindest davon ausgegangen werden, „dass Präferenzen immer eine materielle Grundlage haben, die sich den Akteuren in Prozessen der sozialen Wirklichkeitskonstruktion erschließt" (Hasenclever 2002: 27).

5.3   Das *nationale Interesse* in der Außenpolitik

Dem Staat bestimmte Grundinteressen zuzuschreiben, aus denen konkrete Ziele oder Präferenzen abgeleitet werden können, betrachten Vertreter der „realistischen Schule" als ein Grundmerkmal staatlicher Außenpolitik. Nach Morgenthau gibt es eine Hierarchie nationaler Interessen einzelner Staaten, die über eine längere Zeit weitgehend unverändert bleibt (Morgenthau 1963: 140f.). In ähnlicher Weise lassen sich die außenpolitischen Interessenlagen von Staaten als eine Vielzahl einander zugeordneter und miteinander verbundener, rational strukturierter Zielvorstellungen beschreiben, die gemäß ihrer Bedeutung und Wichtigkeit eine *Prioritätenpyramide* bilden.

Diese Interessen sind nicht von vornherein nur aufgrund materieller Faktoren wie z.B. die geografische Lage, die Bevölkerungsgröße, die industrielle Leistungsfähigkeit und Außenhandelsbilanz oder das Militärpotential, vorgegeben. Außenpolitische Interessen hängen darüber hinaus „von den determinierenden soziopolitischen Kräften und Prozessen seiner innerstaatlichen Willensbildung" als auch „von der Beurteilung der internationalen Lage (also dem Umweltzustand, Anmerk.d.Verf.) durch seine außenpolitischen Entscheidungsträger ab" (Kindermann 1986: 113). Je mehr in diesem Zusammenhang gesellschaftliche Akteure an Mitwirkungschancen im Bereich der Außenpolitik gewinnen, desto mehr erhöhen sich die aus dem sozialen Diskurs und aus nichtstaatlichen Zielen hervorgehenden Einflussmöglichkeiten. Im Regelfall allerdings halten die außenpolitischen Führungsträger einer Regierung noch immer wesentlich die richtungsbestimmenden und aktionsauslösenden Hebel der Staatsmacht in Händen. Ihre Wahl der außenpolitischen Ziele und Mittel anhand bestehender Sachzwänge, erwarteter Erfolgschancen und angestrebter Gewinne erfolgt auf der Grundlage eigener, von außen beeinflusster Interessenkonzeptionen und Vorstellungsbilder. Die Entscheidungsträger bilden den zentralen *Knotenpunkt* einer das außenpolitische Verhalten nach außen und innen lenkenden Politik.

Inwieweit diese zu einer effizienten Außenpolitikführung in der Lage sind, hängt einerseits von ihrer politischen Stärke, ihrer Steuerungs- und Durchsetzungsfähigkeit sowie der Zustimmung durch die Öffentlichkeit (im Sinne einer indirekten Legitimation) ab. Zum anderen ist die Verfolgung einer konstanten Außenpolitiklinie in Zeiten der globalen Kommunikation, der Bedeutung von Geoökonomie und internationaler Organisationsbildung sowie dem Einfluss gesellschaftlicher Akteure weitaus schwieriger geworden (vgl. Nye 1999) So wird Außenpolitik zwar „von der Exekutive ausgeführt, aber sie muss stärker als bisher im Parlament und in der Öffentlichkeit diskutiert werden" (Hacke 1997: 9).

Angesichts seiner wichtigen Rolle für die praktische Politik stellt die analytische Verwendung des Konzepts des nationalen Interesses (das Wolf als „gesellschaftliches" Interesse vom staatlichen Interesse im Sinne einer Herrschaftstechnik abgrenzt) deshalb einen zentralen Untersuchungsgegenstand dar. Unter Berücksichtigung des außenpolitischen Interessenbegriffs nimmt das nationale Interesse

(1) auf den für die individuelle Daseinsführung relevanten menschlichen Durchsetzungs- und Behauptungswillen Bezug, der sich auf kollektiver, vor allem staatlicher Ebene, in den verhaltenssteuernden und zielgerichteten Willensdispositionen außenpolitisch handelnder Führungsträger widerspiegelt. Dabei wirkt das Nationalinteresse

(2) als ein konstellationsgestaltendes, in seinen konkreten Inhalten veränderbares Element, das zur Umsetzung der Ziele auf das dynamische Mittel der Macht zurückgreift. Als denkabhängige, perzeptions- und werteorientierte Realität ist das Interesse

(3) nicht nur an die Wahrnehmungs- und Deutungsmuster der außenpolitischen Entscheidungsträger gebunden, sondern auch von den gesellschaftlichen Akteuren und ihrem Einfluss auf den außenpolitischen Präferenzbildungsprozess abhängig. Neben dieser „innerstaatlichen Aggregation sektoraler Interessen" fungiert das Nationalinteresse

(4) als ein nach innen, auf das Staatsvolk gerichteter Legitimationsgrund außenpolitischer Entscheidungen; in Zeiten wachsender Multilateralisierung der Außenpolitik von Nationalstaaten vor allem zum Zweck der Aufrechterhaltung des eigenen Herrschaftsanspruches (Wolf 2000). Mit Blick auf die Rolle des Staates als „moralischer Akteur" in der internationalen Politik kann das Konzept des nationalen Interesses

(5) zugleich als Grundlage eines gesinnungs- oder verantwortungsethisch begründeten Handelns, und somit als Ausgangspunkt eines „aufgeklärten" oder zu ideo-

logischen Zwecken verwendeten Nationalinteresses dienen. Nicht zuletzt gestattet die Betrachtung des nationalen Interesses
(6) eine zurückschauende, über konkrete historische Konstellationen erfassbare entwicklungsgeschichtliche Analyse der Außenpolitik von Staaten. In dieser Weise erfasst der Begriff den engen, die Außenpolitik bestimmenden Wirkungszusammenhang zwischen der Innenpolitik, der Struktur des internationalen Systems und den zunehmenden Prozessen der Institutionen- und Normbildung.

Das Gewicht der Globalisierung und geoökonomischer Bedingungen macht sich dabei in der Tatsache bemerkbar, dass die Erhaltung der staatlichen Wettbewerbsfähigkeit, die Sicherung der Rohstoffe und Absatzmärkte, die Gewährleistung einer stabilen Wirtschaftspolitik, die Einsatzfähigkeit qualifizierter Fachleute oder die Durchsetzung gegen „Steuerkonkurrenz" anderer Wirtschaftsstandorte zu wichtigen Faktoren bei der Bestimmung des nationalen Interesses von Staaten geworden sind (Gilpin 2000). Auch wenn der Staat die optimale Akteursgröße bleibt (Gilpin 1981: 116-123), und mit ihm das Konzept des nationalen Interesses eine maßgebliche Bedeutung für die Außenpolitik erhält; eine Vielzahl wirtschaftlicher Erfordernisse kann von den Staaten nicht mehr autonom gewährleistet werden. Das heißt, „nationale Interessen sind nicht mehr automatisch gegen andere Nationen gerichtete Interessen (...). Viele Interessen von Nationalstaaten lassen sich nur im Kollektiv durchsetzen, durch multilaterale Prozesse und Ressourceneinsätze" (Rohde 2004: 165).

Außenpolitische Grundsätze

Mit dem nationalen Interesse verbunden sind darüber hinaus außenpolitische Grundsätze, die von Staaten für einen längeren Zeitraum und mit einem entsprechenden Wirkungskreis festgelegt werden. Die über eine Zeit konstanten Grundsätze der Außenpolitik werden häufig unter dem Begriff Programme, politische Richtlinien, Maximen, Prinzipien, Deklarationen, Theorien, Orientierungen oder Leitlinien eines Staates formuliert und zusammengefasst. Allerdings erzielen diese außenpolitischen, oft als Doktrinen bezeichneten Leitlinien bei großen Staaten eine weitaus umfassendere Wirkung auf die internationale Politik als bei kleineren Staaten.

Bereits 1823 hatte die Monroe-Doktrin jedes auf Amerika gerichtete Interventionsinteresse einer europäischen Macht strikt abgelehnt. Nord- und Mittelamerika wurden zum Gebiet eigener Interessenpolitik, und in der Zeit des Kalten Krieges zur Einflusszone der USA gegenüber kommunistischen Interventionsversuchen. Außenpolitische Leitlinien eines Staates können in neuen Grundsätzen verändert fortwirken. Bekanntere Doktrinen wie die Truman-, Eisenhower-, Nixon-, Reagan- oder Clinton-Doktrin unterstreichen den Stellenwert richtungweisender Handlungsmaximen in der amerikanischen Außenpolitik (Melanson 1996). Trumans Doktrin der kommunistischen Eindämmung, die auf die Krisensituationen im Nahen Osten reagierende Eisenhower-Doktrin oder die auf den sowjetischen Einmarsch in Afghanistan und die Geiselnahme im Iran folgende Carter-Doktrin stehen in einer Abfolge von zentralen Maximen außenpolitischen Handelns, die bis in die aktuelle Zeit über Reagan und Clinton ein Wesensmerkmal der Außenpolitik der USA darstellen.

Die Truman-Doktrin definierte vom Beginn des Ost-West-Konfliktes bis zum Zusammenbruch der Sowjetunion (1989) die Nachkriegspolitik der USA gegenüber dem kommunistischen Machtblock. Mit dem Ende der Bipolarität standen deshalb nicht mehr außenpolitische Konzepte und Mittel einer über fünf Jahrzehnte bestehenden Abwehr sowjetischer Bedrohung im Vordergrund, sondern neue Handlungsgrundsätze *beyond containment*, über die Strategie und die Mittel einer politischen und militärischen Eindämmung des Kommunismus hinaus (Wilhelm 2001). Zur nahezu erwarteten Selbstverständlichkeit zählt es daher in den USA, dass jeder amerikanische Präsident sein außenpolitisches Programm in eine konkrete, den Leitfaden für die auswärtige Politik vorgebende Doktrin gießt.

Wie die westdeutsche Hallstein-Doktrin zum Alleinvertretungsanspruch der Bundesrepublik Deutschland, die Zwei-Lager Theorie von Shdanow, die Breschnew-Doktrin zur damaligen Vormachtrolle der Sowjetunion im sozialistischen Lager, Mexikos Carranza-Doktrin (1918) mit der Betonung des Nichteinmischungsprinzips, die Echeverria-Doktrin als Forderung nach einem wirtschaftspolitischen Selbstbestimmungsrecht der Entwicklungsländer (1974) oder die Drei-Welten-Theorie der VR China deutlich machen, sind dabei stets vitale oder legitime Interessen eines Landes berührt. „Nach außen und an einen bestimmten Adressaten gerichtete Botschaften werden transportiert; solche nationalen Interessen können sich beziehen auf bestimmte *Werte* („Freiheit, Gleichheit, Brüderlichkeit", „Demokratie", „westliche Wertegemeinschaft", „Freie Welt", „Prosperität", „sozialistische Bruderstaaten" etc.), *Territorien* („Freiheit der Meere", „Lebensraum", arabisch-islamische Welt etc.) oder *politische Grundsätze* („Open Door", „Nichtanerkennung" etc.). Doktrinen sind in diesem Sinne von Großmächten festgelegte grobe Ordnungskategorien des internationalen Systems und stehen in der Denktradition nationaler Machtpolitik. Nicht jedes Nationalinteresse ist eine Doktrin, doch jede Doktrin formuliert ein Nationalinteresse" (Pfetsch 1994: 115).

Abgegrenzt nach territorialer Reichweite, geografischer Lage und Adressaten zeigt die Typologie von außenpolitischen Doktrinen, dass es sich auch bei der jüngsten „Bush-Doktrin" und ihrer Zielsetzung um eine Handlungsmaxime von *globaler Reichweite*, mit einem *offen gehaltenen Zeithorizont*, um die Verknüpfung von staatlichen und nicht-staatlichen Maßnahmen und um eine explizite *Freund-Feind-Kategorisierung* handelt ("Wer nicht für uns ist, ist gegen uns."). Neben dem Paradigmenwechsel vom bisher bekämpften Kommunismus und der Abschreckungsdoktrin zum weltweiten Kampf gegen den Terrorismus sollte für die "neuen Kriege im neuen Zeitalter" die Option des *preemptive strike*, der Gefahrenabwehr noch vor dem Entstehen einer akuten Bedrohung, im Mittelpunkt stehen.

Grundeigenschaften, die sich dabei für das Entstehen von außenpolitischen Doktrinen abzeichnen, und auch im Fall der Bush-Doktrin zum Tragen kommen, sind zunächst die Absicht, eine Antwort auf eine bestimmte *Krise* oder eine neu wahrgenommene *weltpolitische Lage* zu finden. Da die meisten Doktrinen erst zu einem späteren Zeitpunkt in einem einsehbaren Dokument, wie in Bushs 33 Seiten umfassenden Papier zur künftigen Nationalen Sicherheitsstrategie, festgehalten werden und im Rahmen von Pressekonferenzen oder Botschaften an den Kongress ihren Weg in die Öffentlichkeit finden, wird der Name von Doktrinen häufig nicht zum Augenblick ihrer Abgabe und nicht immer vom eigentlichen Urheber, wie in diesem Fall von Condoleezza Rice, geprägt. Als einseitig ausgesprochene *Erklärung*, die sich meist an einen *Gegner oder potenziellen Feind* - wie den Irak und den Terrorismus generell - richtet, formuliert die Doktrin ein klares nationales Interesse; unter Präsident Bush primär ein realistisches Interesse, das ein Abwägen der Ziele unter dem Gesichtspunkt des Machtcharakters von Außen- und internationaler Politik vornimmt.

In strategischer Absicht formuliert und nicht selten medienwirksam in griffigen Wortverpackungen akzentuiert, enthält eine Doktrin außenpolitisch oftmals einen missionarischen Rechtfertigungsanspruch sowie innenpolitisch den Verweis auf klare Prinzipien, die sich mit höheren handlungslenkenden Werten und moralischen Grundsätzen gleichsam an einer Idealpolitik orientieren und nach eigenem Verständnis einer "gerechten Sache" folgen. Erfolg und Misserfolg können dabei an den vorliegenden Zielen und über einen längeren Zeitraum überprüft und beurteilt werden. Hierzu zählt das Problem, dass Doktrinen im Falle einer dogmatischen Anwendung die politische Wirklichkeit verzerren bzw. vergröbern und so ohne nähere Differenzierung die außenpolitischen Handlungsmöglichkeiten auf nur wenige Alternativen (Optionen) verringern können.

5.4 Interessentypen und Ziele auswärtiger Politik

Wer die Außenpolitik von Staaten analysieren will, hat also die für eine konkrete Konstellation wichtigen (nationalen) Interessenlagen beziehungsweise die jeweils subjektiven, wahrnehmungs- und situationsbedingten Interessenkonzeptionen der außenpolitischen Entscheidungsträger herauszufiltern und gegenüberzustellen. Dabei kann zwischen verschiedenen Typen außenpolitischer Interessen unterschieden werden:

1) *reale,* konkret angestrebte *Interessen* einer Regierung, sei es in offener oder geheimer Form, geplant oder in Aktion,

2) die als *Scheininteressen* von einer Staatsführung allein aus Nützlichkeitsgründen für die Innen- oder Außenpolitik erklärten Ziele, ohne konkret damit verbundene Verwirklichungspläne oder -absichten (z.B. aus wahltaktischen innenpolitischen Motiven oder zur Verschleierung tatsächlicher Ziele)

3) *potentielle,* zum untersuchten Zeitpunkt nicht eindeutig verfolgte, außenpolitische *Interessen* (z.B. in Folge eines Regierungswechsels und der Umsetzung bisher latenter Interessenkonzeptionen der Opposition, des Wandels im außenpolitischen Umfeld aufgrund von Krisen oder Konflikten in einem benachbarten Land oder einer größeren Region; unerwartete internationale Probleme und Herausforderungen etc.)

4) übergeordnete, *primäre* Leitinteressen und ihnen nachgeordnete, zur Verwirklichung dienende *sekundäre* Interessen (z.B. die von China erwünschte Anbahnung der Wiedervereinigung mit Taiwan als Primärinteresse, verbunden mit

dem sekundären Interesse, zu diesem Zweck eine stärkere diplomatische Anerkennung und Repräsentation Taiwans in internationalen Institutionen zu verhindern),

5) *expansive* oder *reaktive* Interessen, die zum einen auf eine Erweiterung oder Festigung der Machtposition und des Besitzstandes („Platz an der Sonne", „Politik der freien Hand" etc.), zum anderen auf den Status quo und die Bewahrung des Erreichten zielen („balance of power", „Saturiertheit", „strategische Überdehnung" etc.) und ein erhöhtes Maß an Konzessionsbereitschaft beinhalten, als auch

6) *unilateral*, von einem Staat, oder *multilateral*, von einer Staatengemeinschaft bzw. -gruppe formulierte Interessen (so die von Entwicklungsländern, vor allem von afrikanischen und asiatischen Staaten unterstützte Bewegung der „Blockfreiheit" etc.).

Zugleich lassen sich mit konkreten Inhalten definierte Ziele der auswärtigen Politik voneinander unterscheiden: *Basisziele* bleiben über größere Zeiträume gleich oder verändern sich nur wenig, und ergeben sich aus den inner- und außerstaatlichen Grundbedingungen eines Staates. *Kurz- und mittelfristige Ziele* können hingegen spontan und taktisch geändert werden. Sie gehen aus aktuellen außenpolitischen Konstellationen und Herausforderungen hervor, bleiben aber in den vorgegebenen Rahmen der Grundinteressen, der inneren und äußeren Bedingungen und außenpolitischen Basisziele eines Landes eingebunden.

Außenpolitik ist jedoch „keineswegs allein (wenn auch nach wie vor *primär*) auf die Verfolgung nationaler Interessen gerichtet, sondern (…) auf die Gestaltung internationaler Ordnung (unter Umständen sogar in Absehung von kurzfristigen und/oder kurzsichtigen nationalen Interessen), weil davon langfristig auch die Interessen des Einzelstaates abhängig sind" (Schwarz 2001: 14). Arnold Wolfers spricht hier von den so genannten „*posession goals*", den nach innen gerichteten, mit einem bedürfnisorientierten und besitzstandswahrenden Charakter versehenen Zielen (Selbsterhaltung, Überleben), sowie den „*milieu goals*", den umfeldbezogenen, auf die internationale Ordnung wirkenden Zielen (Wolfers 1962: 73-80, 91).

Nationale Interessenpolitik hat umgekehrt die Rückwirkungen aus dem internationalen System in Rechnung zu stellen (so etwa die relative Macht anderer Staaten). Wie Waltz und Link aus der Perspektive des Neorealismus betonen, ergeben sich Interessen geradezu zwingend aus der internationalen Position des Staates. Das internationale System und die nationalen Interessen stehen jedenfalls „in einem wechselseitigen Wirkungszusammenhang, in dem die Balance zu halten ist" (Schwarz 2001: 21). Dieser internationale Bezugsrahmen, im Sinne der Struktur des internationalen Systems, kann den außenpolitischen Handlungsspielraum und die einzelstaatlichen Interessen einschränken und begrenzen.

Unter der Voraussetzung, dass sich die nationalen Interessen an den dominierenden (Verhaltens)Standards im internationalen System orientieren und sich danach messen lassen, kann das äußere Umfeld jedoch auch konstruktiv zur Förderung und Unterstützung des Nationalinteresses beitragen und unter Umständen eine einseitige machtpolitische Interessendurchsetzung erschweren. Hinsichtlich der Grundinteressen eines Staates und ihrer Umsetzung in den einzelnen Politikfeldern sind daher sowohl das *innere* als auch das *äußere Bezugssystem* der Außenpolitik zu berücksichtigen.

Zum Grundinteresse der Sicherheit

Kommen wir abschließend zu den zentralen Grundinteressen von Außenpolitik zurück. Arnold Bergstraesser, ein bedeutsamer „Gründungsvater" deutscher Politikwissenschaft in der Nachkriegszeit, sprach mit Blick auf den Interessenbegriff von der „zugrunde liegende(n) Sorge um Gegenwart und Zukunft der Daseinsstruktur des außenpolitisch vertretenen Volks- und Gesellschaftskörpers. Was (...) im Einzelfall als Interesse gilt, ist das Ergebnis konkreter Daseinslagen einerseits und geistig bestimmter Auffassungen vom Sinn und Ziel der Außenpolitik andererseits" (Bergstraesser 1957: 761). Die von Bergstraesser hervorgehobene Sorge um die menschliche Daseinsführung richtet sich in der Außenpolitik auf vier wesentliche Grundaspekte: Sicherheit, Autonomie und Unabhängigkeit, wirtschaftliche Wohlfahrt sowie Status und Prestige. Auf welches Interesse dabei das Hauptaugenmerk eines Staates fällt, bleibt abhängig von den Prioritäten eines Staates. Im Regelfall haben die genannten Grundinteressen für alle Staaten eine zentrale Bedeutung.

Wenige Konzepte sind so schwer zu definieren wie das der (nationalen) Sicherheit. Dabei zählt das Streben nach Sicherheit zu allen Zeiten seit Napoleon, Stalin oder Kim Il Sung, zu einem langfristigen Interesse staatlicher Außenpolitik, das sich, mit Ausnahme etwa von Kleinstaaten wie Kiribati, Island oder Costa Rica, im Besitz und in der Einsatzfähigkeit militärischer (Gewalt-)Mittel (Streitkräfte, Waffensysteme etc.) widerspiegelt. Von den meisten Regierungen, die den Entschluss zu einem Krieg oder einer militärischen Intervention gefasst haben, wie die Sowjetunion in Afghanistan, die Vereinigten Staaten in Nicaragua in den 1980er Jahren, die Invasion des Irak in Kuwait (1991) oder die Besetzung der Falkland-Inseln durch argentinische und später britische Truppen (1982), wird die Verteidigung oder Wahrung nationaler Sicherheit zum wichtigen Erklärungsgrund: zum einen in Vorsorge vor einer Gefährdung der eigenen Sicherheit, zum anderen in Reaktion auf eine Bedrohung - von innen in Form von Unruhen, organisierter Kriminalität, Bürgerkriegen, Putsch- oder Sezessionsbestrebungen, von außen durch Gefährdung des Lebens der Staatsbürger, der territorialen Integrität und der Unabhängigkeit des Staates oder der gesellschaftlichen Daseins- und Lebensgestaltung bzw. des „way of life".

Dient die innere Sicherheit im weitesten Sinne „dem Schutz der Bevölkerung vor allen denkbaren Formen krimineller Handlungen", so richtet sich die äußere Sicherheit in erster Linie auf den Schutz des Staates vor äußerer Beherrschung oder Existenzgefährdung (Dettke 2004: 10). Sicherheit zeigt sich in „der Fähigkeit von Staaten und Gesellschaften, ihre unabhängige Identität und ihre funktionale Integrität aufrechtzuerhalten" (Buzan 1991: 18ff.). Da jede Gesellschaft (Herrschaftssystem) verwundbar ist, stellt die

Abwehr von äußeren Bedrohungen, zum Beispiel durch militärische Gewaltmittel, Druck oder Drohung, Sanktionen, Erpressung, Boykott und Embargo, ein besonders wichtiges Ziel dar.

Mit Blick auf die nationale Sicherheit versucht ein Staat in der Regel, den Grad der Verwundbarkeit und der Bedrohung so weit wie möglich zu reduzieren. Daher kennzeichnet nationale Sicherheit auch die außenpolitische Fähigkeit eines Staates, einen Angriff von außen siegreich abzuwehren und zu überstehen oder anderen Formen einer militärischen und wirtschaftlichen Bedrohung, einer ideologischen Beherrschung oder innerem Staatszerfall zu widerstehen. Die hohe Summe der Staatsausgaben für Verteidigung in den USA, mit etwa 379 Mrd. Dollar im Jahr 2002/2003 (5 % des Bruttosozialproduktes), aber auch in anderen Staaten mit einem umfassenden Machtpotenzial, zeigt, dass ausreichende militärische Mittel eine zentrale Grundbedingung von Sicherheit bilden. Sich gegen die Verwundbarkeit des eigenen Herrschafts- und Gesellschaftssystems von außen zu schützen, hat dabei über alle Jahrhunderte eine beherrschende Rolle gespielt. Festungsanlagen und Schutzwälle, wie die chinesische Mauer oder die Maginot-Linie als Grenzbefestigung Frankreichs gegenüber dem nationalsozialistischen Deutschland, bildeten ebenso eine Schutzfunktion wie natürliche, geographisch und strategisch relevante Grenzen und Handlungsräume.

Die türkischen Meerengen an den Dardanellen, die sowohl den Zugang zum Schwarzen Meer als auch zum Mittelmeer ermöglichen, lagen stets im traditionellen Interesse der Großmächte Frankreich, Großbritannien und Russland (Sowjetunion). Sowohl Großbritannien als auch die USA waren über viele Jahrzehnte durch die geographischen maritimen Grenzen des Nordseekanals wie auch des Atlantik und Pazifik vor einer hohen Verwundbarkeit geschützt. Mit dem technologischen Fortschritt wie der Entwicklung von nuklearen Waffen und weit reichenden interkontinentalen Trägersystemen nach dem Ende des Zweiten Weltkrieges, aber auch unter dem Eindruck strategisch gezielter Terroranschläge wie den terroristischen Akten von Al-Qaida etc., ist der mögliche Grad an Verwundbarkeit jedoch deutlich gestiegen.

Außenpolitische Streitigkeiten um die Verfügungschancen bei Rohstoffen und Transportwegen, wie im Südchinesischen Meer und in der Straße von Malakka, weisen zudem darauf hin, dass äußere Sicherheit heutzutage mit wesentlich mehr zu tun hat als mit der Verteidigungsfähigkeit nationaler Grenzen. Der gesicherte Zugang und die Nutzung von Ressourcen wie Wasser oder Erdöl bzw. Energie (z.B. im Nahen Osten oder im Kaspischen Meer) ist gleichermaßen zu einem wichtigen außenpolitischen Interesse geworden wie der Schutz der Infrastruktur von Information und Kommunikation.

Afrikanische Regierungen haben ihre nationalen Interessen auf dem Gebiet der Sicherheit äußerst entschlossen innerhalb des afrikanischen Staatensystems verfolgt. Dies gilt vor allem hinsichtlich der innerafrikanischen Verteilung der Macht und ihren Auswirkungen auf die nationalstaatliche Sicherheit und Wohlfahrt. In den meisten Fällen war es allerdings nicht eine direkte militärische Bedrohung, die zum Kriegsausbruch führte. Bürgerkriege und der innerstaatliche, mit Staatszerfallsprozessen verbundene Kampf um Macht in Somalia, Liberia, Sierra Leone, im Tschad und in Zaire/Kongo als auch langanhaltende Gewaltkonflikte mit Massentötungen (z.B. Ruanda, Sudan/Darfur), massive Flüchtlingsbewegungen und Hungersnöte führten häufig zur außenpolitischen Existenzgefährdung von Staaten und zur Bedrohung der „(Über-)Lebensperspektiven der betroffenen Länder und Gesellschaften" (Matthies 2002: 339). Mit unterschiedlicher Wirkungskraft wurde dabei in den drei relevanten geopolitischen Subsystemen Afrikas (dem *nördlichen Trans-Sahara-Afrika* von Marokko über Ägypten und die muslimischen Staaten Mauretanien und Sudan bis zum Horn von Afrika und den westafrikanischen Küstenstaaten mit Senegal und Nigeria; dem geopolitisch wichtigen *Zentralafrika* von Kamerun und Gabun im Westen bis zum östlich gelegenen, von Uganda, Burundi und Ruanda umgebenen Kenia und dem aufgrund seiner geographischen Mittellage exponierten Kongo; sowie dem *südlichen Afrika* mit einem insbesondere um Angola, Mosambik, Namibia und Tansania gruppierten und wesentlich von Südafrika dominierten regionalen Staatengefüge) hauptsächlich auf das außenpolitische Mittel diplomatischer Koalitionen oder den Einsatz der (O)AU zurückgegriffen, um nationale Sicherheit und regionale Stabilität zu gewährleisten (Chazan et al. 1999).

Auswärtige *Bedrohungen* sind demgegenüber nicht immer auf den ersten Blick erkennbar oder von einem Konfliktgegner ausdrücklich erklärte Angriffsabsichten und Gefährdungen. Bedrohungen kennzeichnen vielmehr die (unmittelbaren) Fähigkeiten eines Akteurs, bestehende Verwundbarkeiten des gegnerischen Staates zum eigenen Vorteil zu nutzen. Im Begriff der „sowjetischen Bedrohung" während des Kalten Krieges spiegelte sich deshalb nicht so sehr eine unmittelbar bevorstehende Aggression oder Intervention sowjetischer Streitkräfte wider als vielmehr die Wahrnehmung, dass Moskau jederzeit in der Lage sein könnte, das Potenzial und die Reichweite seiner militärischen Stärke gegen die westliche Staatengemeinschaft einzusetzen. Umgekehrt wurde die NATO als Bedrohungsfaktor von der Sowjetunion perzipiert und von der politischen Führung in Moskau im objektiven und subjektiven Sinne für Belange der nationalen Sicherheit instrumentiert: im *objektiven Sinne* als Bedrohung des Gesellschaftssystems und der zu schützenden zentralen Werte, im *subjektiven Sinne* als Angst der Bevölkerung vor einer Bedrohung der Gesellschaft und des Wertesystems. Ein ähnliches Bedrohungsempfinden wurde zuletzt von den USA gegenüber so genannten „Schurkenstaaten", wie Nordkorea und Irak, formuliert.

Bedrohungen können sich in Form territorialer Forderungen oder Ansprüche, in der Kontrolle geostrategisch wichtiger Gebiete oder im bewaffneten Einmarsch in ein benachbartes Staatsgebiet äußern. Die Folgen einer existenziellen Gefährdung oder einer Verletzung der Souveränität des betroffenen Staates sind dann umso größer, je mehr es sich um einen schwachen, unter Umständen von internen Autonomiebestrebungen und politischen Unruhen belasteten Staat handelt. Auswärtige Interventionen sind in diesem Fall nicht selten das Ergebnis einer Eskalation solcher innerstaatlichen, von der Regierung des Landes nicht mehr steuerbaren Machtkämpfe (z.B. die Intervention der USA in Grenada 1983). Das Spektrum an Bedrohungen kann darüber hinaus gegen Ideen, Weltanschauungen oder Ideologien, gegen konkrete Formen der Daseinsführung einer Gemeinschaft gerichtet sein. Mit dem Begriff vom Kampf der Kulturen werden Auseinandersetzungen um Werte und Normen, wie sie zwischen islamischem Fundamentalismus und westlichen Traditionen des Liberalismus geführt werden, zu einem wichtigen außenpolitischen Handlungsfeld und Bedrohungsszenario. Ähnliches gilt für Fragen der internationalen Migration, der grenzüberschreitenden Umweltverschmutzung und transnational organisierten Kriminalität, des Drogenhandels und anderen, mit weltweiter Interdependenz verbundenen, globalen Risiken.

Was letztlich seitens des Staates an außenpolitischen Leistungen erbracht wird, um nationale Sicherheit zu garantieren, ist nicht selten von den verfügbaren Ressourcen sowie innenpolitischen Machtkämpfen und öffentlichen Auseinandersetzungen abhängig. Sicherheit als ein legitimes Ziel des Staates steht häufig im Mittelpunkt konkurrierender Bedürfnisse und Forderungen der Gesellschaft. Andere legitime Ziele, wie die wirtschaftliche Wohlfahrt, können dem allerdings entgegenstehen, zumal der Sicherheit als grundlegendem Interesse nicht automatisch außenpolitische Priorität zufällt.

Unabhängigkeit und Autonomie

Aufgrund der anarchischen Struktur des internationalen Systems und dem Fehlen einer übergeordneten, zentralen Lenkungsinstanz sind Staaten in der Regel bei der Verfolgung ihres Grundinteresses an Sicherheit auf sich selbst angewiesen (Waltz 1979: 111). Zur Gewährleistung dieser Sicherheit setzt man seitens der Staaten so wenig wie möglich auf Unterstützung durch andere Akteure. Die tatsächliche Verfügungsgewalt und der außenpolitische Handlungsspielraum der Regierung sollen weitest gehend nicht von außen bestimmt sein. Ein Staat ist daher umso autonomer, also von anderen Staaten faktisch unabhängig, je weniger seine außenpolitische Handlungsfähigkeit von Staaten und internationalen Institutionen eingeschränkt oder behindert wird. Im Gegensatz zur Souveränität, die auf der formellen Unabhängigkeit von Dritten beruht, bezieht sich Autonomie in erster Linie auf die Entscheidungs- und Handlungsautonomie des Staates, verstanden als „Fähigkeit zur erfolgreichen Erledigung spezifischer Funktionen". Gemeint ist damit in erster Linie die Fähigkeit, innen- und außenpolitische Entscheidungen nach den Vorstellungen der nationalen Regierung zu treffen und sich gegen äußere Einflüsse, Zwang oder fremdstaatliche Vorherrschaft zu widersetzen.

Autonomie oder Unabhängigkeit schließen damit jedoch keineswegs eine normengebundene Selbstverpflichtung des Staates und die Einhaltung bestimmter Verhaltensstandards und Völkerrechtsregeln aus, vorausgesetzt diese erfolgt auf freiwilliger Basis. Vertragsabsprachen oder Abkommen etwa grenzen die außenpolitische Wahl- und Handlungsfreiheit deutlich ein. Da allerdings nur Großmächte über ein hohes Maß an Autonomie verfügen, muss die Mehrzahl der Staaten sich auf vielfältigere Einschränkungen und Abstriche in ihrer Autonomie und außenpolitischen Unabhängigkeit einlassen. Staaten versuchen daher im Regelfall auch auf das internationale Umfeld Einfluss zu nehmen, um so die äußeren Bedingungen in einer für die nationalen Sicherheitsinteressen günstigen Weise zu beeinflussen und größere Sicherheit zu erhalten. Das Grundinteresse an Sicherheit hängt daher eng mit der Absicht zusammen, ein möglichst hohes Maß an Autonomie und Einfluss zu erreichen (Baumann/Rittberger/Wagner 1999).

Die Souveränität des Staates bildet hierzu zwar die rechtliche Grundlage der Autonomie. Das Konzept der Souveränität kann jedoch tatsächliche Einbußen an außenpolitischer Handlungsfähigkeit nicht vermeiden. Insbesondere Entwicklungsländer verfügen über eine formale Souveränität, die ihnen kaum die Möglichkeit zu einer ausreichenden außenpolitischen Entscheidungs- und Wahlfreiheit gewährt, wenn es sich um den strukturellen Einfluss des internationalen Wirtschaftssystems oder um verschiedene Formen wirtschaftlicher Druckausübung durch Industrieländer handelt. Internationale Finanzierungshilfen werden nicht selten aufgrund ihrer Einflussnahme auf die nationale Wirtschaftspolitik (z.B. durch Verringerung staatlicher Subventionen, geforderte Zins- und Steuererhöhungen oder die Einschränkung sozialer Leistungen) und auf das Entscheidungsverhalten der Regierung als Autonomie einschränkend abgelehnt oder nur widerwillig akzeptiert (Holsti 1995: 97).

Angesichts der Sachzwänge einer interdependenten Welt sind jedoch alle Staaten mehr oder weniger mit dem Problem einer Erosion ihrer Autonomie konfrontiert. So gibt es heute kaum einen Bereich staatlicher Politik, der nicht vom internationalen Umfeld und den interdependent ineinander übergreifenden und eng verflochtenen Gegebenheiten und Entwicklungen der internationalen Politik beeinflusst wird. Je nach Interessenlage des Staates, der Wahrnehmung und Interpretation der Problemstrukturen und der außenpolitischen Konstellation wird ein möglicher Autonomieverlust zugunsten der Wahrung oder Durchsetzung anderer Interessen - wie der Wohlfahrt, der Sicherheit und des Status - allerdings durchaus in Kauf genommen. Strategien der wirtschaftlichen Diversifikation, militärische Aufrüstung, wissenschaftlicher Fortschritt oder ökonomische Stärke sind dabei Faktoren, die zur Aufrechterhaltung der Unabhängigkeit oder zur Verringerung des Erosionsprozesses staatlicher Autonomie beitragen sollen. Unumschränkte Autonomie und Unverwundbarkeit, aber auch wirtschaftliche Autarkie stellen kaum erreichbare Präferenzen staatlicher Außenpolitik dar.

Wirtschaftliche Wohlfahrt

Nicht allein ein ausreichendes Maß an Sicherheit, auch wirtschaftliche Leistungskraft eines Staates zählt zu den wichtigen Faktoren seiner außenpolitischen Machtbildung. Wirtschaft bzw. wirtschaftliche Wohlfahrt ist insofern ein relevantes Ziel und Mittel der Außenpolitik von Staaten. Während es bis zur zweiten Hälfte des 20. Jahrhunderts eher darum ging, „Angriffe von außen abzuwehren oder abzuschrecken" und „Expansionsmöglichkeiten wahrzunehmen" (Czempiel 2002: 22-23), um die Macht des Staates zu steigern, drängte das staatliche und vor allem gesellschaftliche Interesse nach dem Zweiten Weltkrieg auf eine Erhöhung des wirtschaftlichen Wohlstands. Die Frage der wirtschaftlichen Wohlfahrt, sei es durch nationalen Handel und Außenwirtschaftsbeziehungen, durch innovative Produktion und Verbesserung der sozialen Daseinslage unter wirtschaftlichen Gesichtspunkten, zog in den letzten Jahren hohe Aufmerksamkeit auf sich.

Der Besitz oder die Kontrolle materieller Ressourcen, von Siedlungsräumen und Rohstoffquellen, der technisch-wissenschaftliche Entwicklungs- und Leistungsstand sowie die Stabilität und Geltung der nationalen Währung etc. bilden wichtige außenpolitische Ressourcen und erhöhen die Chancen auf eine Umsetzung der wirtschaftsspezifischen Interessen. Dies trifft nicht nur für die Industriestaaten des OECD-Raumes zu. Auch unter den Transformations- und Entwicklungsländern steht die wirtschaftliche Wohlfahrt weit oben auf der außenpolitischen Agenda. Von der weitsichtigen Staatskunst der politischen Führungsträger wird daher erwartet, dass sie negative Entwicklungen des Weltmarktes oder wirtschaftliche Sanktionen gegen den Staat abwenden und die eigene Wirtschaft leistungsfähig erhalten.

Die grundlegende Staatsfunktion der Gewährleistung von Wachstum und Wohlstand ist vor diesem Hintergrund von zwei wesentlichen Faktoren gekennzeichnet: dem Prozess der Globalisierung und der Rolle der privaten Marktakteure. Internationale Wettbewerbsfähigkeit, die Offenheit des Außenhandels, staatliche Reform- und Regulierungsfähigkeit gegenüber globalen (Finanz-)Märkten, einschneidende Handelsbilanzdefizite oder die Absicherung von Umwelt- und Sozialstandards, sind einige der zentralen Aspekte, anhand derer die Kernaufgabe und das Grundinteresse der wirtschaftlichen Wohlfahrt gemessen werden. Im Fokus der Industriestaaten und Entwicklungsländer steht dabei die zunehmend grenzüberschreitend verlaufende Ökonomie. Infolge einer seit drei Jahrzehnten wachsenden Globalisierung, verstanden „als die Zunahme des Anteils grenzüberschreitender Aktivitäten an der gesamten Wirtschaftstätigkeit" (Schirm 2004: 137), haben sich die Rahmenbedingungen für nationale Wohlfahrt und für die in den auswärtigen Beziehungen relevanten wirtschaftspolitischen Optionen wesentlich verändert. Oftmals ist daher von einem „Primat der Wirtschaft" (Bergsten 1992), neuen geo-ökonomischen Machtzusammenhängen (Link 1998) und einer eigenständigen Wirtschaftswelt (Czempiel 1991: 111-113) die Rede, die auf eine stärkere Ökonomisierung der Weltpolitik wie auch der Außenpolitik hindeuten.

Mit der Frage nach Wohlfahrt und wirtschaftlicher Stärke verbindet sich außenpolitisch die Frage nach Macht und Einfluss des Staates: Macht im Sinne der Durchsetzbarkeit eigener ökonomischer Interessen sowie Einfluss in weltwirtschaftlichen Institutionen und Beziehungen. Wie sehr die Nationalstaaten Chancen zur Vergrößerung von Vorteilen oder zur Verringerung von Nachteilen wirtschaftlicher Art nutzen können, ist je nach Entwicklungsstand und Wirtschaftsleistung verschieden. Hauptsächlich spielt die OECD-Welt der 24 entwickelten Industriestaaten und darin vor allem das Verhältnis im Dreieck bzw. der Triade USA, Westeuropa und Japan eine wesentliche Rolle. Zu langfristigen Gewinnern, trotz der Asienkrise 1997/1998 und steigender Unsicherheiten nach dem 11. September, gehören die asiatischen Schwellenländer, vor allem die „Tiger-Staaten" Ostasiens (Taiwan, Südkorea, Hongkong und Singapur), China, in neuerer Zeit auch Thailand und Malaysia sowie die „Jaguar-Staaten" Lateinamerikas (Chile, Mexiko). Mit Ausnahme der erfolgreichen östlichen Reformländer (Polen, Tschechische Republik, Slowenien etc.), sind in den abgestürzten Reformstaaten der Balkanregion und entlang des zentralasiatischen Gürtels der GUS (Gemeinschaft Unabhängiger Staaten) als auch in Teilen Lateinamerikas und in den Ländern Afrikas und des Mittleren Ostens Staaten zu finden, die aufgrund fehlender marktwirtschaftlicher Politik, äußerer Abschottung und geringer Einbindung in weltwirtschaftliche Zusammenhänge zu den Globalisierungs-Verlierern gehören. Bis auf die Erdöl exportierenden Staaten der OPEC und in Ausnahmefällen fiel in diesen Regionen der Anteil bei Welthandel, Investitionen und Wachstum äußerst gering aus (Schirm 2004: 161ff., Rode 2004: 587-615).

Kontrovers bleibt in diesem Zusammenhang die Diskussion um einen Bedeutungsverlust des Nationalstaates, zwischen den „Hyperglobalisierern" einerseits, die aufgrund der Integration regionaler Märkte und einem integrierten asymmetrischen Weltmarkt vom Gewichtsverlust und Ende des Nationalstaates ausgehen, und den Globalisierungsskeptikern andererseits, die in den Staaten und ihren nationalen Wirtschaftsräumen noch immer die zentralen Akteure der Weltpolitik sehen. Dass die Nationalstaaten nicht als relevante Akteure verschwinden, sondern ihre Funktionen und außenpolitischen Aufgaben und Interessen neu definieren und bestimmen müssen, scheint auch hinsichtlich der nationalen Wohlfahrt und der wirtschaftspolitischen Handlungsspielräume der Staaten unbestreitbar.

Die Förderung des gesellschaftlichen Wohlstands hängt, neben den Bedingungen des Weltwirtschaftssystems, allerdings eng mit den privaten Wirtschaftsakteuren zusammen. Dazu zählen nicht nur wirtschaftsorientierte Interessengruppen, sondern in erster Linie multinationale Konzerne. Als nicht-staatliche Machtfaktoren üben sie sowohl innerhalb eines Landes auf die außenpolitische Zielformulierung und Interessendurchsetzung im Bereich der Wirtschaft als auch auf die internationale Wirtschaftspolitik Einfluss aus. In dieser Form können die vorrangig wirtschaftlich orientierten Interessenlagen der transnationalen Konzerne mit den politischen und wirtschaftlichen Interessen ihrer Ursprungs- und Gastländer entweder übereinstimmen oder widersprechen. Über den gesellschaftlichen Bezugsrahmen hinaus pflegen sie aufgrund der transnationalen, grenzüberschreitenden Reichweite ihrer Wirtschaftsstrategien, des Umfangs an Eigentum und mobilem Kapital sowie ihrer Konkurrenz auf dem Weltmarkt zahlreiche Austauschbeziehungen mit dem internationalen Umfeld.

Angesichts der Eigenständigkeit und der Kapazität ihrer auf mehrere Staaten weltweit verteilten ökonomischen Machtbasis und ihrer unterschiedlichen Interessenlagen, müssen die Ziele der multinationalen Konzerne mit den außenpolitischen Staatsinteressen des Ursprungslandes daher keineswegs identisch sein. Ebenso wenig ist von einer klaren Interessenkonvergenz zwischen den unternehmerischen Interessen der Konzerne und den nationalen Interessen der Entwicklungsländer auszugehen. Außenwirtschaftspolitische Ziele der Entwicklungsländer können den Interessenlagen der Konzerne deutlich entgegenstehen und zu ernsthaften, von Verhaltens- und Verhandlungsstrategien der Regierungen begleiteten Konflikten führen, in denen die multinationalen Konzerne ihre Wirtschaftsmacht gegen das Gastland einsetzen.

Darüber hinaus eröffnen sich über Konzerne Möglichkeiten des Transfers von Kapital, Technologie, Ausbildung und verbesserten Marktzugängen oder Absatzmärkten sowie des Ausbaus der bestehenden Infrastruktur. Transnationale Konzerne als auch Banken entzogen sich seit der Ökonomisierung allerdings zunehmend der Kontrolle der Nationalstaaten und schränkten den Entscheidungsspielraum der politischen Systeme ein. Vor allem „als Träger und Verstärker der Interdependenz entwickeln TNK und TNB ein Interesse an von nationalstaatlichen Grenzen unbeeinträchtiger Handlungsfreiheit. Sie stellen deshalb die mächtigste transnationale Interessengruppe für Freizügigkeit im Kapitalverkehr dar" (Rode 2004: 598).

Vor diesem Hintergrund spielt das staatliche Grundinteresse der Wohlfahrt eine entscheidende Rolle. Wenngleich dabei mit Krell zu bedenken gilt, „dass die Vorstellung eines unabhängig von Zeit, Raum und politischer Konstellation durchgängig autonomen und ohne Einschränkungen handlungsfähigen Staates ohnehin eine Karikatur darstellt", ist der Nationalstaat unter dem Gesichtspunkt verschiedener Strategien - Politik der Autarkie, Merkantilismus, Protektionismus, Freihandel, Wirtschaftsallianzen, regionale Freihandelsabkommen, Kartellbildungen (OPEC) - noch immer der handlungsrelevante Hauptakteur. Darüber hinaus bilden die Europäische Union, die OPEC, der Mercosur, NAFTA und die ASEAN etc. wichtige wirtschaftspolitische Staatenorganisationen bzw. -gruppieren der gegenwärtigen Welt, in denen neben politischen, systemisch-ideologischen und kulturellen Aspekten gerade auch wirtschaftspolitische Motivationsstrukturen der Staaten eine große Rolle spielen.

Status und Prestige

Ein nicht unerhebliches Maß an Bedeutung erfährt das staatliche Interesse hinsichtlich Status und Prestige. Zu allen Zeiten stellte die Repräsentation des Staates eine wichtige Außenwirkung dar. Traditionell zählt dazu die Politik des Prestiges aufgrund militärischer Macht und Stärke. Große Militärparaden der neueren Zeit, sei es in Moskau, Paris oder andernorts, fungieren als eine Politik der Machtdemonstration, vor allem bei symbolhaft wichtigen Nationalfeiertagen. Das Streben nach dem Status einer „Nuklearmacht", wie es China unter Mao Tsetung und Frankreich in der Regierungsära General de Gaulles in den 1950er und 1960er Jahren verfolgten, unterstreicht den hohen Stellenwert militärischer Stärke, zur Zeit des Kalten Krieges verbunden mit der Abschreckungswirkung einer direkten Konfrontation atomar gerüsteter Weltmächte. Die Zunahme nuklearwaffenfähiger Staaten wie Indien, Pakistan, möglicherweise Nordkorea oder Iran, und Israel verweisen auf die Bedeutung des machtpolitischen Besitzstandes auch in der Weltpolitik des zweiten nuklearen Zeitalters. Nicht nur ein militärtechnischer Rüstungsvorsprung kann allerdings Status fördernd wirken. Die Machtstrukturen der Gegenwart lassen sich nicht ausschließlich militärisch abbilden. Wissenschaftliche oder technologische Erfindungen und Weiterentwicklungen, im Bereich der naturwissenschaftlichen Forschung oder der nationalen Weltraumpolitik, stellen wichtige Formen der Demonstration eigener Stärke dar.

Mehr noch können Nationalstaaten, auch ihrem eigenen Selbstverständnis nach, eine kulturell einflussreiche Führungsrolle, wie vormals das hellenistische Athen als kulturelles Machtzentrum (im 5. Jhr. v. Chr.), Frankreich im 18. und frühen 19. Jahrhundert und gegenwärtig die Vereinigten Staaten im Sinne eines „American Way of Life", übernehmen. Symbole einer erfolgreichen Industrialisierung wie Autobahnen, Hochhäuser und Bürotürme, Monumentalbauten oder Flughäfen, aber auch Sportereignisse wie die Olympischen Spiele, die Tour de France oder Fußballweltmeisterschaften zählen häufig zu Gradmessern von nationalem Status und Prestige. Der Sieg des Athleten eines

Kleinstaates kann oftmals mehr Publizität und weltweite Öffentlichkeit hervorrufen als die außenpolitischen Aktionen eines Staates über das gesamte Jahr. Langstreckenläufer aus Algerien oder Kenia, Kameruns Fußballnationalmannschaft oder das Bobteam Jamaikas erhöhen den Bekanntheitsgrad des Staates um ein Vielfaches.

Aus der Reihe zahlreicher Prestige- oder Image fördernder Politiken ragt die Fähigkeit eines Staates heraus, als Vermittler und Friedensstifter in internationalen Konflikten aufzutreten oder zumindest als Konferenzort für zwei- oder mehrseitige Abkommen und Gespräche zu fungieren. Für die jeweiligen Staaten, wie Norwegen als Gesprächsort der israelisch-palästinensischen Geheimverhandlungen in Oslo, wird dies zu einem relevanten außenpolitischen Reputationsgewinn. Nicht zuletzt kann darin eine konkrete Strategie im Außenverhalten von Staaten liegen.

Kontrollfragen

(1) Was versteht man unter dem Begriff des nationalen Interesses? Diskutieren Sie, inwiefern dieser Begriff zum Verstehen staatlicher Ziele noch zeitgemäß ist.

(2) Worauf beziehen sich die langfristigen Interessen von Staaten?

(3) Was kennzeichnet den Begriff der außenpolitischen Doktrin? Stellen Sie dies an einem Beispiel dar.

(4) Welche verschiedenen Typen außenpolitischer Interessen gibt es?

(5) Erläutern Sie zwei zentrale Grundinteressen von Außenpolitik?

Literatur

Bergsten, C. Fred: *The Primacy of Economics*, in: Foreign Policy 87, 1992, S. 3-24.

Bergstraesser, Arnold: *Auswärtige Politik*, in: Herders Staatslexikon, (6. Aufl.), Freiburg, 1957, Bd. 1.

Burchill, Scott: *The National Interest in International Relations Theory*, London 2005.

Buzan, Berry: *People, States and Fear: An Agenda for International Security Studies in the Post-Cold War Era*, Boulder 1991.

Chazan, Naomi/Lewis, Peter et al. (Hrsg.): *Politics and Society in Contemporary Africa*, Boulder, Colorado 1999.

Czempiel, Ernst-Otto: *Weltpolitik im Umbruch. Das internationale System nach dem Ende des Ost-West-Konflikts*, München 1991.

Czempiel, Ernst-Otto: *Weltpolitik im Umbruch. Die Pax Americana, der Terrorismus und die Zukunft der internationalen Beziehungen*, München 2002.

Frankel, Joseph: *Nationales Interesse*, dt. München 1971.

Gilpin, Robert: *War and Change in World Politics*, Cambridge 1981.

Gilpin, Robert: *The Challenge of Global Capitalism – The World Economy in the 21st Century*, Princeton 2000.

Hacke, Christian: *„Die neue Bedeutung des nationalen Interesses für die Außenpolitik der Bundesrepublik Deutschland"*, in: Aus Politik und Zeitgeschichte, B1-2/97.

Hacke, Christian: *Zum gegenwärtigen Stand der Internationalen Beziehungen in der Bundesrepublik Deutschland*, in: Jäger, Thomas/Kümmel, Gerhard/Lerch, Maria/ Noetzel, Thomas (Hrsg.): Außenpolitische, innenpolitische und ideengeschichtliche Perspektiven. (Festschrift für Wilfried von Bredow), Baden-Baden 2004, S. 172-188.

Holsti, Kalevi J.: *International Politics. A Framework for Analysis*, New Jersey 1995.

Krasner, Stephen D.: *Defending the National Interest. Raw Materials and U.S. Foreign Policy*, Princeton, N.J. 1978.

Kerde, Ortrud/Pauer, Erich: *Japanische Außenpolitik: Im Fernen Osten nicht Neues*, in: Bredow, Wilfried von/Jäger, Thomas (Hrsg.:): Japan. Europa. USA. Weltpolitische Konstellationen der neunziger Jahre, Opladen 1994, S. 211-228.

Kevenhörster, Paul: *Japan. Außenpolitik im Aufbruch*, Opladen 1993.

Kindermann, Gottfried-Karl (Hrsg.): *Grundelemente der Weltpolitik. Eine Einführung*, München 1986.

Kindermann, Gottfried-Karl: *Außenpolitik im Widerstreit. Spannung zwischen Interesse und Moral*, in: Internationale Politik 9/1997, S. 1-6.

Kindermann; Gottfried-Karl: *Das Verhalten von Staaten – Zur Methodik der Internationalen Konstellationsanalyse, dem Analyseverfahren der Münchner Schule des Neorealismus*, in: Meier-Walser, Reinhard C./Luther, Susanne (Hrsg.): Europa und die USA. Transatlantische Beziehungen im Spannungsfeld von Regionalisierung und Globalisierung, München 2002.

Link, Werner: *Die Neuordnung der Weltpolitik. Grundprobleme globaler Politik an der Schwelle zum 21. Jahrhundert*, München 1998.

Matthies, Volker: *OAU – Auf dem Weg zu einer "Pax Africana"?*, in: Ferdowsi, Mir A. (Hrsg.): Sicherheit und Frieden zu Beginn des 21. Jahrhunderts. Konzeptionen – Akteure – Regionen, München 2002, S. 339-357.

Melanson, Richard A.: *American Foreign Policy since The Vietnam War. The Search for Consensus from Nixon to Clinton*, Armonk 1996.

Mendl, Wolf: *Japans Außen- und Sicherheitspolitik in Ostasien*, in: Maull, Hanns W. (Hrsg.): Japan und Europa: Getrennte Welten?, Frankfurt/New York 1993, S. 188-213.

Morgenthau, Hans J.: *Macht und Frieden. Grundlegung einer Theorie der internationalen Politik*, Gütersloh 1963.

Nye, Joseph S. Jr.: *Redefining the National Interest*, in: Foreign Affairs 78, Juli/August 1999.

Pfetsch, Frank R.: *Internationale Politik*, Stuttgart 1994.

Rice, Condoleezza: *Promoting the National Interest*, in: Foreign Affairs 79, 1/2000, S. 45-62.

Rode, Reinhard: *Strukturen und Entwicklungstendenzen der Weltwirtschaft*, in: Knapp, Manfred/Krell, Gert (Hrsg.): Einführung in die Internationale Politik. Studienbuch, München 2004, S. 587-616.

Rohde, Christoph: *Hans J. Morgenthau und der weltpolitische Realismus*, Wiesbaden 2004.

Schirm, Stefan A.: *Internationale Politische Ökonomie. Eine Einführung*, Baden-Baden 2004.

Schwarz, Jürgen: *Einführung in die Internationale* Politik, Unveröffentlichtes Manuskript, München 2001.

Wallace, William: *Foreign Policy and the Political Process*, Tiptree, Essex 1971.

Waltz, Kenneth N.: *Theory of International Politics*, New York 1979.

Wilhelm, Andreas: *Die US-Außenpolitik nach Florida: Zwischen national interest und globalem Engagement*, in: Gellner, Winand/Strohmeier, Gerd (Hrsg.): Identität und Fremdheit. Eine amerikanische Leitkultur für Europa?, Baden-Baden 2001, S. 39-49.

Wolf, Klaus-Dieter: *Die neue Staatsräson – Zwischenstaatliche Kooperation als Demokratieproblem in der Weltgesellschaft*, Baden-Baden 2000.

Wolfers, Arnold: *Discord and Collaboration. Essays on International Politics*, Baltimore, MD 1962.

Zürn, Michael: *Interessen und Institutionen in der internationalen Politik. Grundlegung und Anwendung des situationsstrukturellen Ansatzes*, Opladen 1992.

6.   Außenpolitische Entscheidungen

> *The business of Washington is making decisions.*
> Roger Hilsmann

Grundlage für jede Form menschlichen Handelns sind Entscheidungen. Das gilt nicht nur als Erkenntnis für die wissenschaftlichen Disziplinen der Wirtschaft und Psychologie, die sich mit Entscheidungen als Bedingungen für konkretes Verhalten beschäftigen. Auch für die Politikwissenschaft spielen Entscheidungen, ob als innenpolitische, parteipolitische oder sozialpolitische Entscheidungen etc. eine zentrale Rolle. Für das Handeln im Rahmen der Außenpolitik werden außenpolitische Entscheidungen zur notwendigen Voraussetzung. Will man die Bedingungen, Motivationen und Prozesse außenpolitischer Entscheidungsfindung erklären, ist es daher erforderlich, (a) den *Bezugsrahmen* und (b) die *Einflussfaktoren* von Entscheidungen, (c) den außenpolitischen *Entscheidungsablauf* und die (d) Instrumente der *Entscheidungsausführung* näher zu betrachten. Unterschiedliche Ansätze der außenpolitischen Entscheidungstheorie (Frankel 1965, Haftendorn 1990, Menzel 2001) versuchen eine Vielzahl darauf bezogener Fragen zu beantworten[2]. In jüngerer Zeit sind neuere sozialwissenschaftliche Ansätze, vor allem in neoinstitutionalistischer Perspektive, entwickelt worden, die u.a. das Zustandekommen von kollektiven außenpolitischen Entscheidungen ebenso untersuchen wie die Koordination und Arbeitsteilung zwischen den am Entscheidungsprozess beteiligten Bürokratien und Ministerien oder die Frage nach dem Einfluss innenpolitischer Kräfte und transnationaler Koalitionen auf die Formulierung der Außenpolitik eines Staates.

6.1   Die außenpolitische Entscheidung: Begriff, Typen, Ebenen

Da es sich bei, „vielem, was in der Weltpolitik geschieht, um Interaktionen zwischen Regierungen" handelt (Hermann/Hagan 1998: 133), spielen Entscheidungen von Staaten, d.h. der außenpolitische Prozess mit seinen unterschiedlichen Einflüssen und Handlungsabläufen innerhalb eines Staates, eine wichtige Rolle (Clarke/White 1989, Webber/Smith 2002, Chittick/Pingel 2002). Unter einer *außenpolitischen Entscheidung* ist dabei eine Wahl zwischen mindestens zwei verschiedenen Handlungsmöglichkeiten oder Optionen zu verstehen, die sich im allgemeinen darauf beziehen, etwas zu tun oder zu unterlassen; beispielsweise mit einem benachbarten Staat in umweltpolitischen Fra-

---

[2]   In besonderer Weise geeignet ist hier zur parallelen Verwendung die Analyse der konkreten Außenpolitik der Staaten im *Handbuch der Außenpolitik*, das die Bestimmungsfaktoren, den außenpolitischen Entscheidungsprozess sowie relevante Politikfelder und außenpolitische Verhaltensstrategien und Konstellationsmuster sämtlicher Staaten der verschiedenen weltpolitischen Regionen darstellt und diskutiert.

gen zu kooperieren oder das Problem ökologischer Sicherheit erst gar nicht auf die außenpolitische Agenda zu setzen. Die Wahl für eine Entscheidung oder außenpolitische Strategie beruht in aller Regel jedoch nicht auf einem einzigen Faktor. Nur eine geringe Zahl außenpolitischer Aktionen ist darauf zurückzuführen, dass die Entscheidungssituation keine größere Möglichkeit an Handlungsalternativen erlaubt.

Das außenpolitische Verhalten eines Staates ist nicht in erster Linie monokausal zu erklären und auf einen einzigen entscheidungswichtigen Grund oder Faktor zurückzuführen. Je nach Staat variieren die außenpolitischen Entscheidungsprozesse erheblich voneinander. In journalistischen, wissenschaftlichen und politischen Darstellungen findet sich dennoch oftmals eine Vereinfachung oder Reduzierung von Außenpolitik auf nur eine Erklärungsursache und ein scheinbar leicht durchschaubares Entscheidungsmuster. Diese Sichtweise folgt der Intention bzw. dem Wunsch nach einer einfachen, greifbaren und übersichtlichen Antwort für das Handeln eines Staates oder den zu erklärenden Hintergrund einer Situation, sei es eine internationale Krise oder ein erfolgreicher zwischenstaatlicher Vertragsabschluß.

Erst aus einer näheren Betrachtung außenpolitischer Entscheidungen ergibt sich jedoch die Möglichkeit, ein besseres Verständnis von den Ereignissen der internationalen Politik zu entwickeln, das außenpolitische Entscheidungsverhalten realitätsnah darzustellen und umfassender zu erklären, mögliche Fehler zu einem späteren Zeitpunkt zu vermeiden (*Lernprozess*) und das Entscheidungshandeln qualitativ zu verbessern. Nicht alle außenpolitischen Entscheidungen werden dabei unter gleichen Bedingungen getroffen. Innerhalb eines Staates verläuft der Entscheidungsprozess nicht immer gleichmäßig konsistent; unabhängig davon, um welche Regierungsform es sich handelt (Astorino-Courtois 1998; Amadife, 1999) Es hängt von „der Bedeutung und der Dringlichkeit der zur Entscheidung anstehenden Probleme" (Gu 2000: 116) ab, wie die Formulierung der außenpolitischen Entscheidungen erfolgt.

In Anlehnung an das von Donald Sylvan und Steve Chan (1984) entwickelte Würfelmodell zur Analyse außenpolitischer Entscheidungen, lassen sich nach Haftendorn drei Entscheidungstypen voneinander unterscheiden:

(1) *(Programmatische) Planungsentscheidungen* sind Entscheidungen zu Grundfragen und Problemen mit langfristiger, auf die Zukunft gerichteter Bedeutung, die ohne Zeitdruck, auf der Basis innovativer Überlegungen und Planungsvorhaben sowie unter Berücksichtigung der gegebenen staatlichen Voraussetzungen, z.B. durch Planungsstäbe oder entsprechende Grundsatzreferate, getroffen werden. Maßnahmen zur Verringerung des Streitkräftepotentials eines Landes können beispielsweise zu einer grundsätzlichen Debatte über die militärische Stärke des Landes und den Einsatz entsprechender Gewaltmittel führen.

(2) *Routineentscheidungen* sind im Rahmen vorgegebener Regeln und standardisierter Verlaufsmuster getroffene Entscheidungen, die meistens unter geringem Zeitdruck, zu Problemen von minder großer Bedeutung oder Tragweite und unter Beteiligung nachgeordneter Instanzen in der Bürokratie erfolgen. Diese auf der Arbeitsebene von verantwortlichen Beamten stattfindenden Entscheidungen

sind im Regelfall leichter korrigierbar und veränderbar als weit reichende Planungsentscheidungen (z.B. die in täglicher Routine vollzogenen Entscheidungen des Auswärtigen Amtes, auf der unteren Ebene des Staatsapparates und der Regierungsbürokratie).

Abb. 8: Würfelmodell der außenpolitischen Entscheidung

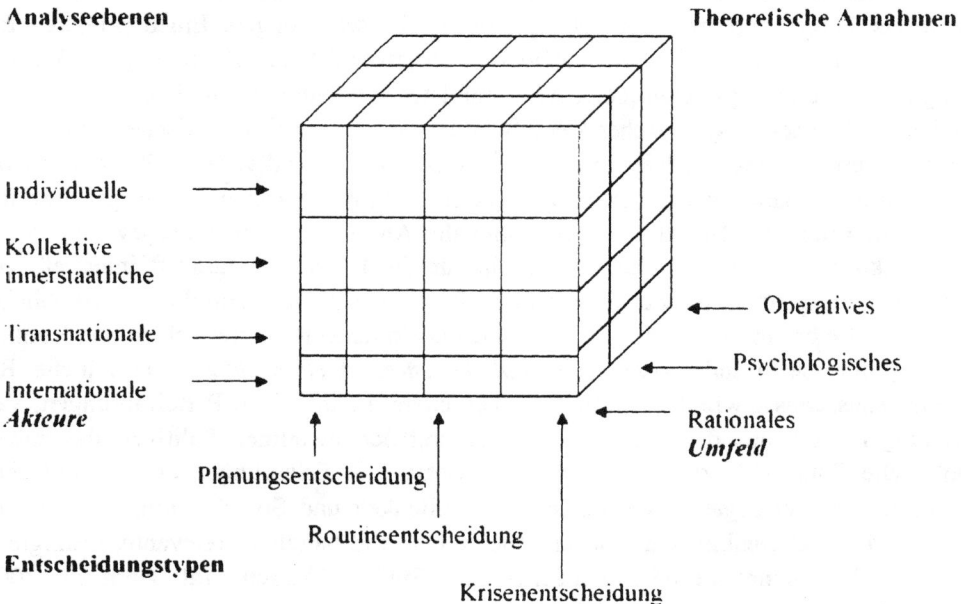

Quelle: Haftendorn 1990.

(3) *Krisenentscheidungen* lassen sich als Entscheidungen definieren, die unter Krisenbedingungen, bei einem hohen Zeitdruck, wenig verfügbaren Informationen und mit hohem Risiko erfolgen und zumeist von den führenden Entscheidungsträgern, den außenpolitischen Führungskräften, aufgrund der von ihnen wahrgenommenen Bedrohung vitaler Werte getroffen werden (Brecher/Wilkenfeld 1997). In den wenigsten Fällen ist dabei eine von der Situation unabhängige Neubewertung der Entscheidung möglich. (Die überraschende Stationierung sowjetischer Mittelstreckenraketen auf Kuba (1962) als auch die Intervention nordkoreanischer Truppen über den 38. Breitengrad nach Südkorea im - entscheidungsanalytisch gut untersuchten - Korea-Krieg (1950) forderten eine von der amerikanischen Regierung (von Kennedy bzw. Truman) jeweils rasch zu treffende Entscheidung.) Häufig kann die Regierung im Verlauf einer Krise mit einer breiten Zustimmung durch die Bevölkerung und anderer innenpolitischer Akteure („*rally effect*") rechnen. In Folge des terroristischen Anschlags vom 11.

September und mit Beginn des Irak-Krieges (23. März 2003) stieg in beiden Fällen die öffentliche Unterstützung für Präsident Bush in der amerikanischen Bevölkerung von 51% auf 86% bzw. 57% auf 71% (vgl. auch Geva/Mintz1997, Vertzberger 1998).

Außenpolitische Entscheidungsfindung ist dabei kein ruhig verlaufender, sondern häufig auf konkurrierenden Interessen, Ideen und Vorschlägen beruhender oder um politische Macht und Einfluss ringender Prozess. Auf unterschiedlichen Ebenen handeln Akteure als Träger und Adressat außenpolitischer Entscheidungen. Einen primären Bezugspunkt bilden die *individuellen Akteure*. Führungskräfte aus Regierung und Verwaltung (Staats- und Regierungschefs, Außenminister, Verteidigungsminister, Politiker mit außen- und sicherheitspolitischer Verantwortung, Beamte, außenpolitische Berater) entscheiden und handeln im Namen des Staates nach außen. Individuelle *Persönlichkeitsfaktoren* und Charakterzüge (Bildung, Herkunft etc.) der Entscheidungsträger, ihre formelle und informelle Macht (Prestige, nationales Ansehen) als auch ihre jeweilige Weltsicht („kognitive Karte") erhalten deshalb für die Durchsetzungskraft innerhalb von Entscheidungsprozessen, aber auch außerhalb des staatlichen Umfelds ein erhebliches Gewicht. Sie bestimmen in hohem Maße die persönlichen Ranghierarchien und Konkurrenzverhältnisse in und zwischen den *kollektiven staatlichen Akteuren* (Kabinette, Regierungsausschüsse wie der nationale Sicherheitsrat in den USA, Parteiführungen, Verwaltungen etc.), aus denen sich, unter Führung der jeweiligen Politiker, das außenpolitische Entscheidungszentrum zusammensetzt. Die Erfahrungen der am Entscheidungsprozess beteiligten Akteure, ihre Persönlichkeit und Sozialisation, ihre Vorstellungsbilder und Denkmuster sind entscheidungs- und handlungsrelevante, wenngleich nicht leicht erkennbare oder identifizierbare Einflussfaktoren (vgl. Hermann 2001, Neack 2003).

Das weitere *innerstaatliche Umfeld*, mit der Legislative (dem Parlament, der Duma, dem Kongress etc.) und ihrer Einflussnahme auf die Außenpolitikformulierung des Staates, der politischen Opposition, den Interessengruppen und der Bevölkerung, ist ein zweiter relevanter Faktor (vgl. Nacos/Shapiro/Isernia 2000). Der Einfluss der Legislative auf die Außenpolitik ist im Regelfall allerdings wesentlich geringer als derjenige der staatlichen Exekutive. In nicht-demokratischen Staatssystemen fällt Parlamenten zumeist die Funktion der Bestätigung von Regierungsentscheidungen zu; der Nationale Volkskongress in China wie auch eine Reihe von Parlamenten in arabischen Staaten üben kaum einen signifikanten Einfluss auf die außenpolitische Entscheidungsformulierung aus. Obwohl das ägyptische Parlament beispielsweise im Zuge begrenzter Reformmaßnahmen eine stärkere Machtposition anstrebte, um Sadat am Abschluss eines separaten Friedensvertrages mit Israel zu hindern, lehnte dieser jegliche legislative Machtansprüche in der Außenpolitik ab (Hinnebusch 2003: 110).

In westlich-pluralistischen Systemen ist der legislative Handlungsspielraum im Bereich des außenpolitischen Entscheidungsprozesses zwar entscheidend größer, weitgehend aber durch die rechtlich verankerte und traditionell begründete Führungsrolle der staatlichen Exekutive in der Außenpolitik gekennzeichnet. Das Ringen um die Formulierung und Gestaltung der Außenpolitik innerhalb eines demokratischen Staates findet man zwischen Exekutive und Legislative in unterschiedlich ausgeprägter, stark oder schwach abgemilderter Form. Im Unterschied zum deutschen Kabinetts- und Ressortprinzip weist die amerikanische Verfassung dem Präsidenten in Artikel II zum einen die „Exekutivgewalt" in Form von sechs zentralen außenpolitischen Funktionen zu: als Oberbefehlshaber der Streitkräfte („commander in chief"), als höchster, mit anderen Staatsführern verhandelnder Diplomat, als Regierungs- und Staatschef, als Initiator von Gesetzen und durch die Direktwahl legitimierte Stimme des Volkes. Zum anderen ist der „Kampf zwischen Exekutive und Legislative um die Kontrolle der Außenpolitik ein typisch amerikanisches Phänomen". Im Sinne der Montesqieuschen Lehre errichteten die „Gründungsväter" auch für die Außenpolitik ein System wechselseitiger Kontrolle, in der eine strikte Gewaltenteilung mit einem Mechanismus der „Gewichte und Gegengewichte" („*checks and balances*") verbunden wurde (Bierling 2003: 45). Dem Präsidenten als Oberbefehlshaber der Streitkräfte steht das Recht des Kongresses gegenüber, Kriege zu erklären und die Funktionsfähigkeit der Armee zu gewährleisten. Die präsidentielle Befugnis zu vertraglichen Absprachen und Verhandlungen mit auswärtigen Mächten und zu einer eigenständigen Personalpolitik wird durch den „Rat und die Zustimmung" („*advice and consent*") des Senats eingeschränkt. Wer den Gang der amerikanischen Außenpolitik bestimmt, ist insofern vom konkreten Fall und dem jeweiligen Einfluss von Exekutive und Legislative abhängig.

Außenpolitik ist trotzdem bislang ein Reservat staatlicher Exekutive geblieben. Sie wird von der Regierung initiiert, geformt und bestimmt, ohne dass wesentliche Kontroll- bzw. Initiativrechte der Legislative bestehen. Dass der Einsatz deutscher Streitkräfte außerhalb des Bündnisgebietes der NATO (*out-of area*) unter parlamentarischem Vorbehalt steht, also grundsätzlich von der Zustimmung des Bundestages abhängig ist, schmälert den *gouvernementalen*, zunehmend nach innen gerichteten Charakter der Außenpolitik nur langsam.

Die zunehmende Erosion der Grenzen von Innen- und Außenpolitik hat jedoch auch dazu geführt, dass Themen außenpolitischer Natur, wie Handelsfragen, binnenwirtschaftliches Wachstum, äußere Bedrohung durch globale Risiken (Umwelt, Gesundheit etc.) eine wichtige innerstaatliche Bedeutung erhalten und zu einer Erweiterung bzw. *Multiplikation der Außenbeziehungen* führen. An diesem Prozess der Erosion außenpolitischer Grenzen und der Einflussnahme auf den Entscheidungsprozess tragen Interessenverbände einen wesentlichen Anteil: (1) *Kulturelle* Gruppen, ethnischer, rassischer oder religiöser Art, die häufig enge politische oder emotionale Kontakte zu ihren (Heimat-)Ländern pflegen (Saideman 2001), (2) *wirtschaftliche* Interessengruppen, vorrangig Unternehmen, die in ihrer Lobbyarbeit auf bessere gesetzliche Rahmenbedingungen und eine stärkere Unterstützung der Regierung für ihre Interessen in anderen Staaten drängen, (3) *issue- bzw. themenorientierte* Gruppen, deren Einflussabsichten sich von konkreten bis zu allgemeinen, von liberalen bis zu konservativen (Werte-)Fragen und Problemen erstrecken, beispielsweise von Think Tanks wie dem „Projekt für das Neue Amerikanische Jahrhundert", sowie (4) *transnationale* Interessengruppen, die sich in Form von Nichtregierungsorganisationen oder multinationalen Konzernen grenzüber-

schreitend um die Einflussnahme des außenpolitischen Entscheidungsprozesses innerhalb der eigenen und anderer fremdstaatlicher Regierungen bemühen

Die *außerstaatliche Umwelt* als ein letzter Teilbereich umfasst demgegenüber diejenigen Akteure, die von außen auf die außenpolitischen Entscheidungen einwirken. In den
meisten Fällen sind es Staaten, die als Verbündete, Feinde oder Neutrale auf das Verhalten der Entscheidungsträger eines Landes Einfluss nehmen. Mit zunehmender Bedeutung gehören dazu internationale Organisationen (z.B. Vereinte Nationen, NATO, EU,
Mercosur), multinationale Konzerne (wie u.a. Daimler-Chrysler, General Motors oder
Fujitsu) und transnationale Akteure (terroristische Gruppen, kriminelle Vereinigungen
etc.). Da außenpolitische Entscheidungen zumeist im Schnittpunkt aller Akteursgruppen
zustande kommen, ist es sinnvoll, für den Prozess der Entscheidungsfindung sämtliche
Ebenen in die Untersuchung einzubeziehen.

6.2 Entscheidungstheoretische Ansätze

Wenn in diesem Zusammenhang von den Entscheidungen eines Staates die Rede ist, wir
also davon sprechen, dass London etwas gebilligt, Peking beschlossen, die indische Regierung sich zu einer Maßnahme durchgerungen oder die Bundesregierung in Berlin
sich zu diesem oder jenem Schritt bereit erklärt hat, wird von der Vorstellung ausgegangen, dass Staaten als *„unitary actors"* handeln. Im Rahmen der Außenpolitik werden
die Regierung oder „die Exekutive" eines Staates oft als einziger und primärer Bezugspunkt politischen Handelns wahrgenommen. Ein genauerer Blick auf das staatliche Außenverhalten jedoch zeigt, dass Staaten oder politische Systeme nicht in erster Linie als
geschlossene, personifizierbare Einheiten und damit als *„black box"* handeln. Hinter den
Beschlüssen und Maßnahmen von Staaten wie Indien, Brasilien oder den USA stehen
Planungen und Entscheidungen außenpolitischer Führungskräfte und der staatlichen
Bürokratie, die das Verhalten des Landes nach innen und nach außen steuern und regeln. So spiegeln viele Entscheidungen eben „nicht ´das` Nationalinteresse, sondern
eine von mehreren Interpretationen" wider. „Nicht nur in der Demokratie, aber in ihr
besonders, stehen sich auch in der Außenpolitik häufig verschiedene Fraktionen gegenüber" (Krell 2003: 239).

Unterschiedlich einflussreiche Akteure innerhalb der Regierungsspitze handeln auf
der Grundlage ihrer Präferenzen, der von ihnen wahrgenommenen Erfordernisse und
Handlungsmöglichkeiten sowie unter Berücksichtigung der internationalen Umweltlage
des Landes. Dass in dieser Weise das staatliche Entscheidungszentrum für die Formen
und Änderungen außenpolitischen Handelns eine wichtige Rolle spielt, wurde vor allem
seit den 60er Jahren in unterschiedlichen Ansätzen thematisiert und eingehender analysiert. In ihren Untersuchungen gehen diese Ansätze von jeweils verschiedenen Annahmen und Vororientierungen über die Beschaffenheit und das Wesen von außenpolitischen Entscheidungsprozessen aus.

Die Klassischen Theorien der außenpolitischen Entscheidungsfindung sehen in der
Formulierung außenpolitischer Entscheidungen primär eine rationale Wahl (*„rational*

choice") aus verschiedenen Handlungsmöglichkeiten. Diese erfolgt in der Regel unter dem Gesichtspunkt der Nutzenmaximierung bei gleichzeitiger Kostenminimierung. Der rationale, ziel- und zweckorientierte Akteur (*„rational actor"*) entscheidet und handelt im Sinne eines *Homo oeconomicus*, der seine Entscheidungen nach den damit verbunden Vor- und Nachteilen klar berechnet und kalkuliert. Der nach Auffassung des Realismus - in ähnlicher Weise auch des Neorealismus, der Spiel- und Regimetheorien oder des Neoinstitutionalismus - vernünftig handelnde Staat verfolgt demnach seine Ziele durch das Abwägen sämtlich möglicher Handlungsalternativen und ihrer entsprechenden Folgen. Auf der Grundlage umfassender Informationen, also unter den Bedingungen der Sicherheit, können die besten Lösungen erzielt werden. Je größer das Risiko oder die Ungewissheit, unter denen Entscheidungen getroffen werden, desto schwieriger allerdings die Voraussagbarkeit über das Eintreffen wahrscheinlicher Konsequenzen.

Die Mehrzahl der Ansätze zu außenpolitischen Entscheidungen geht von diesem „rational actor model" aus, zu dessen Richtung Graham Allison (*1940) als ein Hauptvertreter des Rational-choice-Ansatzes wesentliche Impulse gab. Das erstmals 1971 von Allison herausgebrachte und 1999 in einer erweiterten zweiten Auflage mit dem Ko-Autor Philipp Zelikow erschienene Buch *„The Essence of Decision"* überprüft am Beispiel der Kuba-Krise (1962) drei Modelle außenpolitischer Entscheidungsprozesse: das bereits erwähnte *„rational actor"* - Modell, das Modell II des *„organizational behavior"* sowie das Modell III der *„bureaucratic politics"* bzw. der in der Neuauflage so genannten *„governmental politics"* (Allison 1971, Allison/Zelikow 1999, vgl. Hagan 2001).

Ähnlich der Nutzentheorie in nationalökonomischen Ansätzen wird dabei dem Entscheidungsträger nach Modell I eine strikte Rationalität unterstellt, die es ihm erlaubt, mögliche Entwicklungsfolgen deutlich vorauszusehen. In der außenpolitischen Praxis ist dies kaum realisierbar: zum einen aufgrund der nur begrenzt erfassbaren, in der Regel latent vorhandenen und lediglich in konkreten Situationen unmittelbar erkennbaren, außerstaatlichen Akteure und ihrer Aktionen, zum anderen aufgrund möglicher Entscheidungsrestriktionen (z.B. von fehlenden Informationen, Kommunikationsproblemen, mangelnden Ressourcen und falscher Lagebeurteilung), die den Prozess der außenpolitischen Entscheidungsbildung erschweren. Vor allem in Krisenentscheidungen, die in der Regel schnell und mittels wenig verfügbarer Informationen stattfinden, ist es illusorisch anzunehmen, dass die Identifikation der Probleme, das Abwägen der Handlungsmöglichkeiten, die Folgenabschätzung und die Wahl einer Alternative mit umfassender Rationalität (*„comprehensive rationality"*) erfolgen (können). Vielmehr ist im Sinne einer begrenzten Rationalität (*„bounded rationality"*) davon auszugehen, dass die führenden Politiker nicht alle Möglichkeiten für eine Entscheidung in Erwägung ziehen, ausreichende Kenntnisse fehlen und den Beteiligten keineswegs der Zugang zu allen Informationen offen steht. Dabei muss sich begrenzte Rationalität, wie neuere Arbeiten zur Organisationsforschung zeigen, durchaus nicht als nachteilig erweisen, wenn innerhalb der Bürokratie und einzelnen Verwaltungsabteilungen eine Spezialisierung stattfindet (Schneider 1997: 111).

„Die Annahme, dass es sich bei Entscheidungen um eine rationale Wahl zwischen Verhandlungsalternativen handelt," ist daher nach Haftendorn „zwar erklärungskräftig, verkürzt jedoch dann in unzulässiger Weise die Realität, wenn sie das politische, organisatorische oder psychologische Umfeld oder die internationale Umwelt vernachlässigt" (Haftendorn 1990: 410). Im Sinne der begrenzten Rationalität verfügt der Mensch nicht über die ausreichenden Kenntnisse, um alle Handlungsalternativen und deren Konsequenzen zu überschauen und so in Form einer rationalen, den Nutzen maximierenden Form künftige Entscheidungsresultate zutreffend vorauszusehen. Einzelne, gut untersuchte Entscheidungsfälle der Außen- und internationalen Politik wie die Marokko-Krise von 1911, der Korea-Krieg, der Vietnam-Krieg oder die zur militärischen Eskalationsgefahr beitragende kubanische Raketenkrise von 1962, aber auch die US-Intervention in den Irak (2003) lassen sich am Modell einer begrenzten Rationalität erklären. Da der außenpolitische Entscheidungsträger nur über ein bruchstückhaftes Wissen verfügt, entscheidet er primär in der Absicht einer zumindest befriedigenden Lösung. Zu diesem Zweck orientiert er sich an einem von der jeweiligen Situation gekennzeichneten Erwartungsniveau (Snyder/Diesing 1977), das durch eine untere (*„level of acceptability"*) und eine obere (Akzeptanz-)Grenze (*„level of aspiration"*) bestimmt wird. Die untere Grenze markiert dabei jenen Grad an Akzeptanz, der „nicht ohne zwingenden Grund bzw. unter gar keinen Umständen überschritten werden soll" (Behrens/Noack 1984: 122). Lässt sich durch eine Aktion ein außenpolitischer Erfolg erwarten, der über der unteren Grenze liegt, erhöht sich die Bereitschaft der Entscheidungsträger, dieser zuzustimmen. Bei zwischenstaatlichen Konflikten oder Spannungsrivalitäten, aber auch bei Vertragsabsprachen und Abkommen stehen sich daher häufig unterschiedliche Erwartungsniveaus - so etwa die Wiederherstellung des Status quo ante als Ziel des angegriffenen Staates, der Erwerb von Interventionsgewinnen auf der Seite des Aggressors - gegenüber, die bei gegensätzlichen Interessen auf einen Kompromiss verringert werden können.

Das operative Umfeld bei Entscheidungen lässt den Entscheidungsträger damit nicht als einen ausschließlich rational vorausblickenden und alles durchschauenden Homo oeconomicus, sondern als einen *Homo organisans* erscheinen, dessen Rationalität bei Entscheidungsprozessen Einschränkungen unterliegt, die eben organisatorischer bzw. umfeldbedingter Art sein können (Krell 2003: 233). Es bleibt deshalb nicht überraschend, wenn aufgrund schwer überprüfbarer Informationen, der individuell begrenzten Fähigkeit zur Problemlösung, ungenügender Analysen wegen Personal-, Zeit- oder Ressourcenmangels und der schwierigen Unterscheidung zwischen Tatsachen und Wert(urteil)en oftmals eine Strategie schrittweiser und segmentierter Entscheidungen gewählt oder von der Situation aufgezwungen wird, die dem Verhaltensbild eines *„muddeling through"*, eines „Sich-Durchwurstelns", ähnelt (Braybrook/Lindblom 1963, Inkrementalismus-Modell).

Der *organisations-* und der *bürokratietheoretische* Ansatz liefern in diesem Zusammenhang zusätzliche Erklärungsgründe für die Tatsache, dass Entscheidungen nicht unter ausschließlich rationaler Kalkulation getroffen werden, sondern von Zufällen, „bürokratischer Wahrnehmung", innerstaatlichen Verhandlungsprozessen, von Seilschaften, routinisiertem Verhalten, Machtstrukturen etc. abhängig sind. Dass vieles darüber hinaus von der Person des Entscheidungsträgers, seiner Persönlichkeit und seinem

Einstellungsmuster bestimmt wird, zeigt die nähere Betrachtung der Regierungsspitze. Sowohl in diktatorischen als auch in westlich-pluralistischen Staatssystemen üben einzelne, führende Persönlichkeiten (z.B. Roosevelt, De Gaulle, Nasser, Kissinger, Nixon, Khomeini, Gorbatschow, Deng Xiaoping, Thatcher, Putin oder Nelson Mandela) einen enorm hohen Einfluss auf die außenpolitischen Entscheidungen aus. Deren Sicht auf die politische Wirklichkeit ist in der Regel außenpolitisch handlungsrelevant.

Im politischen Führungszentrum sind dabei generell die Sichtweisen und Wahrnehmungsmuster der beteiligten Entscheidungsträger, ihr risikofreudiges oder risikoaverses Verhaltensmuster, die Beurteilung der Lage anhand verfügbarer Informationen, der individuelle Umgang mit Stress, Zeitdruck und einer komplexen Entscheidungssituation, das eigene Wertesystem sowie konkrete Lebenserfahrungen ein nicht unerheblicher Faktor. Eine genaue Einschätzung der Motivationen und Absichten der Akteure außerhalb des eigenen Staates (strategische Rationalität) beruht wesentlich auf solchen Denkmustern und Kognitionsschemata, auf kognitiven, psychologischen, emotionalen und rationalen Faktoren. Durch sie filtert der Politiker, der Befehlshaber der Streitkräfte oder der Chef des Nachrichtendienstes die Ereignisse in seinem inneren und äußeren Umfeld. Er agiert als *Homo psychologicus*, der „das" Nationalinteresse des Staates aus seiner Sicht der politischen Wirklichkeit definiert, anhand seiner Ideen und vor dem Hintergrund der an ihn herangetragenen gesellschaftlichen Anforderungen und Präferenzen gestaltet bzw. konstruiert und beurteilt (vgl. Kinder/Weiss 1978).

Abb. 9: Typen außenpolitischer Entscheidungsträger

Außenpolitische Entscheidungsträger		
Homo oeconomicus	*Homo organisans*	*Homo psychologicus*
Rationale Kalkulation der Vor- und Nachteile, ziel- und zweckorientiertes Abwägen der Handlungsalternativen	Innerstaatlicher Verhandlungsprozess, routinisiertes Verhalten, bürokratisch-organisatorisches Umfeld	Individuelle Verhaltens- und Einstellungsmuster, persönliche Sichtweise Vorstellungsbilder, Lern- und Sozialisationsprozess

Dennoch bleibt es schwierig, die individuellen Verhaltens- und Einstellungsmuster oder Vorstellungsbilder empirisch zu messen. Insbesondere ist kaum oder überhaupt nicht erkennbar, ob und inwieweit persönliche Betroffenheit, eigene Lern- und Sozialisationsprozesse, das Streben nach Macht oder die Berichterstattung der Medien zu einem bestimmten Entscheidungsverhalten führen. Im Kontext der gender-Forschung wird dabei die Frage aufgeworfen, ob geschlechterspezifische Faktoren zu Unterschieden in Einstellungsmustern und außenpolitischem Entscheidungsverhalten führen (Fukuyama

1998; Caprioli 2000). Ob weibliche Führungskräfte eine konziliatorischere und koope-
rativere Politik verfolgen würden, wird kontrovers diskutiert.

Bereits in den 1950er und 1960er Jahren hatten R. Snyder, H.W. Bruck und B. Sapin
(1962) in ihrer Forschung zu außenpolitischen Entscheidungen daher argumentiert, dass
der Schlüssel für die Erklärung außenpolitischen Verhaltens nicht allein in der Rationalität der Regierung oder der staatlichen Exekutivorgane, sondern in den Entscheidungen
derer liegt, „die im Namen des Staates handeln". Sie folgten dabei der Auffassung, dass
die Art und Weise staatlichen Verhaltens letztlich darauf zurückgeführt werden kann,
„wie seine Entscheidungsträger als Akteure ihre Situation definieren". Entscheidungen
werden demnach aus der Perspektive der außenpolitischen Mandatsträger getroffen, die
jeweils den Anlass wie auch die Ziele des Handelns definieren und die staatlichen
Handlungsstrategien festlegen. Vor allem aber beurteilten sie deren Erfolgsaussichten
nach dem von ihnen wahrgenommenen Umfeld, dem inneren und äußeren Bezugsrahmen sowie den inneren und äußeren Einflussfaktoren.

Im Regelfall spielen subjektive als auch objektive Einflussfaktoren (*Kodeterminan-
ten*) eine wesentliche Rolle beim Zustandekommen außenpolitischer Entscheidungen.
Sowohl das innere (*internal setting*) wie das äußere Umfeld (*external setting*) stellen,
wie bereits erwähnt, einen wichtigen Bezugsrahmen für den Prozess der außenpolitischen Entscheidungsfindung dar. Fassen wir diese nochmals zusammen: Zu den Faktoren und Kräften, die von außen auf den Staat Einfluss nehmen, zählen insbesondere die
Bedingungen des internationalen Systems, die von außen einwirkenden Staaten, internationale Organisationen und Nichtregierungsorganisationen (NGOs), allerdings auch
weltwirtschaftliche Veränderungsprozesse, terroristische Bedrohungen oder Naturka-
tastrophen als globale Gefahren etc. Andererseits werden innerstaatliche Faktoren aufgrund der Strukturen des jeweiligen politischen Systems und seiner nationalen Partiku-
laritäten, der wirtschaftlichen und militärischen Kapazitäten des Landes, der innenpolitischen Konstellationen von parlamentarischer Mehrheit (in Deutschland z.B. das Mit-
entscheidungsrecht des Bundestages bei "out of area"- Einsätzen der NATO), einflussreicher Lobbyarbeit der Interessengruppen, öffentlicher Meinung o.a. wirksam. Der
Prozess der außenpolitischen Entscheidungsfindung beruht wesentlich auf dem jeweiligen System des Staates und seiner Gesellschaftsform: USA (Präsidentielles System),
Frankreich (Semi-Präsidentielles System), Bundesrepublik Deutschland, Großbritannien
(Parlamentarisches System), VR China (Sozialistisches System), Rußland (Präsiden-
tiell-parlamentarisches System, "Nomenklaturdemokratie" oder so genannter "Superprä-
sidentialismus").

Im konkreten empirischen Fall einer außenpolitischen Entscheidung können wir
demzufolge von *drei* wesentlichen *Determinanten-Feldern* ausgehen: der innerstaatlichen und außerstaatlichen Umwelt sowie dem außenpolitischen Entscheidungszentrum, in dessen Rahmen die Entscheidungen aus einem Gefüge komplexer und differenzierter Wahrnehmungs-, Verhandlungs-, Kommunikations- und Umsetzungsprozesse
der beteiligten Akteure hervorgehen.

6.3 Der außenpolitische Entscheidungsprozess

Der Prozess des außenpolitischen Entscheidungsablaufs ist hierzu von erklärungsrelevanter Bedeutung. Worum geht es bei der Untersuchung von außenpolitischen Entscheidungsprozessen? Im Mittelpunkt steht (1) die Beschreibung des Prozesses, des Entscheidungsablaufes (deskriptive Dimension), (2) die Erklärung von Prozessen der Entscheidungsfindung, unter Berücksichtigung früherer Entscheidungen, von verfügbaren Informationen, konkreten Sichtweisen und Perzeptionen der Entscheidungsträger, angewandten Handlungs- und Problemlösungsstrategien sowie der durch die Entscheidungen und ihre Ergebnisse bedingten Rückkopplungsprozesse (analytische Dimension), (3) das Herausarbeiten von Gesetzmäßigkeiten im außenpolitischen Entscheidungsverhalten durch den Vergleich unterschiedlicher Entscheidungsprozesse, nicht zuletzt zum Zweck einer stärkeren Generalisierung und Theoriebildung (nomothetische Dimension) sowie (4) der Bezugspunkt der Entscheidung, einerseits orientiert an einem realistisch verstandenen nationalen Interesse, das zur besseren Verwirklichung der außenpolitischen Ziele führen soll, oder andererseits festhaltend an universalistischen, wertebezogenen und idealistisch formulierten Zielen, die Frieden, Kooperation oder Wohlstand (normative Dimension) in den Vordergrund stellen (vgl.Seidelmann 2005).

Abb. 10: Außenpolitischer Entscheidungsprozess

Kreislauf eines Prozesses der außenpolitischen Entscheidungsfindung

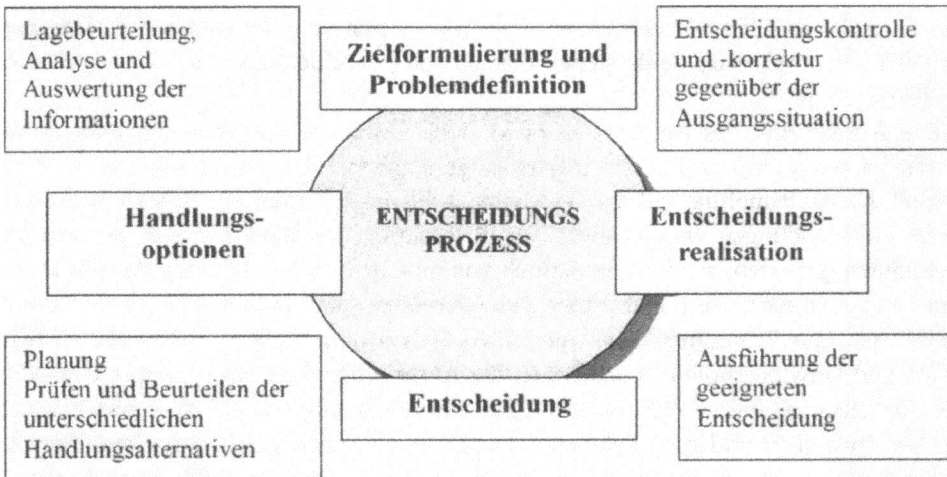

Lagebeurteilung, Analyse und Auswertung der Informationen	Zielformulierung und Problemdefinition	Entscheidungskontrolle und -korrektur gegenüber der Ausgangssituation
Handlungs-optionen	ENTSCHEIDUNGS PROZESS	Entscheidungs-realisation
Planung Prüfen und Beurteilen der unterschiedlichen Handlungsalternativen	Entscheidung	Ausführung der geeigneten Entscheidung

6.4 Das Modell des rationalen Akteurs

In den meisten Fällen werden, wie oben erläutert, außenpolitische Entscheidungen anhand des Rational Actor-Modells erklärt, das die Außenpolitik als eine kalkulierte Antwort auf das Handeln anderer Akteure, als einen *Aktions-Reaktionsprozess* (bzw. eine Stimulus-Response-Abfolge) versteht. Der Staat ist diesem Verständnis nach ein einheitlicher und rational handelnder Akteur. Letztlich verwenden wir dieses Modell, wenn wir von den nationalen Interessen Italiens, den Entscheidungen Chinas, dem Standpunkt der finnischen Regierung oder von der Unberechenbarkeit Nordkoreas sprechen. Die wesentlichen Schritte eines rationalen Entscheidungsprozesses sind

    a)   die Beurteilung der Lage und die Definition des Problems,

    b)   die Festlegung und Gewichtung der Ziele,

    c)   die Prüfung der Handlungsmöglichkeiten (Optionen) und die Beurteilung der Folgen, sowie schließlich

    d)   die Wahl der Strategie und die Durchführung der Entscheidung.

In der Regel gibt es zwei Möglichkeiten, den Entscheidungsprozess anhand der Rational Actor-Perspektive zu analysieren: im diplomatiegeschichtlichen Rahmen aus der Perspektive der jeweiligen Regierung und deren möglicher Beurteilung der Situation. Der Analytiker versetzt sich in die Lage der Führungsträger und den zum untersuchten Zeitpunkt bestehenden Entscheidungsrahmen. Im Unterschied zu dieser induktiven Methode gehen Ansätze wie die Spieltheorie, die häufig bei Militärstrategen oder Abschreckungstheoretikern Verwendung findet, von einem „certain kind of conduct", einem konkreten Verhaltensmuster aus, „inherent in a particular situation or relationship". Ansätzen dieser Art liegen logische oder mathematische Formulierungen und Ableitungen zugrunde, die darauf schließen lassen, wie sich Staaten unter bestimmten Bedingungen verhalten. Exemplarisch dafür stehen das „Gefangenendilemma" und das so genannte „Chicken Game".

Die Attraktivität des Rational-Actor-Modells besteht sicherlich darin, dass es vom Betrachter nur wenige Informationen verlangt. Zugleich aber unterschätzt es die Komplexität der Außenpolitik und die Wirklichkeit des Entscheidungsprozesses. Außenpolitische Entscheidungen werden nicht nur in Reaktion auf äußere Ereignisse oder Entwicklungen getroffen, sondern wesentlich von innenpolitischen Überlegungen und Aushandlungsprozessen, von den Entscheidungsträgern und organisatorischen Faktoren beeinflusst. Das Zusammentreffen unvorhergesehener Ereignisse, historische Zufälligkeiten und Unwiederholbares schränken die Aussagefähigkeit des Ansatzes ebenso ein wie die Tatsache, dass außenpolitische Ziele in den wenigsten Fällen immer eindeutig und klar formuliert und vorgegeben werden. Da es also auch andere Entscheidungssituationen geben kann, in denen nicht allein die strategischen Ziele des Staates oder die Frage nach den jeweiligen Kosten einer Entscheidung im Vordergrund stehen, greift Allison zwei weitere Erklärungsmodelle auf, die aus organisatorischer und bürokratischer Perspektive den außenpolitischen Entscheidungsprozess in Augenschein nehmen.

6.5   Das Organisations- und Bürokratiemodell

Der weitaus enger gefasste Ansatz der bürokratischen Politik geht davon aus, dass das Zustandekommen und die Durchführung von Außenpolitik als Ergebnis eines politischen Verhandlungsprozesses verstanden werden muss. Im Vordergrund der Betrachtung steht der *bürokratische* Rahmen der Politikgestaltung, wonach der Prozess der Formulierung und Umsetzung von Politik weniger auf der rationalen Kalkulation und Abwägung der Entscheidungsträger als auf dem Zusammenwirken der an der außenpolitischen Entscheidung beteiligten Akteure beruht. Die politische Entscheidungsfindung ist demnach in erster Linie als ein Prozess zu verstehen, bei dem im Normalfall nicht der Einzelne die Entscheidung trifft. Die politische Macht ist in der Regel auf mehrere Personen verteilt. Das, was außenpolitisch geschehen soll, wird daher von den an der Entscheidung beteiligten Personen häufig unterschiedlich beurteilt und interpretiert. Der Einsatz von Gewalt als Reaktion auf einen militärischen Angriff kann aus Sicht des Außenministers, der primär um diplomatische Schritte bemüht ist, ganz anders gesehen werden als aus der Perspektive eines militärischen Führungsträgers oder eines engen politischen Beraters des Regierungschefs, der sich in erster Linie um die innenpolitischen Folgen der Entscheidung Gedanken macht. In Anlehnung an Allison, der den Ansatz erstmals als Erklärungsperspektive auf die Kuba-Politik John F. Kennedys angewendet und systematisch untersucht hatte (Allison 1971), führten Morton Halperin (1974) und andere das Modell der bürokratischen Politik weiter fort.
Die Absicht ihrer Forschung lag darin, aufzuzeigen

1. wie die politischen Prozesse, die im Rahmen von Institutionen und Verhaltensregeln stattfinden, auf die Entscheidungen und Handlungen einer Regierung nach außen Einfluss nehmen, im neueren (neoinstitutionalistischen) Sinne, wie „die verschiedensten Verwaltungsroutinen außenpolitischen Output beeinflussen" und
2. in welchem Maße die Betrachtung von außenpolitischen Problemen oder Fragen von der Position und der Perspektive abhängen, die eine Person oder Gruppe innerhalb des bürokratischen Apparates einnimmt.

Im Gegensatz zur Auffassung, dass das außenpolitische Denken und Handeln einer Regierung allein durch das Verhalten der politischen Führung des anderen Staates beeinflusst wird, ist die außenpolitische Entscheidung demnach vielmehr auf einen *komplexen Tausch- und Aushandlungsprozess* zurückzuführen. Das heißt, Ministerien, einzelne Berater oder politisch einflussreiche Gruppen und Beamte innerhalb des Apparates konkurrieren untereinander um die Formulierung der Politik, und damit um die Durchsetzung ihres spezifischen Interesses (in Form von *outcomes*). Welche der beteiligten Einheiten einer Bürokratie sich durchsetzt - ob das Außen- oder Verteidigungsministerium, gegebenenfalls auch andere außenpolitisch aktive Ressorts, die militärischen Führungskräfte, geheim- oder nachrichtendienstliche Organisationen, hochrangige Politiker und Parteifunktionäre, das Parlament oder relevante, in den Entscheidungsprozeß eingebundene Interessengruppen -, ergibt sich aus einer Reihe von Faktoren: dem jeweiligen *Machtverhältnis*, der *Durchsetzungsfähigkeit*, dem *Verhandlungsgeschick*, dem eigenen

Rollenverständnis und dem unmittelbaren *Zugang* zur Regierungsführung. Im Sinne eines Verhandlungsspiels geht es darum, wer auf die Entscheidungen des Präsidenten oder Regierungschefs den größten Einfluss hat: nicht aufgrund der formalen Struktur des Staatsapparates, sondern entsprechend der Durchsetzungs- und Überzeugungsfähigkeit der einzelnen Akteure, den politischen Bedürfnissen und Beziehungen des Präsidenten zu den jeweiligen Mitspielern (z.B. Ministerien, Behörden, Interessengruppen) (Halperin 1974: 111, 120f., Krasner 1972, Rosati 1981, Welsh 1996).

Vertreter des Bürokratiemodells bezweifeln, dass Politik das Produkt wohlüberlegter, zu jedem Zeitpunkt rational durchdachter Wahlmöglichkeiten sein kann. Unterschiedliche Interessen sowie konträre Sicht- und Denkweisen der einzelnen Abteilungen und Einheiten des Regierungsapparates sind von essentieller Bedeutung für die außenpolitische Entscheidungsfindung. Die Entscheidung beruht nicht auf irgendeinem, allgemein anerkannten "nationalen" Interesse, sondern hängt von der politischen Durchsetzungsfähigkeit einer an dieser Entscheidung erfolgreich beteiligten Koalition von Ministern, Beratern, Mitarbeitern, Meinungsführern etc. und deren Ansichten ab. Aus ihren unterschiedlichen Aufgaben und Aufträgen leiten die Behörden spezifische Interessen ab, die sie im politischen Tagesgeschäft bei Verhandlungen, Koordinations- und Informationsprozessen, Tausch und Kompensationsgeschäften bis hin zu möglichen Grabenkämpfen vertreten und durchzusetzen versuchen.

Als in der zweiten Amtszeit der Reagan-Administration die Frage zu beantworten war, wie die Erforschung, Entwicklung und Durchführung der Technologien zu einer strategischen Verteidigung (SDI) mit dem ABM- bzw. Raketenabwehr-Vertrag von 1972 in Einklang zu bringen sei, gab es zwei unterschiedliche Interpretationen. Der amerikanische Außenminister George Shultz, eher bedacht auf die diplomatischen Reaktionen und die öffentliche Meinung in Europa, warnte in seinen Überlegungen davor, die bestehenden und mit der Sowjetunion ausgehandelten Waffenkontroll-Vereinbarungen zu missachten. Andernfalls bleibe unter den europäischen NATO-Verbündeten die Furcht vor einem Wiederaufleben der Spannungen des Kalten Krieges, die zu einem frühen Scheitern der noch unsicheren Entspannungsbemühungen führen könnten. In dieser "engen Auslegung" des ABM-Vertrages sah Verteidigungsminister Weinberger hingegen einen falschen Schritt der US-Regierung. Angesichts der Tatsache, dass die strategische Verteidigung für die nationale Sicherheit der USA wesentlich sei und gegenüber den Auffassungen der Bündnispartner Vorrang haben müsse, sei vielmehr eine "weitgehendere Interpretation" des Abkommens zu begrüssen. In der Entscheidung des Präsidenten setzte sich gegen das Pentagon schließlich die vom State Department vertretene Position durch, die der Pflege diplomatischer Beziehungen den Vorrang gab. Ob dabei „Tauben" in der Entscheidungsfindung differenzierter argumentieren als „Falken", wie im Zusammenhang mit dem zweiten Golfkrieg untersucht, (Wallace/Suedfeld/Thachuk 1993) oder die Politiker und Beamte eine ihnen zugewiesene Rolle im Rahmen ihrer Ministerien und Abteilungen - im Sinne „institutionell vorgeprägte Handlungsrestriktionen" - (Schneider 1997: 116) wahrnehmen, sind neuere relevante Forschungsfragen.

Das außenpolitische Verhalten einer Regierung ist danach also wesentlich das Ergebnis eines Kräftespiels von *Einheiten der Bürokratie*, die zur Vorbereitung von Entscheidungen im allgemeinen ihre Informationen bereit stellen und die aus ihrer Sicht relevanten Handlungsmöglichkeiten zur Lösung eines Problems oder zur Beantwortung einer Frage der Außen- und internationalen Politik vorlegen und definieren.[3] Ein Standpunkt, den ein Akteur (Spieler) im Prozess der außenpolitischen Entscheidungsfindung vertritt, hängt demzufolge wesentlich von seiner Position ab: „Where you stand depends on where you sit" (Allison 1999: 307). In der Regel handelt es sich dabei um einen engeren Entscheidungszirkel, der unterschiedlich stark auf den Präsidenten oder den Staats- und Regierungschef zugeschnitten sein kann. Inwieweit sich dabei eine Gruppe oder eine Koalition von Einheiten durchzusetzen und die Entscheidung oder Zielsetzung der Regierung mit zu gestalten vermag, hängt jedoch nicht nur von den bereits genannten Kriterien ab (vgl. Sylvan/Voss 1998).

Ein näherer Blick auf die Organisationen des Regierungsapparates verdeutlicht, dass bestehende *Strukturen* und *Funktionen* sowie die festgelegten *Ziele* und *Aufgaben* einer Organisation bei der Gestaltung von Außenpolitik eine ebenso wichtige Rolle spielen. Der politische Entscheidungsprozess ist in einen organisatorischen Rahmen eingebunden. Was in der Regel als Beschluss oder Maßnahme einer Regierung verstanden wird, ist demzufolge nicht so sehr das Ergebnis einer allein vom Staats- oder Regierungschef, vom Ministerpräsidenten oder Kanzler getroffenen Entscheidung. Die Regierung handelt nicht als monolithischer, einheitlicher Akteur, sondern als ein Gefüge von eng oder locker verbundenen Regierungsorganisationen unter der zentralen Lenkung der politischen Führungsspitze. Im Sinne eines vereinbarten, durch einzelne Aufgaben zugewiesenen *routinemäßigen Verhaltens* nehmen diese Einheiten ihre spezifischen Funktionen wahr. Außenpolitische Fragen und Probleme durchlaufen den Entscheidungsprozess kaum in einer eindeutig vorgegebenen Weise. Inhalt und Ziel einer Entscheidung hängen vielmehr davon ab, wie das Problem auftritt, wie es mit anderen Themen zusammenhängt, in welcher Weise einzelne Organisationen mit deren Lösung betraut sind und wie letztlich individuelle Präferenzen in kollektive Beschlüsse umgewandelt werden.

Demzufolge treffen wir nicht auf strikt voneinander zu trennende, segmentierte Kompetenzbereiche und Aufgabenfelder. Zwar fungieren die jeweiligen Organisationen, wie insbesondere die klassischen gouvernementalen Behörden der Außen- und Verteidigungspolitik, als relativ autonome Akteure. In wachsendem Maße sind die Zuständigkeiten der einzelnen Organisationen jedoch miteinander verflochten und *ressortübergreifend*. Finanz- oder wirtschaftspolitische Fragen und Sachverhalte gewinnen in

---

[3] Der Hinweis darauf, dass der Regierung "im allgemeinen" die für die Entscheidung wichtigen Informationen vorgelegt werden, schließt nicht aus, dass einzelne der Staatsführung ablehnend gegenüber stehende oder deren Schwäche ausnutzende Organisationen oder Personen innerhalb des bürokratischen Apparates relevante Kenntnisse oder Nachrichten vorenthalten können. In den Fällen eines erwünschten Regierungs- oder Machtwechsels, beispielsweise gefördert und unterstützt durch das Militär, ist ein solches Verhalten denkbar.

immer stärkerer Weise außenpolitisches Gewicht. Die Wahrnehmung und Lösung von Problemen, die in den eigenen Verantwortungsbereich fallen, die innerorganisatorische Kommunikation und Beratung von Entscheidungen, als auch die Durchführung einzelner Maßnahmen erfolgt allerdings in der Regel im Rahmen der allgemein formulierten Ziele des Staates sowie unter zahlreichen einschränkenden Bedingungen, etwa aufgrund der erforderlichen regierungsinternen Zusammenarbeit oder aufgrund aktueller Entwicklungen der internationalen Politik.

Das außenpolitische Vorgehen in einer internationalen Krise oder einem militärischen Konflikt lässt das Zusammenhandeln der einzelnen Akteure erkennbar werden. Der Entschluss der Vereinigten Staaten im Golf-Krieg um Kuwait zu intervenieren und militärische Schritte gegen den Irak einzuleiten (Operation *Desert Shield* und *Desert Storm*), wurde unter Beteiligung der entsprechenden Organisationen getroffen. Die Entscheidung von Präsident Bush, Truppen in Saudi-Arabien zu stationieren (August 1990) und militärische Anlagen im Irak zu zerstören (Januar 1991), beruhte auf den Informationen über die Situation der eskalierenden Krise und dem verfügbaren organisatorischen Potenzial. Auf dem Schachbrett des entscheidungspolitischen Kräftespiels trafen die aus Routine mit diesen Fragen beauftragten Regierungsorganisationen sowie die politischen Berater, der Kongress, das Militär und andere Gruppierungen ihre Entscheidung.

Aus der Perspektive *bürokratischer* und *organisatorischer Politik* ist folglich
- das außenpolitische Regierungshandeln ein organisatorisches Ergebnis, das (als *output*) auf das aktuelle Geschehen der internationalen Politik Einfluss nimmt.
- Die Fähigkeiten, Kompetenzen und Verhaltensweisen der bürokratischen Einheiten, also der Regierungsinstitutionen (Außenministerium, Verteidigungsministerium u.a.) bestimmen dabei den Umfang der möglichen Entscheidungs- und Handlungsalternativen, die der politischen Führung offen stehen.
- Die durch Zusammenarbeit oder über Konflikte gewonnenen Vorentscheidungen (Problemdefinition, Informationsstand, Lösungsansätze) schaffen die Grundlage, in deren Rahmen die Regierungsspitze ihre Entscheidungen zu treffen hat.

Das Grundmuster im Verhalten einer Abteilung oder Organisation können wir in diesem Zusammenhang an Beispielen illustrieren (vgl. Haftendorn et al. 1978, Ling 2000). Ausgehend von den Akteuren, die innerhalb des Regierungsapparates eine maßgebliche Rolle spielen, sind die inneren Strukturen, Wahrnehmungs- und Verhaltensmuster sowie Aufgaben und Zielsetzungen der jeweiligen Organisation ein wichtiger Bezugspunkt der Analyse. In der Außenpolitik eines Staates, ob einer Großmacht wie Russland oder einem Kleinstaat wie Thailand und Malaysia, ist es von Interesse, diese Bestimmungsfaktoren innerhalb des Regierungsapparates zu untersuchen und daraus Rückschlüsse über das Gewicht der bürokratischen Akteure und ihren Einfluss auf die Politikformulierung abzuleiten. Hinsichtlich der organisatorischen Machtfülle und Einflussmöglichkeiten innerhalb des malaiischen oder thailändischen Regierungssystems werden alle grundlegenden außenpolitischen Entscheidungen zwar vom Regierungschef oder Premierminister getroffen. Diesem "Epizentrum der politischen Macht" sind jedoch weitere, relevante Machtorgane - die nationale Planungsbehörde, der Nationale Sicherheitsrat und Geheimdienste - zugeordnet. Einfluss auf das Entscheidungszentrum nehmen dabei nicht nur die in den Schlüsselpositionen befindlichen Vertrauten des Regierungschefs. Auch informelle und an den Fachressorts vorbei agierende Beraterstäbe (wie in Thailand unter Ministerpräsident Chatichai Choonhavan), konnten teilweise "zu einer Art Nebenregierung heranwachsen". Zieht man darüber hinaus die vitalen Interessen der thailändischen Streitkräfte in Betracht, so blieb in diesen Jahren die Entscheidungs- und Handlungsautonomie des Premiers durch eine mögliche Blockadepolitik oder die drohende Gefahr eines Militärputsches stark eingeschränkt.

Die Beteiligung von Regierungsinstitutionen am Prozess der Meinungsbildung ist daher stark voneinander zu unterscheiden. Die russische Regierungsbürokratie nimmt in aller Regel einen stärkeren Einfluss auf die Entscheidungsfindung als außenpolitische Planungsgruppen innerhalb eines Kleinstaates. Die Formulierung der Außenpolitik liegt hier nicht selten in den Händen einzelner Politiker und Machtträger, die für das Außenministerium kaum einen eigenen entscheidungsrelevanten Handlungsspielraum zulassen. Um das Handeln eines Staates, und damit auch seine Entscheidungen zu erklären, ist deshalb ein Blick auf die regierungsinternen Verhandlungsprozesse (*bargaining, coalition building*) sowie auf die Sichtweisen, Interessen und traditionellen Denk- und Verhaltensmuster der wichtigen Organisationen von Bedeutung.

Das Gewicht der jeweiligen administrativen Organe des Staates bei der Definition und Umsetzung der außenpolitischen Ziele ist darüber hinaus von zwei wesentlichen Bedingungen abhängig. Zum einen haben die Regierungsbehörden in Staaten mit einer schwachen oder instabilen politischen Führung eine bessere Möglichkeit, autonom zu handeln. Zum anderen werden, wenn es um Routineentscheidungen geht und diese relativ unproblematisch in den Beziehungen zwischen Staaten zu treffen sind, die Entscheidungen von den nachgeordneten Regierungsorganisationen und Abteilungen ausgeführt. Standardisierte Verhaltensprozesse (*standard operating procedures*) bilden die Grundlage dieser spezifischen Entscheidungen und Zielsetzungen, deren zufriedenstellende Gestaltung und Durchführung (*satisficing*) den Fachreferaten der einzelnen Ressorts, häufig durch informelle Zusammenarbeit mit den Regierungsbehörden anderer Staaten, zufällt.

Die Verwaltungsabteilungen orientieren sich an einem konkreten Verhaltensmuster, an einem *standardisierten* Repertoire von Vorgehensweisen, das sich als anwendungsfähig, erlernbar und relativ unverändert erweist. In ihrem Buch *Germany unified and Europe transformed* geben Zelikow und Rice solchen festgelegten Verhaltensregeln einen entscheidenden Anteil am Fall der Berliner Mauer und der Öffnung der innerdeutschen Grenze. Als die Regierung der DDR am 9. November 1989 auf einer Pressekonferenz bekannt gegeben hatte, dass eine Änderung der Reisebestimmungen in den Westen geplant sei, weckte diese knappe und missverständliche Äußerung unter DDR-Bürgern die Vermutung von einer bereits bestehenden Ausreisemöglichkeit, nicht zuletzt an den Grenzübergängen von Ost- nach West-Berlin. Dieser Entwicklung gegenüber unvorbereitet, verfügten die Grenzwachen der DDR über keine Verhaltensstandards, um auf die anströmenden Menschenmassen entlang der Berliner Mauer zu reagieren. So blieb ihnen die Wahl, durch Waffengewalt die Menschen an der Ausreise zu hindern oder die Grenzen zu öffnen.

Das Fehlen oder unzureichende Antizipieren neuer Verhaltenstandards wie auch das Ändern eingespielter Handlungsmuster, nach einem festen und einstudierten Plan von Verhaltensszenarien, kann daher vor allem in Krisensituationen zu einem Problem werden, das in der ungenügenden Berücksichtigung und Wahl möglicher Handlungsalternativen besteht.

Abb. 11: Entscheidungsmodelle nach Allison

	Rationale Politik	**Organisatorischer Prozess**	**Bürokratische Politik**
Akteur	Nationale, monolithisch auftretende Regierung („black box")	Regierungsorganisationen, die eng oder locker miteinander verbunden sind	Spieler, im Sinne von Personen in Ämtern (Ministerien etc.) und ihrem institutionell geprägten Rollenverhalten
Ziele	Nutzenmaximierung bei gleichzeitiger Kostenminimierung	Vermeidung von Ungewissheiten	Lösung unmittelbar bestehender Probleme
Prozess	Wahl zwischen Handlungsalternativen und Abwägen der Folgen auf der Grundlage von Kosten und Nutzen	Regierungshandeln als ein durch standardisierte Routineverfahren erzeugtes, organisatorisches Ergebnis (*outputs*)	Verhandlungsprozesse und Interessenkonkurrenz zwischen Spielern (*outcomes*)

6.6 „Groupthink" in der Außenpolitik

Dass Entscheidungen auf Gruppenebene getroffen werden, ist in der Außenpolitikforschung Gegenstand des so genannten „Groupthink"-Modells. Kollektive Entscheidungen innerhalb einer kleinen Gruppe von Entscheidungsträgern beruhen demnach weniger auf den Persönlichkeitsattributen der Gruppenmitglieder als auf einem spezifischen Gruppendenken. Den Begriff „Groupthink" entwickelte Irving Janis in Auseinandersetzung mit der Frage, warum hoch qualifizierte Gruppen, die über beste Informationsmöglichkeiten verfügen, nicht selten falsche oder misslungene Entscheidungen treffen. Janis untersuchte hierzu nicht nur außenpolitische Entscheidungen, deren Umsetzung in einem Fiasko endeten (so der gleichnamige Titel des Buches: *Psychological Studies of Policy Decisions and Fiascos*, 1982): die Ignoranz des amerikanischen Militärs (insbesondere der Flottenführung) gegenüber Warnungen vor einem bevorstehenden Angriff Japans auf Pearl Harbor, das Eingreifen der USA in den Korea-Krieg, die Entscheidung Kennedys zur Schweinebuchtinvasion, die den Sturz des Castro-Regimes durch paramilitärische Exilkubaner plante, und die Eskalation des militärischen Engagements der USA in Vietnam. Schwerwiegenden Fehlentscheidungen amerikanischer Außenpolitik stellte Janis zwei gelungene Entscheidungen gegenüber: den wirtschaftlichen Wiederaufbau Europas durch die Marshallplanhilfe der USA und die Lösung der Kuba-Krise, die aufgrund der Stationierung sowjetischer Mittelstreckenraketen auf Kuba zu einer ernsten Konfrontation zwischen Washington und Moskau geführt hatte. Grundlage des Modells ist dabei in allen Fällen das ausgeprägte Streben nach Einigkeit. Dieses Groupthink-Phänomen äußert sich nach Janis in einer besonderen Art des Denkens, „a mode of thinking that people engage in when they are deeply involved in a cohesive in-group, when the members' strivings for unanimity override their motivation to realistically appraise alternative courses of action (...) a deterioration of mental efficiency, reality testing and moral judgment that results from in-group pressure" (Janis 1972: 9).

Die wesentlichen Erscheinungsformen des Gruppendenkens, die Janis in diesem Zusammenhang feststellte, sind (1) die Überbewertung der eigenen, auf einem Gefühl der Unverwundbarkeit und moralischen Überlegenheit beruhenden Gruppe, einem „Nothing could stop us", das die ethischen und moralischen Folgen der Entscheidung kaum berücksichtigt, (2) die Gefahr der Voreingenommenheit (closed-mindedness) und der Entwicklung stereotyper oder klischeehafter Vorstellungen vom Gegner sowie (3) ein hoher Konformitätsdruck, der aufgrund einer unterstellten Einmütigkeit der Gruppe dazu führt, dass Zweifel nur andeutungsweise vorgebracht werden. Davon ausgehend, dass die anderen Gruppenmitglieder das eigene entscheidungskonforme Verhalten schätzen, sprechen sich die Mitglieder einer Entscheidungsgruppe gemeinschaftlich für ein Verhalten aus, das sie im Grunde alle ablehnen. Der Wunsch zur Vermeidung konfliktträchtiger Themen äußert sich demzufolge in einer nur begrenzt zugelassenen Diskussion der Entscheidungsgrundlagen, in einer unzureichenden Analyse der Ziele, der Handlungsoptionen und ihrer Konsequenzen, in einem Verzicht auf die Neubewertung abgelehnter Alternativen oder in der mangelnden Abwägung der Kosten und des Nutzens einer getroffenen Entscheidung.

Verantwortlich für das Zustandekommen des Gruppendenkens sind dabei vor allem die Kohäsion der Gruppe und die unterschiedlich ausgeprägte emotionale Bindung an die Gruppe bzw. an deren Mitglieder (z.B. Zugehörigkeit zur Gruppe, Attraktivität der Gruppenziele, Anerkennung bzw. Prestige der Gruppe etc.). Jedoch erst in Verbindung mit einer als Bedrohung wahrgenommenen (Stress-)Situation und aufgrund struktureller Defekte in der Organisation (z.B. durch die Isolation der Gruppe, die fehlende Tradition einer vorurteilsfreien („impartial") Führung, soziale Gruppenhomogenität und fehlende Verhaltensnormen und -routinen) kommt es durch das Gruppendenken zu einer defekten Entscheidungsfindung, die die Chance darauf verringert, das gewünschte außenpolitische Ergebnis zu erzielen. Sensibilität für das Gruppendenken und ein aufmerksames und umsichtiges Entscheidungshandeln stellen daher u.a. wichtige Instrumente dar, um den negativen Folgen des Groupthink-Phänomens entgegenzuwirken. Auch wenn die

Groupthink-Forschung in neuerer Zeit differenzierter über Fragen des Gruppendenkens diskutiert und langfristige Grundmuster im Entscheidungsverhalten zu untersuchen sind, bleibt das Groupthink-Modell zweifellos ein relevanter Faktor im Rahmen der Außenpolitikformulierung und Entscheidungsfindung. Dies schließt natürlich nicht aus, dass Entscheidungsprozesse, die innerhalb eines kleinen Personenkreises erfolgen, aufgrund der eher geringen Belastung der Entscheidungsfindung durch Interessengegensätze, bei einem freien und offenen Meinungsaustausch zwischen den Gruppenmitgliedern und angesichts einer größeren Bereitschaft zu innovativen Entscheidungen und der Möglichkeit zu strikter Geheimhaltung, auch wesentliche Vorteile mit sich bringen können (vgl. auch Rosati 1995, t'Hardt/Stern/Sundelius 1997).

Die Wahl der Modelle außenpolitischer Entscheidungsfindung hängt vor diesem Hintergrund (1) vom Gegenstand der Untersuchung, (2) von der Art der Entscheidungsfindung (beispielsweise Routine-, Strategie- oder Krisenentscheidung) (3) vom Problemfeld als auch (4) von der Aussagefähigkeit des verwendeten Forschungsansatzes ab. Eine multiperspektivische Betrachtung außenpolitischer Entscheidungen macht daher die integrierende Berücksichtigung der verschiedenen Ansätze - des Rational-Actor-Modells, des Modells pluralistischer und bürokratischer Politik, des Organisations- und Groupthink-Modells - erforderlich.

Etliche Forschungsdesiderata bleiben allerdings für die Außenpolitikanalyse weiter zu beantworten: mit Blick auf den Einfluss der öffentlichen Meinung und des Parteienwettbewerbs auf die Außenpolitik, hinsichtlich der Rolle und Bedeutung transnationaler Netzwerke und Lobby- bzw. Interessengruppen, der Auswirkungen der institutionellen Machtstruktur zwischen Legislative, Exekutive und Verwaltung, der Multiplikation der Außenbeziehungen und der jeweiligen interministeriellen Kooperations- und Konfliktmuster, der Bedeutung der Kommunikation und des Entscheidungsverhaltens in kleineren, innerstaatlichen Entscheidungsgruppen (Krisenstäbe, Ausschüsse etc.) wie auch der Vorstellungsbilder und Ideen der einzelnen Entscheidungsträger (vgl. Schneider 1997: 120).

Kontrollfragen

(1) Was versteht man unter einer außenpolitischen Entscheidung?
(2) Inwiefern spielen das so genannte „internal setting" und „external setting" eine wichtige Rolle für den Entscheidungsprozess?
(3) Genügt es, den Staat als einen einheitlichen Akteur („unitary actor") bei Entscheidungen zu betrachten?
(4) Welche Typen von Entscheidungen können unterschieden werden?
(5) Warum erscheint es problematisch, ausschließlich das Rational-Actor Modell zu berücksichtigen?
(6) Worin liegen mögliche Gefahren des „Groupthink"-Phänomens?

Literatur

Allison, Graham T./Zelikow, Philip: *Essence of Decision: Explaining the Cuban Missile Crisis*, New York 1999.

Allison, Graham T.: *Essence of Decision. Explaining the Cuban Missile Crisis*, Boston 1971.

Amadife, Emmanuel N.: *Pre-Theories and Theories of Foreign Policy-Making*, Lanham 1999.

Astorino-Courtois, Allison: *Clarifying Decisions: Assessing the Impact of Decision Structures on Foreign Policy Choices during the 1970 Jordanian Civil War*, in: International Studies Quarterly, 42, 4/1998: S. 733-754.

Behrens, Henning/Noack, Paul: *Theorien der Internationalen Politik*, München 1984.

Bierling, Stephan: *Geschichte der amerikanischen Außenpolitik. Von 1917 bis zur Gegenwart*, München 2003.

Braybrook, David/Lindblom, Charles: A Strategy of Decision. Policy Evaluation as a Social Process, New York 1963.

Brecher, Michael/Wilkenfeld, Jonathan: *A Study of Crisis*, Michigan 1997.

Caprioli, Mary: *Gendered Conflict*, in: Journal of Peace Research 37, 1/2000.

Chittick, William O./Pingel, Lee Ann: *American Foreign Policy: History, Substance and Process*, New York 2002.

Clarke, Michael/White, Brian (Hrsg.): *Understanding Foreign Policy. The Foreign Policy Systems Approach*, Cheltenham 1989.

Frankel, Joseph: *The Making of Foreign Policy. An Analysis of Decision Making*, London 1965.

Fukuyama, Francis: *Women and the Evolution of World Politics*, in: Foreign Affairs 77. 5/1998, S. 24-41.

Geva, Nehemia/Mintz, Alex (Hrsg.): *Decision Making on War and Peace: The Cognitive-Rational Debate*, 1997.

Gu, Xuewu: *Entscheidungstheorie*, in: Ders.: Theorien der internationalen Beziehungen. Einführung, München 2000.

Haftendorn, Helga/Karl, Wolf-Dieter/Krause, Joachim/Wilker, Lothar (Hrsg.): *Verwaltete Außenpolitik. Sicherheits- und entspannungspolitische Entscheidungsprozesse in Bonn*, Köln 1978.

Haftendorn, Helga: *Zur Theorie außenpolitischer Entscheidungsprozesse*, in: Rittberger, Volker (Hrsg.): Theorien der Internationalen Beziehungen. Bestandsaufnahme und Forschungsperspektiven, PVS-Sonderheft 21, Opladen 1990, S. 401-423.

Hagan, Joe D.: *Does Decision Making Matter? Systemic Assumptions vs Historical Reality in IR Theory*, in: International Studies Review 3, 2/2001, S. 5-47.

Halperin, Morton H.: *Bureaucratic Politics and Foreign Policy*, Washington D.C. 1974.

Hermann, Margaret G./Hagan, Joe D.: *International Decision Making: Leadership Matters*, in: Foreign Policy 110/1998, S. 124-137.

Hermann, Margaret G.: *How Decision Units Shape Foreign Policy: A Theoretical Framework*, in: International Studies Review, Special Issue: Leaders, Groups, and Coalitions. Understanding the People and Process in Foreign Policy Making, 2001, S. 47-82.

Hinnebusch, Raymond: *The International Politics of the Middle East*, Manchester 2003.

Janis, Irving L.: *Groupthink: Psychological Studies of Foreign Policy Decisions and Fiascos*, Boston 1982 (2. Aufl.)

Janis, Irving L.: *Victims of Groupthink*, Boston 1972.

Kinder, D.R./Weiss, J.A.: *In Lieu of Rationality. Psychological Perspectives on Foreign Policy Decision Making*, in: Journal of Conflict Resolution 23, 4/1978, S. 707-735.

Krasner, Stephen: *Are Bureaucracies Important? (Or Allison Wonderland)*, in: Foreign Policy 1972, S. 459-472.

Krell, Gert: *Weltbilder und Weltordnung. Einführung in die Theorie der Internationalen Beziehungen*, Baden-Baden 2003.

Ling, Nu: *The Dynamics of Foreign-Policy Decisionmaking in China*, Boulder, Col. 2000.

Menzel, Ulrich: *Zwischen Idealismus und Realismus. Die Lehre von den Internationalen Beziehungen*, Frankfurt a.M. 2001.

Nacos, Brigitte L./Shapiro, Robert Y./Isernia, Pierangelo (Hrsg.): *Decisionmaking in a Glass House. Mass Media, Public Opinion, and American and European Foreign Policy in the 21st Century*, Lanham 2000.

Neack, Laura: *The Individual Level of Analysis: Leaders, Rational Choices, Cognition, and Morality*, in: Neack, Laura: The New Foreign Policy. U.S. and Comparative Foreign Policy in the 21st Century, Lanham 2003.

Rosati, Jerel: *A Cognitive Approach to the Study of Foreign Policy*, in: Neack, Laura/Hey, Jeanne A.K./Haney, Patrick J. (Hrsg.): Foreign Policy Analysis: Continuity and Change in Its Second Generation, 1995.

Rosati, Jerel: *Developing a Systematic Decision Making Framework: Bureaucratic Politics in Perspective*, in: World Politics 33/1981, S. 234-251.

Saideman, Stephen M.: *The Ties That Divide: Ethnic Politics, Foreign Policy, and International Conflicts*, New York 2001.

Schneider, Gerald: *Die bürokratische Politik der Außenpolitikanalyse. Das Erbe Allisons im Licht der gegenwärtigen Forschungspraxis*, in: Zeitschrift für Internationale Beziehungen 4, 1/1997, S. 107-123.

Seidelmann, Reimund: *Außenpolitischer Entscheidungsprozess*, in: Woyke, Wichard (Hrsg.): Handwörterbuch Internationale Politik, Wiesbaden 2005 (9. Aufl.), S. 7-10.

Snyder, Glenn/Diesing, Paul: *Conflict Among Nations. Decision Making, and System Structure in International Crisis*, Princeton 1977.

Snyder, Richard C./Bruck, H.W./Sapin, Burton: *Foreign Policy Decision Making: An Approach for the Study of International Politics*, New York 1962.

Sylvan, Donald A./Voss, James F. (Hrsg.): *Problem Representation in Foreign Policy Decision Making*, Cambridge 1998.

Sylvan, Donald/Chan, Steve (Hrsg.): *Foreign Policy Decision Making: Perception, Cognition, and Artificial Intelligence*, New York 1984.

t'Hardt, P./Stern, E.K./Sundelius, B. (Hrsg): *Beyond Group Think: Political Group Dynamics and Foreign Policy Making*, Ann Arbor 1997.

Vertzberger, Yaacov Y.I: *Risk Taking and Decisionmaking: Foreign Military Intervention Decisions*, Stanford 1998.

Wallace, Michael D./Suedfeld, Peter/Thachuk, Kimberly: *Political Rhetoric of Leaders Under Stress in the Gulf Crisis*, in: Journal of Conflict Resolution 37, 1/1993, S. 94-107.

Webber, Mark/Smith, Michael: *The Making of Foreign Policy*, in: Dies. (Hrsg.): Foreign Policy in a Transformed World, London 2002.

Welsh, David A.: *The Organizational Process and Bureaucratic Politics Paradigms. Retrospect and Prospect*, in: Ikenberry, John G.: American Foreign Policy. Theoretical Essays, New York 1996 (2. Aufl.), S. 472-502.

7.   Instrumente der Außenpolitik

> *Die Politik muss das Werkzeug, dessen sie*
> *sich bedienen will, kennen.*
> Carl von Clausewitz

Bei der Gestaltung von Außenpolitik steht nicht nur die Formulierung der außenpoliti-schen Ziele, sondern die Durchsetzung und Verwirklichung der einzelnen Interessen im Vordergrund. So bleiben Zielsetzungen letztlich nur „Abstraktionen und bewirken keine Aktion, wenn es an der Möglichkeit fehlt, ihnen entsprechend zu handeln. Erst in Ver-bindung mit der Fähigkeit zur entscheidungsbedingten Aktion können Interessen zu Bestimmungsgründen des Handelns werden" (Kindermann 1986: 117f.). Dabei kann die Reichweite der Außenpolitik besonders hoch oder äußerst gering sein, entsprechend der jeweiligen Situation und den verfügbaren Ressourcen des staatlichen Akteurs. Die Wahl des Instruments erhält aus diesem Grund ein ebenso entscheidendes Gewicht für das Regierungshandeln wie die Bestimmung der Ziele und Optionen.

7.1   Bedingungsfaktoren außenpolitischer Instrumente

Ein falsch gewähltes oder ungeeignetes Mittel zur Durchsetzung der politischen Interes-sen kann in gleicher Weise von Nachteil sein wie ein unzureichend formuliertes Politik-ziel. Für die Wahl der Ziele und Mittel bleibt es daher von Bedeutung, das Abwägen der erforderlichen Mittel unter dem Aspekt ihres Nutzens und ihrer Kosten vorzunehmen. Der hierbei zugrunde liegende, bereits erwähnte Erklärungsansatz der *Ziel-Mittel-Analyse* fragt konkret nach den „in der Außenpolitik angelegten Zielhierarchien, -kongruenzen und -konkurrenzen und danach, welche Mittel eingesetzt werden, um diese Ziele zu erreichen" (Lemke 2000: 106, Hill 2003). Das zweckrationale und realitätsbe-zogene Kosten-Nutzen-Kalkül stellt in der Außenpolitik eine wesentliche Bezugsgröße dar und verweist bei der Wahl der außenpolitischen Mittel auf vier relevante Abhängig-keits- bzw. Erfolgsbedingungen:

1. die Gefahr der Überbewertung von *Handlungsmöglichkeiten* zu Lasten beste-hender *Handlungsgrenzen*: neben der Vernachlässigung der tatsächlichen Chan-cen zur Interessendurchsetzung werden die Kosten für den Mitteleinsatz wie auch die Machbarkeit (*feasibility*) entweder unterschätzt oder zu wenig berück-sichtigt,

2. das Maß der *Effektivität*: Erfolg und Scheitern von Außenpolitik werden in der Regel als absolute Kategorien verstanden, obwohl sich für die Verfolgung au-ßenpolitischer Ziele eher jene Situationen als typisch erweisen, in denen der Er-

folg und das Scheitern außenpolitischen Handelns eng miteinander verbunden sind, wenn auch in jeweils unterschiedlicher Weise. Die Umsetzung der Ziele ist dabei sowohl von den vorhandenen Mitteln bzw. Machtressourcen und dem tatsächlichen Machthandeln bzw. dem Willen zur Interessendurchsetzung als auch von der konkreten Situation abhängig. Militärische Machtpotenziale sind nur begrenzt effektiv. Mit der Androhung des Einsatzes atomarer Waffen kann man weder Handelsbarrieren abbauen oder Benzinpreise senken noch seine Interessen bei der Aushandlung eines Klimaschutzabkommens durchsetzen und die Grenzen gegen illegale Einwanderung absichern.

3. die Abhängigkeit der außenpolitischen Mittel vom vorhandenen *Zeitrahmen*: wirtschaftliche Sanktionen, wie die Politik des Embargos oder das Aussetzen der Handelsbeziehungen, wirken eher langfristig, ohne dadurch weniger effizient zu sein. In Krisensituationen kann es sich daher als vorteilhaft erweisen, die jeweiligen situationsabhängigen Instrumente über längere Zeit zu nutzen, um das Risiko einer Fehlkalkulation zu minimieren.

4. den Einsatz der Mittel unter den *Bedingungen des Handlungsumfeldes*: die Wahl der außenpolitischen Strategien und des Mitteleinsatzes erfolgt stets unter den Bedingungen des internationalen Systems. Politische Instrumente, die in der Zeit des Kalten Krieges Erfolg versprechend waren, müssen nicht notwendigerweise in der internationalen Ordnung des post-bipolaren Zeitalters nützlich und gewinnbringend sein. Internationale Konfliktstrategien, Bündnissysteme, verdeckte Aktionen und Waffenproliferation bildeten die vorrangigen Mittel der Einflussnahme zur Zeit der amerikanisch-sowjetischen Interessenrivalität. Statt "harter" militärischer Macht hat die Bedeutung "weicher" Machtmittel (soft power) zugenommen, die sich über wirtschaftliche Stärke, politische und kulturelle Überzeugungskraft, Ausstrahlung und Attraktivität des politischen Systems, Informationskontrolle oder die Fähigkeit zur Festlegung der wichtigen Themenfelder definiert, um andere Akteure kooptiv an die eigene Führungsrolle zu binden.

Die zur Verfolgung der Interessen gegenüber der Außenwelt eingesetzten Instrumente lassen sich allerdings nicht nur anhand der Handlungsmöglichkeiten und -grenzen, der zielbezogenen Effektivität, dem verfügbaren Zeitrahmen und den Umfeldbedingungen beurteilen und empirisch-analytisch erfassen. Wahl und Einsatz der Mittel können Konflikt verstärkend, im Sinne einer Forderung gegenüber anderen Akteuren, oder Konflikt mindernd wirken, und auf zwischenstaatliche Beziehungen oder innerstaatliche Konflikte gerichtet sein.

Die Verwirklichung der Interessen nach dem Kosten-Nutzen-Kalkül folgt der Annahme, dass die für den Staat verfügbaren Ressourcen in bestmöglicher Weise eingesetzt werden können, um die angestrebten außenpolitischen Ziele zu erreichen. Die Wahl der Instrumente beruht, nach dem Verständnis der Rational Choice-Theorie, demnach auf einem von den politischen Führungsträgern rational kalkulierten und die relevanten Informationen berücksichtigenden Entscheidungsprozess (Hasenclever/Mayer/

Rittberger 1997: 24; Checkel 1998: 327f.). Rationales Entscheidungsverhalten und eine effektive Umsetzung der Interessen sind dabei häufig von einer Reihe unterschiedlicher Bestimmungsfaktoren abhängig, die eine optimale und nach rationalem Kalkül getroffene Entscheidung und Mittelwahl erschweren.

Ob außenpolitische Mittel zur Entscheidungsverwirklichung geeignet sind, hängt im Regelfall von den Informationen über Ressourcen und möglichen Reaktionen des Gegners oder Verhandlungspartners ab, von den Kosten der eigenen Aktion und den Fähigkeiten zum geschickten Einsatz der außenpolitischen Instrumente. Die außenpolitische Infrastruktur, mit den auf die Außenpolitikformulierung und -umsetzung Einfluss nehmenden gesellschaftlichen Akteuren, als auch die externen Bedingungen des internationalen Systems, regierungsinterne Entscheidungsprozesse, Fragen der gegenseitigen Kommunikation und Perzeption zwischen den Staaten, das Problem der Folgenabschätzung und die Personalisierung außenpolitischen Handelns sowie die unterschiedlichen Funktionen und Aufgaben der Entscheidungsträger aus Staatsspitze, Verwaltung und Diplomatie bilden wesentliche Faktoren, die auf ein rein zweckrationales Außenverhalten einschränkend wirken können.

Neben den zentralen *Macht- und Verhandlungsinstrumenten* von Staaten, wie *Diplomatie, Information, Propaganda, Wirtschaftspolitik (Sanktionen), Militär, Geheimdienste,* sind die kollektiv wirkenden Instrumente im System der internationalen Politik - Konferenzdiplomatie, Gipfeltreffen u.a. - wichtige Mittel der Außenpolitik. Demgegenüber greifen nicht-staatliche Akteure je nach ihrem Entstehungsgrund und ihren Zielsetzungen im außenpolitischen Handlungsfeld auf nach außen orientierte Unternehmens-, Wettbewerbs- oder Marktstrategien (Multinationale Konzerne), auf Partizipations- und Gestaltungschancen bei internationalen Organisationen und Konferenzen (NGOs) sowie auf verschiedene illegale und legale oder terroristische Kampfmittel (z..B. Al-Qaida, tschetschenische Terrorbanden) zurück. Die Diplomatie, im unterschiedlichsten Sinne verstanden als Gipfel-, Krisen-, Großmacht- oder Konferenzdiplomatie, ist hierbei das bekannteste Instrument außenpolitischen Verhaltens (vgl. Kap. 8).

7.2 Militärische Instrumente

Militärische Mittel stellen traditionell ein wichtiges Teilelement staatlicher Macht dar. Primär werden Waffensysteme zum Schutz eigener, von außen bedrohter Interessen und Werte oder zur Durchsetzung expansionistischer Ziele, also defensiv und offensiv, eingesetzt. Quantität, Qualität, Reichweite und Verwundbarkeit militärischer Gewaltmittel sind allerdings auch politisch bedeutsam. Als Instrumente nationaler Politik sollen sie im Allgemeinen die Überzeugungen, Zielsetzungen und Aktionen anderer Akteure beeinflussen, sei es etwa hinsichtlich eines Rückzugs aus besetztem Territorium oder eines Abbruchs von Interventionsabsichten. Die Verfügbarkeit und Demonstration militärischer Macht meint jedoch nicht nur die Anwendung einer traditionell militärischen Gewaltstrategie. Auch Diplomatie ist „machtbezogen". Im Rahmen der Einschüchterungsdiplomatie bemüht sich die Regierung eines Staates, einen Gegner oder Widersacher durch Androhung von Zwang (coercive diplomacy) oder Gewalt zum Zurückstecken oder Einlenken zu bewegen, d.h. ohne oder durch die begrenzte Anwendung von Gewaltmitteln vor allem militärische Stärke und deren Einsatzmöglichkeit zu demonstrieren (George/Simons 1994, Freedman 1998, Nathan 2002).

Diese Diplomatie der Druckausübung kann nicht nur einen offensiven, sondern auch defensiven Charakter annehmen, wenn es sich um die Gegendrohung eines Staates als Reaktion auf einen Aggressionsakt handelt. Im Regelfall wird gerade soviel Macht wie nötig eingesetzt, um Entschlossenheit zum Schutz der eigenen Interessen und gegebenenfalls auch zur Anwendung militärischer Gewaltmittel zu demonstrieren. Sowohl für Großbritannien am Beginn des Falkland-Konfliktes gegen Argentinien (1982) als auch bei der Bombardierung Hanois unter Präsident Johnson (1965), sollten die ausgesprochenen Drohungen der anderen Seite die Gelegenheit geben, ihre Ziele, Vorhaben oder Standpunkte aufzugeben. Der Besitz atomarer Waffen ist für Indien und Pakistan nicht nur mit einer Abschreckungswirkung, sondern zugleich mit der Absicht verbunden, den Nachbarstaat unter Druck zu setzen und zu einer Verhaltensänderung zu bewegen. Die Befürwortung militärischer Mittel führte stattdessen, im Sinne eines „Sicherheitsdilemmas", zu erhöhten Spannungen in der Region und zum Risiko einer wechselseitigen Konflikteskalation.

Das Gelingen oder Scheitern der auf die jeweilige Situation abgestimmten Einschüchterungsversuche (z.B. ein „Auf-den-Busch-Klopfen") ist wesentlich vom gegenseitigen Informationsaustausch, der Problemlösungs- und Verhandlungsbereitschaft sowie der Wahrnehmung und Beurteilung der realen Motivationen und Zielsetzungen der fremdstaatlichen Akteure abhängig. Das damit oftmals verbundene, außenpolitisch verhaltenserzwingende Ultimatum - im Sinne einer konkreten und eindeutigen Forderung gegenüber dem Gegner, mit einer zeitlich festgelegten Erfüllungsfrist und der Androhung von Strafe bei Nichterfüllung -, birgt im Falle des Scheiterns eine ernsthafte Eskalationsgefahr (vgl. Cimballa 2002, Slantchev 2003). Chancen- und Risikoabwägung, aber auch Glaubwürdigkeit der Drohung spielen daher eine nicht zu unterschätzende Rolle. Sowohl Milosevic als Präsident im serbisch-montenegrinischen Restjugoslawien zur Zeit des Kosovo-Konfliktes als auch Saddam Hussein zur Zeit der Besetzung Kuwaits (1990-91) glaubten offensichtlich nicht, dass die USA und ihre Bündnispartner die Gefahr eines Krieges eingehen und nach Ablauf des Ultimatums militärisch intervenieren würden.

Zu Mitteln mit einem niedrigeren außenpolitischen Bedrohungsgrad zählen demgegenüber der angekündigte Abzug von Botschaftern, die Verhängung wirtschaftlicher Sanktionen oder die Verfolgung konkreter propagandistischer Ziele.

Ob und wie Staaten oder andere Akteure ihren Willen in die Tat umsetzen bzw. ihre Interessen verwirklichen können, hängt von der jeweiligen Machtlage ab. Der Einsatz militärischer Machtmittel ist daher nicht allein an die Ressourcen eines Akteurs und die Fähigkeit zu ihrer Mobilisierung gebunden. Das Maß des Einflusses, den ein Staat durch den Einsatz militärischer Druckmittel auszuüben vermag, ist situations- bzw. konstellationsabhängig und zielbezogen (z.B. der Einsatz sowjetischer Streitkräfte zur

Unterdrückung der reformkommunistischen Revolution in Ungarn 1956 und des liberalen tschechischen Regimes 1968 oder zur Intervention in Afghanistan 1979) sowie von den Bedingungen des politischen Systems (Kohärenz) und der Angemessenheit des Ziel-Mittel-Verhältnisses gekennzeichnet. Bis auf Laos (1961-62) und Kuba (1962) gab es, angesichts unerwarteter Reaktionen im Ausland und einer veränderten Erwartungshaltung der einheimischen Bevölkerung, keinerlei Beispiele einer erfolgreichen amerikanischen Diplomatie der Druckausübung und Gewaltandrohung. Weder gegenüber Japan vor seinem Angriff auf Pearl Harbor 1941, gegenüber dem kommunistischen Nordvietnam 1965 oder Nicaragua unter Ronald Reagan noch im Falle Libyens (1986) und des Irak von 1990 bis 1991, war die Entwicklung der Ereignisse und mögliche Schwierigkeiten vorhersehbar.

Die Anwendung militärischer Gewalt zur Bekämpfung einer als akut wahrgenommenen Gefahr kann sich je nach Intensität des Einsatzes und außenpolitischer Zielsetzung voneinander unterscheiden (vgl. Art/Waltz 1993). Grenzkonflikte in der Art kleinerer militärischer Zusammenstösse wie etwa zwischen chinesischen und sowjetischen Truppen entlang des Grenzflusses Ussuri (1969) oder zwischen Ecuador und Peru (1981) stehen am unteren Ende eines breiten Spektrums außenpolitisch relevanter Gewaltmittel. Eine rücksichtslose und am anderen Ende der Gewaltspirale stehende, umfassende Entfaltung zerstörerischer Gewalt, ohne Abwägung der Kosten und Folgen, ist im nuklearen Zeitalter der Weltpolitik unter den führenden Großmächten nicht mehr erfolgt. Erinnert sei hier allerdings an das verzweifelte Bemühen Hitlers, in den letzten Monaten des Zweiten Weltkrieges die Fortdauer des „Dritten Reiches" durch einen unbegrenzten Einsatz von Gewalt zu sichern.

Im unabdingbaren Zusammenhang mit militärischen Instrumenten stehen deshalb sowohl die jeweiligen materiellen und immateriellen Machtressourcen, die Fähigkeiten eines Akteurs, seine Ziele durchzusetzen als auch die Umsetzung dieser Fähigkeiten in konkreten außenpolitischen Einfluss (vgl. Kahl 2005). So können militärische Machtinstrumente in unterschiedlicher Weise eingesetzt werden

1. als *Anreizfaktor*, zum Zweck nationaler Militärhilfe, einzelstaatlicher oder alliierter Macht-, Bündnis- und Verteidigungspolitik (z.B. im Rahmen der NATO-Allianz als pluralistischer Sicherheitsgemeinschaft),

2. als *indirektes Machtmittel*, zur Absicherung oder Erweiterung eigener Handlungchancen (z.B. durch die Stationierung von Truppen in verbündeten Staaten oder Regionen, durch die Entsendung von Militärberatern),

3. als *politisches Einflussinstrument*, in Form der Diplomatie der Druckausübung, mittels Zwang oder gezielter Interventionsabsichten zur Destabilisierung eines Landes oder zum Sturz einer fremdstaatlichen Regierung (z.B. amerikanische Einflussversuche in Lateinamerika gegenüber Chile, El Salvador oder Guatemala; staatengestützter Terrorismus durch Libyen, Afghanistan oder das revolutionäre Iran zur Einigung der islamischen Glaubensgemeinschaft; Südafrikas Interventionen in Nachbarstaaten),

4. als *Mittel der Abschreckung* und *Verteidigung*, insbesondere zur Zeit des Ost-West-Konfliktes mit den USA und der Sowjetunion, später der VR China,

Großbritannien und Frankreich als atomaren Großmächten. Der Besitz nuklearer Waffen in Indien und Pakistan - verheimlicht in Israel, mehr oder weniger angestrebt in Nordkorea und Iran, letztendlich verworfen in Argentinien und Brasilien - verdeutlicht, dass wir uns weltpolitisch in einem zweiten nuklearen Zeitalter befinden. Von den Nicht-Besitzenden Staaten wird im Vertrag zur Nichtweiterverbreitung atomarer Waffen (1968) die Förderung oder Nutzung nuklearer Mittel zu militärischen Zwecken abgelehnt, nicht zuletzt aufgrund (a) ihrer kostenintensiven Produktion, (b) der zu erwartenden, Gefahren abwehrenden Reaktionen atomarer Mächte (so in der sowjetischen Androhung eines nuklearen Militärschlags gegen China 1969 oder in Israels Militäraktion zur Zerstörung von Produktionsanlagen im Irak 1981), oder aufgrund c) ihrer geringen Einsatzmöglichkeit als ultima ratio eines Krieges. Für Staaten wie Norwegen, Australien, Thailand oder Kanada, das angesichts seiner geographischen Lage keine ernsthafte Bedrohung zu fürchten hat, stellt der Besitz atomarer Waffen keinen größeren außenpolitischen Nutzen dar. Ein konventioneller Einsatz militärischer Macht kann allerdings ebenso wesentliche Abschreckungswirkung erzielen, wenn er, wie im Falle der chinesischen „Strafexpedition" gegen Vietnam (1979), dazu dient, eine potentielle Verschiebung der regionalen Machtverhältnisse zu verhindern, oder, mit Blick auf die Strategie Israels gegenüber Syrien, Ägypten und den Irak im Konfliktfeld des Nahen Ostens, dazu gedacht ist, möglichen Interventionsabsichten präventiv vorzubeugen.

5. als *Vehikel der Zerstörung* oder *Vernichtung* (z.B. im Rahmen der rassenideologisch motivierten Expansionspolitik des nationalsozialistischen Deutschland oder im Falle ethnisch und religiös motivierter, bis zum Völkermord führender Aktionen).

Angesichts der Entwicklung moderner Technologien hat der Einsatz militärischer Mittel eine neue Tragweite erhalten. Dauer und Erfolg des Militäreinsatzes scheinen für größere Mächte, was etwa die Entsendung von Streitkräften und die gezielte Verwendung hochmoderner Waffensysteme betrifft, besser kalkulierbar zu sein. Moderne Kriegsführung der USA, die zum Einsatz von hochtechnologischen Waffen in der Balkan-Region und im Nahen Osten führte, hat deren „Machbarkeit (...) ohne den verlustreichen und prekären Einsatz von Bodentruppen aufgezeigt, der in der amerikanischen Öffentlichkeit seit dem Vietnamkrieg (1966-1975) mit traumatischen Erinnerungen besetzt ist" (Hartmann 2001: 84, vgl. auch Freedman 1998) Dennoch bleibt der Erfolg des militärischen Instruments oft abhängig von der Konfliktsituation, den gegenseitigen Interaktionsprozessen sowie der tatsächlichen Verwundbarkeit des Konfliktgegners.

Die Erfahrung zeigt, dass das militärische Instrument bzw. das militärische Eingreifen - von „der bewaffneten Beobachtung bis hin zum Einsatz von Militär" (Brand 1995: 6), von Waffenlieferungen und Militärmanövern bis zum Truppeneinmarsch (Besetzung) - jedoch nur eine Option im Fächer der außenpolitischen Gesamtstrategien darstellt. Auch nicht-militärische Sicherheitsgefährdungen sind für die Außenpolitik handlungsrelevant.

7.3   Wirtschaft als Mittel der Außenpolitik

Die Wirtschaft als zentraler Bereich gesellschaftlicher Daseinsvorsorge ist nicht nur Ziel, sondern ebenso Mittel der Außenpolitik. Der in den letzten Jahren stattfindende Machtwandel verdeutlicht, dass „die Potentiale der Macht (militärische, wirtschaftliche, technologische, kulturelle, demographische u.a. Kompetenz) (...) heute eine Verschiebung im Stellenwert für die Erfüllung der Interessen (erfahren). Militärische Macht – Streitkräfte waren bisher immer das letztendlich entscheidende Attribut der Macht – verliert zugunsten der wirtschaftlichen und technologischen Macht an Bedeutung. ''Kriege`` werden mittels Handel und Technik geführt. Wirtschaft drängt bei der Gestaltung zwischenstaatlicher Beziehungen zur Sicherstellung einer sozial-rationalen Daseinsvorsorge (Innenwirkung) und zur vorbeugenden existentiellen Staatssicherung (Außenwirkung) zunehmend in den Vordergrund". Die im Lichte der Globalisierung erkennbare „Ökonomisierung" von Außenpolitik spielt daher eine entscheidende Rolle in den Beziehungen zwischen Staaten und anderen Akteuren politischen und wirtschaftlichen Handelns (Holsti 1991).

Ob ein Staat wirtschaftspolitische Instrumente effektiv einzusetzen vermag, hängt von der spezifischen Ausformung des Wirtschaftssystems eines Staates, den verhaltenssteuernden Impulsen und Motiven der innerstaatlichen Akteure, der wirtschaftlichen Leistungskraft des Staates und seiner Fähigkeit ab, internationale Entwicklungen und Veränderungsprozesse im eigenen Sinne zu beeinflussen. Vor allem das Streben nach Marktzugang und ausreichenden Rohstoff- und Versorgungsquellen bilden eine wichtige Grundlage für die wirtschaftliche Sicherheit und Daseinsgestaltung der Bevölkerung eines Staates. Nur wenige Staaten können dabei auf umfassende wirtschaftliche Machtressourcen zurückgreifen. Für andere stellen Handel, Finanz- und Kapitalströme im Sinne auswärtiger Investitionen oder auch die Vergabe von Wirtschaftshilfe und Krediten eine essentielle Voraussetzung zum Überleben und eigenen Wachstum bzw. Fortschritt dar.

In der Außenpolitik schwacher, abhängiger und unterentwickelter Staaten, sei es in Afrika oder in Teilen Zentral- und Südasiens, erhalten daher externe wirtschaftliche Unterstützung, Handelspräferenzen oder Exporterleichterungen eine zentrale Bedeutung. So geben wirtschaftliche Macht und Einfluss vor allem den USA, Japan und den westeuropäischen Staaten die Chance, mit ihren Vorstellungen, Motivationen und soziopolitischen Formen der Daseinsgestaltung auf die Denk- und Verhaltensmuster anderer Länder Einfluss zu nehmen. Den wohlhabenderen Industrie- und Ölstaaten dient das Instrument der auswärtigen Wirtschaftshilfe vielfach zur Verwirklichung wirtschaftlicher und außerökonomischer Interessen. Zugleich sind Staaten wie etwa Frankreich, Russland und die USA aufgrund ihrer verfügbaren Ressourcen weitaus besser gegen äußeren wirtschaftlichen Einfluss geschützt als Länder, die ihre Produkte nur in geringen Mengen ausführen können, von wenigen internationalen Gütermärkten abhängig sind und ihre lebenswichtigen Hilfslieferungen und Rohstoffe von wenigen Staaten erhalten. Die wirtschaftliche Verwundbarkeit der Entwicklungsländer ist demzufolge erheblich größer als die der westlichen Industriestaaten.

Bezeichnenderweise haben die ökonomisch machtvollen Staaten eine weitaus größere Möglichkeit, sich durch wirtschaftspolitische Mittel relevante Einflusssphären zu sichern. Während die USA gegenüber den lateinamerikanischen Staaten primär als wirtschaftspolitischer Hegemonialpartner auftreten, nehmen Saudi-Arabien in der Golfregion und die Staaten der Europäischen Union in Ost- und Zentraleuropa eine wichtige, auf wirtschaftliche Instrumente zurückgreifende Schlüsselrolle ein.

In diesem Zusammenhang spielt es für die Industriestaaten des Westens und die aufstrebenden Wirtschaftsmächte Ostasiens eine wichtige Rolle, auf die Strukturen des internationalen Wirtschaftssystems Einfluss nehmen zu können. In der Praxis amerikanischer Außenpolitik zählte nach dem Ende des Zweiten Weltkrieges die Errichtung eines liberalen, marktwirtschaftlich orientierten internationalen Freihandelssystems zu einer wesentlichen Voraussetzung, um Absatzmärkte auszuweiten, die Güterversorgung und den Zugang zu Rohstoffen zu verbessern oder wettbewerbsschwache Industrien zu schützen (Protektionismus). Insbesondere zwischenstaatliche Handelsverträge und -abkommen wurden dabei bis heute zu einem wichtigen Mittel außenpolitischer Vereinbarungen und Absprachen. Im sino-amerikanischen Handelsabkommen vom November 1999 als auch in der Meistbegünstigungsklausel, den die USA der VR China nach langjährigen Verhandlungen im Mai 2000 gewährten und in dem es garantiert, dass Zugeständnisse gegenüber einem Dritten automatisch auf den Vertragspartner ausgedehnt werden, finden sich klassische Instrumente einer zu außenpolitischen Zwecken eingesetzten Wirtschafts- und Handelspolitik.

Die Errichtung von wirtschaftspolitischen Koordinations- und Kooperationsformen, als Freihandelszone (NAFTA/North American Free Trade Agreement), Zollunion, Gemeinsamer Markt (EG-Binnenmarkt ab 1993), Wirtschafts- und Währungsunion oder multilaterale Welthandelsorganisation (WTO), beruht hierbei nicht selten auf der Verkoppelung von wirtschaftlichen Motiven mit nicht-ökonomischen Interessen politischer, ideologisch-systemischer und militärisch-sicherheitsbezogener Art. Dem wirtschaftlichen Wiederaufbau Europas in der Nachkriegszeit durch das als Marshallplan bekannt gewordene amerikanische Hilfsprogramm, der Entstehung der Europäischen Gemeinschaft, der Gründung des Südostasiatischen Staatenverbands ASEAN (Association of Southeast Asian Nations, 1967) und der lateinamerikanischen Regionalorganisation MERCOSUR (Mercado Común del Cono Sur, 1995) liegen neben den Zielen einer wirtschaftlichen Zusammenarbeit auch politische Motive zugrunde.

Vor allem Sanktionen und auswärtige Wirtschaftshilfe erhalten zudem in Situationen zwischenstaatlicher Konfrontation bzw. Kooperation wesentliche Bedeutung. Als Mittel der Außenpolitik dienen die wirtschaftlichen Sanktionsinstrumente als Versuche der Einflussnahme auf das Verhalten anderer Staaten (Maull 1991, Martin 1992). Die Verwendungsmöglichkeit und die Wirkungschancen von Sanktionen sind dabei abhängig von den Bedingungen des internationalen Systems, der wirtschaftlichen Verflechtung des Landes, nicht zuletzt von der je nach Konstellation unterschiedlichen Einsatzfähigkeit des Militärs aber auch vom politischen System und der ideologischen Orientierung der Akteure. Da die Gewährleistung erfolgreichen Wirtschaftens einen zentralen Aspekt nationaler Sicherheit darstellt, und die Berücksichtigung der wirtschaftlichen Bedingungen einen wesentlichen Faktor bildet, wächst die Bedeutung außenpolitisch verwendeter Sanktionsinstrumente (Meyers 1995, Drezner 2000, Chan/Drury 2000).

In Friedenszeiten wie auch in Krisensituationen können daher Zölle, als Abgaben auf importierte oder, in seltenen Fällen, exportierte Güter - vor allem in Form von Schutzzöllen (tarifäre Protektion) - oder in Gestalt von nichttarifären Handelshemmnissen eine eminente Wirkung erzielen. Einfuhrbeschränkungen, aufgrund spezifischer Normen und Vorschriften eines Staates, Importverbote (Boykott) oder Embargos als Lieferungssperren für bestimmte Exportgüter, Länderkontingentierungen und Dumping als Wettbewerbsstrategie weisen darauf hin, dass Wirtschaftssanktionen ein wichtiges außenpolitisches Steuerungsinstrument darstellen. Als Folge des Vietnamkrieges hatten die USA im Mai 1964 Embargobestimmungen gegen Nordvietnam verhängt, die es im Zuge der Annäherung und Normalisierung der diplomatischen Beziehungen zwischen Washington und Hanoi erst 1994 weitestgehend aufhob. Anfang der 90er Jahre nutzten die USA das Instrument des Exportverbots, um die haitianische Militärjunta zugunsten des ins Ausland geflohenen Präsidenten Aristide zu Fall zu bringen. Das Aussetzen der Handelsbeziehungen zwischen den westlichen Industriestaaten und der VR China nach den dramatischen Ereignissen der Niederschlagung der Studentenunruhen auf dem Tiananmen-Platz (1989), das Waffenembargo gegen die bosnischen Muslime im Jugoslawien-Konflikt als auch das umfassende Exportverbot bzw. die vollständige außenwirtschaftliche Isolierung des Irak ab 1991 bildeten gezielte Sanktionen. Wie im Falle des von den USA verabschiedeten Iran-Libya Sanctions Act (1996), der, aufgrund des Vorwurfs einer Terrorismus unterstützenden Politik, die Investitionen von Energieunternehmen in diesen Staaten unter Strafe stellte, können sich Sanktionen gegen einzelne oder mehrere Staaten oder eine Gruppe innerhalb eines Staates richten.

Von Gewicht ist dabei die tatsächliche Wirksamkeit von Sanktionen, insbesondere hinsichtlich ihrer Folgen für die Bevölkerung und die politische Führung bzw. die herrschende Elite des betreffenden Landes (vgl. Südafrika, Irak, Serbien). Aus diesem Grund wurde in den letzten Jahren auf gezielte, selektive Sanktionsarten zurückgegriffen, die als so genannte *smart sanctions* nur einen eng begrenzten Personenkreis, im Regelfall die Führungsträger des Staates treffen sollen (Cortright/Lopez 2002). Hinter diesem Begriff stehen keine neuen Erfindungen. Zu smart sanctions zählen finanzielle Sanktionen (Einfrieren ausländischer Bankkonten, Beschlagnahmung von Eigentum und Vermögenswerten etc.), Reise- und Luftverkehrssanktionen (Einreise- oder Landeverbot bestimmter Fluggesellschaften etc.), Waffen- bzw. Militärtechnologieembargos, diplomatische (Ausweisung von Diplomaten, Abberufen des Botschaftspersonals, diplomatische Isolierung etc.) und kulturelle Sanktionen (Auftrittverbot für Künstler, Ausschluss von Sportlern bei internationalen Großveranstaltungen etc.) sowie verstärkt Ölexport- und Importembargos auf Rohstoffe (Diamanten, Holz). Für ihre außenpolitischen Interessen nutzten Ölförderländer, die sich in Form der OPEC (Organization of Petroleum Exporting Countries) zu einer machtvollen internationalen Staatengruppierung entwickelt haben, bisher das wirtschaftliche Instrument der Preis- und Produktionsgestaltung. Die weltweit spürbare Öl- und Energiekrise der siebziger Jahre (so genannte Ölkrise 1973 sowie zwischen Ende 1978 und Mitte 1980) offenbarte das außenpolitische Instrument gezielter Exportrestriktionen, mit ihren Auswirkungen auf die Handelsbilanz, den Arbeitsmarkt und die Währungsstabilität der davon betroffenen Staaten in Europa und den USA.

Die Entscheidung zu konkreten Sanktionen und einer entsprechenden Mittelwahl – vom Aussetzen der Handelsbeziehungen, der Aufkündigung von Wirtschaftshilfe bis zur Embargopolitik – beruht im Einzelnen auf

- der *Wahrscheinlichkeit der Sanktionsdurchsetzung*, unter Berücksichtigung der möglichen Folgen bei einem Scheitern der Sanktionsverwirklichung,
- einem *adäquaten Einsatz der Sanktionsmittel*, die gegenüber der Regierung, d.h. den autoritären Führungsträgern oder dem diktatorisch regierenden Machthaber, auf einen konkreten Personenkreis zielen,
- der *Angemessenheit* von Kosten und zu erzielendem Nutzen („Wir dürfen uns nicht mehr als den Gegner ruinieren"),
- der *Wahrnehmung* des zu lösenden Problems innerhalb der Staatengemeinschaft (Boykottmaßnahmen der USA gegen den Iran (1995) u.a. aufgrund des befürchteten Erwerbs von Nukleartechnologie zum Bau atomarer Waffen wurden von Großbritannien, Frankreich und Deutschland abgelehnt),
- der *Glaubwürdigkeit* bei Durch- oder Umsetzung der Sanktionen und
- der tatsächlichen *Wirksamkeit* des eingesetzten Sanktionsinstruments, nicht zuletzt der damit verbundenen politischen Signalwirkung (Tsebelis 1990, Pape 1997).

Unterhalb der Schwelle militärischer Gewaltanwendung stehen dabei der „Handelskrieg", meistens als bilateral produktbezogener Konflikt, der „Wirtschaftskampf" als langfristige Auseinandersetzung um die Eroberung regionaler oder globaler Märkte sowie der „Wirtschaftskrieg" für Situationen, in denen eine Verschärfung des internationalen Wettbewerbs und der eingesetzten wirtschaftlichen Mittel zu einer ernsten außenpolitischen Konfrontation zwischen Staaten führen kann (Schumann 1994: 158 f.).

Staatshilfen, im Sinne auswärtiger Wirtschaftshilfe, bilden darüber hinaus ein zweites relevantes, wirtschaftliches Instrument der Außenpolitik. Bis in die Mitte der 70er Jahre des vergangenen Jahrhunderts waren, mit Ausnahme einiger wohlhabender Mitglieder des British Commonwealth und kleinerer europäischer Staaten, vor allem Großmächte zentrale Geberländer. In neuerer Zeit können nahezu alle OECD-Staaten, ein Großteil der OPEC-Länder und wirtschaftlich aufstrebende Schwellenländer wie Südkorea, Brasilien oder Singapur zur Gruppe von Staaten mit einer intensiveren Wirtschafts- und Projekthilfe gezählt werden. Vielfach dient das Instrument der auswärtigen Wirtschaftshilfe politischen oder strategischen Motiven, im typischen Fall zur Unterstützung von befreundeten, in Gefahr geratenen Staaten oder Systemen. Der größte Anteil an amerikanischer Wirtschaftshilfe ging in den 80er und 90er Jahren mit Israel, Ägypten, Pakistan und der Türkei an nur wenige relevante Bündnispartner. Verbunden mit einem kalkulierten Nutzeffekt, war die Sowjetunion dagegen über lange Jahre das zentrale Geberland für Staaten wie Kuba, Afghanistan, Vietnam und Äthiopien. Zur

Durchsetzung außerökonomischer Interessen wurden in der Zeit des Ost-West-Konfliktes blockfreie Staaten, wie Indien, von den Industrieländern des Westens und Ostens mit umfassender Wirtschaftshilfe umworben.

Drei Kategorien von auswärtiger Hilfe lassen sich unterscheiden: (1) humanitäre Hilfe, die häufig als einzige nichtpolitische Form auswärtiger Hilfe bezeichnet werden kann; (2) wirtschaftliche Entwicklungshilfe, die je nach Dauer und Absicht mit unterschiedlichen Zielsetzungen verknüpft sein kann: Erleichterung der Handelskontakte, Einflussnahme auf die Innen- oder Außenpolitik einer fremdstaatlichen Regierung, Unterstützung des wirtschaftlichen Wachstums und damit der politischen Stabilität, gegebenenfalls auch des Demokratisierungsprozesses innerhalb eines Landes, Verbesserung der diplomatischen Beziehungen, Förderung der zwischenstaatlichen oder transnationalen Solidarität oder Verringerung der Chancen einer gegnerischen Macht, sich den Zugang zur Politik oder zum Markt eines bestimmten Staates zu sichern; (3) technische Hilfe wirtschafts- und sicherheitsbezogener Art: vor allem im Sinne von Ausbildungsprogrammen, von Fachkräften und Beratern mit spezifischen Tätigkeitsfeldern im Bereich Bildung, Wirtschaft oder Militärwesen als auch finanzielle Unterstützung (Anleihen) zum Kauf von Waffensystemen und militärischen Rüstungsgütern.

Im Vergleich zum Mittel der Gewaltanwendung sind wirtschaftliche Instrumente des Zwangs, der Überzeugung, der Unterstützung oder Bestrafung in ihren Kosten billiger für den jeweiligen Staat; wenngleich im Ergebnis häufig nicht unmittelbar sichtbar. Unabhängig von den damit verbundenen außenpolitischen Vor- und Nachteilen für die Einfluss nehmenden Geberländer und für die je nach dem Grad der wirtschaftlichen Unterstützung abhängigen Entwicklungsländer, die auf externe Hilfe zum Überleben angewiesen sind, haben wirtschaftliche Instrumente im Katalog der außenpolitischen Mittel eine nicht zu unterschätzende Bedeutung. Die Schuldenkrise der Länder der Dritten Welt, der Zusammenbruch der Finanzmärkte in Asien (1997) als auch die von nationalen Interessen beeinflusste Währungs- und Finanzpolitik internationaler Organisationen wie der Weltbank und des Internationalen Währungsfonds (IWF), das zunehmende Gewicht von Staaten mittlerer Größe und von multinationalen Unternehmen als global players und als nicht-staatliche Machtfaktoren bei der Vergabe von Krediten und Hilfen unterstreichen die veränderten Bedingungen des internationalen Wirtschaftssystems, mit seinen Folgen für die wirtschaftlichen Instrumente staatlicher Außenpolitik.

7.4   Formen außenpolitischer Intervention

Staaten verfolgen eine Vielzahl außenpolitischer Interessen von unterschiedlicher Rangordnung. Zu deren Umsetzung zählt in besonderer Weise das Mittel der Intervention, verstanden als „Einmischung von Staaten (bzw. internationalen Organisationen) in Angelegenheiten, die der alleinigen Kompetenz eines Nationalstaates unterliegen" (Woyke 2000: 221). In diesem Sinne ist die Intervention nicht nur als eine befristete konkrete Aktion der Einflussnahme, sondern auch als ein tagtäglicher, sich über eine lange Zeitdauer vollziehender Vorgang der Einmischung zu verstehen. Dies wird umso deutlicher, wenn man den Inhalt des Begriffes bzw. die „Sinnvariabilität" des Wortes untersucht. Traditionell umfasst der Interventionsbegriff das Kriterium des Zwangs, insbesondere des militärischen Zwangs. In Form offener bewaffneter Intervention und der Einmischung durch Androhung oder Anwendung von Gewalt wird im Regelfall versucht, einen Staat an der Ausübung seiner souveränen Rechte zu hindern oder zu einem bestimmten Handeln zu zwingen. Außer durch den Einsatz von Streitkräften kann dies auch durch die Förderung und finanzielle Unterstützung politischer Gruppen, d.h. durch verdeckte Interventionen, erfolgen, die bis zum gewaltsamen Sturz der Regierung eines Landes, zur Zerstörung der Lebensgrundlagen des politischen Systems und der Unterdrückung national-identitärer Formen der Daseinsführung einer Bevölkerung reichen können.

Über das klassische Interventionsverständnis hinaus, hat sich der Begriff jedoch zunehmend auf andere politische, wirtschaftliche bzw. nicht-militärische Formen der Einflussnahme ausgeweitet: Boykott und Embargopolitik, Handelsbeschränkungen, diplomatische Druckausübung, Unterstützung der politischen Opposition oder der Aufständischen, vorzeitige Anerkennung einer Sezession, geistige Einflussnahme durch feindselige Propaganda etc. (vgl. Finnemore 2003). Zur Erlangung der Qualität einer Intervention muss die jeweilige politische, wirtschaftliche oder sonstige Maßnahme als ein empfindliches Übel wirken. Da die Einmischung in die inneren Angelegenheiten eines Staates im Wesentlichen machtabhängig erfolgt, spielen die jeweilige Überlegenheit und Stärke des intervenierenden Staates eine wesentliche Rolle. Wie die Geschichte der auswärtigen und internationalen Beziehungen zeigt, ist die militärische Intervention dabei hauptsächlich ein Mittel der Großmächte, um den Erhalt ihrer eigenen Interessensphären zu sichern, bis hin zu regionalen Interventionsmonopolen von Hegemonialstaaten.

Die verschiedenen Formen von Intervention - (1) militärische Intervention, (2) geheime politische Aktionen, (3) Demonstration von Stärke, (4) terroristische und (5) subversive Maßnahmen sowie (6) diplomatische Einmischung - sind symptomatisch für die in der weltpolitischen Gegenwart größere Durchlässigkeit und Fragilität von Staaten, insbesondere bei jüngeren Nationen mit einer schwachen Legitimationsbasis und einer geringen politischen Handlungsfähigkeit. In allen Fällen trägt die Intervention mehr oder weniger zur Beeinträchtigung zentraler Konstitutiva des Staates - seiner Souveränität, Unabhängigkeit und Statusgleichheit, die zugleich Grundmerkmale außenpolitischen Handelns sind - bei.

(1) Noch in der Zeit des Kalten Krieges hatte man das Instrument der Intervention wesentlich aus machtpolitischem Kalkül und der eigenen Interessenlage thematisiert. Die in Blockgegensätze dividierte Staatenwelt, vor allem die großen Mächte, nutzten die Intervention als Mittel ihrer Interessendurchsetzung, nicht zuletzt in den sog. „Stellvertreterkriegen", gefördert oder unterstützt von Waffenlieferungen, medienwirksamer propagandistischer Einflussnahme oder wirtschaftlicher Hilfe. Diese einseitigen Interventionen (Grenada, Panama, Afghanistan - 1979) verfolgt(e) man nach Maßgabe der eigenen nationalen Interessen und vertrat sie anhand von Plausi-

bilitätskriterien. Ideologische Standpunkte oder Überzeugungen sollten dabei der Aktion (häufig) eine konkrete Rechtfertigung verleihen: als erforderliche Hilfe für den Nachbarstaat oder erklärte Schutzmaßnahme zur Abwehr von Gefahren (vgl. den Einmarsch von Warschauer Pakt-Truppen in die Tschechoslowakei 1968 im Rahmen der sog. "Breschnew-Doktrin", mit dem Zweck des Sturzes der damals reformkommunistisch orientierten Dubcek-Regierung).

Militärische Interventionen sind in diesen Fällen zumeist das Ergebnis einer Konfliktsituation, die ausländische Mächte zur Entsendung von Truppen veranlasst, in der Regel zur Durchsetzung nationaler Interessen, sei es einseitig im Sinne der Machterweiterung oder Machtsicherung (Landerwerb, Ressourcenzugang, Sturz eines feindseligen Regimes, Erlangung einer regionalen Vormachtrolle etc.) oder multilateral im Rahmen internationaler Organisationen, sei es primär aus humanitären Gründen oder zur Wiederherstellung einer friedenssichernden Konstellation (zulässige, kollektive Interventionen). Die außenpolitische Interventionspraxis zeigt hier eine Vielzahl an Beispielen: die Intervention der USA in Vietnam Mitte der sechziger Jahre, der Sturz des ugandischen Diktators Idi Amin durch tansanische Streikräfte (1979), die unterschiedlichen Interventionsabsichten der kongolesischen Nachbarstaaten in den neunziger Jahren, der Einmarsch irakischer Truppen in Kuwait (1990), die militärische US-Intervention in Panama zur Ergreifung des als internationalen Rauschgifthändler gesuchten Präsidenten Noriega (1990), die Besetzung Haitis durch amerikanische Streitkräfte (1994) im Rahmen der seit der Monroe-Doktrin zentralen Einflussnahme der Vereinigten Staaten auf den lateinamerikanischen „Hinterhof" (Grenada 1982, Panama 1989), Frankreichs Intervention im Tschad in den 1980er Jahren wie auch die dominierende Interventionsrolle der Sowjetunion gegenüber den Ostblockstaaten (Ungarn, Tschechoslowakei) - in aktuellerer Zeit abgelöst von der russischen Interventionspolitik gegenüber den GUS-Staaten -, als auch die Interventionen Indiens im regionalen Subsystem Südasiens gegenüber Bangladesh, Sri Lanka, den Malediven und Pakistan.

Wurden in früheren Jahrzehnten militärische Interventionen von einzelnen Großmächten gegen kleinere oder schwache, abhängige Staaten durchgeführt, sind in den letzten Jahren verstärkt regionale Mächte zu Interventionsakteuren geworden oder kollektive, in der Regel von einer internationalen oder regionalen Organisation sanktionierte Maßnahmen als interventionsberechtigende Eingriffe in die Angelegenheiten eines Staates angestrengt worden. Für die jüngere weltpolitische Gegenwart ist hier die NATO-Intervention im früheren Jugoslawien als auch die Besetzung des Irak durch amerikanische Interventiontruppen im dritten Golfkrieg mit dem Sturz des Präsidenten Saddam Hussein und die Intervention in Afghanistan zu nennen (vgl. auch The White House 2002).

(2) Für die Öffentlichkeit wenig sichtbar, spielen verdeckte politische Aktionen eine wichtige Rolle im Kräftespiel zwischenstaatlicher Beziehungen. Diese sind nicht nur gegen die Führungsträger oder das Regime eines politischen Systems gerichtet, um es zu Fall zu bringen oder um Regierungsmitglieder (Nordkorea in Rangun/Birma), Diplomaten, Parteiführer und wirtschaftliche oder gesellschaftliche

Meinungsführer zu beseitigen. Auch Propaganda wird zu einem entscheidenden Mittel außenpolitischer Kommunikation. Über Rundfunk und Fernsehen, Flugblätter oder verbotene Nachrichtenmagazine lassen sich die innenpolitischen Meinungs-bildungsprozesse bis hin zur möglichen Destabilisierung der politischen Ordnung eines Staates beeinflussen. Mittels einer realitätsverzerrenden, beschönigenden Selbstdarstellung wird nicht selten um Unterstützung, Zustimmung oder Verständnis bei anderen Regierungen für konkrete eigenstaatliche Zielsetzungen oder Probleme geworben. Die bereits erwähnte Finanzierung oder politische, militärische und kulturelle Unterstützung oppositioneller Gruppen (Dissidenten, Rebellengruppen etc.) eines anderen Landes zählt dabei ebenso zum Instrument einer verdeckten, indirekten Intervention wie die über viele Jahrhunderte wirkungsmächtigen Aktivitäten von Geheimdiensten, die vor allem zur Zeit des Ost-West-Konfliktes unter der Regie von CIA oder KGB (heute: FSB) zu einem wesentlichen Mittel der Außenpolitik geworden sind. Geheimdienste haben für die Außenpolitik zahlreicher Staaten einen hohen Stellenwert zur Informationsbeschaffung oder Durchführung geheimer, oftmals normwidriger Aktionen erhalten. Unter der Kontrolle der eigenen Regierung stehend, sollen sie die Informationskapazitäten und Handlungschancen eines Staates wirkungsvoll erweitern ohne zu eigenmächtig oder zu selbständig zu handeln (Iran-Contra Affäre). Wie die geschichtliche Entwicklung der auswärtigen und internationalen Politik zeigt, war hierbei das Mittel des Geldes, sei es in Form wirtschaftlicher Intervention oder in Gestalt von Bestechungsgeldern, ein über die verschiedenen Kulturen und Epochen hinweg beliebtes Instrument der Einflussnahme. Unter Ludwig XV. wurden in der Zeit von 1757 bis 1769 bis zu 82 Mio. Livres an österreichische Diplomaten und Politiker gezahlt, um sie für eine Frankreich freundliche Politik zu entlohnen (Morgenthau 1962: 302).

(3) In hohem Maße ist die Demonstration militärischer Stärke ein Interventionsinstrument, das neben oder im Vorfeld der Anwendung militärischer Gewalt eingesetzt wird. Diplomatische Druckausübung, Abschreckung oder Unterstützung befreundeter und verbündeter Staaten dienen eher als psychologisches Mittel der Außenpolitik. Überraschende Truppenbewegungen oder Militärmanöver können neben einer Reihe bereits erwähnter Maßnahmen mit der Absicht verbunden sein, militärische Stärke oder die Bereitschaft zum Einsatz von Gewalt zu demonstrieren.

(4) Die außenpolitische Einflussnahme eines Staates ist im Hinblick auf seine Mittel immer wieder auch von einem staatlich organisierten oder gestützten Terrorismus mitbestimmt. Die traditionellen Formen staatlich-ideologischer, ethno-nationalistischer und separatistischer Organisationen (wie RAF, Rote Brigaden oder ETA) haben das Erscheinungsbild des transnationalen Terrorismus über drei Jahrzehnte hinweg wesentlich geprägt. Vor allem erwies sich der in den frühen 80er Jahren auftretende moderne, staatlich geförderte Terrorismus als ein von Regierungen bewusst gewähltes Instrument der Außenpolitik. Schon mit Beginn der Außenpolitik des revolutionären Iran unter Ayatollah Khomeini (1979), die durch die Besetzung der US-Botschaft und der Geiselnahme von amerikanischen Botschaftsangehörigen eine weltweite Medienaufmerksamkeit erfuhr und zu weiteren Formen der staatlichen

Förderung von Terrorismus im Nahen Osten führen sollte, wurde die Unterstützung terroristischer Aktivitäten durch den Staat zu einem wesentlichen Faktor in der irakischen, libyschen und später sudanesischen Außenpolitik. Auf der Liste des US-Außenministeriums stehen aus diesem Grund bis heute unterschiedliche aktive oder weniger aktive Förderer des internationalen Terrorismus, die - insbesondere mit Irak, Kuba, Iran, Sudan, Nordkorea, Jemen und Syrien - eine aus Sicht der USA nennenswerte Rolle bei der Unterstützung terroristischer Operationen spielen. Libyen konnte sich zuletzt durch eine diplomatische Wiederannäherung an die westliche Staatengemeinschaft von einer sanktionsbewährten Politik der Europäischen Union lösen.

Allein die Hälfte der größeren terroristischen Gruppierungen (35) werden dabei der arabischen Staatenwelt zugerechnet (US Department of State, 1998), in der die Bereitstellung von Trainingslagern, diplomatischer Schutz und Sicherheit, finanzielle und logistische Unterstützung für terroristische Organisationen von den USA als ein wichtiger Faktor zur Planung oder Durchführung internationaler terroristischer Angriffe gesehen werden. Vor diesem Hintergrund übt man in Washington nicht nur Kritik an dem unscharfen Verhältnis arabischer Machthaber zu jenen religiösen Einrichtungen und islamischen Wohltätigkeitsorganisationen, denen man häufig undurchsichtige Ziele und die Billigung eines gewalttätigen Islamismus vorwirft. Man fordert darüber hinaus eine unzweideutige politische Aussage der arabischen Länder und die konsequente Ausgrenzung terroristischer Organisationen. Dies betraf u.a. die Unterstützung der Abul-Abbas-Gruppe und Abu Nidals durch den Irak, das Aufenthaltsrecht der Palästinensisch-Islamischen Widerstandsbewegung Hamas, des Palästinensischen Jihad, der Fatah-Rebellen von Abu Mussa, der türkischen PKK und der palästinensischen Volksfront in Syrien oder die vermutete finanzielle und politische Hilfe Teherans für die palästinensischen Gruppen, die Hizbullah, die ägyptische Gamaat, die Islamische Bewegung Usbekistans oder die algerischen Groupes Islamiques Armés (GIA). Nicht weniger zählte der Sudan seit Anfang der 90er Jahre zu einem wichtigen Zufluchtsort gewaltsamer Terrorgruppen und zu einem der mutmaßlichen Akteure, die 1995 am Attentatsversuch auf den ägyptischen Staatspräsidenten Mubarak beteiligt gewesen sein sollen.

Einzelne Organisationen, wie die Gruppe Abu Nidals, konnten dabei als ein „nützliches und integrales Werkzeug" der jeweiligen Außenpolitik verwendet werden: als eine „Geheimwaffe, die zum Einsatz kommt, wann immer die Situation sich dazu eignet und die Vorteile überwiegen, die aber [...] dann ungenutzt bleibt, wenn die Risiken des Einsatzes größer zu sein scheinen als die potenziellen Erträge und wenn die möglichen Auswirkungen sich mit Wahrscheinlichkeit als kontraproduktiv erweisen" (Hoffman 1998: 262). Andererseits bot die Finanzierung terroristischer Aktionen ein profitables Geschäft, das man seitens der Terrororganisationen in Unternehmens- und Grundstücksinvestitionen sowie in gewinnbringenden Waffenhandelsgesellschaften geschickt anzulegen vermochte. So entwickelte die 1971 noch vom Studenten Shigenobu gegründete Japanische Rote Armee (JRA) einen Auftrags-Terrorismus, durch den die bislang im libanesischen Bekaa-Tal ansässige JRA einen hohen Einnahmenzufluss verbuchen konnte. Auf die terroristische Gruppe der JRA griff dabei nicht nur der weltweit berüchtigte und führende Terrorist Carlos, sondern auch die libysche Regierung Ghaddafis zurück, um die JRA unter dem Decknamen der Anti-Imperialistischen Internationalen Brigade (AIIB) für Angriffe gegen die amerikanische und japanische Botschaft in Jakarta (Juni 1986) anzuwerben und einzusetzen.

Hinsichtlich des modernen transnationalen Terrorismus, der seit dem Anschlag vom 11. September auf das World Trade Center und das Verteidigungsministerium (Pentagon) der USA eine neuen Bestimmungsfaktor staatlicher Außenpolitik darstellt, bildete insbesondere diese Art des staatlich geförderten Terrorismus ein wirkungsvolles Instrument der Außenpolitik (Badey 1998: 91). Neben der Organisation eines strikten Befehls- und Kontrollapparates stand in der Planung und Vorbereitung von Terrorangriffen dabei zunächst eine geringe Zahl an Opfern und ein minimaler Einsatz an Gewalt im Vordergrund, um den aus politischen, wirtschaftlichen oder religiösen Motiven gewählten, häufig "symbolischen" Zielen näher zu kommen. So lag es bisher an der Attraktivität des Terrorismus, dass die terroristischen Organisationen als gleichsam "allerletzte fünfte Kolonne" von Staaten unbemerkt und kostengünstig eingesetzt werden konnten und sich zugleich den militärischen Reaktionen und Vergeltungsmaßnahmen sowie wirtschaftlichen oder politischen Sanktionen der internationalen Staatenwelt entzogen.

(5) Außenpolitische Einflussnahme durch interventionistische Praxis erfolgt in manchen Fällen über die Unterstützung, Organisierung oder Steuerung regierungskritischer oder systemfeindlicher Gruppen innerhalb eines Staates. Dort, wo politische Kräfte eines anderen Staates die eigene Regierungspolitik ablehnen und sich ihr widersetzen, kann über eine gezielte Förderung subversiver Tätigkeiten eine Staatskrise hervorgerufen werden, die von personellen oder strukturellen Veränderungen bis hin zum Sturz der Regierung führen kann. In der Praxis historischer Fälle ist zum einen die von den Nationalsozialisten als so genannte „fünfte Kolonne" unterstützte Partei der Sudetendeutschen zu nennen, die unter der Leitung Konrad Henleins günstige Bedingungen für die spätere Annexion der Tschechoslowakei durch das nationalsozialistische Deutschland schaffen sollte, zum anderen der mutmaßlich vom CIA im Rahmen der Lateinamerikapolitik der USA geförderte Staatsstreich gegen die als kommunistisch und sowjetfreundlich eingestufte Regierung Salvador Allendes.

(6) Das Völkerrecht verbietet den Staaten nicht jedwede Form der Einmischung. Alltägliche diplomatische Prozesse zwischen Staaten stellen keine unter das Interventionsverbot fallende Form der Einmischung dar. Diplomatisch bedingte Einwirkungen bzw. Einflussnahmen auf einen Staat sind in der Regel gestattet. Da die Kriterien, die eine Interventionsmaßnahme für völkerrechtlich zulässig erklären, nicht immer eindeutig zu bestimmen sind, muss letztlich im Einzelfall überprüft werden, ob mit einer außenpolitischen Aktion die Interventionsschwelle überschritten wird oder nicht. Bei militärischer Gewaltanwendung oder Aggression steht dies zwangsläufig außer Frage.

Demgegenüber ist das *kollektive Interventionssystem* der Vereinten Nationen bislang eng begrenzt durch die Bereitschaft der ständigen Mitglieder des Sicherheitsrates, Maßnahmen der Einmischung bei lokalen Kriegen oder Konflikten zu befürworten (vgl. Korea-Krieg; ECOWAS Intervention in Liberia unter dem Kommando Nigerias).

Seit dem Ende des Kalten Krieges und einer Reihe von leidvollen, menschenrechtsverletzenden Kriegen hat sich jedoch die Frage der Intervention als ein gerechtfertigtes Mittel neu gestellt: insbesondere in Gestalt der sog. *„humanitären Intervention"* und friedenspolitischen Einmischung (z.B. Golfkrieg und die Einrichtung von Schutzzonen für die bedrohten Kurden im Irak, der Bürgerkrieg in Somalia, Ruanda und Jugoslawien/Kosovo) So wird nunmehr die Frage aufgeworfen: Gibt es ein „Recht auf Einmischung" in die inneren Angelegenheiten, möglicherweise eine humanitäre „Pflicht zur Einmischung"? (vgl. Zangl 2002).

Im Rahmen der Vereinten Nationen haben die zahlreichen Blauhelmmissionen diese Zielsetzung aufgegriffen, und den Typus eines „robusten" peacekeeping favorisiert, d.h. auch ohne die Zustimmung der Konflikt- oder Kriegsparteien ist hier ein Blauhelmeinsatz möglich, der gegebenenfalls auf militärischen Zwang zurückgreifen kann (vgl. Observing, Beobachtung von Kampfhandlungen und Berichterstattung an die UN; Peace-Keeping im Sinne des Eindämmens von Konflikten, der Sicherung von Waffenstillstandszonen (Puffer) zwischen den Kombattanten). Beim Eingreifen in einen internen Konflikt, einen Bürgerkrieg, der zu einer Chaotisierung der innerstaatlichen Situation, zu Menschenrechtsverletzungen, massenhaften Morden und weitflächigen Flüchtlingsbewegungen führt, sehen daher Interventionsbefürworter den Zweck darin, die Bürger dieses Staates zu schützen. Das aber wirft die Frage auf, ob überhaupt in innere Konflikte interveniert werden darf oder lediglich zwischenstaatliche Auseinandersetzungen eine Einmischung erlauben.

Dies berührt die zentrale Frage, was mehr Gewicht oder Bedeutung in der internationalen Politik hat: der Grundsatz der staatlichen Souveränität, verhaftet mit dem Prinzip der Nichteinmischung (Art. 2 Ziff. 4 Gewaltverbot und souveräne Gleichheit der Staaten, Art. 2 Ziff. 7 sog. Interventionsverbot) oder die primär humanitäre und friedensstiftende, politisch gerechtfertigte Intervention. Im Kontext der jüngeren weltpolitischen Ereignisse hat sich dabei herauskristallisiert, dass unter Anwendung von Kap. VII der UN-Charta Zwangsmaßnahmen des UN-Sicherheitsrates beschlossen werden können, wenn es sich nach seiner Auffassung um humanitäre Notlagen handelt, die eine Bedrohung für den Weltfrieden und die internationale Sicherheit darstellen. Dies kann von der Durchführung eigener Interventionsschritte bis zur Ermächtigung von Mitgliedsstaaten oder Regionalbündnissen zu humanitären Interventionen reichen (z.B. in Jugoslawien und im Golf-Krieg 1991 sowie in Somalia 1992).

Problematischer ist die Sachlage, wenn es um die Frage geht, ob und unter welchen Umständen Regionalbündnisse Interventionsrechte durch ihre Satzung schaffen können. Zumal Zwangsmaßnahmen (gem. Art. 53 Abs. 1 Satz 2) ohne Ermächtigung des SR aufgrund regionaler Abmachungen oder seitens regionaler Einrichtungen nicht ergriffen werden dürfen.

Kontrollfragen

(1) Worauf gilt es bei der Durchsetzung außenpolitischer Interessen zu achten? Bedenken Sie dabei die Handlungsmöglichkeiten und -grenzen, die Effektivität des Handelns, den Zeitrahmen und die Umfeldbedingungen.
(2) In welcher Weise können militärische Machtinstrumente eingesetzt werden?
(3) Welche Faktoren gilt es bei dem Einsatz von Sanktionen zu berücksichtigen?
(4) Welche Formen von Intervention sind Ihnen bekannt? Erläutern Sie dies an einem Beispiel.

Literatur

Art, Robert J./Waltz, Kenneth N. (Hrsg.): *The Use of Force: Military Power and International Politics*, New York 1993 (4. Aufl.).

Badey, Thomas J.: *Defining International Terrorism: A Pragmatic Approach*, in: Terrorism and Political Violence 10/1998, S. 90-107.

Chan, Steve/Drury, Cooper A.: *Sanctions as Economic Statecraft*, New York 2000.

Checkel, Jeffrey T.: *The Constructivist Turn in International Relations Theory*, in: World Politics 50, 1998, S. 324-348.

Cimballa, Stephen J.: *Military Persuasion in War and Policy. The Power of Soft*, Westport 2002.

Cortright, David/Lopez, George A.: *Carrots, Sticks, and Cooperation: Economic Tools of Statecraft*, in: Rubin, Barnett R.: Cases and Strategies for Preventive Action, New York 1998, S. 113-134.

Drezner, Daniel W.: *Bargaining Enforcement, and Sanctions*, in: International Organization 54, 1/2000, S. 73 – 102.

Finnemore, Martha: *The Purpose of Intervention: Changing Beliefs about the Use of Force*, Ithaca, New York 2003.

Freedman, Lawrence: *The Revolution in Strategic Affairs* (Adelphi Paper 318), London 1998.

Freedman, Lawrence (Hrsg.): *Strategic Coercion: Concepts and Cases*, Oxford 1998.

George, Alexander L./Simons, William E. (Hrsg.): *The Limits of Coercive Diplomacy*, Boulder 1994.

Hartmann, Jürgen: *Internationale Beziehungen*, Opladen 2001.

Hasenclever, Andreas/Meyer, Peter/Rittberger, Volker: *Theories of International Regimes*, Cambridge 1997.

Hill, Christopher: *Implementation. Translating Decisions and Capabilities into Actions*, in: Ders.: The Changing Politics of Foreign Policy, Houndmills, Basingstoke 2003, S. 127-159.

Hoffman, Bruce: *Terrorismus. Der unerklärte Krieg. Neue Gefahren politischer Gewalt*, Frankfurt a.M. 2001.

Holsti, Kalevi J.: *The Instruments of Policy: Economic Rewards and Coercion*, in: Ders.: International Politics. A Framework for Analysis, New Jersey 1991, S. 166-191.

Kahl, Martin: *Militärstrategie*, in: Woyke, Wichard (Hrsg.): Handwörterbuch Internationale Politik, Wiesbaden 2005, S. 347-358.

Kindermann, Gottfried-Karl (Hrsg.): *Grundelemente der Weltpolitik. Eine Einführung*, München 1986.

Lemke, Christiane: *Internationale Beziehungen. Grundkonzepte, Theorien und Problemfelder*, München 2000.

Liddell-Hart, Basil H.: *Strategy: The Indirect Approach*, London 1968. (S. 334)

Martin, Lisa: *Coercive Cooperation: Explaining Multilateral Economic Sanctions*, Princeton 1992.

Maull, Hanns W.: *Wirtschaftssanktionen als Instrument der Außenpolitik*, in: Link, Werner/Schwan, Gesine (Hrsg.): Jahrbuch für Politik 2/1991, S. 341-367.

Meyers, Reinhard: *Interventionen in der Gesellschaftswelt: ontologische, begriffliche und operative Fallstricke*, in: Jäckel, Hartmut (Hrsg.): Ist das Prinzip der Nichteinmischung überholt?, Berlin 1995.

Morgenthau, Hans: *A Political Theory of Foreign Aid*, in: The American Political Science Review, 56, 1962.

Nathan, James A.: *Soldiers, Statecraft, and History: Coercive Diplomacy and the International Order*, Westport 2002.

Pape, Robert A.: *Why Economic Sanctions Do Not Work*, in: International Security 22, 2/1997, S. 90-136.

Regan, Patrick M.: *Civil Wars and Foreign Powers: Outside Intervention in Intrastate Conflict*, Ann Arbor 2000.

Rose, Euclid A.: *From a Punitive to a Bargaining Model of Sanctions: Lessons from Iraq*, in: International Studies Quarterly 49, 3/2005, S. 459-479.

Schumann, Hartmut: *Wirtschaftliche Dimensionen der Außenpolitik*, in: Zeitschrift für Politik 41, 2/1994, S. 146-161.

Slantchev, Branislav L.: *The Power to Hurt: Costly Conflict with Completely Informed States*, in: American Political Science Review 97/2003, S. 123-133.

The White House: *The National Security Strategy of the United States*, Washington D.C., September 2002.

Tsebelis, George: *Are Sanctions Effective? A Game-Theoretic Analysis*, in: Journal of Conflict Resolution 34, 1/1990, S. 3-28.

Woyke, Wichard: *Intervention*, in: Ders. (Hrsg.): Handwörterbuch Internationale Politik, Wiesbaden 2005, S. 267-272.

Zangl, Bernhard: *Humanitäre Intervention*, in: Ferdowsi, Mir A. (Hrsg.): Sicherheit und Frieden zu Beginn des 21. Jahrhunderts, Konzeptionen – Akteure – Regionen, München 2002: S. 107-125.

8. Diplomatie in Theorie und außenpolitischer Praxis

*Die Kunst der Verhandlung ist so bedeutsam, dass das Schicksal
selbst der mächtigsten Staaten oft davon abhängt, wie gut oder
wie schlecht die Verhandlungen geführt werden und wie fähig der
mit den Verhandlungen beauftragte Diplomat ist.*

Francois de Callière

In der Außenpolitik kann das zu Absprachen und Verhandlungen („*bargaining*") eingesetzte Instrument der Diplomatie noch immer als ein über Jahrhunderte wirkungsmäch-
tiges, klassisches Instrument der Außenpolitik bezeichnet werden. Auch wenn die diplomatische Praxis zu Anfang des 21. Jahrhunderts sich wesentlich von der Diplomatie
vor dem Ersten Weltkrieg unterscheidet. In traditioneller Form (14.-19. Jhr.) als eine
europazentrische Diplomatie der Großmächte, mit einer nur begrenzten Zahl an Politikfeldern und eines "quid pro quo" in kompromissorientierten Verhandlungen entwickelt,
überwiegt heute eine moderne Diplomatie hybriden (vielgestaltigen) Charakters, die
sich von den Gipfelkonferenzen der Staats- und Regierungschefs (G7/G 8-Treffen), der
Rolle diplomatischer Sondergesandter in Krisenregionen sowie zwei- und mehrseitigen
Geheimverhandlungen (Oslo-Abkommen) bis zur neuen Form der Mediendiplomatie
und der Einflussnahme nicht-staatlicher Akteure auf internationalen Konferenzen erstreckt.

8.1 Funktionen der Diplomatie

Zur Umsetzung außenpolitischer Interessen ist es für die Regierung eines Staates unerlässlich, Beziehungen zu anderen Akteuren zu pflegen, um deren Aktionen, Ideen und
Verhaltensweisen in eine gewünschte Richtung zu lenken, abzulehnen oder zu unterstützen. Diplomatie in diesem Sinne ist als ein Kommunikationsprozess zwischen politischen Einheiten bzw. Aktionssystemen - vor allem Staaten - zu verstehen, in dem die
Akteure ihre Beziehungen zueinander regeln. Sie dient der „außenpolitischen *Zielver-
wirklichung* und *Interessenvertretung* im internationalen Rahmen durch *Kommunikation*, insbesondere durch Verhandlungen mit anderen Völkerrechtssubjekten. Als Völkerrechtssubjekte sind nicht nur souveräne Staaten, sondern auch internationale und supranationale Organisationen, Treuhand- und Mandatsgebiete, der Vatikan und das Internationale Komitee vom Roten Kreuz anzusehen" (Schmid 1986: 196).

Umstritten blieb zwar, ob Aufständischen und Einzelpersonen ebenso allgemeine
Völkerrechtssubjektivität zugesprochen werden kann. Doch obwohl das Völkerrecht in
erster Linie als ein Staatenverkehrsrecht zu bezeichnen ist, hat sich in der jüngeren Ge-

schichte des Völkerrechts auch eine schrittweise Verbesserung der Rechtsstellung von Einzelpersonen bzw. von Menschengruppen durch das Recht auf Selbstbestimmung, Menschenrechtsschutz, das Verbot der Rassendiskriminierung u.a. ergeben. Diese Entwicklung deutet hin auf eine tendenzielle Abschwächung des klassischen Interventionsverbots und auf ein stärker „souveränitätsbegrenzendes Völkerrecht" (Krell 2003: 106-108; Ipsen 1999: 37). Im Vordergrund steht dennoch weiterhin die Unterhaltung und Pflege der Beziehungen zwischen souveränen Staaten, insbesondere durch wechselseitige *Repräsentation, Verhandlung, Informationsaustausch, Interessenwahrung* sowie *Unterrichtung* durch die zu diesem Zweck im gegenseitigen Einverständnis errichteten ständigen diplomatischen Vertretungen (Botschaften, Missionen). Diese nehmen damit zugleich eine spezifische *Öffentlichkeits-, Signal-* und *Sensorfunktion* wahr.

Als Verhandlungs- und Kommunikationssystem geregelter diplomatischer Beziehungen und außenpolitisches Instrument zur Umsetzung nationaler Macht in Politik erweist sich dabei die „Neue Diplomatie" des 20. und 21. Jahrhunderts als eine *„offene"* Diplomatie, die an Stelle der geheimen Kabinettspolitik die öffentliche Transparenz von Außenpolitik unterstreicht. Bei aller Vertraulichkeit und Diskretion wird Außenpolitik, im Sinne der diplomatischen Gestaltung internationaler Beziehungen, von zwei weiteren Aspekten begleitet: nach innen von der Einbindung der Außenpolitik in den öffentlichen Prozess der Meinungsbildung und Entscheidungsfindung, nach außen von einer zu wechselseitigen Abhängigkeiten und kooperativen Verregelungsformen führenden Globalisierung, die den Staaten und internationalen Akteuren neue Handlungsmuster im diplomatisch-politischen Kräftespiel abfordert.

Die Intensivierung und Auffächerung der Außenpolitik in einzelne Handlungsfelder (wirtschafts-, sicherheits-, entwicklungspolitisch etc.) hat den diplomatischen Spielraum zugleich erhöht und eingeschränkt: einerseits durch die Zunahme von Aufgaben, wie der informativen Präsenz (*Repräsentationsfunktion*) diplomatischer Vertreter, andererseits durch die Begrenzung der *Berichts- und Verhandlungsfunktion* durch die außenpolitische Mitwirkung von Teilen der Regierungsbürokratie (Fachministerien u.a.) und gesellschaftlichen Akteuren (Parteien, Interessenverbände, Medien, Unternehmen, Stiftungen, vgl. dazu Putnam 1988).

Internationale Organisationen wie die Vereinten Nationen sind dabei ebenso verstärkt zu einem Forum für diplomatische Repräsentation und gegenseitigen Austausch geworden (*Partizipationsfunktion*) wie die wachsende Zahl regelmäßiger Regierungskonsultationen und Gipfelkonferenzen, die - mehr oder weniger formalisiert und institutionalisiert - in der unmittelbaren Diplomatie von Regierungsmitgliedern, der so genannten „*Reise- und Gipfeldiplomatie*", zum Ausdruck kommen. Mit der diplomatischen Macht der Vereinten Nationen aufgrund ihrer besonderen peacekeeping-Maßnahmen hat sich in den letzten Jahren eine neue Form der „*erzwingenden Diplomatie*" (*coercive diplomacy*) entwickelt, bei der gleichzeitig mit dem diplomatischen Druck auch die Drohung und Anwendung von Gewalt durch ein Bündnis oder eine Staatengruppe verbunden ist, um auf einen Krieg führenden Staat Einfluss auszuüben (George 1991, George/Simons 1994). Zuletzt nutzte die NATO dieses diplomatische Instrument, um Serbien zur Beendigung seiner militärischen Aktionen (Kampfhandlungen) in Bosnien und im Kosovo zu zwingen.

Im Kontext des internationalen Wandels unterliegt somit die Diplomatie einem spezifischen Veränderungsdruck und Veränderungstendenzen (vgl. Brandt/Buck 2002, Bertram/Däuble 2002). In dieser Form ist die Diplomatie komplexer geworden. Direkte Verbindungen zwischen den Regierungen ("Rotes Telefon"), schnellere Kommunikation aufgrund neuer Technologien (Internet u.a.), Ad-hoc-Gipfeltreffen ohne bürokratische oder sonstige staatliche Zwischeninstanzen, die Übernahme von diplomatischen Aufgaben in Krisensituationen oder generell in einer besonderen Konstellation durch Sonderbotschafter oder -beauftragte, sowie die Bedeutung von NGOs in internationalen Verhandlungsprozessen nehmen auf die bisherigen Formen der Diplomatie wesentlichen Einfluss.

8.2   Von der traditionellen zur „neuen" Diplomatie

Bereits im 13. Jh. v. Chr. kam es über den Austausch von Schriftwechseln und Gesandtschaften zwischen den Großreichen des Mittelmeerraumes, Ägypten und dem Reich der Hethiter, zu einem Vertragsschluss, in dem beide Reiche einzelne Bestimmungen zur Friedenssicherung und zur gegenseitigen Auslieferung geflohener Personen vereinbart und in den Sprachen beider Vertragspartner abgefasst hatten. In der Weiterentwicklung dieser Ad-hoc-Diplomatie lassen sich vom römisch-griechischen Kulturkreis bis zur Regierung von Byzanz und einer eigenen Abteilung zur Regelung auswärtiger Angelegenheiten, von den regen Beziehungen und diplomatischen Missionen Indiens und Chinas mit Korea und Japan bis zu den weit reichenden, sich in sämtliche Weltregionen erstreckenden Gesandtschaftsbeziehungen des Kalifenreiches zahlreiche Hinweise für die damalige Form und Funktion der Diplomatie finden (Hamilton/Langhorne 1995; Cohen/Westbrook 2000). Abgesehen von den aus heutiger Sicht bestehenden Unzulänglichkeiten der früheren diplomatischen Praxis, die bis in das 17. Jahrhundert eher unreguliert und ohne übergreifenden Konsens für ein vereinbartes Diplomatiesystem verlief, können die Wurzeln der Diplomatie weit in die Geschichte der auswärtigen Beziehungen zurückverfolgt werden (Callières 1716, 1929; Cohen 1999).

Aus dieser über Jahrhunderte dauernden Entwicklung der Diplomatie haben sich bis heute jene *Prozesse* und *Methoden* herausentwickelt, die auch die Diplomatie der Gegenwart in ihren Verfahrensweisen, Techniken und Verhandlungsformen prägen. Die moderneren feststehenden Grundlagen der Diplomatie nahmen dabei ihren Anfang schon in der frühen Neuzeit, die mit der Renaissance in Europa und zunehmenden Handels- und Finanzbeziehungen zwischen den italienischen Stadtstaaten einsetzte und bis zum ausgehenden neunzehnten Jahrhundert eine besondere Bedeutung zur Regelung der internationalen Beziehungen erhielt. Diese Form der *traditionellen, permanenten Diplomatie*, die ebenso als *bilaterale Diplomatie*, als *'Italienisches'* oder *'Französisches System' der Diplomatie* bezeichnet werden kann (White 2001, Berridge 1995), bildete eine neue Grundlage für die Außenpolitik der Staaten und die Pflege ihrer offiziellen

Beziehungen; wobei hinzugefügt werden muss, dass bis in das 17. Jahrhundert die Einwerbung und Bezahlung von Botschaftern recht unorganisiert und willkürlich verlief, viele Diplomaten die durch ihren Aufenthalt im Gastland entstandenen Kosten aus eigener Tasche (und mit hoher Schuldengefahr) zu finanzieren hatten und letztlich kaum Botschaftspersonal zur Verfügung stand.

Insbesondere aber eröffnete die Diplomatie auf diesem Wege bis heute für die Außenpolitik die Chance

(1) zu besseren Informationen über die Bedingungen, Handlungsmotive und Entwicklungsziele sowie mögliche gesellschaftliche Veränderungsprozesse in anderen Staaten, einschließlich der Perspektiven relevanter Meinungsführer im innenpolitischen Umfeld; ein Aspekt, der bis in die heutige Zeit von zentraler Bedeutung geblieben ist und über viele Jahrzehnte vor allem hinsichtlich der sozialistischen Staaten eine wichtige Rolle spielte;

(2) zur regelmäßigen und weitgehend zuverlässigen Unterrichtung über potentielle und tatsächliche Interessen der fremdstaatlichen Regierung, verbunden mit einer größeren Fülle an verfügbaren Informationen;

(3) zum leichteren Einleiten diplomatischer Initiativen oder politischer Maßnahmen, die auf diese Weise weniger im Lichte der Öffentlichkeit erfolgen und eine größere Vertraulichkeit im vorbereitenden Stadium von Gesprächen oder Verhandlungen herstellen können; für den Ausbruch des Ersten Weltkrieges wird die im neunzehnten Jahrhundert geläufige Form der Geheimdiplomatie der europäischen Kabinette in London, Berlin oder Paris mit verantwortlich gemacht (vgl. Berridge 1994);

(4) zur stärkeren Kontinuität in der Außenpolitik von Staaten, die zugleich dem Verhandlungspartner und Gastland des Diplomaten eine größere Verlässlichkeit signalisiert, nicht zuletzt auf der Grundlage standardisierter und bis in das 20. Jahrhundert weiterentwickelter Normen und Verhaltensregeln, wie im Besonderen die (von Gentile und Grotius schon im 17. Jh. geforderte) Wahrung der diplomatischen Immunität und der Extraterritorialität von Botschaften; sowie

(5) zur Sicherung der übergeordneten nationalen Interessen, die weder durch Ideologien noch persönliche Bindungen und Auffassungen geschmälert und beeinträchtigt werden; ein Gesichtspunkt, den Kardinal Richelieu schon für die Außenbeziehungen Frankreichs im 17. Jahrhundert vor allem aus der Bedeutung der Staatsräson und politischen Staatsklugheit ableitete und der sich allgemein zu einer handlungsleitenden Maxime in der Außenpolitik von Staaten entwickeln sollte. Vor diesem Hintergrund löste die französische Sprache das Lateinische als *lingua franca* der Diplomatie ab, besser geeignet, so ein eminenter Kenner der Diplomatie, den Erfordernissen schwieriger Verhandlungen durch die im Stil mögliche Verbindung von Höflichkeit und Präzision ΄perfekt΄ zu entsprechen (Nicolson 1954: 57).

Nicht erst seit den für das zwanzigste Jahrhundert wegweisenden Kriegs- und Nachkriegskonferenzen von Paris, Jalta oder Potsdam hat sich so das Talent oder das Unvermögen zu diplomatischem Verhandlungsgeschick erwiesen. Dass Staatsoberhäupter und Regierungschefs oder zuständige Minister für äußere Angelegenheiten diplomatische Verhandlungskunst zeigen, wenn es um die Veränderung der politischen Lage, um die Sicherheit und die Interessen des Landes geht, kann in einer langen Reihe bis in das 19. Jh. - der Wiener Friedenskonferenz von 1815 mit Talleyrand, Castlereagh und Metternich - und darüber hinaus, wie erwähnt, bis zu den früheren italienischen Stadtstaaten und in das Zeitalter Kardinal Richelieus zurückverfolgt werden. Als einflussreicher Verhandlungsdiplomat hatte Richelieu das erste moderne Außenministerium des westlichen Abendlandes errichtet (Erlass vom 11. März 1626). Am heutigen Standard gemessen waren die europäischen Außenministerien und Botschaften dabei relativ klein. In Whitehall, dem britischen Außenministerium, waren 1861 lediglich 52 Mitarbeiter, am Quay d'Orsay in Paris noch 1873 nur 115 Angestellte im auswärtigen Dienst beschäftigt. Gegen Ende des 20. Jh. sind es demgegenüber allein in London nahezu 17 000 ausländische Diplomaten, die dort mit ihren Familien und ihrem Verwaltungsstab arbeiten und leben (Hamilton/Langhorne 1995: 213).

Als besonders erfolgreich für das sich herausbildende diplomatische System des neunzehnten Jahrhunderts erwies sich die Bereitschaft der auf der politischen Weltbühne als Hauptakteure agierenden europäischen Großmächte, die Prinzipien und Praktiken der alten Diplomatie anzuerkennen und ein Ausscheren aus der weitgehend monarchisch regierten diplomatischen Gemeinschaft abzulehnen. Das Mächtekonzert, das seit 1815 in Wien eingerichtet worden war, bot eine Grundlage, um die gleichen Normen internationalen diplomatischen Verhaltens anzuerkennen, die gemeinsame Auffassung von Legitimität zu teilen und die Diplomatie als ein friedenserhaltendes Instrument der Staatskunst einzusetzen.

Ein wesentliches Problem, das man dabei der Diplomatie seit dem Ende des Ersten Weltkrieges ins Handbuch schrieb, war das Misstrauen gegenüber der Geheimdiplomatie von Botschaftern und Gesandten, deren Beschäftigung mit den auswärtigen Angelegenheiten man nach den Kriegsjahren für eine Aufgabe hielt, die vorrangig im Interesse der Bevölkerung des Staates lag und weitaus mehr Kontrolle und Öffentlichkeit verdiente. Dass "Diplomatie freimütig und öffentlich vor sich gehen" sollte, war insofern der weitgehend befürwortete Inhalt einer der "Vierzehn Punkte" von Woodrow Wilson. Was die Bolschewiki seit ihrer Machtübernahme unter Lenin in radikaler Weise mit der Entsendung von „Volksvertretern" und der Veröffentlichung der Verträge des früheren zaristischen Russland zu Propagandazwecken vorangetrieben hatten, äußerte sich bei Wilson in der Forderung nach einer *„offenen Diplomatie"*. Bereits auf der Konferenz von Paris (1919) sollte die Bevölkerung zumindest über diejenigen Entscheidungen informiert werden, die von öffentlichem Interesse waren. Das Muster einer von revolutionären Zielen und propagandistischen Mitteln gekennzeichneten Diplomatie war dagegen nicht nur über viele Jahre in der Sowjetunion verfolgt worden. Im Rahmen der „Grünen Revolution" und der Proletarischen Kulturrevolution sahen sowohl der libysche Staatschef Muammar Ghaddafi als auch Mao Tsetung die Diplomatie als ein wesentliches Instrument ihrer revolutionären Ziele (Armstrong 1993).

Da man die traditionelle Diplomatie schließlich wesentlich für den Ausbruch des Ersten Weltkrieges verantwortlich machte, sah man in ihr kein geeignetes Instrument mehr für die Erfordernisse der Politik nach 1918. Vor allem die technologischen und psychologischen Veränderungen des Informationszeitalters sollten in den fünfziger Jahren diese Sichtweise der Diplomatie und ihre Funktionen für die Außenpolitik und internationalen Beziehungen maßgeblich beschleunigen.

Verbunden damit schien "der Zug der Zeit neue diplomatische Methoden und neues diplomatisches Personal zu verlangen. Die führenden Politiker der westlichen Welt reagierten schnell auf dieses von ihnen als Volksmeinung betrachtete Begehren. Geheime Beratungen der Botschafter am Quai d'Orsay, in der Wilhelmstraße und am Ballhausplatz - nun alles Namen mit düsterem Klang - wurden durch 'freimütige und freundschaftliche Gespräche' an solch charmanten und unkonventionellen Plätzen wie der Bucht des Lago Maggiore, dem Golfplatz von Cannes, der Bergkneipe von Thoiry und einem bemoosten Baumstamm an den Ufern des Rapidan ersetzt. Die korrekt gekleideten und bedrückend uniformen Diplomaten, die bisher den Mittelpunkt der Bühne gebildet hatten, überließen ihre Plätze einer ganzen Folge von Politiker-Diplomaten mit solch auffälligen und denkwürdigen Kennzeichen wie Knickerbockerhosen, schottischen Nagelschuhen, zerzausten Frisuren, weißleinenen Halsbinden, langen Pfeifen und verschiedenen Sorten von Regenschirmen" (Craig 2001: 269f.). Diese Art der Gespräche und Verhandlungen sind bis heute ein wesentliches Merkmal internationaler Diplomatie geblieben. Die zwanglosen und ebenso vertraulichen Unterredungen zwischen Kohl und Gorbatschow in der kaukasischen Bergregion um Stavropol führten zu entscheidenden Vereinbarungen hinsichtlich des künftigen außen- und sicherheitspolitischen Status eines vereinten Deutschland. Das Gewicht der darin getroffenen Weichenstellungen erschien wie ein "Vorgriff" auf die spätere, durch den 2+4 -Vertrag ausgehandelte Erlangung der vollen Souveränität (Staack 2000: 321-328).

Der Erste wie auch der Zweite Weltkrieg brachten allerdings gleichermaßen eine grundlegende Veränderung, die weit reichende Folgen für die innere Homogenität und Bindung des diplomatischen Systems besaßen. Was Gordon A. Craig als eine "Revolution in der Diplomatie" bezeichnet hat und "in den Jahren zwischen 1914 und 1918 in Gang gesetzt" sieht, war in diesem Zusammenhang nichts anderes als die völlige Abkehr von den traditionellen Vorstellungen diplomatischer Praxis. Die nach der Pariser Friedenskonferenz geschaffenen neuen Staaten und totalitären Regime, die wie die Sowjetunion unter Lenin und Trotzki, Mussolinis Italien oder Deutschland unter der Führung Hitlers die bisherigen Maßstäbe für den diplomatischen Verkehr außer Kraft setzten und andere Taktiken anzuwenden bereit waren, beeinflussten in entscheidender Weise die internationalen Beziehungen. Ein flagranter Bruch diplomatischer Gewohnheiten war aus Mussolinis Sicht weitaus effektiver als massiver Widerstand gegen die Politik westlicher Staaten. Ebenso galt für Hitler die Diplomatie nicht dem vordringlichen Zweck, den Frieden zu erhalten, sondern als Mittel für die Planung und Vorbereitung eines künftig zu führenden Krieges. Die diplomatische Arbeit dieser Staaten hatte eine unberechenbare Wirkung, die den gewohnten Konventionen und Verhaltensmustern kaum entsprach und in ihrer obstruktiven Politik alte wie neue Verhandlungstechniken einzusetzen versuchte.

Im Gegensatz zu den traditionellen Formen der klassischen Diplomatie - im Sinne bilateraler Beziehungen zwischen Staaten, beruhend auf der Grundlage ständiger Botschaften, allgemein anerkannter Verhaltensregeln und diplomatischer Privilegien -, führte vor allem das Zeitalter der industriellen und technologischen Revolution schließlich zu Formen einer *neuen Diplomatie* (Anderson 1993, Melissen 1999): insbesondere aufgrund

(1) der durch die Medien mitbedingten Revolutionierung des Kommunikationswesens,

(2) der Institutionalisierung multilateraler Diplomatie in Gestalt von Konferenzen, Kongressen oder internationalen Organisationen (Konferenz-, Bündnis- und Allianzpolitik), konkurrierender Akteure im diplomatischen Handlungsumfeld (z.B. NGOs, Journalisten, Stiftungen, Verbände, Nachrichten- und Geheimdienste, Ministerien),

(3) der Interessenwahrnehmung durch Sonderbotschafter oder persönliche Beauftragte der Regierung,

(4) einer Funktionserweiterung im Bereich der Wirtschaftsdiplomatie (Hill 2003: 142) und

(5) einer teilweisen „Demokratisierung" der Diplomatie durch den Einfluss privater Einzelpersonen (z.B. beim Ottawa-Prozess zum Verbot von Landminen).

Noch in der Zeit um 1648 gab es lediglich zwölf souveräne Staaten, die als Akteure innerhalb Europas ihre auswärtigen Angelegenheiten untereinander regelten, ohne dass die Interessen anderer Mächte davon in hohem Maße berührt wurden. Im internationalen System der Gegenwart spielen demgegenüber nicht nur mehr als 190 Staaten eine ihrem Gewicht nach starke oder geringe außenpolitische Rolle. Die Tatsache, dass mit der umfassenden politischen, wirtschaftlichen, militärischen und gesellschaftlichen Verflechtung wichtige Entscheidungen eines Staates viel eher und weit reichender Auswirkungen auf die Interessen anderer Akteure ausüben können, hat für die Diplomatie eine wichtige Bedeutung erhalten. Begleitet von den Erfahrungen des 19. und 20. Jahrhunderts erneuerte und formalisierte man dabei in den 1960er Jahren die auf dem Wiener Kongress von 1815 festgelegte Rangabfolge diplomatischer Vertretungen vom a) Botschafter, Legaten oder Nuntius (als Vertreter des Heiligen Stuhls), der bei den Staatsoberhäuptern des Empfangsstaates beglaubigt ist, zum b) ebenfalls bei Staaten akkreditierten Gesandten, Minister oder Internuntien und c) den Geschäftsträgern, die den Außenministern ihr Beglaubigungsschreiben überreichen.

Nach ersten Vertragsbemühungen im Rahmen des Völkerbundes und der Internationalen Konferenz amerikanischer Staaten (Havana, 1928) wurde am 18. April 1961 das „Wiener Übereinkommen über diplomatische Beziehungen" unterzeichnet (81 Teilnehmerstaaten ohne Nordkorea, Nordvietnam, die Sowjetunion oder Ostdeutschland), das bis heute den diplomatischen Einrichtungen bzw. Missionen die wirksame Wahrnehmung ihrer Aufgaben gewährleistet. Die Sicherung diplomatischer Vorrechte und Immunitäten sollte auch in und gegenüber den neuen Staaten in Asien und Afrika im Zuge der Dekolonialisierung Geltung erhalten und Übergriffe, wie etwa unmittelbar vor der Wiener Vertragskonferenz die Verwüstung der belgischen Botschaft in Kairo, vermeiden helfen. Inwieweit dabei auch in der Gegenwart diplomatische Normen, etwa durch Übergriffe auf Botschaften, verletzt werden, soll uns im Zusammenhang mit den Veränderungen der Diplomatie interessieren.

8.3 Die Konferenzdiplomatie

Zu einem wichtigen Forum unmittelbarer internationaler Kommunikation zählen die unter den Bedingungen der Interdependenz und den Entwicklungen des Kommunikationswesens bedeutsam gewordenen multilateralen Konferenzen. Frühe Formen multilateraler Diplomatie gab es bereits in der Bündnispolitik des alten Indien und der Griechisch-Persischen Welt des vierten Jahrhunderts vor unserer Zeitrechnung. Erst mit den seit dem Ende der Napoleonischen Kriege verstärkt ins Leben gerufenen, multilateralen Konferenzen (z.B. Wiener Kongress, Friedenskonferenz von Versailles) hat diese vom europäischen Staatensystem ausgehende moderne Form der Diplomatie sich weiter entwickelt. Probleme der Friedensregelung aufgrund Europäischer Kriege standen hierbei ebenso im Vordergrund wie völkerrechtliche und wirtschaftliche Fragen, die den Bedarf an permanenten Konferenzen bzw. die Zahl internationaler Organisationen erhöhten (siehe Weltpostverein/Universal Postal Union, 1878). Mit der Dichte und Häufigkeit multilateraler Konferenzen zur Lösung konkreter Politik-Materien nahm daher auch die Bedeutung der Konferenzdiplomatie wesentlich zu (Kaufmann 1996).

Das Konzept der Konferenzdiplomatie ist in den verschiedensten Bereichen der internationalen Politik fest verankert und institutionalisiert. Angewandte Konferenzdiplomatie wurde verstärkt im Rahmen von Gipfeltreffen führender Staatsmänner eingesetzt. In den Jahren des Ost-West-Konflikts zählten dazu vor allem die Genfer Abrüstungskonferenz (seit 1958) wie auch die regelmäßigen Konferenztreffen in Wien zum beiderseitigen Truppenabbau (MBFR). Nahost-Friedenskonferenzen und regelmäßige Treffen der G7- bzw. G8-Staaten stellen heute moderne multilaterale Konferenzen dar, die im Rahmen der Europäischen Union und anderer internationaler Institutionen als Gipfelkonferenzen eine zentrale Rolle spielen. Diese können entweder auf ein konkretes politisches Ziel gerichtet sein oder die allgemeine Erörterung der internationalen politischen Lage und die Abstimmung grundsätzlicher außenpolitischer Verhaltensweisen und Strategien in den Mittelpunkt stellen.

Von der universalen Organisation der Vereinten Nationen bis zu der aus den Konferenzrunden des GATT jüngst hervorgegangenen Welthandelsorganisation (WTO), der OSZE als organisatorischer Fortsetzung der 1975 in Helsinki gegründeten Konferenz für Sicherheit und Zusammenarbeit in Europa oder dem ASEAN Regional Forum (ARF) reichen die verschiedensten institutionalisierten Formen ständiger Diplomatie. Zahlreiche Weltkonferenzen (z.B. die Umweltkonferenz in Rio de Janeiro 1992, die Weltfrauenkonferenz in Peking und der „Sozialgipfel" in Kopenhagen 1995) illustrieren die zunehmende Bedeutung internationaler Verhandlungsforen mit einer immensen Zahl an Diplomaten, Journalisten, Vertretern von internationalen Organisationen und NGOs bis hin zu Aktivistengruppen. Neben den weiterhin fortbestehenden Ad-hoc-Konferenzen und informellen Treffen zwischen Diplomaten und Regierungsvertretern hat die multilaterale Diplomatie (Dicke/Fröhlich 2005) in internationalen Organisationen ein erhebliches Gewicht für die Außenpolitik erhalten.

Ein maßgeblicher Grund, der die Entwicklung einer solchen Spielart der Diplomatie fördert, liegt zunächst

(1) in den größeren Möglichkeiten, ein erfolgreiches Verhandlungsergebnis zu erzielen. Für die Außenpolitik eröffnet eine Konferenz zudem die Chance,

(2) sich auf ein spezifisches Problem oder damit eng verbundene Fragen zu konzentrieren,

(3) alle Parteien bzw. Staaten einzubeziehen, deren Beteiligung für eine Lösung notwendig erscheint,

(4) im Rahmen größerer Informalität den *Entscheidungsdruck* (oder *-zwang*) zu verringern und gegebenenfalls eine situationsspezifische Kooperations- oder Interessengemeinschaft zu bilden,

(5) eigene Ziele und Absichten darzustellen und

(6) durch die Vereinbarung auf ein festgelegtes Konferenzende eine raschere, problembezogene Lösung zu erringen.

Andererseits wird die Konferenzdiplomatie belastet a) vom *Zeitdruck*, der oftmals durch die Publizität und eine komplexe, kaum zu bewältigende Verhandlungsmaterie verursacht wird, b) vom *Erfolgzwang*, hervorgerufen durch die Medienwirksamkeit internationaler Konferenzen, c) von einem durch die öffentliche Meinung oder andere innenpolitische Faktoren eingeengten *Verhandlungsspielraum*, dem die Regierungen durch ein Zwei-Ebenen-Spiel zur Rückgewinnung staatlicher Handlungschancen zu entgehen versuchen, sowie d) von der Neigung, sich über den Rat von Sachkennern und diplomatische Expertisen hinwegzusetzen

Reichweite und Umfang von Konferenzen oder internationalen Organisationen können dabei *geographisch* wie auch *thematisch* voneinander abweichen und vom Gegenstand der Verhandlungen, von den Beziehungen zwischen den wichtigsten teilnehmenden Akteuren sowie von den Fähigkeiten und der Einflussnahme des Konferenzvorsitzenden abhängig sein. Konfliktmäßigende Konferenzen, wie z.B. die Friedensgespräche von Madrid (Oktober 1991), die nach dem Zweiten Golfkrieg zur Lösung des arabisch-israelischen Konfliktes beitragen sollten, als auch Konferenzen zu grenzübergreifenden internationalen Problemen, wie im Bereich der Waffenproliferation und Rüstungskontrolle, im Klimaschutz, in den wirtschaftlichen Ungleichgewichten zwischen Industriestaaten und Entwicklungsländern, bei Handelsstreitigkeiten oder bei der Verteilung lebenswichtiger Ressourcen, spielen eine zentrale Rolle.

Dabei sind die Einflussmöglichkeiten staatlicher Delegationen und Vertretungen auf die Politik in internationalen Konferenzen und Organisationen weitgehend an die *Machtposition* des betreffenden Staates in der internationalen Politik und damit an die Durchsetzungsfähigkeit seiner außenpolitischen Interessen gebunden (vgl. Zartman 2000). Bereits die Erfahrungen von Konferenzen der früheren europäischen Großmächte verdeutlichen, in welchem Maße die Mitwirkung an einer Konferenz die Zugehörigkeit zu einer Gruppe oder einem "Club" von Großmächten und damit die außenpolitische

Geltung und das Prestige eines Staates erhöhen und zur Geltung bringen kann (z.B. die ständige Mitgliedschaft im Sicherheitsrat der Vereinten Nationen oder aber partiell die Zugehörigkeit zur Gruppe der Atommächte).

Die Macht eines Staates gewinnt dabei in unterschiedlicher Weise an Bedeutung. Verstehen wir Macht als "*Verfügungsgewalt* über bestimmte zum Handeln befähigende Ressourcen" (Rittberger 1994: 106) können wir diese sowohl im Hinblick auf ein bestimmtes Politikfeld als auch im Gesamtzusammenhang der zwischenstaatlichen Beziehungen untersuchen. Die Chance, in einer Frage von nationalem Interesse Einfluss auf multilaterale Konferenzen zu nehmen, kann abhängig sein von der Größe einer Delegation, ihrem Fachwissen, ihren Informationen und Kenntnissen, von dem Verhandlungspotenzial, das sie aus dem Wissensvorsprung und der dominierenden Rolle des eigenen Staates herleitet, sowie gegebenenfalls von ihrer Bereitschaft zur Mitarbeit, zur Unterstützung der Verhandlungen oder zu erforderlichen Zugeständnissen. In der Regel sind es „die im Problemfeld mächtigen Staaten, die die Unterstützungsleistungen für das politische System internationaler Organisationen bereitstellen und die somit die Organisation in ein gewisses Abhängigkeitsverhältnis bringen. Diese Position mächtiger Staaten gegenüber internationalen Organisationen kann von den Staaten und ihren Vertretern genutzt werden, um den eigenen Anforderungen besonderen Nachdruck zu verleihen" (Rittberger 1994).

Der Machtunterschied im Entscheidungsprozess von Konferenzen und internationalen Organisationen kann allerdings nicht nur von einer *problem- oder politikfeldspezifischen Macht* (*issue-area power*) und der entsprechenden Problemlösungskapazität dominierender Staaten bestimmt sein. Bei Verhandlungen in einzelnen Problemfeldern, in denen ein Staat nicht allein über *eine* dominierende Kontrolle von Ressourcen verfügt, sondern gerade aufgrund seines Machtpotenzials auch in anderen Bereichen (wirtschaftlich, militärisch, kulturell etc.) Einfluss zu nehmen vermag, kann von einer *umfassenden Macht*, einer *overall power,* gesprochen werden.

Im Besitz ausreichender Machtmittel ist ein Staat in der Lage, auf einen größeren Handlungsspielraum zurückzugreifen und hinsichtlich der Ergebnisse von Verhandlungen weniger verwundbar oder abhängig zu sein, entsprechende Mittel als Drohpotenzial oder als Angebot im Sinne von Hilfen oder Konzessionen gegenüber schwächeren Staaten einzusetzen und den Verlauf sowie die Beschlüsse einer Konferenz auf diese Weise beeinflussend zu steuern; unter Umständen gegen den eigentlichen Verhandlungs- oder Organisationszweck.

In Streitigkeiten zwischen den USA und europäischen Regierungen um den künftigen Präsidenten des Internationalen Währungsfonds (IWF) Ende der neunziger Jahre wurde deutlich, wie sehr das Mittel der finanziellen Unterstützung, und damit auch der ökonomischen Stärke, mit der Durchsetzung der nationalen Interessen eines Staates verbunden sein kann. Trotz formaler Gleichheit der Konferenzteilnehmer, kann ein Staat gerade aufgrund seiner Machtbasis eine dominierende Rolle als *primus inter pares* einnehmen, wenn Vorgaben, Beschlüsse oder die Umsetzung einer Entscheidung wesentlich durch die Machtposition des Landes bestimmt sind. Das besondere Gewicht der Vereinigten Staaten innerhalb der NATO wurde nicht zuletzt im Verlauf der militärischen Intervention im Kosovo sichtbar, die aufgrund der verfügbaren Logistik und militärischen Ausrüstung allein durch die europäischen Bündnispartner kaum hätte durchgeführt werden können. Ähnliches gilt für Staaten, die wie Südafrika innerhalb der SADC oder wie Malaysia und Indonesien in der ASEAN ihre einflussreiche Position zur Durchsetzung eigener außenpolitischer Ziele nutz(t)en.

Der Einfluss machtpolitisch schwächerer Staaten ist dennoch nicht gering. Vielmehr lässt sich feststellen, dass sich die vorhandenen Machtdifferenzen eher reduzieren als weiter vergrößern. Durch die multilaterale Diplomatie in internationalen Organisationen können sich die Wirkungschancen für die Außenpolitik schwächerer oder kleiner Staaten erhöhen (Habeeb 1988). So fungieren multilaterale Konferenzen nicht selten als medienwirksame Plattform, um eigene Probleme, Anliegen und Ziele auf die Tagesordnung zu setzen oder zu propagandistischen Zwecken zu nutzen und mittels des gleichen Stimmrechtes in Beschlussgremien die Unterstützung für ein Verhandlungs- oder Konferenzergebnis von der Berücksichtigung der eigenen Interessen abhängig zu machen.

Gegenseitiges Aushandeln und die Möglichkeit zur Koalition in einer Staatengruppe können die eigene Verhandlungsposition festigen und eine Einflussnahme auf die Verhandlungsagenda erleichtern. Mit der wachsenden Zahl neuer Entwicklungsländer und der teilweise gemeinsamen Interessenlage - wie etwa der Forderung nach einer neuen Weltwirtschaftsordnung -, verknüpfte sich ab den sechziger Jahren das Bemühen der Staaten in der Dritten Welt, in wichtigen Fragen der internationalen Politik geschlossen aufzutreten und durch die ins Leben gerufene "Gruppe der 77" sich gegenseitig bei Resolutionen bzw. Abstimmungen in der Generalversammlung der Vereinten Nationen zu unterstützen.

Wie gewinnbringend oder erfolgreich sich die Konferenzdiplomatie als ein Mittel der Außenpolitik erweist, ist jedoch nicht nur *strukturell* von den hierarchisch oder gleichrangig bestimmten Macht- und Beziehungsstrukturen zwischen den beteiligten Staaten, sondern auch vom *prozeduralen* Charakter, d.h. vom Ablauf der Konferenz, von der Wahl des Austragungsortes, der Mitwirkung der Konferenzteilnehmer, der zu behandelnden Tagesordnungspunkte, dem Gesprächsverlauf und dem Prozess der Entscheidungsfindung abhängig (Iklé 1964, Zartmann 1994, Berton et al. 1999). Dass dabei, wie etwa im Fall der Sicherheitsratssitzungen der UN, nicht alle Verhandlungen und Meinungsverschiedenheiten öffentlich ausgetragen werden, sondern vielmehr in kleineren Kreisen Vereinbarungen besprochen und eventuelle Lösungen diskutiert werden und eine Art von „Korridordiplomatie" stattfindet, sollte man natürlich nicht außer Acht lassen.

So ist, zusammenfassend, multilaterale Diplomatie letztlich nicht nur durch technologische Entwicklungen erleichtert und aufgrund zahlreicher globaler Probleme (z.B. Umweltschutz, Handel, Sicherheit, kulturelle Beziehungen, Investitionen, auswärtige Hilfe, illegale Einwanderung oder Kriminalität) notwendiger geworden. Diplomatie auf multilateraler Ebene gewinnt für kleinere Staaten und nicht-staatliche Akteure an Attraktivität, um auf weltpolitische Prozesse Einfluss zu nehmen (Leigh-Pippard 1999). Viertens schließlich, eröffnet sie Chancen auf kollektive internationale Aktionen durch internationale Organisationen, auf die auch größere Mächte in aller Regel Rücksicht zu nehmen haben bzw. deren Unterstützung sie, wie die USA im Fall des Irak-Krieges, zu gewinnen versuchen.

8.4 Die Gipfeldiplomatie

Gleichermaßen konnte sich die so genannte *Gipfeldiplomatie* in der Zeit des zwanzigsten Jahrhunderts als eine neue Quelle außenpolitischer Praxis entwickeln (Dunn 1996, Gstöhl 2005). Mit hohen Erwartungen verbundene oder internationale Öffentlichkeit hervorrufende Gipfelbegegnungen der Staats- und Regierungschefs sind in den letzten Jahrzehnten zu einem wesentlichen Handlungsinstrument geworden. Telefongespräche und direkte Unterredungen zwischen den Staatsführungen, wie zwischen Kohl und Gorbatschow, Schröder bzw. Merkel und Chirac, Bush und Sharon zählen zu einem neuen Bedarf an gegenseitiger Kommunikation zwischen Staaten.

Die Handhabung dieser Form der Diplomatie zur Besprechung oder Lösung grundlegender Streitfragen und Probleme auf höchster Ebene, ist abhängig von der jeweiligen Persönlichkeit des Regierungsträgers. Präsident Nixon pflegte in seiner fünfjährigen Amtszeit eine aktivere Reisediplomatie als Franklin D. Roosevelt in über dreizehn Amtsjahren. In ähnlicher Weise nutzte Gorbatschow die Möglichkeit zu Gipfelgesprächen, um die außenpolitische Rolle der Sowjetunion gegen Ende des Kalten Krieges neu zu definieren und die Interessen der USA wie auch die Wahrnehmung der sowjetischen Politik auszuloten. Die bilateralen Abrüstungsgespräche zwischen Moskau und Washington hatten nicht zuletzt durch das Gipfeltreffen von Gorbatschow und Reagan in Reijkjavik zentrale Impulse erhalten.

Die Entwicklung der Verkehrsmittel und neuer Kommunikationstechnologien hat es darüber hinaus erleichtert, auch innerhalb kurzer Zeit Verhandlungen anzuberaumen. Staats- und Regierungschefs als auch hochrangige Minister und Regierungsmitglieder betreiben gleichsam eine „Shuttle Diplomatie". Die Staatsbesuche ausländischer Regierungschefs in Washington (z.B. 136 Treffen mit Präsident Bush Jr. in den ersten 18 Monaten seiner Amtszeit) sind immens. Gipfeldiplomatie ist zudem in regelmäßigen Foren wie der „Gruppe der Acht" (G-8) oder der APEC zu einer festen Einrichtung geworden. Zugleich ist das Interesse der öffentlichen Meinung an diplomatischen Ereignissen in entscheidendem Maße gewachsen. Es hat durch den Anspruch auf rasche und möglichst umfassende Informationen besonders die Funktion der Medien erheblich vergrößert. Die Möglichkeit einer Zusammenkunft der führenden politischen Entscheidungsträger ist dadurch nicht nur gestiegen. Der Verlauf und das Ergebnis der Gespräche werden in aller Regel vollständig dokumentiert und aktuell in den Medien präsentiert.

Die mediale Aufmerksamkeit von Gipfeltreffen mag allerdings nicht nur ein diplomatischer Segen sein. Gipfeldiplomatie hat ihren Vorzug in der Möglichkeit, a) einen wichtigen symbolischen Wandel in den zwischenstaatlichen Beziehungen zu demonstrieren (z.B. das erste Gipfeltreffen der Präsidenten aus Nord- und Südkorea in Pyongyang (2000) seit dem Ende des Korea-Krieges 1953), b) die Chance auf einen erfolgreichen Durchbruch in schwierigen Konstellationen, etwa bei festgefahrenen Konflikten, zu erleichtern (z.B. 1978 im Camp David Abkommen), c) Missverständnissen und Fehleinschätzungen in höherem Maße vorzubeugen sowie d) durch persönliche Kontakte das gegenseitige Vertrauen (z.B. zwischen Schröder und Putin) auszubauen (vgl. Jönsson/Aggestam 1999). Andererseits birgt Gipfeldiplomatie die Gefahr, dass Führungsträger sich im Rahmen von Gipfeltreffen zwar erfolgreich auf ein gemeinsames Verhandlungsergebnis verständigen, daraus jedoch unterschiedliche Schlüsse ziehen und die Relevanz der Problematik unterschiedlich interpretieren. Außenpolitische Situationsdefinitionen hängen wesentlich von der Persönlichkeit der Entscheidungsträger und ihren Wahrnehmungs- und Verarbeitungsstrategien ab. Verpflichtungen, die von Staats- oder Regierungschefs - möglicherweise wider besseres Wissen oder in Unkenntnis der weiter reichenden Zusammenhänge - eingegangen werden, lassen sich darüber hinaus, wie Kissinger bestätigt, nur unter erheblichen Schwierigkeiten zurücknehmen: „When presidents become negotiators no escape routes are left". Stimmt allerdings die persönliche "Chemie" nicht, kann dies den beiderseitigen Arbeitsbeziehungen erheblich schaden.

8.5 Diplomatie im Wandel

Greifen wir abschließend noch einmal die Veränderungsprozesse auf, denen sich die Institution der Diplomatie in der jüngeren Zeit gegenüber sieht. (1) Nicht-diplomatische Akteure - aus der Wissenschaft, den Medien, der Industrie, dem Militär und der Politik (z.B. über direkte grenzübergreifende, interministerielle Kontakte) - nehmen eine zum Teil neue, den außenpolitischen Alleinvertretungsanspruch der Außenministerien und des diplomatischen Dienstes ablösende bzw. ergänzende Rolle wahr. Neben den grundlegenden Aufgaben der traditionellen Diplomatie hat die Ad-hoc-Diplomatie, in Form von Sonderbeauftragten oder Einzelpersonen mit spezialisiertem Expertenwissen, den Bereich der klassischen Diplomatie erweitert. Für die amerikanische Regierung war es Jimmy Carter 1994 gelungen, als Privatmann und ehemaliger Präsident der USA, ein wichtiges Abkommen mit der nordkoreanischen Führung abzuschließen (vgl. ebenso Richard Holbrooke als Sonderbeauftragter im westlichen Balkan).

Im Lichte des Medien- und Informationszeitalters hat (2) Diplomatie nicht nur auf die Formalisierung der zwischenstaatlichen Beziehungen und auf die Durchsetzung der außenpolitischen Ziele zu achten. Über „public diplomacy", im Sinne einer öffentlichkeitswirksamen Diplomatie, werden Diplomaten durch die Handhabung eines Repertoires an visuellen und symbolischen Instrumenten zu einem wichtigen Mittler und Akteur der auswärtigen Kulturpolitik. Gleichsam im Sinne eines Wettbewerbs, eines „theater of power" (Cohen 1987: i-ii), konkurrieren die Staaten mit anderen staatlichen - und nicht-staatlichen - Akteuren um ein positives Wahrnehmungsbild (*image*) im Ausland.

Moderne Kommunikationstechnologien erhöhen (3) darüber hinaus das Informationsangebot. Medienberichte bilden allerdings keinen Ersatz für die diplomatische Funktion der Informationssammlung und -verarbeitung. Auch wenn die Verfügbarkeit von

Nachrichten u.a. in Echtzeit den Informationsvorsprung von Diplomaten reduziert, bleiben Medienberichte doch gebunden an der Bedeutung des Nachrichtenwertes, an vereinfachten, oft auf Schwarz-Weiß-Zeichnungen beruhenden und dem Sendeformat dienlichen Reportagen, ohne eine umfassendere analytische und auf Hintergrundwissen beruhende Beurteilung der Sachlage. „Their primary function (gemeint sind die Medien, Anmerk.d.Verf.) is to create and sustain interest, not to offer political analysis. They are not equipped to the latter. For example, they typically parachute reporters into a crisis situation, even though those reporters have little historical background, knowledge of the local languages, or adequate sources of information on current crisis arenas. (...) Reporters emphasize drama; their role is not to provide sophisticated political analysis. In short, the public media are no substitute for professional analysis that must be the basis for government policy" (Holsti 2004: 207). Für Staaten, die, wie Bhutan oder Sierra Leone, kaum über ausreichende finanzielle Ressourcen und wenige diplomatische Einrichtungen und Verbindungsstellen zu Staaten und internationalen Organisationen verfügen, können Medienberichte allerdings durchaus zu einer gewinnbringenden Informationsquelle werden, wenn es beispielsweise um Ereignisse in Myanmar oder der Elfenbeinküste geht.

Mit der durch die Globalisierung notwendiger gewordenen internationalen Gestaltung von innenpolitischen Themen, von Gesundheitspolitik, Umweltpolitik, Landwirtschaft und Gentechnik, von Finanz- oder Verkehrspolitik, hat (4) nicht nur der Bedarf an diplomatischer Tätigkeit in diesen Feldern zugenommen. Zahlreiche nicht-staatliche Akteure wirken an der Regelung internationaler Beziehungen mit und schränken das staatliche Monopol diplomatischen Handelns (Varwick 2005: 62) ein: substaatliche und regionale Organisationen (z.B. der Transalpine Rat, bestehend aus Unternehmern und Regierungsvertretern Frankreichs, der Schweiz und Italiens), Provinzen und Bundesländer (z.B. die kanadische Provinz Quebec mit eigenen Büros in London, Tokio oder Washington, die deutschen Bundesländer in der Europäischen Union), sowie im Besonderen Nichtregierungsorganisationen (NGOs), die aufgrund ihrer spezifischen Kenntnisse, ausgebildeter Fachleute und Wissenschaftler aktiv an der Politikgestaltung mitwirken, und auf diese Weise wesentlich zur Multilateralisierung der internationalen Politik beitragen. Soweit dabei von einer „Demokratisierung" der Diplomatie gesprochen werden kann, führt sie zur Erweiterung und Transformation, nicht aber zu einer Aufhebung des diplomatischen Handlungsfeldes (Riordan 2003).

Terroranschläge auf diplomatische Einrichtungen, die Besetzung oder Zerstörung von Botschaften, die Entführung und Ermordung von Diplomaten etc. illustrieren dabei (5) die stets wiederkehrende Verletzung diplomatischer Regeln und Normen, die es für die Staaten erforderlich macht, den Status der Sicherheit ihrer Auslandsvertretungen und die Pflege der zwischenstaatlichen Beziehungen zu überdenken. Insgesamt steht außer Frage: „There is more to diplomacy, than the exchange of views" (Holsti 2004: 208).

Kontrollfragen

(1) Welche grundlegenden Funktionen erfüllt Diplomatie?
(2) Worin unterscheiden sich die traditionelle und die „neue" Diplomatie?
(3) Warum stellen multilaterale Konferenzen ein wichtiges Forum der auswärtigen Politik dar?
(4) Worin liegen Vor- und Nachteile der Gipfeldiplomatie? Überlegen Sie dies vor dem Hintergrund eines aktuellen zeitgeschichtlichen Beispiels.
(5) Auf welche neuen Herausforderungen muss sich die Diplomatie unter den Bedingungen der Globalisierung und der Entwicklung transnationaler Netzwerke einstellen?

Literatur

Anderson, M.S.: *The Rise of Modern Diplomacy*, London 1993.

Armstrong, David: *Revolution and World Order: The Revolutionary State in World Society*, Oxford 1993.

Berridge, Geoff R.: *Diplomacy. Theory and Practice*, London 1995.

Berridge, Geoff R.: *Talking to the Enemy: How States without „Diplomatic Relations" Communicate*, London 1994.

Berton, Peter/Kimura, Hiroshi/Zartman, William I. (Hrsg.): *International Negotiation: Actors, Structure/Process, Values*, New York 1999.

Bertram, Christoph/Däuble, Friedrich (Hrsg.): *Wem dient der Auswärtige Dienst? Erfahrungen von Politik, Wirtschaft, Gesellschaft*, Opladen 2002.

Brandt, Enrico/Buck, Christian (Hrsg.): *Auswärtiges Amt. Diplomatie als Beruf*, Opladen 2002.

Callières, Francois de: *De la manière de négocier avec les Souverains*, Paris 1716.

Callières, Francois de: *On the Manner of Negotiating with Princes*, Boston 1929.

Cohen, Raymond/Westbrook, Raymond: *Amarna Diplomacy: The Beginnings of International Relations*, Baltimore 2000.

Cohen, Raymond: *Theatre of Power: The Art of Diplomatic Signalling*, London 1987.

Cohen, Raymond: *Negotiating across Cultures: International Communication in an Interdependent World*, Washington 1997.

Cohen, Raymond: *Reflections on the New Global Diplomacy: Statecraft 2500 BC to 2000 AD*, in: Melissen, Jan (Hrsg.): Innovation in Diplomatic Practice, London 1999.

Craig, Gordon A.: *Krieg, Politik und Diplomatie*, Wien 2001.

Dicke, Klaus/Fröhlich, Manuel (Hrsg.): *Wege multilateraler Diplomatie. Politik, Handlungsmöglichkeiten und Entscheidungsstrukturen im UN-System*, Baden-Baden 2005.

Dunn, David H. (Hrsg.): *Diplomacy at the Highest Level: The Evolution of International Summitry*, London 1996.

George, Alexander L./Simons, William E. (Hrsg.): *The Limits of Coercive Diplomacy*, Boulder 1994.

George, Alexander L.: *Forceful Persuasion: Coercive Diplomacy as an Alternative to War*, Washington, DC 1991.

Gstöhl, Sieglinde: *Gipfeltreffen und Theorien der internationalen Politik*, in: Zeitschrift für Politikwissenschaft 2/2005, S. 395-418.

Habeeb, William Mark: *Power and Tactics in International Negotiation: How Weak Nations Bargain with Strong Nations*, Baltimore 1988.

Hamilton, Keith/Langhorne, Richard: *The Practice of Diplomacy: Its Evolution, Theory and Administration*, London 1995.

Hill, Christopher: *The Changing Politics of Foreign Policy*, Basingstoke 2003.

Holsti, Kalevi J.: *Diplomacy*, in: Ders.: Taming the Sovereigns. Institutional Change in International Politics, Cambridge 2004.

Iklé, Fred C.: *How Nations Negotiate*, New York 1964.

Ipsen, Knut: *Völkerrecht. Ein Studienbuch*, München 1999 (4. Aufl.)

Jönsson, Christer/Aggestam, Karin: *Trends in Diplomatic Signalling*, in: Melissen, Jan (Hrsg.): Innovation in Diplomatic Practice, London 1999.

Jönsson, Christer, in: Carlsnaes

Kaufmann, Johan: *Conference Diplomacy: An Introductory Analysis*, London 1996.

Krekeler, Heinz L.: *Die Diplomatie*, München 1965.

Krell, Gert: *Weltbilder und Weltordnung. Einführung in die Theorie der Internationalen Beziehungen*, Baden-Baden 2003. Gipfelkonferenzen

Leigh-Phippard, Helen: *The Influence of Informal Groups in Multilateral Diplomacy*, in: Melissen, Jan (Hrsg.): Innovation in Diplomatic Practice, London 1999.

Melissen, Jan (Hrsg.): *Innovation in Diplomatic Practice*, London 1999.

Nicolson, Harold: *Diplomacy*, London 1963 (3. Aufl.).

Putnam, Robert D.: *Diplomacy and Domestic Politics: The Logic of Two-Level Games*, in: International Organization 42:3, 1988, S. 427-460.

Riordan, Shaun: *The New Diplomacy*, Cambridge 2003.

Rittberger, Volker: *Internationale Organisationen. Politik und Geschichte*, Opladen 1994.

Schmid, Günther: *Diplomatie als Form außenpolitischer Entscheidungsverwirklichung*, in: Kindermann, Gottfried-Karl (Hrsg.): Grundelemente der Weltpolitik, München 1986.

Staack, Michael: *Handelsstaat Deutschland. Außenpolitik in einem neuen internationalen System*, Paderborn 2000.

Varwick, Johannes: *Diplomatie*, in: Woyke, Wichard (Hrsg.): Handwörterbuch Internationale Politik, Wiesbaden 2005 (9. Aufl), S. 62-68.

Watson, Adam: *Diplomacy: The Dialogue Between States*, London 1982.

White, Bryan: *Diplomacy*, in: Baylis, John/Smith, Steve (Hrsg.): The Globalization of World Politics. An Introduction to International Relations, Oxford 2001, S. 317-330.

Zartman, William I. (Hrsg.): *International Multilateral Negotiations: Approaches to the Management of Complexity*, San Francisco 1994.

Zartman, William I./Rubin, Jeffrey Z. (Hrsg.): *Power and Negotiation*, Ann Arbor 2000.

9.   Wirtschaft und Außenpolitik

> *Über jeder modernen Gesellschaft schwebt*
> *das Gespenst des Protektionismus.*
> Paul A. Samuelson

Zu einer Kernaufgabe von Staaten zählt neben der Sicherheit die wirtschaftliche Wohlfahrt des Landes. Diese Feststellung ist im Rahmen von Außenpolitik nicht neu. Das Ziel der Durchsetzung nationaler Wohlfahrtsinteressen steht bis heute im Vordergrund auswärtiger Beziehungen von Staaten. Auf Unabhängigkeit und nationale Selbsterhaltung bedacht, ist sowohl die militärische als auch die wirtschaftliche Sicherheit zu einer Hauptaufgabe des Staates geworden. Dass außenpolitische Macht und Stärke weniger von der Größe des Militärpotenzials als von der Leistungskraft und der Innovationsfähigkeit des wirtschaftlichen Fundaments abhängen, ist ebenso nicht neu, wird aber selten beachtet. Das Konzept des heutigen modernen Wohlfahrtsstaates geht allerdings weit über die früheren Formen staatlicher Daseinsvorsorge hinaus. In der Bewältigung von Arbeitslosigkeit, sozialer Absicherung und Daseinsgestaltung, der Gewährleistung eines stetigen Wirtschaftswachstums und kluger Staatshaushaltsgestaltung im Rahmen globaler Märkte finden wir eine Reihe alter und neuer wichtiger Aufgabenfelder des Staates. Erfolgreiche wirtschaftliche Ordnungsgestaltung erfordert von der Exekutive daher stets die Klugheit des Regierens auch im Bereich der Wirtschaft. „*Economic statecraft*", das Mitbedenken der ökonomischen Verhältnisse des Staates und der Erfordernisse der innerstaatlichen Wirtschaftsordnung in der Außenpolitik, kurzum: die Wirtschaft als einer der wichtigsten nicht-politischen Teilbereiche stellt ein grundlegendes Ziel und Mittel der Außenpolitik von Staaten dar.

„Vielgestaltige Interdependenzen" zwischen wirtschaftlichem und außenpolitischem Handeln verweisen auf eine enge Verkoppelung von Politik und Ökonomie. Allerdings müssen wir zwei Formen auswärtiger Wirtschaftsbeziehungen voneinander unterscheiden: (1) jene Form wirtschaftlichen Handelns, die in den grenzüberschreitenden, transnationalen Beziehungen privater Akteure erfolgt, und sich am größtmöglichen wirtschaftlichen Gewinn (Profitmaximierung) orientiert, sowie (2) derjenigen Form außenwirtschaftlichen Handelns, die, von (außen)politischen Motivationen gesteuert, zur Erreichung wirtschaftlicher Ziele politische Mittel (z.B. Druckmittel wie Sanktionen, Embargos) einsetzt (Krugman/Obstfeld 2003, Hocking/McGuire 2004).

9.1 Der Staat als wirtschaftlich handelnder Akteur

Im Umfeld der internationalen Wirtschaftsbeziehungen spielen staatliche und private Akteure, vor allem transnationale Unternehmen (TNU), eine wesentliche, von ähnlichen Grundmotiven - Güterversorgung (Import), Ausfuhr eigener Produkte (Export) und grenzüberschreitendem Austausch von Waren, Personen, Kapital, Dienstleistungen und Informationen - begleitete Rolle. Fraglos aber kann der Staat noch immer als ein zentraler Akteur der Außenhandelspolitik bezeichnet werden; eine Tatsache, die sich mit Blick auf die Bedeutung und den Einfluss „globaler Märkte" zunehmend verringert. Ähnlich geht Robert Gilpin davon aus, dass der Territorialstaat noch immer den vorrangigen Akteur sowohl im innerstaatlichen als auch im internationalen Wirtschaftsumfeld darstellt. Grundlegende wirtschaftspolitische Entscheidungen und Regeln des gegenseitigen Wirtschaftsverkehrs werden von der Regierungsspitze des Staates getroffen, nationale politische und wirtschaftliche Macht darauf verwendet, wirtschaftliche Ergebnisse zu beeinflussen. „Whatever the ultimate shape of the European Union, national governments will continue to be important actors within this regional arrangement" (Gilpin 2001: 18). Internationale Organisationen wie die Weltbank, der Internationale Währungsfonds (IWF), die Kommission der Europäischen Union als auch multinationale Unternehmen handeln jedoch mehr denn je als *„significant players"* in einem globalen Interaktionsprozess zwischen Markt und Staat (vgl. Rode 2000, 2001).

Jeder Staat verkörpert und umfasst dabei ein spezifisches, von Staats- bzw. Wirtschaftsgrenzen umschlossenes Wirtschaftssystem. Trotz ihrer nationalen Besonderheiten und konkreten Ausprägungsformen beinhalten die Wirtschaftsordnungen aller Staaten ähnliche Strukturelemente, die auf einer eigenen Währung, einem entsprechenden Besteuerungssystem, auf staatlicher Haushaltsgestaltung sowie eigener Handels- und Zollpolitik beruhen. Hinsichtlich der jeweiligen Institutionen und Normen bzw. Leitprinzipien eines Staates, also der Form der Organisation wirtschaftlicher Interessen und ihrem Einfluss auf die Prozesse der staatlichen Willensbildung und Entscheidungsfindung sowie der Festlegung wirtschaftspolitischer Rahmenbedingungen, können die jeweiligen Systeme jedoch recht unterschiedlich ausgestaltet sein.

Voneinander zu unterscheiden sind:

(1) die Staaten der OECD-Welt in Nordamerika, Europa und Ostasien mit voneinander abweichenden Wirtschaftssystemen in Form a) einer deregulierten *Laissez-faire*-Wirtschaft (USA, Großbritannien), b) einer am Sozialstaatsmodell orientierten kontinentaleuropäischen Marktwirtschaft (teilweise konsensorientiert z.B. in Dänemark und den Niederlanden, teilweise staatlich reguliert z.B. in Frankreich oder Deutschland) sowie c) einer merkantilistisch geprägten und staatsbürokratisch gelenkten Wirtschaft (z.B. Japan). Der transnationale Austausch von Kapital und Produktion erstreckt sich hauptsächlich auf die Staaten der OECD, bezieht in immer stärkerem Maße jedoch Schwellenländer wie Brasilien, Indonesien und China mit ein, das in Folge seines ökonomischen Wandels zu einem vierten großen Spieler im 21. Jahrhundert werden kann. An der Reihenfolge der führenden, aus der OECD-Welt kommenden Welthandelsnationen hat sich bis zu Beginn des 21. Jahrhunderts wenig

geändert. Über die Hälfte des Welthandels wird von den USA, Japan, Deutschland, Frankreich, Großbritannien, Italien, Kanada (den G-7 Staaten) und den Niederlanden abgewickelt. Russland wurde zuletzt als achter Staat an den Konsultationen der Industrieländertreffen (G8) beteiligt.

(2) Unter der heterogenen Gruppe der so genannten Schwellenländer ragen insbesondere die vom Prozess der Globalisierung profitierenden „*Newly Industrializing Countries*" (NICs) heraus, deren wirtschaftlich bedingte Einflusschancen auf die internationale Politik wesentlich zugenommen haben. Hierzu zählen vor allem die so genannten „Tiger-Staaten" Ostasiens, das im Zuge der Entideologisierung seiner kommunistischen Politik wirtschaftlich prosperierende China, das weltwirtschaft an Bedeutung gewinnende Indien als auch eine zweite Gruppe von Staaten („Jaguar-Staaten") - Chile, Mexiko oder Brasilien -, die sich nach den 1980er Jahren verstärkt marktwirtschaftlichen Reformen und dem Weltmarkt geöffnet haben.

(3) Zu einem partiell einflussreichen wirtschaftspolitischen Machtfaktor entwickelte sich die internationale Staatengruppierung der Erdölexportierenden Länder. Zusammengeschlossen in der 1960 in Bagdad von Saudi Arabien, dem Irak, dem Iran, Kuwait und Venezuela gegründeten OPEC (Organization of Petroleum Exporting Countries) konnten deren 1975 um weitere Länder erweiterten Mitgliedstaaten über die Preise und Fördermengen von Erdöl eine wirtschaftliche Machtposition ersten Ranges entwickeln. An Exportrestriktionen bzw. an der Kontrolle über weltweit benötigte Ressourcen erweist sich die Möglichkeit, Rohstoffe als Mittel außenpolitischer Machtdurchsetzung oder schlicht als außenpolitische Waffe, wie zur Zeit der ersten und zweiten so genannten Ölkrise (1973/78), einzusetzen. Im Gegensatz zur Gruppe der armen Entwicklungsländer konnten die Erdölexportierenden Staaten auf diese Weise ihre Marktmacht als wirtschaftliches Instrument der Außenpolitik nutzen. Saddam Husseins Intervention des Irak in Kuwait unterstrich nicht nur den hohen Stellenwert eines privilegierten und zu machtpolitischen Zwecken instrumentalisierten Zugangs zur Erdölversorgung. Probleme der Rohstoffverknappung und -kontrolle führen zu einer häufig krisenhaften Öldiplomatie.

Eine Verflechtung mit der konfliktträchtigen, Erdöl produzierenden Region des Nahen- und Mittleren Ostens wird, ungeachtet einer möglicherweise geringeren Importabhängigkeit für die USA und Europa, weiter fortbestehen und sich auf die Außenpolitik vor allem von versorgungsunsicheren und nachfrageintensiven Staaten wie Indien und China auswirken. Dies verdeutlicht ein für die Außenpolitik manifestes Problem abgesicherter Transportwege und Pipelinesysteme, sei es zu den Öl- und Gasressourcen des Kaspischen Meeres bzw. Sibiriens oder zu den Rohstoffen im Südchinesischen Meer und der am südlichen Ende liegenden, wichtigen Straße von Malacca (ebenso als geographisch wichtige Meerengen die Straße von Hormus, von Bab-el-Mandeb, der Suez-Kanal oder der Bosporus). Die Bewältigung dieser Versorgungsfrage zwischen den Staaten, ob durch nationales Vormachtstreben oder durch den kooperativen Ausbau energiewirtschaftlicher Beziehungen, wird zu einem wirkungsmächtigen Faktor in der Außen- und Sicherheitspolitik des 21. Jahrhunderts. Die strategische Nutzung von „Ölmacht" und, in äußerst begrenztem Maße, von wirtschaftlicher Macht durch Gashandel wird daher auch künftig ein maßgebliches Gewicht auf die weltweite Energieversorgung und die transkontinentalen Beziehungen zwischen importabhängigen Staaten und Produzentenländern ausüben (Fischer 2000). Als Ergebnis der „turbulenten 'Energiedekade' der 70er Jahre" bleibt dabei „die Erkenntnis festzuhalten, dass energiewirtschaftliche Positionsgewinne sich als Machtinstrument der internationalen Politik nur begrenzt eignen; wohl aber ist die Politisierung der Energiewirtschaft geeignet, latente Konfliktpotentiale zu verschärfen und damit auch den Ausgleich energiepolitischer Interessen zu gefährden" (Häckel 2005: 181).

(4) Die wirtschaftliche Leistungskraft vor allem der Staaten Afrikas und des Nahen- bzw. Mittleren Ostens blieb demgegenüber deutlich hinter den Wachstumsprozessen in der asiatischen Staatenwelt zurück. Teilweise nach außen abgeschottet und kaum in weltwirtschaftliche Prozesse integriert, vergrößerte sich der Abstand dieser Staaten zur „Ersten Welt" in erheblicher Weise. Möglichkeiten einer außenpolitischen Einflussnahme auf andere Akteure, auf regionale oder internationale Entwicklungen durch eine politisch motivierte Verwendung wirtschaftlicher Macht oder durch die Attraktivität des eigenen Volkswirtschaftssystems sind gering. Staatlicher Interventionismus, autoritäre Herrschaftsstrukturen, Korruption und fehlende Kompetenzen trugen - trotz kurzfristiger Ausnahmen wie in Ghana oder Uganda - zusätzlich zu negativen Entwicklungen bei. Auffällig ist hierbei das bisherige Scheitern einer regionalen Wirtschaftsintegration der arabischen Staatenwelt (Owen 1999, Fawzy 2003). War das durchschnittliche Pro-Kopf-Einkommen (PKE) Ägyptens in den 1950er Jahren mit demjenigen Südkoreas vergleichbar, sank es bis in die Gegenwart auf ein Fünftel des aktuellen koreanischen PKEs. In ähnlicher Weise fiel in Marokko das Bruttosozialprodukt pro Kopf von einer vormals gleichen Höhe auf ein Drittel des heutigen BSP in Malaysia. Saudi-Arabiens erwirtschaftetes BSP pro Kopf lag in den fünfziger und sechziger Jahren über den Erträgen Taiwans, heute umfasst es nur knapp die Hälfte (Hoekman/Messerlin 2001).

(5) Eine in den Jahren des Ost-West-Konfliktes relevante Staatengruppe, die bis zum Zusammenbruch der Sowjetunion (1990/91) den Kern des 1949 gegründeten Rates für Gegenseitige Wirtschaftshilfe (RGW) bildete, sind die früheren kommunistischen Staatshandelsländer. Nach dem Ende des Kalten Krieges und der Auflösung des RGW wurde für die kommunistisch regierten und zentralverwaltungswirtschaftlich organisierten Staaten nicht nur der grundlegende Umbau des politischen Systems zu einer zentralen Aufgabe. Ziel der neuen post-kommunistischen Reformländer in Osteuropa sowie den früheren Sowjetrepubliken in der transkaukasischen und zentralasiatischen Region sollte eine erfolgreiche, das heißt wohlstands- und effizienzsteigernde Wirtschaftsreform sein. Im heterogenen Block der Reformstaaten sind drei Gruppen von Transformationsländern zu unterscheiden: a) eine reformfortschrittliche, weitgehend in die EU integrierte Staatengruppe mit einem pluralistisch-liberalen, demokratischen System (z.B. Polen, Ungarn, Rumänien, Lettland, Tschechien, Kroatien, Slowenien), b) eine bislang von wenigen Reformerfolgen gekennzeichnete und mit demokratischen Defiziten, Wirtschaftsproblemen und Schwierig-

keiten im Prozess des politischen Übergangs belasteten Staatengruppe, vor allem im asiatischen Südgürtel der GUS (z.B. Georgien, Russland, Ukraine, Tadschikistan, Bosnien-Herzegowina, Kirgistan) sowie jene Gruppe Reform blockierender Staaten, die häufig zugleich autoritäre Systeme bilden (z.B. Armenien, Aserbaidschan, Usbekistan, Weissrußland, Kuba, Vietnam).

Eine Differenzierung der Staaten in unterschiedlich ausgestaltete Wirtschaftssysteme macht deutlich, dass mit der jeweiligen Wirtschaftsordnung verschiedene verhaltenssteuernde Impulse für die Außenpolitik der einzelnen Staaten verbunden sind. Dies spiegelt sich zum einen in den Einwirkungen und Interessen der wirtschaftlich motivierten Gruppen oder Verbände (z.B. von Unternehmen, Transnationalen Konzernen, Gewerkschaften, Berufsgruppen) sowie der politischen Akteure (z.B. Parteien, Parlamente) auf das von ihnen erwünschte oder geforderte Handeln der staatlichen Führungskräfte wider. Bei der Gestaltung der zwischenstaatlichen Beziehungen sind zum anderen die wirtschaftliche und die soziale Stabilität zu wichtigen innen- und außenpolitischen Primärzielen geworden. Militärische Stärke hat zugunsten wirtschaftlicher und technologischer Machtattribute an ausschließlicher Bedeutung verloren. Es kann von einer „Ökonomisierung" der Außenpolitik gesprochen werden, bei der „Außenpolitik und Wirtschaftspolitik in wachsendem Maße miteinander verflochten sind" (Kissinger/Vance 1987/88: 910).

9.2   Wirtschaft als Ziel der Außenpolitik

Wirtschaft als Ziel der Außenpolitik richtet sich in diesem Zusammenhang auf zwei Interessenfelder: (1) die Sicherstellung einer sozial-rationalen Daseinsvorsorge und einer nach innen gerichteten Ordnungsgestaltung (*Innenwirkung*) sowie (2) eine vorbeugende existentielle Staatssicherung und größere (machtgestützte) Handlungsfähigkeit bzw. Leistungsstärke (*Außenwirkung*). Innen- und außenwirtschaftliche Motive zählen daher fraglos zu wichtigen Faktoren außenpolitischer Entscheidungsprozesse. Die Sicherung des Wohlstandes, die im Mittelpunkt der wirtschaftlich motivierten Außenpolitik steht, orientiert sich im wesentlichen an *drei Grundformen außenwirtschaftlichen Verhaltens*: dem Freihandel, der nach überwiegender Auffassung die beste Politikoption für die Mehrzahl der Staaten darstellt (Milner 2002: 448), der Strategie des Protektionismus und der wirtschaftlichen Integration, wie sie in zahlreichen regionalen Handelszusammenschlüssen zum Ausdruck kommt.

Die nach außen gerichteten Verhaltensstrategien der Staaten haben sich hierbei längst von den merkantilistischen Positionen des 17. und 18. Jahrhunderts, der konventionellen Handelsdoktrin der europäischen Staaten gelöst. Staatliche Förderungs-, Lenkungs- und Kontrollmaßnahmen (z.B. im Straßen- und Kanalbau, bei Handelsmonopolen in Kolonien) folgten einer am Nullsummenspiel orientierten Handelspolitik, in der jeder Vorteil des eigenen Staates auf Kosten des anderen berechnet wurde. Wirtschaftliches Wachstum wurde dabei vor allem mit dem Ziel der außenpolitischen Machtbildung verknüpft. Im Zeichen eines überseeischen nationalistisch-kapitalistischen Kolonial-imperialismus zwischen der Mitte des 19. Jahrhunderts und dem Beginn des Ersten Weltkrieges konkurrierten die westlichen Industriemächte um neue Absatzmärkte, Sied-lungsräume und Rohstoffquellen, z.B. in Afrika und im Pazifik. Spannungsrivalitäten und Konflikte zwischen Staaten aufgrund gegensätzlicher handelspolitischer Interessen-lagen entwickelten sich allerdings nicht nur im Verlauf dieser Expansionsdynamik.

Auch in der Gegenwart werden handelspolitische Fragen von protektionistischen Maßnahmen begleitet. Das Errichten *tarifärer* (Zölle) und *nicht-tarifärer* Handels-hemmnisse (z.B. Einfuhrquoten, Subventionierung einheimischer Produkte) wurde zu einem maßgeblichen Instrument von Staaten. Neben Japans protektionistisch orientier-ter Außenwirtschaftspolitik in den 1970er Jahren, nutzten die USA im Bereich der Tex-til-, Landwirtschafts- und Stahlindustrie seit den neunziger Jahren wiederholt das In-strument des Protektionismus (vgl. Handelsstreit mit der EU). Nicht zuletzt in Ländern mit schwachen staatlichen Agenturen und Kontrollinstanzen oder mit längerfristigen wirtschaftlichen Modernisierungs- und Entwicklungsprozessen findet sich häufig eine Kombination aus staatlicher Regulierung und protektionistischer Abkoppelung vom Weltmarkt. Nicht-weltmarktfähige einheimische Unternehmen werden vor äußerer Konkurrenz geschützt, um eigene Produktionskapazitäten ungehindert aufbauen zu können, und mit Außenhandelskontrollen bis hin zur Monopolisierung des staatlichen Außenhandels verknüpft, um die Ausfuhr wichtiger Rohstoffe für die einheimische In-dustrie zu verhindern (z.B. in Südkorea).

Das außenpolitische Verhalten der Staaten ist demzufolge von wirtschaftlichen Fak-toren mitbestimmt. Im Hinblick auf ihre Ziele und Mittel kann es sich dabei um ein von Freihandelspolitik gekennzeichnetes, *kooperatives* außenpolitisches Verhalten oder um eine von protektionistischen Optionen und staatlichen Regulations- und Steuerungsme-chanismen bestimmte *konfrontative* Außenpolitik handeln.

Ein wirtschaftlich motivierter außenpolitischer Konfrontationskurs ist nicht selten von der politisch garantierten „Abschirmung vom Weltmarkt" und von dem Bemühen um eine Erweiterung des Binnenmarktes durch machtpolitische Expansion begleitet. *Protektionismus* wird daher (1) aus Gründen der nationalen Sicherheit verfolgt, oft mit Blick auf eine ausreichende Nahrungsmittelvorsorge und eine Technologieentwicklung, die u.a. die nationale Produktion von Waffen erlaubt, (2) zum Schutz der eigenen, häu-fig durch hohe Importauflagen vor ausländischen Waren abgesicherten, einheimischen Industrie eingesetzt sowie (3) aufgrund innenpolitischer Faktoren betrieben, die mit der politischen Absicht der Wiederwahl oder dem Einfluss von Interessengruppen (z.B. der russischen Öl- und Gaskonzerne oder Stahlindustrie) zusammenhängt. Unerlässlich bleibt es daher, die jeweiligen *institutionellen Bedingungen des Marktes*, *die infrastruk-turelle Macht* und *Handlungsautonomie* des Staates sowie die *inneren* und *äußeren Ein-flüsse*, wie das *Wirtschaftsumfeld* und die ökonomische Durchdringung des Binnen-marktes durch *private Akteure*, zu untersuchen.

Regierungen verfolgen in diesem Zusammenhang nicht nur das Ziel einer Steigerung der gesamtgesellschaftlichen Wohlfahrt. Innenpolitischer Erfolg ist, wie gesagt, häufig ebenso ein wesentliches Regierungsziel. Dass wirtschaftliche Lobby- bzw. Interessengruppen auf den Protektionismus als Strategie der Außenhandelspolitik setzen und im Aushandlungsprozess mit der Regierung auf außenpolitische Entscheidungen Einfluss nehmen, bedeutet jedoch nicht, dass die Regierung eine „Marionette" („*puppet govern-ment*") oder ein „Sprachrohr der Interessengruppen" wäre. Diese haben im policy-Feld der wirtschaftlich motivierten Außenpolitik zwar eine wichtige Bedeutung. Die Staats-spitze handelt jedoch als autonomer Akteur mit eigenen Zielsetzungen („*self willed go-vernment*"), indem sie weitgehend den von ihr bestimmten Interessen auf der Grundlage eigener handelspolitischer Lagebeurteilungen und Verhaltensplanungen folgt.

Mit den wachsenden Verflechtungsprozessen auf internationaler Ebene und der stärke-ren Verwundbarkeit und Empfindlichkeit von Staaten im ökonomischen und gesell-schaftlichen Bereich weitet sich das Bedürfnis nach wohlfahrts- und sozialstaatlicher Kompetenz und Daseinsvorsorge auch auf die Außenbeziehungen des Staates aus. (1) Ökonomische Überlebensfähigkeit, (2) der Schutz des Wirtschaftssystems vor Störun-gen und Krisen, (3) die Einbindung in globale Märkte als auch (4) eine erfolgreiche materielle Daseinsfürsorge werden für die Außenpolitik zu einer immer wichtigeren sicherheitsrelevanten Aufgabe. *Außenhandelspolitik* dient insofern nicht nur direkten ökonomischen Zielsetzungen. Auf übergeordneter, politischer Ebene verfolgt Handels-politik den Zweck der *Schaffung von Staatenverbünden*, der wirtschaftlichen *Stabilisie-rung von Staaten* (z.B. durch Kooperations- und Assoziationsabkommen, vor allem ge-genüber osteuropäischen Staaten und Entwicklungsländern), der *Erzwingung von Wohl-verhalten* (durch angedrohte Embargos, Boykotte oder Repressionen, die z.B. im Falle Serbiens oder des Irak häufig von dritter Seite durchbrochen wurden), der Verfolgung *nationaler Wirtschaftsziele* (z.B. Versorgungssicherheit, geringe Arbeitslosigkeit, Standortvorteile) sowie der *Förderung sozialer und ordnungspolitischer Vorstellungs-muster und Leitideen* (z.B. Liberalismus, Umweltschutz, Entwicklungszusammenarbeit etc.). Wirtschaftspolitische Reformen vor allem in Transformationsländern (wie z.B. in Staaten Osteuropas oder der VR China) sind dabei häufig mit Fragen der *Systemsicher-heit*, *Regimesicherheit* und *nationalen* Sicherheit verbunden.

In diesem Zusammenhang spielt der Prozess der Globalisierung eine maßgebliche Rolle, verstanden „als der wachsende Anteil grenzüberschreitend verlaufender privat-wirtschaftlicher Transaktionen an der gesamten Wirtschaftstätigkeit" (Schirm 2004: 67, Sassen 2002, Maswood 2000). Historisch gesehen, ist diese grenzüberschreitende öko-nomische Verflechtung kein Phänomen des späten 20. Jahrhunderts. Schon zu Beginn des letzten Jahrhunderts spielte die Verflechtung von Märkten eine wesentliche Rolle. Das Wachstum dieser globalen Märkte seit den siebziger Jahren, die zunehmende, grenzüberschreitende Beweglichkeit privater wirtschaftlicher Aktivitäten erhöhte die Bedeutung der Wirtschaft für die Außenpolitik von Staaten. Regierungen, vor allem der OECD-Welt, folgen in ihrem Verhalten allerdings nicht nur und in erster Linie einer von den globalen Märkten bestimmten Funktionslogik.

Zwar haben Staaten die umfassende Mobilität privater Ressourcen ebenso zu berück-sichtigen wie den Einfluss weltweit operierender und nicht an politische bzw. territoria-le Grenzen gebundener privater Akteure, unter denen Susan Strange vor allem die

Transnationalen Unternehmen als eine „parallele Autorität" bei der Verwendung wirtschaftlicher Ressourcen bezeichnet. Im Rahmen ihrer national begrenzten und an der gesellschaftlichen Wohlfahrt orientierten Politik bleiben Staaten wichtige außenpolitische Handlungsträger (vgl. Weiss 1998, Brühl/Debiel 2001), deren außenpolitische Planung die grenzüberschreitenden Bewegungen von Kapital und Produktion, den Welthandel und die Integration der Finanzmärkte in Betracht zu ziehen hat (Helleiner 1994).

9.3 *Economic Power*: Staatliche und Private Wirtschaftsmacht

Wirtschaftliche Macht und die Fähigkeit zur Reaktion auf die Wirkungen globaler Märkte (Asienkrise 1997) werden für den Staat zu einem wichtigen Mittel der Interessendurchsetzung. Fragen der Machtausübung zwischen den Akteuren (primär den Staaten, den Unternehmen, Gruppen bzw. Verbänden, Individuen etc.) mit ökonomischen Instrumenten, ihr jeweiliger Einfluss auf die Gestaltung ökonomischer Spielregeln sowie das Problem der Verteilung von Wohlstand stehen dabei im Mittelpunkt vor allem neuerer politikwissenschaftlicher Theorien der „Internationalen Politischen Ökonomie" (IPÖ), zu der sich für die Außenpolitikforschung wichtige Anknüpfungspunkte finden lassen. Dies gilt insbesondere für die „*macht-orientierte Variante*" der Theorien der IPÖ von Susan Strange und Jospeh Nye. Ob es sich um eine Wirtschaftsmacht oder einen ökonomisch schwächeren Staat handelt, eröffnet aus dieser Perspektive einen genaueren Blick auf die für uns relevanten Machtpotenziale eines Landes. Diese lassen sich in Gestalt *relationaler*, „direkter Macht" („relational power" im Sinne der Willensdurchsetzung durch Zwang und Überredung) und *struktureller*, „indirekter Macht" („structural power" im Sinne von Kontrolle über bzw. Einfluss auf Strukturen) voneinander unterscheiden.

Zur direkten, sich im wirtschaftspolitischen Außenverhalten widerspiegelnden Macht eines Staates zählen in der Regel seine nationale Infrastruktur (z.B. das Technologieniveau, die Informations- und Kommunikationsfähigkeit, das innerstaatliche Transportsystem), die Verfügbarkeit natürlicher Ressourcen und Bodenschätze, die finanzielle Handlungsfähigkeit sowie die ökonomische Produktivkraft des Staates im industriellen und landwirtschaftlichen Bereich. „Die natürlichen Ressourcen eines Landes, Getreide, Rohstoffe und Energie, haben" dabei jedoch „an Bedeutung verloren" wie das Kapital: „Ein weltweiter Kapitalmarkt stellt heute Kapital jedem reichlich zur Verfügung, der die Chance bietet, es gewinnbringend anlegen zu können. Die neuen Quellen des Reichtums sind die Erzeugung von Wissen durch Forschung und Entwicklung und seine schnelle Umsetzung in Produkte, Produktionsprozesse und Dienstleistungen. (...) Dies aber bedeutet: Nicht mehr die Herren über Land und materielle Ressourcen sind die führenden Nationen der Welt, sondern die Herren über Ideen und Technologien. Technologische Macht, nicht mehr die Zahl der Soldaten und Kanonen, bestimmt die Rangordnung der Nationen, ja militärische Macht wird zur Funktion von Informations- und Raumfahrttechnik" (Seitz 2000: 311).

Strukturelle Macht, wie sie nach Strange in den Bereichen der Wirtschaft, der Sicherheit, der Kultur und des Wissens zu finden ist, bemisst sich dagegen an der Fähigkeit der Kontrolle von oder des Einflusses auf Strukturen, in denen die Entscheidungen von anderen Akteuren getroffen werden (Strange 1994, 1996). Diese in der Regel (1) unbeabsichtigte, (2) weder von einem konkreten Akteur noch (3) gegen den Widerstand anderer Akteure ausgeübte Macht stellt ein wesentliches Merkmal für die Struktur des Weltwirtschaftssystems dar. So kann ein Staat durch seine Position, die er in internationalen Wirtschaftsinstitutionen wie dem IWF und der Weltbank einnimmt, durch seine Rolle und Bedeutung als Vermittler von Wissen, die er aufgrund weltweit führender Einrichtungen wie Universitäten und Medien besitzt, oder durch die (Direkt-)Investitionen und die Kreditvergabe einheimischer Transnationaler Unternehmen die *Entscheidungsstrukturen* anderer Staaten und Akteure beeinflussen und formen (vgl. Schirm 2004).

Indirekte Macht, wie sie Strange am Beispiel der USA untersucht, kann demzufolge in der Struktur eines arbeitsteilig organisierten, globalen *Gütermarktes* ebenso eine Rolle spielen wie in der Struktur und den Bedingungen eines *Weltfinanzsystems*, das auf die Akteure und ihre Kosten-Nutzen-Überlegungen wesentlichen Einfluss nimmt. Aus diesem Grund müssen Staaten ihre bisherige Kontrolle über einige Regulations- und „Autoritätsfunktionen" mit anderen Staaten und nicht-staatlichen Akteuren teilen.

Vor allem auf den Finanzmärkten wird der schrittweise Rückzug des Staates von der „parallelen Autorität" der privaten Akteure und einer zunehmenden Transnationalisierung der Wirtschaft begleitet. Analytisch nur wenig ausdifferenziert und systematisiert, formuliert Susan Strange in diesem Zusammenhang die auch für die Außenpolitik zentrale These, dass „politische Macht (...) schwer vorstellbar [sei] ohne wirtschaftliche Macht, ohne Einfluss auf Nachfrage, auf Produktion und Kapital. Andererseits sei wirtschaftliche Macht schwer vorstellbar ohne Rechtssicherheit und physische Sicherheit, die wiederum nur eine politische Autorität gewährleisten könne" (Strange 1994: 25-27). Konrad Seitz verweist auf diesen Sachverhalt:

„Die globalen US-Unternehmen monopolisieren heute die Computerindustrie, und sie beherrschen die großen Wachstumsindustrie: die Unterhaltungsindustrie, die Finanzdienstleistungen, insbesondere das Investmentbanking, das Geschäft der Unternehmensberatung und, nicht zuletzt, die Medizin und Medizinindustrie, die von der Gentechnik verwandelt wird. ´Die Globalisierung`, schrieb 1997 der Spiegel, ´trägt das Etikett made in USA. Amerikanische Idole und Ikonen prägen die Welt von Katmandu bis Kinshasa, von Kairo bis Caracas; Pamela Anderson erreicht via Satellitenschüssel als Baywatch-Schönheit jeden Slum; Madonna und Michael Jackson führen die Dritte Welt-Hitparaden an; Steven Spielbergs Dinos trampeln aus virtuellen Dschungeln per Video in die realen Dschungel; Bill Gates lässt die Computerkids träumen; Sharon Stone verführt die Männer`. Doch amerikanisiert ist keineswegs nur die weltweite Massenkultur des Konsums, zunehmend amerikanisiert ist auch die Elitekultur. Nachrichten über das, was in der Welt geschieht und die Kommentare dazu kommen von CNN, von Murdoch´s News Corperation, vom Wall Street Journal, der Herald Tribune. Die Eliteuniversitäten der Welt sind fast alle amerikanisch. Sie und die amerikanischen Think Tanks sowie Zeitschriften wie Foreign Affairs, Foreign Policy, National Interest besetzen weltweit die Themen der außen- und wirtschaftspolitischen Diskussion. Die Vorstellungen von der Zukunft werden geprägt von den Bestsellern amerikanischer Futurologen: von Daniel Bell bis Alvin Toffler" (Seitz 2000).

Durch „weiche Macht", etwa in Form ökonomischer Vorteilsgewährung oder wirtschaftspolitischer Überzeugung, werden andere Akteure dazu gebracht, ihre Präferenzen und Vorstellungen den Interessen der USA anzupassen. Im Sinne „kooptiver Macht" werden die Staaten an die US-amerikanischen Ziele gebunden. Kulturelle Anziehungskraft und Attraktivität zählen dabei gleichermaßen zu subtilen Einflussformen („subtle influences") einer „soft power" (Nye 1990)

9.4 Wirtschaftspolitische Kooperations- und Konfliktformen

Das auf unterschiedlichen Machtquellen beruhende, wirtschaftlich motivierte Außenverhalten von Staaten kann sich sowohl auf Prozesse der Kooperation als auch des Konflikts zwischen Staaten beziehen. Formen wirtschaftlicher Zusammenarbeit sind darauf gerichtet, internationale Wirtschaftskrisen zu bewältigen, politische Zusammenschlüsse zu fördern oder auszubauen und durch bilaterale oder multilaterale Abkommen und Verträge die Außenwirtschaftsbeziehungen überprüfbar zu machen und normativ zu festigen. An Relevanz haben seit den 1980er Jahren Formen neuer regionaler Wirtschaftskooperation gewonnen. Neben der besonderen, als supranationales Modell entwickelten Kooperations- und Integrationsform der Europäischen Union zählen dazu das Nordamerikanische Freihandelsabkommen (NAFTA), die ASEAN Free Trade Association (AFTA) oder der Gemeinsame Markt des Südens (MERCOSUR).

Gründe für die außenpolitische Kooperationswilligkeit von Staaten liegen nicht allein in der Konvergenz nationaler Interessen, vor allem innerhalb des jeweiligen regionalen Raumes. Die Bereitschaft der souveränen Nationalstaaten zur regionalen Wirtschaftskooperation resultiert, je nach theoretischer Erklärungsgrundlage, aus einer Reihe unterschiedlicher Gründe:

a) zur Stärkung der Handlungsfähigkeit nach innen; nicht selten ist diese an innenpolitische Koalitionserfordernisse geknüpft oder aber dem Druck und den Forderungen vor allem nationaler Interessengruppen ausgesetzt,

b) zur Aufrechterhaltung der Souveränität nach außen; diese führt häufig zur Form einer regionalen Steuerungsmacht, die - der nationalen Machtfülle entsprechend - durch „intergouvernementale Verhandlungen" verteilt und mit anderen Staaten ausgeübt wird. Keohane und Hoffmann sprechen von einem „*pooling of sovereignty*" (Keohane/Hoffmann 1990: 277),

c) zur Verbesserung der staatlichen Leistungsfähigkeit, da Kooperationsinitiativen auf regionaler Ebene den Staaten zusätzliche außenpolitische Handlungsinstrumente gegenüber anderen Akteuren und Konstellationen an die Hand geben (z.B. internationale Regime, „designed to manage economic interdependence", Moravcsik 1993: 474),

d) zur Bewältigung der Anforderungen und Aufgaben, die durch die globalen Märkte für das staatliche Wirtschaftssystem, die Attraktivität der nationalen Volkswirtschaft und die Steuerungs- und Handlungsfähigkeit des Staates gegenüber transnationalen Akteuren entstehen, sowie

e) zur Verbesserung der „ökonomischen Effizienz" und „politischen Verträglich-
    keit" eigener wirtschaftlicher Reformen, die aufgrund ihrer Einbindung in multi-
    laterale Kooperationsverpflichtungen und Abkommen die Legitimität der Regie-
    rungspolitik erhöhen und den Einfluss bzw. die Forderungen nationaler Interes-
    senverbände verringern sollen („tied-hands"-Argument, vgl. Schirm 2001, 2004:
    180).

Für wirtschaftspolitische Kooperationsformen ist es dabei von Gewicht, ob die Bereitschaft bzw. der politische Wille (commitment) zur Zusammenarbeit besteht, eventuelle
Absprachen zum außenpolitischen Souveränitätsverzicht getroffen werden, sich die beteiligten Akteure an die kooperativ getroffenen Vereinbarungen gebunden fühlen, eine
geringe oder belastend hohe Heterogenität der Wirtschafts- und Gesellschaftsordnungen
vorliegt und vorteilhafte wirtschaftliche und politische Rahmenbedingungen kooperati-
onsfördernd wirken. Räumliche Nähe und komplementäre Wirtschaftsstrukturen, z.B.
ähnliche Entwicklungsniveaus der Mittelmeerländer; unzureichende Transportwege und
Straßenverbindungen, die vor allem in Afrika intra-regionale Kooperationen und Handelsbeziehungen erschweren, sind in diesem Zusammenhang voraussetzungsvolle Faktoren. Der Bau einer Trans-Sahel-Autobahn sollte u.a. die infrastrukturelle Erschließung
der afrikanischen Partnerländer innerhalb der *Economic Community of West African
States* (ECOWAS) erleichtern helfen.

Aus den regionalen Formen der Wirtschaftskooperation begannen sich Handelsblöcke zu entwickeln, die in der neuzeitlichen Weltpolitik zu gravierenden Spannungsrivalitäten zwischen den einzelnen Regionen bzw. Triaden - Nordamerika, Europa und
Südostasien - zu führen drohen. Diese Handelsblöcke bergen eine wesentliche ordnungspolitische Dynamik in sich, die auf wichtige, die Außenpolitik beeinflussende
geo-ökonomische Faktoren verweist. Nach Werner Link fördert gerade „die Globalisierung die ökonomische Regionalisierung und den politischen Regionalismus und Interre-
gionalismus" (Link 2004: 52). So fügt sich „Europa in die weltpolitische Tendenz von
kooperativer Balancepolitik und Multipolarisierung" ein. Zwischen den drei Regionen
der Weltwirtschaftstriade ist mit der APEC, dem Transatlantischen Dialog und dem
Asia-Europe Meeting (ASEM) ein kooperatives, von Hegemonial- und Balancepolitik
gekennzeichnetes Gleichgewicht entstanden. Der in den Außenbeziehungen über lange
Jahrhunderte dominierende *geo-politische Wettbewerb* um Territorien und Kolonien
wird ergänzt und teilweise abgelöst durch den *geo-ökonomischen Wettbewerb* um wirtschaftliche und technologische Führung.

Angesichts der geringeren politischen Steuerbarkeit der Wirtschaftsprozesse, der
schwierigen Regulationsfähigkeit transnationaler Handels- und Finanzströme seitens der
Staaten und den mit der Globalisierung verknüpften Abschottungstendenzen in Gestalt
regionaler Wirtschaftszentren oder Handelsblöcke gewinnt zugleich die außenpolitische
Einflussnahme der Staaten auf und die Gestaltung der weltwirtschaftlichen Strukturen
und Prozesse durch die *internationalen Wirtschaftsinstitutionen* (IWF, Weltbank, WTO
u.a.) eine eminente Bedeutung. Auf die ökonomischen Rahmenbedingungen der internationalen Politik nehmen sie, wie auch die nationalen Politiken, unterschiedlich Ein-

fluss, um u.a. die internationalen Handels- und Investitionsströme zu beleben, offene multilaterale Handelssysteme aufrechtzuerhalten, eine nicht-diskriminierende Liberalisierung des Welthandels und eine stabile Währungsordnung zu gewährleisten und einen von protektionistischen Maßnahmen relativ freien Austausch zwischen den Märkten und Wirtschaftsregionen zu ermöglichen.

Auswärtige Finanz- oder Wirtschaftshilfe durch Einzelstaaten und internationale Regierungsorganisationen wie den Internationalen Währungsfonds (IWF), die Weltbank oder die Vereinten Nationen sind zu wichtigen Handlungsinstrumenten einer weltwirtschaftlichen Krisenbewältigung geworden. Nationale wirtschaftspolitische Ziele vor allem der größeren Mächte können in diesem Fall zu finanziell begründeten, einzelstaatlichen Handlungsvorgaben führen oder den innerorganisatorischen Entscheidungsprozess nicht selten zu Gunsten staatlicher Eigeninteressen beeinflussen. Auf die Bedeutung struktureller Ordnungsprinzipien der internationalen Politik und des Weltsystems für die Außenpolitik von Staaten werden wir an anderer Stelle näher eingehen.

Andererseits kann die Außenpolitik eines Staates mit *wirtschaftspolitischen Kampfmaßnahmen* offensiver oder defensiver Art verwoben sein. In der Absicht, eine Regierung in ihrem Verhalten zu beeinflussen, werden Maßnahmen der politischen Druckausübung oder der Drohung ergriffen, die nicht selten mit der Demonstration militärischer Stärke durch Seestreitkräfte, etwa im Fall von Fischereifanggründen oder bei der Ausbeutung von Ressourcen (z.B. Chunxiao-Ölfelder im chinesisch-japanischen Streit), verknüpft sind. Wie im Zusammenhang mit den Mitteln der Außenpolitik bereits angesprochen, stehen unterhalb der Schwelle militärischer Gewaltanwendung dabei der „Handelskrieg", meistens als ein bilateral geführter Konflikt, der „Wirtschaftskampf" als eine langfristige Auseinandersetzung um die Eroberung regionaler oder globaler Märkte sowie der „Wirtschaftskrieg" für Situationen, in denen eine Verschärfung des internationalen Wettbewerbs und der dazu eingesetzten wirtschaftlichen Mittel zu einer ernsten außenpolitischen Konfrontation zwischen Staaten führen (Schumann 1994: 158f.).

Globalisierung und Fragmentierung, die Wirkung der Globalen Märkte auf die außenpolitische Handlungsfähigkeit der Staaten als auch der Nord-Süd-Konflikt, verbunden mit weit reichenden Migrationsproblemen und innerstaatlichen Krisen in den Entwicklungsländern stellen in diesem Zusammenhang für die Außen- und internationale Politik zentrale Entwicklungsprobleme dar. Die Frage nach den bestehenden wirtschaftspolitischen Kooperationsformen zwischen Staaten, nach der Rolle multinationaler Konzerne als nicht-staatlichen Machtfaktoren der Weltwirtschaft, nach den interdependenten Strukturen der internationalen Wirtschaftsbeziehungen, wie sie auf den Konferenzen von Seattle, Doha und Cotonou zwischen Industriestaaten und Schwellen- bzw. Entwicklungsländern aufgeworfen wurden als auch die Bedeutung der Wirtschaft als Ziel und Mittel der Außenpolitik unterstreichen die notwendige strukturelle Analyse der wirtschaftlichen Dimensionen auswärtiger Politik (siehe dazu May 2000, Rotte 2003).

Für das Erkenntnisbild einer die wirtschaftlichen Faktoren berücksichtigenden außenpolitischen Analyse ist es daher relevant, am wirtschaftspolitischen Außenverhalten von Staaten abzulesen,

(1) inwieweit es sich um eine Wirtschaftsmacht, einen in Teilbereichen wichtigen Steuerungsakteur oder ein von externen Faktoren abhängiges Entwicklungsland handelt,

(2) wie das Außenverhalten eines Staates dabei durch die strukturellen Bedingungen, den Globalisierungsprozess bzw. die globalen Märkte und die internationalen Wirtschaftsinstitutionen geprägt und stimuliert wird,

(3) welche wirtschaftlich motivierten Ziele und Verhaltensstrategien ein Akteur verfolgt und

(4) auf welcher Grundlage direkte oder indirekte Macht ausgeübt wird.

Das politische System weitet die gesellschaftliche Daseinsvorsorge auf die Außenbeziehungen aus. In nicht wenigen Fällen der westlichen OECD-Welt wird der nationale Sicherheitsstaat zugleich zum Handelsstaat (Rosecrance 1986).

9.5 Außenpolitik und privatwirtschaftliche Akteure

Zu nicht-staatlichen Machtfaktoren der internationalen Wirtschaftspolitik, die Staaten im Rahmen ihrer Außenpolitik zu berücksichtigen haben, zählen darüber hinaus die Transnationalen Konzerne und Nicht-Regierungsorganisationen (NGOs). Als wichtige privatwirtschaftliche Zusammenschlüsse von Unternehmen oder Gesellschaften verfügen TNUs nicht nur über ein umfassendes, auf mindestens zwei oder mehrere Länder verteiltes und mobiles Eigentum, insbesondere Produktionsbetriebe. Vor dem Hintergrund ihrer jeweiligen Machtbasis, ihrer wirtschaftlich orientierten Interessenlagen und Strategien erlangen Transnationale Unternehmen für die Industriestaaten wie für die Entwicklungsländer eine enorme Bedeutung. Die Ziele der TNUs müssen nicht zwangsläufig mit den außenpolitischen Staatsinteressen des Ursprungslandes oder Gastlandes übereinstimmen. Das Verhältnis ist im Allgemeinen sowohl von Zusammenarbeit als auch von Konflikten gekennzeichnet.

Im Verhältnis zwischen Staaten und transnationalen Konzernen spielen die unternehmerischen Gewinne als auch die volkswirtschaftlichen Auswirkungen durch Unternehmensinvestitionen aufgrund von Steuervergünstigungen, Sonderwirtschaftszonen oder Gewinngarantien eine prominente Rolle. Von der Verhandlungsmacht des Staates und der Konzerne hängt es nicht unwesentlich ab, ob TNUs von den Regierungen als ein „Werkzeug der Außenpolitik" genutzt werden, um diese, wie im Fall der USA, für Wirtschaftssanktionen gegen kommunistische Länder oder gegen „Schurkenstaaten" einzusetzen, oder ob transnationale Unternehmen, vor allem in Entwicklungsländern, überhöhte Transferpreise festlegen können, die Regierung im Empfängerland nicht an den dort erzielten Gewinnen beteiligen, vorhandene Ressourcen ausbeuten oder die nationale Souveränität des Staates unterlaufen. Insbesondere bei Konflikten zwischen nationalen Interessen der Entwicklungsländer und unternehmerischen Interessen der

Transnationalen Konzerne kann die Wirtschaftsmacht der TNUs zu einem Bedrohungsfaktor auch für die Regierung des Gastlandes werden. Dennoch sind TNUs längst nicht nur machtvolle „Wirtschaftsriesen", die schwache Regierungen gefährden.

Angesichts ihrer transnationalen Reichweite sind sie zu nicht-staatlichen Steuerungsinstanzen geworden, denen die Regierungen bei der Verfolgung ihrer wirtschaftlich motivierten Außenpolitik Rechnung zu tragen haben (vgl. Nölke 2004, Fuchs 2004). TNUs werden dadurch zum Adressaten sowohl der Innen- als auch der Außenpolitik von Staaten. Nicht zuletzt bei zwischenstaatlichen Konflikten offenbart sich dabei oftmals eine enge Bindung des Konzerns zum Stammland des Unternehmens, in dem es sein Lenkungs- und Entscheidungszentrum hat. Zu wichtigen Auslandsreisen von Staats- und Regierungschefs zählt heute in der Regel eine umfangreiche Delegation von Unternehmen und Wirtschaftsvertretern, deren Strategien und Gespräche über Marktzugänge, Direktinvestitionen und Technologietransfers im Ausland den Vereinbarungen auf Regierungsebene nachfolgen. So wird „auf der politischen Ebene das Klima (...) für verstärkte Wirtschaftskontakte [bereitet], was von bloßer Imagepflege über Kooperations-Rahmenabkommen, Investitionsschutz- und Doppelbesteuerungsbestimmungen bis hin zu massivem politischen Druck reicht" (Altmann 2000: 505).

Außenpolitik ist also auch auf diese Weise heute sehr viel stärker mit ökonomischen Interessen gekoppelt. Abgesehen davon, dass manche Politiker vor allem nach ihrer Amtszeit für größere Konzerne tätig werden oder Kontakte vermitteln, sind Botschaften im Bereich der Marktbeobachtung, der Beratung oder der Unterstützung bei Auslandsausschreibungen sowie der Überwindung von Handelshemmnissen ein diplomatisch aktiver Akteur. Eine enge Zusammenarbeit der diplomatischen Vertretungen Deutschlands besteht beispielsweise mit den (privaten) deutschen Außenhandelskammern oder der (staatlichen) Bundesstelle für Außenhandelsinformationen (BfAI).

Kommen wir abschließend auf die Möglichkeit der theoretischen Erklärung wirtschaftlich motivierter Außenpolitik zu sprechen. Wie die Analyse der wirtschaftspolitischen Faktoren gezeigt hat, lässt sich ein Gesamtbild von der Außenpolitik eines Staates nicht ohne die Berücksichtigung der wirtschaftlichen Faktoren auswärtiger und internationaler Politik erklären. Zu diesem Zweck erscheint es notwendig, das außenpolitische Handeln auch auf wirtschaftlicher Ebene durch die Betrachtung aller drei relevanten Ansätze zu verstehen: den machtzentrierten (neorealistischen), interessenorientierten (liberalen) und ideen- bzw. kulturbezogenen (konstruktivistischen) Ansatz. Stefan Schirm greift in seiner Bewertung der US-brasilianischen Beziehungen auf die genannten außenpolitiktheoretischen Forschungsansätze zurück, um aufzuzeigen, dass die Politik in den Wirtschaftsbeziehungen beider Staaten von den machtpolitischen Konstellationen im internationalen System, dem Einfluss materieller innerstaatlicher Interessen auf den Entscheidungsprozess in Washington und den Gemeinsamkeiten und Unterschieden hinsichtlich der ordnungspolitischen Wertvorstellungen und historischen Erfahrungen bestimmt wird. Zu einem umfassenden, die Außenpolitik eines Akteurs erklärenden Strukturbild gelangen wir durch eine zusammenschauende Betrachtung der jeweils unterschiedlichen theoretischen Bezugsrahmen. Die wirtschaftlichen Faktoren stellen innerhalb der Außenpolitikanalyse dabei eine zentrale Einflussgröße dar.

Kontrollfragen

(1) Auf welche Interessenfelder richtet sich die Außenpolitik im Bereich der Wirtschaft?

(2) Worin bestehen und zu welchem Zweck verfolgen Staaten protektionistische Maßnahmen? Erläutern Sie dies an einem Beispiel.

(3) Welche Bedeutung hat die Handelspolitik für die Außenbeziehungen eines Staates?

(4) Was kennzeichnet Ihrer Meinung nach den modernen Daseinsvorsorgestaat? Thematisieren Sie dies vor dem Hintergrund der heutigen wirtschaftlichen Machtfähigkeit von Staaten.

(5) Aus welchen Gründen sehen Staaten in regionalen Wirtschaftskooperationen einen Vorteil?

(6) Wie ist der Einfluss von Transnationalen Konzernen als private global players auf die Außenpolitik einzuschätzen?

Literatur

Altmann, Jörn: *Wirtschaftspolitik*, Stuttgart 2000.

Brühl, Tanja/Debiel, Tobias (Hrsg.): *Die Privatisierung der Weltpolitik*, Bonn 2001.

Fawzy, Samiha: *The Economics and Politics of Arab Economic Integration*, in: Galal, Ahmed/Hoekman, Bernard (Hrsg.): Arab Economic Integration. Between Hope and Reality, Washington, Cairo 2003.

Fischer, Wolfgang: *Die Zukunft der Energieversorgung*, in: Kaiser, Karl/Schwarz, Hans-Peter (Hrsg.): Weltpolitik im neuen Jahrhundert, Baden-Baden 2000, S. 279-295.

Fuchs, Doris A.: *The Role of Business in Global Governance*, in: Schirm, Stefan A. (Hrsg.): New Rules for Gobal Markets, Houndmills, Basingstoke 2004, S. 133-154.

Gilpin, Robert: *Global Political Economy. Understanding the International Economic Order*, Princeton 2001.

Helleiner, Eric: *States and the Reemergence of Global Finance. From Bretton Woods to the 1990s*, Cornell 1994.

Häckel, Erwin: *Internationale Energiepolitik*, in: Woyke, Wichard (Hrsg.): Handwörterbuch Internationale Politik, Wiesbaden 2005, S. 177-185.

Hocking, Brian/McGuire, Steven: *Trade Politics*, New York 2004.

Hoekman, Bernard/Messerlin, Patrick: *Harnessing Trade for Development in the Middle East and North Africa*, New York: Council on Foreign Relations 2001.

Keohane, Robert O./Hoffmann, Stanley: *Conclusions: Community Politics and Institutional Change*, in: Wallace, William (Hrsg.): The Dynamics of European Integration, London 1990, S. 276-300.

Kissinger, Henry/Vance, Cyrus: *Bipartisan objectives for American foreign policy*, in: Foreign Affairs Vol. 66, 1987/88, S. 899-921.

Krugman, Paul R./Obstfeld, Maurice: *Internationale Wirtschaft: Theorie und Politik der Außenwirtschaft*, München 2003.

Maswood, Javed: *International Political Economy and Globalization*. Singapur 2000.

May, Bernhard: *Die neuen Herausforderungen für den Welthandel*, in: Kaiser, Karl/Schwarz, Hans-Peter (Hrsg.): Weltpolitik im neuen Jahrhundert, Baden-Baden 2000, S. 295-307.

Milner, Helen V.: *International Trade*, in: Carlsnaes, Walter/Risse, Thomas/Simmons, Beth A. (Hrsg.): Handbook of International Relations, London 2002, S. 448-461.

Moravcsik, Andrew: *Preferences and Power in the European Community: A Liberal-Intergovernmental Approach*, in: Journal of Common Market Studies 31/4, 1993, S. 473-524.

Nölke, Andreas: *Transnational Private Authority and Corporate Governance*, in: Schirm, Stefan A. (Hrsg.): New Rules for Gobal Markets, Houndmills, Basingstoke 2004, S. 155-176.

Nye, Joseph: *Soft Power*, in: Foreign Policy 80, 3/1990, S. 153-171.

Owen, Roger: *Inter-Arab Economic Relations During the Twentieth Century: World Market vs. Regional Market?*, in: Hudson, Michael C. (Hrsg.): Middle East Dilemma. The Politics and Economics of Arab Integration, New York 1999, S. 217-233.

Rode, Reinhard: *Internationale Wirtschaftsbeziehungen*, Halle 2000.

Rode, Reinhard: *Weltregieren durch internationale Wirtschaftsorganisationen*, Halle 2001.

Rosecrance, Richard: *The Rise of the Trading State. Commerce and Conquest in the Modern World*, New York 1986.

Rotte, Ralph : *G7/G8 und „Global Governance" in der Wirtschafts- und Finanzpolitik. Perspektiven aus Sicht der Internationalen Politischen Ökonomie*, in: Meier-Walser, Reinhard/Stein, P. (Hrsg.): Globalisierung und Perspektiven internationaler Verantwortung. Problemstellungen, Analysen, Lösungsstrategien: Eine systematische Bestandsaufnahme. München 2003, S. 499-532.

Sassen, Saskia: *The state and globalization*, in: Hall, Rodney B./Biersteker, Thomas J. (Hrsg.): The emergence of private authority in global governance, Cambridge 2002, S. 91-112.

Schirm, Stefan A.: *Globale Märkte, nationale Politik und regionale Kooperation in Europa und den Amerikas*, Baden-Baden 2001.

Schirm, Stefan A.: *Internationale Politische Ökonomie. Eine Einführung*, Baden-Baden 2004.

Schumann, Hartmut: *Wirtschaftliche Dimensionen der Außenpolitik*, in: Zeitschrift für Politik 41, 2/1994, S. 146-161.

Seitz, Konrad: *Die neue Welt der Geo-Ökonomie: Das globale Ringen um die technologische Vorherrschaft*, in: Kaiser, Karl/Schwarz, Hans-Peter (Hrsg.): Weltpolitik im neuen Jahrhundert, Baden-Baden 2000, S. 307-327.

Strange, Susan: *States and Markets*, London (2. Aufl.) 1994.

Strange, Susan: *The Retreat of the State. The Diffusion of Power in the World Economy*, Cambridge 1996.
Weiss, Linda: *The Myth of the Powerless State*, Ithaca NY 1998.

10. Gesellschaftliche Faktoren der Außenpolitik

> *The republican principle demands that the deliberate*
> *sense of the community should govern the conduct of those*
> *to whom they intrust the management of their affairs*
> *but it does not require an unqualified complaisance to*
> *every sudden breeze of passion, or to every transient impulse*
> *which the people may receive from the arts of men,*
> *who flatter their prejudices to betray their interests.*
>
> The Federalist Papers

Nicht nur die Politik im internationalen System, auch die Innenpolitik erklärt einen Teil der Außenbeziehungen (Hartmann 2001: 45). Im Zusammenhang mit der liberalen Außenpolitiktheorie wurde bereits darauf hingewiesen, dass die *Innenseite* der Außenpolitik, die Interessen und Vorstellungen der innerstaatlichen Akteure und das gesellschaftliche Umfeld auf die außenpolitischen Entscheidungen Einfluss nehmen. Das Wolfersche *Billardball-Modell*, nach dem Staaten wie Kugeln gegeneinander stoßen, „aneinander vorbeirollen oder langsam aufeinander zulaufen" kann für die neuzeitliche Außenpolitik in dieser Form nicht mehr in Anspruch genommen werden. Zahlreiche politikwissenschaftliche Analysen zeigen, dass innenpolitische Faktoren das Außenverhalten von Staaten mitbestimmen und dabei als innerstaatliche Determinanten, als *„domestic sources"*, zum Grundvokabular und Wesensmerkmal der Außenpolitikanalyse zählen.

Ein Blick auf das nach Waltz so genannte „second image" der Internationalen Beziehungen verrät, dass die Außenpolitik nicht mehr nur eine ausschließliche Domäne der Exekutive bildet. Parteien, Interessengruppen, Medien, Think Tanks, Nichtregierungsorganisationen sind mitgestaltende Kräfte bei der Außenvertretung eines Landes durch die Regierung. Im Verhältnis zur Innenpolitik werden außenpolitische Themen zwar eher als nachrangig wahrgenommen und vor allem dann zum Gegenstand kontroverser innenpolitischer Debatten, wenn es sich um außenpolitische Grundsatzentscheidungen (z.B. den Einsatz von Streitkräften) handelt. Außenpolitik ist dennoch stets mitgeprägt durch gesellschaftliche Akteure, die durch die Artikulation und Durchsetzung unterschiedlicher Interessen als auch durch Beratungs- und Implementationsaufgaben den außenpolitischen Entscheidungsprozess beeinflussen. Innerhalb der Politikwissenschaft wurden insbesondere seit den sechziger Jahren die Gesellschaft und das politische System als Einflussfaktoren der Außenpolitik identifiziert (Singer 1961: 88).

In der Version einer liberalen Außenpolitiktheorie (nach Moravcsik) spielen daher diejenigen Faktoren eine Rolle, durch die das staatliche Verhalten aus dem gesellschaftlichen Umfeld und nicht aus der internationalen Struktur heraus verstanden wird. Im

Vordergrund stehen nicht die zu machtpolitischem Verhalten führenden Zwänge des internationalen Systems, sondern die gesellschaftlichen Bedingungsfaktoren (vgl. Giese 2003). Die Innenseite der Außenpolitik bezieht sich dabei in der Regel auf

> ➤ das Verhältnis zwischen dem Staat bzw. dem politischen System und der Gesellschaft,
> ➤ die Partizipation der gesellschaftlichen Akteure am außenpolitischen Prozess und ihrem Einfluss auf das Verhalten des Staates auf der internationalen Ebene,
> ➤ die politische Reichweite einer *Gesellschaftswelt*, in der die gesellschaftlichen Akteure - (a) zum Zweck einer stärkeren Mitsprache an Entscheidungen des politischen Systems und (b) zur Durchsetzung gesellschaftlicher Interessen in der Außenpolitik - sich gegen das Monopol und die Handlungsvollmacht des Staates in der Außenpolitik richten,
> ➤ das mit der außenpolitischen Machtausübung verbundene Prinzip der Verantwortlichkeit und Legitimität der Staatsführung, sowie
> ➤ die Rolle des Staates und seine Handlungsautonomie nach innen gegenüber den gesellschaftlichen Akteuren sowie nach außen gegenüber den Akteuren auf der zwischenstaatlichen Ebene.

Nicht in allen politischen Systemen ist allerdings „die Gesellschaft in das Staatsdenken integriert" (Hartmann 2001: 45). Vieles hängt davon ab, ob es sich um ein demokratisches oder autoritäres System handelt, in dem die Herrschaftsinteressen von einer kleinen politischen Führungsgruppe - einem Diktator, einem Familienclan, von Wirtschaftsoligarchen und einer Militärclique - oder einer Reihe sich gegenseitig kontrollierender innenpolitischer Akteure bestimmt werden. Für die Außenpolitik spielen das Herrschaftssystem und die Verfassungsbedingungen des Staates in jedem Fall eine wichtige Rolle.

10.1 Politisches System und Herrschaft

Im Zusammenhang mit den Sachbereichen der Außenpolitik wurde bereits betont, dass das Herrschaftssystem „als eine wichtige Bedingung für das Verhalten aller Akteure in die internationale Umwelt hinein gelten" (Czempiel 1991: 16) kann. Es regelt zum einen die Bedingungen für die *Teilhabe der gesellschaftlichen Akteure* an den (herrschaftlichen) Entscheidungsprozessen, die in einem offenen, demokratisch strukturierten Herrschaftssystem für weitaus größer eingeschätzt werden kann als in einem autoritären System. Formulierung und Ausführung von außenpolitischen Entscheidungen verlaufen in den auf Kompromiss oder Konsensfindung orientierten Demokratien deshalb im allgemeinen langwieriger und schwieriger als bei Entscheidungsprozessen in einem autoritären oder totalitären System, in dem die Entscheidungen ohne Mitwirkung anderer gesellschaftlicher Akteure von der Regierung getroffen oder vorgegeben werden.

Nimmt die Möglichkeit zu politischer Partizipation und Repräsentation zu, bekommen also mehr Menschen die Gelegenheit, über die Aktivitäten des politischen Systems mitzubestimmen und die Folgen und Risiken des staatlichen Verhaltens mitzutragen, wird die Außenpolitik der Regierung stärker an das politische System und die Interessen der gesellschaftlichen Akteure gebunden.

An den jeweiligen *Systemtyp* und die politische Herrschaftsform - sei es eine (autoritäre oder totalitäre) (Militär)Diktatur, eine von weichem Autoritarismus oder von Demokratie gekennzeichnete Herrschaft - sind damit auch der *Partizipationsgrad* sowie die *Beteiligungs- und Mitsprachechancen* der Akteure innerhalb eines Staatsverbandes geknüpft (vgl. Derichs/Heberer 2002, Ismayr 2003, 2004, Tetzlaff/Jacobeit 2005, Croissant 2006). Für innerstaatlichen Einfluss auf die Formulierung der Außenpolitik bestehen in einem autoritär oder diktatorial geführten und zentralistisch organisierten Staat unterschiedlich große Aussichten auf Erfolg. Abgesehen von den kommunistischen Diktaturen der früheren Sowjetunion und der DDR sowie den faschistischen Diktaturen in Italien und in Deutschland unter nationalsozialistischer Herrschaft, gab es auch in der neuzeitlichen Weltpolitik des 20. und 21. Jahrhunderts stets unterschiedliche Formen einer autoritären Herrschaft, die den Einfluss und die Mitspracheansprüche innenpolitischer und gesellschaftlicher Akteure zugunsten der zentralen Machtkompetenzen einer politischen Führungsgruppe begrenzten (Pfahl-Traughber 2004).

Diese reichen von den früheren nationalistischen Diktaturen und Militärregimen im franquistischen Spanien, der Obristenherrschaft in Griechenland und den vormaligen Militärdiktaturen Chiles und Brasiliens bis zu den heutigen autoritären Herrschaftssystemen im Nahen und Mittleren Osten, in Afrika und Zentralasien: als traditionelle Monarchien (z.B. der so genannte „Hassanismus" in Marokko unter dem früheren König Hassan II., die Saud-Dynastie in Saudi-Arabien), als theokratische Systeme mit einer religiös legitimierten Staatsgewalt (z.B. das von der „iranischen Kulturrevolution" unter Khomeini geprägte Mullah-Regime in Iran, Afghanistan unter dem Regime der Taliban; in begrenztem Maße der Sudan angesichts religiöser und nationalistischer Ideologieelemente) oder als Staaten mit anti-demokratischen Traditionen (z.B. das totalitär und teilweise „sultanistisch" regierte, kommunistische Nordkorea, die von politischen und wirtschaftlichen Reformschritten gekennzeichnete VR China sowie Kambodscha in Südostasien.)

Im Zuge der letzten Demokratisierungswelle, die gegen Ende des 20. Jahrhunderts mit der „sanften Revolution" in Osteuropa einsetzte, ist die Staatenwelt der Gegenwart allerdings von einer Vielzahl unterschiedlicher demokratischer Herrschaftssysteme gekennzeichnet, in denen sich das Verhältnis zwischen der Gesellschaft und der Herrschaft im Staat zugunsten einer stärker mitbestimmenden Gesellschaft gewandelt hat (Kailitz 2004). Nach Czempiel hat ein zentraler, durch die Demokratisierung bedingter Strukturwandel *in* den Staaten zur Entwicklung einer *Gesellschaftswelt* geführt, die die (Außen-)Politik der Staaten qualitativ verändert.

Zur Bedeutung der Gesellschaftswelt im Zuge des Demokratisierungsprozesses und dem davon mitbedingten Strukturwandel unterstreicht Ernst-Otto Czempiel:

„Davon wurden alle politischen Prozesse betroffen, auch die der Außenpolitik. Die Gesellschaft hat nicht nur ihre Mitbestimmung an den Entscheidungen des Politischen Systems durchgesetzt, sie hat sich auch

aus dessen Kontrolle emanzipiert. Gesellschaftliche Akteure treten seitdem gleichberechtigt mit denen der Politischen Systeme im internationalen System auf. (...) Zwar sind die Politischen Systeme nach wie vor die wichtigsten Akteure im internationalen System, aber nicht mehr die einzigen, und auch nicht mehr die stärksten. Zu den unerfreulichen Erscheinungen dieser Entwicklung zählen diejenigen gesellschaftlichen Akteure, die die Umwelt beschädigen, sich organisierter Kriminalität hingeben, oder aber mit terroristischen Gewaltanwendungen in der Internationalen Politik antreten. Unterlaufen die gesellschaftlichen Akteure den innenpolitischen Kontrollanspruch der Politischen Systeme, so konkurrieren sie mit ihnen um das Außenpolitik-Monopol. Sie nutzen die den Souveränitätsanspruch der Politischen Systeme überwölbende Interdependenz aus. Weil sie sowohl im Innern der Staaten, wie in deren internationalem Kontext agieren, schränken sie die Herrschafts- und Machtansprüche der Regierungen erheblich ein".
„Die Außenpolitik der Staaten der Gesellschaftswelt folgt damit einer grundsätzlich anderen Orientierung als die Regierungen in der (monarchisch-autoritären) Staatenwelt." (Czempiel 2002: 18-19)

Der Begriff der Gesellschaftswelt bezieht sich damit einerseits auf die Wirkungsfähigkeit der gesellschaftlichen Akteure innerhalb des Staates, im Sinne ihrer die Außenpolitik bestimmenden Einflüsse und Anforderungen, andererseits auf die Handlungs- und Artikulationsfähigkeit dieser Akteure im internationalen System (z.B. als Nicht-Regierungsorganisationen in Form von Umwelt- und Menschrechtsgruppen sowie als terroristische Gruppierungen, die sich quasi-militärischer Machtmittel bedienen).

In diesem Zusammenhang sind daher (1) die *Verteilung der Macht* im politischen System, je nach dem Grad der Zentralisierung (Frankreich) oder Dezentralisierung (USA, deutsche Bundesländer), die (2) *Heterogenität* (Deutschland, USA) und *Homogenität* (Japan) der Gesellschaft und die Chancen ihrer Einflussnahme durch schwache oder starke Interessengruppen sowie die (3) *Staat-Gesellschaftsbeziehungen*, ob pluralistisch, korporatistisch oder vom Staat dominiert (Risse-Kappen 1991), zentrale Merkmalseigenschaften, die es beim Vergleich staatlicher Außenpolitiken zu unterscheiden gilt. Wichtige Bewertungsmaßstäbe für die Einordnung gesellschaftlicher Faktoren finden wir aber auch in einer Summe konkreter Einzelfragen, die sich auf die Außenpolitik von Staaten beziehen:

> ➢ ob es sich um ein präsidentielles oder parlamentarisches Regierungssystem auf der Grundlage eines Mehrheits- oder Konsensualprinzips handelt,
> ➢ über welchen Einfluss politische Parteien im Rahmen des bestehenden Wahlsystems verfügen,
> ➢ welcher Bedarf an Koalitionsabsprachen bei der Regierungsbildung und Außenpolitikformulierung besteht,
> ➢ welche Rolle die Akteure (Interessenverbände, Parteien, Medien u.a.) als so genannte *intermediäre Organisationen* in der Verbindung von gesellschaftlicher Interessenvermittlung und außenpolitischen Entscheidungen einnehmen und
> ➢ inwieweit die Staat-Gesellschaftsbeziehungen von einem *pluralistischen Modell* gekennzeichnet sind, im Sinne eines offenen Wettbewerbs von Interessen(gruppen) um die größtmögliche gesellschaftliche Unterstützung, oder von einem *korporatistischen Modell*, im Sinne hierarchisch organisierter, zentraler Interessengruppen („social bloc"-Ansatz, vgl. Skidmore/Hudson 1993), die sich um eine konsensuale Aushandlung von Interessen und Problemen bemühen.

In besonderer Weise gleicht die Außenpolitikformulierung in den USA einem pluralistischen, von „checks and balances" bestimmten Aushandlungsprozess politischer, gesellschaftlicher und bürokratischer Vorstellungen und Präferenzen. Diese Pluralisierung und auch „Ideologisierung der außenpolitischen Diskussion" geht mit einer hohen institutionellen Fragmentierung des außenpolitischen Entscheidungsprozesses einher (Dittgen 1998: 148; Leogrande 2002).

Unvorhersehbare innerstaatliche Entwicklungen und Ereignisse hinterlassen nicht minder gravierende Spuren in der Außenpolitik von Staaten: dies gilt für demonstrierende Berufsgruppen, wie beispielsweise spanische und französische Bauern, oder für Gewerkschaften ebenso wie für partizipative Forderungen ethnischer Minderheiten (z.B. der anwachsenden Gruppe von Hispanics in den USA (Garza/Pachon 2000) oder von Gastarbeitern), für soziale Unruhen, politische Skandale (z.B. der Nixon-Administration in Folge des Watergate-Skandals) oder für ein die Exekutive unter Handlungsdruck setzendes Abstimmungsverhalten der Bevölkerung (z.B. die ablehnenden Referenden der Dänen zu den europäischen Integrationsverträgen 1992 und 2000 sowie der Franzosen und Niederländer zur Europäischen Verfassung 2005).

Historische Zufälle wie auch die Notwendigkeit, auf neue Entwicklungen und Trends zu reagieren, machen deutlich, dass außenpolitisches Handeln nicht in Form einer permanenten rationalen Wahlhandlung erfolgt, sondern vielmehr *diskontinuierlich* und *kontextabhängig* verläuft (vgl. Siedschlag 2001: 43). Je nach Staats- und Gesellschaftssystem verfügen dabei Akteure wie das Militär, Unternehmen oder Banken als auch die öffentliche Meinung nicht selten über eine interessenbedingte Vetomacht, auf die die Regierung eines Landes unter Umständen besondere Rücksicht zu nehmen hat. Nicht zuletzt ein Regierungsumsturz sowie in Einzelfällen meinungsbildend wirkende Persönlichkeiten des öffentlichen Lebens (z.B. der Einsatz der britischen Prinzessin Diana im Kampf gegen Landminen) können auf Prozesse auswärtiger und internationaler Politik Einfluss nehmen.

Bei der Durchsetzung oder Verhinderung außenpolitischer Ziele und Maßnahmen haben wir es demzufolge mit einem interdependenten Verhältnis von Innen- und Außenpolitik und mit einer Reihe unterschiedlicher Akteure und Bedingungen zu tun. Um sinnvolle Aussagen über die Außenpolitik eines Staates zu treffen, hat sich die analytische Aufmerksamkeit, neben der bereits erwähnten *Verfassungsordnung*, dem *Herrschaftssystem* und der jeweiligen *außenpolitischen Konstellation*, auf die wichtigen *Akteure der innerstaatlichen Gesellschaft* zu konzentrieren: die öffentliche Meinung, Interessengruppen, Parteien, Medien, gesellschaftliche Eliten und die Bürokratie. Nach Christopher Hill sind es neben den gesellschaftlichen Klassen und dem Regimetyp vor allem vier „*Ps*", „parliament, public opinion, pressure groups and the press", auf die eine genauere analytische Beobachtung unterhalb des außenpolitischen Aktionszentrums fällt (Hill 2003).

10.2 Die Öffentliche Meinung

Im Gegensatz zur Innenpolitik wird der Stellenwert der öffentlichen Meinung für die Außenpolitik eher vernachlässigt. Auf der politischen Agenda der Bevölkerung nehmen außen- und sicherheitspolitische Themen zwar ein sehr viel geringeres Gewicht ein als etwa innenpolitische Fragen zur Arbeitslosigkeit, sozialen Daseinsvorsorge und inneren Sicherheit. Politik kann jedoch die Meinungen und „Einstellungen der Bevölkerung auch in Fragen der Außenpolitik nicht ignorieren" (Brettschneider 1998: 225). In der Geschichte und Gegenwart zwischenstaatlicher Politik hat die öffentliche Meinung eine stets unterschiedliche Rolle gespielt. Volksabstimmungen (Referenden) und Demonstrationen, wie sie in der amerikanischen Öffentlichkeit gegen den Vietnam-Krieg und in der damaligen Forderung des Abzugs der US-Streitkräfte aus dem südostasiatischen Land, in den Protesten deutscher Abrüstungsgegner gegen den NATO-Doppelbeschluss von 1982, in der „sanften Revolution" in Osteuropa gegen Ende des Ost-West-Konfliktes oder in Demonstrationen weiter Teile der Bevölkerung in Europa gegen den Irak-Krieg (2003) zum Ausdruck kamen, illustrieren den Einfluss der öffentlichen Meinung. Für die Außenpolitik impliziert der Begriff der öffentlichen Meinung dabei sowohl die Funktion eines Instruments als auch eines Faktors, den es aus Sicht der politischen Elite in Betracht zu ziehen gilt (Tatu 1984). Öffentliche Meinung oder Öffentlichkeit kann als *Aggregation*, das heißt als *Sammlung, Bewertung, Ordnung* und *Systematisierung von Einzelmeinungen durch Meinungsumfragen* verstanden werden (Holst 1998: 227).

Das Maß der gegenseitigen Beeinflussung von öffentlicher Meinung und außenpolitischem Handeln ist dabei von den Bedingungen des politischen Systems abhängig. Diese bestimmen sowohl (1) den *Grad der Meinungsführerschaft* der Politik als auch (2) die *Qualität der öffentlichen Meinung*. Staatliche Zensur und Informationskontrolle prägen in autoritären Herrschaftssystemen das außenpolitische Beziehungsmuster zwischen Regierung und öffentlicher Meinung. In autoritären und diktatorischen Regimen schmälert die Öffentlichkeit nur in sehr geringem Maße den außenpolitischen Handlungsspielraum der Exekutive. Unter den Bedingungen eines demokratischen Systems sind die Einstellungen und Präferenzen der Bevölkerung demgegenüber von weitaus größererem Gewicht. Zum einen ist dies auf die innenpolitische Bedeutung der öffentlichen Meinung, auf die Rückkopplung des politischen Systems, und damit auch des Entscheidungsträgers, an den Willen der Wähler zurückzuführen. Zum anderen kann die öffentliche Meinung dort Grenzen setzen, wo die Bevölkerung ein außen- und sicherheitspolitisches Thema als besonders wichtig einstuft. Durch den außenpolitischen Konsens eines Staates, das heißt den von Regierung und Bevölkerung geteilten Grundkonstanten der Außenpolitik, werden dabei Grenzen formuliert, die Entscheidungsträger „kaum überschreiten können, ohne eine innenpolitische Diskussion zu entfachen" (Brettschneider 1998: 228).

Für die Außenpolitik gewinnen in diesem Zusammenhang verschiedene Aspekte an Bedeutung:

1) die Frage nach der systemspezifischen *Durchsetzungsfähigkeit* der öffentlichen Meinung gegenüber der Regierung sowie die Übereinstimmung bzw. *Synchronität* der Öffentlichkeit mit den Einstellungen der außenpolitischen Elite. In der Regel ist von einer Meinungsführerschaft der Regierung auszugehen, die gegebenenfalls (etwa bei einer schwachen Staatsführung) zur Meinungsmanipulation oder zu propagandistischen Zwecken eingesetzt werden kann. Folgt die Politik einem durch die öffentliche Meinung veränderten oder auf die Tagesordnung gelangten Thema, wird von einer *responsiven* Außenpolitik gesprochen. In diesem Fall kann eine stärkere Rücksichtnahme auf Bevölkerungspräferenzen zu einer Beschränkung außenpolitischer Handlungsoptionen führen. Ob durch eine Beteiligung der Bevölkerung am politischen Entscheidungsprozess (beispielsweise durch Referenden) eine Plebiszitarisierung der Politik droht, steht allerdings in Frage. Im (1) pluralistischen Modell, dem so genannten *bottom-up* Ansatz, wird der öffentlichen Meinung eine starke, auf die Staatsführung Einfluss nehmende Bedeutung zugeschrieben („Leaders follow masses") während in (2) konventioneller, realistischer Perspektive von einem *top-down*-Prozess die Rede ist, in dessen Rahmen der öffentliche Konsens eine Funktion des Elitenkonsens bildet und von Cleavages innerhalb der politischen Elite abhängig bleibt (Shapiro/Jacobs 2000). Meinungsbildend und damit handlungsanleitend wirkt demnach primär das außenpolitische bzw. nationale Interesse der Regierung (sichtbar z.B. in Form von Regierungserklärungen oder Gesetzen). Nach der traditionellen Lehre wird vom „*elitistischen Paradigma*" gesprochen.

2) *Stimmungslagen* innerhalb der Bevölkerung stellen von den Entscheidungsträgern mit zu berücksichtigende Anhaltspunkte und Orientierungslinien dar. Vor allem in Krisensituationen spielt ein Meinungswandel innerhalb der Öffentlichkeit eine prominente Rolle. Es hängt wesentlich von der Führungsstärke der politischen Akteure ab, inwieweit hierbei der außenpolitische Handlungsspielraum gegenüber der Öffentlichkeit beibehalten oder zurück gewonnen werden kann. Außenpolitischen Entscheidungsträgern stehen dazu insbesondere die Initiativmacht, die Fähigkeit zur Definition einer äußeren Bedrohung, die Informationskontrolle und der Einsatz propagandistischer Mittel als auch das staatliche Mittel des Zwangs oder der Gewalt zur Verfügung. Der Gefahr eines Missbrauchs politischer Führungsaufgaben stehen die durch unmittelbare Wahlentscheidungen vermittelten Stimmungen und Interessen der Öffentlichkeit gegenüber, die bei den Wiederwahlbemühungen von Politikern in Rechnung gestellt werden. Dies galt z.B. für Präsident George W. Bush im „Kampf gegen den Terrorismus" und den Irak-Krieg gegen Saddam Hussein ebenso wie für den deutschen Bundeswahlkampf 2002, in dem die Außenpolitik und die Beteiligung am Krieg gegen den Irak zu einem dominierenden Thema wurde (vgl. Holsti 1996, Powlick/Katz 1998).

3) Trotz einer oft weit reichenden Übereinstimmung oder Synchronität zwischen der Regierung und öffentlicher Meinung bildet die Bevölkerung nicht nur ein „Echo" der Meinungsführer, sondern verfügt über ein eigenes *Werte- und Präferenzsystem*, in das sie die Ereignisse und Aussagen der außenpolitischen Elite oder anderer Informationsträger einordnet. Der Aufwand zur Verarbeitung neuer Informationen ist dabei nach Krasner äußerst gering („*cognitive misers*"), die Einordnung der neuen Informationen erfolgt im Rahmen des bestehenden Weltbildes (*belief set*) oder weltanschaulichen Systems (vgl. Weller 2000). Je wichtiger und interessanter das Thema, desto leichter die Mobilisierung und politische Unterstützung der Bevölkerung. Im Falle einer Polarisierung der Gesellschaft oder einer von der Öffentlichkeit alternativ favorisierten Politik, die zu einem Meinungswandel führt, ist eine nur geringe und *legitimationsschwächende* Übereinstimmung zwischen der Bevölkerungsmeinung und dem außenpolitischen Handeln der Staatsspitze festzustellen. Eine Politik, die sich in den Bahnen bisheriger außenpolitischer Grundlinien bewegt und aufgrund der Kongruenz von öffentlicher Meinung und politischem Handeln eher *legitimationsstärkend* wirkt, hat demgegenüber größere Durchsetzungschancen als eine Politik, die die bestehenden Grundmuster nationaler Außenpolitik überschreitet. Gegen den mehrheitlichen Widerstand der Öffentlichkeit kann dabei in demokratischen Systemen im Regelfall nur schwer ein außenpolitisches Ziel langfristig durchgesetzt werden.

4) Im Unterschied zu relevanten Forschungsergebnissen, wie sie Walter Lippmann (1922) und Gabriel Almond (1956) zu den außenpolitischen Einstellungen („*foreign policy mood*") der Bevölkerung formulierten (dem „Almond-Lippmann-Konsens": Unbeständigkeit, Strukturlosigkeit der Öffentlichen Meinung und ihr begrenzter Einfluss auf die Außenpolitik), ist von einer „*rationalen Öffentlichkeit*" auszugehen, deren Einstellungen zu außenpolitischen Grundfragen relativ stabil sind (vgl. Holsti 1992, Isernia et al. 2002). Der Grad an Informiertheit erweist sich in der Außenpolitik allerdings um einiges geringer als in der Innenpolitik. Ein hoher Wissensstand und eine breitere Sachkompetenz sind in der Regel nur in einer außenpolitisch *aufmerksamen* Teilöffentlichkeit („*attentive public*", im Gegensatz zur Gesamtöffentlichkeit der „*mass public*") zu finden, die, bei aller Passivität der Bevölkerung, am ehesten als (1) direkter und informierter, (2) eigene Ideen formulierender und (3) Aktionen motivierender Ansprechpartner der Entscheidungsträger gelten kann. Da der Aufwand, sich Informationen zur Außenpolitik zu beschaffen, wesentlich höher liegt als bei der Innenpolitik, über die in den Medien zumeist umfassender berichtet wird, spielen das allgemeine Wissen und das Bewusstsein der Öffentlichkeit für eher abstraktere Sachverhalte und Zusammenhänge der Außenpolitik eine wichtige Rolle. Neue Kommunikationstechnologien (z.B. Internet) und mediale Berichterstattung in Echtzeit erhöhen dabei die Verfügbarkeit an Informationen innerhalb kürzester Zeit. In Fällen unmittelbarer Betroffenheit, sei es durch Konkurrenz ausländischer Produzenten auf dem heimischen Agrarmarkt, durch Arbeitsplatz-

verluste aufgrund von Unternehmensfusionen mit ausländischen Konzernen oder im Falle krisenhafter, die individuelle Daseinsvorsorge gefährdender Entwicklungen (z.B. Kriegen, Umweltkatastrophen, Epidemien oder Hungersnöten), wächst der Handlungsdruck der Öffentlichkeit auf die Regierung. „Verschiedene außenpolitische Themen haben unterschiedliche Bedeutung für verschiedene „issue publics" innerhalb der informierten und politisch aufmerksamen Öffentlichkeit" (Dittgen 1998: 183)

5) Wie an anderer Stelle zu zeigen sein wird, spiegelt sich die durch Medien, insbesondere durch die *Berichterstattung*, erzeugte Realität (Medienrealität) in der öffentlichen Meinung wider. Darauf Einfluss zu nehmen kann auch für ausländische Partner oder Gegner ein zur Imageförderung oder Meinungsbildung außenpolitisch wirkungsvolles Instrument sein. Zu diesem Zweck stellen die Regierungen über Medien nicht nur ihre außenpolitischen Positionen dar, für die sie nicht selten Public Relations-Strategien und Methoden des *„political spinning"* einsetzen. Aus den Medien können Entscheidungsträger zugleich Informationen sowohl über die Entwicklungen in der Weltpolitik als auch über die Einstellungen der Bevölkerung gewinnen und in ihre politische Planung einbeziehen.

Aggregiert und mobilisiert in politischen Parteien und Interessengruppen, wirkt die öffentliche Meinung verstärkt indirekt auf die politischen Willensbildungs- und Entscheidungsprozesse innerhalb des Staates.

10.3 Parteien, politische Stiftungen und gesellschaftliche Mittlerorganisationen

Im Rahmen des innerstaatlichen settings der Außenpolitik stellen die Parteien einen zentralen Akteur dar. Wesentliche parteiliche Gestaltungsmacht beruht auf ihrer Fähigkeit, gesellschaftliche Anforderungen an die Politik zu formulieren und auf diese Weise die öffentliche Meinung mitzubilden. Als Vermittlungsinstanz zwischen den gesellschaftlichen Interessen und dem Handeln des Staates artikulieren und repräsentieren Parteien nicht nur den politischen Willen der Bürger. Über ihre Mandatsträger sind sie selbst ein Teil des innen- und außenpolitischen Entscheidungssystems. Am Funktionsprofil der Parteien, ihrer starken oder schwachen Verankerung in der Gesellschaft als auch an ihren Entscheidungskompetenzen innerhalb des staatlichen Handlungsrahmens ist ablesbar, über welche Mitwirkungs- und Einflusschancen Parteien verfügen. Der Parteieneinfluss auf Außenpolitik variiert je nach der institutionellen Ausgestaltung der politischen Systeme, das heißt der Regierungsform des Staates, und den damit verbundenen formellen und informellen Möglichkeiten der Partizipation im Außenpolitikprozess.

In liberalen Demokratien haben Parteien dabei andere Funktionen zu erfüllen und Leistungen zu erbringen als in autoritären oder totalitären Herrschaftssystemen, wo Parteien eher einer geschlossenen Weltanschauung folgen (z.B. die Kommunistische Partei Chinas) und über die staatlichen Organe mehrere oder alle Bereiche der Gesellschaft kontrollieren. Für liberal-demokratische Staaten, in jüngerer Zeit aber auch für die meisten postkommunistischen politischen Systeme spiegeln sich dabei in den Parteiensystemen die grundlegenden Konfliktlinien (cleavages) der Gesellschaft wider (in postkommunistischen Ländern etwa zwischen Modernisieren oder Strukturkonservativen).

Ein wichtiger Anhaltspunkt für den außenpolitischen Einfluss von Parteien im staatlichen Kräftefeld ist dabei die *Struktur des Parteiensystems*: als a) *Einparteiensystem* unter Kontrolle einer dominierenden Partei (z.B. in Nordkorea), als b) *Zweiparteiensystem* (z.B. in den USA oder Großbritannien) mit einer zwischen den Parteien geringen Distanz und einer alternierenden Machtausübung sowie einer zentripetalen Wettbewerbsrichtung, als c) *Mehrparteiensystem*, mit einer moderat pluralistischen Parteienkonkurrenz um die Regierungsmacht und mit der Möglichkeit oder Notwendigkeit zur Koalitionsbildung (z.B. Schweden, Deutschland, Ungarn, Schweiz) sowie nicht zuletzt als d) ein stark *polarisiertes Vielparteiensystem* mit großen ideologischen, eine Koalitionsbildung erschwerenden Gegensätzen, einem zentrifugalen Parteienwettbewerb und der Typik von Antisystemparteien (z.B. IV. Französische Republik, Weimarer Republik). Am Beispiel der Indischen Kongresspartei, der Liberaldemokratischen Partei (LDP) in Japan oder zeitweise der Christlichen Demokraten (Democrazia Christiana) in Italien bis 1992, aus deren Mitte überwiegend der Ministerpräsident und der Außenminister gestellt wurden, finden wir allerdings auch Formen eines e) *Mehrparteiensystems als Prädominanzsystem*, in dem eine Partei die Vorherrschaft ausübt und aufgrund permanenter Wiederwahl eine Alleinregierung bildet (Ismayr 2003, 2004). Im Falle bundesstaatlicher bzw. föderaler Strukturen können Parteien zudem über die Handlungsebenen der Gliedstaaten (z.B. der Bundesländer in Deutschland) bedingt Einfluss auf die Außenpolitik nehmen.

Durch ihre Beteiligung am öffentlichen Diskurs (z.B. über Reden oder Interviews führender Politiker, über programmatische Aussagen und parteipolitische Leitsätze) als auch durch ihre Funktion der Rekrutierung und Sozialisierung des politischen Personals wirken die Parteien an der Diskussion und Beantwortung außenpolitischer Fragen mit. Als Regierungspartei, in ihrer engen Verknüpfung von parteilichen Führungsgremien und Funktionsträgern mit der Regierungsspitze, unterhalten sie gegebenenfalls formelle und informelle Kontakte zu den außenpolitisch verantwortlichen Schlüsselakteuren. Am stärksten ist deren „Intensität und Häufigkeit der Kommunikation" z.B. in Deutschland „im institutionellen Dreieck zwischen Regierung, Fraktionen und Parteiführungen (...) ausgeprägt" (Bartsch 1998a: 168). Wenngleich dies den Oppositionsparteien relativ geringe Mitgestaltungsmöglichkeiten einräumt, stellen sie dennoch aufgrund von Positionsalternativen und programmatischen Gegenentwürfen, auch in der Außenpolitik, einen für den Fall des Regierungswechsels möglichen Ansprechpartner und Adressaten internationaler Akteure dar.

Abgesehen von der grundlegenden Beteiligung an Fragen der Außenpolitik über die parteiliche Willensbildung bildet in liberaldemokratischen Systemen das *Parlament* einen potenziellen „Ankerplatz" für einen Einfluss der Parteien auf die Außenpolitik. Über formelle und informelle Mitwirkungs- und Kommunikationswege (z.B. Ausschüsse, Hearings, Anträge) sind den Parteien unterschiedliche, oft nur wenig sichtbare Einflussmöglichkeiten an die Hand gegeben. Diese erfolgt beispielsweise in Deutschland wie auch in zahlreichen anderen Fällen „zur Legitimierung der Regierungspolitik" und weniger „in initiativer oder modifizierender Form" (Bartsch 1998a: 174). Angesichts einer wachsenden internationalen Verflechtung wird von den Parteien auch in ihren Außenbeziehungen eine stärkere, vor allem zwischen den Parteien der EU-Mitgliedstaaten entwickelte, transnationale Zusammenarbeit angestrebt. Der Einfluss von Parteien auf die Außenpolitik darf daher nicht unterschätzt, aber auch nicht als besonders spektakulär und intensiv beurteilt werden. Die Rolle der Parteien muss zudem vor dem Hintergrund einer stärkeren innenpolitischen Erosion der Bindungskraft von und des Vertrauens in Parteien gesehen werden, deren Einfluss durch die nationalen und transnationalen Aktivitäten anderer zivilgesellschaftlicher Akteure (z.B. Nichtregierungsorganisationen) schrittweise geschmälert wird (vgl. dazu Take 1997).

Zu Wesensmerkmalen einer gesellschaftlichen Außenpolitik können ebenso *politische Stiftungen* und *gesellschaftliche Mittlerorganisationen* gezählt werden, die sowohl im außenpolitischen Organisationsnetz als auch im transnationalen Geflecht der Außenbeziehungen eines Staates relevante Aufgaben übernehmen. Während die politischen Stiftungen, vor allem in Deutschland, eher als „Grenzgänger zwischen Gesellschafts- und Staatenwelt" (Bartsch 1998b: 185) verstanden werden können, die wesentliche Effekte auf die Außendarstellung erzielen und zur Pluralisierung deutscher Außenpolitik beitragen, treten gesellschaftliche Mittlerorganisationen (in vielfältiger Weise hauptsächlich in den USA und Deutschland) als Akteure unterhalb der Ebene des staatlichen Aktionszentrums auf. Über beide Einrichtungen kann der außenpolitische Handlungsspielraum des Staates - in unserem Beispielsfall der Bundesrepublik Deutschland - erweitert werden. Während die Stiftungen als eine besondere akteursspezifische Mischform

- aus Merkmalen einer international tätigen Nichtregierungsorganisation bestehen, die sie durch zahlreiche Auslandsvertretungen, Forschungsanalysen und Kontakte im Gastland erwerben,
- überwiegend von staatlichen Zuwendungen abhängig sind,
- einer moderaten ministeriellen Kontrolle unterworfen bleiben und
- über enge Verbindungen zu ihren jeweiligen Parteien verfügen,

werden Mittlerorganisationen oftmals dort tätig, wo der Staat aus innen- oder außenpolitischen Gründen Rücksichten zu üben hat oder nur wenige Initiativen übernehmen kann (Kaiser/Mildenberger 1998: 214). Durch ihre grenzüberschreitenden transnationalen Aktivitäten dienen sie dem Auf- und Ausbau vor allem bilateraler Kooperationsnetze zwischen politischen und gesellschaftlichen Meinungsträgern, dem Informations- und Kommunikationsaustausch (im Sinne eines „Frühwarnsystems") sowie der gesellschaftlichen Unterfütterung außenpolitischer Ziele durch zwischengesellschaftliche Kontakte zwischen Personen oder Personengruppen (z.B. für Deutschland die Deutsch-Englische Gesellschaft (DEG), die Atlantik-Brücke, das Deutsch-Französische Jungendwerk, die Deutsch-Koreanische Gesellschaft, die Deutsch-Arabische Gesellschaft, das Deutsch-Russische Forum sowie Städtepartnerschaften mit unterschiedlichsten geographisch-regionalen Schwerpunkten etc.)

10.4 Verbände und Organisierte Interessen

Ein wesentliches Signum liberaler Demokratien ist der Einfluss von Interessengruppen auf die Außenpolitik. Was sich häufig unter dem Begriff des „lobbying"[4] widerspiegelt, ist, zumindest in demokratischen Systemen, die staatliche Gewährleistung politischer Aktivitäten von Interessengruppen, die die Formulierung der Außenpolitik in aller Regel indirekt beeinflussen (vgl. Hartmann 2001, Hellmann et al. 2004). Wird von Interessengruppen gesprochen, sind in aller Regel Verbände gemeint, die als organisierte und auf Dauer angelegte Zusammenschlüsse wirtschaftlicher und gesellschaftlicher Gruppen versuchen, auf die politischen Entscheidungen Einfluss zu nehmen. Während sich Verbände darüber hinaus durch eine feste Mitgliedschaft und institutionalisierte Organe von Bürgerbewegungen oder -initiativen unterscheiden, grenzen sie sich von Parteien dadurch ab, dass sie sich nicht bei Wahlen um politische Ämter bewerben und vorrangig spezifische Interessen verfolgen. Ihre Bedeutung im politischen System ergibt sich aus verschiedenen von den Verbänden wahrgenommenen Aufgaben: (1) der Artikulation bzw. der Werbung für die Interessen von Verbandsmitgliedern, (2) der Bündelung bzw. Aggregation von Interessen zu einer gemeinsamen Position, (3) der Selektion bzw. Auswahl der kompromiss- und tragfähigsten Interessen sowie letztlich (4) der Integration von Interessen innerhalb des Staates.

Im Bereich der Außenpolitik bemühen sie sich um Einflussnahme vor allem mit Blick auf die *Wohlfahrts- und Legitimationsfunktion* des Staates, kaum aber hinsichtlich seiner sicherheitspolitischen und diplomatischen Praxis. Indirekt als außenpolitische Faktoren wirken daher in erster Linie organisierte Interessen der Wirtschaft, die sich über ihre Lobbyarbeit - sei es als Einzelakteure oder als Interessenkoalitionen - um die Artikulation und Durchsetzung ihrer Interessen bemühen. Wirtschaftsrelevante Themen, die insbesondere die politischen Geschäftsbedingungen und den Handlungsrahmen (Umweltauflagen, Vertragsbedingungen etc.) für gewinnbringende Unternehmensziele betreffen, stehen dabei u.a. im Vordergrund.

Die Verfolgung ihrer vitalen privatwirtschaftlichen Interessen erfolgt einerseits über national organisierte Verbände kleinerer und mittlerer Unternehmen, andererseits über

---

[4] Aufgrund unterschiedlicher Bedeutung von und Grundeinstellung gegenüber Interessengruppen in den politischen Systemen haben sich verschiedene Begriffe entwickelt, die im Wesentlichen dasselbe bezeichnen. Während die französischen Begriffe *groupe de pression* bzw. *groupe d'intérêt* den im Englischen gebräuchlichen Bezeichnungen *pressure-group* bzw. *interest group* entsprechen, ist in der deutschen Literatur von Verbänden bzw. Interessengruppen und organisierten Interessen die Rede; teilweise finden auch der Begriff pressure-group oder die - eher negativ konnotierte - Bezeichnung Lobby oder Lobbyist Verwendung.

Kooperationen großer branchenführender Unternehmen, wie sie vor allem auf europäischer Wirtschafts- und Politikebene, auch im Sinne einer zunehmenden *Europäisierung* des Lobbying, anzutreffen sind. Da Fragen des Arbeitsplatzerhalts, der Standortqualität des Landes oder der Förderung des wirtschaftlichen Wachstums u.a. zu wichtigen wohlfahrtsbedingten Zielen der Außenpolitik zählen, können außenpolitische Entscheidungen oftmals den Charakter von Koalitionen zwischen der Exekutive und wirtschaftlichen Interessenorganisationen tragen. In dieser Weise werden Konkurrenzen zwischen amerikanischen, asiatischen und europäischen Firmen, die nicht zuletzt über ihre Außenvertretungen selbst eine grenzüberschreitende Akteursqualität erhalten, auch zum grundlegenden Bestandteil einer staatlichen, sich um Export, Wettbewerb oder Beschäftigung bemühenden Außenpolitik.

Im Bereich der Außenpolitik agieren jedoch nicht nur *Verbände mit materiellen Interessen*. Gruppen mit *immateriellen Zielen* artikulieren ebenso ihre außenpolitischen Interessen. Neben den aus Interessenvertretern der Industrie, der Handelsorganisationen und Banken, dem Agrar- oder Rüstungssektor und Gewerkschaften bestehenden *ökonomischen* Interessengruppen, handelt es sich dabei um *ethnische* Interessengruppen (mit einer in den USA z.B. traditionell wirkungsmächtigen „China Lobby" oder „Jewis Lobby", in letzter Zeit verstärkt der hispanischen Bevölkerung), „*public interest groups*" und *Bürgerbewegungen*, die auch unter dem Begriff der Nichtregierungsorganisationen (NGOs) erfasst werden können (z.B. Umweltorganisationen wie Greenpeace in ihrer erfolgreichen Aktion gegen die Versenkung der Shell Ölplattform Brent-Spar 1995 im Atlantik oder gegen die französischen Atomtests im Südpazifik, Protestnoten und Anfragen sowie Untersuchungsberichte von amnesty international über Folter und politische Verfolgung in Staaten verschiedener Weltregionen), die zu entwicklungs- oder sozialpolitischen Fragen Einfluss nehmenden *kirchlichen Organisationen* sowie Formen *ausländischen Lobbyings* (foreign lobbying) durch fremdstaatliche Regierungen, die über Vertretungen, Büros oder Beratungs- und PR-Firmen außenpolitische Mittel der Interessenrepräsentation nutzen. Als ein Instrument der Außendarstellung oder der Unterstützung oppositioneller Gruppen (oft als so genannte „fünfte Kolonne" bezeichnet) können sich damit auch intensivere Formen der außenpolitischen Einflussnahme verzahnen. Umstritten bleibt der außenpolitische Wirkungsgrad von Interessengruppen bzw. NGOs. Dieser erstreckt sich aus Sicht unterschiedlicher Analysen von eher schwachen und konzeptionell wirkungsarmen Richtungsveränderungen bis zu transnationalen Interessennetzwerken in Gestalt von *advocacy coalitions*.

Im Kontext der ethnischen Gruppen finden wir eine Vielzahl rivalisierender Forderungen und Beteiligungsansprüche, wie sie überwiegend in Staaten Afrikas südlich der Sahara zu finden sind. In den zurückliegenden Jahren seit dem Zweiten Golfkrieg haben sich diese Mitwirkungsansprüche in den Staaten des nahöstlichen Subsystems unter anderem mit *religiösen Interessen* vermengt und auch in der Außenpolitik der Regierungen ihren Widerhall gefunden. Über einen transnational wirkenden, religiösen und von terroristischen Gruppen instrumentalisierten Fundamentalismus verringert sich der gesellschaftliche Konsens bis hin zur möglichen Radikalisierung.

10.5 Die Medien

Im viel diskutierten Begriff der „Informationsgesellschaft" kommt zum Ausdruck, was den Medien als Rolle in der politischen Realität zugeschrieben wird. Diese reicht von ihrer Funktion als Instrument der (außen)politischen Entscheidungsträger bis hin zur Bedeutung als eigenständiger, mit Definitionsmacht über die Wirklichkeit ausgestatteter Akteur. Wurde bis zum Ende des Zweiten Weltkrieges Außenpolitik primär nach der Maxime staatlicher Geheimdiplomatie und „Kabinettspolitik" betrieben, ist internationale Politik, und damit auch die Außenpolitik von Staaten, nicht zuletzt durch die Medien wesentlich transparenter geworden. So beeinflussen die Medien nicht nur in unterschiedlicher Weise die Entscheidungsträger in ihrem Außenverhalten; sie haben zusätzlich eine gewachsene Bedeutung im Prozess der öffentlichen Meinungsbildung.

Die Vermittlung außenpolitischer Themen wie auch die Inszenierung von internationalen Ereignissen (z.B. Gipfel- und Weltkonferenzen, Staatsbesuchen etc.) erfolgt über die Medien. Vorrang genießen entsprechend ihres Nachrichtenwertes vor allem die Politik militärisch oder wirtschaftlich bedeutsamer Staaten, wichtige Informationen über hohe politische Repräsentanten, staatliche Führungsträger oder Machthaber sowie Katastrophen und bedeutende Konflikte oder Kriege (vgl. Brettschneider 1998: 218). Durch Vorauswahl über die Medien gelangen Themen oder Ereignisse auf die politische Agenda und beeinflussen so indirekt die Einstellungen in der Bevölkerung. Auch aus diesem Grund sind Medienwirkung und Medienpräsenz von gesellschaftlichen Akteuren, wie z.B. Nichtregierungsorganisationen, genutzte Möglichkeiten, um, trotz geringer Machtressourcen, Probleme wie Umweltschutz, Menschenrechte, Schutz von Kindern und Frauen etc. erfolgreich in der öffentlichen Diskussion zu thematisieren. Im Zuge der Kommerzialisierung und Internationalisierung der Medien wie auch der beschleunigten Informationsvermittlung sind Medien demzufolge teils Akteure, teils Mittel im Prozess der innerstaatlichen Außenpolitikformulierung (zum Verhältnis von Medien und Außenpolitik ausführlicher Kapitel 11).

10.6 Wissenschaft und Think Tanks

Das Politikfeld der Außenpolitik zählt zu einem wichtigen Marktplatz von Ideen und Konzepten. Diese werden einerseits von den universitären, partiell zur wissenschaftlichen Politikberatung beitragenden Forschungseinrichtungen und Instituten zur Verfügung gestellt. Andererseits sind zu den Institutionen, die sich mit politikrelevanten Themen auseinandersetzen, die so genannten „Think Tanks" oder „public policy research institutes" (politische Forschungsinstitute) zu zählen, die als nicht gewinnorientierte und in der Regel vom Staat unabhängige Einrichtungen versuchen, den öffentlichen Politikprozess zu beeinflussen (Weaver 2000, Braml 2004). Dazu dient ihnen ein äußerst breiter, von den Think Tanks recht unterschiedlich wahrgenommener Aufgabenkatalog, der von der (1) Informations- und Ideengewinnung (Produktion) sowie (2) Informations- und Ideenverbreitung (Distribution) zur (3) Allokations- und Netzwerkfunktion (Networking) und zum (4) Elitentransfer bzw. zur Elitenrekrutierung (Transformation) reicht (Gellner 1995: 33). Die dabei häufig als „*Denkfabriken*", besser jedoch als „*Ideenagenturen*" (Gellner 1995) bezeichneten Think Tanks variieren je nach ihren Merkmalseigenschaften (parteiisch-überparteilich, staatlich-privat, diversifiziert-spezialisiert, primär akademisch oder politisch orientiert) und je nach den davon mit geprägten Chancen der Einflussnahme auf den außenpolitischen Entscheidungsprozess.

Eine besondere Kultur der wissenschaftlichen Politikberatung finden wir, neben einzelnen wirkungsmächtigen Einrichtungen in Deutschland (Stiftung Wissenschaft und Politik, Deutsche Gesellschaft für Auswärtige Politik u.a.) vor allem in den USA, wo sich aufgrund der Bedingungen des politischen Systems - der Gewaltenteilung zwischen Präsident und Kongress, der föderalen Struktur, der Schwäche der Parteien und der hohen Austauschquote administrativer Eliten im Bürokratie- und Regierungsapparat nach jeder Neuwahl des Präsidenten - eine eminente pluralistische Think Tank-Landschaft entwickeln konnte (Abelson 1996, 2002). In welchem Maße die einzelnen Institute dabei tatsächlich auf die Politik einwirken können oder das Meinungsklima in der Gesellschaft beeinflussen, ist schwierig zu messen. Formen direkter und indirekter Kommunikation (z.B. Konferenzen, Seminare, Vorträge, Bereitstellung von Arbeitsplätzen für Regierungspersonal oder Diplomaten im Institut, Publikationen), im Besonderen durch starke Medienpräsenz, Repräsentation im institutionellen Umfeld (z.B. Anhörungen in Kongressausschüssen) oder durch enge Verzahnung aufgrund der Berufung von Think Tank-Mitarbeitern in Regierungsämter („*centers of recruitment*"), sind wesentlich von den Möglichkeiten und der Nachfrage im politischen System abhängig, die den Think Tanks eine entsprechende Informationsvermittlung und Wissensgenerierung im Bereich der Außenpolitik gestatten (vgl. Higgott/Stone 2003, Haass 2004.

Für die gezielte Bereitstellung von Informationen, Vorschlägen und Lösungskonzepten vor allem im Prozess des agenda setting ist für die Forschungsinstitute ein geeignetes „*window of opportunity*" hilfreich. Öffnet sich dieses „politische Fenster", greifen Think Tanks auf die von ihnen im Vorfeld ausfindig gemachten und bearbeiteten Themengebiete (die so genannte „*rolling agenda*") zurück, um in kurzer Zeit Handlungsalternativen, Lösungsansätze oder nachgefragte Informationen in den außenpolitischen Entscheidungsprozess einzubringen. Im Laufe des 20. Jahrhunderts entwickelten sich eine Reihe von Think Tanks, die aufgrund spezifischer Merkmale in verschiedene Typen unterteilt werden können:

1) die von 1900 bis zum Ende des Zweiten Weltkrieges entwickelten „*Universitäten ohne Studenten*", die als privat finanzierte, überparteiliche und unabhängige Forschungsinstitute ins Leben gerufen wurden und sich bis heute beispielsweise in der renommierten Brookings Institution widerspiegeln (Talbott 2002, The Brookings Institution 2003). Ein Drittel der heute in den USA existierenden Think Tanks kann als „Universität ohne Studenten" bezeichnet werden.

2) die Gruppe der sich in den Nachkriegsjahren bis 1970 etablierenden *Contract Researchers* bzw. der Auftragsforschungsinstitute, die unabhängige Studien durchführen und aufgrund ihrer engen Bindung an Forschungsprojekte aus dem Umfeld der Regierung von dieser weit gehend finanziell abhängig sind; neben

dem Hudson Institute und dem Foreign Policy Research Institute beispielsweise die RAND Corporation, die durch eine Vielzahl von Aufträgen enge Bindungen zum amerikanischen Verteidigungsministerium (Pentagon) unterhält.

3) in jüngerer Zeit Einrichtungen wie die Heritage Foundation, die zu Beginn der siebziger Jahre als so genannte *Advocacy Think Tanks* errichtet wurden, das heißt interessenorientierte Think Tanks, die selbst auf der politischen Bühne mit dem Ziel agieren, die außenpolitischen Entscheidungsträger, die Öffentlichkeit und die Medien zu beeinflussen. Namhafte Institute dieser Art, die auf der Grundlage ihrer ideologischen Positionen oder Weltanschauungen primär eine Vermarktung ihrer Ideen anstreben, sind u.a. das Cato Institute (1977) oder das konservativ orientierte, eine starke Außenpolitik befürwortende und gegen staatliche Eingriffe votierende American Enterprise Institute (AEI, 1973). In exponierter Weise zählt hierzu aufgrund seines offensichtlichen Einflusses auf die jüngere Bush-Administration (Mitglieder sind u.a. Verteidigungsminister Donald Rumsfeld, Vizepräsident Dick Cheney oder Paul Wolfowitz als Staatssekretär im Pentagon) das 1997 von William Kristol gegründete neokonservative „Project for the New American Century" (PNAC), das unter der Zielsetzung eines „American Global Leadership" u.a. die Erhöhung der Verteidigungsausgaben und eine nach amerikanischen Werten geschaffene Weltordnung favorisiert. Finanziert werden die Institute durch Spenden von Stiftungen, Privatleuten und Unternehmen (Homolar-Riechmann 2003, Abrams et al. 2004).

4) die zu einer neuen Generation gehörenden und seit den neunziger Jahren entstandenen *Legacy-based Think Tanks* und *Vanity Think Tanks*, die im ersten Fall auf die als Vermächtnis konzipierte Gründung von Forschungsinstituten durch politische Akteure zurückgehen (z.B. das Carter Center (1982) oder das 1984 ins Leben gerufene Nixon Center for Peace and Freedom), im zweiten Fall Institutionen darstellen, die Ideen entwickeln und neu verpacken, um die Entscheidungsträger in ihrem Handeln und in ihren strategischen Planungen zu unterstützen. Zu diesen durch Partei- und Staatssubventionen unterstützten Think Tanks zählen beispielsweise „Empower America" (1993) oder das 1989 gegründete Progressive Policy Institute (PPI), das sich unter dem Memorandum „Mandate for Change" aktiv im Wahlkampf von Bill Clinton engagierte.

10.7 Das Zwei-Ebenen-Spiel

Die nationale Exekutive formuliert ihre Außenpolitik primär in Form von „*two-level-games*" (Putnam 1988: 433-441) bzw. „*eingebetteten Spielen*" („*nested games*", Tsebelis 1990), bei denen die außenpolitische Positionsbestimmung auf der Grundlage eines zugleich internationalen wie innenpolitischen Kommunikations- und Legitimationsprozesses erfolgt. Robert D. Putnam hat hierzu in den neunziger Jahren das Konzept der „Zwei-Ebenen-Analyse" entwickelt, um aufzuzeigen, wie sich die internationale Ebene mit der nationalen verklammert. Das Ziel des Zwei-Ebenen-Konzepts sollte es sein, auf das Fehlen an strukturellen innerstaatlichen Erklärungen ebenso zu reagieren wie auf den seit den siebziger Jahren „stärker werdenden Bedarf an internationaler Politik-koordination" (Schieder 2003: 187).

Nach der Zwei-Ebenen-Metapher Putnams lässt sich die Außenpolitik von Staaten als ein doppelseitiges Spiel analysieren, bei dem die Regierungen auf zwei Bühnen gleichzeitig agieren. Gespräche und Aushandlungsprozesse mit internationalen Delega-tions- und Verhandlungsführern (Level I) werden in gleichem Maße relevant wie die Berücksichtigung innerstaatlicher Akteure und Interessengruppen (Level II), die durch ihre Zustimmung oder Ablehnung auf die nationale Politikformulierung Einfluss neh-men. Entsprechend der Logik des Zwei-Ebenen-Spiels streben Entscheidungsträger in der nationalen Exekutive danach, sich bei internationalen Verhandlungen an innenpoli-tische Forderungen und Bedürfnisse sowie intern getroffene Vereinbarungen „binden zu lassen" (*Tying Hands*), um dadurch auf der internationalen Diskussions- und Konfe-renzebene eine stärkere Verhandlungsposition einnehmen zu können.

Abb. 12: Zwei-Ebenen-Spiel nach Putnam (vereinfachtes Modell)

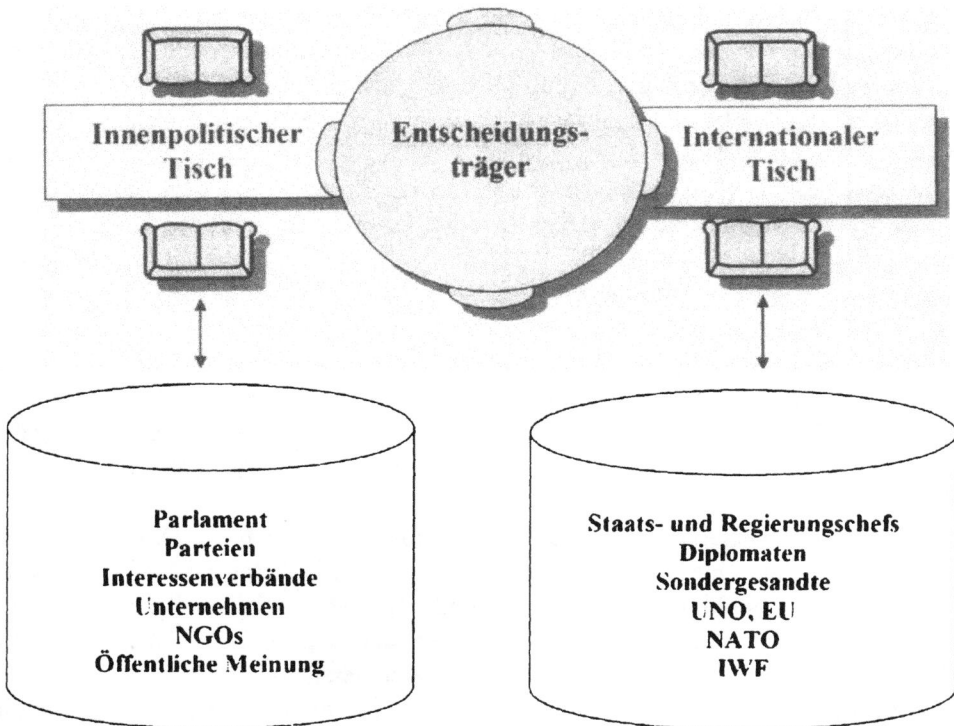

Im Sinne einer „*commitment tactic*" (Schelling 1960: 27 f.) werden vorgeschobene oder tatsächliche Probleme bei der innenpolitischen Durchsetzung des internationalen Ver-handlungsergebnisses zu einem Instrument, um den ausländischen Regierungen und

Entscheidungsträgern entsprechende Zugeständnisse abzuringen. Die Staatsspitze lenkt ihren Blick deshalb nicht nur in doppelseitiger Weise zugleich nach innen, auf die eigene Bevölkerung, und nach außen, auf die internationalen Akteure oder Verhandlungspartner, sondern berücksichtigt zugleich, dass für alle nationalen Interessengruppen akzeptable Verhandlungsergebnisse, *Win Sets*, zustande kommen (Zangl 1995). Von der Kalkülrationalität der nationalen Interessengruppen, dem für sie von einer internationalen Entscheidung zu erwartenden Nutzen und Kosten, ist dabei die Zustimmung zu einem Abkommen und seine Ratifizierung wesentlich abhängig.

Innenpolitische Konstellationen haben so eine mitgestaltende Rolle bei fast jedem außenpolitischen Handeln. In notwendiger Ergänzung zum internationalen System muss sich die Regierung des Staates an den Einfluss nehmenden gesellschaftlichen, wirtschaftlichen, religiösen oder beruflichen Interessengruppen, den formalen Institutionen (u.a. Parlamente) und Vermittlungsinstanzen (Parteien, Medien) des politischen Systems orientieren. Soweit diese materiellen (z.B. ökonomischen, technologischen oder geographischen) und soziopolitischen Faktoren das außenpolitische Verhalten vom innerstaatlichen Bereich her direkt oder indirekt beeinflussen, sind sie bei der Analyse der außenpolitischen Infrastruktur eines Staates mit zu berücksichtigen (Kindermann 1986: 109). Für die Praxis und Analyse auswärtiger Politik spielen die innerstaatlichen Subsysteme und ihre oft unterschiedliche Haltung (Opposition oder Unterstützung) gegenüber der Außenpolitik der Staatsführung daher eine maßgebliche Rolle.

Im Verhältnis von Gesellschaft und staatlichem Verhalten in der Außenpolitik ist allerdings nicht nur die Tatsache entscheidend, dass gesellschaftliche Gruppen - wie Interessenverbände, die Wirtschaft oder Massenmedien - die Fähigkeit haben, die Regierung in der Außenpolitik zu kontrollieren, unter Druck zu setzen oder zu unterstützen (vgl. Skidmore/Hudson 1993). Es ist darüber hinaus von Bedeutung, ob die gesellschaftlichen Kräfte die politische Entscheidungsagenda über eigene Initiativen und innerhalb der staatlichen Institutionen beeinflussen können, ob ihnen ausreichend Informationen über die Handlungsoptionen des politischen Entscheidungszentrums und der staatlichen Exekutive (insbesondere der Organe des Auswärtigen Dienstes, der Verteidigung, der Wirtschaft und Inneren Sicherheit) zur Verfügung stehen und andere innerstaatliche Gruppen von ihren Ideen und Politikinhalten überzeugen können (Moravcsik 1993: 4).

So besitzt die Regierung eines Landes die Möglichkeit, sich zur Durchsetzung innenpolitischer Ziele eines eigenen Informations- und Handlungsvorsprungs zu bedienen. Im Spannungsfeld gesellschaftlicher und zwischenstaatlicher Kräfte sitzen die staatlichen Entscheidungszentren „am längeren außenpolitischen Hebel" (Schieder 2003: 188). Auf diese Weise ist nicht nur eine „sich verstärkende Teilhabe der Gesellschaft an den Entscheidungen der politischen Systeme" in der Außenpolitik (Czempiel 1994: 2) erkennbar. Die Regierung erweist sich gegenüber der Gesellschaft oftmals als *strategischer Akteur*. Im Gegensatz zur Vorstellung, dass die Exekutive lediglich als Problemlöser und Erfüllungsgehilfe gesellschaftlicher Interessen zu verstehen sei, kann das Regierungshandeln im innergesellschaftlichen Umfeld durchaus dem Eigeninteresse des politischen Entscheidungszentrums, und damit dem Interesse der außenpolitischen

Eliten dienen. Das Staatenverhalten geht in diesem Fall nicht nur aus gesellschaftlich definierten Präferenzen hervor. Regierungspolitik folgt dem Interesse der Entscheidungsträger, die Kontrolle über wichtige außenpolitische Machtressourcen (Initiative, Institutionen, Informationen, Ideen) zu behalten und so die staatliche Handlungsautonomie gegenüber den gesellschaftlichen Akteursgruppen, vor allem in einer Zeit wachsender Globalisierung, abzusichern (Wolf 2000: 79-81). Im Zusammenhang mit der kooperativen Außenpolitik von Staaten wurde bereits kurz darauf hingewiesen.

Nationale Regierungen können deshalb im Rahmen des Zwei-Ebenen-Spiels internationale Kooperationen oder Integrationen, wie die Institutionen der Europäischen Union, dazu nutzen, sich einerseits auf die Erfordernisse staatlicher Selbstbindung zu berufen, sich andererseits aber auf Kosten nationaler Souveränität und eines damit einher gehenden Demokratiedefizits erfolgreich über innenpolitische Widerstände hinwegzusetzen (Moravcsik 1993). Mit der außenpolitischen Selbstbindung an ein Netz von Institutionen, zu denen nur Regierungen und nicht die gesellschaftlichen Akteure Zugang haben, verknüpft sich die Strategie, (1) den Handlungsspielraum gegenüber wachsendem gesellschaftlichen Druck abzuwehren, (2) einen umfassenderen außenpolitischen Entscheidungsraum aufrechtzuerhalten und (3) sich der gesellschaftlichen Kontrolle stärker zu entziehen. Unabhängig von der Staatsform folgen die Regierungen damit einem *doppelseitigen Konzept der Staatsräson*: der Erhaltung externer Autonomie in den zwischenstaatlichen Beziehungen und der Sicherung der internen Autonomie bzw. des innerstaatlichen Handlungsspielraums gegenüber der Gesellschaft.

Die Regierung erhält dadurch nicht nur eine Regulations- und Transmissionsfunktion (Synthese- und Vermittlungsfunktion) zwischen dem gesellschaftlichen und internationalen Umfeld. Gemäß der Logik des „Two-level Games" kann die Exekutive den Einfluss der gesellschaftlichen und politischen Gruppen instrumentalisieren oder manipulieren (Moravcsik 1993: 24-27): durch Veränderung der innenpolitischen Zustimmungsverfahren, der innerstaatlichen Machtgleichgewichte oder der gesellschaftlichen Interessen mittels a) parteipolitischer Disziplinierung, b) selektiver Mobilisierung wichtiger gesellschaftlicher Gruppen, c) der Einbindung öffentlichkeitswirksamer bzw. populärer Akteure, d) durch finanzielle Leistungen oder e) gezielte Ämter- und Patronagepolitik[5].

Kulturelles und nationales Selbstverständnis können dabei, wie wir an anderer Stelle sehen werden, die Regierungsstruktur und das außenpolitische Verhalten allerdings ebenso mitbeeinflussen wie der Grad an politischer Öffnung und der Prozess der De-

---

[5] Im Unterschied zu dieser gesellschaftszentrischen (liberalen) Außenpolitikanalyse fehlt im theoretischen Rahmen des strukturellen Realismus die Bedeutung des gesellschaftlichen Handlungskontextes und der internen Autonomie des Staates. Nicht die gesellschaftliche Dimension von Außenpolitik, sondern objektive Gegebenheiten diktieren der Staatsräson das Überlebensziel: die staatliche Selbsterhaltung. Außenpolitische Ziele einer Regierung sind danach nicht die Resultante gesellschaftlicher Willensbildungsprozesse. Für eine erfolgreiche Außenpolitik bleibt das gesellschaftliche Umfeld allenfalls eine den Lebensinteressen der Staaten dienende Komponente. Aus Sicht des traditionellen Realismus ist „der Staatsmann für die Wahrung der nationalen Interessen zuständig, das er ggf. auch gegen private oder partikularistische Ansprüche von Individuen oder gesellschaftliche Gruppen zu verteidigen hat. Die Gesellschaft spielt für die Außenpolitik allenfalls insoweit eine Rolle, als ein zufriedenes Volk eine interne Machtressource darstellt" (Wolf 2000: 71).

mokratisierung. Vor allem gilt es zu klären, inwieweit das aggressive Außenverhalten eines Staates vom politischen System und seinen (nicht-)demokratischen Strukturen mitgeprägt wird und ob die Anforderungen der Legitimitätsgewinnung oder das Aufrechterhalten einer politischen Koalition zum Zweck der Machterhaltung zu einer riskanteren Außenpolitik führen.

10.8 Vergesellschaftete Außenpolitik

Eine Trennung zwischen Innen- und Außenpolitik ist sicherlich nicht mehr aufrechtzuerhalten. Nicht nur wirkt Innenpolitik auf die Außenpolitik. Außenpolitische Entscheidungen nehmen unverkennbar weit reichenden Einfluss auf die Innenpolitik eines Staates und tragen so nicht nur zu einer *verwalteten* (Haftendorn et al. 1978) sondern auch *vergesellschafteten* Außenpolitik (Schmidt 1999, Hillebrand 1999) bei. Der Schlüssel zum Verständnis staatlichen Außenverhaltens liegt nicht nur auf der systemischen, sondern auch auf der subsystemischen, d.h. innerstaatlichen bzw. gesellschaftlichen Ebene. Dies sollte jedoch nicht dazu verleiten, anzunehmen, dass außenpolitisches Handeln ausschließlich innengeleitet verläuft, denn: „Von ‚Innenleitung' ließe sich strenggenommen nur sprechen, wenn außenpolitisches Handeln nachweisbar auf Faktoren zurückzuführen wäre, die keinerlei Verbindung zur internationalen Umwelt eines politischen Systems haben [....] Vielmehr ist Außenpolitik immer auch außengeleitet. Nach außen gerichtete Handlungen einer Regierung reagieren auf Impulse und Informationen aus der internationalen Umwelt, teils direkt, teils durch die Aufnahme von Anforderungen aus der Gesellschaft, die ihrerseits Einwirkungen aus der Umwelt verarbeiten muß" (Müller/Risse-Kappen 1990: 378).

Harald Müller resümiert hierzu in theoretischer Perspektive:

„In der Betonung der zentralen Rolle gesellschaftlicher und institutioneller Strukturen liegt der Unterschied zwischen staatszentrierten, gesellschaftszentrierten und den neuen liberalen Ansätzen der Außenpolitikanalyse. Während der erste Ansatz gesellschaftlichen Gruppen so gut wie keinen Einfluss auf außenpolitische Präferenzbildungsprozesse einräumt und diese vielmehr – wie der Ansatz der Bürokratischen Politik – anhand von Interessenkonflikten und Aushandlungsprozessen zwischen Entscheidungsträgern in der Regierung und der außen- und sicherheitspolitischen Bürokratie analysiert, räumen gesellschaftszentrierte Ansätze dem politischen System nicht viel mehr als eine Ausführungsrolle gesellschaftlicher Präferenzen ein. Der Liberalismus ist demgegenüber dynamisch und offen; er legt das Verhältnis zwischen der Gesellschaft und dem politischem System nicht *a priori* fest, sondern stellt eine enge Verbindung her zwischen außenpolitischen Entscheidungen und der Struktur der innergesellschaftlichen Interessenvermittlung, d.h. dem Partizipationsgrad der Gesellschaft" (Müller 1989: 26).

Mit der Bedeutung des innenpolitischen Kräftefeldes und der gesellschaftlichen Akteure geht die Rolle des Staates als „Regelgarant" der internationalen Politik nicht verloren. Außenpolitikanalyse erfordert jedoch den Blick auf die innergesellschaftlichen Politikentwicklungsprozesse und die verschiedenen Partikularinteressen im Widerstreit um die Repräsentation und Durchsetzung ihrer Ziele und Belange bei (außen)politischen Entscheidungen. Zu einer besonderen Aufgabe wird dies bei Transformationsprozessen von Staaten, in deren Verlauf ein gesellschaftlicher, institutioneller oder kultureller Wandel Einfluss auf die Außenpolitik eines Landes nimmt. Zwischen den Akteuren des politischen Systems und Teilen der Gesellschaft kann dabei über Kooperationen und Koalitionsbildungsprozesse ein Reziprozitätsverhältnis entstehen, das zur Umsetzung der Regierungspolitik oder gesellschaftlicher Anforderungen führt. Im Sinne der liberalen Außenpolitiktheorie existiert eine jeweils situationsabhängige Verbindung zwischen der Regierung (dem außenpolitischen Aktionszentrum) und ihren Entscheidungen sowie den Bedingungen der innergesellschaftlichen Interessenvermittlung, also dem Mitwirkungsgrad der gesellschaftlichen Akteure und ihrem Einfluss auf die außenpolitische Entscheidungsfindung.

Kontrollfragen

(1) Was sind zentrale Merkmalseigenschaften eines politischen Systems, die es bei der Analyse staatlicher Außenpolitik zu berücksichtigen gilt?

(2) Wie lässt sich der Einfluss der Öffentlichen Meinung auf die Außenpolitik beurteilen?

(3) Welche Rolle spielen Think Tanks bei der Formulierung und Steuerung von Außenpolitik? Erläutern Sie dies an einem konkreten Beispiel.

(4) In welcher Weise nehmen politische Parteien und Interessenverbände Einfluss auf das außenpolitische Handeln?

(5) Welche Vorteile erhoffen sich Staaten von einem „Zwei-Ebenen-Spiel"?

(6) Was kennzeichnet eine „vergesellschaftete" Außenpolitik?

Literatur

Abelson, Donald E.: *American Think Tanks and their Role in US Foreign Policy*, London 1996.

Abelson, Donald E.: *Think Tanks and U.S. Foreign Policy: An Historical View*, in: US Department of State (Hrsg.): The Role of Think Tanks in U.S. Foreign Policy, 7, 3/2002, S. 9-12.

Abrams, Elliott/Bauer, Gary/Bennett, William J. u.a. (Hrsg.): *Statement of Principles*, in: http://www.newamericancentury.org/statementofprinciples.htm, (20.10.2004).

Almond, Gabriel A.: *Public Opinion and National Security Policy*, in: Public Opinion Quarterly 2/1956, S. 371-378.

Bartsch, Sebastian: *Außenpolitischer Einfluss und Außenbeziehungen der Parteien*, in: Eberwein, Wolf-Dieter/Kaiser, Karl (Hrsg.): Deutschlands neue Außenpolitik. Band 4: Institutionen und Ressourcen, München 1998a, S. 167-185.

Bartsch, Sebastian: *Politische Stiftungen: Grenzgänger zwischen Gesellschafts- und Staatenwelt*, in: Eberwein, Wolf-Dieter/Kaiser, Karl (Hrsg.): Deutschlands neue Außenpolitik. Band 4: Institutionen und Ressourcen, München 1998b, S. 185-199.

Braml, Josef: *Think Tanks versus „Denkfabriken"? – U.S. and German Policy Research Institutes' Coping with and Influencing Their Environments*, Baden-Baden 2004.

Brettschneider, Frank: *Massenmedien, Öffentliche Meinung und Außenpolitik*, in: Eberwein, Wolf-Dieter/Kaiser, Karl (Hrsg.): Deutschlands neue Außenpolitik. Band 4: Institutionen und Ressourcen, München 1998, S. 215-227.

Croissant, Aurel: *Die politischen Systeme Südostasiens*, Wiesbaden 2006 (i.V.)

Czempiel, Ernst-Otto: *Weltpolitik im Umbruch. Das internationale System nach dem Ende des Ost-West-Konflikts*, München 1991.

Czempiel, Ernst-Otto: *Weltpolitik im Umbruch. Die Pax Americana, der Terrorismus und die Zukunft der internationalen Beziehungen*, München 2002.

De la Garza, Rodolfo/Pachon, Harry (Hrsg.): *Latinos and U.S. Foreign Policy: Representing the "Homeland"?*, Landover 2000.

Derichs, Claudia/Heberer, Thomas: Einführung in die politischen Systeme Ostasiens, Stuttgart 2002

Dittgen, Herbert: *Amerikanische Demokratie und Weltpolitik. Außenpolitik in den Vereinigten Staaten*, Paderborn 1998.

Gellner, Winand: *Ideenagenturen für Politik und Öffentlichkeit – Think Tanks in den USA und in Deutschland*, Opladen 1995.

Giese, Michael: *Das Politikfeld Außenpolitik*, in: Grunow, Dieter (Hrsg.): Politikfeldbezogene Verwaltungsanalyse. Ein Studienbuch, Opladen 2003, S. 273-311.

Haass, Richard N.: *Think Tanks and U.S. Foreign Policy: A Policy-Maker's Perspective*, in: http://www.state.gov/s/p/rem/15506.htm, (15.10.2004).

Haftendorn, Helga/Karl, Wolf-Dieter/Krause, Joachim/Wilker, Lothar (Hrsg.): *Verwaltete Außenpolitik. Sicherheits- und entspannungspolitische Entscheidungsprozesse in Bonn*, Köln 1978.

Hartmann, Jürgen: *Internationale Beziehungen*, Opladen 2001.

Hartmann, Jürgen: *Organisierte Interessen und Außenpolitik*, in: Eberwein, Wolf-Dieter/Kaiser, Karl (Hrsg.): Deutschlands neue Außenpolitik. Band 4: Institutionen und Ressourcen, München 1998, S. 239-253.

Hellmann, Gunther (unter Mitarbeit von Baumann, Rainer/Wagner, Wolfgang): *Der Einfluss von Verbänden und Nichtregierungsorganisationen auf die deutsche Außenpolitik*, in: Dies.: Deutsche Außenpolitik. Eine Einführung, Hagen 2004 (FernUniversität Hagen), S. 158-179.

Higgott, Richard/Stone, Diane (Hrsg.): *The Limits of Influence: Foreign Policy Think Tanks in Britain and the USA*, in: Review of International Studies 20/1994, S. 15-34.

Hill, Christopher: *The Changing Politics of Foreign Policy*, Basingstoke 2003.

Hillebrand, Ernst: *Mikro-Außenpolitik: Über die Rückgewinnung außenpolitischer Wirkungsmacht im Zeitalter der Globalisierung*, in: Aus Politik und Zeitgeschichte, 23/1999.

Holst, Christian: *Einstellungen der Bevölkerung und der Eliten. Vom alten zum neuen außenpolitischen Konsens?*, in: Eberwein, Wolf-Dieter/Kaiser, Karl (Hrsg.): Deutschlands neue Außenpolitik. Band 4: Institutionen und Ressourcen, München 1998, S. 227-238.

Holsti, Ole R.: *Public Opinion and American Foreign Policy*, Ann Arbor 1996.

Holsti, Ole R.: *Public Opinion and Foreign Policy.Challenges to the Almond-Lippmann Consensus*, in: International Studies Quarterly 36, 4/1992, S. 439-466.

Homolar-Riechmann, Alexandra: *Pax Americana und gewaltsame Demokratisierung – Zu den politischen Vorstellungen neokonservativer Think Tanks*, in: Aus Politik und Zeitgeschichte 46/2003, S. 33-40.

Isernia, Pierangelo/Juhász, Zoltán/Rattinger, Hans: *Foreign Policy and the Rational Public in Comparative Perspective*, in: Journal of Conflict Resolution 46/2002, 201-224.

Ismayr, Wolfgang (Hrsg.): *Die politischen Systeme Osteuropas*, Stuttgart 2004.

Ismayr, Wolfgang (Hrsg.): *Die politischen Systeme Westeuropas*, Stuttgart 2003.

Kailitz, Steffen: *Staatsformen im 20. Jahrhundert II: Demokratische Systeme*, in: Gallus, Alexander/Jesse, Eckhart: Staatsformen. Modelle politischer Ordnung von der Antike bis zur Gegenwart, München 2004, S. 281-329.

Kaiser, Karl/Mildenberger, Markus: *Gesellschaftliche Mittlerorganisationen*, in: Eberwein, Wolf-Dieter/Kaiser, Karl (Hrsg.): Deutschlands neue Außenpolitik. Band 4: Institutionen und Ressourcen, München 1998, S. 199-215.

Kindermann, Gottfried-Karl (Hrsg.): *Grundelemente der Weltpolitik. Eine Einführung*, München 1986.

Leogrande, William M.: *Tug of War: How Real Is the Rivalry Between Congress and the President over Foreign Policy*, in: Congress & the Presidency 29/2002, S. 113-118.

Lippmann, Walter: *Public Opinion*, New York 1922.

Moravcsik, Andrew: *Integrating International and Domestic Theories of International Bargaining*, in: Evans, Peter B./Jacobson, Harold K./Putnam, Robert D.(Hrsg.): Double-Edged Diplomacy. International Bargaining and Domestic Politics, Berkeley 1993, S. 3-42.

Moravcsik, Andrew: *Why the European Community Strengthens the State: Domestic Politics and International Cooperation*, Center for European Studies Working Paper No. 52, Cambridge 1994.

Müller, Harald/Risse-Kappen, Thomas: *Internationale Umwelt, gesellschaftliches Umfeld und außenpolitischer Prozeß in liberaldemokratischen Industrienationen*, in: Rittberger, Volker (Hrsg.): Theorien Internationaler Beziehungen, Politische Vierteljahresschrift, Sonderheft 21, Opladen, 1990, S. 375-400 (378).

Müller, Harald: *Vom Ölembargo zum National Energy Act: Amerikanische Energiepolitik zwischen gesellschaftlichen Interessen und Weltmachtanspruch*, 1972-1978, Frankfurt a.M./New York, 1989.

Pfahl-Traughber, Armin: *Staatsformen im 20. Jahrhundert I: Diktatorische Systeme*, in: Gallus, Alexander/Jesse, Eckhart: Staatsformen. Modelle politischer Ordnung von der Antike bis zur Gegenwart, München 2004, S. 223-281.

Powlick, Philip J./Katz, Andrew Z.: *Defining the American Public Opinion/Foreign Policy Nexus*, in: Mershon International Studies Review 42/1998, S. 29-61.

Putnam, Robert D.: *Diplomacy and Domestic Politics: The Logic of Two-Level Games*, in: Inernational Organization 42/1988, S. 427-460.

Schelling, Thomas C.: *The Strategy of Conflict*, Cambridge 1960.

Schieder, Siegfried: *Neuer Liberalismus*, in: Ders./Spindler, Manuela (Hrsg.): Theorien der Internationalen Beziehungen, Wiesbaden 2003, S. 169-199.

Schmidt, Hilmar: *Die Vergesellschaftung der Außenpolitik und die Politik der Verge-sellschaftung*, Arnoldshain 1999 (Papier zur Präsentation auf dem DVPW-Workshop „Außenpolitikanalyse" am 11.-13. Februar in Arnoldshain)

Shapiro, Robert Y./Jacobs, Lawrence R.: *Who Leads and Who Follows? U.S. Presidents, Public Opinion, and Foreign Policy*, in: Nacos, Brigitte L./Shapiro, Robert Y./Isernia, Pierangelo (Hrsg.): Decisionmaking in a Glass House. Mass Media, Public Opinion, and American and European Foreign Policy in the 21st Century, Lanham 2000, S. 233-247.

Siedschlag, Alexander: *Einführung – Internationale Politik als skeptische Gegenwartswissenschaft und die Münchner Schule des Neorealismus*, in: Ders. (Hrsg.): Realistische Perspektiven internationaler Politik, Opladen 2001, S. 13-66.

Singer, David J.: *The Level-of-Analysis Problem in International Relations*, in: World Politics 14, 1/1961, S. 77-92.

Skidmore, David/Hudson, Valerie M. (Hrsg.): *The Limits of State Autonomy. Societal Groups and Foreign Policy Formation*, Boulder 1993.

Take, Ingo: *NGOs - Protagonisten der Weltgesellschaft? Strategien und Ebenen ihrer Einflußnahme auf die internationalen Beziehungen*, in: Calließ, Jörg (Hrsg.): Barfuß auf diplomatischem Parkett. Die Nichtregierungsorganisationen in der Weltpolitik, Loccumer Protokolle 9/1997, 330-359.

Talbott, Strobe: *The Brookings Institution: How a Think Tank works*, in: US Department of State (Hrsg.): The Role of Think Tanks in U.S. Foreign Policy, 7, 3/2002, S. 19-21.

Tetzlaff, Rainer/Jacobeit, Cord: *Staat und politische Herrschaft in Afrika: Einparteien- und Mehrparteienregime, Militärjuntas und Staatszerfall*, in: Dies.: Das nachkoloniale Afrika. Politik-Wirtschaft-Gesellschaft, Wiesbaden 2005.

The Brookings Institution: *Brookings Institution – Annual Report 2003*, Washington 2003.

Tsebelis, George: *Nested Games: Rational Choice in Comparative Politics*, Berkeley, Los Angeles 1990.

Weaver, Kent R./McGann, James G. (Hrsg.): *Think Tanks and Civil Societies – Catalysts for Ideas and Actions*, New Brunswick 2000.

Weller, Christoph: *Die öffentliche Meinung in der Außenpolitik. Eine konstruktivistische Perspektive*, Wiesbaden 2000.

Wolf, Klaus-Dieter: *Die Neue Staatsräson. Zwischenstaatliche Kooperation als Demo-kratieproblem in der Weltwirtschaft*, Baden-Baden 2000.

Zangl, Bernhard: *Der Ansatz der Zwei-Ebenen-Spiele. Eine Brücke zwischen Neoinstitutionalismus und seinen KritikerInnen?*, in: Zeitschrift für Internationale Beziehungen 2, 2/1995, S. 393-416.

11. Kommunikation und Außenpolitik

*Das Fernsehen ist fraglos zum sechzehnten
Mitglied des Sicherheitsrates geworden.*
Madeleine Albright

Die Verflechtung von Politik und Medien hat in den letzten Jahren gezeigt, dass Medien
in den Vermittlungsprozessen der modernen Gesellschaften eine Schlüsselrolle einnehmen, und politische Kommunikation, d.h. über technische Kommunikation realisierte
politische Bedeutungsvermittlung, eine weit reichende und "allgegenwärtige Prägekraft"
entfaltet (Saxer 1998: 53). Den modernen Gesellschaften vornehmlich in demokratischen Systemen ist mit dem gesteigerten Wert, den die Medien und der Informationsbedarf erhalten haben, deshalb das Etikett einer "Mediengesellschaft" verliehen worden.
Die Vielzahl an neuen medienspezifischen Angebotsformen, die wachsende Informationsvermittlung und -geschwindigkeit, die enge Durchdringung des gesellschaftlichen
Bereichs („*Mediatisierung*") und der enorme Bedeutungszugewinn der Medien sind
wesentliche Kennzeichen dieser Mediengesellschaft (Jarren/Donges 2002: 30-31). So
haben, ungeachtet des neuen und wenig geklärten Gesellschaftstyps, der Medienbegriff
und die mit ihm verbundene Politikvermittlung, im Sinne der Darstellung (Visualisierung), Begründung und Rechtfertigung von Politik, eine zentrale Bedeutung erhalten.
Medien werden nicht nur zu einer immer größeren Voraussetzung für die Kommunika-
tions- und Informationspraxis anderer Akteure. Auch die Reichweite, die räumliche
Unabhängigkeit, die Geschwindigkeit (Echtzeit-Berichterstattung) und die Professiona-
lität haben die Wirkungskraft der Medien und der politischen Kommunikation erhöht
(Jarren 1998: 87). Die Bedeutung der Medien für die Außenpolitik war von dieser Me-
dienentwicklung und den Veränderungen im Mediensystem lange Zeit ausgenommen;
erst allmählich hat sich ein auf amerikanische Forschungsanalysen zurückgreifender
deutscher Forschungsstand herausentwickelt (vgl. Serfaty 1990, Brettschneider 1998:
215, Wesel 2002).

11.1 Die Bedeutung der Medien

Die Relevanz, die die Medien für die Außenpolitik besitzen, ist bisher wenig analysiert.
Die Funktion der Medien, die Bedeutung ihrer Inhalte und Berichterstattung unberück-
sichtigt zu lassen, würde jedoch einen zentralen Aspekt der Außenpolitik außer Acht
lassen, der einerseits im wechselseitigen Verhältnis von Medien, öffentlicher Meinung
und Außenpolitik, andererseits in der neuen Bedeutung der sogenannten "*Media Diplomacy*" bzw. „Public Diplomacy" (Cohen 1963, Seib 1997, Ammon 2001) zum Aus-

druck kommt. Der begrifflichen Klärung nach sind Medien *komplexe institutionalisierte Systeme, die sich als (technische) Kommunikationskanäle organisieren,* über ein spezifisches Durchsetzungs- und Leistungsvermögen verfügen (Saxer 1999: 6) und letztlich mit anderen gesellschaftlichen Akteuren und Teilsystemen in einem engen Wechselwirkungsverhältnis stehen. Hierzu zählen nicht nur die Zeitung und der Rundfunk. In jüngerer Zeit hat sich mit der Entwicklung des Fernsehens und der Tendenz zur Live-Berichterstattung, aber auch mit dem Internet, eine neue Form des politischen Informationsangebots entwickelt, das den Attraktivitätswert von Ereignissen und Personen der (Außen)Politik weiter erhöht. Medien sind aus dem politischen Alltag kaum mehr wegzudenken. In ihrer Eigenschaft als Vermittlungsinstanzen zwischen Gesellschaft und Staat üben sie grundlegende Funktionen der Informationsbeschaffung, der Aufklärung, der Kontrolle, der Artikulation und Herstellung von Öffentlichkeit aus. Die Medien sind in diesem Sinne ein Akteur des intermediären Systems. Von ihnen hängt es wesentlich ab, ob und in welchem Maße (außen)politische Themen in den Medien „Karriere machen", in der Öffentlichkeit an Aufmerksamkeit und Attraktivität gewinnen. Über das Agenda-Building, als einem Kommunikationsprozess, versuchen die politischen Akteure, „die für sie günstigen oder als wichtig erachteten Themen in der öffentlichen Diskussion - vor allem in der Medienberichterstattung - zu platzieren" (Brettschneider 1998: 635, vgl. auch 2001).

Welche Wirkung die Medien dabei erzielen, beruht auf der „Fähigkeit der Massenmedien, durch die Betonung von Themen in der Berichterstattung - also durch Publikationshäufigkeit, Platzierung und Aufmachung - zu beeinflussen, welche Themen in einer Gesellschaft (Mikroebene) als besonders wichtig angesehen werden" (Brettschneider 1998: 635). Die Betrachtung der Medien aus der Wirkungsperspektive, hinsichtlich ihrer Thematisierungs- und Tagesordnungsfunktion, das heißt hinsichtlich ihrer Fähigkeit zur Beeinflussung der jeweiligen politischen Themenschwerpunkte, kennzeichnet das so genannte *Agenda-Setting.* Themen, die von den Massenmedien als wichtig, aktuell und lösungsbedürftig aufgegriffen werden, gelangen auf die Publikumsagenda. Das heißt, „die Massenmedien bestimmen durch Publikationshäufigkeit und Aufmachung mit, welche Probleme in einer Gesellschaft als besonders wichtig und daher lösungsbedürftig angesehen werden und welche Probleme vernachlässigt werden" (Brettschneider 1994: 225). Über ein nicht in den Medien existierendes Ereignis wird selten in der Öffentlichkeit diskutiert (vgl. Jäger 1998: 521).

Darüber hinaus können die Medien konkrete Deutungs- bzw. Interpretationsrahmen für ein Thema oder ein politisches Problem festlegen, mit denen politische Implikationen verbunden sind. Militärische Interventionen im westlichen Balkan (z.B. Kosovo) oder Kampfhandlungen im Irak-Krieg 2003 können beispielsweise als Ursache für das Leid der Zivilbevölkerung oder aber als erforderliche Maßnahme zur Befreiung eines unterdrückten und in seinen Menschenrechten verletzten Volkes interpretiert werden. Dieser „*Framing*"-Effekt, auch als Agenda-Setting auf der zweiten Ebene bezeichnet, wird von „*Priming*"-Effekten ergänzt, der Fähigkeit der Medien, „die Kriterien zu beeinflussen, nach denen Politiker, Regierungen, politische Handlungen oder politische Vorhaben durch die Bevölkerung beurteilt werden" (Scherer 1998: 711). Werden die

Fernsehnachrichten hauptsächlich von sicherheits- oder außenpolitischen Meldungen beherrscht, werden zur Bewertung der Politiker eher sicherheits- und außenpolitische Aspekte statt z.B. umweltpolitische Fragen oder die Handlungen und Vorschläge der Politiker herangezogen. In der Außenpolitikforschung hat sich jedoch erst allmählich ein Problemverständnis für die Rolle der Massenmedien in der Außenpolitik entwickelt. Forschungsleitende Analysen zur außenpolitischen Kommunikation sind daher bislang in einem sehr geringen Umfang vorhanden.

In der politischen Fernsehberichterstattung haben dabei in der heutigen Zeit Mediengewandheit, Inszenierungsstärke, Telegenität und Ausstrahlungskraft auch für die außenpolitischen Akteure ein neues Gewicht erhalten. Für den Leiter im Planungsstab des Auswärtigen Amtes ist "Außenpolitik (...) - wie andere politische Handlungsebenen - fast schon zu einer beliebigen Sparte von Unterhaltung geworden und natürlich ist es so, dass der Erfolg von Politik und damit auch der Erfolg von Außenpolitik an einer erfolgreichen Zusammenarbeit mit den Medien aber auch an der medialen Ausstrahlung eines Politikers in dem jeweiligen Themenfeld (also hier Außenpolitik) hängt" (Schmillen 2002).

Diese Entwicklung mag darauf zurückzuführen sein, dass aus ökonomischen Gründen in der politischen Fernsehberichterstattung (1) das *Info-* bzw. *Politainment* und die Verknüpfung von Unterhaltung und Politik, (2) die zunehmende *Personalisierung* und *Emotionalisierung* der politischen Berichterstattung, (3) die *Popularisierung* politischer Themen, (4) die dominierende Rolle zentraler Akteure in den Berichten (*Eliten-Bonus*), (5) die *Visualisierung* und Verkürzung politischer Sachverhalte wie auch (6) die Relevanz von *Nachrichtenwerten* (Sensation, Konflikt, Gewalt etc.) weiter in den Vordergrund treten. Das Wissen um die wachsenden Darstellungsmöglichkeiten in den Medien ist im Fernsehzeitalter zu einem unbestrittenen Grundstein des politischen Erfolgs geworden.

Für die Medien und den außenpolitischen Journalismus sehen daher besorgte Stimmen die Gefahr, dass „Spektakel und Gewalt (...) Aufmerksamkeit auf sich [binden], systematische Zusammenhänge [verloren gehen]. Probleme, bei denen die jeweilige heimische Öffentlichkeit mit Auswirkungen für das eigene Land rechnet, werden bevorzugt bearbeitet, was den oft komplexen Konfliktstrukturen in anderen Kulturen und fernen, zumal unwichtigen Ländern nicht gerecht wird. Uninteressante bzw. uninteressant gewordene Krisen werden vernachlässigt, sobald die aufwendige Berichterstattung sich für die Medien-Unternehmen nicht mehr rechnet. Das schafft für die verantwortlichen Politiker das Problem, dass normalerweise zunächst (laut-)starke Forderungen nach effektiver Aktivität bald durch schwindendes öffentliches Interesse abgelöst und/oder durch Widerstand gegen die finanziellen und ggf. menschlichen Kosten von Hilfsaktionen und Interventionen ersetzt werden" (Wesel 2002: 168).

Das tagesaktuelle Management der außenpolitisch relevanten Nachrichtenselektion sowie der Einsatz geeigneter medien- und kommunikationsstrategischer Instrumente haben für die Staatsführungen daher zunehmend an Bedeutung gewonnen. Auch in der Außenpolitik spielt es inzwischen für die Entscheidungsträger eine große Rolle, inwieweit Regierung und Bürokratie die Medienberichterstattung steuern, Aufmerksamkeit und Medienpräsenz erhalten und die politischen Themen und die Wahrnehmungshaltung der Bevölkerung beeinflussen können, sich Selbst- und Feindbilder produzieren lassen (vgl. Holsti 1969), Ereignisse - real oder "mediatisiert" - interpretierbar und als Handlungsinstrument, etwa auf diplomatischer Ebene, einsetzbar sind.

Da die politische Kommunikation heute im Wesentlichen über die Medien erfolgt, müssen sich auch die politischen Akteure diesen Bedingungen anpassen. Die Auswirkungen dieser Mediatisierung werden kontrovers in der Frage diskutiert, ob von einer „Übermacht" der Medien gegenüber dem politischen System, von einer die Medien instrumentalisierenden „Übermacht" der Politik oder, wie es ein Großteil der publizistikwissenschaftlichen Forschung vertritt, von einem Handlungssystem ausgegangen werden kann, bei dem sich Medien und Politik gegenseitig durchdringen und von wechselseitigen Abhängigkeiten gekennzeichnet sind, bei dem also das politische System die Medien zur Informationsverbreitung benötigt und umgekehrt die Medien von Informationen aus dem politischen System angewiesen sind (symbiotische Beziehung). Aus der engen Verknüpfung der Medien mit der Politik resultieren unterschiedliche Auffassungen darüber, ob die Medien das politische System in eine bloße „Stimmungsdemokratie" verwandeln, den Entscheidungsträgern „*constraints*", also medienbedingte Zwänge, auferlegen und entsprechende medienpolitische Strategien abfordern (z.B. eine medienvermittelte Publikumswirkung), oder zu einer größeren Transparenz, zur Verringerung der politischen Wissenskluft und zur Kontrolle der Regierungstätigkeiten beitragen.

Allgemein gesprochen lassen sich Massenmedien, was die Außen- und internationale Politik betrifft, sowohl als *Instrumente* als auch als *Akteure* (vgl. Wilke 1998: 65) der politischen Kommunikation bezeichnen. Inwieweit die Medien der Politik lediglich als Steuerungsinstrumente dienen, also über keinerlei „eigenständige" und „gestaltende Wirkung" verfügen, oder aber einen von den Politikern zwar weitgehend kontrollierten, jedoch bedeutsamen Einfluss ausüben, der den Medien eine unabhängige Rolle und wachsende Einflussnahme einräumt, ist strittig. Sieht man in den Medien eigenständige, politische Akteure wird ihnen in der Regel die Fähigkeit und die Absicht der Gestaltung oder gar der Produktion und Inszenierung der politischen Wirklichkeit zugeschrieben (Wesel 2002: 167-168).

11.2 Außenpolitische Kommunikation

Möglichkeiten weltweiter Kommunikation sind zwar nicht neu, wenn man in Betracht zieht, dass es bereits vor mehr als einhundert Jahren einen globalen Nachrichtenverkehr gab, der technisch ohne Zeitverzug möglich war (vgl. Kleinsteuber/Thomass 1998: 214, Taylor 1997). Dennoch blieb dieser über lange Jahre auf nur wenige Staaten begrenzt, die den drahtlosen Funk, die Telegrafie und die Radiokommunikation vor allem für die nationale Sicherheit (BBC seit 1932) und auswärtige Propaganda (Radio Moskau seit 1929) nutzten. Schon zu Beginn und in der Mitte des 20. Jahrhunderts erkannte man seitens des Staates die Chancen, die Kino, Radio und Fernsehen als technische Errungenschaften der modernen Zeit boten. Als 1866 das erste Nachrichtenkabel quer durch den Atlantik verlegt worden war, sprach *The Times* zu Recht vorausahnend von den technologischen Folgen einer "shrinking world". Die Entwicklung der Medien wurde zunächst primär von den Staaten zur technischen und vor allem propagandistischen Kanalisierung und Instrumentierung der politischen Kommunikation genutzt. Wenn man so will, gab es eine gezielte, staatliche Öffentlichkeitsarbeit bereits im 19. Jahrhundert; auch wenn diese in keinerlei Weise mit der Propagandapolitik späterer Jahrzehnte vergleichbar war. Sie bot den Regierungen jedoch - bis heute - die Möglichkeit zur staatlichen Informationspolitik und zu einem auch im Bereich der Außenpolitik immer stärker in Gestalt von Public Relations (PR) eingesetzten Kommunikationsinstrument.

Unter „öffentlicher Diplomatie", „außenpolitischer Öffentlichkeitsarbeit" oder „nationaler Image-Politik" werden dabei in aller Regel die nach außen gerichteten Kommunikationsaktivitäten des Staates auf Regierungsebene verstanden. In diesem Sinne ist politische Öffentlichkeitsarbeit als indirekte außenpolitische Kommunikation von der Diplomatie als direkter außenpolitischer Kommunikation zu unterscheiden. Im Gegensatz zur transnationalen Kommunikation, die in direkten Kontakten unterhalb der Staatsebene zwischen den gesellschaftlichen Akteuren verläuft, zählen daher in erster Linie die jeweilige Regierung, ihre Auslandvertretungen, die Eliten, relevante gesellschaftliche Gruppen und Verbände als auch Einzelpersonen zu Adressaten und Akteuren der außenpolitischen Kommunikation (vgl. Schneider 1998). Briefwechsel, Notenaustausch, Telefongespräche auf zwischenstaatlicher inter-ministerieller Ebene, die Akkreditierung von Botschaftern etc. zählen ebenso zum Geschäft außenpolitischer Kommunikation wie die indirekten Regierungskontakte u.a. über Stellungnahmen, Auslandspressekonferenzen oder Kulturveranstaltungen. In dieser Hinsicht hat sich, wie wir an der so genannten „public diplomacy" und „media diplomacy" sehen, auch „das Wesen der Diplomatie im Medienzeitalter" (Michaelis 2002: 139, Goedelt/Schwarz 1994) verändert. Unter den Bedingungen der Mediengesellschaft, vor allem in Demokratien, erfolgt die außenpolitische Stellungnahme und Kommunikation der Staatsführung vielmehr in dreifacher Perspektive: in Richtung der außenpolitischen Akteure, in Richtung der Bevölkerung des eigenen Landes und der Medien (vgl. auch Thomass/Kleinsteuber 2002).

In einer mediatisierten Außenpolitik tritt an die Stelle substantieller politischer Entscheidungen und Maßnahmen allerdings bisweilen auch die Politik der Symbolik, des medienwirksamen Auftritts (z.B. bei Staatsbesuchen) und der inszenierten Ereignisse. Es überrascht also nicht, dass nationale Imagepflege, beispielsweise über Anzeigenkampagnen oder PR-Agenturen, ebenso zum staatlichen Marketing außenpolitischer Kommunikation zählt. Eine medienvermittelte, auswärtige Politik eröffnet Staaten darüber hinaus die Chance zur Konstruktion von Feindbildern, als „eine spezifische Gruppe von Vorurteilen", von falschen Bewertungen, die insbesondere der Komplexitätsreduzierung, Identitätsstiftung, Gruppenkohäsion und Aggressionskanalisierung dienen (Krell 2003: 366).

Häufig ist „die öffentliche Darstellung diplomatischer Positionen (...) dabei zugleich auch ein Garantieschein für die Belastbarkeit ihres Inhalts. Jede Idee, die an das Licht der Öffentlichkeit gerät, wird sofort zum Faktum; was einmal in die Kamera gesagt ist, lässt sich nicht so einfach zurücknehmen." Im Verhältnis von Diplomatie und Öffentlichkeit spielt die öffentliche Darstellung der eigenen Position daher eine wichtige Rolle. Kaum eine demokratische Regierung kann es sich leisten, ausschließlich im nichtöffentlichen Raum zu handeln oder Entscheidungen zu treffen. Die Legitimationsanforderungen der Öffentlichkeit sind viel zu hoch, um Außenpolitik unter den Bedingungen der Geheimhaltung zu betreiben. Das schließt natürlich keineswegs aus, dass beispielsweise vertrauliche Planungsabsprachen, bilaterale oder mehrseitige Ministerunterredungen oder nicht-öffentliche Gespräche auf internationalen Konferenzen (z.B. „Korridordiplomatie") weiterhin einen wesentlichen Teil der außenpolitischen Kommunikation bilden. Außenpolitische Berechenbarkeit wird von Staaten auch am Maß der politischen Vertraulichkeit geprüft. Andererseits führt eine inzwischen global vernetzte Medienberichterstattung oftmals dazu, dass „ein versalzener Gang bei einem Staatsbankett, eine achtlos am Rande einer Konferenz hingeworfene Bemerkung oder eine die Grundlinien der Außenpolitik neu bestimmende Rede (…) zur Nachricht werden [kann] – vom allzu Menschlichen bis zum Hochpolitischen" (Michaelis 2002: 138-139).

Medien spielen demzufolge in doppelter Weise eine wichtige Rolle bei außenpolitischen Entscheidungen. Über die Medien lassen sich außenpolitische Informationen transportieren, Entscheidungen der Regierung über Pressemeldungen, Konferenzen, Interviews etc. darstellen („*Medienoutput*"), unabhängig davon, ob es sich um

(1) reine *Informationsstrategien* und die Propagierung bestimmter Themen, Standpunkte oder Personen handelt,

(2) ob die eigentlichen Absichten durch *Ausweich- oder Kaschierstrategien* hinter der Fassade von Allgemeinplätzen, Verharmlosung, Sowohl-als-auch-Bekundungen oder Täuschungen etc. verdeckt werden oder

(3) ob mittels *Konkurrenzstrategien* der Gegner abgewertet, diskreditiert, dem Vorwurf der Unwahrheit oder Manipulation ausgesetzt wird und die eigenen Positionen aufgewertet und mit positiven Begriffen assoziiert werden.

Der geschickte Medieneinsatz gewinnt somit auch für die Außenpolitik Bedeutung (Kurtz 1998, Pfetsch 1998a, b). Dieser kann sich von der Presseerklärung, einer gezielten Informationspolitik gegenüber Journalisten, der Einschränkung der Bewegungsfreiheit für Korrespondenten, einem politisch instrumentierten Verlautbarungsjournalismus, der selektiven Akkreditierung von Reportern bis zur Zäsur der Medienberichterstattung oder der Ausweisung von Medienvertretern, vor allem in autoritären Systemen, erstrecken. Das diplomatische und militärische Management der Medien war im Zweiten Golfkrieg (1991), vor allem während der „Desert Shield" und „Desert Storm"-Phase, erfolgreich (Greenberg 1993, Bennett/Paletz 1994).

Vom Verhältnis zwischen Politik und Medien hängt es zudem wesentlich ab, wer die Medien besitzt, wie die Medien finanziert werden, wer die Herausgeber oder die Geschäftsführer ernennt und ob die Berichterstattung kontrolliert oder zensiert wird (vgl. Mundt 1991, McQuail 1994, Gellner 2004): das Mediensystem, die politische Kommunikation der Regierung, die Markt- und Unternehmensstrategien der Massenmedien, die

innerstaatlichen Kommunikationskanäle und -technologien, die spezifischen Medien-
funktionen als auch die Rolle der Medien als „agenda setter" sind dabei von Bedeutung.
Zum anderen, und dies wird vor diesem Hintergrund deutlich, tragen die Medien mit zur
Konstituierung von Außenpolitik bei (*„Medieninput"*). Wenn die Entscheidungsträger
die Ziele und Programme ihrer Politik festlegen, werden diese nicht selten mit Medien-
mitteln abgestimmt. In vielen Fällen, vor allem unter den Bedingungen des Konfliktes,
wird dies zwar schwieriger. Der Medienbezug der außenpolitischen Führung, die Reaktion auf Medienberichte, kommt allerdings auch dort zum Tragen. Im Rahmen des Entscheidungsprozesses dienen die Medien als Nachrichten- und Informationsquelle. Sie
sind Teil des außenpolitischen Bezugsrahmens, auf den die Staatsspitze verstärkt zu
achten hat. Insbesondere durch die Zeitgleichheit von Ereignis und Reaktion, dem
„CNN-Effekt", werden dabei die Handlungsbedingungen für die Regierung entscheidend beeinflusst. Ähnlich verweist Thomas Jäger auf das Bemühen der politischen Akteure, die Medien zu nutzen: „Sie sollen für die Zwecke der außenpolitischen Elite eingesetzt werden (operative Funktion); sie sollen Informationen zur Verfügung stellen
(Ressourcenfunktion); sie sollen zur Veränderung der außenpolitischen Agenda beitragen (innovative Funktion)" (Jäger 1998: 521, Wittkämper 1986).

Bei der Realisierung außenpolitischer Ziele übernimmt Geheimdiplomatie nur noch
einen sehr geringen Teil der Aufgaben. Außenpolitische Kommunikationsfähigkeit und
Informationskompetenz werden stattdessen zu einem wichtigen Handlungsfaktor. Der
Umfang zwischenstaatlicher Kommunikationsdichte und die gegenseitige Abstim-
mungsfähigkeit (z.B. in internationalen Organisationen), die Vielzahl und Heterogenität
der Akteure im internationalen System, die Rückkoppelung an das innerstaatliche Umfeld und das Verstehen von Kommunikation als Mittel der Interessendurchsetzung, als
Möglichkeit des Interessenausgleichs oder der Konstruktion des eigenen Welt- oder
Fremdbildes stellen unterschiedliche Voraussetzungen und Zugänge dar, um außenpolitische Kommunikation zu betreiben.

Bereits im 19. Jahrhundert erkannte Bismarck, wie wichtig die Möglichkeiten der
Presse beim Werben um Zustimmung und öffentliches Vertrauen waren. Unter Bismarck hatte das Auswärtige Amt eine Pressepolitik verfolgt, bei der man die Medien für
die Außenpolitik einsetzte, sich dabei aber zugleich in den Bahnen der Geheimdiplomatie bewegte. So liefen „jeder außenpolitischen Aktion (...) publizistische Maßnahmen
parallel; Diplomatie und Presse rückten für Bismarck derart eng aneinander, dass sie als
zwei Gleise betrachtet wurden, die zum selben Ziel führten" (Schoeneberger 1981: 21).
Bestand die außenpolitische Kommunikation daher zunächst in den konventionellen
Mitteln der Öffentlichkeitsarbeit und Diplomatie (z.B. Flugblätter, Zeitungen, Ver-
sammlungen, Großkundgebungen etc.) entwickelte sich mit den elektronischen Mas-
senkommunikationsmitteln, im Besonderen dem Radio und allmählich dem Film, die
Chance, die heimische Bevölkerung und die internationale Öffentlichkeit mit ideologischen bzw. weltanschaulichen Propaganda- und Mobilisierungsfeldzügen anzusprechen.
Da sich ein Großteil der Medien, im Unterschied zur Zeit nach dem Zweiten Weltkrieg,
in der Hand des Staates befand, konnten Presse und Radio gezielt zur Außendarstellung
eingesetzt werden.

Die Medien sind so zu einem wichtigen Instrument der politischen Propaganda geworden, im Besonderen unter dem ideologischen Rigorismus der Nationalsozialisten und Kommunisten, denen das neue Instrument der Medien gestattete, den Gegner unter Ideologieverdacht zu stellen und Meinungen und Gewohnheiten der Bevölkerung massiv zu beeinflussen. Ihre negative Konnotation konnte die politische Propaganda seither jedoch nicht wieder ablegen. Soweit propagandistische Mittel in der Gegenwart verwendet werden, finden wir sie heute, nicht zuletzt in autoritären Systemen, auch in einem gezielten Telemarketing, einer allgegenwärtigen Medienpräsenz der Staatsführung, mit einer unumschränkten Kontrolle der Medienberichterstattung (z.B. in Nordkorea), mit Selbstinszenierungstechniken für das In- und Ausland, einer starken Prestigesymbolik und den für die internationale Öffentlichkeit geschaffenen, eigene Erfolge oder Glaubwürdigkeit suggerierenden „Pseudoereignissen".

11.3 „Public Diplomacy" und „CNN-Effekt"

Außenpolitische Information und kulturelle Kommunikation zählen zu zwei Kernpunkten moderner „öffentlicher Diplomatie". Im Unterschied zu den traditionellen Formen hat die so genannte „Public Diplomacy" heute mit teilweise veränderten Strategien der Überzeugung (*Persuasion*) und Verständigung zu tun. Stil und Art der Public Diplomacy sind durchaus nicht für immer festgelegt. Kommunikationsmuster und medienpolitische Akzente können infolge eines Regierungswechsels voneinander abweichen. Grundsätzlich hat Public Diplomacy allerdings zum Ziel, (1) die ausländischen Teilöffentlichkeiten zu beeinflussen, um diese von der Unterstützung der eigenen Interessen oder Positionen gegen ihre jeweilige Regierung zu überzeugen (z.B. Radio Free Europe während des Ost-West-Konfliktes, Radio Liberty, Radio Free Afghanistan) oder (2) zum wechselseitigen Verstehen beizutragen, das in enger Verknüpfung mit der auswärtigen Kulturpolitik langfristig darauf zielt, in den Regierungen und der Gesellschaft anderer Staaten Sympathien für das eigene Land zu wecken. Da Public Diplomacy in unterschiedlicher Weise darum bemüht ist, politische Informationen über „schnelle Medien" (z.B. Fernsehen, Radio oder Zeitungen), kulturell orientierte Kommunikation über „langsame Medien" (z.B. Sprachprogramme, Ausstellungen, akademischen oder Jugendaustausch) zu vermitteln, wird im jeweiligen Zusammenhang auch von der „harten" und der „weichen" Schule der Public Diplomacy gesprochen (Signitzer 1998: 497).

Die veränderten Formen der Mediennutzung und der außenpolitischen Kommunikation spiegeln sich in der Medialisierung der Weltpolitik, und der Diplomatie, wider:

„Die aktuelle Berichterstattung über Ereignisse in der Welt wurde in den letzten Jahren zunehmend von den Massenmedien übernommen. Die Politiker greifen außerdem selbst zum Handy, um ihre Kollegen am anderen Ende der Welt zu konsultieren. Da bleibt den Diplomaten nur das Vor- und Nacharbeiten der Ereignisse durch gründliche Analyse und Bewertung der Vorgänge im Gastland und langfristige Politikberatung. Gleichzeitig rückt aber die immer wichtiger werdende Aufgabe in den Vordergrund, den Medien und der Öffentlichkeit im jeweiligen Gastland die Politik der eigenen Regierung zu erklären und für das eigene Land zu werben, als möglichen Investitionsstandort, als Touristendestination, als erste Wahl für ein Studium. Heute gleicht ein Botschafter dem Leiter einer „Agentur für Deutschland-Marketing", die im Ausland Werbung für die Wirtschaft und Kultur des eigenen Landes macht. Diese neue Rolle der Diplomaten, deren Bedeutung weiter zunimmt, wird als „Public Diplomacy" bezeichnet. Hierfür benötigt der moderne Diplomat einen schnellen und gut organisierten Zugriff auf alle verfügbaren aktuellen Informationen, aber auch Zugang zu vertraulichen Hintergrund-Informationen. Diese stehen ihm inzwischen weltweit im Internet beziehungsweise im Intranet online zur Verfügung. (...)

Wenn ein deutscher Botschafter vor 80 Jahren seinen Dienst in der japanischen Hauptstadt antreten wollte, so begab er sich zunächst auf eine mehrtägige Bahnreise von Berlin nach Genua, bestieg dort ein Schiff und kam sechs Wochen später nach einer eher beschwerlichen Schiffsreise im Hafen von Yokohama an, von wo er in einer weiteren Tagesfahrt schließlich nach Tokyo gelangte. In seinem Gepäck hatte er das kalligraphisch künstlerisch gestaltete, feierliche „Beglaubigungsschreiben", mit dem der deutsche Reichspräsident seinem „großen Freund", dem japanischen Kaiser, kundtat, dass er diesen Botschafter damit betraue, ihn und das deutsche Volk am kaiserlichen Hof und beim japanischen Volk zu repräsentieren. (...)

Eine seiner wichtigsten Aufgaben war es – und ist es bis heute –, guten Kontakt zu und Gedankenaustausch mit dieser erlesenen Auswahl hochrangiger Kontaktpersonen zu pflegen, sowie Essen und Empfänge für sie zu veranstalten. In seinen eher seltenen, aber dafür umso umfangreicheren und wohl abgewogenen Berichten an das Auswärtige Amt in der Wilhelmstraße in Berlin schilderte der Botschafter einmal in sechs Monaten ausführlich die politischen, wirtschaftlichen und kulturellen Entwicklungen der letzten Monate und unterbreitete Vorschläge, wie die diplomatischen Beziehungen zwischen den beiden Staaten im Laufe der nächsten Jahre und Jahrzehnte weiter vertieft werden könnten. (...)

Vor 30 Jahren war die Informationsmenge, die ein deutscher Botschafter „verarbeiten" musste, im Vergleich zu heute noch überschaubar. Am frühen Morgen brachte ihm ein Botschaftsmitarbeiter aus der Telekommunikation den „Infofunk", einen zehn Meter langen Papierstreifen mit den wichtigsten Tickermeldungen des Tages, die von Beamten im Bundespresseamt aus den Nachrichtenagenturen zusammengestellt und noch bis vor zehn Jahren per Kurzwellenfunk an die wichtigsten deutschen Botschaften übertragen wurden. (...) Die Botschaft schickte damals täglich zehn bis 15 vertrauliche Berichte als „Drahtbericht" per Telegramm nach Bonn, die mit einem Chiffriergerät vor der Absendung umständlich „verschlüsselt" und nach Ankunft im Auswärtigen Amt „entschlüsselt", vervielfältigt und durch Amtsboten in die verschiedenen Büros der Referenten getragen werden mussten. (...)

Heute haben sich die Rolle und die Arbeitsweise eines Botschafters grundlegend geändert. Sein Informationsbedarf und der des Auswärtigen Amts sind um ein Vielfaches gestiegen. Der Zeitdruck hat enorm zugenommen. Botschafter müssen inzwischen mit den globalen Massenmedien konkurrieren. Ein typisches Beispiel für den „CNN-Effekt" berichtete ein Kollege vor einigen Jahren aus der deutschen Botschaft in Tel Aviv: Während der Bundesaußenminister sich in New York anschickte, seine Rede zur Eröffnung der Vollversammlung der Vereinten Nationen zu halten, geschah in Tel Aviv eines der schrecklichen Bombenattentate. Kaum wurden die Schreckensbilder über CNN gezeigt, klingelte beim deutschen Botschafter in Tel Aviv das Telefon. Das Ministerbüro wollte wissen, ob die Botschaft Näheres zu dem Vorfall in Erfahrung bringen konnte. Aber auch der Botschafter und seine Mitarbeiter hatten das Ereignis in derselben Minute erst in den Nachrichten von CNN gesehen und konnten noch keinen Vertreter der israelischen Regierung hierzu befragen. Sie stießen auf Verwunderung am anderen Ende der Leitung" Späth (1994).

Diplomatie ist, wie insgesamt die Außenpolitik, letztlich immer mit der Zeit verhaftet, in der sie wirkt; das „ergibt sich aus der Natur ihrer Funktion" (Krekeler 1965: 26). Im Vergleich der letzten Jahrzehnte internationaler Politik ist deutlich zu erkennen, in welchem Umfang die Medien das außenpolitische Handeln beeinflusst haben (vgl. Hindell 1995, Wilke 1996). Trotz des für Krisenzeiten im Ost-West-Konflikt eingerichteten Roten Telefons, das nach der Kuba-Krise (1962) die Aussichten auf einen raschen Dialog zwischen Moskau und Washington im Ernstfall verbessern sollte, blieb die Kommunikation zwischen den Regierungen beider Staaten jedoch technisch zunächst sehr begrenzt. Da das Übermitteln einer Nachricht von Chruschtschow an Kennedy oft sechs bis acht Stunden benötigte, war der sowjetische Staatschef während der Kuba-Krise gezwungen, die für den amerikanischen Präsidenten vorgesehenen Information via Radio Moskau nach Washington zu senden. Heute greifen Staats- und Regierungschefs oder Minister immer öfter zum Telefon, um sich mit ihren ausländischen Gesprächspartnern oder Amtskollegen zu unterhalten.

Auch die Außenwirkung von Medienauftritten ist in diesem Zusammenhang nicht neu, und galt Politikern schon in früheren Jahren als ein wichtiges Instrument der Selbstdarstellung und Interessendurchsetzung. Ronald Reagan und Bill Clinton nutzten die politische Wirkung der Massenmedien ebenso wie Jassir Arafat, Libyens Staatschef Ghadaffi oder Silvio Berlusconi. Die Verweisungs- und Verdichtungsmacht bzw. die symbolische Inszenierung von Politik, bei der die Verweisung auf reale Gegenstände, Emotionen oder Zusammenhänge sich in einer einzigen Geste verdichtet, aber auch die durch Medien handhabbare sprachliche und bildliche Erklärungsmacht ("Kreuzzug gegen der Terror", "Krieg gegen den internationalen Terrorismus") eröffnen Möglichkeiten einer geschickten Verwendung der Medien. Dabei erlaubt die zunehmende Verbreitung des modernen Fernsehens, dass auch nicht-staatliche Akteure - Guerilla- oder Rebellenführer (z.B. Abu Sayaff auf den Philippinen), Nationale Befreiungsbewegungen, Terroristische Gruppierungen, NGOs, einzelne Politiker, gesellschaftliche Meinungsführer und Diplomaten, Globalisierungsgegner etc. - sowie internationale Organisationen eine potenziell größere Rolle in der internationalen Politik spielen. Ihre Absichten und Ziele können, sofern sie für kurze Zeit im Mittelpunkt medialer Aufmerksamkeit stehen, effektiv vor einem größeren Publikum dargestellt werden.

Die Medien werden so zu einer Plattform internationaler Kommunikation und Interaktion, insbesondere seit der Bedeutung des globalen Echtzeit-Fernsehens (vgl. Auswärtiges Amt 2003, Jakobsen 1996). Dass wir heute vom CNN-Effekt sprechen und die bildliche Erfassung außenpolitischer und internationaler Probleme und Ereignisse ein immer größeres Gewicht erhält, geht jedoch letztlich auf die erste Berichterstattung über ein internationales Kriegsereignis zurück, das auf die Weltpolitik von entscheidendem Einfluss sein sollte: der Vietnam-Krieg. Erstmals war über einen Krieg mit seinen zivilen und militärischen Opfern live in den Abendsendungen berichtet worden (*"Wohnzimmer-Krieg"*, *"Live-Krieg"*). Was die Medien allabendlich über den Vietnam-Krieg berichteten, verstärkte in der Öffentlichkeit das Bild, dass die Vietnam-Politik der US-Regierung gescheitert war. Das Trauma des Vietnam-Krieges, das im Zuge der Medienberichterstattung zu einem Vietnam-Syndrom amerikanischer Politik wurde, hatte sich nicht nur in den Köpfen der Bevölkerung festgesetzt, sondern in Kreisen des Militärs zu dem Entschluss geführt, die Medien künftig nur noch gezielt und unter strenger Kontrolle aus den Kriegsgebieten berichten zu lassen.

Die medienwirksame Inszenierung militärischer Aktionen blieb davon nicht ausgeschlossen. Der Golf-Krieg von 1991 demonstrierte eine neue Beziehung zwischen Außenpolitik und Medien bzw. globalem Fernsehen. Die genauen Zeitpunkte der Militärschläge gegen den Irak zu Beginn und zu Ende des Golf-Krieges waren offensichtlich in einem Maße an der Berichterstattung des Fernsehens orientiert, dass der stellvertretende Verteidigungsminister Paul D. Wolfowitz einräumte: "The decision to end the war we did is one that may have been influenced by television" (Freedman/Karsh 1993: xxxiii). Insbesondere der Golf-Krieg stellte ein Beispiel für die außenpolitische Instrumentierung der Medien dar. Von irakischer wie amerikanischer Seite war man daran interessiert, über CNN erste Informationen über den Kriegsverlauf und die Stellungnahmen des Gegners zu erhalten, und mittels Fernsehen die eigenen Positionen und Standpunkte zu verdeutlichen. Diese moderne, propagandistisch eingesetzte Form eines diplomatischen Ping-Pong-Spiels nutzend, ließ Saddam Hussein über CNN stets ein bis zwei Stunden vor der Pressekonferenz des US-Außenministeriums die Entwicklung des Kuwait-Konfliktes aus irakischer Sicht schildern, um damit die Unbeugsamkeit wie auch die Legitimation irakischer Politik gegenüber den USA und der Anti-Irak Koalition zu betonen und das aus irakischer Perspektive widerrechtliche Verhalten der USA zu belegen (vgl. auch Wolfsfeld 1997).

Washington nahm den Nachrichtenkanal CNN nicht nur in Anspruch, um sich gegen die propagandistischen Vorwürfe des irakischen Radiosenders zur Wehr zu setzen, sondern um die Bereitschaft der USA zum Einsatz amerikanischer Streitkräfte zu untermauern. Die über die Medien ausgestrahlte Ansprache von Präsident Bush an amerikanische Soldaten (auf einem Hangar nahe Ta'if) in Saudi Arabien war am Vorabend des ablaufenden UN-Ultimatums gegen den Irak vielmehr ein an die Adresse Saddam Husseins gerichtetes Signal, die irakischen Truppen aus Kuwait abzuziehen, als "nur" eine Rede an die US-Luftwaffenpiloten. In diesen Maßnahmen, wie der Drohung unmittelbar bevorstehender Luftangriffe, sah Außenminister Baker "all examples of us trying to use the media to send a signal" (Strobel 1997: 84).

Die modernen Kommunikationstechnologien erlauben es also dem Staat, auch in der Außenpolitik auf die Bildlichkeit, Schnelligkeit und Übermittlungsfähigkeit der Medien zurückzugreifen. Für die Außenpolitik spielen die "Impulse und Images" (Schlesinger), die in Folge des *CNN Effektes* entstehen, eine wesentliche Rolle. So nehmen die Medien auf die Implementation der Politik, auf die Durchführung und Umsetzung politischer Ziele, durch ihre Thematisierungsrolle und A*genda-Setting-Funktion*, durch ihre Publikumsmobilisierung und Erhöhung des Entscheidungsdrucks, der die Staatsführung zu raschen Korrekturen zwingt, grundlegenden Einfluss auf die Außenpolitikformulierung.

Der von Ted Turner 1978 gegründete Nachrichtenkanal *Cable News Network* (CNN) zählt seit dem Golf-Krieg (1991) zu einem der weltweit führenden Nachrichtensender, der aufgrund der ersten "real-time" Berichterstattung eines Krieges nicht nur als Informationsquelle für Politik und Öffentlichkeit, sondern auch als ein wichtiger Faktor hinsichtlich der Einflussnahme von Nachrichtenmedien auf Politikformulierung und Entscheidungsfindung gilt. Neben anderen global bedeutenden oder an Gewicht gewinnenden Fernsehstationen wie BBC World Service Television, dem 1996 in Katar gegründeten arabischen Sender Al Jazeera, neuerdings seit März 2003 dem in Dubai errichteten Sender Al Arabiya, berichtet CNN aus fast doppelt so vielen Ländern wie die drei großen amerikanischen Nachrichtensender ABC, NBC und CBS zusammen (Ammon 2001: 70). Vor allem der von Rupert Murdoch 1996 gegründete, von neokonservativen Strömungen beeinflusste US-amerikanische Kabelsender Fox News konnte sich dabei zuletzt während des Afghanistan- und des Irakkrieges (2003) als eine starke Markt- und Medienkonkurrenz zu CNN etablieren.

Der in diesem Zusammenhang mit CNN eng verbundene und bereits des öfteren erwähnte Begriff des CNN-Effekts kann in sehr unterschiedlicher Weise verstanden und beschrieben werden

1) als Merkmal weltweit und in "real-time" erfolgender außenpolitischer und transnationaler Kommunikationsprozesse und Informationsströme,

2) als sichtbares Kennzeichen eines für außenpolitische Entscheidungsträger kürzer werdenden Zeitraumes, auf globale Ereignisse zu reagieren (Entscheidungs- und Zeitdruck).

Die Umbrüche in Osteuropa (z.B. in Tschechien oder Rumänien), die Studentenproteste auf dem Tiananmen-Platz in China, der Einmarsch amerikanischer Truppen in Haiti, die Kriege in Jugoslawien, der Terroranschlag vom 11. September, der Afghanistan-Krieg und der jüngste Irak-Krieg dokumentieren die Bedeutung der Fernseh-Berichterstattung und des Internets. Für die serbische Führung unter Milosevic und seine auf Restjugoslawien sich erstreckende Taktik der Isolation und Nachrichtensperre während des Kosovo-Krieges wurde nicht zuletzt das Internet zu einem wichtigen Instrument der Kommunikation zwischen In- und Ausland.

11.4 Medien: Instrument oder Akteur?

So sehr daher von einer möglichen Gestaltungsmacht der Regierung hinsichtlich des Einsatzes von Medien gesprochen werden kann, so wenig ist allerdings im modernen Staat eine einseitige Bindung der Medien an die Politik des Staates erkennbar. Der geschickten Berichterstattung und Medienarbeit einer Regierung oder einer internationalen Organisation ist es jedoch möglich, die Aufmerksamkeit der internationalen Medien für die nationalen Interessen oder die Positionen der Organisation auf sich zu ziehen..

Eine von den Einflussmöglichkeiten des jeweiligen Akteurs abhängige Nutzung der Medien ist insofern unbestreitbar, und ein Merkmal des "symbiotischen Verhältnisses" bzw. der engen Verwobenheit zwischen Regierungen und Medien. Da es, wie in allen Fällen der Außenpolitik, letztlich darum geht, die zur Verfügung stehenden Kenntnisse und Informationen adäquat zu beurteilen und in politisches Handeln umzusetzen, kann man der Auffassung Cohens fraglos zustimmen: "Information is power in the foreign policy sense . . . and one may grant the necessity for governments to manipulate it on occasion as they would other instruments of national power." (Cohen 1963: 279).

In einem Zeitalter permanent verfügbarer, aktueller Nachrichten über das globale Geschehen haben auch die Staaten und anderen internationalen Akteure sich darum bemüht, ihre Diplomatie und Medienpolitik zu verfeinern, um gegenüber der internationalen Öffentlichkeit erfolgreich aufzutreten. In autoritär regierten Ländern und Herrschaftssystemen ist hingegen davon auszugehen, dass die Medienmeinung sehr stark mit der Auffassung der politischen Führung übereinstimmt und selten eine ablehnende, oppositionelle Haltung zur Außenpolitik des eigenen Landes übernimmt. Die Kontrolle und Nutzung der Medien seitens der Regierung ist in diesem Fall wesentlich ins Kalkül einer Beurteilung solcher Nachrichten und Stellungnahmen einzubeziehen.

Ein politisches System unter autoritärer Herrschaftslenkung wie auch insgesamt die Staatengesellschaft wurden dabei in den letzten Jahren zunehmend mit der Tatsache grenzüberschreitender Kommunikations- und Informationsströme konfrontiert, die die enge Verflechtung (linkage) von Innen- und Außenpolitik unterstreichen und die staatliche Überprüfung von Informationen weiter erschweren. Neue Technologien wie das Internet und World Wide Web haben die Interaktionsdichte an Informationen auf individueller wie staatlicher Ebene vergrößert und beschleunigt, und damit auch der Außenpolitik ein neues Handlungsfeld eröffnet.

Für die Formulierung von Außenpolitik lässt sich daraus in einem ersten Ergebnis ableiten:

(1) Bei allem Gewicht der durch die Medien veröffentlichten Berichte und Meinungen steht die außenpolitische Entscheidung im Sinne des nationalen Interesses oder jeweiligen konkreten Zieles noch immer wesentlich im Mittelpunkt. Soweit die durch Presse oder Fernsehen generierten Informationen auf die Meinungsbildung in der Öffentlichkeit Einfluss nehmen, werden diese zwar in zunehmender Weise von den Entscheidungsträgern und der bürokratischen Politik berücksichtigt. Der in der Regel vorhandene Informations- bzw. Wissensvorsprung belässt allerdings der politischen Führung etwa in Fragen eines Militäreinsatzes, bei wirtschaftlichen Hilfeleistungen oder anderen außenpolitischen Aktionen ohne Frage einen zentralen Handlungsspielraum (*Deutungsmacht*). Nichtsdestoweniger bleibt zu berücksichtigen, dass je nach Situation und Tragweite eine Entscheidung durchaus auch unter dem Aspekt ihrer Popularität in der Bevölkerung getroffen wird oder auf eine vorteilhafte Darstellung der eigenen Politik in den Medien zielt (*Inszenierungsmacht*).

(2) Im Hinblick auf die außenpolitische Entscheidungsfindung hat sich durch die Medien der Druck erhöht, eine Entscheidung in kürzester Zeit zu treffen. Wird dies durch die Wahrnehmung verstärkt, dass die Öffentlichkeit von der Regierung eine rasche Antwort erwarte, wächst die Gefahr einer unzureichenden Analyse und mangelnden Berücksichtigung relevanter Informationen. Die außenpolitische Aktion und Reaktion eines Staates wird so in weitaus größerem Maße als bisher von den Nachrichtenmedien, insbesondere den visualisierten realen oder fiktiven Nachrichten, beeinflusst. Die frühen Reaktionen der US-Regierung auf die sowjetische Intervention in Afghanistan waren nicht zuletzt bedingt durch die ersten Bilder vom Einmarsch sowjetischer Truppen, ohne eine längerfristige Untersuchung der Ereignisse.

(3) Da ein Wesensmerkmal der Außenpolitik nicht zuletzt die Unterstützung der jeweiligen Regierungsziele bleibt, ob primär durch die eigene Bevölkerung oder durch Bündnispartner etc., können Medien gerade zur Legitimation der außenpolitischen Ziele, Mittel und äußeren Bedingungen eines Staates beitragen. In

dieser Weise fungieren die Medien als ein vom Darstellungsgeschick und von der Perzeption der Entscheidungsträger abhängiges Instrument, um diejenigen Aspekte in den Blickpunkt zu rücken, die für die Regierung einen besonderen Stellenwert haben (*Legitimationsmacht*).

Die Präsentation von Ereignissen der internationalen Politik durch die Massenmedien nimmt in dieser Form auf das außenpolitische Handeln der Staaten entscheidend Einfluss. Live-Berichte über das Geschehen vor Ort oder über aktuelle Entwicklungen (z.B. in Somalia oder Irak im Rahmen des „embedded journalism"), Konferenzen oder Stellungnahmen werden vom außenpolitischen Apparat ebenso berücksichtigt und in die Entscheidungen einbezogen wie die weitaus mehr Zeit erfordernden Kommentare und Berichte der jeweiligen Botschaften. Zudem wird in der von Medien geprägten Gesellschaft die außenpolitische Reaktion eines Staates oft daran gemessen, wie sich die Regierung zum Ereignis verhält (und zu der Wirklichkeit, die in der Bevölkerung aufgrund der Fernsehbilder für Realität gehalten wird).

Flüchtlingsprobleme, ethnische Konflikte oder humanitäre Krisen lassen ein Nichtbeachten dieser Ereignisse durch die Außenpolitik (Staatsführung) oftmals nicht zu. So sind die Massenmedien für die Außenpolitik nicht nur eine wichtige und rasche Quelle der Informationsbeschaffung über Geschehnisse der internationalen Politik, sondern auch ein *Agenda-Setter* für die außenpolitische Führung geworden. Durch entsprechende Förderung und Vernachlässigung setzen die Medien bestimmte Themen auf die außenpolitische Agenda, auf die der Staat bzw. die Regierung und Bürokratie als Rezipienten möglichst schnell zu reagieren haben. Je umfassender, intensiver und häufiger ein außenpolitisches Thema dabei in den Medien behandelt wird, desto weiter oben befindet es sich auf der Themenhierarchie und desto mehr wird sich die politische Führung zu bemühen haben, entweder das Problem zu lösen oder bestehende Zweifel und Bedenken der Bevölkerung gegenüber diesem Bild in den Medien auszuräumen und zu beseitigen.

Die Erosion der Bedeutung von Zeit und Raum für die Nachrichtenübermittlung wurde durch die Entwicklung des Echtzeit-Fernsehens deshalb maßgeblich gefördert. Im Bereich der Diplomatie führte sie letztlich zu neuen Kommunikationsmöglichkeiten und -wegen, die die Medien nicht nur zu wichtigen Akteuren an den Schnittstellen von Innen- und Außenpolitik werden lassen. In Form der so genannten *Telediplomacy* eröffnen sie für die Außenpolitik ein neues Instrument und Handlungsfeld. Obschon Rolle und Handlungsfähigkeit der einzelnen nationalen Medien sich stark voneinander unterscheiden, verleihen die Unmittelbarkeit und das Ausmaß der Wirkung dem Fernsehen einen besonderen Einfluss und Stellenwert bei der Entscheidung und Durchführung außenpolitischen Handelns.

Die vor allem in wirkungsmächtigen Ereignissen und Krisen der Weltpolitik (Moskau 1991, Somalia 1992, Bosnien 1995, Ost-Timor, Kosovo 1999 u.a.) feststellbare Rolle der Medien darf allerdings nicht vergessen lassen, dass (1) die Politik wesentlich den Entscheidungs- und Handlungsrahmen - auch für die Medien - vorgibt, und (2) aufgrund der jeweils zugeschriebenen Funktion, die die Nachrichtenmedien hinsichtlich der

Bedingungen der Politikgestaltung ausüben, eher von *CNN Effekten* gesprochen werden könnte. Im Besonderen gilt es noch einmal darauf zu verweisen:

1) Die Massenmedien sind mehr denn je sowohl nationale als auch globale Informations- und Kommunikationskanäle, die für Regierungen die Chancen zur Vorzensur von Nachrichten verringern.

2) Sie geben den Politikern neue Kommunikationsmöglichkeiten an die Hand („public diplomacy", Satelliten-Diplomatie), die auf diplomatischer Ebene, aber auch in anderen Außenbeziehungen den Spielraum an politischen Kontakten vergrößern.

3) Umfassende Medienberichterstattung kann in doppelter Weise sowohl zur Emotionalisierung, Ablenkung oder Aufhetzung der Öffentlichkeit als auch zu ihrer Mobilisierung und Integration in außenpolitische Entscheidungsprozesse beitragen.

4) Im Unterschied zum üblichen außenpolitischen Geschäftsgang und den bürokratischen Handlungsroutinen zielen die Medien in ihrer - Aufmerksamkeit erzeugenden, Öffentlichkeit herstellenden und häufig Komplexität reduzierenden - Wirkung vor allem auf krisenhafte oder besondere Ereignisse mit hohem Nachrichtenwert.

5) Auf gesellschaftlicher wie auf staatlicher Ebene fördert der „CNN-Effekt", insbesondere bei emotional aufwühlenden Bildern, nicht nur a) die Mobilisierung von Teilöffentlichkeiten und zivilgesellschaftlichen Gruppen (amnesty international, Greenpeace etc.), die über die Medien kurzfristig Druck auszuüben und die Öffentlichkeit anzusprechen versuchen, sondern auch b) einen erhöhten Handlungs- und Entscheidungsdruck innerhalb der Regierung, die auf einen durch Medienberichte erzeugten öffentlichen Druck möglicherweise mit populistischen Maßnahmen oder mit einem kurzfristigen, probleminadäquaten Aktivismus reagiert. Der „CNN-Effekt" kommt allerdings dort an seine Grenzen, wo die Bildlichkeit der Ereignisse und die Überzeugungskraft der Bilder nicht mehr den „Primat über die Sache hat, dessen Bild es doch nur ist" (Virilio 1993: 14). Hier trifft zu, was Reinhard Wesel mit Blick auf die „Glaubwürdigkeit von Bildern" und „die Beglaubigung durch Bilder" in einem dialektischen Zusammenhang sieht: „Wenn diese ´Beglaubigung der Wirklichkeit` durch die eingewohnte Bilderflut politisch zum *überzeugenden visuellen Wahrheitsbeweis* wird, kann nur sehr schwer dagegen abstrakt angeredet werden, zumal in der Außenpolitik/Internationalen Politik, in der die wichtigeren komplexen Hintergründe noch schlechter *sichtbar* zu machen sind als in lebensweltlichen Bezügen" (Wesel 2002: 179).

Außenpolitik(analyse) hat sich diese vielschichtigen Aspekte der Verwebung von Politik und Medien bewusst zu machen und in der Betrachtung außenpolitischer Entscheidungen und Aktionen zu berücksichtigen. Das „globale Dorf", das der Medientheoretiker McLuhan in den sechziger Jahren prognostizierte, ist zu einem „global village" der Medienwelt geworden, in dem Fakten und Fiktionen eng zusammen liegen, die Regierungen aber noch stets das Interpretationsmonopol und die Funktionalisierung der Bilder und Medienberichte für sich in Anspruch nehmen.

Kontrollfragen

(1) In welcher Weise dienen die Medien als ein Instrument der außenpolitischen Kommunikation? Was versteht man dabei unter dem Begriff der „public diplomacy"?

(2) Der „Medienoutput" und der „Medieninput" spielen eine wichtige Rolle bei außenpolitischen Entscheidungen. Erklären Sie diesen Zusammenhang.

(3) Was versteht man unter dem so genannten „CNN-Effekt"? Beurteilen Sie vor diesem Hintergrund die Medien bzw. Mediensysteme in anderen Staaten.

(4) Inwiefern sind die Medien ein Agenda-Setter im Bereich der Außenpolitik?

Literatur

Ammon, Royce J.: *Global Television and the Shaping of World Politics. CNN, Telediplomacy, and Foreign Policy*, Jefferson/London 2001.

Auswärtiges Amt (Hrsg.): *Achtes Forum Globale Fragen, 20-21.Februar 2003. Außenpolitik "in Echtzeit"? Die Medialisierung der Weltpolitik*, Berlin 2003.

Bennett, Lance W./Paletz, David L. (Hrsg.): *Taken by Storm: The Media, Public Opinion, and U.S. Foreign Policy in the Gulf War*. Chicago 1994.

Brettschneider, Frank: *Agenda-Setting. Forschungsstand und politische Konsequenzen*, in: Jäckel, Michael; Winterhoff-Spurk, Peter (Hrsg.): Politik und Medien. Analysen zur Entwicklung der politischen Kommunikation. Berlin 1994, S. 211-229.

Brettschneider, Frank: *Mass Media, Public Opinion and Foreign Policy*, in: Eberwein, Wolf-Dieter; Kaiser, Karl (Hrsg.): Germany's New Foreign Policy. Decision-Making in an Interdependent World. Basingstoke, New York: Palgrave, 2001, S. 238-250.

Brettschneider, Frank: *Massenmedien, Öffentliche Meinung und Aussenpolitik*, in: Eberwein, Wolf-Dieter/Kaiser, Karl (Hrsg.): Deutschlands neue Außenpolitik. Band 4: Institutionen und Ressourcen, München 1998, S. 215-227.

Cohen, Bernhard: *The Press and Foreign Policy*, Princeton University Press 1963.

Freedman, Lawrence/Karsh, Efraim: *Gulf Conflict, 1990-1991*, Princeton 1993.

Gellner, Winand/Glatzmeier, Armin: *Macht und Gegenmacht. Einführung in die Regierungslehre*, Baden-Baden 2004.

Goedelt, Christiane/Schwarz, Nina: *Public Diplomacy! Diplomatische Selbstdarstellung durch eine kreative Homepage*, in: Bilgeri, Alexander/Wolf, Alexander L. (Hrsg.): Diplomatie digital. Neue Kommunikationswege der internationalen Politik, Budrich 1994, S. 31-41.

Greenberg, Bradley S./Gantz, Walter: *Desert Storm and the Mass Media*, Creskill, N.J. 1993.

Hindell, K.: *The Influence of the Media on Foreign Policy*, in: International Relations. 12, 4/1995, S. 73-84.

Holsti, Ole R.: *The Belief System and National Images: A Case Study*, in: Rosenau, James (Hrsg.): International Politics and Foreign Policy, (revised ed.), New York 1969.

Jäger, Thomas: *Außenpolitische Kommunikation*, in: Jarren, Otfried/Sarcinelli, Ulrich/ Saxer, Ulrich (Hrsg.): Politische Kommunikation in der demokratischen Gesellschaft. Ein Handbuch mit Lexikonteil, Opladen, Wiesbaden 1998, S. 516-524.

Jakobsen, Peter Viggo: *National Interest, Humanitarianism or CNN: What Triggers UN Peace Enforcement after the Cold War?*, in: Journal of Peace Research. 33, 2/1996, S. 205-215..

Jarren, Otfried//Donges, Patrick: *Politische Kommunikation in der Mediengesellschaft. Eine Einführung, Band 1: Verständnis, Rahmen und Strukturen*, Wiesbaden 2002.

Kleinsteuber, Hans J./Thomass, Barbara: *Politikvermittlung im Zeitalter von Globalisierung und medientechnischer Revolution. Perspektiven und Probleme*, in: Sarcinelli, Ulrich (Hrsg.): Politikvermittlung und Demokratie in der Mediengesellschaft, Bonn 1998, S. 209-229.

Krekeler, Heinz L.: *Die Diplomatie*, München 1965.

Krell, Gert: *Weltbilder und Weltordnung*, Baden-Baden 2003.

Kurtz, Howard: *Spin Cycle. How the White House and the Media Manipulate the News*, New York 1998.

McQuail, Dennis: *McQuail's Mass Communication Theory*, (4. Aufl.), London 2000.

Michaelis, Andreas: *Kein Raum für Geheimdiplomatie: Medien und Außenpolitik*, in: Brandt, Enrico/Buck, Christian (Hrsg.): Auswärtiges Amt. Diplomatie als Beruf, Opladen 2002, S. 138-148.

Mundt, Whitney R: *Global Media Philosophies*, in: Merill, John C. (Hrsg.): Global Journalism: Survey of International Communication (2. Aufl.), New York 1991, S. 11-28.

Pfetsch, Barbara: *Government News Management*, in: Graber, Doris/McQuail, Denis/Norris, Pippa (Hrsg.), The Politics of News. The News of Politics, Washington 1998a, S. 70-94.

Pfetsch, Barbara: *Regieren unter den Bedingungen medialer Allgegenwart*, in: Sarcinelli, Ulrich (Hrsg.), Politikvermittlung und Demokratie in der Mediengesellschaft. Opladen 1998b, S. 233-252.

Saxer, Ulrich: *Der Forschungsgegenstand der Medienwissenschaft*, in: Leonard, Joachim-Felix/Ludwig, Hans-Wener/Schwarze, Dietrich/Strassner, Erich (Hrsg.): Medienwissenschaft. Ein Handbuch zur Entwicklung der Medien und Kommunikationsformen, Berlin/New York 1999, S. 1-14.

Saxer, Ulrich: *Mediengesellschaft. Verständnisse und Missverständisse*, in: Sarcinelli, Ulrich (Hrsg.): Politikvermittlung und Demokratie in der Mediengesellschaft, Bonn 1998, S. 52-73.

Scherer, Helmut: *Priming*, in: Jarren, Otfried; Sarcinelli, Ulrich; Saxer, Ulrich (Hrsg.): Politische Kommunikation in der demokratischen Gesellschaft. Ein Handbuch mit Lexikon. Opladen, Wiesbaden 1998, S. 711.

Schmillen, Achim: *Außenpolitik und Medien im Zeitalter der Globalisierung* (Vortrag und Blattkritik anlässlich der Tagung der Auslandskorrespondenten der Süddeutschen Zeitung am 30.04.2002), in: http://www.auswaertiges-amt.de/www/de/aussenpolitik/planungsstab/mitarbeiter/schmillen_html (02.05.2004)

Schneider, Volker: *Politische Kommunikation in Mehrebenenstrukturen: Zwischen Internationalem System und nationalstaatlichen Handlungsfeldern*, in: Jarren, Otfried/Sarcinelli, Ulrich/Saxer, Ulrich (Hrsg.): Politische Kommunikation in der demokratischen Gesellschaft, Opladen 1998, S. 506-515.

Schoeneberger 1981

Seib, Philipp: *Headline Diplomacy: How News Coverage Affects Foreign Policy*, Westport, Conn./London 1997.

Serfaty, Simon (Hrsg.): *The Media and Foreign Policy*, New York 1990.

Signitzer, Benno: *Staaten im internationalen System*, in: Jarren, Otfried/Sarcinelli, Ulrich/Saxer, Ulrich (Hrsg.): Politische Kommunikation in der demokratischen Gesellschaft, Opladen 1998, S. 496-506.

Späth, Wilhelm: *Global vernetzt - lokal präsent. Wie die deutsche Diplomatie das Internet nutzt*, in: Bilgeri, Alexander/Wolf, Alexander L. (Hrsg.): Diplomatie digital. Neue Kommunikationswege der internationalen Politik, Budrich 1994, S. 49-69.

Strobel, Warren P.: *Late-Breaking Foreign Policy. The Medias Influence on Peace Operations*, Washington 1997.

Taylor, Philip M.: *Global Communications, International Affairs and the Media Since 1945*, London/New York 1997.

Thomass, Barbara/Kleinsteuber, Hans J.: *Kommunikationspolitik international - ein Vergleich nationaler Entwicklungen*, in: Hans-Bredow-Institut (Hrsg.): Internationales Handbuch für Hörfunk und Fernsehen. Nomos, Baden-Baden 2002, S. 88-107.

Virilio, Paul: *Krieg und Fernsehen*, Frankfurt/M. 1993 [1997]

Wesel, Reinhard: *Haben Massenmedien eine besondere Bedeutung in der bzw. für die internationale Politik? Kritische Überlegungen zu einigen gängigen Annahmen*, in: Strübel, Michael (Hrsg.): Film und Krieg. Die Inszenierung von Politik zwischen Apologetik und Apokalypse, Opladen 2002, S. 163-187.

Wilke, Jürgen: *Internationalisierung der Massenmedien. Auswirkungen auf die internationale Politik*, in: Internationale Politik 51, 11/1996, S. 3-10.

Wilke, Jürgen: *Mediokratie. Der Einfluss der Medien auf die internationale Politik*, in: Bertelsmann-Briefe, 139, 1998, S. 64-66.

Wittkämper, Gerhard W. (Hrsg.): *Medienwirkungen in der internationalen Politik, Teil II: Das Beziehungsgeflecht von Außenpolitik und Presse*, Münster 1986.

Wolfsfeld, Gadi: *Media and Political Conflict: News From the Middle East*, Cambridge University Press 1997.

12. Ideologie, Religion und Ethik als Faktoren der Außenpolitik

> *Die Unvollendetheit des Menschen ist es, die als Ausgleich das Selbstverständnis hervortreibt, das ihm sagt, wie er sich vollenden kann. Die Interpretation steht nicht losgelöst neben einer unwandelbaren Wirklichkeit, sondern greift formend in das ein, wovon sie gleichwohl nur die Interpretation sein will.*
> Michael Landmann

Im Denken und Handeln auswärtiger Politik spielen Ideologie, Religion, Nationalismus und ethisch-moralisches Verhalten eine wichtige Rolle. Dies beruht wesentlich auf der Tatsache, dass Politik von den Sicht- und Verhaltensweisen einzelner Menschen bestimmt wird, die sich selbst, ihr unmittelbares Umfeld und die darüber hinaus gehenden Bedingungen ihrer zwischenmenschlichen und materiellen Umwelt anhand eigener Wissensinhalte, Anschauungen und Werte einordnen, strukturieren und beurteilen. Nicht aus dem Blick geraten darf daher das jeweils recht unterschiedlich geprägte Daseins- und Weltverständnis der Akteure auswärtiger Politik. Vor dem Hintergrund ihrer bewusst oder unbewusst wirkenden Weltanschauungen und Sichtweisen nehmen die Menschen, und damit auch die politischen Aktionsträger, (1) die politische Realität wahr, versuchen diese (2) anhand eigener Erfahrungen und der Deutung zurückliegender Ereignisse zu interpretieren, in einen Sinnzusammenhang zu stellen und zu erklären, und (3) Überlegungen und Prognosen zur weiteren Entwicklung politischer Gegebenheiten in der Zukunft zu treffen.

12.1 Weltverständnis, Denkbilder und Außenpolitisches Lernen

Historisches und politisches Wissen, das jedem von uns in unterschiedlicher Weise durch Erinnerungen oder Wissensinhalte verfügbar ist, hat auch auf der politischen Ebene eine entscheidungs- und verhaltenssteuernde Bedeutung. Außenpolitische Entscheidungsträger planen und entscheiden häufig unter Berücksichtigung früherer Ereignisse und Kenntnisse. Über Analogiebildungen werden eigene Lernerfahrungen in die Urteilsfindung und außenpolitische Daseinsorientierung einbezogen. Mit anderen Worten: der Politiker versucht, oder ist gezwungen, außenpolitisch zu lernen.

Was versteht man unter *außenpolitischem Lernen*? Vor allem der so genannte *Denkbild-Ansatz* greift die Bedeutung des „außenpolitischen Lernens" für den Bereich der Politik auf. Als ein primär aus konstruktivistischer Perspektive entwickelter Ansatz geht dieser davon aus, dass Ideen, Normen und Werte das Verhalten der Akteure beeinflussen können.

Ausgehend von Nathan Leites Untersuchungen zu Denkbildern sowjetischer Politiker (1953) und den Studien von Ole Holsti über „belief systems" (Holsti 1962), versuchte Alexander George (1969) mit Hilfe eines strukturorientierten Ansatzes die Bedeutung von Denkbildern zu erklären. Nach George sind Denkbilder (ein Satz von) *Überzeugungen* über die politische Welt, die sich durch besondere Ereignisse, sei es durch Kriege, aggressives Verhalten, Umweltkatastrophen o.ä. verändern. Außenpolitisches Handeln erfolgt stets auf der Grundlage dieser, in der Regel recht unterschiedlichen, Überzeugungen der Politiker:

- zum einen sind dies *normativ-philosophische Überzeugungen*, die verantwortlich sind für das Bild, das sich jeder Einzelne von der „Natur des Politischen" (beispielsweise von Politik als Harmonie, als Konflikt, als Verteilungsproblem) macht, wie also jeder für sich Politik versteht,
- zum anderen sind es die davon abgeleiteten *instrumentellen Überzeugungen*, die die Wahl und den Einsatz der Mittel, das Interessenkalkül und die taktischen Erwägungen des Politikers festlegen.

Denkbildveränderungen (Lernprozesse), wie sie Alexander George beschreibt, lassen sich allerdings nicht nur auf äußere Einflüsse zurückführen. Ein Regierungswechsel, die Übernahme der Exekutive durch eine neue politische Führung (ein *Wechsel der Denkbildträger*) kann ebenso zu einem Wandel der Überzeugungen führen. In welcher Weise sich dieser außenpolitische Lernprozess dabei entwickelt, hängt nicht zuletzt davon ab, ob der Entscheidungsträger über ein kohärentes Denkbild verfügt, auf der Grundlage gefestigter, auf Erfahrungen beruhender, gegenüber Kritik und neuen Informationen widerstandsfähiger Überzeugungen handelt („Experten") oder ob er lediglich nach einem inkohärenten Denkbild („Novizen") urteilt und agiert, das sich aufgrund geringer Kenntnisse und Erfahrungen relativ leicht beeinflussen lässt (Grad der *Denkbildverfestigung*).

Lernprozesse spielen in der Außenpolitik demzufolge eine nicht zu unterschätzende Rolle (Harnisch 2000). Bereits in den siebziger und achtziger Jahren waren eine Reihe von Wissenschaftlern, unter ihnen Ernest May (1973) und Robert Jervis (Jervis 1976: 13-32), Fragen nach dem Einfluss außenpolitischen Lernens nachgegangen, indem sie den Wandel der sowjetischen Außenpolitik anhand außenpolitischer Lernprozesse und am Einfluss von Institutionen und Expertengruppen (so genannten *epistemic communities*) auf diese individuellen und kollektiven Lernprozesse zu erklären versuchten. Im Gegensatz zur rationalistischen Auffassung, dass ein Wandel in der Außenpolitik als „Anpassungsprozess", im Sinne der rationalen Anpassung der Instrumente an die jeweilige Situation oder Konstellation erfolgt, tragen aus Sicht von Jervis und May vielmehr „Lernprozesse" zu einer Veränderung der erwähnten normativen oder instrumentellen Überzeugungen, und damit zu einer Veränderung im außenpolitischen Verhalten, bei. Werden die Erwartungen, die die Entscheidungsträger aufgrund ihrer Denkbilder treffen, erfüllt, kommt es in der Regel zu einer Fortsetzung der Politik und ihrer Verhaltensstrategien, stimmen die Erwartungen aufgrund falscher Beurteilungen und Fehleinschätzungen nur in geringem Maße mit den erwarteten Ergebnissen überein, kann dies durch einen außenpolitischen Lernprozess zur Revision und Überprüfung der bisherigen Denkbilder (Weltanschauungen) führen. Inwieweit sich die individuellen Lernprozesse dabei in kollektive Lernprozesse umwandeln lassen, ist einerseits von der Bedeutung und Machtposition des jeweiligen Politikers, andererseits von der Tragfähigkeit und Wirkungskraft der von den Machthabern erlernten neuen Auswahl an Zielen und Mitteln abhängig (z.B. „Beschwichtigungspolitik" am Vorabend des Zweiten Weltkrieges).

Denkbilder, wie wir sie hier in knapper Form skizziert haben, weisen darauf hin, dass die individuellen Akteure der Außenpolitik von zentralen, in ihrem Weltverständnis verankerten Annahmen ausgehen (so genannten „master beliefs"), die den Ausgangspunkt ihrer soziopolitischen Daseins- und Weltorientierung bilden und sich nur schwer verändern lassen. Weltverständnis und Persönlichkeitsbild des Einzelnen sind demzufolge wichtige Faktoren auswärtiger Politik. Nach den Denk- und Weltbildern (als Teil einer außenpolitischen Kultur) zu fragen bedeutet, die Weltsicht und das Daseinsverständnis, das Bedeutungs- und Wertesystem des Einzelnen - auch die kollektiven Wertepräferenzen einer Gemeinschaft - zu analysieren, um so einen wesentlichen Teil des Außenverhaltens bzw. der außenpolitischen Handlungsstrategien eines Staates zu erklären. Nicht nur materielle, sondern auch ideelle Faktoren spielen daher eine prominente Rolle, wenn es um das Verstehen von Außenpolitik geht.

12.2 Perzeption und Wirklichkeit

Außenpolitische Perzeptionen gewinnen in diesem Zusammenhang an Relevanz. In aller Regel wird das Verhalten der politischen Führung von einer Vielzahl an Eindrücken, Erkenntnissen und Informationen aus der Umwelt beeinflusst. Durch Informationen über tatsächliche oder vermutete Ereignisse und Gegebenheiten (z.B. Massenvernichtungswaffen im Irak oder atomare Produktionsanlagen in Nordkorea und Iran), offizielle oder inoffizielle Stellungnahmen, Kommentare und Berichte, öffentliche und geheime Analysen aus dem In- und Ausland (z.B. von Nachrichtendiensten oder Botschaftspersonal) erhält der Entscheidungsträger eine Fülle an Nachrichten und Informationen. Gleichsam in Form eines Perzeptionsfilters, einem durch die individuellen Vorstellungsbilder strukturierten Erkenntnissystem, werden die Informationen verarbeitet. Die Weltwirklichkeit wird subjektiv wahrgenommen und durch die individuellen Denk- und Lernprozesse, durch das von der eigenen Situation und Interessenlage definierte Selbstverständnis der Politiker erfassbar und zu entsprechenden Vorstellungsbildern von der internationalen Umwelt geformt

Für Robert Jervis, der sich in den 70er Jahren eingehender mit der Rolle der Wahrnehmung außenpolitischer Entscheidungsträger beschäftigt hatte, ist daher die Perzeption ein wesentlicher „Drehpunkt" eigen- und fremdstaatlichen Handelns. Entscheidungsprozesse der Regierung werden nicht nur von äußeren Faktoren beeinflusst. Für das Handeln des politischen Akteurs spielt auch die psychologische Dimension eine tragende Rolle. Psychologische und psychoanalytische Faktoren nehmen einen nicht zu unterschätzenden Einfluss auf das Verhalten von Akteuren. Fehlwahrnehmungen und Fehlkalkulationen, die Konstruktion von (aggressiven) Feindbildern, die selektive Verarbeitung von Informationen, die Ablenkung von internen Problemen durch Feindbildprojektionen oder die Gefahr von Idealisierungen sind einige der Aspekte, die es beim außenpolitischen Handeln zu berücksichtigen gilt (vgl. Vertzberger 1984, 1990, De Rivera 1968, auch Walker 1990).

Perzeptionen oder Wahrnehmungen, von denen wir in diesem Zusammenhang sprechen, setzen sich aus Bildern (images), Überzeugungen/Denkbildern (beliefs) und Absichten (intentions) zusammen. Davon abgesehen, dass nie sämtliche Prozesse und Strukturen der objektiven politischen Wirklichkeit perzipiert werden können, sondern nur ein Teilausschnitt, wird die subjektive Wahrnehmung dieser Umwelt häufig für richtig gehalten. Regierungen handeln daher außenpolitisch zumeist in teils richtiger, teils falscher Erkenntnis der Wirklichkeit. Wie die Außenpolitik Russlands durch die benachbarten GUS-Staaten, die Ukraine oder die VR China wahrgenommen wird, in welcher Weise man gegenseitige Aufrüstungsprozesse in der Staatenwelt des asiatisch-pazifischen Raumes perzipiert, wie die Politik der Regierung in Karthoum gegenüber der Bürgerkriegssituation in Darfur oder die Außenpolitik unter Chavez in Venezuela aus Sicht anderer Staaten beurteilt wird, ist für die Analyse auswärtiger Politik von erheblicher Bedeutung (vgl. Cohen 1979, Holsti 1997, Sakai 2001).

Hierbei gilt es zwischen zwei verschiedenen Perzeptionsformen zu unterscheiden: (1) den unreflektierten Perzeptionen, die eher unbewusst und innerhalb kürzester Zeit durch den Selektions- und Ordnungsmechanismus des jeweiligen Weltverständnisses und mit ihnen verbundener Denkbilder erfolgen, sowie (2) reflektierte Perzeptionen, die sich, als Ergebnis zumeist rationaler und bewusster Wahrnehmungen, zu längerfristigen und stabilen Vorstellungsbildern (images) von der außenpolitischen Wirklichkeit verfestigen.

Insofern hat es eine enorme Bedeutung,

1) ob und inwieweit neue und vor allem widersprüchliche Informationen in das bestehende Vorstellungsbild von Politikern integriert werden,

2) ob grundsätzlich die Bereitschaft zur Korrektur der bisherigen Sichtweise besteht,

3) in welchem Maße den beteiligten Regierungen die selben Informationen zur Verfügung stehen, um Missverständnisse zu vermeiden,

4) ob unter Umständen die außenpolitischen Maßnahmen eines anderen Staates als feindseliger, hierarchisch gesteuerter oder zweckorientierter beurteilt werden als sie es tatsächlich sind, oder

5) ob man die Aussagen und Stellungnahmen von Entscheidungsträgern, insbesondere des Außen- oder Verteidigungsministeriums, mit denjenigen der Regierungsführung gleichsetzt.

12.3 Außenpolitische Funktionen der Ideologien

Ideologien zählen in diesem Kontext zu den für die Außenpolitik historisch wirkungsmächtigen Faktoren, die in der Geschichte und Gegenwart der internationalen Beziehungen eine eminente Rolle spielen. In der Zeit des Ost-West Konfliktes bildete der
ideologisch-systemare Gegensatz zwischen den USA und der Sowjetunion eine zentrale
Strukturkomponente der Weltpolitik. In einem Zeitalter der Ideologien, wie Karl Diet-
rich Bracher das 20. Jahrhundert definierte, waren bereits seit dem Ende des Ersten
Weltkrieges drei ideologische Bewegungen von weltpolitischer Tragweite entstanden,
die zu ideologisch bedeutsam verschärften Konflikten und Kriegen führen sollten: (1)
ein auf der Grundlage des nationalen Selbstbestimmungsrechtes beruhender, mit liberaldemokratischen Ordnungsvorstellungen verbundener Wilsonianismus, der zur Wende
des 20. Jahrhunderts im Weltverständnis der Neokonservativen ein neues Gewicht erhalten hat, (2) das mit Gründung der Sowjetunion unter Lenin verfolgte Ziel einer
kommunistischen Gesellschaft und Weltrevolution sowie der Gründung einer Föderation von Sowjetrepubliken, das mit dem Zusammenbruch der Sowjetunion 1990 endete,
jedoch bis heute in der veränderten und spezifischen Form unterschiedlicher kommunis-
tischer Systeme fortwirkt, (3) ein von sozialdarwinistischen Thesen angeleiteter, von
biologischem Materialismus und rassischer Höherwertigkeit geprägter Faschismus bzw.
Nationalsozialismus, der in eine maßlose Vernichtungspolitik mündete.

Nicht nur außenpolitische Interessen und Denkbilder, sondern auch Ideologien bzw.
Ideensysteme der jeweiligen Ideologie können das außenpolitische Verhalten steuern.
Dass Ideologien diese Wirkung entfalten, ist ihrer Funktion zuzuschreiben, sowohl ein
die Politik mit verursachender Faktor als auch ein zu Manipulationszwecken einsetzba-
res Instrument der Innen- und Außenpolitik zu sein. Ideologien fungieren insofern „als
ein System von Denkweisen und Wertvorstellungen, die einer bestimmten gesellschaftlichen, wirtschaftlichen oder politischen Interessenlage zugeordnet sind" (Häckel 2005:
170, Kindermann 1991, Rohe 1984). Mit einer spezifischen Programmatik versehen,
erheben Ideologien zumeist den Anspruch, eine universell gültige „Wahrheit", ein von
den realen Bedingungen scheinbar losgelöstes „Weltbild" zu repräsentieren, das Unzulänglichkeiten und Fehler der politischen Wirklichkeit aufdeckt und, teilweise einem
Heilsversprechen gleich, eine scheinbar objektive und moral-ethisch begründete und
gerechtfertigte Lösung anbietet. Mit anderen Worten: Regierungen, politische Gruppierungen, transnationale Akteure etc. operieren auf dem Gebiet der Außenpolitik oftmals
mit propagandistischen Mitteln, die von Falschaussagen, Interessenverschleierung und
Wahrheitsverfälschungen bis zu Trugschlüssen und Halbwahrheiten reichen und zur
Rechtfertigung der eigenen Politik dienen. Als Prägekräfte wirken sie nicht nur im Da-
seins- und Weltverständnis und in den Wahrnehmungen der Entscheidungsträger. Sie
werden zum Verhaltensmaßstab für das gesamte Staatssystem, abhängig von den staatlich organisierten Herrschaftsinteressen der politischen Elite.

Außenpolitik ist daher auf mögliche ideologieverdächtige Aussagen oder Verhaltensweisen hin zu prüfen, mit Blick auf die scheinbaren und tatsächlichen Interessen
eines Akteurs zu beleuchten. Ideologie und Interessenkalkül können dabei durchaus im

Widerspruch zueinander stehen. Trotz ideologisch-systemarer Gegensätze und ernster Konflikte in den sino-amerikanischen Beziehungen hatten Washington und Peking den politischen Nutzwert einer diplomatischen Annäherung zwischen beiden Staaten nicht übersehen und gegen ein mögliches Spannungsverhältnis der USA mit der Sowjetunion und China bzw. der VR China mit den USA und der Sowjetunion aufgerechnet. Präsident Nixon, als einer der vehementesten Kritiker des chinesischen Kommunismus, wie auch Mao Tsetung, der nach 1949 einer Konfrontationspolitik gegen Amerika gefolgt war, sahen beiderseits in nüchterner, realistischer Analyse die Vorteile einer Beziehungsnormalisierung.

Die Außenpolitik der Staaten wie auch das Selbstverständnis der Entscheidungsträger wurden so über viele Jahrzehnte vom ideologischen Kompass des Gegensatzes zwischen pluralistisch-demokratischen Systemen im „Westen" und kommunistischen Systemen im „Osten" geprägt. Über den Prozess der Dekolonialisierung erhielten national-revolutionäre Bewegungen und ihre Ideologien in den Entwicklungsländern (im Sinne einer neutralen Außenpolitik) eine ebenso wichtige Bedeutung wie der bis heute ideologisch durch die „europäische Idee" beeinflusste Prozess einer vielschichtigen Integration Europas. In Gestalt eines politisierten, den Nährboden für terroristische Gewaltakte schaffenden religiösen Fundamentalismus, ethnisch-nationalistischer Sezessions- und Autonomiebewegungen, neokonservativer und neoliberaler Deutungsmuster oder asiatischer Denkmodelle und Weltbilder finden wir in der weltpolitischen Gegenwart alte und neue Leitideen, Konzepte und Orientierungsmuster, die oftmals eine uneingeschränkte Exklusivität für sich in Anspruch nehmen. Politische Systeme eines bestimmten Typs, aber auch Akteure einer spezifischen Grundhaltung begrüßen dabei in aller Regel die Ausdehnung und Stärkung ähnlicher Systeme oder Akteure (z.B. den Prozess der Demokratisierung) und empfinden die Expansion ideologisch feindlicher Systeme als Bedrohung. In der Ideologie des Nationalstaates und des jeweiligen Systems, das heißt in der Form des Nationalismus und der Systemverbundenheit, heute zusätzlich in Gestalt einer politisierten Religion, finden wir wesentliche ideologische Faktoren, die das außenpolitische Verhalten beeinflussen und mitprägen (vgl. Macridis 1996, Ramazani 2004).

Neben der kognitiven Funktion von Ideologien, die ihnen die Eigenschaft eines „analytischen Prisma" mit jeweils zugrunde liegenden Wertpräferenzen, Deutungsmustern und Sinnkonstruktionen verleiht, unterstreicht Carlsnaes die praktische Bedeutung ihrer normativen Funktion, durch die Ideologien eine Möglichkeit zur Vermittlung von Sinn und Orientierung des eigenen Handelns („guide to action") anbieten (Carlsnaes 1986: 168). Hinsichtlich der ideologischen Begründung von Außenpolitik gibt es allerdings eine Vielzahl weiterer, den politischen Ideologien zurechenbarer funktionaler Merkmale.

Hinsichtlich ihrer außenpolitischen Funktionen dienen Ideologien
  ➢ als Legitimationsgrundlage, die den Führungsanspruch (der Partei, des Staatspräsidenten, des Führers) rechtfertigt; diese beziehen sich auf Maßnahmen, die sie im Namen der Ideologie, oft über emotionale Werte oder Symbole, ergreifen,

➢ zur Verschleierung der tatsächlichen Machtstrukturen und Herrschaftsprozesse, aber auch konkreter Interessen,

➢ zum Aufstellen von Wertpostulaten,

➢ als Grundlage für daraus ableitbare Zielsetzungen, die taktisch geschickt, verdeckt oder offen im Rahmen der vorgelegten Ideen verfolgt werden,

➢ im Sinne einer verhaltenssteuernden Wirkung zur Festigung und Unterstützung der eigenen Machtgrundlagen bei sympathisierenden Gefolgschaften,

➢ als geistige Waffe oder politisches Instrument gegen die Opposition oder aber die Ideologie des anderen Staates (auch in Form einer gemeinsamen politischen Sprache),

➢ als weltanschauliches Orientierungssystem (insbesondere bei totalitären Ideologien),

➢ zur Rechtfertigung der eigenen Wertvorstellungen (ethischen Normen, Ideale, religiösen Motive etc.) zum Zweck der Absicherung außenpolitischer Ziele, Ansprüche oder Maßnahmen, und/oder

➢ zur Entwicklung eines konfrontativen Freund-Feindbildes.

Die Berücksichtigung von Feindbildern oder "images" in der politikwissenschaftlichen Analyse (Frei 1989; Flohr 1991) verweist dabei seit Beginn der "Feindbild-Forschung" (Weller 2001) auf einen wichtigen erkenntnistheoretischen Aspekt: auf die in Einstellungsmustern, Weltbildern und ideellen Handlungsgrundlagen feststellbare "Diskrepanz von Realität und Vorstellung", verbunden mit einem, von Senghaas schon in den 70er Jahren herausgestellten "doppelte(n) Realitätsverlust bei sich aufbauenden Feindschaften": der "Verzerrung der Information aus der Umwelt" einerseits, sowie dem "graduellen Abbau eines realitätsangmessenen Selbstverständnisses" (Senghaas 1972: 73) andererseits.

Offene und *geschlossene, partielle* und *systemhafte* sowie *totale* Ideologien bilden dabei besondere Formen einer mehr oder weniger stark organisierten, unterschiedliche Daseinsbereiche des menschlichen und gesellschaftlichen Lebens erfassenden und lenkenden Ideologie. Während geschlossene Ideologien hauptsächlich an einer konkreten, die Ideologie repräsentierenden und durchsetzenden Autorität (z.B. charismatische Führer, Parteien wie die Baath-Partei im Irak) gebunden sind, weisen offene Ideologien keinerlei Lenkungsinstanzen auf, die das im Rahmen der Ideologie definierte Leitbild festlegen und bestimmen (z.B. mit Blick auf die „europäische Idee", die panarabische oder panislamische Bewegung, die Ausprägungsformen des Liberalismus, Konservatismus und Nationalismus). Wirken die Ideologien nur auf einen konkreten Teilbereich des gesellschaftlichen und politischen Lebens, beispielsweise in der früheren rassisch orientierten „Apartheid"-Politik in Südafrika, in der Förderung eines neoliberalen, auf Deregulierung und Freihandel beruhenden Wirtschaftsmodells, in der Beeinträchtigung der soziopolitischen Daseinsgestaltung ethnisch-nationaler Minderheiten wie im westlichen Balkan etc. haben wir es mit partiellen Ideologien zu tun, die sich von systemhaften Ideologien durch ihre mehrere Teilbereiche (historische, wirtschaftliche, innen- und außenpolitische, soziale, kulturelle etc.) umfassende Programmatik unterscheiden. Im

Sunyatsenismus (formuliert in einer nationalrevolutionär orientierten Lehre durch Sun Yat-sen, den Gründer und „Vater" der chinesischen Republik im Jahre 1911) und Islamismus etc. finden wir Anhaltspunkte einer durch Parteien oder Bewegungen vertretenen Programmatik.

Totale Ideologien stellen demgegenüber eine Sonderform dar, die sich durch ihren geschlossenen und systemhaften Charakter auszeichnet. Über eine Kombination zusätzlicher Mittel versuchen totale Ideologien nicht nur die Absicht glaubhaft zu machen, dass man in der Innen- und Außenpolitik einer höheren Sache dient, zu der man sich bzw. die Nation berufen fühlt. Ein überwiegend von elitistischen Parteidiktaturen getragenes Informations-, Lenkungs- und Wahrheitsmonopol dient zur umfassenden Instrumentalisierung aller Daseinsbereiche des sozialen Lebens, unterstützt durch eine stets aktive und auf die Leitideen einschwörende Massenmobilisierung sowie begleitet von einer Propaganda- und Abgrenzungspolitik, die über Terror und Gewalt nicht nur potentielle Gegner bis zu ihrer Vernichtung bedroht, sondern zugleich einen neuen Typus staatlichen, gesellschaftlichen und menschlichen Lebens zu schaffen versucht. In der Ideologie eines an sozialdarwinistischen Theorien ausgerichteten Nationalsozialismus, eines von Lenin und Stalin beförderten Kommunismus oder in der chinesischen Kulturrevolution sich manifestierenden Maoismus, in neuerer Zeit noch immer in Gestalt der so genannten Juché-Ideologie von Kim Il-sung und seinem Sohn Kim Jong-il in Nordkorea finden wir dafür im 20. und 21. Jahrhundert treffende Beispiele.

Erwin Häckel verweist darüber hinaus auf eine für die Außenpolitik spezifische Bedeutung von Ideologien: „Schon oft ist nachgewiesen worden, dass sich hinter dem hohen Anspruch einer ideologisch begründeten Außenpolitik regelmäßig die nüchterne Realität nationalstaatlicher Machtpolitik verbirgt. (...) Indem sich die Nation als Träger einer höheren Berufung zum Wohl der Menschheit erkennt, erfährt auch der Nationalstaat eine besondere Weihe. So erweist sich die ideologische Begründung der Außenpolitik aus dem Geist der Innenpolitik letztlich wieder als Rechtfertigung der nationalstaatlichen Herrschaftsform" (Häckel 2005: 174). Dieser Gedanke führt uns zum Begriff des Nationalismus als Bestimmungsfaktor außenpolitischen Handelns.

12.4 Exkurs: Nationalismus

Seit etwa 200 Jahren bildet der Nationalismus einen wesentlichen Faktor der zwischenstaatlichen Beziehungen. Den Nationalismus der heutigen Zeit kann man dabei nicht mehr mit den Vorstellungen von Nation oder Nationalismus aus der Zeit der Aufklärung vergleichen. Von diesen früheren Vorstellungen (18. Jh.) leitet sich der Begriff als Motivationsfaktor allerdings wesentlich ab, hat der neuzeitliche Nationalismus seinen Ursprung. Einen Bezug zum Begriff Nation im internationalen Staatensystem finden wir unmittelbar in den Vereinten Nationen, die sämtliche Staaten oder Nationen um sich gruppiert. Internationale Politik ist ihrer Wortbedeutung nach eine Politik *inter nationes*. Der Begriff der Nation meint dabei jedoch etwas anderes als der Begriff des Staates (vgl. Gellner 1997, Halliday 1999, Beiner 1999).

Dem rechtlichen und politischen Sprachgebrauch nach wird Nation zunächst begrifflich gleichgesetzt mit dem „*Staatsvolk*". Darüber hinaus hat Nation vor allem aber die Bedeutung einer *historisch-politischen Gemeinschaft* (einer Willens-, Interessen- oder Solidargemeinschaft), die sich nach außen geschlossen darstellt und durch eine gemeinsame Abstammung, zumindest durch eine gemeinsame Sprache, Kultur und Geschichte geprägt ist. Häufig spiegelt sich darin die Zielsetzung einer *nationalen Ideologie*, mit dem Zweck einer konkreten Sinn- und Identitätsstiftung, wider. Die Idee der Nation bringt dem Angehörigen eines Staates diese Form der Zugehörigkeit zu einem bestimmten politischen Gemeinwesen erst zu Bewusstsein. Das *Nationalbewusstsein* wird zur Grundlage eines akzeptierten Zugehörigkeitsempfindens.

Nationalgeschichte und nationale Mythen finden wir daher überall als bewusste oder unbewusste Handlungs- bzw. Motivationsfaktoren: ein auf das Geschichtsbild der „grande nation" zurückgehendes Weltverständnis Frankreichs, das auf den Überlegungen eines „american exceptionalism" aufruhende amerikanische Geschichtsverständnis, Mythologien asiatischer Staaten oder die Philosophie der deutschen Romantik (vgl. Schieder 1991). Der Nationalismus dient als Motivationsfaktor zur Unterstützung und Rechtfertigung oder als Legitimationsgrundlage des außenpolitischen Handelns. Im Nationalismus verankert ist dabei oftmals die positive *Selbststilisierung* der eigenen Nation, die Förderung eines nationalen *Wir-Gefühls* in Abgrenzung zu anderen Völkern, Nationen oder Volksgruppen, nicht selten gesteigert durch die Perspektive einer Bedrohung. Der Nationalismus bildete in dieser Funktion eine Haupttriebkraft des politischen Wandels im 19. und zu Anfang des 20. Jahrhunderts, nicht zuletzt auf dem Boden des 1917 von Woodrow Wilson formulierten Rechts auf nationale Selbstbestimmung (vgl. Vierzehn Punkte-Erklärung), insbesondere in seiner Form einer Politik des Imperialismus und eines fremdenfeindlichen Ultranationalismus (z.B. in Deutschland und Japan), später im Prozess der Entkolonialisierung in den afrikanischen und asiatischen Staaten. Nationalhymnen, Flaggen und nationale Sportmannschaften bei Olympischen Spielen illustrieren die teils aktive, teils passive Form eines Nationalbewusstseins oder eines Nationalgefühls bei historisch gewachsenen und politisch organisierten kollektiven Gruppen.

Ein Großteil der heute in vielen Regionen der Weltpolitik auffindbaren ethnisch-nationalen Spannungen und Konflikte, die zu gewalthaltigen Bürgerkriegen hinaufeskalieren (vgl. MacIver 1999, Hechter 2000), resultiert aus diesen national geprägten Bewusstseinsinhalten. Forderungen nach Autonomierechten sind in Europa nichts Unbekanntes (z.B. der baskischen Separatistenbewegung in Spanien oder der korsischen in Frankreich). In neuerer Zeit ist der Nationalismus jedoch verstärkt zu einer Frage der ethnischen Identität geworden, die in Sezessionsbewegungen, Forderungen nach Autonomie und politischer Unabhängigkeit oder einer gewaltbereiten Haltung gegenüber allem Fremden zum Ausdruck kommt. Nach dem Ende des Kalten Krieges entfaltete ein *ethnischer Nationalismus* seine enorme zerstörerische Kraft (a) im westlichen Balkan, mit dem Aufbrechen des multiethnischen jugoslawischen Staatsverbandes zwischen Bosniern, Kroaten, Serben und Kosovaren, (b) in der transkaukasischen Region früherer Sowjetrepubliken, nicht zuletzt in der mit massiven Gewaltmitteln ausgetragenen Konfrontation zwischen der russischen Regierung und dem nach Unabhängigkeit strebenden Tschetschenien als auch in der (c) kaschmirischen Konfliktregion zwischen Indien und Pakistan. In verschiedenen Regionen der Weltpolitik, vor allem im Vorderen Orient mit den Forderungen der Palästinenser und Kurden nach einem quasi-autonomen Staat, aber auch in Sri Lanka, Burundi, Kongo, Somalia, Äthiopien, Mexiko etc. hat ein neuzeitlicher ethnischer Nationalismus wesentliche Auswirkungen auf die Innen- und Außenpolitik der Staaten.

Aus einer Mischung von kultureller und nationaler Identität und der Legitimität älterer Religionen hat sich zugleich ein *religiöser Nationalismus* herausentwickelt, der zu einem spezifischen Phänomen der jüngeren Weltpolitik geworden ist (Juergensmeyer 1993). In Iran, Sudan, Libanon, Israel, Sri Lanka oder Nordirland und den USA, mit der Rolle evangelikaler Rechter im amerikanischen Präsidentschaftswahlkampf, finden wir unterschiedlich bemerkbare Resultate eines religiösen Nationalismus. Einige religiös-nationale Klein- oder Großgruppen nutzen dabei das Mittel der Gewalt, häufig durch terroristische Anschläge, um ihre Ziele und Forderungen durchzusetzen. Die aus einer militant-islamischen Bewegung von paschtunischen Studenten hervorgegangene Gruppe der Taliban in Afghanistan sind dafür ein ebenso bezeichnendes Beispiel wie die israelfeindlichen Aktionen gewaltbereiter Mitglieder der islamischen Hamas oder der gegen nicht-islamische Staaten transnational agierenden Al-Qaida.

Vor diesem Hintergrund nutzen Führungsträger die emotionalen und sozialpsychologischen Funktionen des Nationalismus, im Sinne der bewussten Zugehörigkeit zu einer Nation und der in ihr zum Ausdruck kommenden Erfahrungen einer geschichtlichen Erfolgs-, Leidens- und Schicksalsgemeinschaft, zum Zweck der eigenen Außenpolitik. Auf serbischer wie kroatischer Seite hatten der an einem Groß-Serbien orientierte Slobodan Milosevic und der auf kroatische Suprematie und Unabhängigkeit drängende Franjo Tudjman eine die Massen erfassende nationale Leidenschaft zu nutzen versucht. Durch Erinnerung an historische Erfahrungen und Geschehnisse (z.B. die Freiheitskriege der Balkanvölker) wurde der Nationalismus zu einem Instrument politischer Massenmobilisierung.

In Emotionen wurzelnd, stellt der Nationalismus auch heute einen essentiellen Faktor der Außenpolitik dar, der in unterschiedlicher Weise zu einer wirkungsmächtigen Kraft werden kann:

> ➤ im Sinne eines revolutionären Nationalismus, auf den sich die Regierung zu ihrer Legitimation und zur Mobilisierung eines Nationalgefühls beruft. Charakteristisch für die Ausstrahlungskraft und Wirkung solcher Nationalismusfunktionen waren und sind häufig nationale Entwicklungsländerideologien (z.B. in afrikanischen oder lateinamerikanischen Staaten, mit Fidel Castro als Träger und Verkünder einer langjährigen nationalrevolutionären Entwicklung in Kuba seit 1959 oder etlichen mexikanischen Präsidenten in ihrer Selbstbezogenheit auf die Mexikanische Revolution von 1910 als ein Instrument innen- und außenpolitischer Interessengestaltung).

> ➤ zur Rechtfertigung propagandistisch geschickt verschleierter Expansionsziele, wie sie unter einem totalitären deutschen Nationalismus oder destruktiven, im-

perial agierenden japanischen Nationalismus während des Zweiten Weltkrieges zum Ausdruck kamen. In ähnlicher Weise sollte für Saddam Hussein der irakische Nationalismus die Rechtfertigung zur Eroberung und Besetzung Kuwaits liefern.

➢ zur Legitimation von Kriegen, die im Namen eines höheren moralischen Auftrags und unter Berufung auf allgemeine nationale Wertepräferenzen und Motive geführt werden, so z.B. zur Begründung des Kriegseintritts der USA gegen die Achsenmächte im Zweiten Weltkrieg oder zur Rechtfertigung des Golf-Krieges von 1991 („Kreuzzug für Freiheit und Demokratie").

➢ zur Verringerung der gesellschaftlichen Loyalität, zumeist über die Technik propagandistischer Mittel, die einer fremdstaatlichen Regierung die (von der Bevölkerung getragene) nationale Unterstützung ihrer Herrschaftsinteressen entzieht; beispielsweise durch die nach Ostdeutschland und in die kommunistischen Staaten Osteuropas ausstrahlenden Hörfunksendungen von Radio Free Liberty während des Ost-West-Konfliktes.

➢ als Solidaritätsappell, der auf den Nationalismus als eine (ethnische) Spannungen und Einzelinteressen transzendierende und integrierende politische Kraft zurückgreift; so im Fall des von Malayen, Chinesen und Indern bewohnten Malaysia. Tito hatte zur Aufrechterhaltung des nach seinem Tode zerbrechenden jugoslawischen Staatsverbandes auf diese konstruktive Wirkungsweise einer nationalen Ideologie gesetzt.

➢ zur Entwicklung unterschiedlicher Formen eines nationalen Kommunismus, der nicht nur in den Spannungen zwischen Moskau und Peking seit Anfang der sechziger Jahre zum Ausdruck kam, sondern bis heute in voneinander abweichenden Varianten eines national geprägten Kommunismus in China, Vietnam, Kuba oder, in extremster Form, in Nordkorea, vorzufinden ist.

➢ zur Durchsetzung territorialer oder sonstiger Ansprüche und Rechte, die - in der Ausprägung eines destruktiven Nationalismus - von der Geringschätzung und Nichtachtung anderer Nationen oder Nationalitäten bis zur Unterdrückung oder völligen Vernichtung dieser Gruppen reicht, wie das Beispiel so genannter „ethnischer Säuberungen" im damaligen Jugoslawien, die Stammeskonflikte in Ruanda oder die menschenrechtswidrige Situation im sudanesischen Darfur unterstreichen.

➢ zur Verwirklichung des Rechts auf nationale Selbstbestimmung in einem multiethnischen Staatsgefüge, so z.B. für Eritreer in Äthiopien, für die um eine staatliche Eigenständigkeit Biafras kämpfenden Ibo-Nationalisten in Nigeria oder für Singhalesen in ihrem spannungsreichen Konflikt mit den Tamilen auf Sri Lanka.

➢ zur Mobilisierung der Bevölkerung gegen die Staatsführung, mit dem Ziel eines Regierungsumsturzes (z.B. in den 70er und 80er Jahren die Bewegung der Sandinistas in Nicaragua oder der FMLN in El Salvador) oder einer größeren Autonomie sowie eines politischen und wirtschaftlichen Machtzugewinns (z.B. der Zapatistas in Chiapas/Mexiko, der Miskitos in Nicaragua oder der Gagauz in Moldawien), schließlich

> ➤ zur Errichtung einer psychologisch wirksamen, die nationalen Wertvorstellungen schützenden und mit emotionaler Hingabebereitschaft durch die Bevölkerung unterstützten Abwehr gegen eine „ausländische" Intervention bzw. Einmischung in die inneren Angelegenheiten.

Wie wir sehen können, ist der Nationalismus ein bis in die Gegenwart fortwirkender Faktor auswärtiger Politik, der hinsichtlich der Kooperation zwischen den arabischen Staaten ebenso ein Hindernis darstellen kann wie im Fall einer weitergehenden Zusammenarbeit zwischen den Staaten Südostasiens im Rahmen der ASEAN oder der EU-Mitgliedstaaten auf ihrem Weg zu einer vertieften Integration innerhalb Europas. Mit Blick auf den Nationalismus als die Gesamtheit der Verhaltensweisen von Individuen und Gruppen, die die eigene Nation als vorrangigen Bezugspunkt der politischen Wertorientierung verstehen, sind dabei die Begriffe *Staatsnation* und *Kulturnation* voneinander zu unterscheiden. Im Rahmen von Staatsnationen leben Menschen trotz verschiedener Abstammung, Sprache und Kultur in einem gemeinsamen Staatswesen zusammen. Das Volk wird gleichgesetzt mit dem Begriff der Nation, es umfasst die Gesamtheit der Staatsbürger, wie es dem Grundgedanken der Amerikanischen und Französischen Revolution entspricht. Bei der Kulturnation stehen dagegen wesentlich die gemeinsame Abstammung, die Sprache, Herkunft, die Bedeutung der politischen Schicksals- und Siedlungsgemeinschaft, Tradition und Abgrenzung nach außen im Vordergrund.

Hinsichtlich der künftigen Wirkungschancen des Nationalismus gilt es darauf zu achten, dass die Globalisierung die Kohäsions- bzw. Bindungskraft nationaler Gemeinschaften, vor allem in ihrer wichtigsten Dimension der wirtschaftlichen Verflechtung, belastet. Hinzu kommen die internationale Ausbreitung der Informationstechnologie und Telekommunikation, die Probleme überlasteter Ökosysteme oder die Folgen der Zusammenarbeit von Regierungs- und Nichtregierungsorganisationen, die die transnationalen Beziehungen weiter vertiefen. Ähnliches gilt für die zahlreichen Finanzströme und Finanzkreisläufe, die oft eine von der nationalen Volkswirtschaft entkoppelte Eigendynamik entfalten. Inwieweit die Grenzen der Nationalstaatlichkeit dadurch aufbrechen, wird in der Politikwissenschaft kontrovers diskutiert. Andererseits ist festzustellen, dass globale Interdependenz einen Prozess der gegenseitigen Abgrenzung, der *Fragmentierung* und des Insistierens auf Ethnizität, Nation, Territorium und lokaler Identität fördert; oft zusammenhängend mit dem Anspruch auf oder der Betonung von nationalstaatlicher Souveränität, einer sich nach außen absichernden Nationalökonomie und eigenständigen Kultur (vgl. Cedermann 1997).

Nach Habsbawm findet sich dabei die oftmals semantische Illusion, „die heute alle Staaten offiziell zu ˊNationenˋ macht, selbst wenn sie offensichtlich gar keine Nationen sind. Infolgedessen neigen alle Bewegungen, die nach territorialer Unabhängigkeit streben, zu der Vorstellung, ihr Ziel sei die Errichtung einer ˊNationˋ, auch wenn dies überhaupt nicht der Fall ist; und alle Bewegungen, die für regionale, lokale oder auch partikulare Interessen gegen die Zentralmacht und den bürokratischen Staatsapparat kämpfen, werden sich nach Möglichkeit ein nationales Kostüm umhängen und auf ethnische und/oder sprachliche Eigenständigkeit pochen." In den letzten Jahren haben sich mit dem Nationalismus immer enger Ethnizität und Religion verknüpft, um so im weiteren zur Mobilisierung nationaler Minderheiten und ihrer Rechte beizutragen. Der dritte große Zusammenbruch in der europäischen Geschichte des 20. Jahrhunderts, das Ende des kommunistischen Systems, hat zu einer Wiederbelebung des Nationalbewusstseins vor allem unter den Völkern Osteuropas, aber auch in Russland und den Staaten der GUS geführt. Über zwei Generationen seit der Oktoberrevolution von 1917 verdeckt, lässt sich annehmen, dass nicht nur Territorialkonflikte im Vordergrund zwischenstaatlicher Krisen oder Kriege stehen werden, sondern in großem Maße innerstaatliche, ethnisch-national begründete und mit nationalistischen Ideologien ausgetragene Konfliktformationen (u.a. Bürgerkriege), die durch eine Einbindung äußerer Akteure eine internationale Dimension erhalten und die Außenpolitik prägend mitgestalten.

12.5 Religion als Motivationsfaktor

Fragen zum Verhältnis von Religion und Außenpolitik/Internationale Politik zählten bis vor wenigen Jahren kaum zur politikwissenschaftlichen Forschungsagenda. Die nachhaltige Wirkung der terroristischen Anschläge vom 11. September wie auch die lebhafte Diskussion im Zuge der asiatischen Wertedebatte und der These Huntingtons vom „Kampf der Kulturen" mündeten allerdings zuletzt in eine stärkere Beschäftigung mit dem Faktor Religion in den internationalen Beziehungen (vgl. Müller 1999, 2003, Brocker et al. 2003). An vielen Beispielen der jüngeren Zeit lässt sich ablesen, dass Religion auf staatlicher und nicht-staatlicher bzw. gesellschaftlicher Ebene eine zunehmend wichtige Rolle spielt. Dass die Religion für die Außenpolitik virulent geworden ist, sehen wir beispielsweise in den USA an den zahlreichen neuen Wertestrukturen, die dort nach dem 11. September etabliert worden sind (vgl. Sterr 2000, Herz 2003), sowie an einem durch die Christliche Rechte relativ gefestigten religiösen Establishment, das den Kurs der amerikanischen Außenpolitik unter Präsident Bush zu beeinflussen versucht (Braml 2005).

Abgesehen von dieser nach Auffassung von Arthur Schlesinger jr. „ersten glaubensorientierten Administration in der amerikanischen Geschichte", finden wir im theokratischen Iran eine spezifisch islamische Verbindung von Glaube und Staat bzw. Religion und staatlicher Politik. Bedrohungsperzeptionen gegenüber einem anti-westlichen und modernisierungsfeindlichen fundamentalistischen Islam drohen den Faktor Religion zu einem Instrument der Politik zu machen und eine religiöse Legitimationsgrundlage für die Außenpolitik säkularisierter Staaten zu schaffen. Zugleich finden sich in vielen anderen Staaten mit religiösen Traditionen Prozesse der Formierung und Mobilisierung fundamentalistischer Bewegungen (vgl. Löwenthal 1989, Glagow/Meier-Walser 2001), sowohl in Schwellen- und Entwicklungsländern als auch in modernen westlichen Staaten. Konflikte mit stark religiösen Komponenten oder religiös motivierte Bürgerkriege (z.B. auf dem westlichen Balkan und dem indischen Subkontinent, insbesondere im Kaschmir-Konflikt, in Ländern Nordafrikas oder im Südsudan) nahmen in den letzten

Jahren zu. Eine religiöse bzw. islamische Seite der Außenpolitik Pakistans bestand bisher nicht nur in der Betonung der Beziehungen zu muslimisch geprägten Staaten; als Islamische Republik forderte Pakistan eine gerechtere Lösung des Nord-Süd-Konfliktes zugunsten der Dritten Welt und der Umma als islamischer Gemeinschaft der Gläubigen (vgl. dazu auch den Wahabismus der saudischen Königsdynastie oder die Taliban in Afghanistan).

Neben dem politisierten Islam, dem so genannten Islamismus, ist mit dem Engagement von Kirchen, religiösen Akteuren und Organisationen in den USA, Lateinamerika und Europa eine Politisierung der Religion festzustellen, die aufgrund von Migrations- und Globalisierungsprozessen von einer Pluralisierung der religiösen Landkarte begleitet wird. Wo eine institutionelle Regulierung des Verhältnisses von Politik und Religion nicht mehr gelingt und sich, wie in Teilen der Dritten Welt, das Phänomen einer prekären oder schwachen Staatlichkeit entwickelt, stellt oftmals nur die Religion eine Alternative bereit, indem sie mit ihren Traditionen zur Grundlage kultureller Identitäten wird oder transnationale Einheitsvorstellungen und Loyalitäten fördert. Die Bedeutung der Religion für die Außenpolitik ist dabei jedoch am wenigsten durch religionsgeschichtliche oder religiöse Ableitungen zu erklären. Vielmehr verbergen sich dahinter pragmatische und machtpolitische, identitäts- oder wertorientierte Gründe, die in religiösen Begriffen formuliert werden.

Die Tatsache, dass das Verhältnis von Religion und Politik immer mehr zu einem Thema der Außenpolitik und internationalen Beziehungen geworden ist (vgl. zuletzt den sog. „Karikaturenstreit"), lässt sich in diesem Zusammenhang auf eine Reihe von Faktoren zurückführen: (1) auf eine kulturelle Globalisierung, die mit einer globalen - aus Sicht mancher Wissenschaftler entsozialisierenden - Konsumkultur und -gesellschaft, mit einer Neuorientierung nach dem Ende des ideologisch geprägten Ost-West-Konflikts und dem Streben nach Verregelung der zwischenstaatlichen und transnationalen Beziehungen zusammenfällt (vgl. Beyer 2001), (2) auf einen, innergesellschaftliche Konflikte verursachenden Modernisierungsprozess, der als Reaktion darauf zur Rückbesinnung auf religiöse Traditionen führt und den außenpolitischen Handlungsspielraum von Staaten aufgrund einer zunehmend religiös politisierten Bevölkerung verringert, (3) auf neue Kommunikations- und Informationstechnologien und Beziehungsnetzwerke, die eine verbesserte transnationale Kommunikation auch zwischen nicht-staatlichen, hier insbesondere religiös motivierten Akteuren (z.B. Kirchen, Sekten, religiösen Gruppierungen, terroristischen Organisationen), gestattet und die Entwicklung eines transnationalen Netzwerkes erlaubt (Haynes 2003) sowie (4) auf (neue), überwiegend innerstaatliche Konflikte, die durch die Instrumentalisierung und Politisierung von Religion verschärft werden (Schmidt 2003, vgl. Hasenclever/Rittberger 2000, Tibi 1995). Das schließt keineswegs aus, dass Religion im Sinne eines „religiösen peacekeeping" oder „peacebuilding" durchaus deeskalierend bzw. konfliktschlichtend wirken kann.

Religion ist in diesem Sinne jedoch nicht nur als ein aus Strukturveränderungen hervorgehendes Phänomen, sondern auch als ein eigenständiger Faktor der Außenpolitik und des außenpolitischen Entscheidungsprozesses zu verstehen. Religiöse Orientierungen können a) ein wirkungsmächtiger Einflussfaktor im außenpolitischen Verhalten von

Entscheidungsträgern sein. Zugleich gilt es, b) den Einfluss innerstaatlicher religiöser Akteure auf die außenpolitischen Entscheidungsträger zu berücksichtigen. Die Durchsetzung der Interessen religiöser Gruppierungen ist zwar von deren Zugang zu den Entscheidungsträgern und dem Machtpotential der religiösen Organisationen abhängig. Rücksichtnahme auf Wertvorstellungen und Orientierungen religiöser Gruppen kann außenpolitischen Handeln allerdings nicht nur einschränken, sondern von Vorteil sein. Für Staaten wie Saudi-Arabien, das seine Rolle als Hüter und Bewahrer der heiligen Stätten des Islam in Mekka und Medina betont, wirkt Religion nach innen gegenüber den religiösen Organisationen, nach außen jedoch als politische Legitimationsgrundlage.

Religion ist ein „soft factor" des außenpolitischen Handelns. Seine Bedeutung für die auswärtigen Beziehungen spiegelt sich in der Tatsache wider, oft genug c) ein wichtiger *(Verhandlungs-)Gegenstand* staatlicher Außenpolitik zu sein (z.B. der Beitritt der Türkei zur Europäischen Union) und sich dort zu Konflikten aufzuladen, wo Staaten religiöse Vereinigungen bzw. Gruppierungen und Glaubensbrüder unterstützen oder diese schlicht als außenpolitische Instrumente, etwa zur Schwächung anderer Staaten oder Gesellschaften, einsetzen. Viertens, schließlich, haben d) sich im internationalen System Netzwerke transnationaler religiöser Akteure (z.B. im Rahmen des islamischen Fundamentalismus, des Vatikan oder religiöser Sekten) gebildet, die sich oft selbst wiederum in zahlreiche Gruppierungen oder Strömungen untergliedern. Für die Außenpolitikforschung wird es dadurch zwar keineswegs leichter, jedoch dringend notwendiger, die Rolle und Bedeutung der Religion für die Außenpolitik in Theorie und Praxis näher zu untersuchen und für die Analyse außenpolitischen Handelns fruchtbar zu machen (grundlegend auch Minkenberg/Willems 2003, Schmiegelow 2000).

12.6 Ethik und Moral in der Außenpolitik

Wenn wir das Verhalten eines Menschen als „ethisch" beschreiben, verbinden wir damit in der Regel den Gedanken, dass sein Handeln in Übereinstimmung mit bestimmten moralischen Prinzipien erfolgt. Kann in gleicher Weise angenommen werden, dass ein Staat moralisch handelt bzw. eine „ethische Außenpolitik" verfolgt? Allein die Frage, was ein moralisches Prinzip konstituiert und was deshalb ethisches Handeln ausmacht, ist schwierig zu beantworten. Ist für die Zukunft zu erwarten, dass weltweit gebilligte, allgemeine Grundsätze von Staaten aus Einsicht zuverlässig befolgt werden? Haben wir Aussichten auf eine idealmoralisch vollkommene Welt? Die Diskussion über gerechtigkeitsorientierte Standards in der Außenpolitik, über bestimmte von den Staaten eingehaltene Fairness-Regeln, die eine „universelle Minimal-Moral (…) konstituieren", bricht sich an einer wesentlichen Frage: ob, angesichts der traditionellen Anarchieproblematik im internationalen System, die Möglichkeiten für ethische oder moralische Entscheidungen in der Außenpolitik begrenzt sind, oder ob es moralische bzw. ethische Grundsätze und Prinzipien gibt, die jenseits der alltäglichen außenpolitischen Praxis als allgemeingültige, über-nationale und ungeschichtliche Normen auf die Außenpolitik und die von Macht fragmentierte Staatenwelt Einfluss nehmen können (vgl. Holsti 1995, Brown 2001). Die vertraute Grammatik der außenpolitischen Sprache zeigt, dass Staaten ihre Politik oft mit dem Credo der Moral verkünden und damit rechtfertigen, „richtig" oder „verantwortlich" zu handeln. Für viele bleibt es strittig, ob die „Stimme der Moral (…) in einem wichtigen Moment der Außenpolitik", wie im Fall von Interventionsentscheidungen, „kein Gehör" findet oder die Außenpolitik durchaus einer Handlungslogik folgt, bei der „das autonome Gewicht moralischer Argumente" von Staaten berücksichtigt oder sogar gestärkt wird (Hasenclever 2000: 13).

Vor diesem Hintergrund wurde in den letzten Jahren untersucht, welchen Einfluss moralische Prinzipien auf außenpolitische Entscheidungen in westlichen Demokratien nehmen, inwieweit sich gesellschaftlich verankerte Werte und Normen bzw. moralische Grundüberzeugen in den Handlungsentscheidungen der Akteure niederschlagen und außenpolitische Wirkung entfalten. Die theoretischen Erklärungsmodelle zur Bedeutung von Moral in der Außenpolitik divergieren wesentlich zwischen Rationalisten und Konstruktivisten. Im rationalistischen Ansatz des Realismus finden wir überwiegend eine moralskeptizistische Haltung (vgl. Morgenthau 1948). Da Außenpolitik in erster Linie dem Eigeninteresse folgt und dabei zuerst als Sicherheits- und Machtpolitik zu verstehen ist, lassen sich aus realistischer Perspektive wenige Spuren moralischer Argumente im außenpolitischen Verhalten finden. Das bedeutet nicht, dass sich Realisten (z.B. Reinhold Niebuhr, E.H. Carr, Machiavelli, George F. Kennan, John Herz oder Henry Kissinger) der Bedeutung von Moral verschließen oder einer kruden Machtpolitik das Wort reden. Moralkonformes Verhalten jedoch scheitert aus realistischer Perspektive einerseits an den Bedingungen des internationalen Systems: „The cleavage between individual and international morality (…) corresponds to the difference between social relations in a community and those in a society bordering on anarchy" (Schwarzenberger 1951: 231).

Andererseits ist dem Erreichen absoluter moralischer Standards, so erstrebenswert diese sind, durch die Imperfektibilität des Menschen enge Grenzen gesetzt. So spielt die Moral zwar bei der innenpolitischen Rechtfertigung außenpolitischen Handelns eine prominente Rolle; sei sie nun gesinnungs- oder verantwortungsethisch motiviert. Außenpolitische Entscheidungen, etwa zum Einsatz von Streitkräften, zur Intervention bei Menschenrechtsverletzungen oder zur Förderung der Demokratie, werden jedoch weniger unter moralischen Plausibilitätskriterien als in Abwägung des nationalen Interesses getroffen. Moralische Argumente erhalten so verstärkt einen instrumentellen Charakter, die im Rahmen einer geschickten Öffentlichkeitsarbeit vertreten werden. Für den „rationalistischen Liberalismus", der Außenpolitik aus gesamtgesellschaftlicher Perspektive analysiert, sind die außenpolitischen Handlungsentscheidungen zwar an den Individuen und gesellschaftlichen Gruppen eines Staates orientiert. In ihrer Handlungsmotivation sind sie aber weniger an moralischen Beweggründen als an Wohlfahrts- und Machtgewinnen ausgerichtet (vgl. Cochran 2003).

Aus Sicht des Konstruktivismus verhalten sich Politiker und Staatsbeamte demgegenüber keineswegs nur egoistisch. Da sich die Akteure durchaus an gemeinsamen bzw. geteilten Werten und Normen sowie vorgegebenen Rollen in der Gesellschaft orientieren, fragen sie in ihrem Handeln nicht nur nach der bestmöglichen Verwirklichung ihrer Interessen, sondern auch danach, was sie aufgrund bestehender Werte, Ideen und Normen „müssen bzw. wollen sollen" (Zangl/Zürn 2003: 122). „Überspitzt formuliert könnte man sagen, politische Akteure handeln im Konstruktivismus *pflichtgemäß* und im Rationalismus *nutzengemäß*" (Hasenclever 2000: 15). Ein außenpolitikrelevanter Akteur, der sich an der Moral als einem intersubjektiven Prinzipien-, Normen- und Verfahrenssystem orientiert, folgt insofern nicht aus strategischen Gründen einer Logik der Nutzenmaximierung, sondern einer Logik der Angemessenheit. Moralische Grundsätze, wie Menschrechte und Menschenwürde, leiten in diesem Fall das Regierungshandeln an.

Auf der Grundlage eines moralsoziologischen Ansatzes der liberalen Denkschule illustriert Andreas Hasenclever, wie sehr außenpolitische Handlungsentscheidungen auch an moralischen Prinzipien orientiert sein können. Sowohl das bewaffnete Eingreifen der USA in Somalia 1992, die Intervention Frankreichs in Ruanda 1994 als auch die Bosnienpolitik der NATO 1995 sind demnach einer Handlungslogik gefolgt, der die „Übereinstimmung mit gesellschaftlich verankerten moralischen Überzeugungen" (Hasenclever 2000: 13, vgl. auch Wheeler/Dunne 1998) zugrunde lag. Dabei wachse der Handlungsdruck auf eine gewählte Regierung immer dann, wenn die Kluft zwischen außenpolitischer Praxis und den moralischen Überzeugungen einer demokratischen Gesellschaft breiter wird. Ansehens- und Stimmenverluste sind dabei letztlich die Konsequenz für eine Regierung, die, entgegen den Erwartungen der Mehrheit der Bevölkerung, bei humanitären Krisen im Ausland untätig bleibt. Massive Verletzungen von Menschenrechten oder humanitäre Katastrophen, wie die Tsunami-Flutwelle in Südasien, wirken heute durch die Medien transnational und erzeugen eine Form „moralischer Interdependenz" oder „moralischen Skandals" und Betroffenheit, die sich, vor allem in westlichen Gesellschaften, mit einem Ethos der Hilfsbereitschaft und häufig mit einer Handlungsanforderung an den Staat verbindet.

Pflichtgemäßes Handeln hängt in diesen Fällen jedoch nicht selten von der Bereitschaft der Staaten, der Nicht-Regierungs- bzw. Hilfsorganisationen und der Bevölkerung ab, die entstehenden Kosten für Hilfsleistungen auch in umfassender Weise zu übernehmen. Dessen ungeachtet können Staaten dazu neigen, ihre Außenpolitik mit einer moralischen Entscheidung dort zu legitimieren, wo es ihren Interessen nutzt. Moralische Urteile, Werte und Normen werden dann mit einem unumstößlichen Unbedingtheitsanspruch, mit der Vorsehung einer höheren Macht, versehen und als Rechtfertigung auf das außenpolitische Handeln des Staates übertragen. Bei der Diskussion um eine ethische, an moralischen Prinzipien orientierte Außenpolitik stehen gleichwohl zunächst und zuerst die Förderung universell geltender Menschenrechtsstandards im Vordergrund, die in den letzten Jahren eng mit der Frage humanitärer Interventionen und dem Ausbau eines internationalen Rechtssystems, etwa in Gestalt des Internationalen Strafgerichtshofes, verknüpft worden sind. Die Unterstützung demokratischer Entwicklungsprozesse im Ausland, vor allem seitens der früheren europäischen Kolonialmächte, stellt darüber hinaus ein zweites Phänomen ethischer Außenpolitik dar. Friedenssicherung, innerstaatliche Stabilität und erfolgreiche Wirtschaftsreformen zählen zu ihren wesentlichen Triebfedern. Das je nach Staat und Region unterschiedliche Demokratieverständnis ist solchen Einflüssen gegenüber allerdings nicht unempfindlich und schlägt sich immer wieder auch in zwischenstaatlichen Kontroversen oder gar Konflikten nieder.

Kontrollfragen

(1) Warum spielen die Lern- und Wahrnehmungsprozesse in der Außenpolitik eine wichtige Rolle? Wodurch können diese beeinträchtigt sein?
(2) Wo finden Sie heute den Einfluss von Ideologien in der Außenpolitik von Staaten?
(3) Inwiefern hat der Nationalismus auch im 21. Jahrhundert eine wesentliche Bedeutung für die Außenpolitik?
(4) Wie lässt sich das Verhältnis von Religion und Außenpolitik charakterisieren?
(5) Kann sich ein Staat in seiner Außenpolitik „moralisch" verhalten?

Literatur

Beiner, Ronald: *Theorizing Nationalism*, Albany 1999.

Beyer, Peter (Hrsg.): *Religion im Prozeß der Globalisierung*, Würzburg 2001.

Braml, Josef: *Amerika, Gott und die Welt. George W. Bushs Außenpolitik auf christlich-rechtlicher Basis*, Berlin 2005.

Brocker, Manfred/Behr, Hartmut/Hildebrandt, Mathias: *Einleitung: Religion – Staat – Politik: Zur Rolle der Religion in der nationalen und internationalen Politik*, in: Dies. (Hrsg.): Religion – Staat – Politik. Zur Rolle der Religion in der nationalen und internationalen Politik, Wiesbaden 2003, S. 9-33

Brown, Chris: *Ethics, interests and foreign policy*, in: Smith, Karen E./Light, Margot: Ethics and Foreign Policy, Cambridge 2001, S. 15-33.

Carlsnaes, Walter: *Ideology and Foreign Policy: Problems of Comparative Conceptualization*, Oxford 1986.

Cedermann, Lars-Erik: *Emergent Actors in World Politics: How States and Nations Develop and Dissolve*, Princeton 1997.

Cochran, Molly: *A pragmatist perspective on ethical foreign policy*, in: Smith, Karen E./Light, Margot: Ethics and Foreign Policy, Cambridge 2001, S. 55-75.

Cohen, Raymond: *Threat Perception in International Crisis*, Madison 1979.

De Rivera, Joseph: *The Psychological Dimensions of Foreign Policy*, Columbus 1968.

Flohr, Anne Katrin: *Feindbilder in der internationalen Politik*, Münster 1991.

Frei, Daniel: *Wie Feindbilder entstehen. Drei Elemente der gegenseitigen Einschätzung*, in: Wagenlehner, Günther (Hrsg.): Feindbild: Geschichte - Dokumentation - Problematik, Frankfurt a.M. 1989, S. 222-226

Gellner, Ernest: *Nationalism*, New York 1997.

George, Alexander L.: *The 'operational code': a neglected approach to the study of political-leaders and decision-making*, in: International Studies Quarterly 23/1969, S. 190-222.

Glagow, Rainer/Meier-Walser, Reinhard (Hrsg.): *Die islamische Herausforderung – eine kritische Bestandsaufnahme von Konfliktpotentialen*, München 2001

Häckel, Erwin: *Ideologie und Außenpolitik*, in: Woyke, Wichard (Hrsg.): Handwörterbuch Internationale Politik, Wiesbaden 2005, S. 170-177.

Halliday, Fred: *Nationalism*, in: Baylis, John/Smith, Steve (Hrsg.): The Globalization of World Politics. An Introduction To International Relations, Oxford 1999: S. 359-374.

Harnisch, Sebastian: *Außenpolitisches Lernen. Die US-Außenpolitik auf der koreanischen Halbinsel*, Opladen 2000.

Hasenclever, Andreas/Rittberger, Volker: *The Impact of Faith: Does religion make a difference in political conflict?*, (Tübinger Arbeitspapiere zur Internationalen Politik und Friedensforschung Nr. 35), Tübingen 2000.

Hasenclever, Andreas: *Die Macht der Moral in der internationalen Politik. Militärische Interventionen westlicher Staaten in Somalia, Ruanda und Bosnien-Herzegowina*, Frankfurt 2000.

Haynes, Jeff: *Are Transnational Religious Actors a Threat to States' Sovereignty?*, in: Brocker, Manfred/Behr, Hartmut/Hildebrandt, Mathias (Hrsg.): Religion – Staat – Politik. Zur Rolle der Religion in der nationalen und internationalen Politik, Wiesbaden 2003, S. 319-339.

Hechter, Michael: *Containing Nationalism*, Oxford 2000.

Herz, Dietmar: *Politik und Religion in den USA*, in: Brocker, Manfred/Behr, Hartmut/Hildebrandt, Mathias (Hrsg.): Religion – Staat – Politik. Zur Rolle der Religion in der nationalen und internationalen Politik, Wiesbaden 2003, S. 83-99.

Holsti, Kalevi J.: *Ethics in Explanations of Foreign Policy, in: Ders.*: International Politics. A Framework for Analysis, New Jersey 1995 (7. Aufl.), S. 309-326.

Holsti, Ole R.: *Continuity and Change in the Domestic and Foreign Policy Beliefs of American Opinion Leaders*, Prepared for delivery at the 1997 Annual Meeting of the American Political Science Association August 28-31, 1997, Washington, D.C.

Holsti, Ole R.: *The Belief System and National Images: A Case Study*, in: Journal of Conflict Resolution 6, 3/1962, S. 244-252.

Jervis, Robert: *Perception and Misperception in International Politics*, Princeton 1976.

Juergensmeyer, Mark: *The new Cold War? Religious nationalism confronts the secular state*, Berkeley 1993.

Kindermann, Gottfried-Karl: *Weltverständnis und Ideologie als Faktoren Auswärtiger Politik*, in: Ders. (Hrsg.): Grundelemente der Weltpolitik. Eine Einführung, München 1991, S. 145-164.

Küng, Hans: *Politik aus Verantwortung. Plädoyer für eine ethisch fundierte Außenpolitik*, in: Internationale Politik 55, 2/2000, S. 1-11.

Löwenthal, Richard: *Aufklärung und Fundamentalismus als Faktoren der Weltpolitik*, in: Meyer, Thomas: Fundamentalismus in der modernen Welt. Die Internationale der Unvernunft, Baden-Baden 1989, S. 23-25.

MacIver, Don: *The Politics of Multinational States*, New York 1999.

Macridis, Roy C./Hulliung, Mark L.: *Contemporary Political Ideologies*, New York 1996.

Minkenberg, Michael/Willems, Ulrich (Hrsg.): *Politik und Religion*, Wiesbaden 2003.

Morgenthau, Hans: *The Twilight of International Morality*, in: Ethics 58, 2/1948, S. 79-99.

Müller, Harald: *Das Zusammenleben der Kulturen*, Frankfurt a.M. 1999.

Müller, Harald: *Kampf der Kulturen – Religion als Strukturfaktor einer weltpolitischen Konfliktformation?*, in: Minkenberg, Michael/Willems, Ulrich (Hrsg.): Politik und Religion, Wiesbaden 2003, S. 559-581.

Ramazani, Rouhollah K.: *Ideology and Pragmatism in Iran's Foreign Policy*, in: Middle East Journal 58, 4/2004, S. 549-559.

Risse, Thomas/Ropp, Stephen C./Sikkink, Kathryn (Hrsg.): *The Power of Human Rights: International Norms and Domestic Change*, Cambridge 1999.

Rohe, Karl: *Ideologie und Außenpolitik*, in: Pipers Wörterbuch zur Politik. Band 5. München 1984.

Sakai, Keiko: *Japan-Iraq relations: The perception gap and its influence on diplomatic policies*, in: Arab Studies Quarterly 23, 4/2001, S. 117-136.

Schieder, Theodor: *Nationalismus und Nationalstaat: Studien zum nationalen Problem im modernen Europa*, Göttingen 1991.

Schmidt, Siegmar: *Ursachen und Konsequenzen des Aufstiegs religiöser Orientierungen in der internationalen Politik*, in: Brocker, Manfred/Behr, Hartmut/Hildebrandt, Mathias (Hrsg.): Religion – Staat – Politik. Zur Rolle der Religion in der nationalen und internationalen Politik, Wiesbaden 2003, S. 295-319.

Schmiegelow, Michéle: *Religionen und Werte. Kennzeichen des internationalen Systems?*, in: Internationale Politik 55, 2/2000, S. 19-26.

Schwarzenberger 1951

Sterr, Martin: *Politik im Namen Gottes. Die Macht religiöser Lobbyisten in den USA*, in: Internationale Politik 55, 2/2000, S. 35-41.

Tibi, Bassam: *Krieg der Zivilisationen. Politik und Religion zwischen Vernunft und Fundamentalismus*, Hamburg 1995.

Vertzberger, Yaacov Y. I.: *Misperceptions in Foreign Policymaking: The Sino-Indian Conflict*, 1959-1962, Boulder 1984.

Vertzberger, Yaacov Y. I.: *The World in their Minds: Information Processing, Cognition and Perception in Foreign Policy Decisionmaking*, Stanford 1990.

Walker, Stephen G.: *The Evolution of Operational Code Analysis*, in: Political Psychology 2, 11/1990, S. 403-418

Weller, Christoph: *Feindbilder: Ansätze und Probleme ihrer Erforschung*, InIIS-Arbeitspapier Nr. 22/01 (Institut für Interkulturelle und Internationale Studien) Bremen 2001.

Wheeler, Nicholas J./Dunne, Timothy: *Good International Citizenship: A Third Way for British Foreign Policy*, in: International Affairs 74, 4/1998.

Zangl, Bernhard/Zürn, Michael: *Frieden und Krieg. Sicherheit in der nationalen und postnationalen Konstellation*, Frankfurt a.M. 2003.

13. Kultur und Außenpolitik

> *Ich meine mit Max Weber, dass der Mensch*
> *ein Wesen ist, das in selbstgesponnene*
> Bedeutungsgewebe *verstrickt ist, wobei ich*
> *Kultur als dieses* Gewebe *ansehe*
> Clifford Geertz

Kaum ein Thema hat in den letzten Jahren so viel Aufmerksamkeit in Öffentlichkeit, Wissenschaft und Politik hervorgerufen, wie die Diskussion um einen so genannten „Kampf der Kulturen". Mit seinem gleichnamigen, in die deutsche Sprache übersetzten Buch warf der renommierte Politikwissenschaftler Samuel P. Huntington die Frage nach den künftigen Ordnungsstrukturen der Weltpolitik und einer damit verbundenen kulturellen Fragmentierung und Konfrontation zwischen einzelnen Kulturen bzw. Kulturräumen auf. In seinem 1993 veröffentlichten Artikel „The Clash of Civilizations?" in der Zeitschrift „Foreign Affairs" (Huntington 1993) hatte der Harvard-Professor die bis heute kontrovers erörterte These vom Zusammenprall der Zivilisationen erstmals näher formuliert. Wie vor ihm George F. Kennan, der in einem Aufsatz über die Ursachen und Motivationen der sowjetischen Außenpolitik nach 1945 von der Notwendigkeit der Eindämmung, das heißt einer Politik des „containment" gegenüber der kommunistischen Machtexpansion, geschrieben hatte („The Sources of Soviet Conduct", 1946) und unter dem Pseudonym „X" in derselben Zeitschrift publizierte, stieß Huntingtons Aufsatz in gleicher Weise die Diskussion über die künftige Entwicklung der Weltpolitik und über das daraus sich ergebende außen- und sicherheitspolitische Paradigma für die westliche Welt nach 1989/90 entscheidend an.

Die These von einer neuen, den Ost-West-Konflikt ablösenden kulturell-zivilisatorischen Konfliktdimension, die - unter Einschluss der Religion als wichtigster Identifikationskraft - die internationale Politik bestimmen würde, löste eine breite Debatte aus, die mit dem Terroranschlag auf das World Trade Center und das Pentagon vom 11. September 2001 eine für viele noch stärkere Berechtigung und Popularität erfuhr. Als Kernaussagen seiner Argumentation stehen nicht die Konflikte zwischen politischen Systemen oder Ideologien, sondern zwischen Kulturkreisen und den von ihnen geführten „*Bruchlinienkriegen*" im Mittelpunkt.

Auch wenn die Breitenwirkung der „Kulturkampfthese" im besonderen Zusammenhang mit der historischen Entwicklung und der Frage der weltpolitischen Ordnungsgestaltung nach dem Ende des Kalten Krieges gesehen werden muss. Kultur als *Begriff*, als *analytisches Konzept* und als *Instrument* oder *Aufgabe* der Politik entfaltet auch für die Außenpolitik eine wesentliche Bedeutung. Außenpolitisch relevante Fragen zur Kultur erstrecken sich vom Begriff der außenpolitischen Kultur bis zum unterschiedlichen Verständnis von Kultur im Rahmen der Außenpolitik und der internationalen Beziehungen, von der diplomatischen und „strategischen", durch sicherheitspolitische Stile charakterisierten Kultur bis zur auswärtigen Kulturpolitik, im Sinne der „Einbeziehung der internationalen Kulturbeziehungen in die Außenpolitik" (Arnold 1980: 9, Jetschke/Liese 1998). Das zuletzt unter dem Titel „Kultur und Außenpolitik" veröffentlichte Handbuch unterstreicht den Stellenwert des Verhältnisses von Kultur und Politik, insbesondere der empirischen und theoretischen Betrachtung der außenkulturpolitischen Praxis (Maaß 2005; Rittberger/Andrei 2005: 31-53). Um zu verstehen, wie die Kultur das außenpolitische Handeln der Staaten beeinflusst, wollen wir uns den Begriff der Kultur, insbesondere der politischen Kultur, näher ansehen.

13.1 Der Begriff der (außen)politischen Kultur

Um den besonderen Zusammenhang von Kultur und Außenpolitik zu verstehen, ist es notwendig, den Begriff der Kultur näher zu erläutern. Kultur als ein empirischer Begriff meint dabei „im schlichten Sinne (…) allgemein oder zumindest mehrheitlich in einer Nation vertretene Einstellungen und Meinungen, und zwar hier im besonderen gegenüber der Politik und dem Politischen" (Bellers 1999: 6). Innerhalb der Politikwissenschaft ist der Kulturbegriff traditionell in der Politischen Kulturforschung angesiedelt, die sich in den letzten drei Jahrzehnten eingehend mit dem Begriff der politischen Kultur beschäftigt hat. Angesichts der Vieldeutigkeit des Kulturbegriffes, der unterschiedlich verwendeten Definitionen und der heterogenen Fragen in der Politischen Kulturforschung fehlte es nicht an Versuchen, den Begriff auf wichtige Einzelelemente einzugrenzen. Zumindest war man sich darin einig, dass das Definieren von politischer Kultur, wie Max Kaase meinte, dem Versuch gleichkomme, einen Pudding an die Wand zu nageln (Kaase 1983). Die seit einigen Jahren stärkere Berücksichtigung von Fragen der Kultur hat dabei in den Erklärungsansätzen teilweise zu einem Wandel, einem „cultural turn" geführt, der nicht zuletzt auf die Bedeutung ethnischer Konflikte, zunehmender Migrations- und Flüchtlingsströme sowie kulturell definierter und diskutierter Selbstbehauptungskonflikte zurückgeht (Schwelling 2001).

Schon in den 50er Jahren trugen Wissenschaftler (Alfred L. Kroeber, Clyde Kluckhohn 1952) mehr als 150 Definitionen zusammen, die das Bedeutungsfeld der Kultur zu erfassen versuchten und unter dem Begriff der Kultur in der Regel das subsumierten, was sich auf geteilte Ideen, Werte, Überzeugungen, Riten und Lebensbedingungen einer Gemeinschaft bezieht (Swidler 1986: 273). Für die Politikwissenschaft und den Teilbereich der Politischen Kulturforschung wurde vor allem die von Gabriel A. Almond und Sidney Verba 1963 vorgelegte Studie „The Civic Culture" zu einer wirkungsmächtigen, den Begriff der politischen Kultur ausführlich analysierenden Forschungsarbeit (Almond/Verba 1963). Wie die Entwicklungen in Europa während der Zwischenkriegszeit und in den afrikanischen und asiatischen Staaten in den Nachkriegsjahren gezeigt hatten, waren die demokratisch verankerten und gestalteten Institutionen keine Garantie für entsprechende demokratische Entwicklungen. Almond und Verba gingen in ihrer fünf Länder (USA, Großbritannien, Deutschland, Italien, Mexiko) vergleichenden Untersuchung daher der Bedeutung kultureller Faktoren und ihrer Behinderung oder Förderung bei der Errichtung demokratischer Institutionen nach. Davon ausgehend, dass bestimmte politisch-kulturelle Muster Demokratie fördernd oder Demokratie schwächend wirken, entwickelten sie drei idealtypische politische Kulturen, mit je unterschiedlichen Einstellungen und Wertesystemen, sowie einzelne, für konkrete politische Strukturen kongruente Mischformen. Der systemstabilisierenden, demokratische Strukturen funktionsfähig erhaltenden, traditionelle und moderne Orientierungen sowie Aktivität und Passivität ausgleichenden Mischform der *Civic Culture* (vor allem vergleichbar mit den politischen Kulturen der USA und Großbritanniens) stehen demnach systemdestabilisierende, die Demokratie nicht stützende, kulturelle Muster (wie in Deutschland, Mexiko und Italien zur Zeit der Datenerhebung und Forschungsanalyse in den 50er Jahren) gegenüber. Arbeiten über die Prozesse der Systemtransformation in Mittel- und Osteuropa und über die globale Entwicklungstendenz zur Demokratie (Pye 2000: 27) beruhen teilweise in der jüngeren Kulturforschung auf den Studien von Almond und Verba[6].

Was dadurch für den Bereich der politischen Systemlehre an Erkenntnissen über die politische Kultur gewonnen wurde, hat für die internationalen Beziehungen eine Reihe von Arbeiten erst in den letzten Jahren analysiert und fruchtbar gemacht (Lapid 1996; Lapid/Kratochwil 1996). Die Außenpolitikanalyse orientierte sich weitgehend an einer akteurszentrierten Perspektive, mit dem Schwerpunkt auf der „psychology of world leaders, small group dynamics in foreign policy making bodies, foreign policy bureaucratic politics, the relationship between domestic political exigency and resulting foreign policy behavior, and so forth" (Hudson 1997: 1). Ein näherer Zusammenhang zwischen Kultur und Außenpolitik wurde nur in einem kleinen Teilbereich der Außenpolitikanalyse untersucht. Im Unterschied zur Soziologie, Anthropologie oder Sozialpsychologie hatte man sich in den Internationalen Beziehungen und in der Vergleichenden Regierungslehre nur am Rande mit Fragen der Kultur beschäftigt oder aber auf Kultur als letzte mögliche Erklärungshilfe, als „explanation of last resort" (Pye 1991: 504), zurückgegriffen. Was außenpolitiktheoretisch nicht erklärbar war, wurde häufig „kulturellen Unterschieden" zugeschrieben. Ein Lösungsweg, der bis in die Gegenwart stets auch zu propagandistischen Zwecken missbraucht wurde.

Der Verweis auf kulturelle Grundlagen außenpolitisch relevanter Gegebenheiten und Handlungsmuster führte in diesem Zusammenhang sowohl zu unterschiedlichen Kulturkonzeptionen als auch zur Frage nach den kulturellen Einflussmechanismen auf das außenpolitische Akteursverhalten. Im Allgemeinen findet sich für den Bereich der Außen- und internationalen Politik keine eindeutige Begriffsverwendung. Einigkeit besteht mehrheitlich darin, dass ein weit gefasster Kulturbegriff sich einer empirischen Anwendung, also der Operationalisierung von Kultur, verschließt (Katzenstein 1996: 2) und der Erarbeitung von Ursache-Wirkungs-Zusammenhängen kaum dienlich ist (Ulbert 1997: 54f.).

---

[6] Almond und Verba unterscheiden vier Dimensionen politischer Kultur: die nationale Identität, den Grad der Partizipation an der Politik, die Erwartungen der Bevölkerung gegenüber der Regierung und die Art und Weise des politischen Entscheidungsprozesses.

Kultur nicht in der umfassenden, sondern in der eingegrenzten Bedeutung des Wortes bildete bisher den primären Gegenstand der Forschung. Für kulturspezifische Untersuchungen standen zunächst der Einfluss von Kultur auf zwischenstaatliche Verhandlungen und Austauschprozesse, die Bedeutung kultureller Konflikte in den internationalen Beziehungen und die Relevanz der Kultur als außenpolitischer Kontextfaktor im Vordergrund der wissenschaftlichen Analysen. Erst in den letzten Jahren wurde versucht, der Kultur im Rahmen empirischer Forschungen einen eigenen Erklärungswert zu verleihen und damit die Aussagekraft kultureller Fragestellungen in der Außen- und internationalen Politik zu erhöhen.

Dabei sind kulturelle Beziehungen zwischen Staaten, „über Staatsgrenzen hinweg (...) so alt wie alle anderen Beziehungen zwischen Völkern und ethnischen Gemeinschaften" (Schulte 2000: 35.) Kulturellen Beziehungen zwischen Staaten eine politische Qualität und Wirksamkeit zuzuschreiben, erweist sich insofern nicht als falsch und unzulässig. Selbst wenn Kultur nicht in gleicher Weise politisch steuerbar und regulierbar ist wie andere Politikfelder: auswärtige Kulturpolitik hat im Rahmen der Außenbeziehungen eine nicht zu unterschätzende Bedeutung erhalten, sei es - je nach Perspektive - als *Instrument* der Außenpolitik eines Staates, als *Komponente innerstaatlicher Politik* oder als *konzeptionell eigenständige Teilpolitik* mit eigenen Instrumenten und Zielen (Arnold 1980: 9.)

Dass die Außenpolitik von Staaten, etwa der VR China oder der USA, nicht ohne die außenpolitischen Traditionen Chinas und seiner sinozentrischen Perspektive bzw. ohne die spezifische „amerikanische Ideologie" eines manifest destiny verstanden werden kann, wurde bereits während des Ost-West-Konfliktes thematisiert und hinsichtlich konkreter außenpolitischer Rollenmuster untersucht. Erste systematische Ansätze zur außenpolitischen Kulturforschung, die Jack Snyder (1977) und später Alistair Ian Johnston (1995) mit dem Konzept der „strategischen Kultur" verknüpften, wurden um die demokratietheoretisch begründete Auffassung ergänzt, dass die Außenpolitik von Demokratien in besonderer Weise von der politischen Kultur einer Gesellschaft, ihren Einstellungen und Werten, geprägt sei.

Da auch für die Außenpolitik der Bedarf zur Legitimation und zur Rückbindung an gesellschaftliche Grundwerte besteht, gewinnt demzufolge die politische Kultur für das Außenverhalten demokratischer Systeme wesentlich an Bedeutung. Für liberale Vertreter wie Russett hat sich, so Hasenclever, „in Demokratien mit anderen Worten eine Kultur des 'Live-and-let-live' etabliert, und diese Kultur macht sich auch in den auswärtigen Beziehungen demokratischer Staaten bemerkbar, weil die Bürgerinnen und Bürger von ihren Regierungen erwarten, dass sie so wenig Gewalt wie möglich bei der Verfolgung nationaler Interessen einsetzen" (Hasenclever 2003: 205).

Die Außenpolitik von Staaten kulturbestimmt oder wertorientiert zu erklären und den Begriff der Kultur auch in das Forschungsfeld der Außen- und internationalen Politik zu übertragen, hat schließlich dazu geführt, dass kulturalistische Analysen von Außenpolitik bzw. kulturelle Erklärungs- und Deutungsmuster erheblich an Bedeutung gewonnen haben und mit ihnen konstruktivistische Betrachtungen zur Kultur in der Außenpolitik und den internationalen Beziehungen ein stärkeres Gewicht erhielten. Da Einstellungen

und Werte eine wesentliche Rolle auch in der Außenpolitikformulierung spielen, stellt
für Maull „die angeblich naturgesetzliche außenpolitische Orientierung an Macht und
Gleichgewicht, wie sie die realistische Tradition der Politikwissenschaft postuliert, (...)
in Wirklichkeit ja nur eine Präferenz für bestimmte Werte dar, die zwar plausibel erscheinen mag, aber eben keineswegs zwingend und unvermeidlich ist. Diese Orientierungen sind also keineswegs naturgesetzlich, sondern sie spiegeln lediglich bestimmte
Präferenzen einer politisch verfassten Gesellschaft bzw. ihrer Eliten wieder: 'Anarchy is
what states make of it`" (Alexander Wendt). (Maull 2001: 645 ff.) Alexander Wendts
theoretisches Diktum verweist auf den engen Bezug zum Konstruktivismus als eine für
die Außenpolitik relevante Analyseperspektive. Im Rahmen der theoretischen Einordnung der Außenpolitik haben wir bereits darauf hingewiesen.

Was bedeutet in diesem Zusammenhang außenpolitische Kultur? *Außenpolitische
Kultur* lässt sich definieren als die Summe von Meinungen, Einstellungen und Wertorientierungen einer staatlich verfassten Gesellschaft im Hinblick auf (1) die außenpolitische Identität bzw. das außenpolitische Selbstverständnis dieser Gesellschaft, (2) die
konkreten Erwartungen und Anforderungen der Bürger an die Außenpolitik und (3) den
außenpolitischen Handlungsstil (Maull 2001). Während Meinungen relativ instabil sind,
haben Einstellungen und Werte einen weitaus dauerhafteren Charakter. In diesem Sinne
bezieht sich der Begriff auf die „Gesamtheit der historisch fundierten, [außen-] politisch
bedeutsamen, über die Zeit relativ stabilen Einstellungen und Verhaltensweisen" einer
staatlich verfassten Gesellschaft, die „durch ein bestimmtes Mindestmaß an solchen
gemeinsamen Vor- und Einstellungen sozialpsychologisch/symbolisch integriert wird"
(Bellers 1999: 7). Es geht dementsprechend um die in einer Gesellschaft vorherrschenden individuellen Einstellungen und Wertorientierungen zur Außenpolitik, die in Form
außenpolitischer Identitäten oder entsprechender nationalstaatlicher Rollenkonzepte
zum Ausdruck kommen, und sich in demokratisch verfassten Staaten in der Verfassung,
in außenpolitisch wichtigen Normen (Urteilen und Gesetzen), in Parteiprogrammen,
Reden und Verhaltensweisen der politischen Entscheidungsträger (z.B. symbolischen
Gesten) und in den Einstellungsmustern der Gesellschaft widerspiegeln.

13.2 Außenpolitikrelevante Kulturkonzeptionen

In der Definition zur außenpolitischen Kultur klingen drei Kulturverständnisse an, die
nach Valerie Hudson entsprechend ihrer anthropologischen und soziologischen Wurzeln
und damit verbundener Forschungstraditionen idealtypisch voneinander unterschieden
werden können: Kultur als *Bedeutungssystem* („culture as the organization of meaning"), als *Wertesystem* („culture as value preferences") oder als *Repertoire von Handlungsstrategien* („culture as templates of human strategy") (Hudson 1997: 7). Kultur
erfüllt demnach recht verschiedene, für das außenpolitische Handeln wirksame Funktionen: eine (1) deutende und sinnstiftende, (2) zielsetzende und bewertende sowie (3)
Handlungsstrategien bereitstellende Funktion. In der politischen Realität sind diese
Funktionen nicht immer klar voneinander zu trennen, sondern eher „als komplementär

zueinander zu verstehen. Indem sich Wertorientierungen und Lebensstile herausbilden, die innerhalb einer Gruppe geteilt werden, entstehen auch gleichzeitig gemeinsam geteilte Symbolnetze und Bedeutungssysteme. Diese wiederum bilden den Rahmen, innerhalb dessen sich einzelne Handlungsoptionen eröffnen, Bedeutung erhalten und als legitim anerkannt werden" (Ulbert 1997: 19). Diese Überzeugungen, Ideen, Werte und Gefühle, die Duffield als kognitive, evaluative und affektive Merkmale der politischen Kultur bezeichnet (Duffield 1999: 774), werden in den meisten Fällen nicht von den Mitgliedern einer gesellschaftlichen Gruppe hinterfragt, sondern schlicht als gegeben angesehen.

Um den Zusammenhang von politischer Kultur und Staatsverhalten näher erklären und die für die Außenpolitik relevanten Funktionen und Wirkungsweisen von politischer Kultur besser einordnen und beurteilen zu können, hilft eine Betrachtung der unterschiedlichen Konzepte:

1) Das Verständnis von Kultur als *Bedeutungssystem*, als ein Gefüge aus kollektiv konstruierten und intersubjektiv hergestellten Bedeutungsgehalten, beruht auf der Annahme, dass Wirklichkeit über Zeichen interpretiert bzw. symbolisch vermittelt wird und dem Menschen dazu dient, innerhalb des jeweiligen kulturellen Rahmens seine Umwelt zu deuten und das eigene Handeln zu gestalten. Kultur wirkt sinnstiftend, verleiht menschlichem Handeln Ziel und Orientierung. Insofern ist Kultur ein System kollektiver Sinn- und Wertekonstruktionen, mit denen Menschen die Wirklichkeit definieren (Jacquin et al. 1993: 376). Eine Reihe von AutorInnen hat versucht, Kultur unter dem Blickwinkel von Bedeutungen (meaning) auf die Außenpolitik zu übertragen und an einzelnen Fallbeispielen anzuwenden.

In der Diskussion um die Errichtung der Nordamerikanischen Freihandelszone (NAFTA) hatten sich die amerikanischen Präsidentschaftskandidaten Al Gore und Ross Perot bemüht, ihre Argumentationen für oder gegen die Gründung eines Freihandelsraumes durch die unterschiedliche Betonung amerikanischer Mythen zu rechtfertigen. Die (nach Auffassung von Hellmut Lotz) als wichtige Kommunikationsmittel dienenden, wert- und symbolbehafteten Mythen nutzte Perot, um über den Mythos des Isolationismus und eines „American Exceptionalism" vor einem engen wirtschaftlichen Verbund mit Mexiko und dem damit einhergehenden Risiko der Arbeitslosigkeit zu warnen. Gore dagegen bezog sich auf den grundlegenderen Mythos eines „American Dream", der hinsichtlich Individualismus, Chancengleichheit und Opportunitätsgewinn eine weitaus positivere Gesellschafts- und Geschichtsdeutung besaß und als ein für die USA zentrales und wertebesetztes Deutungsmuster wesentlich erfolgreicher symbolisch zu vermitteln war (Lotz 1997: 85-92). Während Perot vor dem negativen Hintergrund eines Verlustes von Arbeitsplätzen argumentierte, sah Gore darin die Chance zur Schaffung von neuen Arbeitsplätzen.

Dass Mythen auch in der Politik eine wichtige Rolle spielen, sah Ernst Cassirer (1874-1945) schon in früheren Jahren in der Tatsache begründet, dass Mythen als Symbole eine Verbindung zwischen Verstehen und Wirklichkeit herstellen. Für Richard Slotkin ist deshalb der Mythos eine Erzählung, die eine aus der geschichtlichen Erfahrung der Gesellschaft überlieferte, an zentrale Werte rückgebundene

Weltsicht zusammenfasst und in Symbolen und Metaphern zum Ausdruck bringt. Es ist nahe liegend, dass mit den im Mythos dargestellten (außen-)politischen Werten häufig an positive oder negative Emotionen angeknüpft wird, um andere von den eigenen Mythenversionen zu überzeugen. Nationale Mythenbildungen und ihre politische Verwendung lassen sich in den verschiedensten weltpolitischen Regionen finden. Nicht selten wird auf diese Weise die Umwelt symbolisch kodiert und beispielsweise aus einem vormals ungeliebten Verbündeten wie Saddam Hussein eine „Inkarnation des Bösen".

2) Einem eher konventionellen Gebrauch des Wortes entsprechend, kann Kultur als ein Bündel von *Wertvorstellungen, Überzeugungen* und *(Ge-)Bräuchen* verstanden werden, die, von Generation zu Generation iterativ weitergegeben und mehr oder weniger unverändert, über Zeit fortbestehen. In Anlehnung an Max Weber (1988) und Talcott Parsons (1951) bilden geteilte bzw. kollektive *Werte* und Weltbilder den Kern von Kultur (vgl. Jetschke/Liese 1998). Als Maßstab für „gutes" und „schlechtes" Verhalten, für abzulehnende oder anzustrebende Ziele, stellt Kultur einen Rahmen an Wertorientierungen und Lebensstilen zur Verfügung, und bestimmt, im Sinne von Werten, die Ziele menschlichen und gesellschaftlichen Handelns. Bezüge zur Kultur als kollektive Werte werden zwar bereits in der von der Englischen Schule, und hier vor allem von Hedley Bull, formulierten Definition zur „internationalen Gesellschaft" hergestellt. Kultur wird dabei allerdings nicht als Unterscheidungsmerkmal verwendet. Vielmehr folgt eine Anzahl von Staaten innerhalb *einer* internationalen Gemeinschaft *gemeinsamen*, institutionalisierten Normen und Werten, die - aufgrund normativer zwischenstaatlicher Übereinkunft - den Rahmen für menschliches bzw. staatliches Handeln bereitstellen.

In Fortführung dieser Überlegungen hat Martha Finnemore die Aussagen des soziologischen Institutionalismus und eines damit verbundenen Weltkulturansatzes an einzelnen Fallstudien (der Errichtung von Wissenschaftsbürokratien in Entwicklungsländern durch die UNESCO, der Entwicklung der Genfer Konventionen durch das Internationale Rote Kreuz oder der Anti-Armutspolitik der Weltbank) empirisch überprüft und aufgezeigt, dass sich die Staaten an Normen, Prinzipien und Werten orientieren, die in den internationalen Institutionen und der internationalen Gesellschaft entstehen und vermittelt werden. Über einen Prozess der „*Sozialisation*" beeinflussen auf diese Weise internationale Werte und Normen, d.h. eine Weltkultur, die Ziele der staatlichen Akteure. Diese Normen tragen zur Entwicklung ähnlicher staatlicher Interessen und zu einem vergleichbaren Staatsverhalten bei, indem sie die Entscheidungsträger vom Sinn oder vom Erfordernis eines bestimmten Handelns überzeugen und damit zugleich außenpolitische Lernprozesse anstoßen, die in die Entscheidungsfindung einfließen (vgl. Jetschke/Liese 1998; Finnemore 1996). Deutliche Verbindungslinien lassen sich daher auch zum Ansatz des soziologischen Institutionalismus herstellen.

Für die Außenpolitik Belgiens und der Niederlande untersuchte in anderer Weise Breuning den Einfluss kultureller Werte am Beispiel der Entwicklungshilfe beider Staaten. Der unterschiedliche Umfang an finanzieller Entwicklungshilfe aus Brüssel und Amsterdam lässt sich demnach an verschiedenen, von Werten beeinflussten nationalen Rollenkonzeptionen erklären. Eine solche soziale Rolle wird einerseits von den Erwartungen der eigenen Gesellschaft beeinflusst, vor allem, wenn das Verhalten von der Mehrheit der Gesellschaft als typisches Selbstbild des Staates bzw. als nationale Identität empfunden wird. Was einen Staat ausmacht und welche Rolle man ihm zuschreibt, ist allerdings auch von den Erwartungen abhängig, die andere Staaten an das außenpolitische Verhalten dieses Landes haben.

Trotz ihrer demographischen, territorialen und sozioökonomischen Ähnlichkeiten ist die Akzeptanz und Bereitschaft zur Finanzhilfe in den Niederlanden weitaus größer als in Belgien, und wesentlich auf die niederländischen Erfahrungen einer frühen Kolonialzeit und auf das damit verbundene universalistische Weltbild zurückzuführen. Die Verpflichtungen gegenüber Ländern der Dritten Welt sind Ergebnis eines kulturell vermittelten und nationalgeschichtlich geprägten, außenpolitischen Selbstverständnisses, das als gemeinsames Erbe, als „common inheritance of a society", in das nationale Rollenverhalten der Niederlande, in die nationale Identität eingegangen ist. Wildavsky arbeitete dabei im Rahmen seiner Untersuchungen vier verschiedene, kulturbedingte Rollentypen („fatalist, hierarchist, egalitarian und indvidualist") heraus, denen er je nach Situation und Problematik (z.B. bei Ressourcenknappheit, Allianzbildung) ein spezifisches Verhaltens- und Reaktionsmuster (Risikoabwägung etc.) zuschreibt (Wildavsky 1982, 1987).

3) Einem dritten Konzept folgend, ist Kultur als ein *Repertoire von Handlungsstrategien* zu verstehen, deren Funktion darin besteht, Handlung zu organisieren und über Werte, Normen oder Überzeugungen u.a. ein Bündel an festen Verhaltensstilen, Gewohnheiten und Lebensweisen zur Verfügung zu stellen. Kultur wird insofern eine handlungsleitende Funktion zugeschrieben. Nicht das Bemühen um die Aufrechterhaltung oder die Verwirklichung von Werten, also kulturell bestimmte Ziele, stehen im Vordergrund, sondern kulturelle Faktoren, die der Wahl von Handlungsstrategien zugrunde liegen. Für die Soziologin Ann Swidler richten staatliche Akteure ihr Augenmerk nicht allein auf die Ausführung rational getroffener und an dem Prinzip der Nutzenmaximierung orientierter Handlungen. Die außenpolitischen Handlungsakte der Staaten sind vielmehr in größere Handlungszusammenhänge, so genannte „*strategies of action*", eingebunden.

Demnach erfolgt die Wahl einzelner außenpolitischer Handlungsstrategien auf der Grundlage bestimmter eingelernter Verhaltensmuster und Wahlmöglichkeiten, die immer wieder auftreten oder bekannt sind. Überzeugungen, Weltbilder, Gewohnheiten oder Werte etc. bilden das „*tool kit*", das akteursspezifische Handwerkszeug bzw. das „repertoire (...) from which actors select differing pieces for constructing lines of action" (Swidler 1986: 277). Die jeweiligen Elemente eines kulturellen Handlungsrepertoires finden schließlich ihren Ausdruck in konkreten (Lebens- oder Politik)Stilen, in bestimmten, sich regelhaft herausbildenden und kulturell bedingten (außenpolitischen) Verhaltensmustern.

Eine Reihe von AutorInnen - Ulbert, Katzenstein, Dellios etc. - folgen in ihren Studien diesem von Swidler vorgelegten Kulturkonzept. So zeigt Ulbert am Beispiel der (inter-)nationalen Klimapolitik der Bundesrepublik Deutschland und der USA, warum beide Staaten, trotz einer anzunehmenden identischen Position und gleichen ökonomischen Interessen, sich in den Verhandlungen zur Klimarahmenkonvention sehr unterschiedlich verhielten bzw. eine divergierende Klimapolitik vertraten. Bei aller Zustimmung zum Treibhauseffekt und den daraus sich ergebenden Umweltgefährdungen beruhten die Wahrnehmung des Problems und die entsprechenden Handlungs- bzw. Bearbeitungs- und Lösungsstrategien auf verschiedenen nationalen Sichtweisen und Politikmustern. Das amerikanische und deutsche Verständnis von Natur - als bislang unerschöpfliche Ressource wirtschaftlichen Wachstums bzw. in deutscher Perspektive als knappes, lebenswichtiges Gut - wie auch die „Vorstellungen über das Verhältnis zwischen Ökonomie und Ökologie auf der einen Seite und der entsprechenden Beurteilung über die Dringlichkeit auf der anderen Seite" geht aus unterschiedlichen „Weltsichten und Ordnungsvorstellungen" der Akteure hervor. Was dazu führt, „dass Akteure das, was sie als Realität erfahren, so und nicht anders wahrnehmen und dementsprechend auch eine spezifische Wahrnehmung möglicher Handlungsoptionen haben" (Ulbert 1997).

Ulbert greift damit als Erklärung auf die jeweiligen nationalen Ausprägungen von Ideen, Kultur und Institutionen zurück. Während die amerikanische Regierung aufgrund der unzureichenden und risikobehafteten wissenschaftlichen Erkenntnisse über den Klimawandel eine ihrem Lebens- bzw. Politikstil und ihrer Sichtweise entsprechende Kosten-Nutzen maximierende Anpassungsstrategie befürwortet, hebt die deutsche Regierung den engen Zusammenhang zwischen Erderwärmung und Energieverbrauch und die dadurch notwendig werdende, technisch verbesserte Reduzierung der Schadstoffemissionen hervor.

Stärker unter Betonung der identitätsbildenden Wirkung von Kultur verwendet Katzenstein den Kulturbegiff und die Wirkungsweise kultureller Normen. Der eigenen Identität gemäß, betreibe Japan eine Politik, die einem spezifischen, kulturell geprägten und vor allem pazifistischen Verständnis von Sicherheitspolitik folge. Das außenpolitische Staatsverhalten wie auch die Handlungsoptionen werden über ein kulturell bestimmtes und identitätsbildendes, nationales Rollenkonzept definiert (Katzenstein 1996: 3 f.; Jepperson 1996). Sowohl der nationalen Identität als auch einer russlandphobischen Rollenkonzeption schreibt es Chafetz zu, dass die Ukraine nach dem Zusammenbruch der Sowjetunion zunächst an einer regionalen, auf Nuklearwaffen gestützten Großmachtrolle festhielt, ehe es später unter internationalem Druck und angesichts einer noch nicht verfestigten außenpolitischen Identität diese Großmachtrolle aufgab. Inwieweit sich das nationale Selbstbild der Ukraine verändern wird, wenn es um die Annäherung an die Europäische Union geht, wird eine für das Land und das regionale Umfeld wichtige Frage bilden. Aus dem Selbstverständnis und Rollenbild Pakistans rühre dagegen die Auffassung, ein „Verteidiger des Glaubens gegen den (...) indischen Imperialismus" (Übers. d. Verf.) zu sein und zu diesem Zweck über das Mittel atomarer Waffen zu verfügen (Chafetz et al. 1997: 191-193). Dass diese Überlegungen auch zum Bereich der „strategischen Kultur" gezählt werden können, lässt sich an anderer Stelle sehen.

An Bedeutung für die Außenpolitik gewinnen in diesem Fall nationalstaatliche Rollenkonzepte. Diese werden allerdings nicht nur von den außenpolitischen Entscheidungsträgern formuliert. Sie spiegeln sowohl die Erwartungen der eigenen Gesellschaft an die Außenpolitik als auch diejenigen der außenpolitischen (Kooperations- oder Verhandlungs-)Partner und Konkurrenten wider.

13.3 Die „strategische Kultur"

Im Unterschied zur diplomatischen Kultur, verstanden als politische Geschicklichkeit und erfolgreiche Verhandlungsstrategie von Staaten, beschäftigt sich das Forschungsfeld der „strategischen Kultur" mit den für eine Gemeinschaft charakteristischen sicherheitspolitischen Stilen. Dazu zählen insbesondere „die Erfahrungen mit Krieg und Frieden, Vorstellungen von der Rolle der Streitkräfte bei der Friedenssicherung, bestimmte Weisen der Bedrohungswahrnehmung, spezielle Feindbilder, Kooperationsmaximen (Multilateralismus, Unilateralismus usw.) und wissensmäßige bzw. erfahrungsorientierte Grundlagen der Militärstrategie" (Siedschlag 2003, Lantis 2002). Nicht zuletzt spielen Typisierungen (nukleare Habenichtse, Schurkenstaaten, Zivilmächte etc.) und Symbole (Uniformen, „Verteidigung gemeinsamer Werte", „Kampf gegen den Terror" u.a.) eine für das eigene Selbstverständnis, die nationale Identitätsbildung und für das mit anderen Staaten geteilte Vorstellungsbild eine wichtige Handlungsgrundlage.

Im Sinne der „strategischen Kultur" wird dabei nicht nach den für eine Situation objektiv vorfindbaren Faktoren gefragt. Im Vordergrund steht das Erkennen von kulturell begründeten Entwicklungsmustern und allgemeinen Verhaltensregeln, „identifying tendencies, not certainties" (Dellios 1997: 202). Im Zusammenhang mit der gegenseitigen Abschreckungspolitik und der nuklearen Zerstörungsfähigkeit („mutual assured destruction" (MAD) der USA und der Sowjetunion während des Ost-West-Konfliktes verwendete Jack Snyder erstmals den Begriff der „strategischen Kultur", der von Wissenschaftlern wie Colin S. Gray, Ken Booth und Carl G. Jacobson aufgegriffen wurde. In der Verknüpfung von Kultur und Außenpolitik, d.h. anhand von Wahrnehmungsstrukturen, Ideen und Erfahrungen lässt sich demnach überprüfen, wie die Akteure sich selbst und ihre Umwelt sehen. Sicherheitspolitische Handlungsstrategien sind in einen kulturellen Kontext eingebettet. Frankreich und Deutschland legten ihre sicherheitspolitischen Ziele gegenüber der NATO und der Europäischen Sicherheits- und Verteidigungspolitik demzufolge nach ihrer strategischen Kultur fest, nach ihren nationalen sicherheitspolitischen Vorstellungen und Erfahrungen, nach ihrem eigenen *Handlungsrepertoire.*

Die „strategische Kultur" eines Staates lässt sich anhand von vier Analysedimensionen abbilden (Siedschlag 2003: 93-95). In Anlehnung an die von uns bereits erwähnten Kulturkonzeptionen sind dies die Kultur

(1) als Handlungsrepertoire und Erfahrungswelt (subjektive Vorstellungsbilder und Lernerfahrungen, emotionale Reaktionen), die für die *außenpolitische Elite* zur Grundlage der eigenen Interessenformulierung und Strategiewahl werden. Da-

durch wird erklärt, warum Staaten auf die gleichen internationalen Bedingungen doch sehr unterschiedlich reagieren können.

(2) als *Wissenssystem* zur Wirklichkeitsinterpretation, das es den Entscheidungsträgern erlaubt, sich aufgrund eigener Interpretationen und Deutungen der Wirklichkeit, durch Analogieschlüsse und kognitive Verarbeitungsprozesse ein Bild von den Folgen ihres strategischen Handelns zu machen; im Besonderen bei Krisen und Konflikten (z.B. Kuba-Krise).

(3) als *Wertesystem* zur Konstruktion von Identitäten und Interessen, bei der die sozialen Normen und Identitätsvorstellungen nicht nur den Maßstab für das eigene Handeln und die Bestimmung der außen- und sicherheitspolitischen Interessen bilden, sondern im Sinne eines Filters auch neue Werte und kollektive Verhaltensmuster mit den eigenen vergleichen, prüfen und übernehmen können (z.B. hinsichtlich der Frage gerechtfertigter humanitärer Interventionen oder der Anerkennung menschenrechtlicher Verhaltensstandards).

(4) als *soziale Grundlage* einer Sicherheitsgemeinschaft und ihrer Umweltbeziehungen, bei der eine Staatengruppe auf gemeinsamen, kulturell geprägten Ideen und Vorstellungen beruht (z.B. einem gemeinsamen Bedrohungsempfinden, ähnlichen Wahrnehmungsmustern und sozialen Gewohnheiten). Ob kulturell bedingte Handlungs- und Erklärungsmuster von Staaten aus weniger vertrauten Kulturkreisen, wie es Huntington in seiner „Kulturkampfthese" skizziert, dabei die Wahrscheinlichkeit des Missverständnisses und der Fehlinterpretation erhöhen, und damit letztlich das Bedrohungsempfinden vergrößern, wird in diesem Kontext als eine von vielen Auffassungen und Sichtweisen diskutiert.

Dass die Kultur viele Aspekte der Außenpolitik berührt, sehen wir zudem an der großen Zahl kulturpolitischer Akteure (internationalen Organisationen wie UNESCO oder Europarat, Regierungen, Parlamenten, Gemeinden, Nichtregierungsorganisationen, Unternehmen, Hochschulen, Einzelpersonen) und zahlreicher Programme (Kulturaustausch, Sprachförderung etc.). Auch die auswärtige Kulturpolitik der Staaten bildet daher einen relevanten Kernbereich des außenpolitischen Handelns: für die EU-Mitgliedsländer, die Kulturpolitik noch immer weitgehend autonom verfolgen, für die *cultural diplomacy* der USA und die japanische Politik des „internationalen Kulturaustausches" oder die deutsche Kulturpolitik als „Dritte Säule" der Außenpolitik.

13.4 Funktionen der Kultur in der Außenpolitik: Auswärtige Kulturpolitik

„Wir machen keine Kulturpolitik, wir machen Außenpolitik, in diesem Fall kulturelle Außenpolitik" (Körber/Thomalla 2000: 18). Dass kulturelle Faktoren, wie ein Zitat aus der Kulturabteilung des Auswärtigen Amtes zeigt, für die außenpolitische Orientierung und das Verhalten eines Staates eine nicht unwesentliche Rolle spielen, dürfte an den bisher erwähnten Aussagen sichtbar geworden sein. Besonders deutlich lässt sich die politische Relevanz der Kultur an der auswärtigen Kulturpolitik und ihren Funktionen im Rahmen der staatlichen Außenpolitik ablesen (Maaß 2005). Grundsätzlich sind der auswärtigen Kulturpolitik drei Funktionen zuzuschreiben: eine *Vermittlungsfunktion* zwischen Staaten (z.B. Sprachvermittlung, materielle Hilfen), eine interkulturelle *Dialogfunktion* (z.B. Konferenzen, Seminare, Performances, Forschungsaufenthalte etc.) und eine *Kooperationsfunktion* (z.B. durch Zusammenarbeit deutscher, französischer oder britischer Kulturinstitute (British Council, Deutsches Goethe-Institut) im Gastland, durch Kulturarbeit diplomatischer Vertretungen). Nach Düwell lassen sich zudem fünf Typen bzw. Methoden auswärtiger Kulturpolitik unterscheiden: a) auswärtige Kulturbeziehungen als Möglichkeit kultureller Ausstrahlung (*Diffusion*), bei der das jeweilige Land eine kulturelle „Vorbildwirkung" erhält (z.B. das British Empire), b) eine auf der Basis der Gegenseitigkeit beruhende, für den Staat werbende kulturelle Selbstinterpretation (*Radiation*), c) die von einem latenten oder schwach ausgeprägten, nationalen Sendungsbewusstsein gekennzeichnete kulturelle Expansion (z.B. zur Zeit der Kolonialpolitik), d) eine „zum Zweck nationaler Machtexpansion" betriebene Kulturpropaganda, mit einer sehr eingeschränkten Bereitschaft zur kulturellen Kooperation mit anderen Nationen oder Ethnien sowie e) ein in gesteigerter Form, aggressiv und überwiegend aktionistisch verfolgter Kulturimperialismus (z.B. des Nationalsozialismus und Bolschewismus [Agitprop]) (Düwell 2005: 62-63).

Gleichwohl können auch kulturelle Unterschiede eine ausschlaggebende Rolle spielen und (1) Grundlage für entsprechend instrumentierte Konfliktstrategien sein, interkulturelle Kommunikationsmängel nicht zuletzt ein relevantes „Mittel der Diplomatie und psychologischen Kriegführung" bilden (Rotte 1996: 143). Kulturelle Gegensätze können insofern (2) konfliktfördernd wirken und (3) einen Grund für das Scheitern von Konfliktlösungen darstellen. Ist eine expansionistische Außenpolitik nicht nur an strategischen oder wirtschaftlichen Zielen orientiert, sondern darüber hinaus von der Vorstellung und dem Bewusstsein der zivilisatorischen Überlegenheit des eigenen Kulturkreises überzeugt, kann dies zu kulturellen Gegenbewegungen führen, wie in der Zeit der Dekolonialisierung nach dem Zweiten Weltkrieg, oder aber zu fundamentalen, gegen „die westlich-modernistische Daseinsführung" gerichteten Protesten, die in der Rückbesinnung auf eigene kulturelle Wurzeln (z.B. im Iran des Revolutionsjahres 1979) einen alternativen Entwicklungsweg sehen. Religiöse Legitimationsgrundlagen erhöhen dabei oftmals die Bereitschaft zum Konflikt und zur politisch-militärischen Gewaltanwendung. Aus moralischer, sich auf kulturelle Normen berufender Verpflichtung und aus dem Empfinden kultureller Nähe halten es Staaten allerdings bisweilen auch für gerechtfertigt, in andere Staaten zum Schutz kultureller Minderheiten zu intervenieren (z.B. Indien in Ostpakistan/Bangladesh 1971, Russlands Intervention im so genannten „nahen Ausland" nach 1990 zum Schutz russischer Bevölkerungsgruppen).

Dass kulturelle Gegensätze darüber hinaus eine Lösung von Konflikten erschweren können, selbst wenn diese nicht den eigentlichen Grund für zwischenstaatliche Spannungen bilden, war, nach Auffassung Raymond Cohen's, in den schwierigen Verhandlungen zwischen Israel und Ägypten der Fall. Auf die Unvereinbarkeit beider Kulturen ist es seiner Auffassung nach zurückzuführen, dass erst durch die von beiden Seiten akzeptierte Vermittlerrolle der USA eine Friedenslösung in Camp David (1979) zustande kam.

Folglich ist es nach Ralf Rotte von Bedeutung, dass „ähnlich wie die physischen Bedingungen des Raumes (…) also auch die kulturellen Fundamente einer staatlich organisierten Gesellschaft einen bedeutsamen Einfluss auf ihre Außenpolitik haben, indem sie die Perzeption und Orientierung der außenpolitischen Entscheidungsträger prägen." Wir hatten bereits in einem früheren Zusammenhang auf die Bedeutung der außenpolitischen Entscheidungsträger hingewiesen. „Dieser Einfluss (der Kultur, *Anmerk. d. Verf.*) resultiert in einer gewissen Konzentration der Wahrnehmung auf den eigenen vertrauten Kulturkreis, über den die Akteure die besten Kenntnisse besitzen und für den sie das meiste Verständnis aufbringen können. Genau in der Schaffung einer solchen Bezugsstruktur, die sich durch ein erhöhtes Maß an Vertrautheit und historisch-geistiger Gemeinsamkeit unter den Individuen und sozialen Gruppen auszeichnet, besteht ja gerade die identitätsstiftende Wirkung der Kultur" (Rotte 1996: 144). Die politische Kultur kann demzufolge in recht unterschiedliche Weise auf die Außenpolitik eines Staates Einfluss nehmen. Mit welcher Absicht dies erfolgt und wie die politische Kultur eines Landes empirisch untersucht werden kann, ob anhand der Überzeugungen und Äußerungen der Bevölkerung oder der politischen Elite, sind relevante Fragen für Theorie und Methodik in der Außenpolitikforschung.

Kontrollfragen

(1) Was ist unter dem Begriff der „außenpolitischen Kultur" zu verstehen?

(2) Welche drei Kulturkonzepte lassen sich nach Valerie Hudson voneinander unterscheiden? Wenden Sie eines davon auf ein konkretes Beispiel an.

(3) Welcher Zusammenhang kann zwischen der politischen Kultur und der Sicherheitspolitik eines Landes hergestellt werden?

(4) Worin liegt die Bedeutung auswärtiger Kulturpolitik?

Literatur

Almond, Gabriel A./Verba, Sidney: *The Civic Culture: Political Attitudes and Democracy in Five Nations*, Princeton, NJ. 1963.

Arnold, Hans: *Auswärtige Kulturpolitik. Ein Überblick aus deutscher Sicht*, München/Wien 1980.

Bellers, Jürgen: *Politische Kultur und Außenpolitik im Vergleich*, München 1999.

Dellios, Rosita: *How May the World be at Peace?: Idealism as Realism in Chinese Strategic Culture*, in: Hudson, Valerie M. (Hrsg): Culture and Foreign Policy, Boulder 1997, S. 201-230.

Duffield, John S.: *Political Culture and State Behavior. Why Germany Confounds Neorealism*, in: International Organization 53, 4, 1999, S. 765-803.

Düwell, Kurt: *Zwischen Propaganda und Friedenspolitik – Geschichte der Auwärtigen Kulturpolitik im 20. Jahrhundert*, in: Maaß, Kurt-Jürgen (Hrsg.): Kultur und Außenpolitik. Handbuch für Studium und Praxis, Baden-Baden 2005, S. 53-85.

Finnemore, Martha: *National Interests in International Society*, Ithaca, N.Y. 1996.

Hasenclever, Andreas: *Liberale Ansätze zum „demokratischen Frieden"*, in: Schieder, Siegfried/Spindler, Manuela (Hrsg.): Theorien der Internationalen Beziehungen, Opladen 2003, S. 199-227.

Hudson, Valery M.: *Culture and Foreign Policy: Developing a Research Agenda*, in: dies. (Hrsg.): Culture and Foreign Policy, Boulder, Colo. 1997, S. 1-24.

Huntington, Samuel P.: *The Clash of Civilizations?*, in: Foreign Affairs 72/3, 1993, S. 23-49.

Jacquin, Dominique/Oros, Andrew/Verweij, Marco: *Culture in International Relations. An Introduction to the Special Issue*, in: Millenium 22, 3/1993, S. 375-377.

Jepperson, Ronald L./Wendt, Alexander/Katzenstein, Peter J.: *Norms, Identity, and Culture in National Security*, in: Katzenstein, Peter J. (Hrsg.): The Culture of National Security. Norms and Identity in World Politics, New York 1996, S. 33-75.

Jetschke, Anja/Liese, Andreas: *Kultur im Aufwind. Zur Rolle von Bedeutungen, Werten und Handlungsrepertoires in den internationalen Beziehungen*, in: Zeitschrift für Internationale Beziehungen 5, 1/1998, S. 149-179.

Kaase, Max: *Sinn oder Unsinn des Konzepts "Politische Kultur" für die Vergleichende Politikforschung. Oder auch: Der Versuch, einen Pudding an die Wand zu nageln*, in: Kaase, Max/Klingemann, Hans-Dieter (Hrsg.): Wahlen und politisches System - Analysen aus Anlass der Bundestagswahl 1980, Opladen 1983, S. 144-171.

Körber, Sebastian/Thomalla, Ariane: *Neue Wege in der auswärtigen Kulturpolitik – Interview mit dem Leiter der Kulturabteilung des Auswärtigen Amtes, Albert Spiegel*, in: Zeitschrift für Kulturaustausch, 50, 1/2000.

Kroeber, Alfred Louis/Kluckhohn, Clyde: *Culture: A Critical Review of Concepts and Definitions*, Cambridge, Mass. 1952.

Lantis, Jeffrey: *Strategic Culture and National Security Policy*, in: International Studies Review 4(2002)3, S. 87-113.

Lapid, Yosef/Kratochwil, Fritz (Hrsg.): *The Return of Culture and Identity in IR Theory*, Boulder, Colo. 1996.

Lapid, Yosef: *Culture's Ship: Returns and Departures in International Relations Theory*, in: Lapid, Yosef/Kratochwil, Fritz (Hrsg.): The Return of Culture and Identity in IR Theory, Boulder, Colo. 1996, S. 3-20.

Lotz, Hellmut: *Myth and NAFTA: The Use of Core Values in U.S. Politics*, in: Hudson, Valery M.: Culture and Foreign Policy: Developing a Research Agenda, in: dies. (Hrsg.): Culture and Foreign Policy, Boulder, Colo. 1997,

Maaß, Kurt-Jürgen (Hrsg.): *Kultur und Außenpolitik. Handbuch für Studium und Praxis*, Baden-Baden 2005.

Maull, Hanns W.: *Außenpolitische Kultur*, in: Karl-Rudolf Korte/Werner Weidenfeld (Hrsg.), Deutschland Trendbuch. Fakten und Orientierungen, Bonn 2001, S. 645-672.

Pye, Lucian W.: *The Elusive Concept of Culture and the Vivid Reality of Personality*, in: Renshon, Stanley A./Duckitt, John (Hrsg.): Political Psychology: Cultural and Crosscultural Foundations, London 2000, S. 18-32.

Pye, Lucian: *Political Culture Revisited*, in: Political Psychology 12, Nr. 3, 1991, S. 487-508.

Rittberger, Volker/Andrei, Verena: Macht, Profit und Interessen - Auswärtige Kulturpolitik und Außenpolitiktheorien, in: Maaß, Kurt-Jürgen (Hrsg.): *Kultur und Außenpolitik. Handbuch für Studium und Praxis*, Baden-Baden 2005, S. 31-53.

Rotte,Ralf: *Das internationale System zwischen Globalisierung und Regionalisierung. Makroanalytische Grundstrukturen der Weltpolitik nach dem Ost-West-Konflikt*, Baden-Baden 1996.

Schulte, Karl-Sebastian: *Auswärtige Kulturpolitik im politischen System der Bundesrepublik Deutschland*, Berlin 2000.

Schwelling, Birgit: *Politische Kulturforschung als kultureller Blick auf das Politische. Überlegungen zu einer Neuorientierung der Politischen Kulturforschung nach dem „cultural turn"*, in: Zeitschrift für Politikwissenschaft 11, 2/2001, S. 601-629.

Siedschlag, Alexander: *Instrumente internationaler Sicherheit. 1. Bündnisse und Institutionen. Thema: Theorien internationaler Beziehungen*, in: http://www.reader-sipo.de/artikel /0309_AIV1.htm (25.04.2005).

Swidler, Ann: *Culture in Action: Symbols and Strategies*, in: American Sociological Review 51/2, 1986, S. 273-286.

Ulbert, Cornelia: *Die Konstruktion von Umwelt: Der Einfluss von Ideen, Institutionen und Kultur auf (inter-)nationale Klimapolitik in den USA und der Bundesrepublik Deutschland*, Baden-Baden 1997.

Wildavsky, Aaron: *Choosing Preferences By Constructing Institutions: A Cultural Theory of Preference Formation*, in: American Political Science Review 81, 1/1987, S. 3-22.

14. Außenpolitik und internationales System

> *Jeder Staat gelangt zu seinen Politiken und*
> *entscheidet über Aktionen gemäß seines internen*
> *Prozesses, aber seine Entscheidungen werden*
> *durch die bloße Existenz anderer Staaten*
> *und durch die Interaktionen mit ihnen gestaltet.*
> Kenneth Waltz

Das internationale System zählt zu einem der wichtigsten Fragebestände internationaler Beziehungen. Zahlreiche Bausteine, Merkmale und Funktionen des internationalen Systems werden durch das außenpolitische Zusammenspiel der Akteure geschaffen. Entscheidungen und Handlungen der Staaten sind andererseits zugleich durch das internationale System, in dem sie sich bewegen, bestimmt. Ob bzw. inwieweit das System oder die Akteure (Staaten) die relevante Kategorie für die internationale Politik darstellen, ist allerdings seit den 60er Jahren strittig. Wie immer man diese Frage zugunsten der Akteursebene (Traditionalisten) und der Systemebene (Szientisten) beantworten mag; festzuhalten gilt, dass der Systemcharakter der internationalen Beziehungen eine zentrale Rolle für die Außenpolitik spielt.

14.1 Internationales System und strukturelle Anarchie

Das internationale System lässt sich vor allem mit dem Ansatz des Neorealismus betrachten, den wir hier stärker aufgreifen wollen. Während sich die traditionellen Realisten, und hier vor allem Morgenthau, akteurszentriert um die Formulierung einer Außenpolitiktheorie bemühten, verlagert der Neorealismus seinen Schwerpunkt auf die Analyse des internationalen Systems. In seinen systemtheoretischen Überlegungen zur internationalen Politik erklärt Waltz das Verhalten der Staaten aus dem internationalen System (Waltz 1979: 97ff.). Da es nach seiner Auffassung keine für alle Staaten geltenden Variablen oder Faktoren gibt, die die Ereignisse und Vorgänge im internationalen System erklären könnten, sei es erforderlich, weitgehend konstante Muster in der internationalen Politik zu finden. Diese entstehen allerdings nicht durch außenpolitisches oder internationales Staatshandeln, sondern durch strukturelle Ähnlichkeiten der Staaten, die vor allem in der identischen Aufgabe der Sicherung des *staatlichen Überlebens* im internationalen System liegen. Die Analyse des internationalen Systems aus der Tradition des Neorealismus wird dabei allerdings mit Blick auf den Prozess der Globalisierung und das so genannte Global Governance-Konzept, der Chance zu einem globalen Regieren, kontrovers beurteilt.

Was ist dabei unter dem Begriff des Systems zu verstehen? Ein System besteht in aller Regel aus Akteuren und den Beziehungen zwischen ihnen (Interaktionen). Es handelt nicht selbst, sondern bildet eine Struktur, die das Handeln der interagierenden Aktionseinheiten (Staaten) beeinflusst. Nicht die Eigenschaften der Akteure werden demnach herangezogen, um den Begriff der Struktur zu definieren, sondern das *positionale Relationsgefüge*, das strukturell bedingte Machtgefüge zwischen den Einheiten des Systems. Wie die politische Struktur eines Systems konkret beschaffen ist und welche Effekte es auf die Akteure ausübt, ist nach neorealistischer Vorstellung von drei Faktoren bzw. Konstitutionsbedingungen abhängig: (1) den *Ordnungsprinzipien* (ordering principles), (2) den *Eigenschaften* der Akteure (character of the units) und (3) den über die Staaten verteilten *Ressourcen- und Machtfähigkeiten* (distribution of capabilities), also ihr gegenseitiges Stärkeverhältnis (Waltz 1979: 88, 93, 97, 114 ff.; Masala 2005: 40-52). Zwischen dem staatlich organisierten politischen System und dem System der internationalen Politik muss dabei allerdings deutlich unterschieden werden. Gegenüber dem geschlossenen, hierarchisch und zentralistisch geordneten System des Staates ist das internationale System ein *offenes*, pluralistisches System, mit einer Vielzahl an Akteuren, anarchisch und ohne eine zentrale übergeordnete und Sanktionen durchsetzende Lenkungs- und Entscheidungsinstanz. Aufgrund der Anarchie, der Abwesenheit einer zentralen Regelungsinstanz im internationalen System, üben die Staaten als Hauptakteure nahezu identische, auf das Überleben und die Selbsterhaltung gerichtete Funktionen aus.

Mit anderen Worten: im System der internationalen Politik gibt es keine mit einem unumschränkten Gewaltmonopol ausgestattete oder einer entsprechenden Herrschaftsgewalt legitimierte Weltregierung. Die Vereinten Nationen, die nach dem Zweiten Weltkrieg zum Schutz vor außenpolitischen Gewaltaktionen und Friedensbedrohungen errichtet worden waren, stellen in diesem Sinne keine regierungsähnliche Weltautorität dar. Die Anarchie des zwischenstaatlichen Raumes hat die UNO ebenso wenig überwinden können wie das durch die Offenheit des Systems verursachte Misstrauen und Unsicherheitsempfinden gegenüber der internationalen Umwelt. Als ein eingeschränkt wirksames Instrument der globalen Friedenssicherung und Systemstabilität ist die Weltorganisation der Vereinten Nationen bei der Gestaltung der Staatenbeziehungen jedoch zweifellos ein entscheidender Akteur. Innerhalb des internationalen Systems erlaubt die Organisation der Vereinten Nationen zumindest „wechselseitige Bestandsgarantien" für die staatlichen Akteure, schafft einen über vertragliche Regeln gewährleisteten internationalen Kooperationsrahmen, eröffnet die Möglichkeit zu einem Interessenausgleich zwischen den souveränen Staaten in Konfliktfällen und bezieht dabei in wachsendem Maße nicht-staatliche Akteure mit in ihre Aufgabenfunktionen ein.

Den Organisationsplänen zu einer Weltregierung, mit einem umfassend legitimierten Sanktionsinstrumentarium und Attributen einer nationalstaatlichen Regierung, konnten die Vereinten Nationen dennoch bis in die Gegenwart nicht entsprechen. Für Waltz und andere Neorealisten zeichnet sich das internationale System stattdessen vielmehr durch die Verteilung der Macht im internationalen System aus. Zu einer zentralen Eigenschaft der Struktur des Systems zählt demnach die Tatsache, dass „states are different placed by their power" (Waltz 1979: 97). Auf welche Weise die Macht verteilt ist - ob unipolar (mit einem Hegemon), bipolar (mit einem Zweimächtesystem wie beispielsweise im antiken Griechenland des 5. Jahrhundert v. Chr. oder im Ost-West-Konflikt des 20. Jahrhundert) oder multipolar (als ein Vielmächtesystem oder ein stark zersplittertes System von zwischenstaatlichen Beziehungen) - hängt dabei *nicht* von den besonderen Eigenschaften der Staaten, ihren Interessen, ihrem Herrschaftssystem, der politischen Kultur oder den gesellschaftlichen Akteuren ab. Im Sinne des strukturellen Realismus ist die *Positionierung* der Akteure im internationalen System von entscheidender Bedeutung. Aufgrund unterschiedlicher Machtkapazitäten der Staaten und ihres Strebens nach Sicherheitsmaximierung entstehen verschiedene Strukturmuster und Konfigurationen des Staatensystems.

Bei der Betrachtung von Außenpolitik haben wir also nicht nur davon auszugehen, dass die internationale Umwelt einen wichtigen Bezugsrahmen für die Personen darstellt, die im Namen des Staates außenpolitisch entscheiden und handeln. Die jeweilige Wirkung der Struktur des internationalen Systems auf die Staaten bzw. das außenpolitische Verhalten der Staaten unter den Bedingungen der Anarchie und der jeweiligen internationalen Machthierarchie wird gleichermaßen zu einem Hauptgegenstand der Analyse (Systemtheorie).

Unabhängig vom Staatstyp oder der Machtposition im internationalen System erfordert insbesondere die anarchische Struktur der internationalen Beziehungen eine Außenpolitik, die auf die Aufrechterhaltung oder den Erwerb von Sicherheit und Macht gerichtet ist. Vor allem ist nach Waltz staatliches Handeln im internationalen System auf die Sicherung des eigenen Überlebens gerichtet. Größere Staaten können auf dieses Grundproblem der internationalen Politik in aller Regel besser reagieren und einen stärkeren Einfluss auf die Strukturen der internationalen Politik ausüben als kleinere Staaten. Im zwischenstaatlichen Wettbewerb um Sicherheit bringt jeder Staat, der sein außenpolitisches Verhalten nicht an diesem „schmalen Handlungskorridor" und an dem Gut „Sicherheit" orientiert, seinen „eigenen souveränen Fortbestand in Gefahr" (Vogt 1999: 45).[7] Für den strukturellen Realismus weist die Grundtendenz des internationalen Systems daher stets in die Richtung eines Machtgleichgewichtes, um vorhandene, die Sicherheit bedrohende Ungleichgewichte zwischen Staaten oder Staatengruppierungen durch eigene Aufrüstung oder Bündnisbildung auszubalancieren.

In diesem Zusammenhang wäre es jedoch falsch anzunehmen, dass die theoretische Beschäftigung mit Fragen des Systems erst mit der Etablierung des strukturellen Realismus als einem wichtigen theoretischen Ansatz der internationalen Beziehungen erfolgte. Bereits in den 50er und 60er Jahren hatte vor allem Morton Kaplan in system-

---

[7] Charles Kindleberger hat diese Überlegungen auf das internationale Wirtschaftssystem übertragen. Er kommt zu dem Schluss, dass vorrangig große Staaten in der Lage sind, das System zu stabilisieren, mittlere Mächte das System allerdings - im Unterschied zur grundsätzlichen Einflusslosigkeit kleiner Staaten - schädigen oder stören. Das heißt, die Machtposition im internationalen System eröffnet Gelegenheiten der außenpolitischen Einflussnahme für die machtvolleren Staaten und schließt diese für schwache Staaten weitgehend aus. Die Strukturen der Weltwirtschaft nehmen dabei in besonders hohem Maße Einfluss auf die außenpolitischen Möglichkeiten und Strategien sowohl der industrialisierten Staatenwelt als auch der Entwicklungsländer in schwachen Wirtschaftsregionen.

theoretischer Richtung geforscht (Kaplan 1957, 1975), das internationale System dabei in Anlehnung an Talcott Parsons Strukturfunktionalismus als ein Handlungssystem mit Akteuren und Regeln verstanden und die Frage gestellt, welches Verhalten der Akteure zur Stabilität und Instabilität des internationalen Systems beitragen würde. Anatol Rapoport, Karl W. Deutsch (und seine kybernetische Systemtheorie mit dem Prinzip der Kreislaufkausalität), Richard Rosecrance, Charles A. McClelland und J. David Singer trugen einen erheblichen Teil zur Analyse der Bedingungen und Grundregeln des internationalen Systems bei (vgl. Deutsch 1969; Singer 1972).

Eine Reihe von Forschungsansätzen hat sich in ähnlicher Weise eingehend mit den Strukturen und Bedingungen des internationalen Systems beschäftigt. Hierzu zählen sowohl (1) das Konzept des Weltsystems nach Wallerstein, der davon ausgeht, dass das von einem globalen Kapitalismus gekennzeichnete Weltsystem den geeigneten Ausgangspunkt für die Untersuchung verschiedener sozialer Entwicklungen und Phänomene bildet und sich in ihm die Imperative des Weltwirtschaftssystems vollziehen (Wallerstein 1974, 1980, 1989), als auch (2) die in den letzten Jahren verstärkt an Bedeutung zurück gewinnende Englische Schule, die internationale Politik nicht nur aus der Perspektive eines Nullsummenspiels, sondern unter dem Gesichtspunkt einer Normen und Regeln beachtenden internationalen *Gesellschaft*, einer Staatengesellschaft, untersucht (Bull 1977, Wight 1977, Buzan/Little 2000, Little 2001). Vor dem Hintergrund weltwirtschaftlicher Krisen und gesellschaftlicher Verflechtungsprozesse haben zugleich (3) interdependenztheoretische Arbeiten das internationale System und seine globalen Wirkungszusammenhänge, vor allem mit ihren Folgen für die Autonomie und die Interdependenz-Empfindlichkeit und -Verwundbarkeit der Staaten, aufgegriffen und analysiert. Je mehr sich eine Konstellations- oder Situationsstruktur einer komplexen Interdependenz annähert (das heißt Beziehungszusammenhänge zwischen staatlichen und nichtstaatlichen Akteuren an Bedeutung gewinnen, in denen die Macht als Mittel der Außenpolitik kein übergeordnetes Gewicht mehr besitzt und eine Vielzahl unterschiedlicher Problembereiche ("*issue areas*") und Ziele wie Wohlfahrt oder Sicherheit nebeneinander bestehen), desto weniger ist ein Staat in der Lage, seine allgemeine Machtüberlegenheit ("*overall power structure*") in konkrete politische Ergebnisse innerhalb der einzelnen Politikfelder umzusetzen.

Die Analyse der Systemebene bedeutet also die Untersuchung von Politik außerhalb der nationalen Grenzen. Im Mittelpunkt stehen die wechselseitigen Beziehungen (Interaktionen) von Staaten und transnationalen Akteuren. Nicht die Frage nach den inneren Faktoren staatspolitischen Verhaltens, nach dem Systemcharakter des Staates, steht im Vordergrund, sondern das internationale System und seine strukturellen Determinanten, denen der Staat in seinem Kampf um Sicherheit ausgesetzt ist. Die anarchische Ordnung und der daraus hervorgehende Selbsthilfecharakter des internationalen Systems sind vor diesem Hintergrund für den Waltz'schen Neorealismus ahistorische (überzeitlich) konstante Merkmale.

Wie Christopher Hill zu Recht betont, wird der Blick auf das internationale System dadurch allerdings zu sehr verengt. Allzu oft wird das internationale System nur als ein von Anarchie gekennzeichnetes und von Sicherheitsüberlegungen dominiertes Selbsthilfesystem dargestellt (vgl. Hill 2003: 163-164). Die von den Politikern beobachteten und als System wahrgenommenen internationalen Beziehungen sind seiner Ansicht nach vielmehr von zwei eng zusammenhängenden Entwicklungstendenzen gekennzeichnet: von einer *strukturellen Anarchie*, die Unsicherheit und Unverhersagbarkeit zu wesentlichen, das außenpolitische Gestaltungspotenzial beeinflussenden Systemeffekten macht, als auch von den Gegebenheiten einer *internationalen Gesellschaft*, wo Staaten der Chance der Kooperation als außenpolitischem Handlungsmuster folgen und wo „einer Menge von Staaten gemeinsame Werte und Ideen bewusst und für diese handlungsleitend werden" (Daase 2003: 235).

Beides sind typische, in der weltpolitischen Realität vorfindbare Charakteristika des internationalen Systems. Während sich in Europa Formen einer europäischen Gemeinschaft entwickeln konnten, Staaten aufgrund von Umweltkatastrophen zur Solidarität aufrufen und außenpolitische Hilfe leisten oder Menschenrechte über den Internationalen Strafgerichtshof größere Durchsetzungschancen erhalten, zeigen auf der anderen Seite das über einen opferreichen Bürgerkrieg zerfallene Jugoslawien, der mit schlimmsten Verbrechen gegen die Menschlichkeit geführte Krieg in Ruanda, der Terroranschlag im russischen Beslan, die innerhalb weniger Jahre von Stabilität in eine buchstäbliche Anarchie verfallende Staatenwelt Westafrikas als auch die teilweise prekäre nukleare Konfrontation zwischen Indien und Pakistan, auf welchem dünnen Boden sich das außenpolitische Handeln der Staaten und anderer Akteure bewegt. *Sicherheitsstreben und Regeleinhaltung bilden das Geschwisterpaar möglichen Staatshandelns im internationalen System.*

Zur Logik des strukturellen Neorealismus betont Werner Link:

Das „Internationale System" ist ein politikwissenschaftliches Konstrukt. Die Staatenwelt wird als ein dezentralisiertes Wettbewerbssystem begriffen, das im Unterschied zu den Staaten, die es bilden, nicht herrschaftsmäßig organisiert, also „anarchisch" ist. Jeder Staat muss für seine eigene Sicherheit sorgen, alleine oder gemeinsam mit anderen Staaten auf der Grundlage gemeinsamer Interessen. Die konkurrierenden Staaten gruppieren sich in dynamischen Formationen, in „beweglichen Figurationen", im Prozess von Macht- und Gegenmachtbildung, der von den Großmächten bestimmt wird. Das heißt, dass die Staatenwelt eine „bewegliche Ordnung" (Goethe) hat und der Wandel ihr inhärent ist. Aufgrund einer bestimmten Machtverteilung entstehen internationale Strukturen, die solange Bestand haben, wie sich die Machtverteilung nicht wesentlich ändert. Wenn sich die Machverteilung, insbesondere zwischen den großen Mächten ändert, ändern sich die Strukturen. Und wenn sich der Wettbewerb zum Konflikt steigert, stellt sich das Ordnungsproblem neu (Link 2004: 369, Link 1998).

Die Struktur gibt in diesem Sinne nicht nur vor, wer die Akteure sind und wie diese zueinander in Beziehung stehen. Sie gibt den Akteuren ihre Möglichkeiten und Grenzen des (außenpolitischen) Handelns vor und verweist auf das Machtgefälle zwischen den Akteuren, auf die unterschiedlichen materiellen und ideellen - nach Wendt macht-, norm- oder vertragsgeprägten - Beziehungsmuster zwischen den verschiedenen, funktional differenzierten und nach innen monistisch aufgebauten Staaten. Das internationale System bezeichnet, mit anderen Worten, ein Geflecht weltweiter internationaler Beziehungen, in denen formal gleichberechtigte, souveräne und bewaffnete Staaten und ihre Regierungen noch immer die Hauptträger der politischen Beziehungen bilden, jedoch nicht nur auf Staatengruppierungen, Allianzen und internationale Organisationen, sondern auch auf multinationale nicht-staatliche Zusammenschlüsse und transnationale

Akteure treffen, die selbst die Strukturen des internationalen Systems gestalten, prägen oder reproduzieren.

In vielfältiger Art reichen die auswärtigen Beziehungen im internationalen System dabei von diplomatischen Kontakten und wissenschaftlich-technischer Kooperation bis zu wirtschaftlicher Konkurrenz, ideologischen Konflikten und militärischen Konfrontationen. Form und Qualität dieser außenpolitischen Kontakte können recht unterschiedlich entwickelt sein und auf der Basis einer gleichwertigen Partnerschaft, einer engen geschichtlichen, kulturellen und geographischen Verbundenheit, einer hierarchisch geprägten Rangordnung, auf Dominanz, Hegemonie oder Abhängigkeit beruhen. Für den Neorealismus nach Waltz sind allerdings lediglich Allianzbildungen als mögliche Kooperationen zwischen Staaten denkbar. Aus Sorge vor Abhängigkeiten nehmen Staaten demzufolge weiter gehende Kooperationen nur dann in Kauf, wenn durch einen Hegemon Anreize dafür geschaffen werden: durch die Übernahme der Kooperationskosten oder durch eine entsprechende Schutzfunktion.

Dass die im internationalen Umfeld handelnden und das internationale System mitgestaltenden Regierungen und ihre Führungsträger mit einer Vielzahl an Akteuren (z.B. der Muslimischen Bruderschaft und Al-Qaida, Nestlé, Shell, Terre des Hommes, amnesty international oder dem IKRK, der UNO und der ASEAN oder der VR China und Papua-Neuguinea) sowie mit einer Fülle an Ereignissen, Initiativen, Problemen und Ideen konfrontiert sind, die das moderne Zeitalter der internationalen Politik raschen Veränderungsprozessen aussetzt, hat James Rosenau dazu bewogen, die Gegebenheiten des internationalen Systems als „Turbulenzen" zu bezeichnen. Es erscheint nahe liegend, dass sich diese „Turbulenzen" in aller Regel als außenpolitisch schwer regulier- und steuerbar erweisen (Rosenau 1997). In neorealistischer Sicht Waltz'scher Prägung bleibt das außenpolitische Gestaltungspotenzial eines Staates dabei auf zwei Möglichkeiten begrenzt: die *Änderung* der Machtverteilung oder eine umfassende, die Anarchie überwindende und den Weltstaatsgedanken verwirklichende *Transformation*.

14.2 Hegemonie, Gleichgewicht und Außenpolitik

Kommen wir vor diesem Hintergrund theoretischer, vor allem neorealistischer Vorüberlegungen auf zentrale Begriffe, die das Verhältnis von Außenpolitik und internationalem System kennzeichnen. Sowohl das Ordnungsprinzip als auch die Machtverteilung und das Arrangement der Staaten, das heißt die Struktur des internationalen Systems, üben, wie wir gesehen haben, auf die Außenpolitik einen nachhaltigen Einfluss aus. Außenpolitik im internationalen System bewegt sich, vor allem aus Sicht des Neorealismus, im Spannungsfeld von Hegemonie und Gleichgewicht (Triepel 1938; Link 2004). Ausgangspunkt ist die Tatsache einer anarchischen, das heißt herrschaftslosen, Ordnung zwischen den Staaten, also einer dezentralisierten und kompetitiven Staatengesellschaft, in der ein, zumindest nie über gewisse Grenzen hinausgehendes Gleichgewichtssystem besteht. Da sich die Staaten in einem Gleichgewichtssystem gegenseitig balancieren, um die Überlegenheit eines Staates zu verhindern, wird die internationale

Ordnung von einem permanenten Prozess der Macht- und Gegenmachtbildung begleitet.

Gelingt es *einem* übermächtigen Staat, die Politik im globalen oder regionalen System weitgehend zu diktieren und zu bestimmen, kann das Staatengefüge aus dem Gleichgewicht geraten und zu machtpolitischen Gegenreaktionen führen. Dies muss allerdings nicht zwangsläufig auf einen ernsten Konflikt zusteuern. Nach Stephen Walt entsteht nicht in jeder Situation, sondern erst unter den Bedingungen einer akuten Sicherheitsbedrohung durch die Hegemonialpolitik eines Staates ein massives Interesse an der Bildung von Gegengewichten, an einer „balance of threat" (Walt 1997: 933). Zudem ist nicht nur eine antagonistische Gleichgewichtspolitik (wie im Ost-West-Konflikt), sondern auch eine kooperative Gleichgewichtspolitik (wie im aktuellen internationalen System des 21. Jahrhunderts) als Handlungsstrategie denkbar (so die Europäische Union als Beispiel eines integrativen Gleichgewichtes).

Kritik und Diskussion zur historischen und gegenwärtigen Aussagefähigkeit des strukturellen Neorealismus haben im Verlauf der letzten Jahre zu sehr unterschiedlichen Interpretationen und Darstellungen hinsichtlich des Sicherheitsbedürfnisses von Staaten und der darauf bezogenen außenpolitischen Verhaltensstrategien geführt. Diese Frage soll uns hier mit Blick auf mögliche außenpolitische Handlungsmuster im Rahmen des Staatensystems und seiner Strukturen näher interessieren. Da die Kosten einer Strategie des Balancing, also der Gegenmachtbildung, gerade bei einem Hegemon äußerst hoch sind und diese nicht zwangsläufig zu absoluter Sicherheit führen, werden nach Auffassung des Historikers Paul W. Schröder andere außenpolitische Sicherheitsstrategien verfolgt. Dazu zählt Schröder die Strategie (1) des *Hiding*, die den Staat zu einer isolationistischen oder defensiven Politik, zur staatlichen Neutralität in Krisenfällen oder zur Nichtbeachtung äußerer Bedrohungen führt, (2) des *Transcending*, als einer an Normen und Regeln orientierten Verhaltensstrategie, die sich um zwischenstaatliche Konfliktlösung oder Zusammenarbeit bemüht und die anarchische Ordnung auf längere Sicht zu überwinden versucht, (3) des *Bandwagoning*, bei der sich der schwächere Staat aus militärischen oder ökonomischen Gründen an den mächtigeren Staat oder eine Staatenkoalition anlehnt, um den Gegner zu beschwichtigen oder von einer möglichen Gewinnverteilung nach Kriegsende zu profitieren, schließlich (4) des *Balancing*, um zum Zweck des Machtgleichgewichtes mit der schwächeren Koalition oder demjenigen Akteur zu kooperieren, von dem die geringere Bedrohung ausgeht oder erwartet wird (Schroeder 1994, Vogt 1999).

Sowohl in der recht „schlanken" Theorie von Kenneth Waltz als auch in den allianztheoretischen Überlegungen bei Stephen Walt wird Staaten am ehesten die Tendenz zum *Balancing* zugeschrieben. Die außenpolitische Strategie des *Bandwagoning* ist ihrer Auffassung nach eher eine Notlösung zum Zweck des eigenen Überlebens oder eine Verlegenheitsstrategie, um den hohen Kosten für eine Strategie des Gleichgewichtes zu entgehen. Randolph Schweller zweifelt an dieser Prädominanz des Balancing. Nicht das Ziel der Sicherheitsmaximierung steht seiner Meinung nach vornehmlich im Mittelpunkt des Staatsverhaltens, sondern die Aussicht auf eine Verbesserung der eigenen Ressourcenausstattung.

Abb. 13: „Balancing" und „Bandwagoning" als außenpolitische Verhaltensmuster

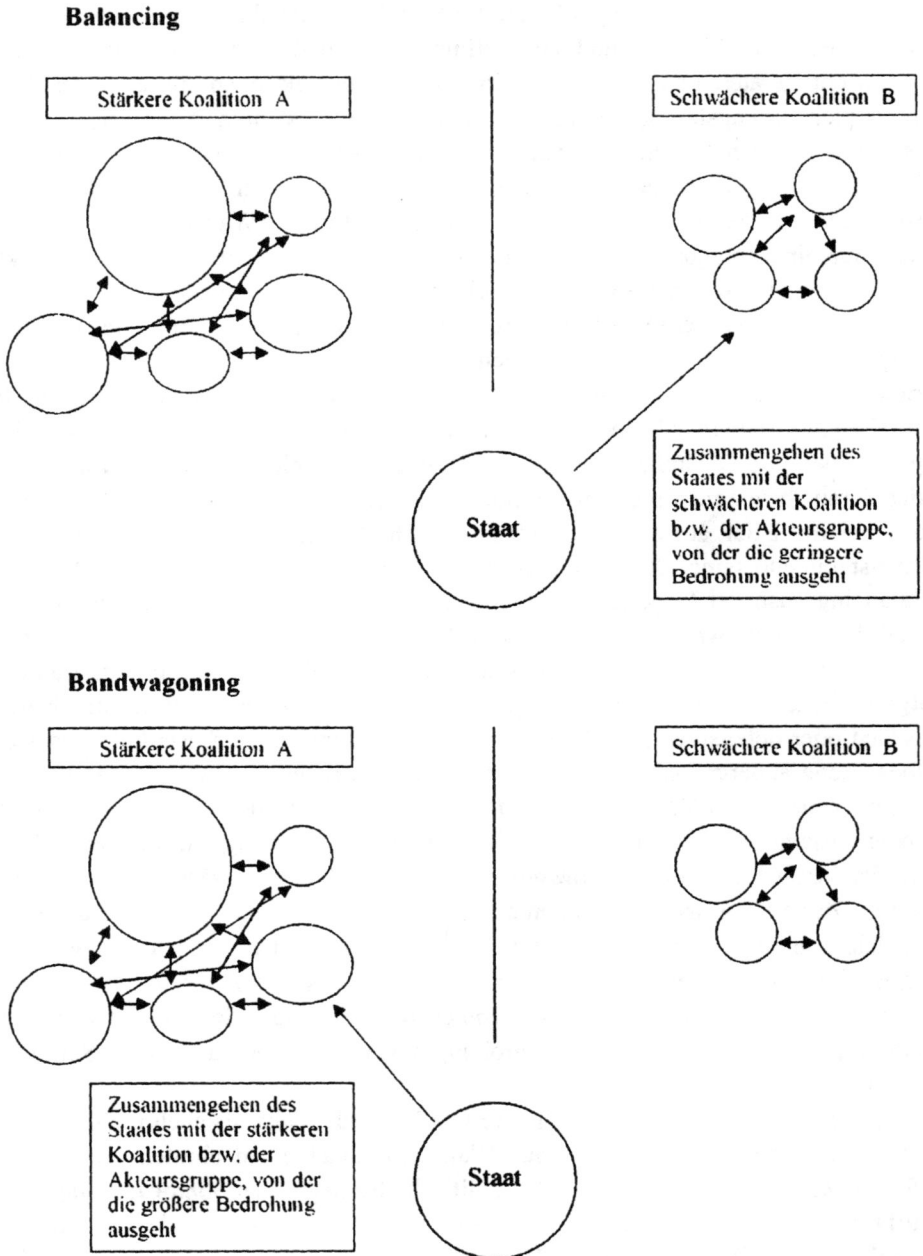

Balancing

Bandwagoning

Quelle: Eigene Darstellung in Anlehnung an Vogt 1999: 54.

Bandwagoning ist daher nicht in erster Linie gleichbedeutend mit einer Kapitulation der kleineren oder schwächeren Mächte, die in politische oder andere Abhängigkeiten führt (Schweller 1994). Da die Strategie des Bandwagoning weniger Kosten verursacht als das auf Selbsterhaltung und Sicherung der eigenen Güter gerichtete Balancing, ist nach Schweller vielmehr anzunehmen, dass die vorherrschende Strategie bei Staaten im Bandwagoning und nicht im erwähnten Sicherheits-Balancing liegt („Bandwagoning for Profit").

Davon abgesehen, dass Schweller im Unterschied zu Waltz auch den Mittelmächten (den „second-ranking Great Powers") eine stärkere Rolle bei internationalen Strukturveränderungen einräumt, unterscheidet er vier Formen des Bandwagoning: (1) das *Jackal Bandwagoning*, einer überwiegend von jenen schwachen, revisionistischen Staaten verfolgten Strategie des Macht- oder Güterzugewinns, die mit ihrer Machtposition im internationalen System unzufrieden sind, (2) das *Piling-on Bandwagoning* als Strategie einer gezielten Koalition mit dem voraussichtlichen Gewinner eines Krieges - einerseits zum Zweck der Gewinnbeteiligung, andererseits aus Angst vor Strafaktionen, (3) das *Wave-of-the-future-Bandwagoning* als eine eher strategische Wahl zugunsten der stärkeren Koalition und der mit ihr verbundenen leistungsfähigeren und eher realisierbaren Ordnungs- und Entwicklungsmodelle als auch (4) der *Domino-Effect*, der ähnlich dem Effekt sich gegenseitig anstoßender Dominosteine zu einer Kettenreaktion führt (Domino-Theorie) und häufig von einer engen politischen und wirtschaftlichen Staatenverbindung profitiert.

Mit dieser stärkeren Berücksichtigung des Staatsinteresses unterscheidet sich Schwellers Systematik vom neorealistischen Konzept eines *Balance-of-power* und eines *Balance-of-threat*. Schweller verleiht der Akteursebene ein deutlicheres Gewicht und bezieht sein Konzept eines *Balance-of-interest* auf verschiedene Ebenen und Strategien. Zwänge oder aber Bedingungen des internationalen Systems und der Staatenkonkurrenz üben - das sollte sichtbar geworden sein -, einen wesentlichen Einfluss auf die Außenpolitik aus; wenngleich die Theorie des Neorealismus bei Waltz kaum auf die Akteursebene eingeht oder nicht ausdrücklich Verknüpfungen dazu herstellt. In jedem Fall bleibt es wichtig, die jeweilige Struktur des internationalen Systems auch mit Blick auf die Außenpolitik zu befragen.

14.3 Politische Geographie

Was bedeutet das für die Verknüpfung von Außenpolitik und internationalem System? Wodurch wird die Struktur und Außenpolitik des 21. Jahrhunderts bestimmt sein? Werfen wir einen Blick auf die politische Geographie und die Strukturen des weltpolitischen Staatensystems im 20. und 21. Jahrhundert. Staaten existieren nicht in einem virtuellen Raum. Sie werden in ihrer Außenpolitik von geographischen Faktoren beeinflusst. Sämtliche Regierungen und ihre Führungsträger - ob im Zeitalter des Thukydides (5.Jhr.), im Frühmittelalter, in den Jahrzehnten der von Europa ausgehenden Entdeckungsreisen seit 1492 oder unter den Gegebenheiten eines sich verändernden westfälischen Staatensystems, - hatten die geographische Lage, das Territorium, die verfügbaren Bodenschätze, den Zugang zum Wasser, natürliche Grenzen etc. in ihre Überlegungen und Strategien einzubeziehen. Einige dieser Aspekte mögen im informations- und kommunikationstechnologischen Zeitalter der Gegenwart an Bedeutung verloren haben. Luft- und Raumfahrt wurden mittlerweile zu attraktiven, aus wirtschaftlichen Gründen und zu Prestigezwecken geförderten Zielen und Symbolen der Machtfähigkeit eines Staates. Für die außenpolitische Handlungsfähigkeit eines Staates spielen die räumlichen Gegebenheiten jedoch eine bis heute nicht zu unterschätzende Rolle. Die geographischen Daten einer Landkarte verdeutlichen den Einfluss topologischer und geographischer Faktoren auf die Politik eines Staates. Strategische Wasserwege, wie der Panamakanal, der Suezkanal, der Nord-Ostseekanal, die südostasiatische Straße von Malakka, die mittelöstliche Straße von Hormuz, die geostrategisch umkämpfte Meerenge am Schwarzen Meer, oder aber der für Russland fehlende Zugang zu einem eisfreien Hafen, unterstreichen das enge Verhältnis von Politik, Geographie und Technologie. Die Sicherheit des Staates wie auch die Verfügbarkeit und Kontrolle lebenswichtiger Rohstoffe (z.B. Energie, Wasser, fruchtbares Ackerland usw.) beeinflussen außenpolitische Entscheidungen. Die Sorgen eines Staates um seine territoriale Sicherheit sind heute ebenso ein wesentlicher Teil des Kräftespiels auf dem globalen Schachbrett wie in der Vergangenheit. Befestigungsanlagen und Grenzzäune (z.B. zwischen den USA und Mexiko) waren, trotz zunehmender Entterritorialisierung, stets wichtige Bezugspunkte staatlicher Unabhängigkeit und Souveränität (vgl. Glassner 1996).

Aus der analytischen und normativen Beschäftigung mit Fragen des Territoriums und seiner strategischen Bedeutung für die Außenpolitik entwickelte sich im 19. Jahrhundert die Lehre von der Geopolitik. Im Zusammenhang von „Natur(raum) und Macht", beeinflusst durch technologischen Wandel und politisches Handeln, sahen führende Vertreter der Geopolitik - der US-Admiral Alfred Tayer Mahan, der als „Vater" der politischen Geographie bezeichnete Friedrich Ratzel (Ratzel 1974), der schwedische Politikwissenschaftler Rudolf Kjellén oder der englische Geograph Halford Mackinder („heartland theory") - relevante Bewertungsmaßstäbe. In enger Verwandtschaft zum Realismus entwickelte sich die Geopolitik so zu einer „besondere(n) Form der Machtpolitik (…), wobei ganz im territorialen Verständnis des Westfälischen Modells unter Macht die Kontrolle von politisch definierten Räumen verstanden wird." Neben der Kontrolle von Transport- und Kommunikationssystemen geht es „um die Beherrschung von militärstrategisch wichtigen Orten und Grenzen wie Meerengen, Flussmündungen, Landengen, Landspitzen, Inseln, Pässen, Höhenzügen und Oasen sowie um die Kontrolle von Rohstoff- und Energievorkommen, Wasser(läufen) und Böden zur Nahrungsmittelproduktion. Und schließlich geht es um die Beherrschung, Umformung und Kontrolle der Natur durch Brücken und Tunnels, Deiche, Schleusen, Staudämme, Eisbrecher, Kanäle, Straßen, Eisenbahnen und Flugplätze" (Menzel 2001: 59).

Geopolitik wurde auf diese Weise rasch zur zweckvollen Legitimationsbasis einer imperialen Großmachtpolitik wie sie europäische Mächte (Großbritannien, Russland, Frankreich, Deutschland, Italien), die USA und Japan aus interessenpolitischen Gründen verfolgten. Vor allem durch den Nationalsozialismus, u.a. gestützt auf die Schriften von Karl Haushofer, wurde die Geopolitik in extremer Form zu einem sozialdarwinistisch und naturdeterministisch im so genannten „Lebensraum"-Konzept angelegten Instrument menschenverachtender Expansionspolitik. Die dadurch diskreditierte und zu einem Tabu wissenschaftlicher Forschung gewordene Disziplin der Geopolitik ist unter veränderten Bedingungen seit den 80er Jahren als Kritische oder Neue Geopolitik revitalisiert worden. Begrifflich wird Geopolitik heute eher als eine die auswärtige und internationale Politik *beeinflussende*, nicht aber diese bestimmende *politische Geographie* verstanden, die das Verhältnis zwischen Geographie und (Außen)Politik in den Mittelpunkt des analytischen Interesses stellt.

Trotz eines beschleunigten technologischen Wandels haben Geofaktoren dennoch bis in die Gegenwart eine wichtige Bedeutung im außenpolitischen Denken behalten. Ihr Gewicht hat sich zwar maßgeblich verringert. Geostrategisches und geoökonomisches Denken sind allerdings, wie der frühere amerikanische Sicherheitsberater Zbiginiew Brzezinski (1977-1981) in seinem Buch „Die einzige Weltmacht" (1999) unterstreicht, ein für das Kräftespiel auf dem „eurasischen Schachbrett" der transkaukasischen und zentralasiatischen Region wichtiger Motivations- und Einflussfaktor im 21. Jahrhundert geblieben. Rüstungstechnologische Entwicklungen (z.B. Satellitenaufklärung, Aufrüstungsprogramme mit neuen Raketensystemen, Raketen-Abwehrsysteme wie SDI-Strategic Defense Initiative oder NMD-National Missile Defense-Project etc.) prägten bis in die aktuelle Zeit das geostrategische Denken.

Eine auf geostrategischen Überlegungen beruhende und das nationale Bedrohungsempfinden berücksichtigende Außenpolitik fand ihren Widerhall dabei nicht nur im 18. und 19. Jahrhundert: in der britischen Machtgleichgewichtspolitik, in der Warnung des US-Präsidenten Washington vor einer Politik der „entangling alliances" oder in der amerikanischen Monroe-Doktrin (1823). Außenpolitische Machtprojektionen der Sowjetunion waren mit Blick auf die Gründung des Warschauer Paktes (1955) und des Rates für Gegenseitige Wirtschaftshilfe (RGW) oder aber hinsichtlich der in der Dritten Welt geführten Stellvertreterkriege gegen die USA ebenso einem geostrategischen und geoökonomischen Denkmuster verpflichtet wie die Containment- bzw. Eindämmungsstrategie der amerikanischen Regierung unter Truman seit 1947. Im Rahmen der nordatlantischen Allianz planen und kooperieren die Bündnispartner bei ihren Einsätzen „out-of-area" nicht weniger unter dem Gesichtspunkt wichtiger geostrategischer Überlegungen. Geoökonomische Faktoren hatten für die USA, unter den Präsidenten Clinton und Bush, eine zentrale Bedeutung für die Gründung der NAFTA oder der Free Trade Area of the Americas (FTAA). Projekte wirtschaftlicher Zusammenarbeit in Asien oder Lateinamerika (z.B. MERCOSUR) als auch Konflikte um Rohstoffe (z.B. Erdöl) belegen den Einfluss geoökonomischer Strategien für das außenpolitische Handeln.

Neue Herausforderungen der weltpolitischen Gegenwart, insbesondere der Globalisierung (z.B. durch neue Informations- und Verkehrstechnologien, weltweite Umweltverschmutzung, illegale Einwanderung), gesellschaftsübergreifende transnationale Probleme (etwa durch ausländische Investitionen, globale Kapitalströme oder religiösen Fundamentalismus etc.), Nicht-Staatliche Organisationen (z.B. Ärzte ohne Grenzen), die Folgen einer sich verdichtenden Interdependenz (z.B. als Fragmentierung, Separation oder Regionalismus), Prozesse der *Re-Nationalisierung* und *Konfliktverläufe*, die die internationale Staatenwelt und Weltgemeinschaft oft unmittelbar betreffen, beeinflussen das Konzept der Geopolitik in wachsendem Maße (Demko/Wood 1999).

Strukturorientierte, geopolitische Konzepte sind daher noch immer mit zu berücksichtigende Kriterien bei der Formulierung und Beurteilung von Außenpolitik. Dies verdeutlichen

(a) das in der Regel auf eine konkrete Region (z.B. den westlichen Balkan oder Zentralasien, teilweise auf Nordafrika und den Vorderen Orient bis Iran) bezogene geostrategische Konzept des *Krisengürtels* oder *Krisenbogens*,

(b) der daran anknüpfende Begriff der *Balkanisierung*, der die Zersplitterung einer Region oder eines Staates in kleinere und sich häufig feindselig gegenüberstehende politische Einheiten widerspiegelt,

(c) der zwischen ideologisch oder politisch verfeindeten Akteuren handelnde oder instrumentalisierte *Pufferstaat* (z.B. zahlreiche osteuropäische Staaten während des Ost-West-Konfliktes oder Jordanien in seiner geostrategischen Lage zwischen den um regionale Vormachtstellung ringenden Staaten des Nahen und Mittleren Ostens),

(d) die vom Begriffspaar der Hegemonie bzw. der Führung abgeleitete Bedeutung des *Hegemonialstaates*, der, im Sinne eines Führungsverhältnisses und als mächtiger Staat, „bestimmenden Einfluss" ausübt und andere Staaten dazu veranlasst, entweder als „Gefolgsstaaten" dies zu akzeptieren oder durch Gleichgewichtspolitik („balancing") den Einfluss der jeweiligen (einzelstaatlichen oder kollektiven) Hegemonie zu verhindern oder einzuschränken,

(e) der durch geostrategische und geopolitische Struktur- und Denkmuster mitgeprägte Ansatz eines *clash of civilizations*, eines Kampfes der Kulturen, in dem Kernstaaten als Bezugspunkte sich feindselig gegenüberstehender Kulturkreise fungieren,

(f) zu regionaler Instabilität führende *Staatszerfallsprozesse* schwacher Staaten, insbesondere so genannter „failed states", in geographischen Krisenzonen (z.B. Afghanistan, Kolumbien oder Somalia) sowie

(g) *Grenzstreitigkeiten*, die auch in aktueller Zeit - im Falle Bosniens und des Kosovo, in den Beziehungen zwischen Peru und Ecuador, zwischen dem vom Andengebirge getrennten Argentinien und Chile, zwischen Äthiopien und Eritrea, im südchinesischen Meer oder in der langjährigen Besetzung des Südlibanon durch Israel zum Schutz vor Grenzangriffen der Hizbollah, - zu einem wichtigen Bestandteil außenpolitischer Planung gehören. Einen hohen politischen Symbolwert hatte in diesem Zusammenhang das Aufbrechen der durch die Berliner Mauer und den „Eisernen Vorhang" schwer durchdringbaren Grenze des Kalten Krieges zwischen West- und Ostdeutschland bzw. West- und Osteuropa.

Fragen der Geopolitik und Geostrategie sind auch im 21. Jahrhundert relevanter Bestandteil des auswärtigen Staatshandelns. Die im Rahmen der wirtschaftlichen Faktoren angesprochene Rohstoffsicherung, zu der die Öldiplomatie und die Ressourcenausstattung als klar identifizierbare Problemfelder gehören, ist dafür ein Beispiel. Ein Blick auf die neuen Strukturen und Prozessmuster des internationalen Systems, auf die gesamt-systemische Machtverteilung zwischen den Akteuren und die ordnungspolitischen Tendenzen erlaubt einen für die Außenpolitik, und natürlich auch für die internationalen Beziehungen, differenzierten Analysebefund.

14.4 Weltpolitische Konfigurationen und Global Governance im 21. Jahrhundert

Das internationale System der Gegenwart stellt noch immer ein dezentralisiertes, herr-schaftsmäßig nicht organisiertes Konkurrenz- und Wettbewerbssystem zwischen den Staaten dar. Die im Prozess von Macht- und Gegenmachtbildung geschaffenen und dem Wandel unterliegenden zwischenstaatlichen Beziehungszusammenhänge - Werner Link spricht von „beweglichen Figurationen" - bilden die Grundlage der bestehenden Welt-struktur. Wie die Analyse der politischen Wirklichkeit zeigt, sind die weltpolitischen Strukturmerkmale allerdings nicht mehr nur von nationalen Konstellationsmustern, im Sinne national-staatlichen Regierens und national-staatlich bestimmter Problemlagen gekennzeichnet. Internationales Staatshandeln wird von Prozessen der Transnationali-sierung, der Supranationalisierung und gesellschaftlichen Denationalisierung sowie von neuen Bedrohungsrisiken (vor allem von Globalisierungs- und Transformationsrisiken) begleitet. Für Czempiel differenziert sich die internationale Politik daher vermehrt in eine „Gesellschaftswelt", „Wirtschaftswelt" und die nicht mehr ausschließlich globali-sationstaugliche „Staatenwelt" (Czempiel 2002).

Als Ergebnis dieser Entwicklung ist es bisher zwar zu keiner den Staat überwölben-den, mit einem legitimierten Gewaltmonopol ausgestatteten und mit Sanktionsmacht versehenen Weltregierung gekommen. Wesensbestimmend bleibt weiterhin eine inter-nationale, staatenweltliche Ordnung. Die Effektivität und Handlungsfähigkeit national-staatlichen Regierens im Bereich der Außenpolitik wird allerdings zunehmend von den Bedingungen globaler Interdependenz und von den unterschiedlichen Ausprägungsfor-men internationaler Institutionen, Normen und Regeln beeinflusst. Zusammen mit einer größeren Akteursvielfalt auf nicht-staatlicher, transnationaler Ebene bestimmen sie nicht nur den Kontext des außenpolitischen Handelns mit. Sie verleihen dem internatio-nalen System zum einen die Eigenschaft einer regulierten Anarchie, in der sich die Staa-ten auf gemeinsame Verhaltensregeln und entsprechende Norm- und Regelbeachtung festlegen und verständigen. Zum anderen fördern sie einen neuen Typ des transnationa-len Regierens, der die Staatengesellschaft nicht nur herausfordert und verändert, son-dern, so könnte man sagen, für die auswärtige Politikformulierung und -umsetzung neue Bedingungen schafft (vgl. Kap. 17).

Für die Außenpolitik stehen daher nicht nur Fragen der Sicherheit und Konfliktbe-wältigung, sondern auch Probleme in den Bereichen der Umwelt, Armut und Migration, der Gesundheit, Entwicklung, des state-building und nation-building sowie der gemein-schaftlichen Bewältigung von Katastrophenereignissen (z.B. Tsunami-Katastrophe, Überschwemmungen in New Orleans, Erdbeben in Zentralasien) zunehmend im Mittel-

punkt. Als nicht mehr allein vom Staat zu bewältigende Problemfelder und neue Bedrohungsphänomene (so z.B. auch der transnationale Terrorismus oder private Gewaltunternehmer in „neuen" Kriegen, Warlords und multinational organisierte Bandenkrimina-
lität) erfordern sie außenpolitische Formen der Kooperation, die Gestaltung von Politiknetzwerken und verregelten Mehrebenenprozessen, in deren Rahmen der moderne Staat
mit verschiedenen Akteuren (z.B. Nichtregierungsorganisationen oder Unternehmen als
private global players sowie internationalen Institutionen) auf verschiedenen Ebenen
(lokal, regional, global) kooperiert. Staatliche Außenpolitik wird in diesem Sinne mehr
und mehr zu einem Beitrag globalen Problemlösens. Inwieweit sich dabei letzten Endes
eine *Global-Governance*-Architektur (Commission on Global Governance 1995, Bay-
lis/Smith 2001, Behrens 2005) entwickelt, die aufgrund der neuen Qualität der Globalisierung, der notwendigen Lösung globaler Probleme und der Sicherung globaler Güter
zu neuen Ordnungsmustern, Formen und Grenzen der (Außen)Politikgestaltung führt,
wird allerdings äußerst kontrovers, von kooperativen Ansätzen bis hin zu Möglichkeiten
hegemonialer Stabilität, diskutiert. Staatliche Wettbewerbsfähigkeit, Politik in Verhandlungssystemen und außenpolitisches Netzwerkmanagement durch den Staat als Steue-
rungssubjekt werden zu neuen herausfordernden Aufgaben des modernen Staates (Eber-
lei/Weller 2001). Zahlreiche Asymmetrien, wie die *temporale* (Ungleichzeitigkeit der
Globalisierung), *territoriale* (unterschiedliche Reichweite des kooperativen und verregelten Handlungsraumes), die *Normen-Asymmetrie* (die lückenhafte Anerkennung und
Internalisierung allgemeiner menschenrechts- und friedenssichernder Normen) oder
Macht-Asymmetrie (der verschiedene Grad an Verhandlungs- und Durchsetzungsmacht
der Staaten auf der Grundlage ihrer jeweiligen Fähigkeiten zur Bewältigung der komplexen Verflechtungsprozesse) tragen nicht dazu bei, die Lösung globaler Probleme zu
erleichtern. Ob sich Formen der Steuerung, Koordinierung und Regulierung schließlich
ohne zentralstaatliche Instanz (*governance without government*) oder mit dem Staat als
(noch) wichtigstem Akteur (*governance by government*) im internationalen System herausbilden werden, bleibt allerdings ein in der Politikwissenschaft kontroverses Thema
(Rosenau/Czempiel 1992, Zürn 1998, Nye/Donahue 2000, Siedschlag 2005).

Über knapp fünf Jahrzehnte lang, von der Gründung der Bundesrepublik Deutschland als westdeutschem Staat bis zum inneren Zerfall der Sowjetunion (1949 bis
1989/90), prägte dabei nach dem Zweiten Weltkrieg der Ost-West-Konflikt die internationalen Beziehungen (Link 1988). Seiner geographischen Dimension nach ein Welt-
konflikt zwischen Ost und West verdankte sich die bipolare Machtstruktur einem sys-
tem- und machtpolitischen als auch ideologisch bedingten Interessengegensatz, der über
viele Jahre nicht aus dem Denk- und Handlungsmuster eines Sicherheitsdilemmas her-
ausführte. Mit dem Ende des Kalten Krieges ist zwar die bisherige machtpolitische
Auseinandersetzung zwischen den USA und der früheren Sowjetunion entfallen. Groß-
mächtekonkurrenz und Hegemonialmachtstreben wirken dennoch als Grundmerkmale
des internationalen Systems weiter fort. Im Unterschied zur bipolaren Machtkonstellati-
on des 20. Jahrhunderts - einem ideologischen Zeitalter, das zunächst mit unvereinbaren
Vorstellungen von einer kommunistischen und demokratischen, zeitweise faschistisch-
nationalsozialistischen Ordnung begann und mit der Gründung der Sowjetunion durch

die Bolschewiki die Form einer ideologisch überhöhten, internationalen Konfliktkonfiguration annahm - ist die neue Gruppierung der Staaten und ihrer Außenpolitik von einer quasi-unipolaren Machtstruktur gekennzeichnet, die vor allem auf regionaler Ebene von einem multipolaren Charakter der Machtverhältnisse ergänzt wird.

In dieser Kombination von unipolarer und multipolarer Machtverteilung handeln die USA als eine weltpolitische Zentralmacht, deren globale Machtprojektionen sich vor allem auf ihre militärische Stärke, in Gestalt von Truppenstationierungen, Militärstützpunkten, modernen Technologien und Flottenpräsenz auf den Weltmeeren, beziehen. Dem weltweiten politischen und wirtschaftlichen Engagement der USA stehen auf geoökonomischer und politischer Ebene allerdings gleichrangige Akteure gegenüber, deren Handlungsstrategien in Europa und Ostasien auf eine kooperative oder antagonistische Gleichgewichtspolitik gerichtet sind. In Folge des Antiterrorkrieges unterstützten Washington, Moskau und Peking zwar die Errichtung eines kooperativen, eigeninteressierten Zweckbündnisses. In den Konfliktzonen des Mittleren Ostens, des Kaukasus und Zentralasiens begegnen sich die Staaten allerdings in einem Kräftespiel konkurrierender Mächte. Das als „Great Game" bezeichnete Ringen um strategische Ressourcen als auch das Bemühen um die Integration der früheren Sowjetrepubliken in von Russland dominierte Bündnis- und Kooperationsstrukturen oder von Amerika geschaffene und am westlichen Politik- und Wirtschaftssystem orientierte Ordnungsformen, nicht zuletzt die amerikanische Kategorisierung der VR China als „strategischen Rivalen" und potentiellen Gegner in der künftigen Sicherheitsarchitektur des asiatisch-pazifischen Raumes, unterstreicht die Renaissance von Geopolitik und Geostrategie. Außenpolitische Kooperationszwänge und eine dem Gebot des Eigeninteresses folgende Politik der Konfrontation bilden weiterhin ein doppelpoliges Grundmuster des internationalen Systems am beginnenden 21. Jahrhundert.

Kennzeichnend für dessen Struktur sind dabei nicht nur die bereits erwähnten Mega-Blöcke der wirtschaftlichen Machtverteilung (Nordamerika, Europa, Asien). Die weitere Entwicklung der transatlantischen Beziehungen zwischen den USA und Europa, das unterschiedlich wahrgenommene und teilweise als Konflikt zwischen Kulturräumen stilisierte Verhältnis zwischen dem „Westen" und der islamischen Welt als auch die künftige Rolle der von Kooperationserfordernissen und von Großmachtstreben begleiteten Außenpolitik der so genannten Schwellenländer - Indien, China, Brasilien und, in anderer Form, Russland - stellen strukturrelevante und prozessbestimmende Handlungsfelder dar.

In einer von verschiedenen Großmächten (z.B. China, Russland und Frankreich) angestrebten multipolaren Weltordnung wird das Staatenverhalten dabei nicht nur von den nationalen politischen Systemen, sondern von den Strukturen des internationalen Systems beeinflusst. Von besonderer Bedeutung für die Weltpolitik im „zweiten nuklearen Zeitalter", mit seinen neuen und potentiellen atomaren Mächten (Israel, Indien und Pakistan bzw. Nordkorea und Iran), sind dabei: (1) die Prozesse der Globalisierung und Fragmentierung, begleitet vom zunehmenden Gewicht regionaler Subsysteme, (2) die Entwicklung globaler Wirtschafts- und Sozialräume gegenüber national-staatlich organisierten Räumen, (3) der größere sicherheitspolitische Aufwand zur Stabilitätsbildung,

(4) die sowohl geopolitisch und geostrategisch als auch kulturell-zivilisatorisch und transnational bestimmten Konfliktformationen, die nicht zuletzt die Beziehungen zwischen den Industrie- und Entwicklungsländern wesentlich berühren (vgl. Kap. 15), (5) die kaum erfassbare Richtung und Geschwindigkeit des Wandels sowie (6) die zunehmende Relevanz nicht-militärischer Dimensionen der Sicherheitspolitik, die der Sicherheit eine neue diffuse Struktur verleihen und die gesellschaftlichen Binnenräume der Staaten mit in die Außenpolitikgestaltung einbeziehen.

Außenpolitik und internationale Struktur bzw. Akteurs- und Systemebene sind also zwei aufeinander bezogene Dimensionen der internationalen Politik. Es liegt daher nahe, dass die Außenpolitikanalyse ihren Blick nicht nur auf die Frage zu lenken hat, ob Staaten außenpolitisch danach handeln "who they are", definiert nach dem nationalen politischen System und seinen Eigenschaften, sondern auch danach "where they sit in the world", wie sie im Machtgefüge des internationalen Systems positioniert sind. Durch den Ost-West-Konflikt verdeckte sowie neue weltpolitische Machtstrukturen und Entwicklungsprozesse wie auch die Dynamik der Globalisierung und Regionalisierung werden der Außenpolitik des 21. Jahrhunderts als zentrale Faktoren eingeschrieben.

Kontrollfragen

(1) Was ist unter den Konzepten „Balance-of-Power", „Balance-of-Threat" und „Balance-of-Interest" zu verstehen?

(2) Wie kann Macht im internationalen System verteilt sein? Wodurch zeichnet sich dabei ein Hegemon in seinem außenpolitischen Verhalten aus?

(3) In welcher Weise haben auch in der weltpolitischen Gegenwart geopolitische und geostrategische Faktoren einen wesentlichen Einfluss?

(4) Auf welche künftigen Herausforderungen globaler Politik muss sich die Außenpolitik einstellen? Was kann dies für Auswirkungen auf die Rolle des Staates und die Bedingungen des internationalen Systems haben?

Literatur

Baylis, John/Smith, Steve (Hrsg.): *The Globalization of World Politics. An Introduction to International Relations*, Oxford 2001.

Behrens, Maria (Hrsg.): *Globalisierung als politische Herausforderung. Global Governance zwischen Utopie und Realität*, Wiesbaden 2005.

Brzezinski, Zbigniew: *Die einzige Weltmacht. Amerikas Strategie der Vorherrschaft*, Frankfurt a.M. 1999.

Bull, Hedley: *The Anarchical Society. A Study of Order in World Politics*, London/New York 1977.

Buzan, Harry/Little, Richard: *International Systems in World History: Remaking the Study of International Relations*, Oxford 2000.

Czempiel, Ernst-Otto: *Weltpolitik im Umbruch. Die Pax Americana, der Terrorismus und die Zukunft der internationalen Beziehungen*, Frankfurt a.M. 2002.

Daase, Christopher: *Die Englische Schule*, in: Schieder, Siegfried/Spindler, Manuela (Hrsg): Theorien der Internationalen Beziehungen, Wiesbaden 2003, S. 227-253.

Demko, George J./Wood, William B. (Hrsg.): *Reordering the World: Geopolitical Perspectives on the 21st Century*, Boulder, Colorado 1999.

Deutsch, Karl W.: *Politische Kybernetik. Modelle und Perspektiven*, Freiburg 1969.

Eberlei, Walter/Weller, Christoph: *Deutsche Ministerien als Akteure von Global Governance. Eine Bestandsaufnahme der auswärtigen Beziehungen der Bundesministerien*, INEF Report 51, 2001 (Institut für Entwicklung und Frieden, Duisburg).

Glassner, Martin Ira: *Political Geography*, New York 1996.

Hill, Christopher: *The Changing Politics of Foreign Policy*, Basingstoke 2003.

Kaplan, Morton A.: *System and Process in International Politics*, New York 1957,

Kaplan, Morton A.: *Systemtheoretische Modelle des Internationalen Systems*, in: Haftendorn, Helga (Hrsg.): Theorie der Internationalen Politik. Gegenstand und Methode der internationalen Beziehungen, Hamburg 1975.

Kommission für Weltordnungspolitik: *Nachbarn in einer Welt*, Bonn 1995.

Link, Werner: *Die Neuordnung der Weltpolitik. Grundprobleme globaler Politik*, München 1998.

Link, Werner: *Hegemonie und Gleichgewicht*, in: Ferdowsi, Mir A. (Hrsg.): Sicherheit und Frieden zu Beginn des 21. Jahrhunderts. Konzeptionen-Akteure-Regionen, München 2004, S. 43-63.

Link, Werner: *Konfliktformationen des Internationalen Systems im Wandel*, in: Knapp, Manfred/Krell, Gerd (Hrsg.): Einführung in die Internationale Politik. Studienbuch, München 2004, S. 368-398.

Little, Richard: *The English School's Contribution to the Study of International Relations*, in: European Journal of International Relations 6, 3/2000, S. 395-422.

Masala, Carlo: *Kenneth N. Waltz. Einführung in seine Theorie und Auseinandersetzung mit seinen Kritikern*, Baden-Baden 2005.

Menzel, Ulrich: *Zwischen Realismus und Idealismus. Die Lehre von den Internationalen Beziehungen*, Frankfurt a.M. 2001.

Nye, Joseph S./ Donahue, John D. (Hrsg.): *Governance in Globalizing World*, Cambridge 2000.

Ratzel, Friedrich: *Politische Geographie oder die Geographie der Staaten, des Verkehrs und des Krieges*, München 1887. [Neudruck 1974]

Rosenau, James N.: *Along the domestic-foreign Frontier. Exploring Governance in a Turbulent World*, Cambridge 1997.

Rosenau, James/Czmpiel, Ernst-Otto: *Governance without Government*, Cambridge 1992.

Schroeder, Paul W.: *Historical Reality versus Neo-Realist Theory*, in: International Security 10, 1/1994, S. 108-148.

Schweller, Randall L.: *Bandwagoning for Profit: Bringing the Revisionist State Back In*, in: International Security 19, 1/1994, S. 72-107.

Siedschlag. Alexander: *Realisierung von Global Governance: Chancen und Grenzen aus neorealistischer Perspektive*, in: Behrens, Maria (Hrsg.): Globalisierung als politische Herausforderung. Global Governance zwischen Utopie und Realität, Wiesbaden 2005.

Singer, David J.: *The Scientific Study of Politics: An Approach to Foreign Policy Analysis*, Morristown, N.J. 1972.

Triepel, Heinrich: *Die Hegemonie. Ein Buch von führenden Staaten*, 1938

Vogt, Thomas: *Der Neorealismus in der internationalen Politik. Eine wissenschaftstheoretische Analyse*, Wiesbaden 1999.

Wallerstein, Immanuel: *The Modern World-System I. Capitalist Agriculture and the Origins of the European World-Economy in the Sixteenth Century*, New York 1974.

Wallerstein, Immanuel: *The Modern World-System II. Mercantilism and the Consolidation of the European World-Economy*, New York 1980.

Wallerstein, Immanuel: *The Modern World-System III. The Second Era of Great Expansion of the Capitalist World-Economy*, New York 1989.

Walt, Stephen: *The Progressive Power of Realism*, in: American Political Science Review 91, 4/1997, S. 931-935.

Waltz, Kenneth: *Theory of International Politics*, Reading, Mass. 1979.

Zürn, Michael: *Regieren jenseits des Nationalstaates*, Frankfurt a.M. 1998.

15. Krieg und Frieden - Strategien und Formen der Außenpolitik

Wenn wir uns nicht gegenseitig ermorden würden,
könnten wir eine lustige Gattung sein.
Arthur Miller

Nach den Erfahrungen des zweiten Golfkrieges von 1990/91, in dem eine Allianz unter militärischer Führung der USA die überraschende Besetzung Kuwaits durch den Irak (vom 2. August 1990) beendet hatte, keimte die Hoffnung auf einen stärkeren weltpolitischen Umbruch. Das militärische Eingreifen der USA und ihrer Verbündeten hatte Präsident George Bush Sen., wenn auch teilweise taktisch motiviert, mit dem Ziel einer „neuen Weltordnung" verknüpft, das nun sehr viel eher umsetzbar schien als noch zur Zeit des Ost-West-Konfliktes. Völkerrechtlich legitimiert durch den UN-Sicherheitsrat (Res. Nr. 678) sah man im Einsatz zur Befreiung Kuwaits eine *„Chance der Kooperation"* und der künftigen weltpolitischen Konfliktbewältigung. Die Möglichkeit zu einer umfassenderen Zusammenarbeit verblasste allerdings recht rasch vor dem Hintergrund zahlreicher Regionalkonflikte auf dem westlichen Balkan, am arabisch-persischen Golf, in der zentralasiatischen und postsozialistischen Staatenwelt, sowie in Teilen Afrikas. So finden wir bis heute unterschiedliche Ausprägungsformen von Außenpolitik, die sich auf einer Stufenleiter von Eskalations- und Deeskalationsmöglichkeiten zwischen den beiden Polen *Frieden* und *Krieg* hin- und herbewegen (Zangl/Zürn 2003). Im Vordergrund stehen dabei in diesem Kapitel die Krisenpolitik und das Konfliktverhalten der Staaten im internationalen System, die Merkmale und Ursachen von Kriegen - nicht nur zwischenstaatlicher, sondern auch substaatlicher Natur -, die Bündnis- und Sicherheitspolitik als auch die unterschiedlichen Formen außenpolitischer Kooperation in einer globalisierten Staatenwelt. Überlegungen zu einer Europäischen Außenpolitik, zur Rolle demokratischer Staaten im Krieg und zu den weiteren, idealtypisch feststellbaren Ausprägungsformen von Außenpolitik (Neutralität, Entwicklungspolitik, Integrationspolitik u.a.) beleuchten darüber hinaus die strategisch-operationale Ebene außenpolitischen Handelns.

15.1 Konflikte und Krisen in der Außenpolitik

Nicht erst seit dem so unfriedlichen 20. Jahrhundert mussten die Menschen zu der Erkenntnis gelangen, dass Kriege und Konflikte ein zentrales Gewicht im Zusammenleben von Völkern und Nationen haben. Über viele Jahrhunderte ist der klassische Krieg zwischen Staaten ein, auch bis in die heutige Zeit, grundlegendes Merkmal der internationalen Beziehungen geblieben (Holsti 1996). Internationale Konflikte waren in den zurückliegenden fast fünfzig Jahren der Ost-West-Konfrontation vornehmlich in den Kategorien eines Großkrieges gedacht und geplant worden, gekennzeichnet von den Bedingungen zweier Machtblöcke unter Führung der USA und der Sowjetunion sowie von den sich gegenüberstehenden, nuklear bewaffneten Militärbündnissen der NATO und des Warschauer Paktes (bis 1991) (Link 1988; Umbach 2005) Mit dem Ende des Kalten Krieges sind allerdings zahlreiche neue Konfliktformen aufgetreten, die, vom Ost-West-Gegensatz teilweise überdeckt, als so genannte *„neue Kriege"* (Creveld 1998, Kaldor 2000, Münkler 2002) nicht mehr in das herkömmliche Muster *zwischen*staatlicher Kriege und Konflikte passen. In der Gegenwart sind darunter auch die so genannten *kleinen Kriege* oder *low intensity conflicts* (Daase 1999), die *asymmetrischen* oder *neohobbesianischen* Kriege (Hoch 2001: 18 f.) zu verstehen, die nicht ausschließlich zwischen den Streitkräften moderner Staaten, sondern von daran beteiligten nicht-staatlichen Kriegsgruppen und Gewaltakteuren ausgefochten werden.

Das Konfliktverhalten hat sich nach dem Ende des Kalten Krieges „jedoch nicht schlagartig verändert; vielmehr sind innerstaatliche Konflikte allmählich dominant geworden" (Pfetsch 2000: 191). Die innerstaatlich geführten Kriege in Afghanistan, Tschetschenien, Ruanda, Kolumbien oder in der Region des westlichen Balkan machen deutlich, dass sich das überkommene „staatenzentrische Kriegsbild" schrittweise verändert hat und sich die militärische Anwendung von Gewalt aus dem zwischenstaatlichen in den innergesellschaftlichen Bereich verlagert.

Für die außenpolitische Praxis sind daher alte und neue Konfliktformen handlungsbestimmend, die von Spannungen, Konfrontationen (einem Zusammenstoß außenpolitischer Interessen in punktuellen Fragen) und Krisen bis zu begrenzten oder unbegrenzten Kriegen auf internationaler und innerstaatlicher Ebene reichen. Die Ursache für das Konfliktverhalten von Staaten beruht dabei in aller Regel auf nicht auflösbar bzw. unvereinbar erscheinenden Gegensätzen, die sich von latenten Meinungsverschiedenheiten und Interessenwidersprüchen bis zu einem offenen militärischen Konflikt verschärfen können. So entstehen zwischenstaatliche Konflikte vor allem dann, wenn „außenpolitische Strategien, die auf die Veränderung einer gegebenen Situation (status quo) abzielen, mit außenpolitischen Strategien anderer Staaten, die an der Erhaltung dieses status quo oder an seiner andersartigen Veränderung interessiert sind, zusammenprallen" (Morgenthau, zit. nach Kindermann 1986: 128). Verschiedene Interessen und Strategien (defensiv oder offensiv), Rechtfertigungsgründe oder Motivationsstrukturen können in diesem Zusammenhang für das Konfliktverhalten von Staaten ausschlaggebend sein: Territoriale Streitigkeiten (Rivalitätshierarchien, u.a. um Machtverteilung), Konflikte um knappe Ressourcen, der Zugang zu profitablen Märkten, das so genannte *Sicherheitsdilemma* als Ergebnis gegenseitiger Rüstungskonkurrenz, religiöse, ethnische und/oder nationale Konfliktlinien, Herrschaftsinteressen von politischen Machthabern oder Eliten in nicht-demokratischen Staaten oder ideologische Divergenzen. Zur Bewältigung weltpolitischer Konflikte, wie dem Sturz Saddam Husseins (2003) oder der Reaktion auf mögliche atomare Anlagen im Iran, gab es daher beispielsweise in den USA und in Europa jeweils recht unterschiedliche Vorstellungen von einer angemessenen außenpolitischen Verhaltensstrategie zwischen militärischer Intervention einerseits und diplomatischer Verhandlungslösung andererseits.

Die Handlungsoptionen der Staaten können also sehr stark voneinander abweichen. Idealtypisch gesehen, lassen sich vier verschiedene Verhaltensmuster bzw. Ausprägungsformen (insbesondere zur Lösung oder Regulierung von Konflikten) unterscheiden: (a) die Möglichkeiten der Kooperation und Integration, die außenpolitisch zu einer *Beziehungsverdichtung* führen und bestehende Machtasymmetrien und Interessengegensätze aufgrund absoluter Kooperationsgewinne zu reduzieren versuchen, (b) eine Politik der Abgrenzung oder des Machtausgleichs (Balancing), die eine drohende Konfrontation durch eine *Beziehungsverringerung* vermeidet, (c) die Optionen der Konfrontation, der Revolution oder des Krieges, an deren Ende eine *Beziehungsneugestaltung* steht, sowie (d) eine Politik der Isolation oder der Neutralität, um durch *Beziehungsrückzug* mögliche Konflikte oder Sicherheitsbedrohungen zu vermeiden (vgl. Link 2004).

Abb. 14: Kooperativ-integrative und konfrontativ-regressive Ausprägungsformen außenpolitischen Handelns

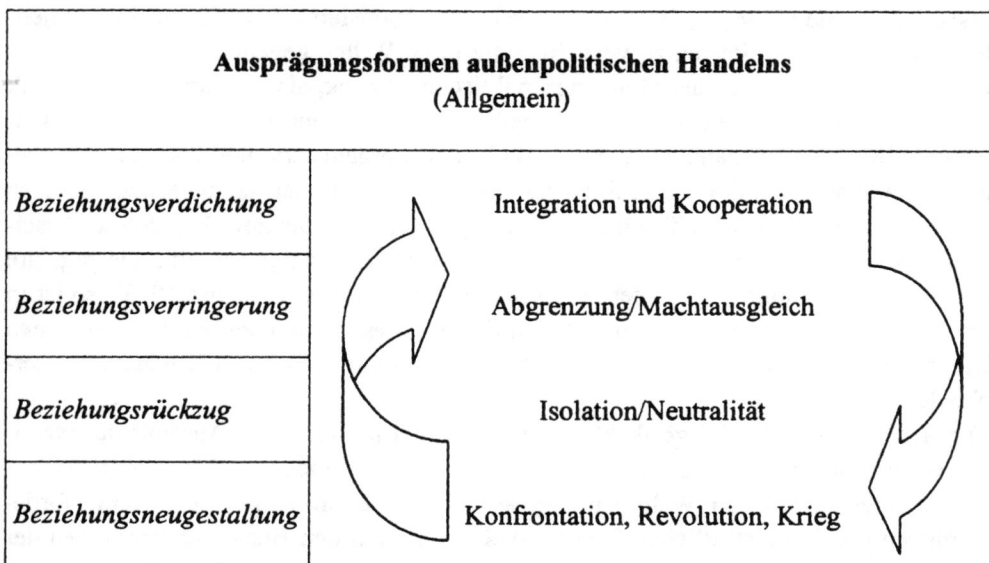

Ausprägungsformen außenpolitischen Handelns (Allgemein)	
Beziehungsverdichtung	Integration und Kooperation
Beziehungsverringerung	Abgrenzung/Machtausgleich
Beziehungsrückzug	Isolation/Neutralität
Beziehungsneugestaltung	Konfrontation, Revolution, Krieg

Die Außenpolitik der Staaten ist allerdings im Regelfall von einer Kombination zwischen diesen Verhaltensstrategien gekennzeichnet. Folgt Staat A gegenüber Staat B einer konfrontativen Politik, kann diese gegenüber Staat C von freundschaftlicher Kooperation bestimmt sein. Berücksichtigt man zudem die Vielzahl an Akteuren und Einflussfaktoren und die Multiplikation der Außenbeziehungen in verschiedenen Politikfeldern (Umwelt, Kultur, Ökonomie etc.) wird Außenpolitik zu einem äußerst komplexen Handlungsfeld. Ob Konflikte deshalb eher *kooperativ-integrativ* oder *konfrontativ-regressiv* gelöst werden, hängt in der Praxis zwischenstaatlicher Konflikte wesentlich

von den unterschiedlichen oder gemeinsamen Interessenlagen und Motivationsstrukturen der beteiligten Staaten ab.

15.2 Merkmale und Ursachen des Krieges

Der Begriff des Konfliktes ist nicht gleichbedeutend mit dem Begriff des Krieges. Konflikte durchlaufen vielmehr einen konkreten Zeitraum, eine außenpolitische bzw. internationale *Krise*, in der sich die zwischenstaatlichen Interessengegensätze verschärfen
und soweit eskalieren können, dass die Gefahr einer ernsthaften bewaffneten Konfrontation droht. Konflikte, wie wir sie bislang angesprochen haben, sind „Interessengegensätze (Positionsdifferenzen) um nationale Werte von einiger Dauer und Reichweite zwischen mindestens zwei Parteien (organisierten Gruppen, Staaten, Staatengruppen, Staatenorganisationen), die entschlossen sind, sie zu ihren Gunsten zu entscheiden" (HIIK
2004: 2, vgl. Bonacker/Imbusch 2005: 69-145). Diese Konfliktsituation erzwingt in
aller Regel schnelle außenpolitische Entscheidungen und Reaktionen des Akteurs. Der
auf diese Weise aus einer Spirale gegenseitiger Bedrohungen und konkurrierender Interessen entstehende Krieg ist in erster Linie als ein organisierter bewaffneter Zusammenstoß von souveränen Staaten zu verstehen, die ihren Willen gegeneinander durchzusetzen versuchen. Der Krieg als Mittel zum politischen Zweck, als Fortführung der Politik
mit anderen Mitteln, wie der preußische Militärtheoretiker und General Carl von Clausewitz (1780-1831) es nannte, stellt eine (kollektive, organisierte und über einen längeren Zeitraum andauernde) Sonderform des Konfliktaustrages dar. Ist der Krieg demnach
im üblichen Bild des westfälischen Modells „eine mit Waffengewalt geführte Auseinandersetzung zwischen zwei Gruppen (...), von denen wenigstens eine als reguläre
Armee auftreten muss" (Bonacker/Imbusch 2005: 111, vgl. Clausewitz 1973), so ist in
den letzten Jahren eine zunehmende Auflösung des bisherigen staatenzentrischen
Kriegsbildes festzustellen, die es erforderlich macht, fünf Typen von Kriegen zu unterscheiden:

(1) *zwischenstaatliche Kriege* als klassische Form der militärischen Auseinandersetzungen, die, abgesehen vom Interesse der Machterhaltung oder des Machtausbaus, auf
der unterschiedlichen Wahrnehmung auswärtiger Bedrohungen und Herausforderungen durch die staatlichen Führungskräfte oder auf den Herrschaftsinteressen der
politischen Machthaber und Eliten beruhen, nicht selten die Funktion von Ablen-
kungseffekten bei innerstaatlichen Spannungen (*Ventilfunktion*) übernehmen und
sich u.a. in Grenz- und Territorialkonflikten, Ressourcen- oder Hegemoniekonflik-
ten, allerdings auch in Form von Interventionskriegen zum Zweck des Regimestur-
zes, widerspiegeln (z.B. der Erste Golfkrieg zwischen dem Iran und dem Irak (1980-
1988), der Zweite Golfkrieg, Kriege zwischen Indien und Pakistan oder Äthiopien
und Somalia sowie der Falklandkrieg zwischen Argentinien und Großbritannien).
Der Erste und der Zweite Weltkrieg sind hier nur die gravierendsten Beispiele in einer Rangliste opferreicher Kriege, die von den Napoleonischen Kriegen im 19.

Jahrhundert, dem Korea-Krieg (1950-53) und dem Krieg im südostasiatischen Kambodscha bis zum Vietnam-Krieg des letzten Jahrhunderts reichen.

(2) *innerstaatliche bewaffnete Konflikte*, insbesondere Bürger- und Guerillakriege (Wiberg/Scherrer 1999), Aufstände, Separationsbewegungen etc. zwischen verfeindeten nicht-staatlichen Akteuren innerhalb eines Staates, die wesentlich auf soziale, wirtschaftliche oder kulturelle Ungleichgewichte und Spannungen, eine ineffiziente, illegitime und undemokratische Regierungsführung, die Benachteiligung von Bevölkerungsgruppen oder grundlegende innerstaatliche Strukturdefekte zurückzuführen sind (z.B. im Libanon, Sudan, Kolumbien, Guatemala, Indonesien, Burma, Tschad, Ruanda oder Nigeria/Biafra);

(3) die zwischen einem Staat und einem nicht-staatlichen Akteur *innerhalb des Staatsgebietes* geführten Kriege, die häufig im Zusammenhang mit ethnisch-kulturellen, politisch-gesellschaftlichen und ökonomischen Zielen stehen und als Anti-Regime-Kriege nicht selten von terroristischen Gewaltakten begleitet werden (z.B. der Sandinisten in Nicaragua, der Mujaheddin als arabisch-islamistischen Kämpfern und Stammesführern in Afghanistan zur Zeit der sowjetischen Militärintervention oder der Tschetschenen in Russland);

(4) Kriege, die ein Staat gegen einen nicht-staatlichen Akteur auf fremdem Territorium (mittels *Interventionen*) führt (z.B. der Krieg des türkischen Staates gegen die Kurden im Irak).

(5) Prozesse des Zerfalls staatlicher Ordnungen, wie sie in weiten Teilen der Welt von Mittelamerika bis nach Afrika und Südostasien zu finden sind, haben dabei in den zurückliegenden Jahren das Phänomen der so genannten „*neuen Kriege*" als *substaatliche* Kriege maßgeblich mit geprägt. In „schwachen" Staaten (*weak states*), „versagenden" Staaten (*failing states*) oder bereits „zerfallenen" Staaten (*failed states*), finden wir zahlreiche neue Formen einer privatisierten und entstaatlichten Gewalt (u.a. Banditen, Milizen, Rebellen, Kindersoldaten in Mosambik, der DR Kongo oder in Sri Lanka, Söldner, Terroristen, Kriegsherren) (Rich 1999, Reno 1999, Herberg-Rothe 2003), nicht selten begleitet von wirtschaftlichen Interessen, etwa der Gier nach Rohstoffen (z.B. „Blutdiamanten"), oder anderen Arten einer quasi-unternehmerisch organisierten Wirtschaftskriminalität (z.B. privater Gewaltunternehmer). Hinzu kommt ein neues Maß an „Brutalisierung" und „Regellosigkeit", das gegen bestehende Mindestnormen einer „zivilisierten" Kriegführung verstößt und das Potenzial an Gewaltaustrag erhöht. So richtet sich, wie Reinhard Meyers unterstreicht, die militärische Gewalt „immer seltener nach außen, in den Bereich zwischen den Staaten. Vielmehr kehrt sich ihre Stoßrichtung um, in die Innensphäre der zerfallenden einzelstaatlichen Subjekte hinein. Ihr übergeordneter Zweck ist nicht mehr die Fortsetzung des politischen Verkehrs unter Einmischung anderer Mittel, sondern die Sicherung des innergesellschaftlichen Machterhalts von Interessengruppen, Klans, Warlords, Kriminellen, die Garantie von Beute und schnellem Profit, die Erzwingung und Erhaltung von klientelistischen und persönlichen Abhängigkeiten, die Etablierung und der Ausbau von Formen quasiprivatwirtschaftlich organisierter Einkommenserzielung" (Meyers 2005: 79). Hinsichtlich der neuen Konflikte bzw. der

„Vergesellschaftung militärischer Gewaltanwendung" stellt Meyers letztlich mit Sorge fest, dass „für den Umgang mit Akteuren, die prototypenhaft durch die Karadzics, Milosevic und Mladics – oder auch die Chilubas, Mobutus, Taylors oder Kabilas – dieser Welt repräsentiert werden, (…) die Konzepte und Handlungsanleitungen der traditionellen Friedenswissenschaft ebenso wie die Empfehlungen und Perspektiven des Global-Governance-Ansatzes nicht" (Meyers 2005: 185) ausreichen würden.

Die Erscheinungsformen von Kriegen und Konflikten beruhen insofern nicht mehr nur auf Staatenkriegen (Münkler 2002, Kaldor 2000: 122 ff.). Die Ebene der Gewaltanwendung verschiebt sich „nach unten", zwischen nicht-staatlichen Kriegs- oder Konfliktparteien sowie zwischen Staaten und nicht-staatlichen Akteuren, indem erstere (die Staaten) deren irreguläre Kriegführung teilweise übernehmen. Außenpolitisches Handeln muss sich daher auf neue Konfliktdimensionen einstellen, die nach dem Ende des Ost-West-Konfliktes und einer veränderten Machtverteilung im internationalen System auf die auswärtigen Beziehungsstrukturen der Staaten und die Möglichkeiten zu einer erfolgreichen Konfliktbewältigung Einfluss nehmen. Dies berührt nicht nur die Probleme der Steuerungsunfähigkeit staatlicher Institutionen und die mit dem Verlust der Staatlichkeit einhergehenden Zerfallsprozesse und Gewaltakte. Fragen der Rüstung und Abrüstung (Buzan/Herring 1998), wie sie in Folge der Proliferation von Massenvernichtungswaffen, der Errichtung von Raketenabwehrsystemen (z.B. NMD und TMD), des Baus von atomaren Anlagen (z.B. in Indien, Nordkorea oder möglicherweise im Iran) und dem Ausbau der militärischen Reichweite der Staaten (z.B. in der asiatisch-pazifischen Region) zum Ausdruck kommen, signalisieren, dass die traditionellen Probleme staatlicher Außenpolitik im Bereich der Sicherheit in veränderter Form und nicht mehr unter den Bedingungen des disziplinierenden Kalten Krieges fortbestehen . Unterschiedliche Verletzungen durch militärische oder wirtschaftliche Instrumente sowie Drohungen, Druck oder Erpressung von außen weisen darauf hin, dass auch im 21. Jahrhundert keine absolute Sicherheit oder Unverwundbarkeit für Staaten besteht.

In diesem Zusammenhang soll mit John H. Herz noch einmal ein Vertreter des Realismus - oder besser: des „realistischen Liberalismus" bzw. „idealistischen Realismus" - zu Wort kommen, der in seiner Beschäftigung mit der Struktur des internationalen Systems und den daraus sich ergebenden Folgen für die Sicherheit von Staaten das Problem des so genannten *Sicherheitsdilemmas* formuliert hat. Konfrontiert mit dem atomaren Wettrüsten zwischen den USA und der Sowjetunion in der Zeit des Kalten Krieges, sah Herz das Problem von Krieg und Frieden in der prinzipiell anarchischen Struktur des internationalen Systems und dem Fehlen einer zentralen Ordnungs- und Sanktionsinstanz. Die Sicherheit eines Staates kann demnach nur durch das Selbsthilfeprinzip, durch die eigene Rüstung und durch den ausreichenden Schutz vor äußerer Bedrohung garantiert werden. In seinem Aufsatz „Idealistischer Internationalismus und das Sicherheitsdilemma" aus dem Jahr 1950 schreibt Herz:

„Die tragische Lage, in der sich eine zwiegespaltene und mit Atombomben gesegnete Welt derzeit befindet, spiegelt lediglich in äußerster Zuspitzung ein Dilemma wider, mit dem sich menschliche Gesellschaften von Anbeginn ihrer Geschichte auseinanderzusetzen hatten. Das Dilemma entspringt einer grundlegenden sozialen Konstellation, derzufolge eine Vielzahl untereinander verflochtener Gruppen politisch letzte Einheiten darstellen, d.h. nebeneinander bestehen, ohne in ein noch höheres Ganzes integriert zu sein. Wo und wann auch immer eine solche 'anarchische' Gesellschaft existiert hat [...] ergab sich für Menschen, Gruppen, Führer eine Lage, die sich als 'Sicherheitsdilemma' bezeichnen lässt. Gruppen oder Individuen, die in einer derartigen, eines Schutzes 'von oben' entbehrenden Konstellation leben, müssen um ihre Sicherheit vor Angriffen, Unterwerfung, Beherrschung oder Vernichtung durch andere Gruppen oder Individuen fürchten, eine Besorgnis, die sich aus der Sachlage selber ergibt. Und in dem Streben nach Sicherheit vor solchen Angriffen sehen sie sich gezwungen, immer mehr Macht zu akkumulieren, nur um der Macht der anderen begegnen zu können. Dies wiederum macht die anderen unsicherer und zwingt sie, sich auf 'das Schlimmste' vorzubereiten. Da sich in einer Welt derart konkurrierender Einheiten niemand je ganz sicher fühlen kann, ergibt sich ein Wettlauf um die Macht, und der Teufelskreis von Sicherheitsbedürfnis und Machtanhäufung schließt sich" (Herz 1974: 39).

Das gegenseitige Streben nach Sicherheit kann daher die Gefahr eines Rüstungswettlaufs zur Folge haben, der aus der Unsicherheit der eigenen Bedrohung erwächst und mit der Fähigkeit zur Abschreckung begründet wird. Aus hegemonietheoretischer Sicht wird das Problem fehlender Sicherheit und eines damit verbundenen internationalen Gewaltmonopols allerdings auch von Hegemonialmächten dadurch gelöst, dass diese in zeitlicher Abfolge und in Form von rivalisierenden Ausscheidungskämpfen zur hegemonialen Stabilität des internationalen Systems (regional oder global) beitragen. Im Lichte der neueren Sicherheitsbedrohungen und der Konfliktlösungsfähigkeit von Staaten haben darüber hinaus in der außen- und sicherheitspolitischen Praxis nicht nur die multilateralen („humanitären") Interventionen, sondern auch neue technologische Optionen der Kriegführung (Revolution in Military Affairs, RMA), die Zusammenarbeit mit lokalen Milizen und Kriegsherren (z.B. mit der Nordallianz in Afghanistan) sowie die beratende und aktive Tätigkeit privater Sicherheits- und Militärunternehmen (Gongora/Riekhoff 2000) an Bedeutung zugenommen (Private Military Companies, PMCs wie z.B. Betac in den USA, einem verdeckt im Ausland operierenden und mit Geheimdiensten in Kontakt stehenden Unternehmen; Private Security Companies, PSCs).

15.3 Exkurs: Sicherheit

Mit dem Ende des Kalten Krieges erwiesen sich die klassischen Ansätze von Sicherheit als unzureichend, um die neue, überaus komplexe und interdependente Sicherheitsordnung interpretieren zu können (Meyers 1995). Sicherheitspolitik vollzog sich noch während des Ost-West-Konfliktes in einem Wechsel von abschreckungs- und entspannungspolitischen Phasen zwischen beiden Machtblöcken bzw. dem Duopol USA und Sowjetunion als Führungsmächten. Wurde diese Auseinandersetzung unter strategisch-sicherheitspolitischen Gesichtspunkten geführt, so sind in den letzten Jahren neue Sicherheitsherausforderungen hinzu gekommen, die es erforderlich machen, Sicherheit nicht mehr nur im Sinne der Abwesenheit von Bedrohung oder Gefahr, sondern in einem weit umfassenderen Sinne (gesellschaftlich, indviduell etc) zu definieren. Risikopotenziale mit einem diffusen und vielschichtigen Ursachengeflecht, wie sie, geographisch gesehen, vor allem die Transformationsregionen der Zweiten Welt, die Krisengebiete der Dritten Welt als auch die wachsende Zahl innerstaatlicher Kriege betreffen nehmen, wie wir bereits gesehen haben, auf das außen- und sicherheitspolitische Bedrohungsbild der Staaten und ihrer Führungsträger einen wachsenden Einfluss. Curt Gasteyger hat in diesem Zusammenhang darauf hingewiesen, dass viele neue Bedrohungen und Risiken in Ziel, Wirkung, Zeit und Ort grenzenlos und unbestimmt, räumlich schwer lokalisierbar, kaum exakt definierbar und deshalb auch nur schwer zu bekämpfen sind. Grenzüberschreitende, transnationale Risiken, vor allem Globalisierungs- und Transformationsrisiken, aber auch neue technologische Entwicklungen haben daher die Verwundbarkeit der Staaten erhöht. Es geht nicht mehr ausschließlich um die Verteidigung des Territoriums und der Grenzen beim Schutz des inneren und äußeren staatlichen Bereichs. Zahlreiche, von den Regierungen durch ihre Perzeptionen und Lagebeurteilungen „empfundene" Bedrohungs- und Risikozusammenhänge verlagern die außen- und sicherheitspolitische Aufmerksamkeit des Staates auf neue Bedrohungsphänomene, selbst wenn es sich um Ereignisse in einiger Entfernung handelt (Dettke 2004: 11 f.).

So ist die Welt auch „nach dem Ende des Ost-West-Konfliktes weit davon entfernt, das Ende militärischer Macht erreicht zu haben". Formen postmoderner Kriegsführung, wie beispielsweise im Cyberwar oder Information warfare, erfordern eine Veränderung in der Funktion von Streitkräfteverbänden, ihren Aufgaben der Intervention, Abschreckung, Prävention und Ordnungsgestaltung. In Gestalt schneller Eingreiftruppen und Verbände haben die Staaten in den letzten Jahren nicht nur auf die neuen Machtbeziehungen, Konfliktmuster und Techniken reagiert. Für kleinere Staaten hat sich aufgrund technologischer Entwicklungen die Chance auf ein stärkeres Droh- und Einflusspotenzial erhöht. Militärische Gewaltakte spielen insofern noch immer eine zentrale Rolle in der Sicherheits- und Verteidigungspolitik als wichtigen Teilbereichen außenpolitischen Handelns.

Wirtschaftliche Verflechtungen und neue Bedrohungsphänomene (z.B. transnationaler Terrorismus, länderübergreifende organisierte Kriminalität) als auch die Persistenz hoher Armut in Entwicklungsländern, Klimawandel, globale Problemzusammenhänge (z.B. Umwelt, Gesundheit) haben als „soft threats" (UN-Doc. SG/SM9981, GA/10157 v. 23.09.2003) darüber hinaus (1) zu einer Multiplikation des Sicherheitsbegriffes geführt, bei dem die Bereiche der Wirtschaft, Umwelt und Entwicklung u.a. zu einer wichtigen Aufgabe der Sicherheitsvorsorge geworden sind und der Sicherheitspolitik eine neue Qualität verliehen haben. In vielen Fällen wird dabei (2) nicht mehr nur der Schutz vor äußerer Bedrohung zu einem wesentlichen Bestandteil außenpolitischer Staatstätigkeit. Aufgrund gemeinsamer Sicherheitsinteressen werden Konfliktlösungsmechanismen, Regime, Institutionen oder andere Ordnungsstrukturen geschaffen, „die (...) zu einer Verfriedlichung der intraregionalen Beziehungen führen" sollen und vom Militär nicht mehr nur den klassischen Verteidigungsauftrag, sondern neue regionale bzw. internationale ordnungspolitische Eingriffe erfordern (Seidelmann 1997: 188f.). So wird zugleich (3) „die klassische Definition von Sicherheit in Bezug auf die Unversehrtheit des nationalstaatlichen Territoriums, den Erhalt der uneingeschränkten Souveränität und die Garantie nationaler Selbstbestimmung durch einen regionalisierten und integrierten Sicherheitsbegriff" (Seidelmann 1997: 187) ergänzt und überwölbt.

Wie Stephen Walt gezeigt hat, gehen Staaten daher recht häufig Allianzen bzw. Bündnisse ein, um sich (a) gegen Staaten zu verteidigen (*balancing*) oder (b) mit Staaten zu verbünden (*bandwagoning*), die sie bedrohen oder (c) um mit Partnern gleicher ideologischer Vorstellungen zu kooperieren (Walt 1987). Dies lässt sowohl Offensiv- wie auch Defensivbündnisse zu. Neben dem Interesse an einem Bündnis mit Staaten, deren Gesellschaftsordnungen auf gemeinsamen Wertvorstellungen beruhen, ist dabei gerade die *Ausbalancierung von Bedrohungspotenzialen* und die Erhaltung oder Wiederherstellung des *Machtgleichgewichtes* ein zentraler Zweck von Allianzen oder Staatenkoalitionen (so z.B. im Sinne einer von den USA geführten „coalition of the willings"). Allianzen sind insofern „Subsysteme des internationalen Systems, die Eigenschaften sowohl der internationalen Region als auch der internationalen Integration aufweisen." Bei der Strukturierung des internationalen Systems kommt ihnen eine wachsende Bedeutung zu, „um so mehr, als sie entgegen zahlreichen kritischen Prognosen insbesondere seit dem Zweiten Weltkrieg ihre friedenssichernde Funktion erwiesen haben. Inzwischen werden sie konstruktiver in Organisationsüberlegungen des globalen Systems einbezogen, entweder als Zwischenstufe bei der Entwicklung einer Weltorganisation oder als äquivalente und dauerhafte Strukturelemente eines multipolaren internationalen Systems" (Schwarz 1986: 393-394).

Da in den letzten Jahren, vor allem in Folge des transnationalen Terrorismus aber auch zahlreicher innerstaatlicher Konflikte, bewaffnete Gewalt verstärkt in alle gesellschaftliche Lebensbereiche diffundiert, wird die Chance auf eine angemessene und wirksame Gefahrenabwehr allerdings erheblich erschwert. Mit Anschlägen durch biologische oder chemische Waffen, wie der Aoum-Sekte auf eine U-Bahnstation in Tokio (1993), und der Wahl von nicht-militärischen Zielen - etwa durch Sprengstoffattentate, die eine „katastrophenartige" Verwundung der Zivilbevölkerung bewusst in Kauf nehmen (z.B. Madrid 2004, London 2005) - wird die Sicherheitspolitik mit neuen unvorhersehbaren und unabschreckbaren Risiken konfrontiert. Nach dem Terroranschlag auf das World Trade Center vom 11. September 2001 haben die USA die Option des Präventivkrieges in die militärischen Planungen und Strategien neu einbezogen und vor allem die Möglichkeit der *Präemption*, des militärischen Handelns beim Verdacht auf eine bevorstehende Bedrohung, als Strategie für sich in Anspruch genommen. Der Irak-Krieg von 2003 wurde zum ersten praktischen Fall der Anwendung dieser neuen amerikanischen Militärdoktrin. Die Gewährleistung von Sicherheit - im Sinne der Abwesenheit einer *Bedrohung* (objektiv) oder, im hobbesianischen Sinne, der *Furcht* (subjektiv), dass ein Gesellschaftssystem und seine zentralen Werte bedroht werden -, scheint daher von den Staaten eine Reform und Neustrukturierung ihres außen-, sicherheits- und verteidigungspolitischen Krisenmanagements zu erzwingen. Der Bedarf an außenpolitischen *Risikoanalysen* nimmt in diesem Zusammenhang in ebensolcher Weise zu wie das Bemühen um eine wirksame *Präventionspolitik*. Vor allem gilt es zu prüfen, wie sich *Prävention*, *Abschreckung* und *Verteidigung* als traditionelle Mittel der nationalen Sicherheitsvorsorge auf die neuen Herausforderungen und Bedrohungsphänomene einstellen lassen.

Für die außenpolitische Praxis der Konfliktprävention ist es zudem entscheidend, ob die Rahmenbedingungen und Ursachen für einen Konflikt verbessert werden sollen (langfristige *strukturorientierte* Konfliktprävention) oder ob es darum geht, in einer konkreten Krisensituation eine Zuspitzung (*Eskalation*) des Konfliktes zwischen den Akteuren zu vermeiden (*prozessorientierte* Konfliktprävention). Vorbeugendes Handeln, sei es durch eine Gemeinschaft von Staaten oder aufgrund eines staatlichen Eigeninteresses, kann daher in recht unterschiedlicher Weise zum Tragen kommen: vor dem Ausbruch eines Konfliktes (Primärprävention), während der Phase gewaltsamer Auseinandersetzungen (Sekundärprävention) und nach dem Ende eines Konfliktes (Tertiärprävention) (Matthies 2004: 424). Soweit dies in einigen Fällen gelingt, ist in anderen Konstellationen der außenpolitischen Konfliktbewältigung allerdings auch immer wieder eine „Lücke" zwischen Frühwarnung (early warning) und präventivem Handeln (early action) erkennbar (z.B. in Somalia, Sierra Leone, Zaire-Kongo, Jugoslawien oder Ost-Timor).

Trifft letzteres zu, wurden aufgrund entsprechender „Lücken" in der Präventionspolitik vor allem bestehende Chancen der Konfliktvorbeugung nicht genutzt. Etliche dieser so genannten „*missed opportunities*" (Jentleson 2000) sind auf Kommunikationsprobleme zwischen Frühwarnern und politischen Entscheidungsträgern sowie auf deren fehlenden politischen Handlungswillen, auf unterschiedliche Lagebeurteilungen der Führungseliten und unzureichende Kosten-Nutzen-Kalkulationen, mangelnden innenpolitischen Druck, bürokratische Blockaden, geringes Erfahrungswissen und ungenügende Zusammenarbeit der beteiligten Akteure zurückzuführen. Zur Gestaltung friedlicher Außenbeziehungen sind deshalb auch die klassischen Mittel staatlicher Diplomatie, vor allem auf der Ebene wirkungsmächtiger Konferenzen zwischen Regierungschefs, Warlords, Diplomaten, militärischen Führungsträgern etc., der *Vertrauensbildung* und *Mediation* (Vermittlung) noch immer wichtige Instrumente, um die konfrontativen Verhaltensstrategien in kooperative Verhaltens- bzw. Verhandlungsstrategien umzuwandeln. Ist die Bereitschaft zum Konfliktabbau und Friedensprozess in der Bevölkerung stark verankert, kann auch „von unten" wesentlich zum Aufbau stabiler Friedensbedingungen beigetragen werden (Track-Two-Diplomatie).

15.4 Begriff und Formen außenpolitischer Kooperation

Wenden wir uns vor diesem Hintergrund dem Begriff und den Formen von außenpolitischer Kooperation näher zu. Das außenpolitische Kooperationsverhalten der Staaten verweist auf die auch für die internationale Ebene schlichte Tatsache, dass ohne einen Ausgleich der Interessen ein Zusammenleben zwischen Menschen und Völkern nicht möglich wäre. Neben den Formen einer institutionalisierten Zusammenarbeit gibt es unterschiedlich formalisierte Kooperationsformen zwischen den Staaten. Der Heidelberger Politikwissenschaftler Frank Pfetsch differenziert die Formen zwischenstaatlicher Kooperation anhand unterschiedlicher *materieller Gebiete* (industrielle Kooperation, wissenschaftlich-technische Kooperation, Kooperation im Umweltbereich etc.), zwischen *regionalen Gruppierungen* (Ost-West-Kooperation, Nord-Süd-Kooperation etc.) und aufgrund ihres *Charakters* (antagonistische Kooperation, arbeitsteilige Kooperation etc.). Von loser „spontaner" Koordination bis zu permanenten Regierungskonferenzen, mit ihrem spezifischen *Prozess*charakter, und der Zusammenarbeit im Rahmen von Institutionen (EU, OAS, ASEAN, UNO, AL, Golfkooperationsrat etc.) reichen die verschiedenen Möglichkeiten für eine Kooperation: verstanden als eine „auf bestimmte Zeit angelegte und meist vertraglich abgesicherte Zusammenarbeit zwischen Staaten, nichtstaatlichen Akteuren sowie in und zwischen internationalen Organisationen" (Pfetsch 1994: 237-238).

Eine Zusammenarbeit zwischen Staaten bedeutet also in aller Regel keine Beeinträchtigung oder gar einen Verlust ihrer Souveränität. Der Begriff der Kooperation bezieht sich primär auf eine *souveränitätsschonende* Außenpolitik. Durch Kooperation schaffen Staaten noch keine neue, Souveränitätsrechte abfordernde politische Einheit. Die Außenpolitik von Staaten als *kooperativ* zu bezeichnen, sagt vielmehr etwas über die Art und Qualität der Beziehung zwischen diesen Staaten aus. Als Mindestvoraussetzung für zwischenstaatliche Zusammenarbeit ist nicht von einer völligen Harmonie zwischen den Staatsregierungen auszugehen, sondern von einer Annäherung bzw. einem Ausgleich der Interessen. Diese *Interessenkonvergenz* „kann, muss aber nicht, darüber hinaus von einem Konsens, also einer Übereinstimmung, in grundlegenden Werten getragen sein. Schließlich ist Kooperation nicht der Gegensatz zu Konflikt – auch kooperative Beziehungen zwischen Staaten können von Konflikten geprägt sein, und manchmal besteht die Kooperation gerade im friedlichen Umgang mit Konflikten" (List 1999: 16).

Wenn von einer kooperationsorientierten Außenpolitik die Rede ist, haben wir es zudem nicht mit jener Form menschlicher Organisation zu tun wie sie für die nationalen politischen Systeme bestimmend ist. Kooperation zählt zum Rohmaterial einer nationalstaatlichen Ordnung, ohne die sie kaum überlebensfähig wäre. Auf der von einem fehlenden Gewaltmonopol gekennzeichneten internationalen Ebene ist dies aber keineswegs der Fall. Außenpolitik bewegt sich seit den geschichtlichen Anfängen intergesellschaftlicher und zwischenstaatlicher Beziehungen in einer Dialektik von Krieg *und* Frieden, von Konflikt *und* Kooperation.

In der außenpolitischen Praxis finden wir daher eine Vielzahl an Prozessen, Gründen, Strukturen oder Zielen der Kooperation und des Konfliktes. Diplomatische Kontakte, Staatsbesuche, gegenseitige Verhandlungen, Abkommen und Verträge, wirtschaftliche oder militärische Hilfe, Handels- und Wirtschaftsbeziehungen, miteinander abgestimmte Maßnahmen, die Errichtung gemeinsamer Institutionen etc. stellen unterschiedlichste Formen internationaler Zusammenarbeit dar. Sie sind offensichtlicher Ausdruck einer, mehr oder weniger, engen Zusammenarbeit auf Regierungsebene. Dabei setzt Kooperation, wie schon erwähnt, nicht zwangsläufig und unabdingbar eine umfassende Interessenharmonie (bzw. -kongruenz) voraus. Vereinbarungen etwa zu gemeinsamen Klimaschutzmaßnahmen, zu Rüstungskontrollanstrengungen oder zur Lösung von Flüchtlingsproblemen erfordern einen *Grundbestand* bzw. eine Schnittmenge an *gemeinsamen* Interessen. In den meisten Situationen stimmen die außenpolitischen Ziele und Bemühungen der einzelnen Staaten nicht notwendigerweise in allen Punkten überein. Streitigkeiten zwischen den Mitgliedstaaten der Europäischen Union in Fragen der Landwirtschaft oder der Finanzierung des EU-Haushaltes verweisen auf eine in den zwischenstaatlichen Beziehungen viel eher anzutreffende „Mischung konfligierender und komplementärer Interessen der Akteure" (Meyers 2005: 483). Nach Robert O. Keohane lässt sich daher von einer Kooperation sprechen, „when actors adjust their behaviour to the actual or anticipated preferences of others, through a process of policy coordination", wenn also Akteure ihr Verhalten an die tatsächlichen oder antizipierten Präferenzen anderer Akteure anpassen (Keohane 1984: 51f.; Axelrod/Keohane 1993: 85).

Dass die Staaten ihre nationale Politik mit anderen abstimmen, sich auf das „Wagnis einer Kooperation einlassen" ohne dass eine übergeordnete Instanz oder Macht sie vor Betrug, Arglist oder Täuschung schützen oder zur Zusammenarbeit zwingen kann (Meyers 2005: 483 f.), verweist auf einen zweiten voraussetzungsvollen Aspekt der Kooperation: ihre Nützlichkeit bzw. *Ziel- und Zweckgebundenheit*. Kooperation im internationalen System - d.h. in einem anarchischen und dezentralisierten Staatensystem, das nach Kenneth A. Oye durchaus die Möglichkeit zur *Kooperation unter Anarchie* (Oye 1986) eröffnet - ist demnach kein Ziel an sich, sondern dient in erster Linie der Verwirklichung und Verfolgung konkreter Ziele und Interessen. Mit anderen Staaten außenpolitisch zu kooperieren bedeutet daher nur selten, dass die Regierung eines Landes aus Altruismus oder aus einem Verpflichtungsgefühl zur Unterstützung oder Förderung anderer Akteure handelt. Seine eigene Politik an die Interessen eines Staates oder mehrerer anderer Staaten anzupassen, erfolgt in aller Regel zur Verbesserung der eigenen Situation bzw. in Antizipation des *eigenen* Gewinnes. Kooperation ist folglich immer an eine bestimmte Nutzen- und Gewinnerwartung des betreffenden Staates gebunden. Der Analytiker kann also nicht davon ausgehen, dass Staaten lediglich altruistisch und zweckungebunden handeln, sondern in den meisten Kooperationsverhältnissen *zweckrational* aufgrund erwarteter oder tatsächlicher Vorteile agieren. Voraussichtliche oder klar erwiesene Kooperations*gewinne* bzw. *-belohnungen*, die auch in einer vorbeugenden Nachteilsverhütung bestehen können, liegen dem Akteursverhalten zugrunde.

Staaten, die außenpolitisch zusammenarbeiten, müssen zudem nicht zwangsläufig in ihren Weltanschauungen homogen sein. Außenpolitische Kooperation ist auch zwischen sich ideologisch oder weltanschaulich konträr gegenüberstehenden Akteuren vorstellbar. Für die Außenpolitik des 19. und 20. Jahrhunderts gilt dies ebenso wie für die Zeit nach der Jahrtausendwende. Hitler und Stalin trafen trotz ihrer zweifellos konkurrierenden politischen Ideologien und weltanschaulichen Orientierungssysteme ein gegenseitiges Arrangement zur Aufteilung Polens. Eine Annäherung zwischen den USA und der VR China war selbst unter den Bedingungen unterschiedlichster ideologischer Vorstellungen möglich geworden, als Nixon und Mao Zedong aus machtpolitischen und gegen die Sowjetunion gerichteten Interessenerwägungen dem Kalkül der diplomatischen Verständigung und Kooperation folgten. USA, Russland und China kooperieren seit dem 11. September im „Kampf gegen den Terrorismus" nicht zuletzt unter dem Vorzeichen gegensätzlicher Weltbilder und aus verschiedenen Beweggründen (so etwa hinsichtlich ihrer Interessen am arabisch-persischen Golf, mit Blick auf die Autonomiebestrebungen Tschetscheniens oder zum Zweck der Einflussnahme auf das muslimisch geprägte Xinjiang in China). Im zweiten Golfkrieg zur Befreiung Kuwaits bildete die Anti-Irak-Allianz ein recht heterogenes Kooperationsbündnis („*Coalition of the Willings*"). Eine Zusammenarbeit zwischen Staaten kommt insofern trotz gegensätzlicher Weltbilder aufgrund ähnlicher Nutzenkalküle und der Aussicht auf damit verbundene Kooperationsgewinne zustande.

In diesem Zusammenhang ist die Unterscheidung zwischen absoluten und relativen Gewinnen von Belang. Ist ein Staat daran interessiert, *mehr* von der Zusammenarbeit zu profitieren als seine Kooperationspartner, zielt er außenpolitisch auf einen im Vergleich zu den anderen Staaten größeren, also relativen, Gewinn. In Form eines Nullsummenspiels verbessert der Staat damit seine Position, während sich die der anderen Kooperationspartner im Sinne eines relativen Machtverlusts verschlechtert (Grieco spricht von machtproportionalen Kooperationsgewinnen). Wie schon an anderer Stelle erwähnt, zweifeln dabei vor allem die Neorealisten an der Bereitschaft der Staaten zu absoluten Kooperationsgewinnen. Angesichts der anarchischen Struktur des internationalen Systems und den unterschiedlichen Interessen der Staaten, aber auch aufgrund der Möglichkeit des „Mogelns" (cheating), des Nichteinhaltens von Vereinbarungen und Absprachen, neigten Staaten nur wenig dazu, ein mit Kosten verbundenes Kooperationsrisiko einzugehen (Mearsheimer 2001: 51 ff.).

Aufgrund der Befürchtung vor einer Übervorteilung und der ungleichen Verteilung von Gewinnen sehen einige Neorealisten jedoch auch in einer Hegemonialmacht die Möglichkeit, das Problem relativer Kooperationsgewinne zu überwinden. Angesichts seiner Machtfülle gelingt es dem Hegemon die überproportionalen Kosten zu übernehmen, um „Sicherheit" oder ein anderes politisches Gut für alle zur Verfügung zu stellen. Voraussetzungsvolle Grundlage dafür ist die Anerkennung der Führungsrolle des Hegemons, die unter den Bedingungen gemeinsamer Bedrohungswahrnehmungen verstärkt werden kann. Diejenigen Staaten, die dabei von der Bereitstellung des Gutes und der Übernahme der Kosten profitieren, ohne selbst Zugeständnisse zu machen, handeln in der Regel als so genannte „Trittbrettfahrer" (free rider) (Mastanduno 1993: 257f.). Für einen Hegemon kann dies akzeptabel sein, solange der trittbrettfahrende Staat dessen Führungsrolle weiterhin anerkennt. Mit absoluten Gewinnen, wie sie die Neoliberalen gerade durch internationale Institutionen für realisierbar halten, ist dagegen der individuelle Gewinn gemeint, den ein Staat unabhängig vom Gewinn anderer Staaten innerhalb der Kooperation erzielt. Im Sinne eines Nicht-Nullsummenspiels profitieren alle Staaten von der Zusammenarbeit.

15.5 Kooperation in einer globalisierten Staatenwelt

Auch wenn über internationale Sicherheitsinstitutionen wie die VN oder die OSZE versucht wurde, die Zahl der weltpolitischen Konflikte einzuhegen; für die Praxis auswärtiger Politik spielt, wie gesehen, das Konfliktverhalten von Staaten noch immer eine zentrale Rolle. Das weltpolitische Konfliktgeschehen der Gegenwart ist durch fortbestehende Konflikte (z.B. den Nahost-Konflikt, den indisch-pakistanischen Konflikt, die Spannungsrivalität auf der Korea-Halbinsel sowie Grenzstreitigkeiten in Lateinamerika) als auch durch neue Kriege (u.a. Tschetschenien, Afghanistan, Somalia, Demokratische Republik Kongo), den krisenhaften Zerfall staatlicher Ordnungen und transnational handelnde, terroristische Akteure gekennzeichnet. Daraus aber die Schlussfolgerung zu ziehen, dass die neue Struktur des internationalen Systems lediglich von Konflikten bestimmt sei, wäre irreführend und falsch. Internationale Konflikte füllen aufgrund ihres Nachrichtenwertes zwar weitaus häufiger die Schlagzeilen. Während sich Krisen und Kriege als ein Phänomen der Weltpolitik stets wiederholen, haben die Prozesse der globalen Koordination und Kooperation keineswegs abgenommen. An der Vielzahl zwischenstaatlicher Abkommen und Vereinbarungen ist eine hohe kooperative Regelungsdichte abzulesen, so etwa hinsichtlich vereinbarter Einreisebestimmungen, im Falle des grenzüberschreitenden Schifffahrts- und Luftfahrtsverkehrs, bei zwischenstaatlichen Handelsbeziehungen oder einer gemeinsam vereinbarten Klimaschutzpolitik. Zahlreiche globale Probleme machen eine stärkere Politikkoordination und -kooperation erforderlich.

Dirk Messner entwarf in diesem Zusammenhang eine Typologie jener globalen Probleme, die von den Nationalstaaten eine engere Kooperation, eine stärkere *kollektive Handlungsfähigkeit* abverlangen: nicht nur, um globale Probleme zu bewältigen, sondern auch um staatliche Souveränität, Handlungsfähigkeit, Legitimation und Identität wiederherzustellen oder zu wahren. Um allerdings beide Ziele zu erreichen, „müssen die Nationalstaaten in den zwischenstaatlichen Beziehungen, den multi- sowie supranationalen Organisationen sowie in Interaktion mit der Gesellschaftswelt Kooperationen aufbauen" (Messner 2005: 34). Da die Staaten politisch, wirtschaftlich, sozial und militärisch immer enger miteinander verbunden und mehr denn je wechselseitig voneinander abhängig sind, hat die dadurch zunehmende Verflechtung und Vernetzung - oder besser: „komplexe Interdependenz" (Keohane und Nye) – zu einer wesentlichen Herausforderung für die externe Souveränität der Nationalstaaten und deren Außenpolitik beigetragen. Das aus diesem Grund für die äußere Souveränität wichtige „Management der zwischenstaatlichen Beziehungen" durch die Außenpolitik und vor allem die Herstellung und Gewährleistung von Sicherheit im anarchischen internationalen System wird in der Epoche des Globalismus aber für eine wachsende Zahl von Politikfeldern (z.B. die Steuer-, Sozial- oder Umweltpolitik) nicht mehr ausreichen, um Probleme allein in den nationalstaatlichen Grenzen zu lösen und um öffentliche Interessen durchzusetzen (Messner 2005: 32-33; Hauchler/Messner/Nuscheler 2001). Mit anderen Worten: die *Logik der Globalisierung* wird zur Herausforderung für die *Logik der Nationalstaaten* und deren am Eigeninteresse orientierten klassischen Machtpolitik.

Zu globalen Problemtypen, die ein kooperatives Akteursverhalten mehr und mehr erforderlich machen, zählen

(1) die als *global goods* bzw. globale öffentliche Güter (Kaul/Grunberg/Stern 1999) bezeichneten Probleme mit weltweiter Dimension (z.B. Klimaveränderungen,

Ozonloch, Gefahren für den Weltfrieden, labile Finanzmärkte etc.), die eine internationale Kooperation von Staaten und nicht-staatlichen Akteuren voraussetzen, um die Güter zu schützen und ein umfassendes stabilitätsförderndes Regelsystem aufzubauen. Unterschiedliche Interessenkonstellationen und eine Vielzahl an Akteuren erschweren dabei allerdings häufig Prozesse der Kooperation, wie z.B. die Klimaverhandlungen im Rahmen des Kyoto-Protokolls.

(2) die wachsenden *globalen* Verflechtungs- bzw. *Interdependenzprobleme*, die selbst lokalen Ereignissen und Entwicklungen oftmals weit reichende, sich auf die Staatenwelt erstreckende Auswirkungen verleihen. Folgenreiche Wirtschaftskrisen (z.B. die Asienkrise von 1997), die zu Flüchtlings- bzw. Migrationsströmen und/oder Bürgerkriegen führen, schwerwiegende Umweltkrisen und weltumspannende gesundheitsgefährdende Krankheiten und Seuchen als auch die Auswirkungen mehr oder weniger kontrollierbarer Kapital- und Welthandelsströme.

(3) die zu Weltproblemen gewordenen globalen Phänomene von Armut und Hunger, fehlender Wasserversorgung, transnational organisiertem Verbrechen und gesellschaftlicher Fragmentierung in Megalopolen, d.h. in immer schwieriger zu verwaltenden Megastädten (z.B. Jakarta, Sao Paulo, New York, Tokio, Shanghai etc.), die unterhalb der staatlichen Ebene zu neuen Kooperationserfordernissen und „Lernpartnerschaften" zwischen den Städten beitragen und eine die zwischenstaatliche Kooperation ergänzende Form der kommunalen Außenbeziehungen bilden. Im Rahmen des Mehrebenensystems der Europäischen Union ist dabei ein hohes Maß an Verklammerung und Verzahnung der Außenbeziehungen auf unterschiedlichen Kooperationsebenen und zwischen mehreren beteiligten Akteuren feststellbar. Menschenrechtsverletzungen wie auch das Phänomen eines transnationalen Terrorismus mündeten dabei in den letzten Jahren in unterschiedliche Kooperationsstrategien und -projekte (Internationaler Strafgerichtshof, Staatenkoalition im „Kampf gegen den Terrorismus" etc.), die häufig an einer partikularen, nationalstaatlichen Macht- und Interessenpolitik ihre Grenzen gefunden haben.

(4) der im Verlauf der Globalisierung gestiegene weltwirtschaftliche Systemwettbewerb zwischen den Staaten, denen mit der fortschreitenden Verflechtung der nationalen Volkswirtschaften ein außen(wirtschafts)politischer Handlungsdruck auferlegt wird, der wiederum zu gegenseitigen Unterbietungs- und Deregulierungswettläufen, protektionistischen Maßnahmen und Strategien des Standortwettbewerbs, aber auch zu engerer wirtschaftspolitischer Koordination (z.B. innerhalb der EU) sowie zur Kooperation in Richtung einer Weltfinanz-, Welthandels- oder internationalen Wettbewerbsordnung führt (vgl. Kap. 9).

(5) das zunehmende Maß grenzüberschreitender Probleme, die allein auf der Grundlage nationalstaatlicher Fähigkeiten und Kapazitäten nicht gelöst werden können, sondern eine kooperative Außenpolitik zur Lösung der Probleme benötigen, z.B. die Verschmutzung von Seen und Gewässern durch Verklappung von

Schadstoffen, mangelhafte Kontrollen von Nuklearanlagen, saurer Regen, Arbeitsmigration und Drogen- oder Waffenschmuggel etc.

(6) die institutionelle, und damit kooperationsorientierte, Weiterentwicklung verschiedener, eng miteinander verbundener Formen und Ebenen der zwischenstaatlichen (internationalen) Koordination, Kooperation und kollektiven Entscheidungsfindung. Einige WissenschaftlerInnen sehen darin den Weg zu einer kooperativen Global-Governance-Architektur, in deren Rahmen auch die Staaten weitaus besser in der Lage sind, auf die gegenwärtigen und künftigen Problemkonstellationen einzugehen als unter den bisherigen Bedingungen. Das Beharren auf nationalstaatlicher Souveränität und innen- bzw. außenpolitischer Handlungsautonomie werde damit sukzessive von einer stärkeren internationalen Rechenschaftspflicht und Normeneinhaltung, von mehr Demokratisierung und Dezentralisierung sowie höherer Effektivität und Effizienz des staatlichen Handelns begleitet (vgl. Messner 2005).

Neben einer in hohem Maße institutionalisierten Politik der Konfliktvorbeugung und Problemlösung ist das Handeln der internationalen Akteure heute also in weit größerem Umfang von Kooperation gekennzeichnet als allgemein wahrgenommen. Globale Interdependenz- und Verflechtungsprobleme erzwingen in der Regel vertieftere Formen der Kooperation. In der Diskussion über die Chancen kooperativen Handelns gehen die Meinungen allerdings auseinander. Aufgrund der anarchischen Struktur des internationalen Systems bezweifeln Neorealisten die Möglichkeit zur wirksamen Begrenzung der zwischenstaatlichen Konkurrenz und Konflikthaftigkeit. Aus Sorge um ihre Sicherheit sind Staaten nur in begrenztem Umfang zur außenpolitischen Kooperation bereit und eher an einer effektiveren unilateralen Politik interessiert als an einer *autonomiebegrenzenden* Kooperation. Der Verlust äußerer Souveränität wird allein durch „gegnerischen Wettbewerb" („adversarial competition") vermieden.

Die Chance auf eine nicht nur geringe oder einmalige, sondern immer wiederkehrende Kooperationsbereitschaft erhöht sich nach Auffassung der Neoliberalen bzw. Institutionalisten allerdings unter bestimmten Umständen. Dazu zählt nicht allein die Tatsache einer größeren Vernetzung oder Verflechtung zwischen den Akteuren. Wir sprachen bereits von der „komplexen Interdependenz", die die Verwundbarkeit und Empfindlichkeit der Staaten erhöht. Staaten kooperieren unter den Bedingungen der Anarchie, weil sie durch eigene Kooperationsleistungen auf ein positives Kooperationsverhalten anderer Akteure in der Zukunft hoffen oder aber weil sich zwischenstaatliche Zusammenarbeit in der Gegenwart auch auf lange Sicht bezahlt macht und die Chance auf ein wiederholtes Aufeinandertreffen wie ein mahnender „Schatten der Zukunft" (- gegenüber den andernfalls drohenden Konflikten und Interessenrivalitäten –) wirkt (d.h. die spieltheoretische Chance, sich aufgrund unterschiedlicher Verhaltensoptionen und einer unsicheren Entscheidungssituation als Spieler wieder zu treffen) („Evolution der Kooperation", Axelrod 1984).

Dieser „kooperative Wettbewerb" („cooperative competition") kommt allerdings nicht nur dadurch zustande, dass die Staaten ihre außenpolitischen Verhaltensstrategien und Verhaltenserwartungen gegenseitig anpassen. Über internationale Regime und multilaterale Verhandlungssysteme wird ein Umfeld geschaffen, das u.a. die außenpolitische Erwartungsverlässlichkeit erhöht, die bestehende Unsicherheit verringert, Transaktionskosten abbaut und die Aussichten auf eine kollektive Problemlösung vergrößert. Internationale Regime sind in dieser Weise zu einem relevanten Baustein außenpolitischer Kooperation geworden. Als internationale Institutionen beziehen sich Regime auf spezifische Problemfelder, zu denen sie, auf der Grundlage eines Sets an gemeinsamen Prinzipien, Normen und Regeln, konkrete Verhaltensstandards und -vorschriften formulieren und politische Steuerungsleistungen erbringen. Über das Aushandeln und das Durchsetzen von Kooperationsvereinbarungen wirken Regime dadurch wesentlich bei der kooperativen Bearbeitung von Konflikten mit (Zangl/Zürn 2003: 95 ff.). Ihr Erfolg hängt allerdings auch vom jeweiligen Kosten-Nutzen-Verhältnis, der Anzahl der beteiligten Staaten und der Machtverteilung im betreffenden Problemfeld ab.

Demnach ist wiederholt festzustellen, dass das nationale Eigeninteresse und die weltpolitischen Machtstrukturen gerade die mächtigeren Staaten dazu neigen lässt, sich kooperativen Lösungsstrategien zu entziehen und eher unilateral zu handeln, während kleinere oder schwache Staaten in Kooperationen oftmals eine gefahrvolle Einmischung von außen sehen. Dieser *Souveränitätsdogmatismus*, der die Souveränität als letzte Bastion und Grundinventar nationaler Eigenständigkeit und Selbsterhaltung sichern soll, als auch die klassische nationalstaatliche Macht- und Interessenpolitik, tragen zur Blockierung internationaler Kooperationen bei. Allerdings können selbst große Staaten trotz oder aufgrund ihrer Machtausstattung nicht nur ihrem nationalen Interesse folgen. Mehr denn je müssen auch sie, angesichts globaler Probleme und der Forderung nach Legitimation ihres außenpolitischen Handelns, internationale Verantwortung kooperativ praktizieren.

Am Beispiel der Europäischen Außenpolitik können wir sehen, dass sich Chancen zu einer umfassenderen Konvergenz der außenpolitischen Interessen, also zu einer Politik der Integration, jedoch auch im Bereich der Außenpolitik ergeben. Halten wir dazu vorab fest: zwischenstaatliche Integrationen hängen von der Zahl der beteiligten Akteure ab, also davon, ob die Integration auf bilateraler (zwei Staaten), multilateraler (mehrere Staaten) oder universeller (alle Staaten der Welt umfassender) Ebene erfolgt. Darüber hinaus spielt die geographische Reichweite (subregional, regional oder global) als auch die funktionale Bedeutung der Integration (politisch, wirtschaftlich, militärisch etc.) einen entscheidende Rolle, um so, je nach Kombination, zu unterschiedlichen Stufen und Arten der Integration beizutragen (z.B. Staatenbund, funktionale (WHO) oder regionale (ASEAN, AU, OAS) internationale Organisationen).

15.6 Exkurs: Europäische Außenpolitik

Sich mit der kooperativen Dimension staatlicher Außenpolitik zu beschäftigen, heißt, die verschiedenen Prozesse der Anpassung (*adjustment*) und Abstimmung nationaler Politiken und Interessen zu beleuchten. Einen besonderen Fall stellt hierin die Europäische Außenpolitik dar (Regelsberger 2004, Schubert/Müller-Brandeck-Bocquet 2000). Mit der Außendimension der europäischen Integration sind in den letzten Jahren neue Formen einer europäischen Außen- und Sicherheitspolitik entstanden, die heute in sehr unterschiedlicher, facettenreicher Weise auf das internationale System Einfluss nehmen. In der Rolle der EU im westlichen Balkan, in den Kooperationsbemühungen mit der lateinamerikanischen Organisation Mercosur und in den transatlantischen Beziehungen zu den USA, die im Falle der Irak-Intervention (2003) und des Vorgehens gegen den Iran, aber auch aufgrund von europäisch-amerikanischen Handelstreitigkeiten zu eminenten Kontroversen und Spannungsrivalitäten geführt haben, dokumentiert sich u.a. die zunehmende außen- bzw. weltpolitische Bedeutung der Europäischen Union.

Da im Gegensatz etwa zur Wirtschafts- oder Agrarpolitik der Bereich der Außenpolitik immer besonders *souveränitätsgeladen* war, haben wir auf dem Gebiet der Außenbeziehungen der Europäischen Union noch immer die sichtbarste Präsenz souveräner Nationalstaaten. Schon mit den ersten Bemühungen einer Europäisierung der Außen- und Sicherheitspolitik, bei der Gründung des Europarates 1949 oder bei dem Versuch der Errichtung einer Europäischen Politischen Gemeinschaft (EPG) und einer Europäischen Verteidigungsgemeinschaft (EVG) zu Beginn der fünfziger Jahre, scheiterte man am Widerspruch der Staaten, die Außenpolitik als Kernbereich nationaler Souveränität an eine supranationale Entscheidungsinstanz zu übertragen. Nur schrittweise war man bereit, in der Außenpolitik auch auf europäischer Ebene intensiver zusammenzuarbeiten. Erst in den siebziger Jahren wurden mit dem so genannten Luxemburger Bericht (1970) und dem Kopenhagener Bericht (1973) Verfahren und Mechanismen eingerichtet, die dem Zweck der außenpolitischen Konsultation und der Koordinierung bzw. Harmonisierung außenpolitischer Standpunkte dienen sollten.

Bereits in ihren Anfängen war die Europäische Politische Zusammenarbeit (EPZ) daher von Problemen belastet, die bis in die Gegenwart den intergouvernementalen Charakter der europäischen Außenpolitik kennzeichnen: das Einstimmigkeitsprinzip (wenn auch seit Amsterdam mit der Möglichkeit zur konstruktiven, nicht-blockierenden Enthaltung bei Mehrheitsentscheidungen), die begrenzte Reichweite der außenpolitischen Mittel, die divergierenden Vorstellungen der EU-Staaten über die künftige Gestalt der außenpolitischen Kooperation bzw. der heutigen Gemeinsamen Außen- und Sicherheitspolitik (GASP) sowie, nicht zuletzt, der politische Willen der Mitgliedstaaten zum gemeinsamen Handeln.

Hatte man dabei in den Staaten der EG auf die sowjetische Intervention in Afghanistan und auf die Geiselnahme in der amerikanischen Botschaft in Teheran (1978/79) noch sehr unterschiedlich reagiert, gab man der außenpolitischen Zusammenarbeit in den achtziger Jahren eine festere vertragliche Grundlage. Über die Einheitliche Europäische Akte (EEA, 1987) wurden die zunächst nur recht wenig wirkungsvollen, außenpolitischen Koordinierungsreflexe innerhalb der EPZ vertraglich gestärkt, bis sie mit dem Maastrichter Vertrag über die Europäische Union (1993) auf eine neue Grundlage gestellt und von der Gemeinsamen Außen- und Sicherheitspolitik (Art. 11-28 EUV) abgelöst wurden. Die europäische Außenpolitik konnte damit zwar nicht ihres intergouvernementalen Charakters entkleidet und wie andere Politikbereiche vergemeinschaftet werden. Mit den Verträgen von Amsterdam (1999) und Nizza (2003) und den weltpolitischen Veränderungen nach 1989/90 folgte man jedoch zumindest einer gradualistischen Einigungslogik, in deren Verlauf man die europäische Außenpolitik teilweise an den „1. Pfeiler" der EG annäherte und die Europäische Union zu einem internationalen Akteur bzw. zu einem nach außen handelnden Integrations- und Staatenverbund (mit 128 Außenvertretungen der EU in Drittstaaten oder internationalen Organisationen) entwickelte.

Die Außenbeziehungen der EU umfassen heute einen breiten Rahmen an außenpolitisch relevanten Aufgaben und Kompetenzen, sowohl hinsichtlich der klassischen EG-Felder der Außenwirtschafts-, Handels-, Assoziierungs- und Abkommenspolitik (z.B. interregionale Assoziierungsverhandlungen mit der Andengemeinschaft und Lateinamerika oder Kooperationsabkommen im Rahmen des ASEM-Prozesses, d.h. des Asia Europe Meeting seit 1996), der Entwicklungszusammenarbeit (von den Lomé-Abkommen seit 1975 bis zum Nachfolgeabkommen von Cotonou (2003), das eng mit dem Konzept einer „verantwortlichen Regierungsführung" (good governance) verbunden ist), der Außenwährungs-, Stabilisierungs- und Erweiterungspolitik als auch mit Blick auf die GASP, die Europäische Sicherheits- und Verteidigungspolitik (ESVP) sowie die außenpolitischen Aspekte anderer Politikbereiche (z.B. der Umwelt oder der Zusammenarbeit im Bereich Inneres und Justiz).

Dabei finden wir noch immer eine starke vom Europäischen Rat, das heißt von den Staats- und Regierungschefs, geprägte institutionelle Hierarchie, die unterstreicht, dass ein einheitliches außenpolitisches Auftreten der EU wesentlich von den Zielsetzungen der Staaten bestimmt ist. Mit dem Amt eines „Hohen Vertreters für die Gemeinsame Außen- und Sicherheitspolitik", das in Folge der Jugoslawienkrisen geschaffen worden war, hatte man das Problem einer „europäischen Telefonnummer" (Henry Kissinger) in Fragen der Außenpolitik zwar zu beheben versucht. Im Verfassungsvertrag der EU wird dem vorgesehenen neuen Amt eines „Außenministers" durch seine Personalunion als EU-Außenminister und Vizepräsident der Europäischen Kommission eine stärkere Außenwirkung verliehen, und damit der EG-Pfeiler und die GASP als 2. Pfeiler der EU enger aneinander gebunden. Die Handlungs- und Wirkungsfähigkeit der GASP ist jedoch noch immer wesentlich vom außenpolitischen Kooperations- und Integrationswillen der EU-Staaten abhängig. Wird dieser politische Wille, nicht zuletzt von den größeren europäischen Mächten wie Frankreich, Großbritannien oder Deutschland, gemeinsam formuliert und artikuliert, kann die Europäische Union offensichtlich zu einer erfolgreichen Koordinierungsinstanz und zu einem Krisenmanagementakteur, einer „Zivilmacht mit Zähnen", werden (z.B. in Bosnien-Herzegowina, in der Demokratischen Republik Kongo und Mazedonien). Spannungen zwischen der EU und den USA im Rahmen der transatlantischen Beziehungen (z.B. Irak-Krieg, Europäische Sicherheitsstrategie, handelspolitische Konflikte wie hormonbehandeltes Fleisch aus den USA, EU-Agrarsubventionen oder amerikanische Strafzölle auf Stahlimporte aus Europa) illustrieren zugleich, dass in der außenpolitischen Praxis der nach Osten erweiterten EU neben intergouvernementaler Solidarität und Kooperationsbereitschaft auch zahlreiche Meinungs- und Interessengegensätze belastend wirken und die EU-Mitgliedstaaten bei der gemeinsamen außenpolitischen Lösung von Verteilungs- und Koordinationsproblemen nur bedingt auf kooperatives Verhalten verpflichtet werden können. Die Außenbeziehungen der Europäischen Union bewegen sich auf diese Weise zwischen Verständigung und Kooperation, Erwartungsstabilität durch Regelbildung und berechenbare Ordnungsstrukturen sowie einer schrittweisen Europäisierung der nationalen Außenpolitiken einerseits und nationaler Interessenpolitik und Wirklichkeitsdeutung andererseits.

Theoretisch zu erfassen, wer die bestimmende Rolle in der Gestaltung und Formulierung einer Europäischen Außenpolitik spielt, wird von den Ansätzen des rationalistischen, soziologischen und historischen Institutionalismus sowie vom Neofunktionalismus unterschiedlich beantwortet. Kontrovers diskutiert wird, ob Politikentscheidungen primär rational kontrolliert erfolgen und aus dem kleinsten gemeinsamen Nenner nationaler Interessen resultieren, ob sich über Sozialisationsprozesse eine an gemeinsamen Verhaltensmaßstäben und Werten orientierte, langfristige Außenpolitik der EU entwickeln wird oder ob äußere Faktoren (im Sinne des neofunktionalistischen Externalisierungskonzeptes) die Entstehung einer gemeinsamen Außenvertretung fördern. In diesem Zusammenhang haben der liberale Intergouvernementalismus von Moravcsik als auch die von Hoffmann der „Logik der Integration" entgegen gesetzte „Logik der Diversität" (logic of diversity) wesentlichen Einfluss auf die theoretische Diskussion der Entwicklung einer Gemeinsamen Außen- und Sicherheitspolitik der Europäischen Union genommen (Giering 1997; Rosamond 2000; Bieling/Lerch 2005).

15.7 Ausprägungsformen der Außenpolitik auf operationaler Ebene

Wie im Verlauf des Kapitels sichtbar geworden sein sollte, gibt es verschiedene Ausprägungsformen von Außenpolitik. Mit der Krisenpolitik, dem Krieg, der Kooperation und Bündnispolitik sowie der Integrationspolitik im Rahmen der EU haben wir bereits einige dieser Ausprägungsformen kennen gelernt. Weitere Ausprägungsformen sollen hier nicht in aller Ausführlichkeit dargestellt werden, jedoch Erwähnung finden, um die Breite der strategisch-operationalen Handlungsmöglichkeiten in der Außenpolitik aufzuzeigen. Eine der untersten Kooperationsebenen bildet die Entwicklungspolitik (Nuscheler 2004). Wie die Sicherheits- und Verteidigungs-, Außenhandels- oder Kulturpolitik und auswärtige Umweltpolitik ist sie ein wesentlicher Bestandteil staatlicher Außenpolitik geworden. In den westlichen Staaten wird der entwicklungspolitische Bereich häufig von einer autonomen Behörde oder einem entsprechenden Ministerium (z.B. dem BMZ in Deutschland) verwaltet. Entwicklungspolitik ist dabei begrifflich weiter gefasst als Entwicklungshilfe. Im Unterschied zu den umfassenden politischen Maßnahmen für eine konkrete Entwicklung in den Entwicklungsländern versteht sich Entwicklungshilfe - oder Entwicklungszusammenarbeit, wie sie in jüngerer Zeit bezeichnet wird - als ein Transfer von Ressourcen oder Hilfeleistungen. Die Bereitschaft des Geberstaates, Entwicklungshilfe zu leisten, knüpft dabei in der Regel an die Erwartung, die wirtschaftliche Zusammenarbeit und die politisch-diplomatischen Beziehungen zu vertiefen und damit neben Armutsbekämpfung und Krisenbewältigung auch zu weiter rei-

chenden Strukturreformen in Entwicklungsländern, vor allem in Afrika, beizutragen
(beurteilt nach ihrem durchschnittlichen Pro-Kopf-Einkommen, dem Anteil der Industrie am BIP von maximal 10% und der, ebenso die Lebensqualität betreffenden, Alpha-
betisierungsrate von höchsten 20%, vgl. Tetzlaff/Jacobeit 2005).

An die Entwicklungshilfe des Geberstaates knüpfen sich allerdings nicht nur Solida-
ritätsmotive. Die Sicherung der eigenen Rohstoffversorgung, die Eindämmung von
Flüchtlingsströmen, die Vermeidung eines Nährbodens für terroristische Rekrutierun-
gen oder aber das Gewinnen von Verbündeten kennzeichnen häufig die Erwartung, dass
sich das Nehmerland gegenüber den außenpolitischen Interessen des Geberstaates zumindest positiv eingestellt zeigt. Entwicklungshilfe trifft jedoch auch an ihre Grenzen.
Zum einen dort, wo die Geberländer sich nicht an die im Rahmen von UNCTAD (United Nations Conference for Trade and Development) 1968 vorgegebene Mindestziel-
größe von 0,7% ihres BSP als Entwicklungshilfe halten (die skandinavischen Staaten,
Luxemburg und die Niederlande haben hier verstärkt Entwicklungshilfe geleistet) und
in der Vergabepraxis einige Entwicklungsländer besonders fördern (z.B. frühere Kolonien durch vormalige Kolonialmächte, islamische Entwicklungsländer durch arabische
Geberstaaten etc.); zum anderen dort, wo konträre außenpolitische Haltungen und politische Systeme der Entwicklungsländer es erschweren, über die Entwicklungshilfe Einfluss auf die Staatsspitze, beispielsweise im Sinne einer „verantwortlichen Regierungsführung" (good governance im Unterschied zu bad governance), zu nehmen. Vor dem
Hintergrund des Globalisierungsprozesses werden die am wenigsten entwickelten Län-
den (die *least developed countries*) und die „failed states" zu besonderen Herausforderungen und „internationalen Sozialfällen" innerhalb der Nord-Süd-Beziehungen und bei
der Gestaltung der politischen und wirtschaftlichen Beziehungen zwischen Industrie-
und Entwicklungsländern.

Innerhalb des außenpolitischen Verhaltensspektrums ist eine neutrale Haltung von Staaten demgegenüber durch das Bestreben gekennzeichnet, sich nicht an einer bewaffneten
Auseinandersetzung zwischen Staaten oder anderen Krieg führenden Parteien zu beteiligen, sich also aus Interessengegensätzen herauszuhalten. Für Krippendorf ist Neutralität daher in erster Linie nichts anderes als „die staatspolitische Konsequenz aus der rationalen Einsicht in die latente Irrationalität von Außenpolitik" (Krippendorf 2000: 107).

Entscheidet sich ein Staat von Fall zu Fall für eine neutrale Haltung, spricht man von
gewöhnlicher Neutralität. Eine außenpolitische Ad-hoc-Entscheidung zur Neutralität *im
Krieg* erlaubt es der Regierung des jeweiligen Landes, die Unverletzlichkeit des eigenen
Staatsgebietes zu sichern und weiterhin diplomatische Beziehungen zu allen am Konflikt beteiligten Akteuren zu pflegen (was jedoch seinerzeit nicht für Norwegen zutraf,
dessen Neutralität keine Sicherheitsgarantie gegen den Einmarsch deutscher Streitkräfte
im April 1940 bot). Es verpflichtet die politische Führung eines Landes andererseits,
keinen der Konfliktgegner mit Waffen oder anderen kriegsrelevanten Gütern zu unterstützen (so z.B. Irland im Verlauf des Zweiten Weltkrieges). Schweden erklärte in seiner Regierungserklärung von 1998 seine militärische Bündnisfreiheit, verbunden mit

dem Ziel einer möglichen Neutralität des Landes bei einem Krieg. Dies schließt aus der Sicht Schwedens Friedenseinsätze im Rahmen der VN oder der NATO nicht aus.

Wird Neutralität zur Maxime außenpolitischen Handelns, beruht dies in aller Regel auf der Entscheidung, die eigene außenpolitische Handlungsfreiheit bewusst einzuschränken, auf den Krieg als Mittel der Außenpolitik zu verzichten und sich an allen künftigen Kriegen *nicht* zu beteiligen. Die bekannte und aus eigener Selbstverpflichtung von 1815 hervorgehende *immerwährende* (permanente, dauernde oder ständige) *Neutralität* der Schweiz hat sich bis in die Gegenwart erhalten; vor allem dokumentiert in der großen Zahl dort ansässiger internationaler Organisationen und stattfindender Konferenzen. Österreichs permanente Neutralität wurde demgegenüber nicht in freiwilliger Entscheidung völkerrechtlich verankert, sondern in Folge der Mächtekonstellation des Kalten Krieges in einem Staatsvertrag von 1955 festgeschrieben. Die Neutralitätspolitik wurde für Österreich zur Grundlage einer neu gewonnenen außenpolitischen Identität, in deren Verlauf man keine isolationistische, sondern pro-westliche Haltung einnahm und, vor allem unter der sozialdemokratischen Regierung Kreisky (1970-1983), eine aktive Vermittlungsrolle im Nord-Süd-Konflikt und in den Jahren der Ölkrise zwischen den europäischen Staaten und den Erdölexportierenden Ländern des Mittleren Ostens übernahm. In die Beitrittsverhandlungen mit der EU (ab 1. Februar 1993) trat die österreichische Regierung zwar ohne Neutralitätsvorbehalt ein. Im Unterschied zu den EU-Krisenmanagementaufgaben wird allerdings die Unvereinbarkeit der österreichischen Neutralität mit möglichen Beistandsverpflichtungen innerhalb der NATO und der WEU höchst kontrovers diskutiert.

Eine weitere Form der Neutralität bildet, in politisch-diplomatischer Perspektive, die vor allem von asiatischen und afrikanischen Staaten zur Zeit des Ost-West-Konfliktes praktizierte neutralistische Außenpolitik: die von Nasser, Nehru und Tito befürwortete Politik der Blockfreiheit (das Fernbleiben von den Bündnissystemen des politischen Westens und Ostens), die Politik der Bündnisfreiheit bzw. des non-alignment und des non-involvement, der Nichtverwicklung in rivalisierende Bündnisse und in ideologische Auseinandersetzungen. Letztgenannte Form der Neutralität war über viele Jahrzehnte ein geschichtlich begründetes Wesensmerkmal amerikanischer Außenpolitik seit George Washington und der Forderung nach „no entangling alliances", nach „Freundschaft mit allen" und „Bündnissen mit niemandem".

Kontrollfragen

(1) Welche Ausprägungsformen außenpolitischen Handelns lassen sich voneinander unterscheiden?

(2) Was kennzeichnet die so genannten „neuen Kriege"? Wie muss sich die Außenpolitik auf die veränderten Formen von Gewalt einstellen?

(3) Welche Bedeutung haben die so genannten „soft threats" im Bereich der Sicherheit?

(4) Warum verfolgen Staaten eine kooperative Außenpolitik? Nennen Sie mindestens drei globale Probleme, die sich vor allem auf dem Weg der Kooperation bewältigen lassen?

(5) Wie schätzen Sie die künftige Handlungs- und Wirkungsfähigkeit einer Europäischen Außenpolitik ein?

(6) Worin bestehen wesentliche Ziele auswärtiger Entwicklungshilfe?

Literatur

Axelrod, Robert/Keohane, Robert O. 1993: *Achieving Cooperation under Anarchy: Strategies and Institutions*, in: Baldwin, David (Hrsg.): Neorealism and Neoliberalism: The Contemporary Debate, New York. S. 85-115.

Axelrod, Robert: *The Evolution of Cooperation*, New York 1984.

Bieling, Hans- Jürgen/Lerch, Marika (Hrsg.): *Theorien der Europäischen Integration*, Wiesbaden 2005.

Bonacker, Thorsten/Imbusch, Peter: *Zentrale Begriffe der Friedens- und Konfliktforschung: Konflikt, Gewalt, Krieg, Frieden*, in: Imbusch, Peter/Zoll, Ralf (Hrsg.): Friedens- und Konfliktforschung, Wiesbaden 2005, S. 69-145.

Buzan, Barry/Herring, Eric: *The Arms Dynamic in World Politics*, London 1998.

Clausewitz, Carl von: *Vom Kriege: hinterlassenes Werk des Generals Carl von Clausewitz*, Werner Hahlweg (Hrsg.), 18. Aufl., Bonn 1973.

Creveld, Martin van: *Die Zukunft des Krieges*, München 1998.

Daase, Christopher: *Kleine Kriege - Große Wirkung. Wie unkonventionelle Kriegführung die internationale Politik verändert*, Baden-Baden 1999.

Dettke, Dieter: *Begriffe I. Der Sicherheitsbegriff*, in: Rinke, Bernhard/Woyke, Wichard (Hrsg.): Frieden und Sicherheit im 21. Jahrhundert. Eine Einführung, Opladen 2004.

Giering, Claus 1997: *Europa zwischen Zweckverband und Superstaat*, Bonn.

Gongora, Thierry/Riekhoff, Harald von: *Towards a Revolution in Military Affairs? Defense and Security at the Dawn of the Twenty-First Century*, Westport, Conneticut-London 2000.

Hauchler, Ingomar/Messner, Dirk/Nuscheler, Franz (Hrsg.): *Globale Trends 2002*. Frankfurt a.M. 2001.

Herberg-Rothe, Andreas: *Der Krieg. Geschichte und Gegenwart*, Frankfurt a.M. 2003.

Herz, John: *Staatenwelt und Weltpolitik. Aufsätze zur internationalen Politik im Nuklearzeitalter*, Hamburg 1974.

HIIK (Heidelberger Institut für Internationale Konfliktforschung), 2004. *Konfliktbarometer 2004*. (www.hiik.de; 20.4.2005)

Hoch, Martin: *Krieg und Politik im 21. Jahrhundert*, in: Aus Politik und Zeitgeschichte 20/2001, S. 17-25.

Holsti, Kalevi J.: *The State, War, and the State of War*, Cambridge 1996.

Jentleson, Bruce W. (Hrsg.): *Opportunities missed, opportunities seized: preventive diplomacy in the post-Cold War world*, Lanham-Oxford 2000.

Kaldor, Mary: *Neue und alte Kriege. Organisierte Gewalt im Zeitalter der Globalisierung*, Frankfurt a.M., 2000.

Kaul, Inge/Grundberg, Isabelle/Stern, Marc A.: *Global Public Goods. International Cooperation in the 21st Century*, New York 1999.

Keohane, Robert O.: *After Hegemony. Cooperation and Discord in the World Political Economy*, Princeton, N.J. 1984.

Kindermann, Gottfried-Karl (Hrsg.): *Grundelemente der Weltpolitik*, München 1986.

Krippendorf, Ekkehart: *Kritik der Außenpolitik*, Frankfurt a.M. 2000.

Link, Werner: *Der Ost-West-Konflikt. Die Organisation der internationalen Beziehungen im 20. Jahrhundert*, Stuttgart (2. Aufl.), 1988.

Link, Werner: *Konfliktformationen des Internationalen Systems im Wandel*, in: Knapp, Manfred/Krell, Gert (Hrsg.): Einführung in die Internationale Politik, München 2004 (4. Aufl.), S. 368-398.

List, Martin: *Baustelle Europa. Einführung in die Analyse europäischer Kooperation und Integration*, Opladen 1999.

Mastanduno, Michael: *Do Relative Gains Matter? America's Response to Japanese Industrial Policy*, in: Baldwin, David A. (Hrsg.): Neorealism and Neoliberalism: The Contemporary Debate, New York 1993, S. 250-266.

Matthies, Volker: *Kriege: Erscheinungsformen, Kriegsverhütung, Kriegsbeendigung*, in: Knapp, Manfred/Krell, Gert (Hrsg.): Einführung in die Internationale Politik, München 2004 (4. Aufl.), S. 398-444.

Mearsheimer, John J.: *The Tragedy of Great Power Politics*, New York 2001.

Messner, Dirk: *Global Governance: Globalisierung im 21. Jahrhundert gestalten*, in: Behrens Maria (Hrsg.): Globalisierung als politische Herausforderung. Global Governance zwischen Utopie und Realität, Wiesbaden 2005, S. 27-55.

Meyers, Reinhard: *"Verhältnisse wie auf dem Balkan ..."? Die Reprivatisierung des Krieges – neue Formen der Gewalt im internationalen System und die Möglichkeiten kooperativer Ordnungspolitik*, in: Behrens Maria (Hrsg.): Globalisierung als politische Herausforderung. Global Governance zwischen Utopie und Realität, Wiesbaden 2005, S. 165-187.

Meyers, Reinhard: *Theorien internationaler Kooperation und Verflechtung*, in: Woyke, Wichard: Handwörterbuch Internationale Politik, Wiesbaden 2005 (9. Auflage), S. 482-515.

Meyers, Reinhard: *Von der Globalisierung zur Fragmentierung? Skizzen zum Wandel des Sicherheitsbegriffs und des Kriegsbildes in der Weltübergangsgesellschaft*, in: Kevenhörster, Paul/Woyke, Wichard (Hrsg.): Internationale Politik nach dem Ost-West-Konflikt. Globale und regionale Herausforderungen, Münster 1995, S. 33-83.

Moravcsik, Andrew: *The European Constitutional Compromise and the neofunctionalist legacy*, in: Journal of European Public Policy 12, 2/2005, S. 349–386.

Münkler, Herfried: *Die neuen Kriege*, Reinbek bei Hamburg 2002.

Nuscheler, Franz: *Lern- und Arbeitsbuch Entwicklungspolitik*, Bonn 2004.

Oye, Kenneth A. (Hrsg.): *Cooperation under Anarchy*, Princeton, N.J. 1986.

Pfetsch, Frank R.: *Internationale Politik*, Stuttgart 1994.

Pfetsch, Frank R: *Die Rolle des Krieges in der neuen Epoche*, in: Kaiser, Karl/Schwarz, Hans-Peter (Hrsg.): Weltpolitik im neuen Jahrhundert, Bonn 2000, S.186-193.

Regelsberger, Elfriede: *Die Gemeinsame Außen- und Sicherheitspolitik der EU (GASP). Konstitutionelle Angebote im Praxistest 1993-2003*, Baden-Baden 2004.

Reno, William: *Warlord Politics and African States*, Boulder 1999.

Rich, Paul B. (Hrsg.): *Warlords in International Relations*, Basingstoke 1999.

Rosamond, Ben 2000: *Theories of European Integration*, Basingstoke.

Schubert, Klaus/Müller-Brandeck-Bouquet, Gisela (Hrsg.): *Die Europäische Union als Akteur der Weltpolitik*, Opladen 2000.

Schwarz, Jürgen: *Formen und Prozesse internationaler Zusammenarbeit*, in: Kindermann, Gottfried-Karl (Hrsg.): Grundelemente der Weltpolitik. Eine Einführung, München 1986, S. 376-404.

Seidelmann, Reimund: *Europäische Sicherheitsprobleme. Konzepte und Architektur einer neuen Ordnung*, Berlin 1997.

Tetzlaff, Rainer/Jacobeit, Cord: *Das nachkoloniale Afrika*, Wiesbaden 2005.

Umbach, Frank: *Das rote Bündnis. Entwicklung und Zerfall des Warschauer Paktes*, Berlin 2005.

Walt, Stephen M.: *Origins of Alliances*, Ithaca 1987.

Wiberg, Hakan/Scherrer, Christian O. (Hrsg.): *Ethnicity and Intra-State Conflict. Types, causes and peace strategies*, Aldershot 1999.

Zangl, Bernhard/Zürn, Michael 2003: *Frieden und Krieg. Sicherheit in der nationalen und postnationalen Konstellation*, Frankfurt am Main 2003.

16. Völkerrecht und Außenpolitik

Die meisten Staaten beachten
die meisten Bestimmungen
des Völkerrechts die meiste Zeit.
Louis Hankin

Beziehungen zwischen Staaten verlaufen nicht regellos. Prinzipien, Normen und Rechtsgrundsätze beeinflussen die Formulierung und Gestaltung der Außenpolitik von Staaten. Trotz des Fehlens eines Gewaltmonopols in der internationalen Politik, etwa in Form einer *über*staatlichen Hoheitsgewalt oder einer umfassenden, international obligatorischen Gerichtsbarkeit, sind die Staaten in ein dichtes Netz von Normen eingebunden. Diese Normen üben eine verhaltensregulierende Wirkung auf das Akteurshandeln aus (vgl. Jachtenfuchs 1995), das heißt, sie formulieren kollektiv geteilte, angemessene Verhaltensstandards, die von der Gemeinschaft der Normadressaten - den Staaten wie auch den nicht-staatlichen Akteuren - gebilligt werden. Im Bereich der Außenpolitik finden sich Normen in einer Vielzahl gegenseitiger Verträge, Abkommen, Vereinbarungen oder Willensäußerungen (z.B. UN-Resolutionen), die in ihrer Gesamtheit als Völkerrecht oder, neueren Termini entsprechend, als internationales (öffentliches) Recht („public international law"/„droit international public"/„diritto internazionale pubblico"/„derecho international público") bezeichnet werden.

Die Außenpolitik der Staaten bewegt sich größtenteils in den Bahnen des Völkerrechts, das staatliche Verhalten wird durch das Völkerrecht berechtigt und eingeschränkt (Hankin 1979, vgl. Wolfe 2002, Raustiala/Slaughter 2002, Hobe/Kimminich 2004, Varwick 2005). Internationales öffentliches Recht wird aber auch durch die Staaten als Akteure, Adressaten und Autoren des Völkerrechts geschaffen und weiterentwickelt. Martin List und Bernhard Zangl verweisen daher auf die doppelte Gefahr, dass „die Beschäftigung mit der im quantitativen und vor allem im qualitativen Sinne zunehmenden Rolle des internationalen (oder transnationalen) Rechts - in klassischer Bezeichnung des Völker-Rechts - (...) nicht zu zweierlei Naivitäten verleiten [sollte]: Macht im realistischen (morgenthauschen) Sinne als Akteursmacht von Staaten zu ignorieren und Macht als strukturelle Macht in einem eher gesellschaftskritischen (gramscianischen) Sinne zu übersehen. Doch bedeutet beides auch nicht, Völkerrecht für irrelevant zu erklären und damit der weiteren Analyse nicht wert. Das wäre schon deshalb falsch, weil zumindest das neuzeitliche Staatensystem neben der von Realisten hervorgehobenen Grundstruktur der Anarchie von Beginn an auch eine normative Grundstruktur aufweist, die sich im historischen Verlauf als ausbaufähig erweist" (List/Zangl 2003: 361-362).

16.1 Normenbildung und außenpolitisches Handeln

Diese Ausbaufähigkeit des Völkerrechts dokumentiert sich in der vor allem seit dem Zweiten Weltkrieg zunehmenden Ausdifferenzierung von Normen und internationalen Verrechtlichungsprozessen. Die Gründe für diesen Prozess der Normenbildung, der die Außenpolitik der Staaten reguliert und sie zur rechtlichen Selbstbindung motiviert, sind unterschiedlicher Art (Joyner 2000). Verschiedene Interpretationen und Diskussionen unterstreichen die Entwicklung und Bedeutung des *internationalen bzw. völkerrechtlichen Normengerüsts* für die auswärtigen Beziehungen, und damit für die internationale Politik. Die Hervorbringung wie auch die Durchsetzung dieser Normen erfolgt demnach

(1) zum Zweck einer durch die gemeinsame Anerkennung von Normen erleichterten und verbesserten *Interessendurchsetzung*, vor allem soweit es dem eigenen außenpolitischen Kosten-Nutzen-Kalkül entspricht und die staatlichen Transaktionskosten verringert (neorealistische Sichtweise),

(2) als *Orientierungshilfe* bei außenpolitischen Interessen- und Normenkonflikten sowie als institutionell verankerter und abgesicherter *Handlungsrahmen*, der die Einhaltung von Normen oder rechtlichen Regelungen erhöht und im Falle der Nicht-Berücksichtigung entsprechende Kosten für die Staaten (Sikkink 1991; Goldstein/Keohane 1993) erzeugt (institutionalistische Sichtweise),

(3) im Rahmen internationaler *Regime*, die, zunächst als Instrumente staatlicher Politik errichtet, über die Schaffung gemeinsamer Normen und Verfahrensegeln in konkreten Sachbereichen auf die Staatenpolitik zurückwirken und ein informelles Gefüge außenpolitischen Kooperationsverhaltens ermöglichen. Normenbildung findet hier in größerem Maße auch über nicht-staatliche Akteure (etwa Nichtregierungsorganisationen) statt, die wesentlich zum Prozess der Verregelung in konkreten Problem- und Konfliktfeldern (z.B. Ächtung der Landminen, Umwelt- und Menschenrechtsschutz) beitragen. Über ausdrücklich oder stillschweigend anerkannte und vollzogene Prinzipien und Normen haben Regime auf diese Weise auch eine außenpolitisch stabilisierende Wirkung.

(4) in konstitutiver Weise für die außenpolitische *Identität* von Staaten, die über verschiedene routinisierte Prozesse der Kommunikation, der Argumentation und des Verhandelns ein gemeinsames Vorstellungsbild von normengeleitetem Verhalten entwickeln bzw. ihre außenpolitischen Ziele und Präferenzen an einer gemeinsamen Wertegemeinschaft orientieren (konstruktivistische Sichtweise). Die Herstellung einer umfassenderen materiell-rechtlichen Ordnung ist nicht zuletzt von den unterschiedlichen Wertvorstellungen, Kulturen, Traditionen, Interessen und Bedürfnissen abhängig und daher bislang nur in einem begrenzten Gebiet bzw. Rechtsraum realisierbar.

(5) als Grundlage für eine, vor allem in der Rechtswissenschaft diskutierte *Konstitutionalisierung* der *internationalen Rechtsordnungen*. Demnach wird der durch das traditionelle oder klassische Völkerrecht gewährleistete „Souveränitätspanzer" der Staaten auch im rechtlichen Sinne schrittweise durchbrochen. Nach der ursprünglichen „bilateralistischen" Lesart entstehen völkerrechtliche Pflichten

„ausnahmslos im Konsens der Beteiligten. Kein Staat ist an eine Völkerrechtsnorm gebunden, der er nicht ausdrücklich oder stillschweigend zugestimmt hat." Das allgemeine Völkerrecht weist dabei nach Bruno Simma zwar schon immer Pflichten auf, „die zwischen allen Staaten galten, wie z.B. die Pflicht, diplomatische Immunitäten zu respektieren. Diese Pflichten des traditionellen Völkerrechts waren aber nie der Allgemeinheit als solcher geschuldet, sondern immer nur ganz bestimmten Staaten, mit denen etwa diplomatische Beziehungen bestanden". Wird, wie im Fall der Menschenrechte und der Einsetzung des Internationalen Strafgerichtshofes (Juli 2002), die Frage des Menschenrechtsschutzes zu einem Gegenstand von internationaler Bedeutung („international concern"), verringert sich der bilateralistische Charakter des Völkerrechts zugunsten einer Ausbildung von Rechtsnormen im Gemeinschaftsinteresse.

Der außenpolitisch handelnde Staat ist insofern nicht mehr ein „impermeabler Körper". Nach Simma tritt eine Art von „Veröffentlichrechtlichung" des Völkerrechts ein: über die bilateralistische 'Grund'-Schicht des Völkerrechts, die auch heute noch einen Katalog von Verkehrsregeln für die internationalen Beziehungen bilde, habe sich eine moderne Schicht von Völkerrecht im Gemeinschaftsinteresse gelegt. Derartige, Gemeinschaftspflichten durchsetzende Institutionen sind bis heute allerdings nur schwach ausgebildet.

Möglichkeiten einer „normativen Integration" der Staaten und nicht-staatlichen Akteure werden durch die Tatsache unterschiedlicher Rechtssysteme belastet. Lothar Brock und Stephan Hessler sprechen in diesem Zusammenhang von einem *Rechtspluralismus*. Dieser ist vor allem auf die regionale und nationale Ausprägung unterschiedlicher Normensysteme zurückzuführen, die neben dem kontinentaleuropäischen Staatsrecht, den Rechtsraum der angelsächsischen Welt (common law), Mischformen der skandinavischen Staaten, das islamische Recht der Scharia als auch das unterschiedliche Rechtsverständnis in postsozialistischen Ländern, in Russland, China, Nordkorea oder Kuba kennt (Brock/Hessler 2005: 68-69). „Alle diese regionalen und nationalen Ausprägungen sind", aus Sicht der beiden Autoren, „kaum in ein Kategoriensystem von besser oder schlechter zu überführen. Sie sind vielmehr das Ergebnis eines dauerhaften Prozesses der Normenbildung und -ausbreitung auf der Basis unterschiedlicher kultureller Traditionen und Wertvorstellungen." In Folge zunehmender globaler Wirtschaftsbeziehungen und der „Entgrenzung" der Staatenwelt, des Aufbrechens von Nationalstaat, Ökonomie und Rechtsraum als Einheit, werden allerdings auch die Probleme und Schwächen eines solchen Rechtspluralismus stärker erkennbar.

(6) als Weg zu unterschiedlichen *Regelungsforen* und *Rechtsordnungen* eigener Art, letztlich bis zu einer noch weit entfernten, gemeinsamen Weltrechtsordnung. Innerhalb einer Reihe von internationalen Organisationen wurden Mechanismen der Streitschlichtung und Rechtsprechung geschaffen, wie sie besonders im Fall des europäischen Gemeinschaftsrechts und seiner direkten Geltung in

den EU-Mitgliedsstaaten sowie in der Rechtsprechung des Europäischen Gerichtshofes (EuGH) zum Ausdruck kommen, sich allerdings auch im Internationalen Strafgerichtshof zur rechtlichen Verfolgung von Kriegsverbrechen oder in den Streitentscheidungen der Welthandelsorganisation (WTO) zum internationalen Handelsrecht, dem Dispute Settlement Body, niederschlagen.

(7) vor dem Hintergrund der - im Zuge der Globalisierung und der Rolle privater Akteure - wichtiger werdenden *privaten Regelsysteme*, die mit Blick auf transnationale und grenzüberschreitende Wirtschaftsaktivitäten neue Formen der Verrechtlichung für den Markt und seine Teilnehmer, insbesondere für die Finanzmarktakteure, bereit stellen. Als *lex mercatoria* legen sie spezifische, neben dem Staatsrecht wirkende und die gesellschaftlichen Akteure beeinflussende Verhaltensstandards fest.

Im Hinblick auf das Völkerrecht und die internationale Normenbildung bewegte sich das Außenverhalten der Staaten dabei stets zwischen Selbstbindung - besser wäre vielleicht zu sprechen von: Willensübereinstimmung - und Autonomiestreben. Mit der Entstehung des modernen Staatensystems, auf der Grundlage vor allem des Westfälischen Friedens (1648), wurde der Staat zum eigentlichen Träger der Rechts- bzw. Normenbildung. Das Völkerrecht, das als Rechtsordnung die hoheitlichen Beziehungen zwischen Völkerrechtssubjekten regelt, ist in diesem Sinne primär ein „Zwischen-Staaten-Recht" bzw. Staatenverkehrsrecht (Vitzthum 2004: 7, Ipsen 2004, Schweitzer 2004, Herdegen 2000).

16.2 Entwicklungslinien des Völkerrechts in der Staatenpraxis

Zu großen Teilen war das moderne Völkerrecht zunächst ein Ergebnis des in Europa geprägten neuzeitlichen Staatensystems, eines „*ius publicum Europaeum*" (Herdegen 2000: 18 ff.), das mit der Entstehung des modernen Staates in Europa und der überseeischen Expansion ab dem 15. Jahrhundert, später mit der Kolonialpolitik der europäischen Großmächte, zusammenfiel. Außereuropäisches Denken und nicht-westliche Rechtsvorstellungen, z.B. aus islamischen, lateinamerikanischen oder asiatischen Staaten, gaben der Völkerrechtsentwicklung erst im Laufe des 20. Jahrhunderts stärkere Impulse. In die sich entwickelnde Völkerrechtsordnung waren allerdings im neunzehnten Jahrhundert nicht nur bereits die „europäischen Staaten" inkorporiert, zu denen auch die Vereinigten Staaten von Amerika und einzelne Länder Lateinamerikas als gleichberechtigte Mitglieder zählten. Mit dem Universalisierungsprozess der christlich-abendländischen Staatenwelt wurden auch China (1842), Japan (1854) und die Türkei (1856) in den Kreis der Völkerrechtsgemeinschaft aufgenommen. Erfolgte die Mitgliedschaft zur Gruppe der Völkerrechtssubjekte zunächst anhand der Zugehörigkeit zu den „nations civilisées", den „zivilisierten Staaten" der internationalen Politik, wurde durch die Globalisierung des Völkerrechts, insbesondere durch die Gründung der UNO und den Prozess der Dekolonialisierung in den Staaten der Dritten Welt, auch die Ausweitung

der Völkerrechtsgemeinschaft erreicht. In den „Klub" der Staaten als originären Völkerrechtssubjekten traten auf diese Weise zwischen 1945 und 2005 eine Vielzahl neuer
Mitglieder ein (1871: 44, 1914: 60, 2005: 194 Staaten), die aufgrund der Entkoloniali-
sierungsprozesse in den fünfziger und sechziger Jahren als auch aufgrund der Epochen-
wende 1989/90 und der Unabhängigkeit der Staaten der früheren sozialistischen Welt
erheblich zugenommen hat. Zur Völkerrechtsgemeinschaft zählen heute aus Sicht der
UNO alle „friedliebenden Staaten", die die in der Charta der Vereinten Nationen enthal-
tenen Rechtsüberzeugungen und unverbindlichen bzw. verbindlichen Verhaltensregeln
in unterschiedlichem Maße befolgen.

Das Völkerecht, wie wir es heute mit seinen Quellen, Subjekten und Gegenständen
kennen, entsprang wesentlich dem neuzeitlichen Völkerrecht, das sich vom römischen
und mittelalterlichen *ius gentium* (Recht der Völker), dem *ius inter gentes* (Zwischen-
völkerrecht) des spanischen Zeitalters (1494-1648, vor allem im Zeichen der Eroberung
Lateinamerikas durch Spanien) und dem europäisch geprägten, klassischen Völkerrecht
der französischen Epoche (1648-1815, mit einem Ausbau der Regeln in den diplomatischen Beziehungen und einer zunehmend „positivistischen" Fundierung des Völkerrechts) bis zum heutigen *internationalen öffentlichen Recht* fortentwickelte (Vitzthum
2004: 8; Grewe 1988; Ziegler 1994). Wesentlichen Anteil daran hatten Rechtsgelehrte
wie de Vitoria und Súarez zur Zeit der spanischen Spätscholastik (Ipsen 2004: § 1, Rn.
5), Vattel und van Bynkershoek sowie der als „Vater des Völkerrechts" bezeichnete
Niederländer Hugo de Groot (lat. Hugo Grotius), der in seinem Hauptwerk „De iure
belli ac pacis libri tres" (1625) darauf verwies, dass weniger das aus der menschlichen
Vernunft abgeleitete Naturrecht, sondern die *Staatenpraxis* und der *Konsens* in der Staatengemeinschaft die eigentliche Quelle des Völkerrechts bilden.

Die Geltung des Völkerrechts als einer zunächst minimalen öffentlichen bzw. zwischenstaatlichen Rechtsordnung gründete demnach auf der Zustimmung und dem Willen der Staaten, wie er in zwischenstaatlichen Verträgen und Absprachen zum Ausdruck
kommt. Der nach innen und außen *souverän* handelnde Staat wurde zum zentralen Anknüpfungspunkt einer bis in die Gegenwart wesentlich auf dem *Konsensprinzip* beruhenden, *koordinationsrechtlich* gestalteten Völkerrechtsordnung.

Im Rahmen der Weltpolitik wurde das Völkerrecht allerdings von einer Reihe weiterer Entwicklungen maßgeblich beeinflusst: insbesondere von der territorialen und
machtpolitischen Ordnung durch das „Europäische Konzert" (1815-1918), von dem in
der Zwischenkriegszeit errichteten Völkerbund, der sich um die Beschränkung der
Kriegsführung und ein kollektives Sicherheitssystem bemühte, und, damit zusammenhängend, von der Dominanz der europäisch-amerikanischen Staatengesellschaft bis zum
Ende des Zweiten Weltkrieges (1919-1945), schließlich aber auch, in der Nachkriegszeit, vom jahrzehntelangen und bis zum Zusammenbruch der kommunistischen Regime
(1989/90) dauernden Ost-West-Konflikt (1947-1989), von der Gründung und Wirkung
der Vereinten Nationen, den postkolonialen Spannungen im Rahmen der Nord-Süd-Beziehungen (Vitzthum 2004: 8), dem wachsenden Einfluss des Islam, der Globalisierung
des internationalen Systems und den post-sozialistischen Transitions-, Abspaltungs- und

Dismembrationsprozessen in Ländern der südosteuropäischen, eurasischen und trans-kaukasischen Region.

Mit der „Verrechtlichung internationaler Politik" - nach der Anerkennung der Staaten als formal gleichen Rechtsgenossen (erste Stufe) und der „Universalisierung des Völ-kerrechts" (zweite Stufe) -, erweiterte sich zugleich der Kreis der Völkerrechtssubjekte. Dies gilt zum einen für die große Zahl der internationalen Organisationen (UNO, Welt-bank, NATO, EU etc.), deren Funktionsgewinne sich gegenüber den Staaten zwar ver-mehrt haben, durch den jeweils vertraglich festgelegten Organisationszweck aber auch in ihrer Völkerrechtssubjektivität begrenzt sind (*beschränkte* bzw. *partielle* Völker-rechtssubjektivität). Als das in der Völkerrechtsentwicklung wohl bedeutsamste Phä-nomen nehmen sie in fast allen Bereichen des Völkerrechts Einfluss und schaffen für die außenpolitisch handelnden Staaten eine institutionalisierte Form der Zusammenar-beit.

Angesichts der zunehmenden Interdependenzen im modernen internationalen System wurde die Außenhülle der Staaten zudem sowohl im politischen wie auch im völker-rechtlichen Sinne durch die über die Staatsgrenzen hinausgreifenden Beziehungen zwi-schen nicht-staatlichen Akteuren durchbrochen. Im Zusammenhang mit den gesell-schaftlichen Faktoren der Außenpolitik und dem Liberalismus hatten wir diesen Sach-verhalt bereits betont. So handeln die Staaten nicht nur außenpolitisch, sondern auch völkerrechtlich im Umfeld zunehmend privater oder nicht-staatlicher Akteure - Indivi-duen, politische Parteien, Verbände, Unternehmen, Medien - , die im Schwerpunkt nicht dem Völkerrecht unterworfen sind, jedoch auf die Staaten einwirken bzw. entspre-chende Positionen im Völkerrecht einnehmen. Staaten sind deshalb zwar noch immer die „wesentlichen Motoren der Schaffung von Völkerrecht" (Herdegen 2000: 62). Als einzige Träger grundsätzlich *aller* Rechte und Pflichten im Völkerrecht stellen Staaten jedoch nicht mehr die *exklusiven* Subjekte des Völkerrechts dar.

Da die Staaten in der gegenwärtigen Völkerrechtsordnung noch immer den dominie-renden Faktor bilden, trifft es, wie gesagt, den Charakter des Völkerrechts daher besser, wenn von einem *Staaten*(verkehrs)recht oder internationalen öffentlichen Recht die Re-de ist. Ein Blick auf die heutige Völkerrechtsgemeinschaft lässt es allerdings durchaus zu, auch den Begriff des „Völker-Rechts" zu rechtfertigen. Die grundsätzlich durch den Staat mediatisierten Völker oder einzelnen Menschen verfügen im Völkerrecht zwar nur über eine begrenzte Rolle. Neben dem verstärkt nach innen wirkenden Menschenrechts-schutz, der zunehmenden Regelungsbreite menschenrechtlicher Standards (z.B. Einzel-schutz, Minderheitenschutz), der Möglichkeit zur individuellen Klage vor internationa-len Streitbeilegungsinstanzen und der Haftung Einzelner bei Kriegsverbrechen und Völ-kermord, haben die Betonung des Selbstbestimmungsrechts der Völker und die Be-reitschaft der UNO zur Intervention, z.B. bei schweren Verletzungen von Minderheiten-rechten oder beim Zusammenbruch der staatlichen Gewalt, auch dem Kreis der Völker und Nationen mehr Gewicht verliehen.

Völkerrecht ist gleichwohl immer noch primär das Recht der *zwischen*staatlichen Beziehungen, mit den Staaten als „*Herren der Völkerrechtsordnung*" (Vitzthum 2004:

7). Die Nutzung und Zuordnung des Raumes, der internationale Menschenrechtsschutz, die Gestaltung der Umwelt und die Sicherung der Kultur, wirtschaftliche Beziehungen, Fragen von Gewalt, Krieg und Neutralität sowie der Streitbeilegung und des Strafrechts sind zudem zwar relevante Gegenstände des Völkerrechts geworden. Diese häufig zentralen Gegenstände und Fragen sind jedoch zugleich *politische* Fragen, die unterstreichen, dass das Völkerrecht - ebenso sehr - politisches Recht ist und dass trotz aller globalen und transnationalen Politik- und Verflechtungsprozesse der größte Teil der Politik sich innerhalb von Nationalstaaten abspielt bzw. von diesen im Bereich der Außenbeziehungen noch immer am deutlichsten vertreten wird.

Halten wir hier noch einmal fest: für die Staatenwelt hat das Völkerrecht vor allem eine verhaltenssteuernde und verhaltenslenkende Wirkung. Der Begriff des „Völkerrechts" verdeckt insofern die ihm letztlich zugrunde liegende Bedeutung als ein Recht zwischen*staatlicher* Beziehungen. Die Geltung des Völkerrechts als normative Ordnung weist jedoch auch auf seine Fähigkeit hin, die *auswärtigen Beziehungen* zwischen den Staaten als Hauptakteuren der Völkergemeinschaft und als ursprünglichen Völkerrechtssubjekten zu regeln, die Staaten und anderen Völkerrechtssubjekte an die Völkerrechtsregeln zu binden und damit einen völkerrechtlichen Rahmen für die außenpolitischen Entscheidungen und Handlungsoptionen der Staaten zu schaffen. Vorherrschend für die Deutung des Völkerrechts waren dennoch stets die rechtlich geschützten Interessen und Pflichten eines Staates in den zwischenstaatlichen Beziehungen. In einer „atomisierten" und anarchisch strukturierten Staatenwelt wurden allein die subjektiven Interessen der Staaten und ihre gemeinsamen Absprachen und Vereinbarungen zum Geltungsgrund des Völkerrechts.

Durch die stärkere Einbeziehung nicht-staatlicher Akteure und Individuen in Fragen auswärtiger und internationaler Politik, sind völkerrechtliche Entwicklungen darüber hinaus eng mit den innenpolitischen Prozessen der Staaten verbunden (*international civil society*). Je nach ihrer Rechtskultur wenden sie die völkerrechtlich vorgegebenen Verhaltensanforderungen und -angebote auf die Innenpolitik an, und tragen so dazu bei, dass Prinzipien und Verpflichtungen des Völkerrechts auf den politischen Handlungsspielraum und das Verhalten der Staaten *nach innen* wirken (Internalisierung). Zunehmend werden dadurch nicht-staatliche Akteure und Individuen in die Völkerrechtsgemeinschaft als Träger rechtlich geschützter Interessen und Pflichten eingebunden.

16.3 Begriff, Geltungsgründe und Rechtsqualität

Die Bedeutung des Rechts für die internationale Politik steht heute weitestgehend außer Frage. Gerade aufgrund der bereits erwähnten Wechselwirkung zwischen staatlichem Verhalten und Völkerrecht kann von einem *politischen Charakter* des Völkerrechts gesprochen werden. Selbst unter der vor allem realistischen Annahme, dass Macht die wesentliche Grundkategorie des Politischen sei, stellen Macht und Recht jedoch keinesfalls Gegensätze dar. „Sie gehören sogar begrifflich zusammen. Eine rechtlose Macht wird zur nackten Gewalt, ein machtloses Recht zur bloßen Farce. Allerdings muss bedacht werden, dass das Recht seine Macht nicht aus sich selbst schöpfen kann, sondern nur aus dem Willen derjenigen, die Recht anwenden und befolgen" (Kimminich 1997: 37).

Im Verhältnis von Politik und Recht zählen dabei Übertretungen des Völkerrechts, wie z.B. ein Vertragsbruch oder eine Verletzung des Gewaltverbots, zweifellos zur politischen Realität und belegen die vorhandenen Defizite eines bislang *schwach organisierten* Völkerrechts. Die Völkerrechtsordnung als ein konkretes, über Jahrhunderte fortentwickeltes Konstrukt ist im Kern dennoch nicht bestritten. Zwar kann das Völkerrecht nur auf eine freiwillige Befolgung durch die Staaten zählen, da eine zentrale, Recht durchsetzende Instanz in der internationalen Politik fehlt. Der Rechtsgehorsam der außenpolitisch handelnden Staaten beruht insofern primär auf der „Einsicht der Regierungen, dass langfristig betrachtet den Interessen aller am besten gedient ist, wenn die Regeln (…) eingehalten werden" (*Grundsatz der Gegenseitigkeit* bzw. *Reziprozität*). In der Staatenpraxis wird das Völkerrecht als *Recht* anerkannt, der überwiegende Teil der Völkerrechtsregeln von den Staaten befolgt (*habit of obedience*), werden geschlossene Verträge in der Regel eingehalten (*pacta sunt servanda*). Selbst machtvolle Staaten müssen, wenn sie ihre unilateralen Aktionen vor der Weltgemeinschaft legitimieren wollen, die Normen und Prinzipien des Völkerrechts beachten.

Das Völkerrecht dient daher in besonderer Weise sowohl der *Machtbegrenzung* als auch der *Machtlegitimierung*. Neben dem Schutz vor Rechtsbrüchen und einem Nichteinhalten von Rechtsverpflichtungen, also der machtlimitierenden Sicherung des zwischenstaatlichen und inter-gesellschaftlichen Zusammenlebens, hat das Völkerrecht eine *machteffektivierende* Durchsetzungsfunktion. Bei Territorialfragen, Rüstungskontroll- und Abrüstungsforderungen, beim Zugang zu lebenswichtigen Ressourcen oder Wiedergutmachungsleistungen bzw. bei einem Interesse an Genugtuung erweist sich das Völkerrecht als ein Instrument der Politik, das hilft, Ansprüche je nach Rechtslage durchzusetzen oder zu verteidigen. Wir sehen daran aber auch, dass das Völkerrecht im Sinne des *Konsensprinzips* noch immer zentral an die Zustimmung der Staaten gebunden ist. So richtet sich das Völkerrecht nicht nur (noch immer) vorwiegend an die Staaten. Diese sind zugleich die Hauptakteure bei der Erzeugung von Völkerrecht, also von völkerrechtlichen Verträgen, Gewohnheitsrecht und allgemeinen Rechtsgrundsätzen.

Das Konsensprinzip, das die Bedeutung der staatlichen Außenpolitik betont, scheint dabei in der Zukunft stärkeren Einschränkungen zu unterliegen. Dazu tragen einerseits bestimmte Grundwerte und völkerrechtliche Pflichten bei, an deren Beachtung und Durchsetzung alle Staaten ein rechtliches Interesse haben (sog. *erga omnes-Pflichten* wie das Verbot der Aggression, des Völkermords, der Sklaverei, der Folter und Rassendiskriminierung sowie die Achtung elementarer Menschenrechte, vgl. Barcelona Traction-Fall vor dem IGH). Normen, die im Rahmen des Völkergewohnheitsrechts entstehen und aufgrund ihrer grundlegenden Bedeutung für die Staatengemeinschaft unabänderlich sind, werden in diesem Zusammenhang als zwingendes Recht, *ius cogens*, bezeichnet. Anderseits wird das Konsensprinzip dadurch relativiert und abgeschwächt, dass die Vereinten Nationen und andere internationale Organisationen das Völkerrecht manchmal bis an die Grenze der Vertragsänderung weiterentwickeln oder die Staaten zunehmend an der Erfüllung konkreter, völkerrechtlich anerkannter Legitimitätsstandards (z.B. auf der Grundlage der Charta von Paris von 1990) geprüft werden.

Zum Schutz fundamentaler Menschenrechte oder zur Schaffung bzw. Sicherung demokratischer Strukturen, wie z.B. in Somalia, im Kosovo gegen die genozidartigen Maßnahmen des serbischen Regimes von Milosevic oder im Irak gegen die menschenverachtende Politik der Regierung Saddam Husseins, scheint es zu einer ansatzweisen Neugewichtung zu Lasten staatlicher Souveränität und zugunsten schwerwiegender Völkerrechtsverletzungen zu kommen (vgl. auch die Intervention des Sicherheitsrates zur Beseitigung der Militärregierung in Haiti im Jahr 1994). Das Wesen des Völkerrechts ist trotz all dieser Entwicklungen jedoch noch immer grundsätzlich an das Verhalten der Staaten, ihre - formal - *souveräne Gleichheit* und ihre, wenngleich auch zunehmend eingeschränkte, *Handlungsfreiheit* (vgl. Lotus-Urteil des StIGH von 1927) geknüpft. Rechtsbildung und Rechtsdurchsetzung sind auf die Kooperation und den Konsens der Staaten angewiesen (vgl. Fassbender 2004).

Hängt also das Recht wesentlich von der Macht der Staaten ab oder kann von einem Primat des Völkerrechts gegenüber der Politik gesprochen werden? Wodurch werden Völkerrechtsregeln begründet? In der Frage der Geltung des Völkerrechts und seiner Durchsetzungschancen gab es in Wissenschaft und Praxis stets recht unterschiedliche Begründungsansätze. Von der traditionellen Denkschule, der Machiavelli, Hobbes, Spinoza und John Austin angehören, wurde der Rechtscharakter des Völkerrechts in aller Regel bezweifelt. Da es im Bereich der zwischenstaatlichen Politik keinen übergeordneten Souverän gebe und die Durchsetzung von Sanktionen gegenüber den Staaten schwer zu verwirklichen sei, liege die Befolgung des Rechts generell im Belieben der Staaten. Völkerrecht könne daher allenfalls als positive Moral bezeichnet werden (Paech/Stuby 2001).

Vertreter des *power-politics* Ansatzes (z.B. Georg Schwarzenberger, Hans Morgenthau), in politikwissenschaftlicher Perspektive also des Realismus, erkennen im Unterschied zu den „*Völkerrechts-Leugnern*" die Rechtsnatur des Völkerrechts durchaus an, sehen darin jedoch wie Morgenthau einen eher primitiven Rechtstypus, weil die legislativen, judikativen und exekutiven Funktionen im Völkerrecht von den einzelnen Staaten dezentralisiert ausgeführt würden. Die Bestrafung bzw. Sanktionierung von Völkerrechtsverletzungen ist also in der weiterhin anarchisch strukturierten und heterogenen Staatenwelt ohne einen entsprechenden Normgaranten oder eine Art „Weltregierung" zweifellos kaum durchsetzbar (Schwarzenberger 1964, Morgenthau 1973).

Dem Völkerrecht wird demgegenüber von einer weiteren Denkschule eine inhärente Kraft zugeschrieben, die das außenpolitische Handeln der Staaten begrenzt und den *normativen* Charakter des Völkerrechts als einer allgemeinen Rechtsordnung unterstreicht. Diese Gruppe der „*Völkerrechts-Bejaher*" lässt sich wiederum in drei Begründungsrichtungen unterteilen: die voluntaristische Begründung, nach der die Völkerrechtsgeltung primär auf dem souveränen Willen des Staates beruht, die naturrechtliche bzw. normativistische (auch objektivistische) Theorie, die den Geltungsgrund des Völkerrechts in Normen liegen sieht, die außerhalb der Staaten existieren und in der natürli-

chen Vernunft, in einem geoffenbarten göttlichen Willen oder im Volksgeist ihren Ursprung haben sowie die soziologischen Begründungen, die den Geltungsanspruch des
Völkerrechts auf das (soziale) Bedürfnis der Menschen nach einer Ordnung der zwischenstaatlichen Beziehungen zurückführen. Dieses Bedürfnis und Erfordernis einer
rechtlichen Regelung der Beziehungen zwischen den Staaten wird, wie gesagt, wesentlich vom Konsens der Staaten, und damit letztlich auch von gewissen gemeinsamen
Rechtsanschauungen, getragen. In der Gegenwart der Weltpolitik wird der Charakter
des Völkerrechts als Rechtsordnung daher zumindest *offen* anerkannt. Es wird ihm darüber hinaus aber auch die Fähigkeit zugeschrieben, die Staatenwelt zu einer internationalen Rechtsgemeinschaft zu entwickeln.

Inwieweit letzteres gelingt, hängt nicht wenig von der Einheit der Völkerrechtsordnung ab. Die völkerrechtliche Ordnung der heutigen pluralistischen Staatengesellschaft
beruht auf unterschiedlichen Rechtstraditionen und Werte- und Normensystemen. In der
völkerrechtlichen Praxis gilt es daher für die Außenpolitik zu berücksichtigen, dass divergierende Völkerrechtsauffassungen bestehen. Die bis zum Reformprozess der Sowjetunion in den achtziger Jahren und bis zum Sturz der kommunistischen Regime in
Osteuropa geltende sozialistische Völkerrechtstheorie hatte in einer spezifischen Deutung durch Moskau dazu geführt, dass die sozialistischen Staaten ihre Außenpolitik dem
Grundsatz des proletarischen *Internationalismus*, und damit zugleich den völkerrechts-
politischen Bestimmungen der Sowjetunion anzupassen und unterzuordnen hatten. Als
Völkerrechtssubjekte bewegten sich, nach Lesart der UdSSR, die Staaten der sozialistischen Welt im Kreis des „sozialistischen Völkerrechts" gegenüber dem „bürgerlichen
Völkerrecht" der westlichen Staatenwelt und dem „allgemeindemokratischen Völkerrecht" zwischen Staaten unterschiedlicher Wirtschafts- und Gesellschaftssysteme. Chinesische oder kubanische Völkerrechtsvorstellungen stellen in dieser Form heutzutage
rechtspolitische Probleme dar, die erkennen lassen, dass eine universelle Rechtsordnung
noch lange nicht verwirklicht ist; eine vor allem für den Menschenrechtsschutz zentrale
Frage.

In neuerer Zeit spielt dabei neben dem überkommenen nordamerikanisch-westeuro-
päischen Völkerrecht auch das islamische Rechts- und Völkerrechtsverständnis eine
wichtige Rolle. Als religiös-politische Ordnung ist der Islam auf ein Universalgemein-
wesen der Muslime orientiert, in der der Wille Gottes als Grundmaxime die höchste
Regel und zentrale Quelle der Hoheitsgewalt bildet. Für das traditionelle islamische
Denken stehen daher sowohl der *Koran* und die Überlieferungen des Propheten (*Sunna*)
als auch, davon abhängend, die *Scharia* als Rechtsordnung des Islam im Vordergrund.
Daraus ist bis heute keineswegs ein partikuläres islamisches Völkerrecht hervorgegangen. Muslimische Staaten, wie Marokko, Äygpten, Iran, Afghanistan oder Indonesien,
die sich voneinander in ihren politischen Systemen unterscheiden, bewegen sich im
Rahmen des allgemeinen Völkerrechts. Dennoch werden hier Fragen diskussionsrele-
vant bleiben, die sich auf die Rolle des *Djihad* als Glaubensgrundsatz des Kampfes,
gleichsam eine Art „bellum iustum", wie auch auf die Bedeutung eines muslimischen
Universalgemeinwesens und die Berücksichtigung der souveränen Gleichheit der Staaten beziehen. So wird es vor allem zur Aufgabe des Völkerrechts, eine kooperative, die

religiös-politische Identität und die völkerrechtliche Integrität bewahrende Form des zwischenstaatlichen Zusammenlebens zu ermöglichen, in dessen Bahnen sich die Außenpolitik der Staaten bewegt. Der Außenpolitik dient das Völkerrecht in diesem Sinne als eine zwischenstaatliche *Friedensordnung*, deren Normen sowohl nach Kosten- und Gewinnerwartungen als auch nach dem eigenen Selbstverständnis und im Diskurs der staatlichen Akteure beurteilt, verändert oder übernommen werden.

16.4 Frieden und Krieg im modernen Völkerrecht

Dass das Völkerrecht bei der Formulierung und Gestaltung von Außenpolitik eine wesentliche Rolle spielt, unterstreichen die zentralen Prinzipien des Völkerrechts und ihre regulative Wirkung für die Außenpolitik der Staaten. Abgesehen von einer Vielzahl an zivilen Regelungsgegenständen und Verfahren (Armstrong 1999), die hier nicht angesprochen werden sollen (z.B. der Wirtschaft, der Umwelt und Kultur im Völkerrecht wie auch des Völkerstrafrechts), handelt es sich bei diesen Prinzipien im Kern um die Pflicht zur Sicherung des friedlichen Zusammenlebens der Staaten und die Einschränkung bzw. das Verbot der Gewaltanwendung zwischen Staaten. Da ein dem staatlichen Gewaltmonopol vergleichbares Gewaltmonopol der Staatengesellschaft fehlt und der Charakter der internationalen Ordnung bis heute dezentral geblieben ist, war man bis in die Gegenwart darum bemüht, die Anwendung von (militärischer) Gewalt in einem rechtlichen Rahmen zu halten. Wie die außenpolitische Praxis der Staaten zeigt, wurde Gewalt zur Durchsetzung nationaler Ziele zwar immer wieder in der internationalen Politik angewendet. Doch in der überwiegenden Staatenpraxis hat man die Geltung des Gewaltverbots nie in Zweifel gezogen. Vielmehr wurde in den letzten Jahrzehnten stets versucht, Rechtfertigungsgründe zu formulieren, die „die tatsächlich angewandte Gewalt als einen Fall zulässiger Ausnahmen von der nicht angezweifelten allgemeinen Verbotsregel darstellen" (Bothe 2004: 595). Von den Staaten aufgegriffene Strategien, das eigene außenpolitische Handeln zu rechtfertigen, beruhen zumeist auf dem Vorwurf eines vorherigen Angriffs der anderen Seite, der zur berechtigten Selbstverteidigung zwingt, auf dem Schutz eigener Staatsangehöriger, auf der von einer Regierung (z.B. von der afghanischen Regierung in Kabul (1979) an die damalige sowjetische Führung) ergangenen „Einladung" zur Intervention bzw. Einmischung in die inneren Angelegenheiten, auf dem Argument der humanitären Intervention oder auf der Ermächtigung durch den Sicherheitsrat der Vereinten Nationen.

Heutige Regelungsansätze beziehen sich aufgrund der zurückliegenden Entwicklungen längst nicht mehr nur auf ein partielles oder generelles Kriegsverbot, sondern verweisen auf ein in Art. 2 Nr. 4 der UN-Charta ausdrücklich festgeschriebenes, *allgemeines Gewaltverbot*. Bereits mit dem Völkerbund und dem Briand-Kellogg-Pakt von 1928, später mit der Gründung der Vereinten Nationen (1945) hatte man versucht, ein kollektives System der Sicherheit zu errichten (Kimminich 1997: 81-83), das nicht mehr nur auf dem Recht der Kriegführung (*ius in bello*), sondern auf dem generellen Verbot militärischer Gewaltanwendung (*ius ad bellum*) beruht, wie es in zahlreichen Verträgen und außenpolitischen Erklärungen bis heute zum Ausdruck kommt (z.B. KSZE-Schlussakte von Helsinki 1975, Charta von Paris 1990, 2+4-Vertrag zur Wiedervereinigung Deutschlands). Über das Kriegsverbot hinaus, ist mit dem Gewaltverbot nicht nur die Anwendung militärischer Gewalt, sondern auch deren Androhung völkerrechtlich verboten. Lediglich unter drei Bedingungen wird eine Ausnahme vom Gewaltverbot legitimiert: (1) als Gegengewalt zur Abwehr eines noch bestehenden, bewaffneten Angriffs, im Sinne individueller oder - wenn man einem anderen Staat zu Hilfe kommt – kollektiver *Selbstverteidigung*. Angesichts der Diskussion um neue Bedrohungen in der internationalen Politik (z.B. Terrorismus, Proliferation von Massenvernichtungswaffen, sog. „Schurkenstaaten") wurde zuletzt die Zulässigkeit einer präemptiven Selbstverteidigung, wie sie die amerikanische National Security Strategy forderte (2002), zum Gegenstand kontroverser Debatten. Eine zweite, zulässige Form der Gewaltanwendung stellen (2) die Eingriffsmöglichkeiten der organisierten Staatengesellschaft, als *kollektive Gewalt* der Staatenorganisation, dar. Die Selbsthilfe bzw. Selbstverteidigung der Staaten ist der kollektiven Gewaltanwendung und der Handlungsfähigkeit der Organisation der Vereinten Nationen wesentlich untergeordnet. Eine dem Sicherheitsrat obliegende Führungs- und Lenkungsfunktion führte bisher jedoch nicht zu militärischen Zwangsmaßnahmen der Vereinten Nationen, sondern zu einer *Autorisierung* staatlicher Gewaltanwendung durch den Sicherheitsrat (vgl. Gareis/Varwick 2003).

Eine eng begrenzte Mandatierung, die die Durchführung aller „notwendigen Maßnahmen" den Staaten überträgt, ist in zahlreichen Fällen, gegenüber Somalia, Ruanda, Haiti, im früheren Jugoslawien, im Kongo oder in Afghanistan, Grundlage für die Intervention der jeweiligen Staaten(koalition) gewesen. Während im Golfkonflikt zur Befreiung Kuwaits die Entscheidung zur Gewaltanwendung den Staaten der damaligen Anti-Irak-Allianz eingeräumt worden war, und der Sicherheitsrat damit eine weitgehende Autorisierung delegierte, die in dieser Weise nicht in der Satzung der Vereinten Nationen verankert ist, bezogen sich die USA und Großbritannien im Irak-Krieg von 2003 letztlich auf die Resolutionen und die Verurteilung des irakischen Staates durch den VN-Sicherheitsrat. Ob die Verurteilung eines Staates durch den Sicherheitsrat jedoch bereits eine Ermächtigung zur Anwendung militärischer Gewalt darstellt, wie es London und Washington für ihren Angriff rechtfertigten, wird allerdings bezweifelt. Die als dritten Ausnahmegrund (3) zu erwähnende Zustimmung eines betroffenen Staates zur Intervention, also zu militärischen Maßnahmen eines anderen Staates auf dem eigenen Territorium, ist gleichermaßen strittig. Problematisch kann dies bei Interventionen in zerfallenden Staaten werden, wenn eine schwache, jedoch kaum legitimierte Regierung einen anderen Staat bittet, gewaltsam gegen Dritte (z.B. Bürgerkriegsparteien, Aufständische) vorzugehen. Eine Intervention im Bürgerkrieg zugunsten einer Bürgerkriegspartei, auch wenn eine dieser Parteien die Regierung sein sollte, wird als völkerrechtlich unzulässig angesehen.

Die Frage, was hinsichtlich Inhalt, Gewaltintensität und Adressat der militärischen Gewaltanwendung letztlich unter das Gewaltverbot fällt, kann hier nicht im Einzelnen erläutert werden. Das völkerrechtliche Gewaltverbot hat jedoch die Hemmschwelle und die politischen Kosten für den Einsatz von Gewalt in der Außenpolitik deutlich erhöht.

Die dazu gleichermaßen gestiegene Zahl an rechtlichen Rechtfertigungsstrategien belegt allerdings auch, dass Rechtsverletzungen und die Anwendung bzw. Androhung militärischer Gewalt weiterhin ein wesentliches Instrument der Außenpolitik bilden.

Eng an das Gewaltverbot geknüpft ist das Prinzip der Nichteinmischung in die inneren Angelegenheiten eines Staates, das Interventionsverbot. Auch wenn nicht immer eindeutig auszumachen ist, ob es sich noch um eine erlaubte Einflussnahme oder um eine verbotene Einmischung in die inneren Staatsangelegenheiten, beispielsweise um subversive Tätigkeiten, politischen oder wirtschaftlichen Druck zur eigenen Vorteilsnahme oder sonstige Zwangsmittel handelt, ist die Nichtintervention ein wesentlicher Grundsatz zur Regelung des zwischenstaatlichen Verkehrs. Beide völkerrechtliche Grundregeln, das Gewalt- und Interventionsverbot beruhen dabei, wie bereits erwähnt, auf der zentralen Annahme der Souveränität der Staaten und deren Gleichheit vor dem Völkerrecht. Wie diese formelle Gleichheit in der politischen Wirklichkeit tatsächlich ausgestaltet wird (man z.B. den Industriestaaten zum Schutz der Umwelt stärkere Verpflichtungen auferlegt als Entwicklungsländern, unterschiedliche Stimmengewichte der Staaten in internationalen Organisationen aufgrund ihres machtpolitischen Gewichtes oder ihrer finanziellen Einlagen vertraglich festgelegt werden), ist allerdings von den Vereinbarungen und Absprachen der einzelnen Staaten abhängig.

Dabei hat die Wahrung der Menschenrechte, vor allem im Fall schwerwiegendster Menschenrechtsverletzungen mit genozidartigem Charakter oder bei systematischen Tötungen und Vertreibungen der Bevölkerung, zunehmend zu einem Durchbrechen des bisher starren Prinzips der Staatensouveränität geführt. Das Eingreifen der NATO im Kosovo im Frühjahr 1999 hatte in diesem Fall zwar eine katalytische Wirkung. Die Möglichkeit der Anwendung von Waffengewalt aus humanitären Gründen ist jedoch stets an dem Grundsatz der Verhältnismäßigkeit zu prüfen, um staatlichen Interventionen unter dem Vorwand eines humanitären Zwecks keine Blankovollmachten zu erteilen. Der Menschenrechtsschutz tritt damit eng an die Seite des Selbstbestimmungsrechts der Völker, das, als ein weiteres Prinzip der Völkerrechtsordnung, bisweilen gerne zur Rechtfertigung der Unterstützung von Befreiungsbewegungen gebraucht und missbraucht wird.

Im Kern liegt damit der modernen völkerrechtlichen Regelung der Außenpolitik und der internationalen Beziehungen die Absicht zugrunde, die Staaten sowohl zur Kooperation als auch zur friedlichen Beilegung ihrer Streitigkeiten zu verpflichten. Außenpolitik ist solchermaßen stets im Zusammenspiel von Politik und Recht zu betrachten, geprägt von der Realität der Staatenpraxis, der völkerrechtlichen Gesamtordnung und künftigen Normbildungsprozessen.

Kontrollfragen

(1) Welche Bedeutung haben Normen für die Außenpolitik?
(2) Warum lässt sich vom Völkerrecht als einem Staatenverkehrsrecht sprechen? Trifft dies auch für die weltpolitische Gegenwart zu?

(3) Inwiefern hat das Völkerrecht eine machtlegitimierende und machteffektivierende Wirkung?

(4) Welchen Stellenwert räumen Sie heute dem Gewalt- und Interventionsverbot für das außenpolitische Handeln ein?

Literatur

Armstrong, David: „Law, Justice and the Idea of a World Society", in: International Affairs 75, 1999, S. 563-598.

Bothe, Michael: Friedenssicherung und Kriegsrecht, in: Vitzthum, Wolfgang Graf (Hrsg.): Völkerrecht, Berlin 2004, 4. Aufl., S. 592-669.

Brock, Lothar/Hessler, Stephan: Normen in der internationalen Politik: Geschichte, Bestimmungsfaktoren und Wirksamkeit, in: Behrens, Maria (Hrsg.): Globalisierung als politische Herausforderung. Global Governance zwischen Utopie und Realität, Wiesbaden 2005, S. 55-79.

Fassbender, Bardo: Die souveräne Gleichheit der Staaten – ein angefochtenes Grundprinzip des Völkerrechts, in: Aus Politik und Zeitgeschichte (43) 2004, S. 7-13.

Gareis, Sven Bernhard/Varwick, Johannes: Die Vereinten Nationen. Aufgaben, Instrumente und Reformen, Stuttgart 2003.

Goldstein, Judith/Keohane, Robert O.: Ideas and Foreign Policy. An Analytical Framework, in: Goldstein, Judith/Keohane, Robert O. (Hrsg.): Ideas and Foreign Policy. Beliefs, Institutions, and Political Change, Ithaca 1993, S. 3-30.

Grewe, Wilhelm: Epochen der Völkerrechtsgeschichte, 1988.

Hankin, Louis: How Nations Behave: Law and Foreign Policy, 1979, 2. Aufl.

Herdegen, Matthias: Völkerrecht, München 2000 (2005, 4. Aufl).

Hobe, Stephan/Kimminich, Otto: Einführung in das Völkerrecht, Tübingen 2004.

Ipsen, Knut: Völkerrecht. Ein Studienbuch, München 2004.

Jachtenfuchs, Markus: Ideen und Internationale Beziehungen, in: Zeitschrift für Internationale Beziehungen 2/1995, S. 417-442.

Joyner, Christopher C.: The Reality and Relevance of International Law in the Twenty-First Century, in: Kegley, Charles W. Jr./Wittkopf, Eugene R. (Hrsg.): Global Agenda: Issues and Perspectives, Boston 2000.

Kimminich, Otto: Einführung in das Völkerrecht, Tübingen 1997.

List, Martin/Zangl, Bernhard: Verrechtlichung internationaler Politik, in: Hellmann, Gunther/Wolf, Klaus-Dieter/Zürn, Michael (Hrsg.): Die neuen internationalen Beziehungen: Forschungsstand und Perspektiven in Deutschland, Baden-Baden 2003, S. 361-401.

Morgenthau, Hans Joachim: Politics Among Nations, 1973, 5. Aufl.

Paech, Norman/Stuby, Gerhard: Völkerrecht und Machtpolitik in den internationalen Beziehungen, Hamburg 2001.

Raustiala, Kal/Sloughter, Anne-Marie: *International Law, International Relations and Compliance*, in: Carlsnaes, Walter/Risse, Thomas/Simmons, Beth A. (Hrsg.): Handbook of International Relations, London 2002, S. 538-558.

Schwarzenberger, Georg: *Power Politics. A Study of International Society*, 1964, 3. Aufl.

Schweizer, Michael: *Staatsrecht III. Staatsrecht, Völkerrecht, Europarecht*, 2004. 8. Aufl.

Sikkink, Kathryn: *Ideas and Institutions: Developmentalism in Brazil and Argentina*, Ithaca 1991.

Varwick, Johannes: *Völkerrecht und internationale Politik - ein ambivalentes Verhältnis*, in: Beitrag für die politische Bildung, Heft 3/2005.

Vitzthum, Wolfgang Graf (Hrsg.): *Völkerrecht*, Berlin 2004.

Wolfe, James H.: *Modern International Law. An Introduction to the Law of Nations*, New Jersey 2002.

Ziegler, Karl-Heinz: *Völkerrechtsgeschichte*, München 1994.

17. Außenpolitik im 21. Jahrhundert

Das begriffliche und politisch-praktische Instrumentarium der Außenpolitik gilt es angesichts der veränderten Bedingungen im Innen- und Außenverhältnis von Staaten zu erweitern. Die Staatenorientierung der Außenpolitik bleibt zwar weiterhin grundlegend, muss allerdings um die Tatsache ergänzt werden, dass vieles, was aus traditionellem Verständnis für eine Analyse auswärtiger Politik als wichtig angesehen wird, einer schrittweisen Neubewertung oder doch zumindest einer Berücksichtigung neuer Phänomene und Entwicklungen der internationalen und innerstaatlichen Politik bedarf.

17.1 Governance und Außenpolitik: zwischen staatenweltlicher und post-nationaler Konstellation

Unter den Veränderungsprozessen einer sowohl von innen als auch von außen beeinflussten und zugleich nach innen und nach außen wirkenden Außenpolitik sind alte Denktraditionen mit neuen Ansätzen zu verknüpfen. Mit der Aufhebung der klassischen Trennung von innen und außen ringt der Staat um das seit dem 17. Jahrhundert erworbene Außenvertretungsmonopol. In seiner Rolle als souveräner Akteur bleibt der Staat für die Außenpolitik noch immer in großem Maße handlungsbestimmend. Supra- und transnationale Akteure, innergesellschaftliche Faktoren und strukturelle Muster des internationalen Systems beeinflussen, überwölben, untergraben oder ignorieren allerdings die Außenbeziehungen der Staaten in zunehmendem Maße.

In den vorigen Kapiteln sollte es aus diesem Grund darum gehen, die alten und neuen Bedingungen von Außenpolitik hinsichtlich ihrer wissenschaftlichen und praktisch-politischen Bedeutung zu beleuchten und so die Strukturen und Prozesse auf der Mikroebene (innerstaatliche Verfasstheit von Außenpolitik, kulturelle Wirkungsfaktoren etc.) und auf der Makroebene (Struktur des internationalen Systems, zwischenstaatliche Verhaltenstandards und Interaktionsprozesse) herauszuarbeiten und in ihren Grundmustern darzustellen. Es konnte dabei nicht darum gehen, die paradigmatisch an den Beginn des Lehrbuches gestellten und teilweise in den einzelnen Kapiteln angewendeten Theorien noch stärker ausdifferenziert zu betrachten, sondern sie für die Außenpolitikforschung als grundlegende Ansätze in die Analyse einzubeziehen und sie zum Zweck eines besseren Erkenntnisgewinns miteinander zu verknüpfen. Außenpolitikforschung, insbesondere die im empirisch-analytischen Verständnis theoretische Durchdringung von Außenpolitik, wird daher - auch zum Zweck der Anwendbarkeit politikwissenschaftlicher Erkenntnisse in der politischen Praxis - zur weiteren Aufgabe.

Für die Formulierung und Gestaltung von primär staatlicher Außenpolitik in einem vielfach als post-nationaler Konstellation bezeichneten Zeitalter ist es zur gründlichen Analyse auswärtiger Politik stets erforderlich, die Pfadabhängigkeit und Kontextualität außenpolitischen Handelns zu berücksichtigen und in ihrer jeweiligen Tragweite zu erkennen. Hier hinein spielt die zunehmende Institutionalisierung, Ökonomisierung, Domestizierung (Vergesellschaftung) und Transnationalisierung von Außenpolitik. Für die Analyse der Außenpolitik durch die Politikwissenschaft, verstanden im Sinne einer tatsachenorientierten Gegenwartswissenschaft, ist es daher wichtig, diese neuen Herausforderungen in die Bedingungen und Gegebenheiten eines weiterhin anarchischen, pluralistischen und dynamischen Weltsystems einzuordnen und auf das noch immer vorwiegend staatenweltliche Muster der Außen- und internationalen Politik zu übertragen.

Die außenpolitischen Steuerungsleistungen und Regelungskompetenzen des Staates als eines im 20. Jahrhundert wirkenden Daseinsvorsorgestaates und als sicherheitspolitisch handelnde Ordnungsmacht werden unter dem Einfluss und dem systemischen Druck der Globalisierung, angesichts unterschiedlicher Verregelungs- und Normbildungsprozesse, transnationaler Interessennetzwerke und -koalitionen, zahlreicher Prozesse der Politikverflechtung und einer den staatlichen Handlungsspielraum einschränkenden Mehrebenenpolitik von staatlichen, gesellschaftlichen und wirtschaftlichen Veränderungsbedingungen herausgefordert. Es sind in diesem Zusammenhang mehrere wirkungsmächtige Paradoxa, die unmittelbar auf die Rolle des Staates und die Außen- und internationale Politik im 21. Jahrhundert Einfluss nehmen. Der Staat als Steuerungsakteur im globalen Weltsystem muss sich den Erfordernissen des modernen Regierens (*Governance*) auch auf dem Gebiet der Außenpolitik neu stellen.

Governance, verstanden als „Steuern und Koordinieren (oder auch Regieren) mit dem Ziel des Managements von Interdependenzen zwischen (in der Regel) kollektiven Akteuren" (Benz 2004: 25), wird daher auch für die Außenpolitik der Staaten zu einer wichtigen Verhaltens- und Wahrnehmungsperspektive. Da es (1) für den Staat zunehmend schwieriger wird, die Komplexität (öffentlicher) politischer Aufgaben zu bewältigen, (2) teilweise neue Problemzusammenhänge die bestehenden Kompetenzgrenzen von Regierung und Verwaltung überschreiten und (3) übliche Formen intergouvernementaler Kooperation oft durch Entscheidungsblockaden belastet werden, ist die autoritative Steuerung und Erfüllung von öffentlichen Leistungen auch auf außenpolitischer Ebene für den Staat zu einer wachsenden Herausforderung geworden. Mehr denn je scheint die Kooperation und Koordination zwischen Staaten und privaten Akteuren erforderlich zu sein. Auch wenn dabei über diese Kooperations- und Interaktionsstrukturen zwischen staatlichen und privaten Akteuren noch immer ein „Schatten der Hierarchie" liegen mag, der sich aus der bislang unbestrittenen Durchsetzungs- und Handlungsmacht des Staates erklärt, und letztlich ein umfassender institutioneller Rahmen fehlt. Dauerhafte Koordinationsstrukturen, Politiknetzwerke zwischen kommunalen, gesellschaftlichen und staatlichen Akteuren sowie eine Kombination aus Hierarchien, organisierten Verhandlungssystemen und privater Selbststeuerung sind Faktoren, die die Regierungs- und Verwaltungseinheiten in ihrem außenpolitischen Handeln verstärkt zur Kenntnis zu nehmen und zu berücksichtigen haben. Im Zusammenhang der Handlungs-, Organisations- und Entscheidungstheorien, von spiel- und netzwerktheoretischen Überlegungen sowie Ansätzen des Verhandelns (des Arguing und Bargaining) als auch im Lichte institutionentheoretischer Ansätze sowie hinsichtlich der Machtfähigkeiten und der künftigen Handlungssouveränität eines Netzwerkstaates oder kooperativen Staates im internationalen System sind dabei wichtige Fragen in der Außenpolitikforschung zu stellen.

17.2 Außenpolitikanalyse als Konstellationsanalyse

Da zahlreiche Faktoren, Akteure und Analyseebenen bei der Formulierung und Realisierung von Außenpolitik ineinander greifen, hat ein Modell der Außenpolitikanalyse zunächst zu berücksichtigen, dass Außenpolitik in aller Regel (1) dem Prinzip der *Mehrfachverursachung* folgt, (2) sich auf unterschiedliche Ebenen bezieht und (3) wesentlich von den jeweiligen Rahmenbedingungen, den Kontexten, abhängig ist. Eine Außenpolitikanalyse ist in diesem Sinne eine, auf eine konkrete Situation bzw. Konstellation gerichtete, *multivariate Mehrebenenanalyse* in einem oder in mehreren *heterogenen* Politikfeldern (mit politischen, ökonomischen, gesellschaftlichen, kulturellen Faktoren etc.). In Anknüpfung an die von Gottfried-Karl Kindermann entwickelte und von Alexander Siedschlag für die Außenpolitik (vgl. Abb. 15) weitergeführte, hier allerdings in den Analyseschritten davon leicht abweichende Methodik der Konstellationsanalyse ist es zunächst erheblich,

a) das Problem bzw. den Gegenstand der Untersuchung, bezogen auf das außenpolitische Handeln eines oder mehrerer Akteure, einzugrenzen. Dazu dient die geschichtliche Einordnung des Problemzusammenhangs, um die historischen und strukturellen Ausgangsbedingungen der zu untersuchenden Situation zu erfassen und gegebenenfalls mit früheren Konstellationen oder Handlungsformen zu vergleichen (Pfadabhängigkeit). Im Rahmen der Analyse kann dabei sicherlich nicht alles mit allem erklärt werden. Dem Pluralismus der Außenpolitiktheorien sollte jedoch auch für die Außenpolitikanalyse durch eine multiperspektivische Betrachtung der Außenpolitik von Staaten (u.a. Akteuren) Rechnung getragen werden.

Die Bedingungen für das außenpolitische Handeln eines Akteurs können konstant sein, sich allerdings je nach Situation oder Konstellation ändern. Das heißt, der außenpolitische Entscheidungs- und Möglichkeitsraum ist in den meisten Fällen zum einen von bestehenden Kausalketten, Erklärungsfaktoren und Handlungsumwelten sowie Erfahrungen und Ideen vorgeprägt, zum anderen von Zufälligkeiten, neuen bzw. unvorhersehbaren oder unwiederholbaren Ereignissen und Phänomenen gekennzeichnet, die kurzfristige außenpolitische Reaktionen erforderlich machen.

Für die Diagnose von Außenpolitik und der von ihr mitgestalteten Interaktionsprozesse zwischen den Akteuren kommt es zudem darauf an,

b) die Akteure einer Konstellation anhand ihrer zentralen Eigenschaften und Wesensmerkmale (Systemcharakter etc.) zu identifizieren und, unter den jeweils gegebenen Bedingungen - u.a. der geographischen Lage, dem wirtschaftlichen und militärischen Potenzial, der institutionellen Machtstruktur bzw. der Funkti-

onsweise des politischen Systems - nach den Interessen, Machtquellen und -fä-
higkeiten, den verfügbaren Mitteln sowie dem Prozess der Außenpolitikformulierung und -durchsetzung der Akteure (Staaten) zu fragen (gesellschaftliche
Kräfte, innenpolitische Präferenzbildungsprozesse und Institutionen, bürokratische Politik, „Groupthink" als Einflussfaktor etc.). Die Bedeutung privater bzw.
nicht-staatlicher und transnationaler Akteure gilt es in diesem Zusammenhang
zu berücksichtigen. Die „komplexe innenpolitische Verwurzelung von Außenpolitik" ist dabei ein „maßgebliche(r) Bedingungsfaktor für Politikinhalte und
Entscheidungsabläufe" (Siedschlag 2001: 45). Darüber hinaus gilt es zu prüfen,

c) welchen Einfluss politische, wirtschaftliche, gesellschaftliche und kulturelle als
   auch kognitive bzw. ideelle Faktoren auf die Außenpolitik nehmen und so die
   Interessenperspektiven und die Präferenzbildung, das Wahrnehmungsverhalten
   (Rollenmodelle), das Selbstverständnis und vorhandene Fremdbilder, das Verhältnis zwischen Identität und Interessen, den gesellschaftlichen Kommunikati-
   onsverlauf und die zwischenstaatlichen Interaktionsprozesse, das Handeln und
   Lernen der Akteure beeinflussen,

d) wie die Struktur des internationalen Systems, mit ihren epochalen und systemspezifischen Determinanten, das Außenverhalten der Akteure bestimmt, und
   welches konkrete Wechselverhältnis zwischen dem Akteur und der Struktur besteht

e) welche Auswirkungen bestehende Normen und rechtliche Vereinbarungen, der
   Prozess der Verrechtlichung und Normenbildung auf die Staatengesellschaft und
   die durch ihre Interaktionsdynamik geprägten Außenpolitikmuster haben: von
   gemeinsamen Normvorstellungen über alltägliche Regelungsverfahren in den internationalen Beziehungen bis hin zur formalen Übernahme von Normen in die
   nationale Rechtsordnung und zur Einhaltung oder Verletzung vereinbarter internationaler Regeln (u.a. von internationalen Verträgen), schließlich,

f) in welchem Maße das außenpolitische Handeln sich in wechselseitig abhängigen
   Formen von Konflikt- und Kooperationsverhalten bzw. konkurrierenden oder
   kooperativen Verhaltensstrategien widerspiegelt. Die Ausprägungsformen außenpolitischen Handelns erstrecken sich dabei in der Gegenwart nicht mehr allein auf den Bereich der „high politics", sondern umfassen zugleich den Bereich
   der „low politics".

Die aus der Einzelanalyse gewonnenen Ergebnisse werden nicht nur für sich betrachtet,
sondern miteinander verknüpft und in ihrem (Wirkungs-)Zusammenhang untersucht.
Aus der Gesamtbetrachtung und Zusammenschau (Synopse) der Resultate, ihrem Vergleich mit früheren Ereignissen und außenpolitischen Verhaltensmustern lassen sich
zum einen die Vorüberlegungen und Thesen zu außenpolitischen Fragestellungen überprüfen und, soweit möglich, Typisierungen aufgrund wieder erkennbarer bzw. wieder-
kehrender Handlungsmuster entwickeln. Beschreibung und „Verschreibung" von Außenpolitik sind dabei wesentliche Eckpunkte der Außenpolitikanalyse.

Abb. 15: Konstellationsanalytischer Untersuchungsplan für die Außenpolitik
eines Staates (Modell nach Siedschlag)

Problemstruktur und Pfadabhängigkeit
einschließlich Vorgeschichte der zu untersuchenden Situation/Konstellation und Vergleich zu ggf. früheren,
ähnlichen außenpolitischen Herausforderungen und aus ihnen ableitbaren Erfahrungswerten

➤ Untersuchungshypothesen

System und Strukturierung
Identifikation der in der Situation/Konstellation relevanten Handlungssysteme (auch außenpolitische
Infrastruktur, andere Staaten, internationale Organisationen und die Struktur des betreffenden
Regionalsystems) und ihrer wechselseitigen Beeinflussungsformen

Spannungsverhältnis zwischen Normexistenz und Normgeltung
Inwieweit finden Normen nachweisbar Eingang in das Entscheidungsverhalten der Akteure?
Unterscheidung zwischen rechtlichen, ideologischen, ethischen u.a. Normen: Normenhierarchien

Interesse und Interdependenz	**Perzeption und Kommunikation**
Vor allem: Sind die Interessen diffus oder spezifisch definiert, entsprechen sie den Herausforderungen der Situation oder politischem Wunschdenken? Wie beeinflusst das Verhältnis des Akteurs zu anderen Akteuren dessen Interessendefinition? Wie verläuft der innenpolitische Prozess der Interessenbestimmung und -legitimation? Was ist die Interessenhierarchie?	Wie nehmen die Entscheidungsträger – oder, sofern man plausibel entsprechend abstrahieren kann, wie nimmt „der" Staat – Informationen auf und wie werden sie vor dem Hintergrund eigener Weltverständnisse bewertet? Herausarbeitung der interessen- und ideen-/ideologiebedingten Lagebeurteilung

Entscheidung zwischen Willensbildung und Korrektur
Akteursverhalten und Entscheidungshandeln sind nicht vorwiegend Anpassungsleistungen an weltpolitische
Strukturtendenzen oder rationales Verhalten auf der Basis von Kosten-Nutzen-Kalkülen. Vielmehr verfügt
jedes Aktionssystem unter anderem aufgrund kultureller Faktoren und historischer Erfahrung über eine
spezifische Grundmenge international-politischer Verhaltensweisen und -strategien

W-Fragen   Analysemodell des akteurszentrierten
Institutionalismus

Implementierung und Strategie
Setzen die Akteure ihren potenziellen Willen in die Tat um, verwirklichen sie also ihre Interessen konkret,
und wenn ja, welche Wege wählen sie dabei?
Machtanalyse: auch Frage nach der Fungibilität von Macht
Analysemodell des historischen Institutionalismus

Kooperation und Konflikt
Folgen der Entscheidung und der zu ihrer Umsetzung gewählten Strategien
Entscheidungswirkung/Entscheidungsausstrahlung (über den konkreten Sachverhalt hinaus) in der regionalen
und weiteren Umwelt: Analysemodell des konfiguratorischen Realismus

SYNOPSE
Delimitation
Wechselwirkungen/Rückkopplungen zwischen verschiedenen Aggregationsebenen
Welche Ausgangshypothesen wurden verworfen, welche bestätigt und warum?
Zeitgeschichtlicher Erfahrungsvergleich, Typifizierungen
Systemtheoretische Beschreibungs- und Erklärungskategorien
Gewichtung/Reihung der Ergebnisse, Kausalitätshierarchien

Quelle: Siedschlag 2001: 40.

Die Anforderungen an ein Analyse-Modell der Außenpolitik reichen demnach von der

1) möglichst detaillierten und genauen *Beschreibung* (Deskription) und, vor allem, *systematischen Darstellung* der außenpolitischen Realität, über die

2) *Erklärung* (Explanation) von Außenpolitik, bei der es nicht nur auf die Detailliertheit, sondern auf die Gültigkeit (Validität) der Aussage über die kausalen und funktionalen Zusammenhänge ankommt, bis zur

3) *Prognose* (Prädiktion) außenpolitischen Handelns, auf der Grundlage der Vernunft, der Erfahrung, der hergeleiteten Regeln, der theoretischen Aussagen, des Bemühens um objektive Aussagen über künftige Entwicklungen. Zu der im Zeithorizont untersuchenden Konstellationsanalyse, als „Untersuchungsplan" für die Außenpolitik eines Staates, können Trendanalysen, Prozessablaufanalysen, Diskurs- und Textanalysen, Prognosen, Projektionen oder die Entwicklung von Szenarien hinzukommen.

4) Dies erlaubt die Bildung von Theorien mittlerer oder größerer Reichweite, die intersubjektive Überprüfbarkeit von transepochal und interkulturell gültigen Aussagen über generelle Strukturen und Prozesse der Außenpolitik, das Formulieren von Regeln außenpolitischen Verhaltens sowie letztlich die wissenschaftlich begründete Beratung von Politik, die konstruktive Kritik und das „Vorausdenken" auswärtigen Handelns.

17.3 Außenpolitischer Wandel und Außenpolitikforschung

Zum Verstehen und Erklären der Grundlagen, Strukturen und Prozesse von Außenpolitik zählt nicht nur in wesentlichem Maße die wissenschaftliche „Beschäftigung" mit Außenpolitik und das kontrovers beurteilte Bemühen, der Außenpolitikforschung neue Impulse in Richtung einer „normalen Wissenschaft" zu geben. Auch die Analyse und Erklärung außenpolitischen Wandels gehörte in den letzten Jahren zu einer der wichtigen theoretischen Aufgaben. Den Wandel von Außenpolitik zu erklären, verlangt nach Auffassung von Medick-Krakau „entweder einen umfassenden, integrativen theoretischen Ansatz oder aber die Kombination mehrerer Ansätze, von denen angenommen wird, dass sie komplementäre Erklärungskraft besitzen" (Medick-Krakau 1999: 13). Zu diesem Zweck ist nicht nur die Frage nach dem Verhältnis von Akteuren und Strukturen zu stellen. Erklärungsbedürftig sind auch die Bedingungen und Faktoren, unter denen außenpolitischer Wandel verhindert (constraints) oder ermöglicht wird (enabling structures). Das Ausbleiben eines Wandels ist allerdings ebenso ein wichtiger Aspekt der Analyse, insbesondere wenn sich die außenpolitischen Umweltbedingungen entscheidend verändern, nicht aber die Außenpolitik selbst.

Den meisten Versuchen, außenpolitischen Wandel zu erklären, geht es demzufolge darum, aufzuzeigen, wann von einer nur leichten (inkrementalistischen) Anpassung (*adjustment change*) in der Außenpolitik und wann von einem fundamentalen bzw. tief greifenden Wandel, (beispielsweise bei den Instrumenten und Zielen eines Staates, den *program changes* oder *goal changes* im Unterschied zu einer völligen Neuorientierung, dem *international orientation change*), gesprochen werden kann. Verhaltensorientierte Konzepte argumentieren mit einem stufenweisen Prozess des Wandels, der sich von der Anpassung der Politik in einzelnen Politikfeldern (intensification) und kleineren (refinement) bzw. moderaten (reform) Veränderungen bis zur umfassenden Neugestaltung (restructuring) in den Zielen, Instrumenten und Strategien der Außenpolitik erstreckt (so Rosati, Hermann und Holsti). Identitäts- und normenorientierte Konzepte, wie sie von Koslowski/Kratochwil und Risse formuliert werden, gehen demgegenüber von der Annahme aus, dass sich ein außenpolitischer Wandel nur vollzieht, wenn sich die Handlungsnormen, Identitäten und belief systems der Akteure verändern. Im Kern sind daher sowohl a) interessen- und entscheidungsprozessorientierte Ansätze als auch b) instutionalistische und c) kognitive, ideen- und lernorientierte Ansätze von Bedeutung, wenn es darum geht, den Wandel oder den Nicht-Wandel von Außenpolitik, oftmals auch nur die Verlangsamung oder Begrenzung von außenpolitischem Wandel zu erklären (vgl. dazu grundlegend Medick-Krakau 1999: 12ff.).

Der politikwissenschaftlichen Beschäftigung mit Außenpolitik stellen sich vor diesem Hintergrund alte und neue Aufgaben. Insbesondere treffen Forschung und Praxis der Außenpolitik auf eine Vielzahl veränderter Herausforderungen: auf die Frage nach der (1) Handlungsfähigkeit eines von der Globalisierung und zunehmenden Politikverflechtung gekennzeichneten, kooperativen Netzwerk- und Steuerungsstaates, auf (2) neue Formen einer modernen Diplomatie, die eng mit (3) dem Marketing politischer Kommunikation (Nationbranding) verbunden ist, (4) die Diversifikation der Akteure, (5) die wachsende Bedeutung nicht nur der „high politics", sondern auch der „low politics", (6) die innerstaatliche Multiplikation der Außenbeziehungen, (7) eine mehrschichtige, vernetzte und (8) stärker „internationalisierte" Außenpolitik, (9) den Zerfall von Staatlichkeit, die Erfordernisse des state-building und die Privatisierung der Außen- und Sicherheitspolitik, (10) das Problem solidarischer Außenpolitik auf der Grundlage grenzübergreifender, kollektiver Identitäten, (11) die Umsetzungschancen und Umsetzungshindernisse von außenpolitikrelevanten sozialen Normen und Regeln, in ihrer Verknüpfung mit außenpolitischen Verhaltenscodes und Lernprozessen sowie die darin eingebundene (12) Elitenresponsivität, der Umgang politischer Eliten und Machtträger mit den sich verändernden sicherheitspolitischen Bedrohungsphänomenen und Risiken sowie der zunehmenden Vergesellschaftung von Außenpolitik.

Insofern ist Außenpolitik nicht nur eine Angelegenheit, bei der es im Lasswell'schen Sinne darum geht, wer was, wann, wo und wie durch sein außenpolitisches Handeln errreicht. Vielmehr wird es zur wichtigen Aufgabe, in einer zum einen fremden, zum anderen vertrauten Welt, die künftige Daseinsführung von Individuen, Gruppen, Völkern, Kulturen oder Staaten friedenssichernd zu gestalten. Außenpolitik ist dabei nicht der einzige Weg der Staatengesellschaft zur Bewältigung globaler Herausforderungen und Probleme, aber ein grundlegender Weg im Ringen um Frieden oder Krieg in der weltpolitischen Ordnung.

Literatur

Benz, Arthur (Hrsg.): *Governance - Regieren in komplexen Regelsystemen. Eine Ein-führung*, Wiesbaden 2004.

Medick-Krakau, Monika: *Außenpolitischer Wandel: Diskussionsstand - Erklärungsan-sätze - Zwischenergebnisse*, in: Dies. (Hrsg.): Außenpolitischer Wandel in theoreti-scher und vergleichender Perspektive: Die USA und die Bundesrepublik Deutsch-land, Baden-Baden 1999, S. 3-33.

Siedschlag, Alexander: *Internationale Politik als skeptische Gegenwartswissenschaft und die Münchner Schule des Neorealismus*, in: Ders. (Hrsg.): Realistische Perspek-tiven internationaler Politik, Opladen 2001, S. 13-60.

Sachregister